DUDA NOGUEIRA

# Língua PORTUGUESA para Tribunais

# ANALISTA E TÉCNICO

2ª edição
Revista, atualizada e ampliada

2025

EDITORA *Jus*PODIVM
www.editorajuspodivm.com.br

EDITORA *Jus*PODIVM
www.editorajuspodivm.com.br

Rua Canuto Saraiva, 131 – Mooca – CEP: 03113-010 – São Paulo – São Paulo
Tel: (11) 3582.5757
• Contato: https://www.editorajuspodivm.com.br/central-de-relacionamento



**Diagramação:** Equipe *Jus*PODIVM

**Capa:** Ana Caquetti

• A primeira edição desta obra foi publicada, por esta editora, com o título *Língua Portuguesa para Concursos – TRT*.

N778l Nogueira, Duda
Língua Portuguesa para Tribunais - Analista e Técnico / Duda Nogueira – 2.ed., rev., atual. e ampl. - São Paulo: Editora JusPodivm, 2025.
504 p.

ISBN: 978-85-442-5924-5

1. Português. I. Nogueira, Duda. II. Título.

CDD 469.5

BIBLIOTECÁRIA RESPONSÁVEL

Ana Carolina Ribeiro Mois – CRB7 – RJ 007348/0

# SOBRE A AUTORA

## DUDA NOGUEIRA

Professora e Mentora de Língua Portuguesa para concursos públicos.

Autora de vários livros das Coleções Tribunais e MPU, Revisaço, Revisão Final, Carreiras Policiais, Sinopses Carreiras Fiscais, Como se Preparar.

Professora na plataforma de Cursos JusAulas – Carreiras dos Tribunais, Carreiras Policiais e Carreiras Fiscais.

Coordenadora e Professora – Projeto Aprovação JusAulas.

Professora no Curso RSC Online.

Instagram e Telegram: @DudaProfe

Contato: dudanogueiraprof.com.br

### LIVROS PUBLICADOS

✓ Língua Portuguesa para concursos
✓ Simulaço Língua Portuguesa
✓ Revisaço Língua Portuguesa
✓ Ligadaço Língua Portuguesa
✓ Português Jurídico
✓ Questões comentadas de Língua Portuguesa FCC
✓ Questões comentadas de Língua Portuguesa FGV
✓ Questões comentadas de Língua Portuguesa CESPE/Cebraspe
✓ Língua Portuguesa para concursos CESPE/Cebraspe
✓ Questões comentadas de Língua Portuguesa VUNESP
✓ Língua Portuguesa para concursos da FGV
✓ Interpretação de textos para concursos
✓ Questões Comentadas de Língua Portuguesa para Analista e Técnico – Coleção Tribunais
✓ Português – Coleção Sinopses (carreiras fiscais)
✓ Coleção REVISÃO FINAL – capítulos de Língua Portuguesa
✓ Coleção REVISAÇO – capítulos de Língua Portuguesa

**TEORIA E PRÁTICA – JusAulas**

- ✓ Língua Portuguesa para MPU
- ✓ Língua Portuguesa para TRF e TRT
- ✓ Língua Portuguesa para Carreiras Policiais
- ✓ Projeto APROVAÇÃO – FGV
- ✓ Projeto APROVAÇÃO – CEBRASPE
- ✓ Projeto APROVAÇÃO – FCC
- ✓ Projeto APROVAÇÃO – FCC
- ✓ Coleção Carreiras Policiais – capítulos de Língua Portuguesa
- ✓ Coleção Como se Preparar – capítulos de Língua Portuguesa

# APRESENTAÇÃO E EDITAIS SISTEMATIZADOS

Este livro foi elaborado com base nas provas aplicadas pelos Tribunais – TRT, TRF, TRE, TST, TJ.

A **parte teórica** é indicada para **todas as bancas**.

Com o objetivo de que seu estudo seja completo, foram inseridas 225 questões comentadas – alternativa por alternativa.

Este método é infalível para aumentar sua pontuação em Língua Portuguesa: **da teoria à prática**.

É imprescindível seguir a ordem do sumário para estudar corretamente porque um assunto, normalmente, depende de outro.

Se domina a teoria, é viável inverter a ordem: **da prática à teoria** – resolva as questões, confira todos os comentários e, caso seja necessário, volte à parte teórica.

| PARTES | ASSUNTOS E CAPÍTULOS | QUESTÕES COMENTADAS |
|---|---|---|
| I. ACENTUAÇÃO, ORTOGRAFIA e SEMÂNTICA | Acentuação 1 | 3 |
| | Ortografia e Semântica 2 | 10 |
| II. MORFOLOGIA | Pronome 1 | 10 |
| | Verbo 2 | 10 |
| III. SINTAXE | Análise sintática 1, 2, 3 | 10 |
| | Período composto 4 | 10 |
| | Concordância 5 | 10 |
| | Regência 6 | 10 |
| | Crase 7 | 10 |
| | Pontuação 8 | 5 |

| IV. TÓPICO COMPLEMENTAR | Os vocábulos QUE, SE e COMO | questões na parte V |
|---|---|---|
| V. COESÃO, COERÊNCIA e REESCRITA DE FRASES | Coesão, coerência e reescrita de frases<br>1 | 60 |
| VI. INTERPRETAÇÃO e COMPREENSÃO TEXTUAL | Interpretação de texto e compreensão textual<br>1 | 60 |
| VII. REDAÇÃO OFICIAL | Redação oficial<br>1 | 6 |
| VIII. FIGURAS DE LINGUAGEM E FUNÇÕES DA LINGUAGEM | Figuras de linguagem<br>1 | 6 |
| | Funções da linguagem<br>2 | 5 |
| Total de questões comentadas | | 225 |

## EDITAIS SISTEMATIZADOS

### 1. TSE UNIFICADO – CEBRASPE/2024

| Cargo: Analista Judiciário – Área Judiciária | |
|---|---|
| **Itens do edital** | **No livro** |
| 1. Compreensão e interpretação de textos de gêneros variados.<br>2. Reconhecimento de tipos e gêneros textuais. | PARTE VI<br>Interpretação e compreensão textual |
| 3. Domínio da ortografia oficial. | PARTE I<br>Capítulos 1 e 2<br>(inclui Acentuação) |
| 4. Domínio dos mecanismos de coesão textual.<br>4.1 Emprego de elementos de referenciação, substituição e repetição, de conectores e de outros elementos de sequenciação textual. | PARTE V<br>Coesão, coerência e rescrita<br>Capítulos 1 e 2<br>PARTE II<br>Capítulo 1 - Pronome<br>PARTE III<br>Capítulo 4 - Período composto |
| 4.2 Emprego de tempos e modos verbais. | PARTE II<br>Capítulo 2 - Verbo |
| 5. Domínio da estrutura morfossintática do período.<br>5.1 Emprego das classes de palavras. | PARTE II<br>Capítulos 1, 2 e 3 – classes gramaticais variáveis e invariáveis<br>PARTE III<br>Capítulos 1, 2, 3 – Análise sintática |

| | |
|---|---|
| 5.2 Relações de coordenação entre orações e entre termos da oração.<br>5.3 Relações de subordinação entre orações e entre termos da oração. | PARTE III<br>Capítulo 4 - Período composto |
| 5.4 Emprego dos sinais de pontuação. | PARTE III<br>Capítulo 8 - Pontuação |
| 5.5 Concordância verbal e nominal. | PARTE III<br>Capítulo 5 - Concordância |
| 5.6 Regência verbal e nominal. | PARTE III<br>Capítulo 6 - Regência |
| 5.7 Emprego do sinal indicativo de crase. | PARTE III<br>Capítulo 7 - Crase |
| 5.8 Colocação dos pronomes átonos. | PARTE II<br>Capítulo 1 – Pronome |
| 6. Reescrita de frases e parágrafos do texto. | PARTE V<br>Coesão, coerência e rescrita<br>Capítulos 1 e 2<br>PARTE III<br>Capítulos 1, 2, 3 – Análise sintática<br>PARTE III<br>Capítulo 4 - Período composto |
| 6.1 Significação das palavras. | PARTE I<br>Capítulo 2 |
| 6.2 Substituição de palavras ou de trechos de texto.<br>6.3 Reorganização da estrutura de orações e de períodos do texto.<br>6.4 Reescrita de textos de diferentes gêneros e níveis de formalidade. | PARTE V<br>Coesão, coerência e rescrita<br>Capítulos 1 e 2<br>PARTE III<br>Capítulos 1, 2, 3 – Análise sintática<br>PARTE III<br>Capítulo 4 - Período composto<br>PARTE VI<br>Interpretação e compreensão textual |

2. **TRF 1 – FGV/2024**
3. **TJ SC – FGV/2024**

Observação: os editais foram idênticos.

| **TRF 1 - Cargos: Analista e Técnico Judiciário<br>TJ SC – Cargo: Analista Judiciário** | | |
|---|---|---|
| **Itens do edital** | **No livro** | **Onde encontrar** |
| Interpretação e Compreensão de texto. Organização estrutural dos textos.<br>Marcas de textualidade: coesão, coerência e intertextualidade.<br>Modos de organização discursiva: descrição, narração, exposição, argumentação e injunção; características específicas de cada modo.<br>Tipos textuais: informativo, publicitário, propagandístico, normativo, didático e divinatório; características específicas de cada tipo.<br>Textos literários e não literários.<br>Tipos de discurso.<br>Registros de linguagem.<br>Funções da linguagem.<br>Elementos dos atos de comunicação. | Interpretação e compreensão textual<br>Coesão, coerência e reescrita de frases<br>Figuras e funções da linguagem | PARTE VI – 1<br>PARTE V – 1, 2<br>PARTE VIII – 1, 2 |
| Tipologia da frase portuguesa.<br>Estrutura da frase portuguesa: operações de deslocamento, substituição, modificação e correção.<br>Problemas estruturais das frases.<br>Norma culta.<br>Organização sintática das frases: termos e orações.<br>Ordem direta e inversa. | Coesão, coerência e reescrita de frases<br>Análise sintática<br>Período composto<br>Concordância<br>Pronome<br>Verbo | PARTE V – 1, 2<br>PARTE III – 1, 2, 3<br>PARTE III – 4<br>PARTE III – 5<br>PARTE II – 1<br>PARTE II – 2 |
| Pontuação e sinais gráficos. | Pontuação | PARTE III – 8 |
| Estrutura e formação de palavras.<br>Formas de abreviação. | Processos de formação das palavras | PARTE II – 3<br>Item 1 |

| TRF 1 - Cargos: Analista e Técnico Judiciário<br>TJ SC – Cargo: Analista Judiciário | | |
|---|---|---|
| **Itens do edital** | **No livro** | **Onde encontrar** |
| Classes de palavras; os aspectos morfológicos, sintáticos, semânticos e textuais de substantivos, adjetivos, artigos, numerais, pronomes, verbos, advérbios, conjunções e interjeições; os modalizadores. | Artigo, substantivo, adjetivo<br>Pronome<br>Verbo<br>Análise sintática<br>Período composto<br>Semântica<br>Coesão, coerência e reescrita de frases | PARTE III – 2, 3, 4<br>PARTE II – 1<br>PARTE II – 2<br>PARTE III – 1, 2, 3<br>PARTE III – 4<br>PARTE I – 2<br>PARTE V – 1, 2 |
| Semântica: sentido próprio e figurado; antônimos, sinônimos, parônimos e hiperônimos.<br>Polissemia e ambiguidade.<br>Os dicionários: tipos; a organização de verbetes.<br>Vocabulário: neologismos, arcaísmos, estrangeirismos; latinismos. | Semântica | PARTE I – 2 |
| Ortografia e acentuação gráfica. | Acentuação e<br>Ortografia | PARTE I – 1<br>PARTE I – 2 |
| A crase. | Crase<br>Regência | PARTE III – 7<br>PARTE III – 6 |

## 4. TRT 11 – FCC/2024

Observação: todos os editais de 2023 e 2024 foram parecidos.

| Cargos: Analista Judiciário – Área Judiciária<br>Analista Judiciário – Área Administrativa | | |
|---|---|---|
| **Itens do edital** | **No livro** | **Onde encontrar** |
| Domínio da ortografia oficial | Ortografia e semântica | PARTE I – 2 |
| Emprego da acentuação gráfica | Acentuação | PARTE I – 1 |
| Emprego dos sinais de pontuação | Pontuação | PARTE III – 8 |
| Emprego do sinal indicativo de crase | Crase | PARTE III – 7 |

| | | |
|---|---|---|
| Flexão nominal e verbal | Flexão nominal<br>Concordância nominal e verbal<br>Verbo | PARTE II – 3/2,3<br>PARTE III – 5<br>PARTE II – 2 |
| Pronomes: emprego, formas de tratamento e colocação | Pronome | PARTE II – 1 |
| Domínio dos mecanismos de coesão e coerência textual | Coesão, coerência e reescrita<br>Análise sintática<br>Período composto | PARTE V – 1, 2<br>PARTE III – 1 a 4 |
| Emprego de tempos e modos verbais | Verbo | PARTE II – 2 |
| Vozes do verbo | Verbo | PARTE II – 2 |
| Concordância nominal e verbal | Concordância | PARTE III – 5 |
| Regência nominal e verbal | Regência | PARTE III – 6 |
| Morfossintaxe | Flexão nominal<br>Pronome<br>Verbo<br>Análise sintática<br>Período composto | PARTE II – 3/2,3<br>PARTE II – 1<br>PARTE II – 2<br>PARTE III – 1 a 4 |
| Redação<br>(confronto e reconhecimento de frases corretas e incorretas) | Coesão, coerência, reescrita de frases | PARTE V – 1, 2 |
| Compreensão e interpretação de textos de gêneros variados | Interpretação e compreensão textual | PARTE VI – 1 |
| Reconhecimento de tipos e gêneros textuais | Interpretação e compreensão textual | PARTE VI – 1 |
| Figuras de linguagem | Figuras de linguagem | PARTE VIII – 1 |
| Argumentação | Interpretação e compreensão textual | PARTE VI – 1 |
| Discurso direto, indireto e indireto livre | Interpretação e compreensão textual | PARTE VI – 1 |
| Adequação da linguagem ao tipo de documento | Coesão, coerência, reescrita de frases<br>Redação Oficial | PARTE V – 1, 2<br>PARTE VII - 1 |

## 5. TST – CEBRASPE/2023

| Cargos: Analista Judiciário e Técnico Judiciário | | |
|---|---|---|
| **No edital** | **No livro** | **Onde encontrar** |
| 1. Compreensão e interpretação de textos de gêneros variados.<br>2. Reconhecimento de tipos e gêneros textuais. | Interpretação e compreensão textual | PARTE VI<br>Capítulo 1 |
| **DICA** - imprescindível saber a diferença entre interpretação e compreensão. | | |
| 3. Domínio da ortografia oficial. | Ortografia<br>Acentuação | PARTE I<br>Capítulos 1 e 2 |
| **DICA** - emprego dos porquês; diferença dos usos das palavras mais exigidas em concursos. Exemplos: *onde* e *aonde*, *senão* e *se não*, *de encontro a* e *ao encontro de* etc. Diferença entre ditongo e hiato; vocábulos acentuados pelas mesmas regras; proparoxítonas eventuais. | | |
| 4. Domínio dos mecanismos de coesão textual.<br>4.1 Emprego de elementos de referenciação, substituição e repetição, de conectores e outros elementos de sequenciação textual. | Coesão, coerência, reescrita de frases<br>Pronome<br>Verbo<br>Período composto | PARTE V<br>Capítulo 1, 2<br>PARTE II<br>Capítulos 1 e 2<br>PARTE III<br>Capítulo 4 |
| **DICA** - a coesão é o mecanismo relacionado com **elementos** que asseguram a ligação entre palavras e frases, de modo a interligar as diferentes partes de um texto. A coerência é responsável por estabelecer a **ligação lógica entre ideias**, para que, juntas, elas garantam que o texto tenha sentido. Ambos são importantes para garantir que um texto transmita sua respectiva mensagem com clareza, seja harmonioso e faça sentido para o leitor. | | |
| 4.2 Emprego/correlação de tempos e modos verbais. | Verbo | PARTE II<br>Capítulo 2 |
| **DICA** - conjugação dos verbos em todos os tempos; correlação de tempos verbais; vozes verbais (transposição da ativa para passiva e vice-versa); tempos compostos. | | |
| 5.1 Emprego das classes de palavras.<br>5.2 Relações de coordenação entre orações e entre termos da oração.<br>5.3 Relações de subordinação entre orações e entre termos da oração. | Pronome<br>Verbo<br>Análise sintática<br>Período composto | PARTE II<br>Capítulos 1 e 2<br>PARTE III<br>Capítulos 1 a 4 |
| **DICA** – os pronomes mais exigidos pela banca são: pessoais, relativos e demonstrativos. Análise sintática: termos essenciais (sujeito oracional); termos integrantes, termos acessórios (aposto explicativo e especificativo) e vocativo. Período composto: orações coordenadas, subordinadas e reduzidas. | | |
| 5.4 Emprego dos sinais de pontuação. | Pontuação | PARTE III<br>Capítulo 8 |
| **DICA** - inversão (a oração não se inicia com o sujeito), intercalação, orações adjetivas explicativas e restritivas, emprego dos dois-pontos etc.<br>**Observação**: para saber pontuação, é necessário saber período composto. | | |

| Cargos: Analista Judiciário e Técnico Judiciário | | |
|---|---|---|
| **No edital** | **No livro** | **Onde encontrar** |
| 5.5 Concordância verbal e nominal. | Concordância | PARTE III<br>Capítulo 5 |
| **DICA - verbal**: concordância entre sujeito e verbo, sujeito posposto ao verbo, concordância com o verbo "ser" etc. **Nominal**: concordância entre adjetivo e substantivo, artigo e substantivo e com as palavras "bastante", "anexo", "obrigado" e com as expressões "é proibido", "é necessário" etc.<br>**Observação**: para saber concordância, é necessário saber análise sintática. | | |
| 5.6 Regência verbal e nominal. | Regência | PARTE III<br>Capítulo 6 |
| **DICA** - a regência sempre está relacionada com a análise sintática (predicação verbal), com o pronome relativo e com a crase.<br>**Observação**: para saber regência, é necessário saber crase. | | |
| 5.7 Emprego do sinal indicativo de crase. | Crase | PARTE III<br>Capítulo 7 |
| **DICA** - junção da preposição "a" com o artigo "a" ou com os pronomes demonstrativos (aquele, aquela etc.) e relativos (a qual, as quais).<br>**Observação**: para saber crase, é necessário saber regência. | | |
| 5.8 Colocação dos pronomes átonos. | Pronome | PARTE II<br>Capítulo 1 |
| **DICA** - é necessário saber as definições das classes gramaticais e as regras de colocação dos pronomes. | | |
| 6. Reescrita de frases e parágrafos do texto.<br>6.1 Significação das palavras.<br>6.2 Substituição de palavras ou de trechos de texto.<br>6.3 Reorganização da estrutura de orações e de períodos do texto.<br>6.4 Reescrita de textos de diferentes gêneros e níveis de formalidade. | Coesão, coerência e reescrita de frases<br>Ortografia e semântica<br>Pronome<br>Verbo<br>Análise sintática<br>Período composto<br>Concordância<br>Regência<br>Crase<br>Pontuação | PARTE V<br>Capítulo 1, 2<br>PARTE I<br>Capítulo 2<br>PARTE II<br>Capítulos 1 e 2<br>PARTE III<br>Capítulos 1 a 8 |
| **DICA** - Estude essa parte por último porque é, basicamente, a revisão de tudo que foi mencionado no edital até o item 5.8. Eis o motivo de haver 174 questões comentadas. | | |

# SUMÁRIO

## PARTE I
## ACENTUAÇÃO, ORTOGRAFIA E SEMÂNTICA


**CAPÍTULO 1 – ACENTUAÇÃO** ..... 31

1. INTRODUÇÃO ..... 31
2. REGRAS DE ACENTUAÇÃO GRÁFICA ..... 31
   - 2.1. Proparoxítonas ..... 32
     - 2.1.1. Proparoxítonas eventuais ou acidentais ..... 32
   - 2.2. Paroxítonas ..... 32
     - 2.2.1. Observações ..... 33
   - 2.3. Oxítonas ..... 33
   - 2.4. Monossílabos ..... 34
     - 2.4.1. Monossílabos Tônicos ..... 34
     - 2.4.2. Monossílabos Átonos ..... 34
     - 2.4.3. Observações ..... 34
   - 2.5. Regras Especiais ..... 34
     - 2.5.1. Ditongos abertos ..... 34
     - 2.5.2. Hiatos ..... 35
     - 2.5.3. Verbos TER e VIR ..... 35
   - 2.6. Mudanças nas Regras ..... 35
3. FIQUE DE OLHO ..... 37
   - 3.1. Questões comentadas ..... 38

**CAPÍTULO 2 – ORTOGRAFIA E SEMÂNTICA** ..... 41

1. INTRODUÇÃO ..... 41
2. O ALFABETO ..... 41
3. EMPREGO DAS LETRAS K, W E Y ..... 42
4. EMPREGO DE X E CH ..... 42
   - 4.1. Emprega-se o X ..... 42
   - 4.2. Emprega-se o dígrafo CH ..... 42

5. EMPREGA-SE O G ... 43
6. EMPREGA-SE O J ... 43
7. EMPREGO DAS LETRAS S E Z ... 43
    7.1. Emprega-se o S ... 43
    7.2. Emprega-se o Z ... 44
8. EMPREGO DE S, Ç, X E DOS DÍGRAFOS SC, SÇ, SS, XC, XS ... 44
    8.1. Emprega-se o S ... 44
    8.2. Emprega-se Ç ... 45
    8.3. Emprega-se o X ... 45
    8.4. Emprega-se SC ... 45
    8.5. Emprega-se SÇ ... 45
    8.6. Emprega-se SS ... 45
    8.7. Emprega-se o XC e o XS ... 45
9. EMPREGO DAS LETRAS E E I ... 46
    9.1. Emprega-se o E ... 46
    9.2. Emprega-se o I ... 46
10. EMPREGO DAS LETRAS O E U ... 46
11. EMPREGO DA LETRA H ... 47
    11.1. Emprega-se o H ... 47
12. VOCÁBULOS MUITO EXIGIDOS EM CONCURSOS ... 47
13. EM CONCURSOS ... 48
    13.1. Emprego dos Porquês ... 48
    13.2. Mal e Mau ... 48
    13.3. Viagem e Viajem ... 48
    13.4. Cessão, Sessão e Seção (ou secção) ... 48
    13.5. Onde e aonde ... 49
    13.6. Se não e senão ... 49
    13.7. Tão pouco e tampouco ... 49
    13.8. De encontro a e ao encontro de ... 49
    13.9. Em vez de e ao invés de ... 49
    13.10. Acerca de, a cerca de e há cerca de ... 50
    13.11. Mas e Mais ... 50
    13.12. A fim e Afim ... 50
    13.13. Se Quer e Sequer ... 50
14. EMPREGO DO HÍFEN ... 51
    14.1. Prefixos e Elementos de Composição ... 52
    14.2. Complemento ... 53
15. EMPREGO DAS INICIAIS MAIÚSCULAS E MINÚSCULAS ... 54
    15.1. Usa-se a Inicial Maiúscula ... 54
        15.1.1. Emprego facultativo de letra maiúscula ... 55
    15.2. Utiliza-se Inicial Minúscula ... 55
        15.2.1. Emprego facultativo de letra minúscula ... 55

16. NOTAÇÕES LÉXICAS ... 56
16.1. Emprego do Til ... 56
16.2. Emprego do Apóstrofo ... 56
17. ABREVIATURAS ... 57
18. SIGLAS ... 57
18.1. Lista de Siglas ... 58
19. SEMÂNTICA ... 59
19.1. Sinonímia ... 59
19.2. Antonímia ... 59
19.3. Homonímia ... 60
19.4. Paronímia ... 60
19.5. Polissemia ... 61
19.6. Hiponímia e hiperonímia ... 61
19.7. Conotação e denotação ... 61
20. FIQUE DE OLHO ... 62
20.1. Questões comentadas ... 63

## PARTE II
## MORFOLOGIA

**CAPÍTULO 1 – PRONOME ... 77**
1. INTRODUÇÃO ... 77
2. DEFINIÇÃO ... 77
3. PRONOME ADJETIVO E SUBSTANTIVO ... 77
4. CLASSIFICAÇÃO DOS PRONOMES ... 78
4.1. Pronome Pessoal ... 78
4.1.1. Em concursos ... 78
4.1.2. Emprego dos pronomes pessoais ... 78
4.2. Pronomes de Tratamento ... 80
4.2.1. Em concursos ... 84
4.3. Pronome Possessivo ... 85
4.3.1. Morfossintaxe do pronome possessivo ... 85
4.3.2. Em concursos ... 85
4.4. Pronome Demonstrativo ... 86
4.4.1. Emprego do pronome demonstrativo ... 86
4.5. Pronome Relativo ... 88
4.5.1. Emprego do pronome relativo ... 88
4.6. Pronome Indefinido ... 89
4.6.1. Em concursos ... 90
4.7. Pronome Interrogativo ... 90
5. COLOCAÇÃO PRONOMINAL ... 91
5.1. Próclise ... 91

5.2. Mesóclise ... 92
5.3. Ênclise ... 92
5.5. Pegadinhas das bancas ... 93
6. FIQUE DE OLHO ... 94
6.1. Questões comentadas ... 94

**CAPÍTULO 2 – VERBO ... 103**

1. INTRODUÇÃO ... 103
2. DEFINIÇÃO ... 103
3. ESTRUTURA VERBAL ... 103
3.1. Radical ... 103
3.2. Vogal Temática ... 104
3.3. Tema ... 104
3.4. Desinência modo-temporal ... 104
3.5. Desinência número-pessoal ... 104
3.6. Formas Rizotônicas e Arrizotônicas ... 105
4. CLASSIFICAÇÃO VERBAL ... 105
4.1. Defectivos ... 105
4.2. Abundantes ... 106
4.3. Anômalos ... 107
4.3.1. Em concursos ... 108
4.4. Auxiliares ... 108
4.5. Pronominais ... 108
4.5.1. Conjugação ... 109
4.5.2. Em concursos ... 109
5. MODO VERBAL ... 109
5.1. Formas Nominais ... 109
5.1.1. Em concursos ... 110
6. TEMPO VERBAL ... 110
6.1. Tempos Primitivos ... 111
6.1.1. Presente do Indicativo ... 111
6.1.2. Pretérito perfeito do indicativo ... 112
6.1.3. Infinitivo impessoal ... 112
6.2. Tempos Derivados do Presente do Indicativo ... 112
6.2.1. Presente do subjuntivo ... 112
6.2.2. Imperativo ... 113
6.3. Tempos Derivados do Pretérito Perfeito do Indicativo ... 113
6.3.1. Pretérito mais-que-perfeito ... 113
6.3.2. Pretérito imperfeito do subjuntivo ... 114
6.3.3. Futuro do subjuntivo ... 114
6.4. Tempos Derivados do Infinitivo Impessoal ... 115
6.4.1. Futuro do presente do indicativo ... 115

6.4.2. Futuro do pretérito do indicativo ........ 115
6.4.3. Pretérito Imperfeito do Indicativo ........ 115
6.4.4. Infinitivo pessoal ........ 116
6.5. Tempos Compostos ........ 116
6.5.1. Em concursos ........ 117
6.5.2. Correlação de tempos verbais ........ 117
7. ASPECTO VERBAL ........ 119
8. INFINITIVO PESSOAL E IMPESSOAL ........ 121
8.1. Emprego do infinitivo impessoal ........ 121
8.2. Emprego do infinitivo pessoal ........ 122
9. VOZ VERBAL ........ 122
9.1. Voz Ativa ........ 123
9.2. Voz Passiva ........ 123
9.2.1. Passiva analítica ........ 123
9.2.2. Passiva sintética ........ 123
9.2.3. Pegadinha das bancas ........ 124
9.3. Voz Reflexiva ........ 124
10. CONJUGAÇÕES DOS VERBOS MAIS PEDIDOS EM CONCURSOS ........ 125
11. VERBOS IRREGULARES QUE MERECEM ATENÇÃO ........ 127
12. FIQUE DE OLHO ........ 132
12.1. Questões comentadas ........ 132

**CAPÍTULO 3 – COMPLEMENTO ........ 139**
1. PROCESSOS DE FORMAÇÃO DAS PALAVRAS ........ 139
1.1. Conceitos ........ 139
1.1.1. Palavras primitivas ........ 139
1.1.2. Palavras derivadas ........ 139
1.1.3. Palavras simples ........ 139
1.1.4. Palavras compostas ........ 140
1.2. Derivação ........ 140
1.2.1. Derivação prefixal ........ 140
1.2.2. Derivação sufixal ........ 140
1.2.3. Derivação prefixal e sufixal ........ 140
1.2.4. Derivação parassintética ........ 141
1.2.5. Derivação regressiva ........ 141
1.2.6. Derivação imprópria ........ 141
1.3. Composição ........ 142
1.3.1. Composição por justaposição ........ 142
1.3.2. Composição por aglutinação ........ 142
1.4. Outros Processos de Formação das Palavras ........ 142
1.4.1. Redução ou abreviação vocabular ........ 142
1.4.2. Hibridismo ........ 143

1.4.3. Onomatopeia ... 143
1.5. Neologismos e Gírias ... 143
2. SUBSTANTIVO ... 144
2.1. Em Concursos – Morfossintaxe ... 144
2.2. Formação do Substantivo ... 145
2.2.1. Substantivos simples e compostos ... 145
2.2.2. Substantivos primitivos e derivados ... 145
2.3. Flexão do Substantivo ... 146
2.3.1. Flexão de gênero ... 146
2.3.2. Flexão de número do substantivo ... 150
2.3.3. Flexão de grau do substantivo ... 152
3. ADJETIVO ... 152
3.1. Em Concursos – Morfossintaxe ... 153
3.2. Locução Adjetiva ... 153
3.3. Flexão de Gênero ... 154
3.4. Flexão de Número ... 154
3.4.1. Plural dos adjetivos simples ... 154
3.4.1.1. Em concursos ... 154
3.4.2. Plural dos adjetivos compostos ... 155
3.4.2.1. Em concursos ... 155
3.5. Flexão de Grau ... 155
3.5.1. Grau comparativo ... 155
3.5.1.1. Em concursos ... 155
3.5.2. Grau superlativo ... 156
3.5.2.1. Em concursos – fixando ... 156
4. ARTIGO ... 156
4.1. Classificação do Artigo ... 156
4.2. Combinação do Artigo ... 156
4.3. Emprego do Artigo ... 157
4.4. Em Concursos ... 159
5. NUMERAL ... 159
5.1. Classificação do Numeral ... 159
5.2. Leitura dos Numerais ... 160
5.3. Emprego dos Numerais ... 160
6. ADVÉRBIO ... 161
6.1. Flexão do Advérbio ... 161
6.2. Classificação do Advérbio ... 162
6.3. Lista dos Principais Advérbios, Locuções Adverbiais e Palavras Denotativas ... 162
6.4. Em Concursos ... 163
7. CONJUNÇÃO ... 163
7.1. Classificação ... 163

7.2. Coordenativas ........ 164
7.3. Em Concursos ........ 165
7.4. Subordinativas ........ 165
7.4.1. Integrantes ........ 165
7.4.2. Adverbiais ........ 165
7.5. Em Concursos ........ 166
8. PREPOSIÇÃO ........ 167
8.1. Definição ........ 167
8.2. Classificação das preposições ........ 167
8.3. Locução Prepositiva ........ 168
8.4. Relações das Preposições ........ 168
9. INTERJEIÇÃO ........ 169
9.1. Funções ........ 169
9.2. Formação ........ 169
9.3. Classificação ........ 169

## PARTE III
## SINTAXE

**CAPÍTULO 1 – TERMOS ESSENCIAIS DA ORAÇÃO ........ 173**
1. INTRODUÇÃO ........ 173
2. DEFINIÇÃO ........ 173
3. SINTAXE DE ORAÇÃO – TERMOS ESSENCIAIS ........ 173
3.1. Frase, Oração e Período ........ 174
3.1.1. Frase ........ 174
3.1.1.1. Tipos de frase ........ 174
3.1.1.2. Construção da frase ........ 174
3.1.2. Oração ........ 174
3.1.3. Período ........ 175
3.2. Termos Essenciais da Oração ........ 175
3.2.1. Sujeito ........ 176
3.2.1.1. Em concursos ........ 177
3.2.2. Predicado ........ 178
3.2.2.1. Predicação verbal ........ 178
3.2.2.1.1. Estados do verbo de ligação ........ 178
3.2.2.1.2. Em concursos ........ 179
3.2.2.2. Predicativo ........ 179
3.2.2.2.1. Morfossintaxe dos predicativos ........ 179
3.2.2.3. Classificação do predicado ........ 180

**CAPÍTULO 2 – TERMOS INTEGRANTES DA ORAÇÃO ........ 181**

1. INTRODUÇÃO ... 181
2. OBJETO DIRETO ... 182
   2.1. Em Concursos ... 182
   2.2. Objeto Direto Preposicionado ... 182
   2.3. Objeto Direto Pleonástico ... 183
3. OBJETO INDIRETO ... 183
   3.1. Objeto Indireto Pleonástico ... 184
4. MORFOSSINTAXE DOS COMPLEMENTOS VERBAIS ... 184
5. AGENTE DA PASSIVA ... 184
   5.1. Em concursos ... 185
   5.2. Morfossintaxe do Agente da Passiva ... 185
6. COMPLEMENTO NOMINAL ... 185
   6.1. Morfossintaxe do Complemento Nominal ... 186
7. DIFERENÇA ENTRE COMPLEMENTO NOMINAL E OBJETO INDIRETO ... 186
8. DIFERENÇA ENTRE COMPLEMENTO NOMINAL E AGENTE DA PASSIVA ... 187
9. DIFERENÇA ENTRE COMPLEMENTO NOMINAL E ADJUNTO ADNOMINAL ... 188

**CAPÍTULO 3 – TERMOS ACESSÓRIOS DA ORAÇÃO ... 189**

1. INTRODUÇÃO ... 189
2. ADJUNTO ADNOMINAL ... 189
   2.1. Morfossintaxe do Adjunto Adnominal ... 190
   2.2. Em Concursos ... 190
3. ADJUNTO ADVERBIAL ... 190
   3.1. Diferença entre Adjunto Adverbial e Predicativo ... 191
   3.2. Classificação do Adjunto Adverbial ... 191
   3.3. Morfossintaxe do Adjunto Adverbial ... 192
4. APOSTO ... 192
   4.1. Morfossintaxe do Aposto ... 193
   4.2. Classificação do Aposto ... 193
   4.3. Em Concursos ... 193
5. VOCATIVO ... 193
   5.1. Morfossintaxe do Vocativo ... 194
6. FIQUE DE OLHO ... 194
   6.1. Questões comentadas ... 194

**CAPÍTULO 4 – PERÍODO COMPOSTO ... 203**

1. INTRODUÇÃO ... 203
2. CONCEITOS ... 203
3. COORDENAÇÃO ... 204
   3.1. Assindéticas ... 204
   3.2. Sindéticas ... 204
   3.3. Em Concursos ... 205
4. SUBORDINAÇÃO ... 206

4.1. Introdução ... 206
4.2. Subordinada Substantiva ... 206
4.2.1. Em concursos ... 207
4.3. Subordinada Adjetiva ... 208
4.3.1. Classificação das subordinadas adjetivas ... 208
4.3.2. Em concursos ... 209
4.3.3. Funções sintáticas do pronome relativo ... 209
4.4. Subordinada Adverbial ... 210
4.4.1. Classificação ... 211
4.4.2. Em concursos ... 212
4.5. Orações Reduzidas ... 212
4.5.1. Classificação ... 213
5. FIQUE DE OLHO ... 214
5.1. Questões comentadas ... 215

**CAPÍTULO 5 – CONCORDÂNCIA ... 227**

1. INTRODUÇÃO ... 227
2. CONCORDÂNCIA VERBAL ... 228
2.1. Casos Particulares ... 228
2.2. Sujeito Composto ... 230
2.2.1. Casos particulares ... 230
2.2.2. Verbo + SE ... 231
2.3. Verbo SER ... 231
2.4. Verbo PARECER ... 232
2.5. Haja Vista ... 233
2.6. Em locuções verbais ... 233
3. CONCORDÂNCIA NOMINAL ... 234
3.1. Casos Particulares ... 235
4. FIQUE DE OLHO ... 236
4.1. Questões comentadas ... 236

**CAPÍTULO 6 – REGÊNCIA ... 245**

1. INTRODUÇÃO ... 245
2. REGÊNCIA VERBAL ... 245
2.1. Verbos que Apresentam Uso Popular em Desacordo com a Norma Culta ... 246
2.2. Verbos que possuem mais de uma Regência ... 246
2.3. Lista de Verbos Notáveis ... 248
3. REGÊNCIA NOMINAL ... 249
4. FIQUE DE OLHO ... 252
4.1. Questões comentadas ... 252

CAPÍTULO 7 – CRASE ........ 261
1. INTRODUÇÃO ........ 261
2. REGRA GERAL ........ 262
3. CASOS EM QUE SEMPRE HAVERÁ CRASE ........ 262
4. DIANTE DE NOMES DE LUGAR ........ 263
4.1. Peculiaridades ........ 263
5. DIANTE DE PRONOME DEMONSTRATIVO ........ 264
6. COM PRONOME RELATIVO ........ 265
7. COM PRONOME DEMONSTRATIVO ........ 265
8. ANTES DA PALAVRA DISTÂNCIA ........ 266
9. CRASE FACULTATIVA ........ 266
10. NÃO SE USA CRASE ........ 266
11. FIQUE DE OLHO ........ 267
11.1. Questões comentadas ........ 267

CAPÍTULO 8 – PONTUAÇÃO ........ 275
1. INTRODUÇÃO ........ 275
2. VÍRGULA ........ 275
2.1. Vírgula no Interior da Oração ........ 276
2.2. Vírgula entre as Orações ........ 277
3. PONTO E VÍRGULA ........ 277
4. DOIS-PONTOS ........ 278
5. PONTO FINAL ........ 278
6. PONTO DE INTERROGAÇÃO ........ 278
7. PONTO DE EXCLAMAÇÃO ........ 278
8. RETICÊNCIAS ........ 279
9. PARÊNTESES ........ 279
10. TRAVESSÃO ........ 279
11. ASPAS ........ 279
12. COLCHETES ........ 280
13. ASTERISCO ........ 280
14. FIQUE DE OLHO ........ 280
14.1. Questões comentadas ........ 280

## PARTE IV
## TÓPICO COMPLEMENTAR

CAPÍTULO 1 – ESTUDO DOS VOCÁBULOS QUE, SE E COMO ........ 293
1. A PALAVRA QUE ........ 293
1.1. Funções Sintáticas da Palavra QUE ........ 294
2. A PALAVRA SE ........ 296
3. A PALAVRA COMO ........ 297

## PARTE V
## COESÃO, COERÊNCIA E REESCRITA DE FRASES

**CAPÍTULO 1 – COESÃO E COERÊNCIA** ........ **301**

1. ELEMENTOS DA TEXTUALIDADE ........ 301
2. COESÃO E COERÊNCIA ........ 302
   2.1. Diferença entre coesão e coerência ........ 302
3. TIPOS DE COESÃO ........ 303
4. TIPOS DE COERÊNCIA ........ 305
   4.1. Princípios da coerência textual ........ 307
5. INCOERÊNCIAS GRAMATICAIS ........ 307

**CAPÍTULO 2 – REESCRITA DE FRASES** ........ **309**

1. PARÁFRASE E PERÍFRASE ........ 309
2. PARALELISMO ........ 311
   2.1. Paralelismo sintático ........ 311
   2.2. Paralelismo semântico ........ 313
   2.3. Paralelismos frequentes ........ 314
3. EM PROVAS ........ 316
   3.1. Semântica ........ 317
   3.2. Causa e efeito ........ 317
   3.3. Conectivos ........ 318
   3.4. Pronomes demonstrativos e relativos ........ 318
   3.5. Transformação de oração reduzida em oração desenvolvida ........ 318
   3.6. Nominalização ........ 318
4. FIQUE DE OLHO ........ 320
   4.1. Questões comentadas ........ 320

## PARTE VI
## INTERPRETAÇÃO E COMPREENSÃO TEXTUAL

**CAPÍTULO 1 – INTERPRETAÇÃO E COMPREENSÃO TEXTUAL** ........ **377**

1. INTRODUÇÃO ........ 377
2. TIPOLOGIA TEXTUAL ........ 379
3. GÊNEROS TEXTUAIS ........ 379
   3.1. Gêneros literários ........ 382
   3.2. Gêneros dramáticos ........ 383
   3.3. Gêneros líricos ........ 383
4. DICAS PARA INTERPRETAR ........ 383
5. DISCURSO DIRETO E DISCURSO INDIRETO ........ 383
   5.1. Mudança das pessoas do discurso ........ 383
   5.2. Mudança de tempos verbais ........ 384

5.3. Mudança na pontuação das frases ... 384
5.4. Mudança dos advérbios e adjuntos adverbiais ... 384
6. ARGUMENTAÇÃO ... 384
6.1. Argumentação por citação ... 384
6.2. Argumentação por comprovação ... 385
6.3. Argumentação por raciocínio lógico ... 385
7. PRESSUPOSTOS E SUBENTENDIDOS ... 385
7.1. Pressupostos ... 386
7.2. Subentendidos ... 386
8. NÍVEIS DE LINGUAGEM ... 387
9. FIQUE DE OLHO ... 388
9.1. Questões comentadas ... 388


## PARTE VII
## REDAÇÃO OFICIAL


**CAPÍTULO 1 – REDAÇÃO OFICIAL ... 447**
1. INTRODUÇÃO ... 447
2. PANORAMA DA COMUNICAÇÃO OFICIAL ... 447
3. O QUE É REDAÇÃO OFICIAL ... 448
4. ATRIBUTOS DA REDAÇÃO OFICIAL ... 448
4.1. Clareza e precisão ... 449
4.2. Objetividade ... 450
4.3. Concisão ... 450
4.4. Coesão e coerência ... 450
4.5. Impessoalidade ... 451
4.6. Formalidade e padronização ... 452
5. AS COMUNICAÇÕES OFICIAIS ... 453
5.1. Pronomes de tratamento ... 453
5.2. Signatário ... 454
5.2.1. Cargos interino e substituto ... 454
5.2.2. Signatárias do sexo feminino ... 454
5.3. Grafia de cargos compostos ... 455
5.4. Vocativo ... 455
6. O PADRÃO OFÍCIO ... 456
6.1. Partes do documento no padrão ofício ... 456
6.1.1. Cabeçalho ... 456
6.1.2. Identificação do expediente ... 457
6.1.3. Local e data do documento ... 457
6.1.4. Endereçamento ... 458
6.1.5. Assunto ... 458
6.1.6. Texto do documento ... 459

6.1.7. Fechos para comunicações ... 459
6.1.8. Identificação do signatário ... 460
6.1.9. Numeração das páginas ... 460
6.2. Formatação e apresentação ... 461
7. TIPOS DE DOCUMENTOS ... 464
7.1. Variações dos documentos oficiais ... 464
7.2. Exposição de Motivos ... 465
7.2.1. Definição e finalidade ... 465
7.2.2. Forma e estrutura ... 465
7.3. Mensagem ... 467
7.3.1. Definição e finalidade ... 467
7.3.2. Forma e estrutura ... 468
7.4. Correio eletrônico (*e-mail*) ... 470
7.4.1. Definição e finalidade ... 470
7.4.2. Valor documental ... 470
7.4.3. Forma e estrutura ... 470
7.4.3.1. Campo "Assunto" ... 470
7.4.3.2. Local e data ... 471
7.4.3.3. Saudação inicial/vocativo ... 471
7.4.3.4. Fecho ... 471
7.4.3.5. Bloco de texto da assinatura ... 471
7.4.4. Anexos ... 471
7.4.5. Recomendações ... 472
8. QUESTÕES COMENTADAS ... 472


## PARTE VIII
## FIGURAS DE LINGUAGEM E FUNÇÕES DA LIGUAGEM


**CAPÍTULO 1 – FIGURAS DE LINGUAGEM ... 479**
1. INTRODUÇÃO ... 479
2. FIGURA DE PALAVRA ... 479
2.1. Metáfora ... 479
2.2. Metonímia ... 480
2.3. Catacrese ... 480
2.4. Perífrase ou Antonomásia ... 481
2.5. Sinestesia ... 481
3. FIGURAS DE PENSAMENTO ... 481
3.1. Antítese ... 481
3.2. Paradoxo ... 481
3.3. Eufemismo ... 481
3.4. Ironia ... 482

3.5. Hipérbole ..... 482
3.6. Prosopopeia ou Personificação ..... 482
3.7. Apóstrofe ..... 482
3.8. Gradação ..... 482
4. FIGURAS DE CONSTRUÇÃO OU SINTÁTICAS ..... 483
4.1. Elipse ..... 483
4.2. Zeugma ..... 483
4.3. Silepse ..... 483
4.3.1. Silepse de Gênero ..... 483
4.3.2. Silepse de número ..... 484
4.3.3. Silepse de pessoa ..... 484
4.4. Polissíndeto/assíndeto ..... 484
4.4.1. Polissíndeto ..... 484
4.4.2. Assíndeto ..... 484
4.5. Pleonasmo ..... 484
4.6. Anáfora ..... 485
4.7. Anacoluto ..... 485
4.8. Hipérbato/inversão ..... 485
5. FIGURAS DE SOM ..... 485
5.1. Aliteração ..... 485
5.2. Assonância ..... 486
5.3. Onomatopeia ..... 486
6. VÍCIOS DE LINGUAGEM ..... 486
6.1. Pleonasmo Vicioso ou Redundância ..... 486
6.2. Barbarismo ..... 486
6.2.1. Pronúncia ..... 486
6.2.2. Morfologia ..... 487
6.2.3. Semântica ..... 487
6.2.4. Estrangeirismos ..... 487
6.3. Solecismo ..... 487
6.4. Ambiguidade ou Anfibologia ..... 487
6.5. Cacofonia ..... 487
6.6. Eco ..... 487
6.7. Hiato ..... 487
6.8. Colisão ..... 488
7. QUESTÕES COMENTADAS ..... 488

**CAPÍTULO 2 – FUNÇÕES DA LINGUAGEM ..... 495**

1. DICAS TEÓRICAS ..... 495
2. QUESTÕES COMENTADAS ..... 496

**BIBLIOGRAFIA ..... 501**

Parte I

# ACENTUAÇÃO, ORTOGRAFIA E SEMÂNTICA

Capítulo

1

# ACENTUAÇÃO

## 1. INTRODUÇÃO

Acentuação gráfica é a aplicação de sinais gráficos nas palavras e entre esses sinais estão os acentos gráficos (acento agudo, acento circunflexo, acento grave, til, apóstrofo, cedilha e hífen).

## 2. REGRAS DE ACENTUAÇÃO GRÁFICA

Em concursos, alguns verbos são pedidos como acento diferencial (singular e plural) e palavras que são acentuadas pela mesma regra (oxítona, paroxítona, proparoxítona, ditongo aberto, hiato etc.). Trabalharemos com dicas e regras.

Iniciemos com exemplo de uma simples tabela pra facilitar a classificação dos vocábulos.

1) Separe as sílabas. Lembre-se de que em cada sílaba, há **uma vogal**.
2) A última coluna deve estar sempre preenchida (como o exemplo da palavra **hífen**).
3) Não colocar na tabela: hiato, monossílabo e ditongos abertos (eu, oi, ei), por não seguirem as classificações mencionadas a seguir.

| Proparoxítona | Paroxítona | Oxítona |
|---|---|---|
| **crí** | ti | co |
| | **hí** | fen |
| | ca | **fé** |

Facilitou?

- **Crítica** é uma proparoxítona; **hífen** é paroxítona e **café é oxítona.**

## 2.1. Proparoxítonas

Sílaba tônica: antepenúltima.

As proparoxítonas são **todas** acentuadas graficamente: **trá**gico, pa**té**tico, **ár**vore.

Para facilitar, insira os vocábulos na tabela. A última sílaba deverá estar sempre na última coluna.

| | Proparoxítona | Paroxítona | Oxítona |
|---|---|---|---|
| | **trá** | gi | co |
| pa | **té** | ti | co |
| | **ár** | vo | re |

### 2.1.1. Proparoxítonas eventuais ou acidentais

As palavras paroxítonas terminadas em ditongo oral crescente (semivogal + vogal) podem ser consideradas proparoxítonas eventuais ou relativas ou acidentais. A banca CESPE/CEBRASPE já exigiu tal conceito em provas a partir de 2016.

Veja os exemplos para entender melhor:

| | | | | | |
|---|---|---|---|---|---|
| **paroxítona terminada em ditongo crescente** | re | si | dên | **cia** | |
| **proparoxítona eventual** | re | si | dên | **ci** | **a** |

| | | | | |
|---|---|---|---|---|
| **paroxítona terminada em ditongo crescente** | me | mó | **ria** | |
| **proparoxítona eventual** | me | mó | **ri** | **a** |

## 2.2. Paroxítonas

Sílaba tônica: penúltima.

Na tabela:

| Proparoxítona | Paroxítona | Oxítona |
|---|---|---|
| ca | **dá** | ver |
| | **pó** | len |
| | **ví** | rus |

| Acentuam-se as PAROXÍTONAS terminadas em | EXEMPLO |
|---|---|
| l | **fá**cil |
| n | **pó**len |

| Acentuam-se as PAROXÍTONAS terminadas em | EXEMPLO |
|---|---|
| r | cadá**ver** |
| ps | **bí**ceps |
| x | **tó**rax |
| us | **ví**rus |
| i, is | **jú**ri, **lá**pis |
| om, ons | **iân**dom, **í**ons |
| um, uns | **ál**bum, **ál**buns |
| ã(s), ão(s) | **ór**fã, **ór**fãs, **ór**fão, **ór**fãos |
| ditongo oral (seguido ou não de s) | **jó**quei, **tú**neis |

## 2.2.1. Observações

| | |
|---|---|
| As paroxítonas terminadas em ***n*** são acentuadas (hífen), mas as que terminam em ***ens***, não. | hifens, jovens |
| Não são acentuados os prefixos terminados em ***i*** e ***r***. | semi, super |
| Acentuam-se as paroxítonas terminadas em ditongos crescentes: ***ea(s), oa(s), eo(s), ua(s), ia(s), ue(s), ie(s), uo(s), io(s).*** | várzea, mágoa, **óleo, régua, férias, tênue,** cárie, ingênuo, início |

## 2.3. Oxítonas

Sílaba tônica: última.

Na tabela:

| Proparoxítona | Paroxítona | Oxítona |
|---|---|---|
| ja | ca | **ré** |
| pa | le | **tó** |
| | nin | **guém** |

| Acentuam-se as OXÍTONAS terminadas em | EXEMPLO |
|---|---|
| a(s) | so**fá**, so**fás** |
| e(s) | jaca**ré**, vo**cês** |
| o(s) | pale**tó**, a**vós** |
| em, ens | nin**guém**, arma**zéns** |

## 2.4. Monossílabos

### 2.4.1. Monossílabos Tônicos

Possuem **uma sílaba** e são pronunciados fortemente.

| Acentuam-se os MONOSSÍLABOS terminados em | EXEMPLO |
|---|---|
| a(s) | lá, cá |
| e(s) | pé, mês |
| o(s) | só, pó, nós, pôs |

### 2.4.2. Monossílabos Átonos

Não possuem autonomia fonética, sendo proferidos **fracamente,** como se fossem sílabas átonas do vocábulo a que se apoiam: o(s), a(s), um, uns, me, te, se, lhe nos, de, em, e, que etc.

### 2.4.3. Observações

| Os monossílabos átonos são palavras vazias de sentido, vindos representados por artigos, pronomes oblíquos, elementos de ligação (preposições, conjunções). | |
|---|---|
| Há monossílabos que são tônicos numa frase e átonos em outras. | Você trouxe sua mochila para ***quê***? (tônico) ***Que*** tem dentro da sua mochila? (átono)<br>Há sempre um ***mas*** para questionar. (tônico)<br>Eu sei seu nome, ***mas*** não me recordo agora. (átono) |
| Muitos verbos, ao se combinarem com pronomes oblíquos, produzem formas oxítonas ou monossilábicas que devem ser acentuadas por acabarem assumindo alguma das terminações contidas nas regras. | beijar + a = beijá-la<br>fez + o = fê-lo<br>dar + as = dá-las<br>fazer + o = fazê-lo |

## 2.5. Regras Especiais

Estas regras não podem ser encaixadas na tabela de dica mencionada no início do capítulo.

### 2.5.1. Ditongos abertos

| Os ditongos **éi, éu** e **ói**, sempre que tiverem pronúncia aberta em palavras **oxítonas** (éi e não êi), são acentuados. | ***éi (s):***an**éi**s, fi**éi**s, pap**éi**s<br>***éu (s):***tro**féu**, **céu**s<br>***ói (s):*** **herói,** constr**ói**, caub**ói**s |
|---|---|
| Os ditongos abertos ocorridos em palavras paroxítonas NÃO são acentuados. | assembleia, boia, colmeia, Coreia, estreia, heroico, ideia, jiboia, joia, paranoia, plateia, etc. |
| A palavra destróier é acentuada por ser uma paroxítona terminada em "r" (e não por possuir ditongo aberto **oi).** | – |

### 2.5.2. Hiatos

| REGRA | EXEMPLO |
|---|---|
| Acentuam-se o **i** e **u** tônicos quando formam hiato com a vogal anterior, estando eles sozinhos na sílaba ou acompanhados apenas de **"s"**, desde que não sejam seguidos por **-nh.** | sa – **í** – da<br>e – go – **ís** –mo<br>sa – **ú** – de |
| Não se acentuam, portanto, hiatos como os das palavras seguintes. | ju -**iz**, ra – **iz**, ru – **im**, ca – **ir** |
| Motivo: **-i** ou **-u** não estão sozinhos nem acompanhados de **-s** na sílaba. | |
| Cabe esclarecer que existem hiatos acentuados não por serem hiatos, mas por outras razões. | po-é-ti-co: proparoxítona<br>bo-ê-mio: paroxítona terminada em ditongo crescente.<br>ja-ó: oxítona terminada em "o". |

### 2.5.3. Verbos TER e VIR

| REGRA | EXEMPLO |
|---|---|
| Acentua-se com circunflexo a 3ª pessoa do plural do presente do indicativo dos verbos **ter** e **vir**, bem como nos seus compostos (*deter, conter, reter, advir, convir, intervir*, etc.). | Ele tem – Eles têm<br>Ele vem – Eles vêm<br>Ele retém – Eles retêm<br>Ele intervém – Eles intervêm |
| – Nos verbos compostos de ter e vir, o acento ocorre obrigatoriamente, mesmo no singular. Distingue-se o plural do singular mudando o acento de agudo para circunflexo. | ele *detém* -eles *detêm*<br>ele *advém* -eles *advêm* |

## 2.6. Mudanças nas Regras[1]

Fique de olho nas exceções – muito exigidas em provas.

| | O que mudou | Exemplos | Exceções |
|---|---|---|---|
| 1 | Não se usa mais o acento dos **ditongos abertos éi** e **ói** das palavras paroxítonas (palavras que têm acento tônico na penúltima sílaba). | alcaloide, alcateia, androide, apoia (verbo apoiar), apoio (verbo apoiar), asteroide, boia, celuloide, claraboia, colmeia, Coreia. | Essa regra é válida somente para palavras paroxítonas. Continuam a ser acentuadas as palavras oxítonas e os monossílabos tônicos terminados em **éis** e **ói(s)**: papéis, herói, heróis, dói (verbo doer), sóis. |
| 2 | Nas palavras **paroxítonas**, não se usa mais o acento no **i** e no **u** tônicos quando vierem depois de um ditongo. | baiuca, bocaiuva (tipo de palmeira), cauila (avarento). | 1. se a palavra for oxítona e o **i** ou o **u** estiverem em posição final (ou seguidos de **s**), o acento permanece: tuiuiú, tuiuiús, Piauí.<br>2. se o **i** ou o **u** forem precedidos de ditongo crescente, o acento permanece: guaíba, Guaíra. |

1. TUFANO, Douglas. Guia Prático da Nova Ortografia – São Paulo: Melhoramentos, 2009, alterado.

| | O que mudou | Exemplos | Exceções |
|---|---|---|---|
| 3 | Não se usa mais o acento das palavras terminadas em **êem** e **ôo(s)**. | abençoo, creem, deem, doo, enjoo. | |
| 4 | Não se usa mais o **acento diferencial** nos "pares": pára - para, péla(s) - pela(s), pêlo(s) - pelo(s), pólo(s) - polo(s) e pêra - pera. | Ele não para de falar. Foram para Londres. | 1. Permanece o acento diferencial em **pôde** e **pode**: Ontem, ele não **pôde** sair mais cedo, mas hoje ele **pode**. 2. Permanece o acento diferencial em **pôr** (verbo) e **por** (preposição): Vou **pôr** o livro na estante que foi feita **por** mim. 3. Permanecem os acentos que diferenciam o singular do plural dos verbos **ter** e **vir**, assim como de seus derivados (manter, deter, reter, conter, convir, intervir, advir etc.): Ele **tem** - Eles **têm;** Ele **vem** - Eles **vêm;** Ele **mantém** - Eles **mantêm;** Ele **convém** - Eles **convêm.** 4. Acento facultativo - o uso do acento circunflexo para diferenciar as palavras **forma** e **fôrma**. Em alguns casos, o uso do acento deixa a frase mais clara: Qual é a **forma** da **fôrma** do bolo? |
| 5 | Não se usa mais o acento agudo no **u** tônico das formas (tu) arguis, (ele) argui, (eles) arguem, do presente do indicativo dos verbos **arguir** e **redarguir**. | *João argui Pedro sobre sua ausência na reunião. Pedro redargui: Por acaso isso te interessa?* | |
| 6 | Há uma variação na pronúncia dos verbos terminados em **guar**, **quar** e **quir**, como aguar, averiguar, apaziguar, desaguar, enxaguar, obliquar, delinquir etc. Esses verbos admitem duas pronúncias em algumas formas do presente do indicativo, do presente do subjuntivo e também do imperativo. 1. se forem pronunciadas com **a** ou **i** tônicos, essas | 1. verbo enxaguar: enxáguo, enxáguas, enxágua, enxáguam; enxágue, enxágues, enxáguem. verbo delinquir: delínquo, delínques, delínque, delínquem; delínqua, delínquas, delínquam. | No Brasil, a pronúncia mais corrente é a primeira, aquela com **a** e **i** tônicos. |

| | O que mudou | Exemplos | Exceções |
|---|---|---|---|
| 6 | formas devem ser acentuadas. 2. se forem pronunciadas com **u** tônico, essas formas deixam de ser acentuadas. | 2. (a vogal sublinhada é tônica, isto é, deve ser pronunciada mais fortemente que as outras): verbo enxaguar: enxaguo, enxaguas, enxagua, enxaguam; enxague, enxagues, enxaguem. verbo delinquir: delinquo, delinques, delinque, delinquem; delinqua, delinquas, delinquam. | |

# 3. FIQUE DE OLHO

| | |
|---|---|
| **FCC** | acento diferencial |
| | crase |
| | vocábulos acentuados pela mesma regra |
| | reforma ortográfica |
| **CEBRASPE** | acento diferencial |
| | vocábulos acentuados pela mesma regra |
| | proparoxítona eventual |
| | crase |
| | reforma ortográfica |
| **FGV** | acento diferencial |
| | reforma ortográfica |
| | vocábulos acentuados pela mesma regra |
| | crase |
| **INST. AOCP** | vocábulos acentuados pela mesma regra |
| | acento diferencial |
| | reforma ortográfica |

| | |
|---|---|
| FUMARC | palavras acentuadas corretamente |
| | palavras que devem ser acentuadas |
| | ortoépia |
| | prosódia |
| | diferença entre hiato e paroxítona |
| | acento diferencial |
| IBFC | palavras acentuadas corretamente |
| | regras de acentuação das palavras |
| | acento diferencial |
| | desvio no uso dos acentos ortográficos |

## 3.1. Questões comentadas

**01. (FCC – Técnico Administrativo – Área Administrativa – TRT 11/2024)** A mesma regra justifica a presença de acento em todas as palavras em:

(A) fanático, solitário, científico, cômico.

(B) irlandês, polinésio, congolês, indonésio.

(C) terapêutico, mímica, antepenúltimo, lírico.

(D) cerimônia, descartável, espécie, música.

(E) imundície, horário, melancólico, longínquo.

➢ Comentários:

**Nota da autora:** Para evitar erro e ganhar tempo, insira as palavras na tabela seguindo o passo a passo abaixo.

A última sílaba deve ficar sempre na última coluna;

Para que sejam acentuadas pela mesma regra, o acento deve estar na mesma coluna.

Observação: não coloque na tabela palavras que são acentuadas por possuírem hiato ou ditongo aberto.

**Alternativa "a"** – fanático: proparoxítona, solitário: paroxítona terminada em ditongo, científico: proparoxítona, cômico: proparoxítona.

Regra distinta: solitário.

| | PRO | PAR | OXI |
|---|---|---|---|
| fa | NÁ | ti | co |
| so | li | TÁ | rio |
| cien | TÍ | fi | co |
| | CÔ | mi | co |

**Alternativa "b"** – irlandês: oxítona terminada em "es", polinésio: paroxítona terminada em ditongo, congolês: oxítona terminada em "es", indonésio: paroxítona terminada em ditongo.

Regras distintas: irlandês e congolês x polinésio e indonésio.

| | PRO | PAR | OXI |
|---|---|---|---|
| | ir | lan | DÊS |
| po | li | NÉ | sio |
| | con | go | LÊS |
| in | do | NÉ | sio |

**Alternativa "c"** – terapêutico, mímica, antepenúltimo, lírico.

Todas as palavras são proparoxítonas.

| | PRO | PAR | OXI |
|---|---|---|---|
| tera | PÊU | ti | co |
| | MÍ | mi | ca |
| antepe | NÚL | ti | mo |
| | LÍ | ri | co |

**Alternativa "d"** – cerimônia: paroxítona terminada em ditongo, descartável: paroxítona terminada em "l", espécie: paroxítona terminada em ditongo ou proparoxítona aparente (es-pé-ci-e), música: proparoxítona.

Regra distinta: música.

| | PRO | PAR | OXI |
|---|---|---|---|
| ce | ri | MÔ | nia |
| des | car | TÁ | vel |
| | es | PÉ | cie |
| | MÚ | si | ca |

**Alternativa "e"** – imundície: paroxítona terminada em ditongo ou proparoxítona aparente (i-mun-dí-ci-e), horário: paroxítona terminada em ditongo, melancólico: proparoxítona, longínquo: paroxítona terminada em ditongo.

Regra distinta: longínquo.

| | PRO | PAR | OXI |
|---|---|---|---|
| i | mun | DÍ | cie |
| | ho | RÁ | rio |
| melan | CÓ | li | co |
| | lon | GÍN | quo |

**RESPOSTA: C**

**02. (FGV – TJ AP – Técnico Judiciário - 2024)** A opção em que as duas palavras nela apresentadas recebem acento gráfico corretamente, é:

(A) dócil / maquinária;

(B) autóctone / rúbrica;

(C) hífen / táctil;

(D) barbária / têxtil;

(E) éter / cíclope.

➢ Comentários:

**Alternativa "a"** – Erro: **maquinaria** - *conjunto de máquinas empregadas em um trabalho.*

**Alternativa "b"** – Erro: **rubrica** - *assinatura abreviada; abreviação da assinatura de alguém.*

**Alternativa "c"** – Hífen: paroxítona terminada em "n"; táctil: paroxítona terminada em "l".

**Alternativa "d"** – Erro: **barbaria** - *crueldade, ferocidade.*

**Alternativa "e"** – Erro: **ciclope** – *gigante com um só olho na testa.*

**RESPOSTA: C**

---

**03. (Cespe – Técnico Judiciário – Área Administrativa – TRT 17/2013)** Os vocábulos "juízes" e "país" são acentuados de acordo com regras de acentuação gráfica distintas.

( ) Certo ( ) Errado

➢ Comentários

Os dois vocábulos foram acentuados por se tratar de **hiato**.

Em **ju-í-zes**, o **i** forma hiato com a vogal anterior (**u**) e só recebe acento porque a palavra está no plural; em **juiz** não há acento porque o **i** está seguido de **z** na mesma sílaba.

Em **pa-ís**, o **i** forma hiato com a vogal anterior (**a**).

**RESPOSTA: Errado**

Capítulo

# 2

# ORTOGRAFIA E SEMÂNTICA

## 1. INTRODUÇÃO

**Ortografia** deriva das palavras gregas *ortho* que significa "correto" e *graphos* que significa "escrita". Assim sendo, trata-se da **escrita correta das palavras.**

Torna-se importante seu estudo por ser pedida em concursos do CESPE e por ser fundamental saber escrever corretamente. **Dicas** para facilitar o estudo:

1) Ao se deparar com **palavras novas**, ou seja, desconhecidas, procure o significado no dicionário e anote para que fixe melhor.

2) **Faça muitos testes de concursos**, pois as palavras exigidas pelas bancas repetem.

## 2. O ALFABETO

O alfabeto da língua portuguesa é formado por 26 letras (21 consoantes e 5 vogais). Cada letra apresenta uma forma minúscula e outra maiúscula. Veja:

| | | | | |
|---|---|---|---|---|
| **a A** (á) | **g G** (gê ou guê) | **m M** (eme) | **s S** (esse) | **y Y** (ípsilon) |
| **b B** (bê) | **h H** (agá) | **n N** (ene) | **t T** (tê) | **z Z** (zê) |
| **c C** (cê) | **i I** (i) | **o O** (ó) | **u U** (u) | |
| **d D** (dê) | **j J** (jota) | **p P** (pê) | **v V** (vê) | |
| **e E** (é) | **k K** (cá) | **q Q** (quê) | **w W** (dáblio) | |
| **f F** (efe) | **l L** (ele) | **r R** (erre) | **x X** (xis) | |

**Observação:** emprega-se também o **ç**, que representa o fonema /s/ diante das letras: ***a, o, e u*** em determinadas palavras.

## 3. EMPREGO DAS LETRAS K, W E Y

| REGRA | EXEMPLO |
|---|---|
| Em nomes de pessoas originários de outras línguas e seus derivados. | Kant, kantismo; Darwin, darwinismo; Taylor, taylorista. |
| Em nomes próprios de lugar originários de outras línguas e seus derivados. | Kuwait, kuwaitiano. |
| Em siglas, símbolos, e mesmo em palavras adotadas como unidades de medida de curso internacional. | K (Potássio), W (West), kg (quilograma), km (quilômetro), Watt. |

## 4. EMPREGO DE X E CH

### 4.1. Emprega-se o X

| REGRA | EXEMPLO | EXCEÇÃO |
|---|---|---|
| Após um ditongo. | cai**x**a, frou**x**o, pei**x**e | **recauchutar** e seus derivados<br>gua**ch**e, cau**ch**o |
| Após a sílaba inicial "en". | en**x**ame, en**x**ada, en**x**aqueca | palavras iniciadas por **ch** que recebem o prefixo **en-**: encharcar (de charco), enchiqueirar (de chiqueiro), encher e seus derivados (enchente, enchimento, preencher) |
| Após a sílaba inicial "me-". | me**x**er, me**x**erica, me**x**icano, me**x**ilhão | mecha |
| Em vocábulos de origem indígena ou africana e nas palavras inglesas aportuguesadas. | abaca**x**i, **x**avante, ori**x**á, **x**ará, **x**erife, **x**ampu | **ch**apecó, alca**ch**ofra, **ch**afariz, ca**ch**aça, co**ch**i**ch**o, co**ch**ilar |
| Nas seguintes palavras | be**x**iga, bru**x**a, coa**x**ar, fa**x**ina, gra**x**a, lagarti**x**a, li**x**a, li**x**o, pu**x**ar, ri**x**a, o**x**alá, pra**x**e, ro**x**o, ve**x**ame, **x**adrez, **x**arope, **x**a**x**im, **x**ícara, **x**ale, **x**ingar, etc. | |

### 4.2. Emprega-se o dígrafo CH

| REGRA | EXEMPLO |
|---|---|
| Ao passar do latim para o português, as sequências "cl", "pl" e "fl", transformaram-se em "**ch**" | • *afflare* → a**ch**ar<br>• *clamare* → **ch**amar<br>• *planus* → **ch**ão |
| Em palavras com origem francesa. | • Avalan**ch**e (Avalón**ch**), Ca**ch**ê (Ca**ch**et)<br>• Ca**ch**ecol (Ca**ch**er), **Ch**alé (**Ch**alet)<br>• **Ch**assi (**Ch**ânssis), **Ch**ampanhe (**Ch**ampagne)<br>• **Ch**ampignon (**Ch**ampignon), **Ch**antilly (**Ch**antilly)<br>• **Ch**ance (**Ch**ance), **Ch**apéu (**Ch**apeau)<br>• **Ch**antagem (**Ch**antage) |

# 5. EMPREGA-SE O G

| REGRA | EXEMPLO | EXCEÇÃO |
|---|---|---|
| Nos substantivos terminados em *-agem, -igem, -ugem* | barragem, miragem, viagem, origem, ferrugem | pajem |
| Nas palavras terminadas em *-ágio, -égio, -ígio, -ógio, -úgio* | **estágio**, privil**égio**, prest**ígio**, rel**ógio**, ref**úgio** | |
| Nas palavras derivadas de outras que se grafam com *g* | engessar (de gesso), massagista (de massagem), vertiginoso (de vertigem) | |
| Nos vocábulos | algema, auge, bege, estrangeiro, geada, gengiva, gibi, gilete, hegemonia, herege, megera, monge, rabugento, vagem. | |

# 6. EMPREGA-SE O J

| REGRA | EXEMPLO |
|---|---|
| Nas formas dos verbos terminados em *-jar* ou *–jear* | • arran**jar** → arranjo, arranje, arranjem<br>• despe**jar** → despejo, despeje, despejem<br>• gor**jear** → gorjeie, gorjeiam, gorjeando<br>• enferru**jar** → enferruje, enferrujem<br>• via**jar** → viajo, viaje, viajem |
| Nas palavras de **origem tupi, africana, árabe ou exótica** | biju, jiboia, canjica, pajé, jerico, manjericão, Moji |
| Nas palavras derivadas de outras que já apresentam *j* | laranja- laranjeira, loja- lojista, lisonja- lisonjeador, nojo- nojeira, cereja- cerejeira, varejo- varejista, rijo- enrijecer, jeito- ajeitar. |
| Nos vocábulos | berinjela, cafajeste, jeca, jegue, majestade, jeito, jejum, laje, traje, pegajento |

# 7. EMPREGO DAS LETRAS S E Z

## 7.1. Emprega-se o S

| REGRA | EXEMPLO |
|---|---|
| Nas palavras derivadas de outras que já apresentam *s* no radical | análise- analisar, catálise- catalisador, casa- casinha, casebre, liso- alisar |
| Nos sufixos *-ês* e *-esa, ao indicarem nacionalidade, título ou origem* | burguês- burgu**esa**, inglês- ingl**esa**, chinês- chin**esa**, milanês- milan**esa** |
| Nos sufixos formadores de adjetivos *-ense, -oso* e *–osa* | catarin**ense**, gost**oso**- gost**osa**, amor**oso**- amor**osa**, palmeir**ense**, gas**oso**- gas**osa**, teim**oso**- teim**osa** |
| Nos sufixos gregos *-ese, -isa, -osa* | catequ**ese**, dioc**ese**, poet**isa**, profet**isa**, sacerdot**isa**, glic**ose**, metamorf**ose**, vir**ose** |
| Após **ditongos** | coisa, pouso, lousa, náusea |

| REGRA | EXEMPLO |
|---|---|
| Nas formas dos verbos ***pôr*** e ***querer***, bem como em seus derivados | pu**s**, pô**s**, pu**s**emos, pu**s**eram, pu**s**era, pu**s**esse, pu**s**éssemos<br>qui**s**, qui**s**emos, qui**s**eram, qui**s**er, qui**s**era, qui**s**éssemos<br>repu**s**, repu**s**era, repu**s**esse, repu**s**éssemos |
| Em nomes próprios personativos (de pessoas) | Balta**s**ar, Helo**í**sa, Inê**s**, I**s**abel, Luí**s**, Luí**s**a, Re**s**ende, Sou**s**a, Tere**s**a, Tere**s**inha, Tomá**s** |
| Nos vocábulos | abu**s**o, a**s**ilo, atravé**s**, avi**s**o, be**s**ouro, bra**s**a, corte**s**ia, deci**s**ão, despe**s**a, empre**s**a, fregue**s**ia, fu**s**ível, mai**s**ena, me**s**ada, pai**s**agem, paraí**s**o, pê**s**ames, pre**s**épio, pre**s**ídio, quero**s**ene, rapo**s**a, surpre**s**a, te**s**oura, u**s**ura, va**s**o, vigé**s**imo, vi**s**ita, etc. |

## 7.2. Emprega-se o Z

| REGRA | EXEMPLO |
|---|---|
| Nas palavras derivadas de outras que já apresentam ***z*** no radical | deslize- desli**z**ar, ra**z**ão- ra**z**oável, vazio- esva**z**iar, raiz-enrai**z**ar, cru**z**-cru**z**eiro |
| Nos sufixos ***-ez, -eza***, ao formarem substantivos abstratos a partir de adjetivos | inválido- invalid**ez**, limpo-limp**eza**, macio- maci**ez**, rígido-rigid**ez**, frio- fri**eza**, nobre- nobr**eza**, pobre-pobr**eza**, surdo- surd**ez** |
| Nos sufixos ***-izar***, ao formar verbos e ***-ização***, ao formar substantivos | civil**izar**- civilização, hospital**izar**- hospital**ização**, colon**izar**- colonização, real**izar**- real**ização** |
| Nos derivados em ***-zal, -zeiro, -zinho, -zinha, -zito, -zita*** | cafe**zal**, cafe**zeiro**, cafe**zinho**, arvore**zinha**, cão**zito**, ave**zita** |
| Nos vocábulos | a**z**ar, a**z**eite, a**z**edo, ami**z**ade, bu**z**ina, ba**z**ar, catequi**z**ar, chafari**z**, cicatri**z**, coali**z**ão, cuscu**z**, proe**z**a, vi**z**inho, xadre**z**, verni**z**, etc. |
| Nos **vocábulos homófonos** (mesmo som), estabelecendo distinção no contraste entre o ***S*** e o ***Z*** | co**z**er (cozinhar) e co**s**er (costurar)<br>pre**z**ar (ter em consideração) e pre**s**ar (prender)<br>tra**z** (forma do verbo trazer) e trá**s** (parte posterior) |

**Observação:** em muitas palavras, a letra ***X*** soa como ***Z***: exame, exato, exausto, exemplo, existir, exótico, inexorável.

# 8. EMPREGO DE S, Ç, X E DOS DÍGRAFOS SC, SÇ, SS, XC, XS

## 8.1. Emprega-se o S

| REGRA | EXEMPLO |
|---|---|
| Nos substantivos derivados de verbos terminados em ***"andir", "ender", "verter" e "pelir"*** | exp**andir**- expansão, pret**ender**- pretensão, **verter**-versão, ex**pelir**- expulsão, est**ender**- extensão, susp**ender**-suspensão, con**verter** – conversão, re**pelir**- repulsão |

## 8.2. Emprega-se Ç

| REGRA | EXEMPLO |
|---|---|
| Nos substantivos derivados dos verbos **ter** e **torcer** | a**ter**- atenção, **torcer**- torção, de**ter**- detenção, dis**torcer**- distorção, man**ter**- manutenção, con**torcer**- contorção |

## 8.3. Emprega-se o X

| REGRA | EXEMPLO |
|---|---|
| Em alguns casos, a letra **X** soa como **Ss** | au**x**ílio, e**x**pectativa, e**x**perto, e**x**troversão, se**x**ta, sinta**x**e, te**x**to, trou**x**e |

## 8.4. Emprega-se SC

| REGRA | EXEMPLO |
|---|---|
| Nos **termos eruditos** | acré**sc**imo, a**sc**ensorista, con**sc**iência, de**sc**ender, di**sc**ente, fa**sc**ículo, fa**sc**ínio, impre**sc**indível, mi**sc**igenação, mi**sc**ível, plebi**sc**ito, re**sc**isão, sei**sc**entos, tran**sc**ender, etc. |

## 8.5. Emprega-se SÇ

| REGRA | EXEMPLO |
|---|---|
| Na conjugação de alguns verbos | • nascer → na**sç**o, na**sç**a<br>• crescer → cre**sç**o, cre**sç**a<br>• descer → de**sç**o, de**sç**a |

## 8.6. Emprega-se SS

| REGRA | EXEMPLO |
|---|---|
| Nos substantivos derivados de verbos terminados em ***gredir, mitir, ceder*** e ***cutir*** | a**gredir**- agre**ss**ão, de**mitir**- demi**ss**ão, **ceder**- ce**ss**ão, dis**cutir**- discu**ss**ão, pro**gredir**- progre**ss**ão, trans**mitir**- transmi**ss**ão, ex**ceder**- exce**ss**o, reper**cutir**- repercu**ss**ão |

## 8.7. Emprega-se o XC e o XS

| REGRA | EXEMPLO |
|---|---|
| Em dígrafos que soam como ***Ss*** | e**xc**eção, e**xc**êntrico, e**xc**edente, e**xc**epcional, e**xs**udar |

**Observações sobre o uso da letra *X***

| REGRA | EXEMPLO |
|---|---|
| O **X** pode representar os seguintes fonemas | /ch/ – **x**arope, ve**x**ame<br>/cs/ – a**x**ila, ne**x**o<br>/z/ – e**x**ame, e**x**ílio<br>/ss/ – má**x**imo, pró**x**imo<br>/s/ – te**x**to, e**x**tenso |
| Não soa nos grupos internos ***-xce-* e *-xci-*** | **exce**lente, **exci**tar |

# 9. EMPREGO DAS LETRAS E E I

## 9.1. Emprega-se o E

| REGRA | EXEMPLO |
|---|---|
| Em sílabas finais dos verbos terminados em ***-oar, -uar*** | mag**oar** – mago**e**, mago**e**s<br>contin**uar**- continu**e**, continu**e**s |
| Em palavras formadas com o prefixo ***ante-* (antes, anterior)** | ant**e**braço, ant**e**cipar |
| Nos vocábulos | cad**e**ado, confet**e**, dis**e**nteria, **e**mp**e**cilho, irr**e**quieto, m**e**x**e**rico, orquíd**e**a, etc. |

## 9.2. Emprega-se o I

| REGRA | EXEMPLO |
|---|---|
| Em sílabas finais dos verbos terminados em ***-air, -oer, -uir**** | **cair**- cai<br>**doer**- dói<br>**influir**- influi* |
| Em palavras formadas com o prefixo ***anti-* (contra)** | Ant**i**cristo, ant**i**tetânico |
| Nos vocábulos | abor**í**gine, art**i**manha, chef**i**ar, d**i**glad**i**ar, pen**i**c**i**lina, priv**i**lég**i**o, etc. |

***Regra MUITO pedida em provas da Fundação Carlos Chagas.**

# 10. EMPREGO DAS LETRAS O E U

| REGRA | EXEMPLO |
|---|---|
| A oposição **o/u** é responsável pela diferença de significado de algumas palavras. | c**o**mprimento (extensão) e c**u**mprimento (saudação, realização)<br>s**o**ar (emitir som) e s**u**ar (transpirar) |
| Grafam-se com a letra ***O*** | *b**o**lacha, búss**o**la, c**o**stume, m**o**leque.* |
| Grafam-se com a letra ***U*** | *cam**u**ndongo, jab**u**ti, Man**u**el, táb**u**a* |

## 11. EMPREGO DA LETRA H

Esta letra, em início ou fim de palavras, não tem valor fonético. Conservou-se apenas como símbolo, por força da etimologia e da tradição escrita. A palavra ***hoje,*** por exemplo, grafa-se desta forma devido a sua origem na forma latina ***hodie.***

### 11.1. Emprega-se o H

<table>
<tr><th>REGRA</th><th>EXEMPLO</th></tr>
<tr><td>Inicial, quando etimológico</td><td>hábito, hesitar, homologar, Horácio</td></tr>
<tr><td>Medial, como integrante dos dígrafos ch, lh, nh</td><td>flecha, telha, companhia</td></tr>
<tr><td>Final e inicial, em certas interjeições</td><td>ah!, ih!, eh!, oh!, hem?, hum!, etc.</td></tr>
<tr><td>Em compostos unidos por hífen, no início do segundo elemento, se etimológico</td><td>anti-higiênico, pré-histórico, super-homem, etc.</td></tr>
<tr><th colspan="2">Observações:</th></tr>
<tr><td>1) No substantivo Bahia, o h sobrevive por tradição.<br>2) Os vocábulos erva, Espanha e inverno não possuem a letra h na sua composição. No entanto, seus derivados eruditos sempre são grafados com h.</td><td>1) Note que nos substantivos derivados, como baiano e baianinha, ele não é utilizado.<br>2) herbívoro, hispânico, hibernal. herbívoro, hispânico, hibernal.</td></tr>
</table>

## 12. VOCÁBULOS MUITO EXIGIDOS EM CONCURSOS

- abster = abstenção
- admitir = admissão
- agredir = agressão
- apreender = apreensão
- ascender = ascensão
- ater = atenção
- ceder = cessão
- compreender = compreensão
- conceder = concessão
- contorcer = contorção
- converter = conversão
- demitir = demissão
- deter = detenção
- discutir = discussão
- distender = distensão
- distorcer =distorção
- estender = extensão
- exceder = excesso, excessivo
- expelir = expulsão
- manter = manutenção
- omitir = omissão
- percutir = percussão
- permitir = permissão
- pretender = pretensão
- progredir = progressão
- regredir = regressão
- repelir = repulsão repercutir = repercussão
- reter = retenção
- reverter = reversão
- subverter = subversão
- suceder = sucessão
- suspender = suspensão
- tender = tensão
- torcer = torção
- transgredir = transgressão
- transmitir = transmissão
- verter = versão

## 13. EM CONCURSOS

### 13.1. Emprego dos Porquês

| | Regras | Exemplos |
|---|---|---|
| **Por que** | equivale a **pelo qual** | Este é o caminho **por que** passo. |
| | vem acompanhado pela palavra **razão** *(mesmo que subentendida)* | **Por que** você foi embora logo? |
| **Porque** | é uma explicação, equivale a **pois.** | Fui embora logo **porque** estava muito cansado. |
| **Porquê** | é um substantivo, ou seja, nomeia. | Não sei o **porquê** de sua demora. |
| | Admite PLURAL | O estudo da palavra **porquê**. |
| **Por quê** | Segue a regra da palavra **que**: quando utilizada no fim de uma frase, será sempre acentuada. | Ele faltou, mas não sei **por quê.** |

**Em concurso**:

Faltou ontem e não sabemos **por quê.** Regra: final de frase.

Faltou ontem e não sabemos o **porquê.** Regra: admite plural = não sabemos **os porquês**.

### 13.2. Mal e Mau

| | Regras | Exemplos |
|---|---|---|
| **Mal** | **substantivo** (nomeia) | O **mal** que a televisão me fez. |
| | **advérbio** (indica circunstância) | Dormi **mal** a semana toda. |
| **Mau** | é um **adjetivo** (qualifica) | Ele é um **mau** aluno. |

**Facilitando**: em provas fáceis, pode pensar na antiga dica de antônimos.

| MAL | X | BEM |
|---|---|---|
| **MAU** | **X** | **BOM** |

### 13.3. Viagem e Viajem

| | Regras | Exemplos |
|---|---|---|
| **Viagem** | **substantivo** (nomeia) | A **viagem** que farão. |
| **Viajem** | **verbo** (pode ser conjugado) | Que eles **viajem** bem. |

### 13.4. Cessão, Sessão e Seção (ou secção)

| | Regras | Exemplos |
|---|---|---|
| **Cessão** | Ato de ceder | A **cessão** de terras não será feita pelo governo. |
| **Sessão** | reunião | A **sessão** de cinema começará às oito horas. |

| | | |
|---|---|---|
| **Seção ou secção** | parte, divisão | Li a notícia na **seção** (ou **secção**) de esportes. |

## 13.5. Onde e aonde

| | Regras | Exemplos |
|---|---|---|
| **Onde** | Significa **no lugar** e equivale a em que, no(a) qual | O bairro **onde** fica a editora.<br>= A editora fica **no** bairro. |
| **Aonde** | Significa **ao lugar** | A casa **aonde** iremos.<br>= Iremos a casa. |

## 13.6. Se não e senão

| | Regras | Exemplos |
|---|---|---|
| **Se não** | Equivale a **caso não, quando não** ou no caso de o **se** ser conjunção integrante. | **Se não** fossem meus amigos, não seria quem sou.<br>Perguntei aos alunos **se não** gostariam de estudar. |
| **Senão** | Equivale a **caso contrário, do contrário, de outro modo, a não ser, mas sim** | Estude bastante, **senão** não conseguirá aprender o suficiente. |

## 13.7. Tão pouco e tampouco

| | Regras | Exemplos |
|---|---|---|
| **Tão pouco** | muito pouco, curto, pouca coisa, algo pequeno, escasso | Estudei **tão pouco** que nem vou fazer a prova. |
| **Tampouco** | **também não ou nem** | Não estudou, **tampouco** trabalhou. |

## 13.8. De encontro a e ao encontro de

| | Regras | Exemplos |
|---|---|---|
| **De encontro a** | contra, em oposição a, para chocar-se com | A decisão foi **de encontro a** nossos ideais. |
| **Ao encontro de** | estar de acordo com, em direção a, favorável a, para junto de | Minha nota veio **ao encontro do** que desejava. |

## 13.9. Em vez de e ao invés de

| | Regras | Exemplos |
|---|---|---|
| **Em vez de** | Em lugar de | **Em vez de** estudar, foi ao cinema. |

| | | |
|---|---|---|
| **Ao invés de** | **Ao contrário de, lado oposto.** Utilizada para indicar ideias opostas, ideias contrárias. | **Ao invés de** rir, chorou muito. |

## 13.10. Acerca de, a cerca de e há cerca de

| | Regras | Exemplos |
|---|---|---|
| **Acerca de** | **a respeito de** ou **sobre** | **Acerca do** fato, não darei minha opinião. |
| **A cerca de** | perto de, aproximadamente, próximo de | O mar fica **a cerca de** 50 metros da pousada. |
| **Há cerca de** | tempo decorrido | **Há cerca de** 10 anos, foi aprovado. |

## 13.11. Mas e Mais

| | Regras | Exemplos |
|---|---|---|
| **Mas** | • **substantivo comum** = um defeito, um senão<br>• **conjunção** = adversativa tem sentido de uma oposição ou limitação, podendo ser substituído por porém, todavia, contudo<br>• **advérbio** = enfatiza uma afirmação | • Nem **mas** nem meio mas, faça já o que mandaram.<br>• Não estudou, **mas** foi aprovado.<br>• Ele é bom aluno, **mas** tão bom aluno que tem sempre nota máxima nas provas. |
| **Mais** | Pode ser **substantivo, conjunção, advérbio de intensidade, preposição, pronome indefinido** indicando noção de maior quantidade ou intensidade. Significa também **ainda os outros, os demais, os restantes.** | • Ela é a menina **mais** inteligente da turma.<br>• Dois **mais** dois são quatro.<br>• Isto é o **mais** que ele consegue fazer.<br>• Não faço **mais** nada do que pensar.<br>• Vou embora, os **mais** que se decidam. |

## 13.12. A fim e Afim

| | Regras | Exemplos |
|---|---|---|
| **A fim** | Locução de finalidade, equivale a **para** | Estudou **a fim de** ter salário fixo. |
| **Afim** | **Semelhante**, que tem afinidade | Nossos valores sempre foram **afins.** |

## 13.13. Se Quer e Sequer

| | Regras | Exemplos |
|---|---|---|
| **Se quer** | Conjunção **se** + verbo **querer** = se desejar | **Se quer** ter sucesso, trabalhe. |

| **Sequer** | Ao menos = advérbio | Estava doente e **sequer** tinha remédio em casa. |
|---|---|---|

# 14. EMPREGO DO HÍFEN[1]

| REGRA | EXEMPLO |
|---|---|
| Na separação de sílabas. | vo-vó; pás-sa-ro; U-ru-guai. |
| Para ligar **pronomes oblíquos átonos** a verbos e à palavra **eis.** | deixa-o; obedecer-lhe; chamar-se-á (mesóclise); mostre-se-lhe (dois pronomes relacionados ao mesmo verbo); ei-lo. |
| Em **substantivos compostos**, cujos elementos conservam sua autonomia fonética e acentuação própria, mas perdem sua significação individual para construir uma unidade semântica, um conceito único. | Amor-perfeito, arco-íris, conta-gotas, decreto-lei, guarda-chuva, médico-cirurgião, norte-americano etc. |
| Certos compostos, em relação aos quais se perdeu, em certa medida, a noção de composição, grafam-se sem hífen: girassol, madressilva, mandachuva, pontapé, paraquedas, paraquedista etc. | |
| Em compostos nos quais o **primeiro elemento é numeral.** | primeira-dama, primeiro-ministro, segundo-tenente, segunda-feira, quinta-feira etc. |
| Em **compostos homogêneos** (contendo dois adjetivos, dois verbos ou elementos repetidos). | técnico-científico, luso-brasileiro; quebra-quebra, corre-corre, reco-reco, blá-blá-blá etc. |
| nos compostos entre cujos elementos há o emprego do **apóstrofo.** | gota-d'água, pé-d'água |
| nas palavras compostas **derivadas de topônimos** (nomes próprios de lugares), com ou sem elementos de ligação. | **belo-horizontino, porto-alegrense, mato-grossense-do-sul, rio-grandense-do-norte, sul-africano** |
| Nos **topônimos compostos** iniciados pelos adjetivos **grã**, **grão**, ou por **forma verbal** ou cujos **elementos** estejam **ligados por artigos**. | Grã- Bretanha, Grão -Pará; Passa-Quatro, Quebra-Costas, Traga-Mouros, Trinca-Fortes; Albergaria-a-Velha, Baía de Todos-os-Santos, Entre-os-Rios, Montemor-o-Novo, Trás-os-Montes. |
| Os outros topônimos compostos escrevem-se com os elementos separados, sem hífen: América do Sul, Belo Horizonte, Cabo Verde etc. O topônimo Guiné-Bissau é, contudo, uma exceção consagrada pelo uso. | |
| Emprega-se o Hífen nas palavras compostas que designam **espécies botânicas e zoológicas**, estejam ou não ligadas por preposição ou qualquer outro elemento. | couve-flor, erva-doce, feijão-verde, erva-do-chá, ervilha-de-cheiro, bem-me-quer (planta), andorinha-grande, formiga-branca, cobra-d'água, lesma-de-conchinha, bem-te-vi etc. |
| Não se usa o hífen quando os compostos que designam espécies botânicas e zoológicas são empregados fora de seu sentido original. Observe a diferença de sentido: bico-de-papagaio (espécie de planta ornamental, com hífen) e bico de papagaio (deformação nas vértebras, sem hífen). | |
| Emprega-se o Hífen nos compostos com os elementos **além, aquém, recém** e **sem.** | além-mar, aquém-fronteiras, recém-nascido, sem-vergonha. |

1. SÓ PORTUGUÊS. Disponível em <http://www.soportugues.com.br/secoes/fono/fono28.php>. Acesso em 20 fev. 2014, alterado.

| REGRA | EXEMPLO |
|---|---|
| Usa-se o hífen sempre que o prefixo terminar com a mesma letra com que se inicia a outra palavra. | anti-inflacionário, inter-regional, sub-bibliotecário, tele-entrega etc. |
| Emprega-se hífen (e não travessão) entre elementos que formam não uma palavra, mas um **encadeamento vocabular.** | A divisa Liberdade-Igualdade-Fraternidade; A ponte Rio-Niterói; A ligação Angola-Moçambique; A relação professor-aluno. |
| Nas formações por **sufixação,** será empregado o hífen nos vocábulos terminados por sufixos de origem **tupi-guarani** que representam formas adjetivas, tais como **-açu**, **-guaçu** e **-mirim**, se o primeiro elemento acabar em vogal acentuada graficamente, ou por tônica nasal. | Andá-açu, capim-açu, sabiá-guaçu, arumã-mirim, cajá-mirim etc. |
| Usa-se hífen com o elemento **mal** antes de **vogal, h** ou **l**. | mal-acabado, mal-estar, mal-humorado, mal-limpo. |
| Nas **locuções** não se costuma empregar o hífen, salvo naquelas já consagradas pelo uso. | café com leite, cão de guarda, dia a dia, fim de semana, ponto e vírgula, tomara que caia. |
| Incluem-se nesse caso os compostos de base oracional: maria vai com as outras, leva e traz, diz que diz que, deus me livre, deus nos acuda, cor de burro quando foge, bicho de sete cabeças, faz de conta. | |
| Locuções consagradas | água-de-colônia, arco-da-velha, cor-de-rosa, mais-que-perfeito, pé-de-meia, ao deus-dará, à queima-roupa. |

## 14.1. Prefixos e Elementos de Composição

| REGRA | EXEMPLO |
|---|---|
| **Usa-se hífen com os prefixos** | **Quando a palavra seguinte começa por** |
| Ante-, Anti-, Contra-, Entre-, Extra-, Infra-, Intra-, Sobre-, Supra-, Ultra- | **H / VOGAL IDÊNTICA À QUE TERMINA O PREFIXO**<br>– **com H:** ante-hipófise, anti-higiênico, anti-herói, contra-hospitalar, entre-hostil, extra-humano, infra-hepático, sobre-humano, supra-hepático, ultra-hiperbólico.<br>– **com vogal idêntica:** anti-inflamatório, contra-ataque, infra-axilar, sobre-estimar, supra-auricular, ultra-aquecido. |
| Hiper-, Inter-, Super- | **H / R**<br>hiper-hidrose, hiper-raivoso, inter-humano, inter-racial, super-homem, super-resistente. |
| Sub- | **B – H – R**<br>sub-bloco, sub-hepático, sub-humano, sub-região.<br>– As formas escritas sem hífen e sem "h", como por exemplo "subumano" e "subepático" também são aceitas. |

| REGRA | EXEMPLO |
|---|---|
| **Usa-se hífen com os prefixos** | **Quando a palavra seguinte começa por** |
| Ab-, Ad-, Ob-, Sob- | **B – D – R**<br>ab-rogar (pôr em desuso), ad-digital, ad-rogar (adotar), ob-reptício (astucioso), sob-roda. |
| Ex- (no sentido de estado anterior), Sota-, Soto-, Vice-, Vizo- | **DIANTE DE QUALQUER PALAVRA**<br>ex-namorada, sota-soberania (não total), soto-mestre (substituto), vice-reitor, vizo-rei. |
| Pós-, Pré-, Pró- (tônicos e com significados próprios) | **DIANTE DE QUALQUER PALAVRA**<br>pós-graduação, pré-escolar, pró-democracia.<br>– Se os prefixos não forem autônomos, não haverá hífen. Exemplos: predeterminado, pressupor, pospor, propor. |
| Circum-, Pan- | **H / M / N / VOGAL**<br>circum-meridiano, circum-navegação, circum-oral, pan-americano, pan-mágico, pan-negritude. |
| **Pseudoprefixos** (diferem-se dos prefixos por apresentarem elevado grau de independência e possuírem uma significação mais ou menos delimitada, presente à consciência dos falantes.)<br>Aero-, Agro-, Arqui-, Auto-, Bio-, Eletro-, Geo-, Hidro-, Macro-, Maxi-, Mega, Micro-, Mini-, Multi-, Neo-, Pluri-, Proto-, Pseudo-, Retro-, Semi-, Tele- | **H / VOGAL IDÊNTICA À QUE TERMINA O PREFIXO**<br>– **com H:** geo-histórico, mini-hospital, neo-helênico, proto-história, semi-hospitalar.<br>– **com vogal idêntica:** arqui-inimigo, auto-observação, eletro-ótica, micro-ondas, micro-ônibus, neo-ortodoxia, semi-interno, tele-educação. |

## 14.2. Complemento

| Observações | EXEMPLOS |
|---|---|
| Não se utilizará o hífen em palavras iniciadas pelo prefixo **co-**. Ele irá se juntar ao segundo elemento, mesmo que este se inicie por '**o**' ou '**h**'. Neste último caso, corta-se o 'h'. Se a palavra seguinte começar com 'r' ou 's', dobram-se essas letras. | coadministrar, coautor, coexistência, cooptar, coerdeiro corresponsável, cosseno. |
| Com os prefixos **pre-** e **re-** não se utilizará o hífen, mesmo diante de palavras começadas por 'e'. | preeleger, preexistência, reescrever, reedição. |
| Nas formações em que o prefixo ou pseudoprefixo terminar em **vogal** e o segundo elemento começar por **r** ou **s**, estas consoantes serão duplicadas e não se utilizará o hífen. | antirreligioso, antissemita, arquirrivalidade, autorretrato, contrarregra, contrassenso, extrasseco, infrassom, eletrossiderurgia, neorrealismo etc. |

| Observações | EXEMPLOS |
|---|---|
| Não confunda as grafias das palavras **autorretrato** e **porta-retrato**. A primeira é composta pelo prefixo **auto-**, o que justifica a ausência do hífen e a duplicação da consoante 'r'. 'Porta-retrato', por outro lado, não possui prefixo: o elemento 'porta' trata-se de uma forma do verbo "portar". Assim, esse substantivo composto deve ser sempre grafado com hífen. | |
| Nas formações em que o prefixo ou pseudoprefixo terminar em **vogal** e o segundo elemento começar por **vogal diferente**, não se utilizará o hífen. | antiaéreo, autoajuda, autoestrada, agroindustrial, contraindicação, infraestrutura, intraocular, plurianual, pseudoartista, semiembriagado, ultraelevado etc. |
| Não se utilizará o hífen nas formações com os prefixos **des-** e **in-**, nas quais o segundo elemento tiver perdido o "h" inicial. | desarmonia, desumano, desumidificar, inábil, inumano etc. |
| Não se utilizará o hífen com as palavras **não** e **quase**, ao possuir função prefixal. | não violência, não agressão, não comparecimento, quase delito. |
| Não se utiliza o hífen em palavras que possuem os elementos "bi", "tri", "tetra", "penta", "hexa", etc. | bicampeão, bimensal, bimestral, bienal, tridimensional, trimestral, triênio, tetracampeão, tetraplégico, pentacampeão, pentágono etc. |
| Em relação ao prefixo **hidro,** em alguns casos pode haver duas formas de grafia. | Hidroavião e hidravião; hidroenergia e hidroelétrica |
| No caso do elemento **socio**, o hífen será utilizado apenas quando houver função de substantivo (= de associado). | sócio-gerente; socioeconômico |

## 15. EMPREGO DAS INICIAIS MAIÚSCULAS E MINÚSCULAS

Durante alguns anos, o tópico não foi pedido em concursos, mas em 2012 passou a ser exigido novamente pela banca CESPE. Vale a pena conferir.

### 15.1. Usa-se a Inicial Maiúscula[2]

| USA-SE A INICIAL MAIÚSCULA | EXEMPLOS |
|---|---|
| No começo de um período, verso ou citação direta. | Disse o Padre Antonio Vieira:<br>"Estar com Cristo em qualquer lugar, ainda que seja no inferno, é estar no Paraíso."<br>"**A**uriverde pendão de minha terra,<br>Que a brisa do Brasil beija e balança,<br>Estandarte que à luz do sol encerra<br>As promessas divinas da Esperança..."<br>(Castro Alves) |
| No início dos versos que *não* **abrem período, é *facultativo* o uso da letra maiúscula.** | "Aqui, sim, no meu cantinho, vendo rir-me<br>o candeeiro, gozo o bem de estar sozinho e<br>**esquecer o mundo inteiro.»** |
| Depois de dois pontos, *não* **se tratando de citação direta, usa-se letra** *minúscula.* | "Chegam os magos do Oriente, com suas dádivas: ouro, incenso, mirra." (Manuel Bandeira) |

2. SÓ PORTUGUÊS. Disponível em <http://www.soportugues.com.br/secoes/fono/fono23.php>. Acesso em 23 fev. 2014.

| USA-SE A INICIAL MAIÚSCULA | EXEMPLOS |
|---|---|
| Nos antropônimos, reais ou fictícios. | Pedro Silva, Cinderela, D. Quixote. |
| Nos topônimos, reais ou fictícios. | Rio de Janeiro, Rússia, Macondo. |
| Nos nomes mitológicos. | Dionísio, Netuno. |
| Nos nomes de festas e festividades. | Natal, Páscoa, Ramadã. |
| Em siglas, símbolos ou abreviaturas internacionais. | ONU, Sr., V. Ex.ª. |
| Nos nomes que designam altos conceitos religiosos, políticos ou nacionalistas. | Igreja (Católica, Apostólica, Romana), Estado, Nação, Pátria, União, etc. |
| Esses nomes escrevem-se com inicial *minúscula* **quando são** empregados em sentido geral ou indeterminado: Todos amam sua *pátria*. | |

### 15.1.1. Emprego facultativo de letra maiúscula

| EMPREGO FACULTATIVO | EXEMPLOS |
|---|---|
| Nos nomes de logradouros públicos, templos e edifícios. | – Rua da Liberdade **ou** rua da Liberdade<br>– Igreja do Rosário **ou** igreja do Rosário<br>– Edifício Azevedo **ou** edifício Azevedo |

## 15.2. Utiliza-se Inicial Minúscula[3]

| USA-SE A INICIAL MINÚSCULA | EXEMPLOS |
|---|---|
| Em todos os vocábulos da língua, nos usos correntes. | carro, flor, boneca, menino, porta, etc. |
| Nos nomes de meses, estações do ano e dias da semana. | – janeiro, julho, dezembro, etc.<br>– segunda, sexta, domingo, etc.<br>– primavera, verão, outono, inverno |
| Nos pontos cardeais. | – Percorri o país de **norte** a **sul** e de **leste** a **oeste**.<br>– Estes são os pontos colaterais: **nordeste, noroeste, sudeste, sudoeste.** |
| Quando empregados em sua forma absoluta, os pontos cardeais são grafados com letra maiúscula: Nordeste (região do Brasil), Ocidente (europeu), Oriente (asiático). | |

### 15.2.1. Emprego facultativo de letra minúscula

| EMPREGO FACULTATIVO DE LETRA MINÚSCULA | EXEMPLOS |
|---|---|
| Nos vocábulos que compõem uma citação bibliográfica. | – Crime e Castigo **ou** Crime e castigo<br>– Grande Sertão: Veredas **ou** Grande sertão: veredas<br>– Em Busca do Tempo Perdido **ou** Em busca do tempo perdido |

3. SÓ PORTUGUÊS. Disponível em <http://www.soportugues.com.br/secoes/fono/fono24.php>. Acesso em 23 fev. 2014.

| EMPREGO FACULTATIVO DE LETRA MINÚSCULA | EXEMPLOS |
|---|---|
| Nas formas de tratamento e reverência, bem como em nomes sagrados e que designam crenças religiosas. | – Governador Mário Covas **ou** governador Mário Covas<br>– Papa João Paulo II **ou** papa João Paulo II<br>– Excelentíssimo Senhor Reitor **ou** excelentíssimo senhor reitor<br>– Santa Maria **ou** santa Maria. |
| Nos nomes que designam domínios de saber, cursos e disciplinas. | – Português **ou** português<br>– Línguas e Literaturas Modernas **ou** línguas e literaturas modernas<br>– História do Brasil **ou** história do Brasil<br>– Arquitetura **ou** arquitetura |

## 16. NOTAÇÕES LÉXICAS[4]

Para representar os fonemas, muitas vezes há necessidade de recorrer a sinais gráficos denominados notações léxicas.

### 16.1. Emprego do Til

| TIL (~) | EXEMPLOS |
|---|---|
| O til sobrepõe-se sobre as letras **a** e **o** para indicar vogal nasal. | irmão, põe |
| Pode aparecer em sílaba<br>1. Tônica<br>2. Pretônica<br>3. Átona | 1. bal**ão**, coraç**ões**, maç**ã**<br>2. bal**õe**zinhos, **grã**-fino<br>3. órg**ão**, bênç**ãos**<br>– Outros exemplos: Capitães, limão, mamão, bobão, chorão, devoções, põem, etc. |
| Se a sílaba onde figura o *til* **for átona, acentua-se graficamente a sílaba predominante:** Órfãos, acórdão | – |

### 16.2. Emprego do Apóstrofo

| APÓSTROFO (') – PODE SER USADO | EXEMPLOS |
|---|---|
| Indicar a supressão de uma vogal nos versos, por exigências métricas. Ocorre principalmente entre poetas portugueses | – esp´rança (esperança)<br>– minh'alma (minha alma)<br>– 'stamos (estamos) |
| Reproduzir certas pronúncias populares | – *Olh'ele* aí...(Guimarães Rosa)<br>– Não *s'enxerga*, enxerido! (Peregrino Jr.) |
| Indicar a supressão da vogal da preposição **de** em certas palavras compostas | – copo d´água<br>– estrela d'alva<br>– caixa d'água |

4. SÓ PORTUGUÊS. Disponível em <http://www.soportugues.com.br/secoes/fono/fono25.php>. Acesso em 28 fev. 2014.

## 17. ABREVIATURAS

**Abreviatura** é a forma reduzida de algumas palavras e expressões. Geralmente é formada pelas letras iniciais e termina com um ponto.

Em concursos, a abreviatura é pedida em **Redação Oficial.**

Na parte III, capítulo 1, item 4.2.1, foram inseridas as abreviações dos Pronomes de Tratamento.

## 18. SIGLAS[5]

Sigla é o nome dado ao conjunto de letras iniciais dos vocábulos (normalmente os principais) que compõem o nome de uma organização, uma instituição, um programa, um tratado, entre outros.

Em concursos, são pedidas em **Redação Oficial.**

| CRITÉRIOS | EXEMPLOS |
|---|---|
| Deve-se citar apenas siglas já existentes ou consagradas; a sigla e o nome que a originou são escritos de maneira precisa e completa, de acordo com a convenção ou designação oficial. | Empresa Brasileira de Correios e Telégrafos – **ECT** (e não EBCT) |
| Quando mencionadas pela primeira vez no texto, deve-se escrever primeiramente a forma por extenso, seguida da sigla entre parênteses, ou separada por hífen. | A Universidade Federal do Paraná (UFPR) é a universidade mais antiga do Brasil.<br>A Universidade Federal do Paraná – **UFPR** é a universidade mais antiga do Brasil. |
| Não são colocados pontos intermediários e ponto final nas siglas. | Associação Paranaense de Reabilitação – **APR** (e não A.P.R.) |
| Siglas com até três letras são escritas com todas as letras maiúsculas. | **ONU** – Organização das Nações Unidas<br>**IML** – Instituto Médico Legal |
| Siglas com quatro letras ou mais devem ser escritas com todas as letras maiúsculas quando cada uma de suas letras ou parte delas é pronunciada separadamente, ou somente com a inicial maiúscula, quando formam uma palavra pronunciável. | **BNDE** – Banco Nacional de Desenvolvimento Econômico<br>**Masp** – Museu de Arte de São Paulo<br>**Embrapa** – Empresa Brasileira de Pesquisa Agropecuária |
| Deve-se manter com maiúsculas e minúsculas as siglas que originalmente foram criadas com essa estrutura para se diferenciarem de outras, independentemente de seu tamanho. | **CNPq** – Conselho Nacional de Pesquisa (para diferenciá-lo de CNP – Conselho Nacional do Petróleo). |
| No caso de siglas de origem estrangeira, deve-se adotar a sigla e seu nome em português quando houver forma traduzida, ou adotar a forma original da sigla estrangeira quando esta não tiver correspondente em português, mesmo que o seu nome por extenso em português não corresponda perfeitamente à sigla. | **ONU** – Organização das Nações Unidas<br>**FAO** – Organização das Nações Unidas para a Alimentação e Agricultura. |

5. SÓ PORTUGUÊS. Disponível em <http://www.soportugues.com.br/secoes/abrev/abrev9.php>. Acesso em 28 fev. 2014, alterado.

| CRITÉRIOS | EXEMPLOS |
|---|---|
| Deve-se adicionar a letra s (sempre minúscula) para indicar o plural das siglas somente quando a concordância gramatical assim o exigir. | O trabalho das **ONGs** vem repercutindo cada vez mais na sociedade. |

## 18.1. Lista de Siglas

| | | | |
|---|---|---|---|
| **A** | Adjetivo | **PB** | Paraíba |
| **ABNT** | Associação Brasileira de Normas Técnicas | **PDT** | Partido Democrático Trabalhista |
| **AC** | Acre | **PFL** | Partido da Frente Liberal |
| **AL** | Alagoas | **PGPF** | Projeto de Gramática do Português Falado |
| **AM** | Amazonas | **PI** | Piauí |
| **AP** | Amapá | **PMDB** | Partido do Movimento Democrático Brasileiro |
| **B** | Base | **PR** | Paraná |
| **BA** | Bahia | **PSDB** | Partido Social Democrático Brasileiro |
| **CE** | Ceará | **PT** | Partido dos Trabalhadores |
| **DF** | Distrito Federal | **RAE** | Regra de Análise Estrutural |
| **ES** | Espírito Santo | **RFP** | Regra de Formação de Palavras |
| **FE** | Formação Esporádica | **RJ** | Rio de Janeiro |
| **FI** | Formação Institucionalizada | **RN** | Rio Grande do Norte |
| **GO** | Goiás | **RR** | Regra de Redundância |
| **GT** | Gramática Tradicional | **RR** | Roraima |
| **MA** | Maranhão | **RS** | Rio Grande do Sul |
| **MG** | Minas Gerais | **S** | Substantivo |
| **MS** | Mato Grosso do Sul | **SC** | Santa Catarina |
| **MT** | Mato Grosso | **SE** | Sergipe |
| **Nb** | Nome base | **SP** | São Paulo |

| NURC | Norma Urbana Culta | TV | Televisão |
|---|---|---|---|
| P | Produto | TO | Tocantins |
| PA | Pará | V | Verbo |
| PE | Pernambuco | | |

## 19. SEMÂNTICA

A **semântica** estuda os significados das palavras. É dividida em **sincrônica** e **diacrônica.**[6]

> **Semântica Descritiva**:
>
> denominada de semântica sincrônica, essa classificação indica o estudo da **significação das palavras na atualidade**.
>
> **Semântica Histórica**:
> denominada de semântica diacrônica, se encarrega de estudar o **significado das palavras em determinado espaço de tempo**.

A semântica opõe-se à sintaxe, caso em que a primeira se ocupa do que algo significa, enquanto a segunda refere-se as estruturas ou padrões formais do modo como esse algo é expresso (por exemplo, escritos ou falados). Dependendo da concepção de significado que se tenha, existem diferentes semânticas. A semântica formal, a semântica da enunciação ou argumentativa e a semântica cognitiva, fenômeno, mas com conceitos e enfoques diferentes.[7]

### 19.1. Sinonímia

É a relação que se estabelece entre duas palavras ou mais que apresentam significados iguais ou semelhantes, ou seja, os sinônimos.

Exemplos: cômico – engraçado; débil – fraco, frágil; distante – afastado, remoto.

### 19.2. Antonímia

É a relação que se estabelece entre duas palavras ou mais que apresentam significados diferentes, contrários, isto é, os antônimos.

Exemplos: economizar – gastar; bem – mal; bom – ruim.

6. TODA MATÉRIA. Semântica. Disponível em: <https://www.todamateria.com.br/semantica/>. Acesso em: 3 outubro 2018. (com adaptações).
7. NOGUEIRA, Duda. *Língua Portuguesa para concursos.* 5 ed. Salvador: Juspodivm, 2018.

## 19.3. Homonímia

É a relação entre duas ou mais palavras que, apesar de possuírem significados diferentes, possuem a mesma estrutura fonológica, ou seja, os homônimos.

As homônimas podem ser classificadas em:

- **Homógrafas**

Palavras iguais na escrita e diferentes na pronúncia.

Exemplos: gosto (substantivo) – gosto (1ª pessoa singular presente indicativo do verbo gostar); conserto (substantivo) – conserto (1ª pessoa singular presente indicativo do verbo consertar).

- **Homófonas**

Palavras iguais na pronúncia e diferentes na escrita.

Exemplos: cela (substantivo) – sela (verbo); cessão (substantivo) – sessão (substantivo); cerrar (verbo) – serrar (verbo).

- **Perfeitas – homófonas e homógrafas**

Palavras iguais na pronúncia e na escrita.

Exemplos: cura (verbo) – cura (substantivo); verão (verbo) – verão (substantivo); cedo (verbo) – cedo (advérbio).

## 19.4. Paronímia

É a relação que se estabelece entre duas ou mais palavras que possuem significados diferentes, mas são muito parecidas na pronúncia e na escrita, isto é, os parônimos.

Exemplos:

cavaleiro – cavalheiro

absolver – absorver

comprimento – cumprimento

aura (atmosfera) – áurea (dourada)

conjectura (suposição) – conjuntura (situação decorrente dos acontecimentos)

descriminar (desculpabilizar) – discriminar (diferenciar)

desfolhar (tirar ou perder as folhas) – folhear (passar as folhas de uma publicação)

despercebido (não notado) – desapercebido (desacautelado)

geminada (duplicada) – germinada (que germinou)

mugir (soltar mugidos) – mungir (ordenhar)

percursor (que percorre) – precursor (que antecipa os outros)

sobrescrever (endereçar) – subscrever (aprovar, assinar)

veicular (transmitir) – vincular (ligar)

descrição – discrição

onicolor – unicolor.

## Quadro resumo

| | Semântica | | |
|---|---|---|---|
| | **Escrita** | **Pronúncia** | **Significação** |
| **Homógrafos** | igual | diferente | diferente |
| **Homófonos** | diferente | igual | diferente |
| **Homônimos** | igual | igual | diferente |
| **Parônimos** | semelhante | semelhante | diferente |
| **Sinônimos** | diferente | diferente | igual ou semelhante |
| **Antônimos** | diferente | diferente | oposto |

## 19.5. Polissemia

É a propriedade que uma mesma palavra tem de apresentar vários significados.

Exemplos: Ele ocupa um alto **posto** na empresa. Abasteci meu carro no **posto** da esquina.

Os convites eram de **graça**. Os fiéis agradecem a **graça** recebida.

## 19.6. Hiponímia e hiperonímia

- **Hiponímia** representa cada parte, cada item de um todo.

  **Maçã, goiaba, melão, morango, banana** = hipônimas de frutas (o todo).

- **Hiperonímia** possui a ideia de um todo.

  **Frutas** é hiperonímia de maçã, goiaba, melão, morango, banana (partes).

## 19.7. Conotação e denotação

- **Conotação**

  É o uso da palavra com um significado diferente do original, criado pelo contexto.

  Exemplo: Você tem um coração de **pedra**.

- **Denotação**

  **É o uso da palavra com o seu sentido original.**

  Exemplos: **Pedra** é um corpo duro e sólido, da natureza das rochas. A construção de um muro de **pedras**.

## 19.8. Ambiguidade

À duplicidade de sentido, seja de uma palavra ou de uma expressão, dá-se o nome de ambiguidade. Ocorre, geralmente, nos seguintes casos:

| Casos | Exemplos | Ambiguidade | Eliminando a ambiguidade |
|---|---|---|---|
| **Má colocação do Adjunto Adverbial** | Crianças que recebem leite materno frequentemente são mais sadias. | As crianças são mais sadias porque recebem leite frequentemente ou são frequentemente mais sadias porque recebem leite? | Crianças que recebem frequentemente leite materno são mais sadias.<br>Crianças que recebem leite materno são frequentemente mais sadias. |
| **Uso Incorreto do Pronome Relativo** | Gabriela pegou o estojo vazio da aliança de diamantes que estava sobre a cama. | O que estava sobre a cama: o estojo vazio ou a aliança de diamantes? | Gabriela pegou o estojo vazio da aliança de diamantes a qual estava sobre a cama.<br>Gabriela pegou o estojo vazio da aliança de diamantes o qual estava sobre a cama.<br>**Observação**: Neste exemplo, pelo fato de os substantivos estojo e aliança pertencerem a gêneros diferentes, resolveu-se o problema substituindo os substantivos por o qual/a qual. Se pertencessem ao mesmo gênero, haveria necessidade de uma reestruturação diferente. |
| **Má Colocação de Pronomes, Termos, Orações ou Frases** | Aquela velha senhora encontrou o garotinho em seu quarto. | O garotinho estava no quarto dele ou da senhora? | Aquela velha senhora encontrou o garotinho no quarto dela.<br>Aquela velha senhora encontrou o garotinho no quarto dele. |
| | Sentado na varanda, o menino avistou um mendigo. | Quem estava sentado na varanda: o menino ou o mendigo? | O menino avistou um mendigo que estava sentado na varanda.<br>O menino que estava sentado na varanda avistou o mendigo.[2] |

## 20. FIQUE DE OLHO

| | |
|---|---|
| **FCC** | palavras em conformidade com a ortografia oficial |
| | plural de substantivos e adjetivos |
| | conjugação verbal |
| | denotação e conotação |
| | ambiguidade |
| **CEBRASPE** | conjugação verbal |
| | hífen |
| | emprego da letra inicial maiúscula |
| | concordância verbal |
| | denotação e conotação |
| | ambiguidade |

| | |
|---|---|
| FGV | parônimos - senão e se não, afim e a afim etc. |
| | conjugação verbal |
| | palavras em conformidade com a ortografia oficial |
| | hífen |
| | denotação e conotação |
| | ambiguidade |
| INST. AOCP | plural dos substantivos compostos |
| | plural dos adjetivos compostos |
| | hífen |
| | afim e a fim |
| | palavras em conformidade com a ortografia oficial |
| FUMARC | hífen |
| | palavras escritas corretamente |
| IBFC | palavras com desvio ortográfico |
| | parônimos |

## 20.1. Questões comentadas

**01. (FGV - TRF 1 - Analista Judiciário – Área Judiciária - 2024)** Nas frases abaixo há abreviaturas de vários símbolos; a forma abreviada que está corretamente empregada é:

(A) Cheguei à estação às 15hs;

(B) Percorri 25 km em meia hora;

(C) Eram 2h:15mins. quando o avião pousou;

(D) A régua tinha 30cms e era maior que as outras;

(E) A viagem durou cerca de 2h em função do acidente.

➢ Comentários:

**Alternativa "a"** – A abreviatura de horas é a letra "h" minúscula, sem ponto final e sem o "s" para indicar plural.

Correção: 15h

**Alternativa "b"** – A abreviatura de quilômetros é km (sem o "s" para indicar plural).

**Alternativa "c"** – Na abreviatura de hora seguido de minuto, coloca-se o "h" minúsculo após a hora redonda e o número dos minutos em seguida (sem o "s" para indicar pluralização) .

Correção: 2h15min

Observação: não pode haver espaço entre os números e a abreviatura.

**Alternativa "d"** – A abreviatura de centímetros é um símbolo científico e não recebe ponto final nem o "s" para indicar pluralização.

Correção: 30cm

**Alternativa "e"** – Quando se refere à duração, o vocábulo "hora" deve ser escrito por extenso.

Correção: durou cerca de 2 horas.

Exemplos em que indica duração:

A reunião permaneceu durante 5 horas.

Eles discutiram durante 1 hora.

**RESPOSTA: B**

Texto para responder à questão.

**Temos que acreditar**

Será que podemos entender o mundo sem algum tipo de crença? Esta é uma pergunta central na dicotomia entre ciência e fé. De fato, o modo como um indivíduo escolhe responder a ela determina, em grande parte, como se relaciona com o mundo e a vida em geral. Contrastando as explicações míticas e cientificas da realidade, podemos dizer que muitos religiosos buscam explicar o desconhecido com o desconhecível, enquanto a ciência busca explicar o desconhecido com o conhecível.

Muito da tensão entre ciência e fé vem da suposição de que existem duas realidades mutuamente incompatíveis, uma dentro deste mundo (e, portanto, "conhecível" através da aplicação diligente do método científico) e outro fora dele (e, portanto, "desconhecível', relacionada tradicionalmente à crença religiosa).

Mitos religiosos permitem que os que neles creem transcendam sua "situação histórica", a perplexidade que sentimos ao compreendermos que somos criaturas delimitadas pelo tempo, cada um com uma história que tem um começo e um fim. Em um nível mais pragmático, explicações míticas de fenômenos naturais são tentativas pré-científicas de dar sentido àquilo que existe além do controle humano. A motivação por trás dessas explicações não é tão diferente daquela da ciência, já que ambas tentam de alguma forma revelar mecanismos por trás dos fenômenos naturais: afinal, tanto deuses quanto forças físicas fazem coisas acontecer, mesmo que de formas radicalmente distintas.

Tanto o cientista quanto o crente acreditam em causas não compreendidas, ou seja, em coisas que ocorrem por razões desconhecidas, mesmo que a natureza da causa seja completamente diferente para cada um.

(Adaptado de: GLEISER, Marcelo. À ilha do conhecimento. Rio de Janeiro: Record, 2023, p. 31-32)

---

**02. (FCC - TRT 11 – Analista Judiciário – Área Judiciária - 2024)** Considerando-se o contexto, traduz-se adequadamente o sentido de um segmento do texto em:

(A) explicações míticas de fenômenos (3º parágrafo) = suposições sensíveis de ocorrências

(B) a motivação por trás dessas explicações (3º parágrafo) = a causa oculta dessas elucidações

(C) uma pergunta central na dicotomia (1º parágrafo) = um mistério essencial na relativização

(D) aplicação diligente do método (2º parágrafo) = administração implícita da prática

(E) Em um nível mais pragmático (3º parágrafo) = com um teor mais concebível

➢ Comentários:

**Alternativa "a"** – *Explicação* (*esclarecer, justificar*) não possui relação semântica com *suposição - ponto de vista formado sem comprovação; hipótese, conjectura.*

*Mítico* (*fabuloso, lendário*) não possui relação com *sensível.*

**Alternativa "b"** – Motivação = causa; por trás = oculta; explicação = elucidação.

**Alternativa "c"** – *Pergunta* não possui relação com *mistério.*

*Dicotomia* (*oposição entre duas coisas, geralmente entre dois conceitos*) não possui relação com *relativização - descrição de alguma coisa partindo sempre da sua comparação com outra, de modo a analisá-la sob diferentes perspectivas ou assumindo que nada é absoluto, completo ou restrito.*

**Alternativa "d"** – *Aplicação* (*ação de colocar em prática; emprego, utilização*) não possui relação com *administração - ação de administrar, de dirigir os negócios públicos ou privados, de gerir bens.*

**Alternativa "e"** – *Pragmático* (*que é prático, direto; que realiza algo de maneira objetiva sem se desviar do seu propósito; prático, objetivo, direto*) não possui relação com *concebível* (*que se consegue compreender; que é compreensível; entendível*).

**ALTERNATIVA CORRETA: B**

---

**03. (FGV – TJ AP – Técnico Judiciário - 2024)** Abaixo aparecem cinco cartazes de rua; o cartaz que está inteiramente correto, é:

(A) Vende-se plantas!

(B) Não dobre a direita!

(C) Estacionamento gratuíto.

(D) Sanduíche mixto $R10.

(E) Farmácia 24h.

➢ Comentários:

**Alternativa "a"** – O verbo "vender" é transitivo direto e está acompanhado pelo pronome apassivador "se": voz passiva sintética.

Transpondo para a passiva analítica, teremos: plantas são vendidas.

O verbo deve concordar com o sujeito plural. Correção: **Vendem**-se plantas.

**Alternativa "b"** – Em locução adverbial formada por palavra feminina, o acento indicativo de crase é obrigatório: n]ao dobre **à direita**.

**Alternativa "c"** – Não pode haver acento agudo no vocábulo **gratuito**. Não se trata de hiato, uma palavra paroxítona terminada em "o".

**Alternativa "d" – Misto:** misturado, mesclado, combinado.

**Alternativa "e"** – Paroxítona terminada em ditongo: acentuada.

**RESPOSTA: E**

---

**04. (FGV - TJ RJ - Programa de Residência - Direito - 2024)** Assinale a frase em que houve a troca indevida entre onde/aonde.

(A) Onde aumentam os bens, aumentam aqueles que os devoram.

(B) Banco é o lugar onde você pode pedir dinheiro emprestado, se provar que não precisa dele.

(C) A habilidade de um líder está em levar as pessoas de onde elas estão para aonde elas nunca estiveram.

(D) Aonde quer chegar toda essa gente?

(E) Quem perdeu sua bolsa está livre para ir aonde quiser.

➢ Comentários:

**Nota da autora:** Fique de olho na regência e na classe gramatical.

**Alternativa "a"** – Advérbio: indica lugar – *no lugar que.*

**Alternativa "b"** – Pronome relativo: equivale a "em que".

Retoma "lugar". Na ordem direta: você pode pedir dinheiro emprestado **no** lugar = onde.

**Alternativa "c"** – Levar as pessoas <u>de um lugar</u> **<u>para</u>** <u>outro lugar</u>.

Correção: levar as pessoas de onde elas estão para **<u>onde</u>** elas nunca estiveram.

Dica: perceba que a preposição "a" não é regida por termo algum.

**Alternativa "d"** – Essa gente quer chegar **a** algum lugar: aonde.

**Alternativa "e"** – Ir **a** algum lugar: aonde.

**RESPOSTA: C**

---

**05. (FGV - TJ RJ - Programa de Residência - Direito - 2024)** Assinale a frase em que o termo sublinhado está retomado por um hiperônimo e não por um sinônimo.

(A) Todos reclamam de <u>mudanças</u> na Constituição, pois, na verdade, ninguém quer saber de reformas.

(B) O <u>contentamento</u> do artista era imenso e sua alegria contaminou todos os presentes.

(C) Há quem compre muitas <u>frutas</u> por preço baixo e há quem pague por esses produtos sete vezes mais.

(D) Os <u>quadros</u> dos artistas populares ficaram expostos por toda a manhã, mas poucas pinturas foram vendidas.

(E) O <u>abajur</u> era antigo, de modelo francês, e a luminária tinha ficado esquecida no porão por anos.

➢ Comentários:

**Nota da autora:** Vamos relembrar?

Hiperônimos são palavras de sentido genérico, ou seja, palavras cujos significados são mais abrangentes do que os hipônimos.

Fixe: *hiper* = grande / *hipo* = menor.

Exemplos: Animais é hiperônimo de cachorro e gato.

Legume é hiperônimo de batata e quiabo.

Galáxia é hiperônimo de estrelas e planetas.

Ferramenta é hiperônimo de alicate.

Doença é hiperônimo de HPV.

**Alternativa "a"** – "mudança" é *transformação, alteração, modificação*, ou seja, é **sinônimo** de *reforma*.

**Alternativa "b"** – "contentamento" é **sinônimo** de *alegria, entusiasmo, prazer, satisfação*.

**Alternativa "c"** – "produtos" é **hiperônimo** de "frutas".

Produto: *resultado da produção; coisa produzida.*

*Produto:* grande *x frutas:* menor.

Confira exemplos de hipônimos para não reforçar:

Morango é hipônimo de fruta.

Verde é hipônimo de cor.

Brócolis é hipônimo de verdura.

Gripe e covid-19 são hipônimos de doença.

**Alternativa "d"** – "quadro" é **sinônimo** de *pintura, painel, tela, quadrado.*

**Alternativa "e"** – "abajur": *peça que recobre lâmpadas, candeeiros etc., para amortecer a intensidade da luz.*

"luminária": *conjunto de lâmpadas e focos de luz utilizados para iluminação.*

Os vocábulos pertencem ao mesmo campo semântico, isto é, são **sinônimos.**

**RESPOSTA: C**

---

**06. (FGV - TJ RJ - Programa de Residência - Direito - 2024)** Assinale a frase em que a locução prepositiva sublinhada tem seu significado corretamente indicado.

(A) Qualquer pessoa desprovida de senso de humor está à mercê de todos. / à disposição de.

(B) A vida ensina que jamais somos felizes senão à custa de certa ignorância. / pela existência de.

(C) Muitas pessoas que parecem estar lutando contra a adversidade são felizes; muitas outras, em meio a grandes riquezas, são profundamente infelizes. / envolvidas com.

(D) É melhor estar entre dois loucos do que perto de um imbecil. / nos arredores de.

(E) A liberdade, não sendo fruto de todos os climas, não está ao alcance de todos os povos. / dentro das finalidades.

➢ Comentários:

**Nota da autora:** É imprescindível encaixar a expressão no contexto sugerido.

**Alternativa "a"** – À mercê: *em completa dependência de uma pessoa ou coisa; sujeita a vontade de.*

**Alternativa "b"** – À custa de: *com o sacrifício de, por meio de.*

**Alternativa "c"** – Em meio a: *envolvidas com.*

**Alternativa "d"** – Perto de: *próximo, junto.*

Arredor: *por todos os lados, envolta.* O sentido é distinto.

**Alternativa "e"** – Ao alcance de: *estar a uma distância que pode ser atingida.*

Não possui relação alguma com fim, com propósito.

**RESPOSTA: C**

Texto para responder às questões.

*Dengue prevista*

A dengue é uma doença periódica e cíclica: os casos crescem no verão e há picos epidêmicos a cada 4 ou 5 anos. Trata-se, portanto, de enfermidade de atuação previsível. Supõe-se que o poder público se adiantaria com medidas de prevenção e tratamento. Contudo, há décadas os números de casos e mortes só aumentam no Brasil.

Entre 2000 e 2010, foram registrados 4,5 milhões de ocorrências e 1.869 óbitos. Na década seguinte, os números saltaram para 9,5 milhões e 5.385, respectivamente. O primeiro semestre deste ano registra 1,4 milhão de casos, ante 1,5 milhão em 2022. A tendência é piorar.

Segundo a OMS, urbanização descontrolada e sistema sanitário precário contribuem para o descontrole da moléstia.

No Brasil, cerca de 50% da população não tem acesso a redes de esgoto, em grande parte devido à ineficiência estatal, que só agora começa a mudar com o novo marco do setor. E o desmatamento para a construção de moradias irregulares grassa nos grandes centros. A dimensão de áreas verdes derrubadas para esse fim na cidade de São Paulo atingiu, nos primeiros dois meses de 2023, 85 hectares.

Neste ano, o município já conta com 11 444 casos de dengue – 3,7% a mais em relação ao mesmo período de 2022. Dez pessoas morreram, o maior número em oito anos, quando houve pico epidêmico.

A OMS ressaltou a importância da vacinação. Mas, devido à burocracia, o Brasil protela a distribuição do imunizante japonês Qdenga – já aprovado para venda pela Anvisa – no sistema público de saúde.

O combate à dengue deve ser contínuo, não apenas no verão, e em várias frentes complementares (saúde, infraestrutura e moradia). Com o alerta da OMS, espera-se que o poder público, local e federal, se prepare para receber as consequências do fenômeno climático El Niño.

(Editorial. Folha de S.Paulo, 27.07.2023. Adaptado)

---

**07. (VUNESP – TRF 3ª Região – Analista Judiciário – Área Administrativa – 2024)** Considere as passagens:

- E o desmatamento para a construção de moradias irregulares **grassa** nos grandes centros. (4º parágrafo)
- ... o Brasil **protela** a distribuição do imunizante japonês Qdenga... (6º parágrafo)

- O combate à dengue deve ser **contínuo**... (7º parágrafo)

Os termos destacados significam, correta e respectivamente:

(A) amplia-se; retarda; irregular.

(B) difunde-se; prioriza; infrequente.

(C) combate-se; cancela; intermitente.

(D) espalha-se; acelera; interminável.

(E) propaga-se; posterga; ininterrupto.

➢ Comentários:

**Nota da autora:** Questão de semântica.

Vejamos, primeiro, os significados e sinônimos de cada vocábulo.

**Grassar:** *propagar-se ou difundir-se através da reprodução.*

Sinônimos = espalhar, propagar, alastrar, difundir[1].

**Protelar:** *adiar a realização de alguma coisa; deixar o desenvolvimento de algo para depois, para outro momento; postergar, adiar.*

Sinônimos = procrastinar, prolongar, prorrogar, pospor, protrair, diferir, adiar, delongar, retardar[2].

**Contínuo:** *que não se divide; sem interrupções; constante, ininterrupto.*

Sinônimos = consecutivo, continuado, ininterrupto, seguido, sucessivo, constante[3].

**Alternativa "a"** – Erro: irregular.

**Alternativa "b"** – Erros: prioriza e infrequente.

**Alternativa "c"** – Todos os sinônimos estão errados.

**Alternativa "d"** – Erro: acelera.

**Alternativa "e"** – Grassar é propagar-se; protelar é postergar; contínuo é ininterrupto.

**RESPOSTA: E**

Texto para responder à questão.

*Numa manhã, Donana acordou me chamando de Carmelita, dizendo que iria dar um jeito em tudo, que eu não me preocupasse, que não precisaria mais viajar. Àquela época eu tinha doze anos e Belonísia se aproximava dos onze. Vi Donana nas manhãs seguintes chamar Belonísia de Carmelita também. Minha irmã apenas na da confusão. Olhávamos uma para a outra e nos deixávamos caçoar pela desordem que se instaurou nos falares de Donana. Em seus pensamentos, Fusco havia se formado uma onça, pedia para que tivéssemos cuidado. Nos convidava a caminhar pelas veredas por onde iríamos buscar meu pai que, haviam dito, estava dormindo aos pés de um jatobá ao lado da onça mansa que o cão havia se tornado. Sabíamos que nosso pai estava na roça, trabalhando todos os dias, então as coisas que minha avó falava não faziam sentido.* ***Mesmo assim****, minha mãe pedia que a acompanhássemos, que vigiássemos para que não lhe sucedesse nenhum acidente ou se perdesse em meio à mala.*

(Adaptado de: VIEIRA JÚNIOR, Itamar. Torto Arado. São Paulo, Cia. das Letras, 2019)

**08. (FCC - TRT 21 – Analista Judiciário – Área Administrativa - 2023)** A palavra empregada em sentido conotativo, no contexto em que se encontra, está sublinhada em:

(A) *as famosas* quedas *d'água são uma atração que eu ainda não havia visitado.*

(B) *No scroll infinito de imagens hoje nas nossas* telas, *que impacto essas atrações ainda são capazes de nos provocar?*

(C) *Quando cheguei o mais próximo que podia, tive um* baque

(D) *Quando fechei as pálpebras, todos esses sentidos, inclusive o da* visão, *ficaram mais fortes.*

(E) *E eu tinha a manhã de terça livre para me encantar com a* força *daquelas águas.*

➢ Comentários:

**Alternativa "a"** – Denotação: *ato ou efeito de cair; caimento.*

**Alternativa "b"** – Denotação: *painel, pintura, quadro.*

**Alternativa "c"** – Sentido figurado - conotação: *palpitação forte, choque.*

No sentido denotativo, significa *estrondo de um corpo que cai; desastre ou ruína súbita*[8].

**Alternativa "d"** – Denotação: *sentido da vista; ação ou efeito de ver; capacidade de compreensão, assimilação e percepção visual de tudo que está presente no mundo exterior, concebida a partir da utilização dos olhos e do cérebro.*

**Alternativa "e"** – Denotação: *o que tem grande vigor, robustez.*

**ALTERNATIVA CORRETA: C**

Texto para responder à questão.

**[Acerca da "Igualdade"]**

"Liberdade, Igualdade, Fraternidade" foi o grito de guerra da Revolução Francesa. Hoje há disciplinas inteiras – ramos da filosofia, da ciência política e dos estudos jurídicos – que têm a "igualdade" como tema central de estudos. Todos concordam que a igualdade é um valor; ninguém parece concordar quanto ao que se refere o termo. Igualdade de oportunidades? Igualdade de condições? Igualdade formal perante a lei?

Estaremos falando de uma ideologia, a crença de que todos na sociedade deveriam ser iguais – claro que não em todos os aspectos, mas nos mais importantes? Ou será uma sociedade em que as pessoas são efetivamente iguais? O que isso significaria de fato, na prática, em ambos os casos? Que todos os membros da sociedade têm igual acesso à terra, ou tratam uns aos outros com igual dignidade, ou são igualmente livres para expor suas opiniões em assembleias públicas?

A igualdade seria o apagamento do indivíduo ou a celebração do indivíduo? Numa sociedade, por exemplo, em que os mais poderosos são tratados como divindades e tomam as decisões mais importantes, é possível falar em igualdade? E as relações de gênero? Muitas sociedades tratadas como "igualitárias" na verdade têm seu igualitarismo restrito aos homens adultos. Em casos assim, podemos falar em igualdade de gêneros?

8. Dicionário Online de Português. Disponível em <https://www.dicio.com.br/baque/>. Acesso em 5 de maio de 2024.

Como não existe nenhuma resposta clara e consensual a questões desse tipo, o uso do termo "igualitário" tem levado a discussões infindáveis. Para alguns teóricos do século XVII, a igualdade se manifestava no estado da Natureza. Igualdade, pois, seria um termo definido por omissão: identificaria uma humanidade que pudesse estar livre depois de removidas todas as armadilhas da civilização. Povos "igualitários" seriam, pois, aqueles sem príncipes, sem juízes, sem inspetores, sem sacerdotes, possivelmente sem cidades, sem escrita ou sequer agricultura. Seriam sociedades de iguais apenas no sentido estrito de que estariam ausentes todos os sinais mais evidentes de desigualdade.

Não há dúvida, pensando-se sempre no ideal de "igualdade", de que algo deu muito errado no mundo. Uma ínfima parte da população controla o destino de quase todos os outros, e de uma maneira cada vez mais desastrosa.

(Adaptado de: GRAEBER, David, e WENGROW, David. O despertar de tudo – Uma nova história da humanidade. Trad. Denise Bottmann e Claudio Marcondes. São Paulo: Companhia das Letras, 2022, p. 91 a 94, passim)

---

**09. (FCC - TRT 18 - Analista Judiciário - Área Judiciária - 2023)** Considerando-se o contexto, traduz-se adequadamente o sentido de um segmento do texto em:

(A) têm a "igualdade" como tema central de estudos (1° parágrafo) = trabalham de modo igualitário um conceito essencial

(B) tratam uns aos outros com igual dignidade (2° parágrafo) = fazem-se dignos do mesmo tratamento

(C) igualitarismo restrito aos homens adultos (3° parágrafo) = restrição de igualdade entre os mais bem formados

(D) resposta clara e consensual a questões desse tipo (4° parágrafo) = solução límpida para as dissensões de tal ordem

(E) estariam ausentes todos os sinais mais evidentes (4° parágrafo) = não se apresentariam os traços mais visíveis

➢ Comentários:

**Nota da autora:** Questão de semântica.

**Alternativa "a"** – Alterando a função sintática, consequentemente se altera o sentido.

– Tem a <u>igualdade</u>: princípio de acordo com o qual todos os indivíduos estão sujeitos à lei e possuem direitos e deveres; justiça.

→ Objeto direto do verbo "ter".

- <u>Modo igualitário</u>: relativo ao igualitarismo, ideologia ou comportamento de quem busca a igualdade completa e absoluta dos indivíduos.

→ Adjunto adverbial de modo.

**Alternativa "b"** – Tratam uns aos outros: reciprocidade; fazem-se dignos: reflexividade (a si mesmos).

**Alternativa "c"** – Homens mais adultos: gênero e idade; os mais bem formados: instrução, caráter. Sentido alterado.

**Alternativa "d"** – Resposta clara e consensual = visível, distinta; consentida, combinada, acordada. Não possui relação alguma com *solução límpida*.

**Alternativa "e"** – estariam ausentes = não se apresentariam / todos os sinais mais evidentes = os traços mais visíveis.

**ALTERNATIVA CORRETA: E**

Texto para responder à questão.

**Encenação da morte**

A vida nos quer, a morte nos quer. Somos o resultado da tensão ocasionada pelas duas forças que nos puxam. Esse equilíbrio não é estável. Amplo, diverso e elástico é o campo de força da vida, e vale a mesma coisa para o campo da morte. Se ficamos facilmente deprimidos ou exaltados é em razão das oscilações de intensidade desses dois campos magnéticos, sendo o tédio o relativo equilíbrio entre os dois.

Às vezes é mais intensa a pressão da vida, outras vezes é mais intensa a pressão da morte. Não se quer dizer com isso que a exaltação seja a morte e a depressão seja a vida. Há exaltações e exultações que se polarizam na morte, assim como há sistemas de depressão que gravitam em torno da vida. O estranho, do ponto de vista biológico, é que somos medularmente solitários com ambos os estados de imantação mais intensa, os da vida e os da morte. Não aproveitamos apenas a vida, mas usufruímos também as experiências da morte, desde que essas não nos matem.

Ganhei várias vezes da morte, isto é, inúmeras vezes os papéis que a morte representou para mim não chegaram a ser convincentes ou não chegaram a fazer grande sucesso. Matei várias mortes. (...) Mas outro dia dei dentro de mim com uma morte tão madura, tão forte, tão irrespondível, tão parecida comigo que fiquei no mais confuso dos sentimentos. Esta eu não posso matar, esta é a minha morte. O Vinícius de Moraes, que entende muito de morte, disse que nesse terreno há sempre margem de erro, e que talvez eu tenha ainda de andar um bocado mais antes de encontrar a minha morte. Pode ser. Não sei. Quem sabe?

(Adaptado de CAMPOS, Paulo Mendes. Os sabiás da crônica. Antologia. Org. Augusto Massi. Belo Horizonte: Autêntica, 2021, p. 246-248, passim)

---

**10. (FCC - TRT 18 - Analista Judiciário - Área Judiciária - 2023)** Considerando-se o contexto, um segmento do texto tem seu significado bem interpretado em:

(A) Amplo, diverso e elástico é o campo de força da vida (1º parágrafo) = O campo de força da vida é previsível em sua singularidade.

(B) nesse terreno há sempre margem de erro (3º parágrafo) = em assuntos como esse é fatal que nos equivoquemos.

(C) há sistemas de depressão que gravitam em torno da vida (2º parágrafo) = sobrevém a depressão quando nos entregamos aos instintos de viver.

(D) usufruímos também as experiências da morte (2º parágrafo) = gerenciamos sobretudo uma vivência da eternidade.

(E) sendo o tédio o relativo equilíbrio entre os dois (1º parágrafo) = ocorre o tédio quando somos atraídos por ambos os campos.

➢ Comentários:

**Nota da autora:** Questão de semântica.

**Alternativa "a"** – Não há relação entre "amplo, diverso e elástico" com "previsível".

**Alternativa "b"** – "haver sempre uma margem de erro" é diferente de "fatal".

**Alternativa "c"** – Não existe relação entre "sistemas de depressão" com "instintos de viver".

**Alternativa "d"** – Não há relação entre "experiências da morte" com "vivência da eternidade".

**Alternativa "e"** – sendo o tédio = ocorre o tédio / o relativo equilíbrio entre os dois = somos atraídos por ambos os campos.

O sentido foi mantido, isso indica que foi bem interpretado.

**ALTERNATIVA CORRETA: E**

Parte II

# MORFOLOGIA

Capítulo 1

# PRONOME

## 1. INTRODUÇÃO

A partir desta classe gramatical, tudo é importante para qualquer concurso. Os pronomes mais pedidos pelas bancas mencionadas na apresentação do livro são: pessoais, demonstrativos e relativos.

## 2. DEFINIÇÃO

Pronome é a palavra usada no lugar do nome. Pode referir-se ao nome ou simplesmente o acompanhar, dando-lhe uma qualidade.

## 3. PRONOME ADJETIVO E SUBSTANTIVO

**Pronome adjetivo:** acompanha o substantivo.

**Pronome substantivo:** substitui o nome (substantivo).

Exemplos:

- **Nós** viajaremos em **seu** carro.
- **Nós**: pronome substantivo.
- **Seu**: pronome adjetivo.

**Os pronomes adjetivos** podem se referir a um substantivo claro ou oculto:

*Meu* livro é mais caro que o *teu*.

*Este* carro é mais luxuoso que *aquele*.

# 4. CLASSIFICAÇÃO DOS PRONOMES

## 4.1. Pronome Pessoal

Substitui os substantivos, indicando diretamente as pessoas do discurso. O emissor (quem fala ou escreve) assume os pronomes **eu** ou **nós**, usam-se os pronomes **tu, vós, você** ou **vocês** para designar o receptor (a quem se dirige) e **ele, ela, eles** ou **elas** para designar o referente (pessoa ou pessoas de quem fala).

| RETOS | OBLÍQUOS | |
|---|---|---|
| | Átonos | Tônicos |
| EU | me | mim, comigo |
| TU | te | ti, contigo |
| ELE | o, a, lhe, se | si, consigo, ele, ela |
| NÓS | nos | conosco, nós |
| VÓS | vos | convosco, vós |
| ELES | os, as, lhes, se | si, consigo, eles, elas |

| PESSOAS DO DISCURSO | | |
|---|---|---|
| Emissor | quem fala | eu, nós |
| Receptor | com quem se fala | tu, vós |
| Referente | de quem se fala | ele, ela, eles, elas |

### 4.1.1. Em concursos

**Cuidado com o emprego dos pronomes nas frases a seguir:**

Ana, preciso falar **com você.**

Estás calado demais hoje, quero falar **contigo** depois.

No primeiro caso, usa-se **com você**, já que não há referência da 2ª pessoa. No segundo caso, há referência do sujeito tu, usa-se **contigo**.

### 4.1.2. Emprego dos pronomes pessoais

| Pronomes | Funções | Exemplos | Perguntas | Respostas |
|---|---|---|---|---|
| Retos | sujeito | **Nós** viajaremos no fim de semana. | quem? | Nós |
| | | **Eles** estudaram para a prova. | quem? | Eles |

| Pronomes | Funções | Quando é usado | Dica | São eles |
|---|---|---|---|---|
| **Oblíquos** | Objeto Direto | vem após um verbo transitivo direto, ou seja, não pede preposição. | **sem** preposição | o, a, os, as |
| | Objeto Indireto | vem após verbo transitivo indireto, ou seja, pede preposição. | **com** preposição | lhe, lhes |

**Objeto Direto:**

| Eles | compraram | alguns livros. | *compra algo* |
|---|---|---|---|
| | V.T.D. | O.D. | |

**Objeto Indireto:**

| Todos | necessitam | de felicidade. | *necessita de algo* |
|---|---|---|---|
| | V.T.I. | O.I. | |

| Entregaram | o prêmio | ao vencedor. | *entregaram algo a alguém* |
|---|---|---|---|
| V.T.D.I | O.D | O.I. | |

Sendo assim, teremos:

- **O.D.: o(s), a(s)**
- **O.I.: lhe(s)**

| Convidei | -o | para jantar. | convida alguém |
|---|---|---|---|
| V.T.D | O.D. | | |

| O filho | obedece | -lhe. | *obedece a alguém* |
|---|---|---|---|
| | V.T.I. | O.I. | |

| **Verbos terminados em** | | | | | |
|---|---|---|---|---|---|
| | r, s, z | + o, a | = lo, la | Quis + o<br>Fiz + a<br>Amar + o | = qui-lo<br>= fi-la<br>= amá-lo |
| | m, ão, õe | + o, a | = no, na | fizeram + o<br>põe + a<br>dão + o | = fizeram-no<br>= põe-na<br>= dão-no |

Em provas recentes - **PRONOME OBLÍQUO COM FUNÇÃO DE SUJEITO**[1]

1. CAP CURSOS. Disponível em <http://www.capcursos.com.br/boletim-211-pronome-obliquo-como-sujeito/boletim-211-pronome-obliquo-como-sujeito/>. Acesso em 10 out. 2014, alterado.

| |
|---|
| Os pronomes oblíquos átonos podem funcionar como sujeito. São eles: me/nos; te/vos; se; o (e flexões).<br>Exemplos:<br>Deixaram-**me** esperar por duas horas.<br>O verbo *esperar* é objeto direto de *deixaram*, e **me** é sujeito de *esperar*.<br>É o mesmo que: Deixaram que eu esperasse por duas horas.<br>Viram-**nos** ficar revoltados com a situação.<br>Ficar é objeto direto de *viram*; **nos**, sujeito de *ficar*.<br>Fizeram-**te** chorar?<br>*Chorar* é objeto direto de *fizeram*; te, sujeito de *chorar*.<br>Viram-**vos** enganar o povo. |
| *Enganar* é objeto direto de *viram*; **os**, sujeito de *enganar*.<br>Deixe-**a** ficar no baile de formatura.<br>*Ficar* é objeto direto de *deixe*; **a**, sujeito de ficar.<br>O menino estava rebelde. O pai fê-lo ir para cama.<br>*Ir* é objeto direto de *fez*; **o** é sujeito de *ir*.<br>Mandaram-**nos** sair.<br>Nesse caso, *nos* pode referir-se a **nós** ou **a eles**: Mandaram que nós saíssemos ou: Mandaram que eles saíssem.<br>Fonte: CAP Cursos. |

**Uso de MIM e EU**

Usa-se EU apenas quando o pronome possuir função de SUJEITO.

Para que isso aconteça, é necessário haver um verbo posposto ao pronome:

Este exercício é para MIM.

Este exercício é para EU resolver.

(quem irá resolver? Eu ***é*** o sujeito do verbo posposto).

Não houve intrigas entre MIM e TI (você, ele, ela).

É difícil para mim acreditar no Brasil.

Temos aqui um caso típico de inversão e uma grande "pegadinha" de concurso.

Oração iniciada por VERBO SER (ou qualquer verbo de ligação) + _______ + PARA = MIM.

**SE, SI, CONSIGO:** usamos em voz reflexiva, ou seja, quando o sujeito praticar e sofrer a ação. Exemplos:

Ele feriu-se com a faca.

O aluno trouxe o livro consigo.

Pense em "ele mesmo", "ele próprio"

## 4.2. Pronomes de Tratamento

Chamados também de segunda pessoa indireta. Os pronomes de tratamento fazem parte da divisão dos pronomes pessoais por fazerem referência a pessoas que são consideradas como autoridades. Em concurso, são pedidos também em correspondência oficial e em provas de 2016 passaram a exigir o vocativo. As tabelas a seguir estão disponíveis no site da Casa Civil.[2]

**EMPREGO DOS PRONOMES DE TRATAMENTO - PODER EXECUTIVO**

| Destinatário | Tratamento | Abrev. | Vocativo | Envelope |
|---|---|---|---|---|
| Presidente da República | Vossa Excelência | Não se usa | Excelentíssimo Senhor Presidente da República, | Excelentíssimo Senhor Fulano de Tal Presidente da República Endereço |
| Vice-Presidente da República | Vossa Excelência | V.Exa. | Senhor Vice-Presidente, | Excelentíssimo Senhor Fulano de Tal Vice-Presidente da República |
| Ministros de Estado | Vossa Excelência | V.Exa. | Senhor Ministro, | Excelentíssimo Senhor Fulano de Tal Ministro... |
| Secretário-Geral da Presidência da República | Vossa Excelência | V.Exa. | Senhor Secretário, | Excelentíssimo Senhor Fulano de Tal Secretário-Geral da Presidência |
| Consultor-Geral da República | Vossa Excelência | V.Exa. | Senhor Consultor, | Excelentíssimo Senhor Fulano de Tal Consultor-Geral da República |
| Chefe do Estado-Maior das Três Armas | Vossa Excelência | V.Exa. | Senhor Chefe, | Excelentíssimo Senhor Fulano de Tal Chefe do Estado-Maior das Três Armas |
| Oficiais-Generais das Forças Armadas | Vossa Excelência | V.Exa. | Senhor + Cargo respectivo, | Excelentíssimo Senhor Fulano de Tal Oficial-General das Forças Armadas |
| Chefe do Gabinete Militar da Presidência da República | Vossa Excelência | V.Exa. | Senhor Chefe, | Excelentíssimo Senhor Fulano de Tal Chefe do Gabinete Militar da Presidência da República |
| Chefe do Gabinete Pessoal do Presidência da República | Vossa Excelência | V.Exa. | Senhor Chefe, | Excelentíssimo Senhor Fulano de Tal Chefe do Gabinete Pessoal do Presidência da República |
| Secretários da Presidência da República | Vossa Excelência | V.Exa. | Senhor Secretário | Excelentíssimo Senhor Fulano de Tal Secretário da Presidência da República |
| Secretário Executivo e Secretário Nacional de Ministérios | Vossa Excelência | V.Exa. | Senhor Secretário | Excelentíssimo Senhor Fulano de Tal Secretário Executivo ou Secretário Nacional de Ministérios |

2. CASA CIVIL. Disponível em <http://www.casacivil.pr.gov.br/ >. Acesso em 10 out. 2016.

| Destinatário | Tratamento | Abrev. | Vocativo | Envelope |
|---|---|---|---|---|
| Procurador-Geral da República | Vossa Excelência | V.Exa. | Senhor Procurador, | Excelentíssimo Senhor Fulano de Tal Procurador-Geral da República |
| Governador de Estado | Vossa Excelência | V.Exa. | Senhor Governador, | Excelentíssimo Senhor Fulano de Tal Governador do Estado |
| Vice-Governador de Estado | Vossa Excelência | V.Exa. | Senhor Vice-Governador, | Excelentíssimo Senhor Fulano de Tal Vice-Governador do... |
| Secretário de Estado dos Governos Estaduais | Vossa Excelência | V.Exa. | Senhor Secretário, | Excelentíssimo Senhor Fulano de Tal Secretário de Estado de |
| Prefeitos Municipais | Vossa Excelência | V.Exa. | Senhor Prefeito, | Excelentíssimo Senhor Fulano de Tal Prefeito do Município |
| Embaixador | Vossa Excelência | V.Exa. | Senhor Embaixador, | Excelentíssimo Senhor Fulano de Tal Embaixador do... |

## EMPREGO DOS PRONOMES DE TRATAMENTO - PODER LEGISLATIVO

| Destinatário | Tratamento | Abrev. | Vocativo | Envelope |
|---|---|---|---|---|
| Presidente do Congresso Nacional | Vossa Excelência | Não se usa | Excelentíssimo Senhor Presidente do Congresso Nacional, | Excelentíssimo Senhor Fulano de Tal Presidente do Congresso Nacional |
| Presidente da Câmara | Vossa Excelência | V.Exa. | Senhor Presidente, | Excelentíssimo Senhor Fulano de Tal Presidente da Câmara |
| Vice-Presidente da Câmara | Vossa Excelência | V.Exa. | Senhor Vice-Presidente, | Excelentíssimo Senhor Fulano de Tal Vice-Presidente da Câmara |
| Membros da Câmara dos Deputados | Vossa Excelência | V.Exa. | Senhor Deputado, | Excelentíssimo Senhor Fulano de Tal Deputado |
| Membros do Senado Federal | Vossa Excelência | V.Exa. | Senhor Senador, | Excelentíssimo Senhor Senador Fulano de Tal Senado Federal endereço |
| Presidente e Membros do Tribunal de Contas da União e dos Tribunais de Contas Estaduais | Vossa Excelência | V.Exa. | Senhor + cargo respectivo, | Excelentíssimo Senhor Fulano de Tal cargo respectivo, |
| Presidente e Membros das Assembleias Legislativas Estaduais | Vossa Excelência | V.Exa. | Senhor + cargo respectivo, | Excelentíssimo Senhor Fulano de Tal cargo respectivo, |
| Presidentes das Câmaras Municipais | Vossa Excelência | V.Exa. | Senhor + cargo respectivo, | Excelentíssimo Senhor Fulano de Tal cargo respectivo, |

**EMPREGO DOS PRONOMES DE TRATAMENTO - PODER JUDICIÁRIO**

| Destinatário | Tratamento | Abrev. | Vocativo | Envelope |
|---|---|---|---|---|
| Presidente do Supremo Tribunal Federal | Vossa Excelência | Não se usa | Excelentíssimo Senhor Presidente do Supremo Tribunal Federal | Excelentíssimo Senhor Fulano de Tal Presidente Supremo Tribunal Federal |
| Membros do Supremo Tribunal Federal | Vossa Excelência | V.Exa. | Senhor + cargo respectivo, | Excelentíssimo Senhor Fulano de Tal Cargo respectivo |
| Presidente e Membros do Superior Tribunal de Justiça | Vossa Excelência | V.Exa. | Senhor + cargo respectivo, | Excelentíssimo Senhor Fulano de Tal Cargo respectivo |
| Presidente e Membros do Tribunal Superior Militar | Vossa Excelência | V.Exa. | Senhor + cargo respectivo, | Excelentíssimo Senhor Fulano de Tal Cargo respectivo |
| Presidente e Membros do Tribunal Superior Eleitoral | Vossa Excelência | V.Exa. | Senhor + Cargo respectivo, | Excelentíssimo Senhor Fulano de Tal Cargo respectivo |
| Presidente e Membros do Tribunal Superior do Trabalho | Vossa Excelência | V.Exa. | Senhor + Cargo respectivo, | Excelentíssimo Senhor Fulano de Tal Cargo respectivo |
| Presidente e Membros dos Tribunais de Justiça | Vossa Excelência | V.Exa. | Senhor + Cargo respectivo, | Excelentíssimo Senhor Fulano de Tal Cargo respectivo |
| Presidente e Membros do Tribunais Regionais Federais | Vossa Excelência | V.Exa. | Senhor + Cargo respectivo, | Excelentíssimo Senhor Fulano de Tal Cargo respectivo |
| Presidente e Membros dos Tribunais Regionais Eleitorais | Vossa Excelência | V.Exa. | Senhor + Cargo respectivo, | Excelentíssimo Senhor Fulano de Tal Cargo respectivo |
| Presidentes e Membros dos Tribunais Regionais do Trabalho | Vossa Excelência | V.Exa. | Senhor + Cargo respectivo, | Excelentíssimo Senhor Fulano de Tal Cargo respectivo |
| Juízes | Vossa Excelência | V.Exa. | Senhor Juiz, | Excelentíssimo Senhor Fulano de Tal Cargo respectivo |
| Desembargadores | Vossa Excelência | V.Exa. | Senhor Desembargador, | Excelentíssimo Senhor Fulano de Tal Cargo respectivo |
| Auditores da Justiça Militar | Vossa Excelência | V.Exa. | Senhor + cargo respectivo, | Excelentíssimo Senhor Fulano de Tal Cargo respectivo |

**EMPREGO DOS PRONOMES DE TRATAMENTO - OUTROS CASOS**

| Destinatário | Tratamento | Abrev. | Vocativo | Envelope |
|---|---|---|---|---|
| Reitor de Universidade | Vossa Magnificência | Não se usa | Magnífico Reitor, | A vossa Magnificência o Senhor Fulano de Tal Reitor da Universidade |

| Destinatário | Tratamento | Abrev. | Vocativo | Envelope |
|---|---|---|---|---|
| Presidentes e diretores de empresas | Vossa Senhoria | V.Sa. | Senhor Fulano de Tal ou Senhor + cargo respectivo, | Ao Senhor Fulano de Tal Cargo Respectivo |
| Cônsul | Vossa Senhoria | V.Sa. | Senhor Cônsul, | Ao Senhor Fulano de Tal Cônsul da Embaixada Local |
| Outras autoridades | Vossa Senhoria | V.Sa. | Senhor + cargo respectivo, | Ao Senhor Fulano de Tal Cargo respectivo Endereço |

**EMPREGO DOS PRONOMES DE TRATAMENTO - HIERARQUIA ECLESIÁSTICA**

| Destinatário | Tratamento | Abrev. | Vocativo | Envelope |
|---|---|---|---|---|
| Papa | Vossa Santidade | Não existe | Santíssimo Padre, | Santíssimo Padre Fulano de Tal Endereço |
| Cardeais | Vossa Eminência ou Vossa Eminência Reverendíssima | Não existe | Eminentíssimo Senhor Cardeal, ou Eminentíssimo e Reverendíssimo Senhor Cardeal, | Senhor Cardeal Fulano de Tal Endereço |
| Arcebispos e Bispos | Vossa Excelência Reverendíssima | Não existe | Excelentíssimo e Reverendíssimo Senhor Arcebispo (ou Bispo), | Senhor Arcebispo (ou Bispo) Fulano de Tal Endereço |
| Monsenhores, Cônegos e superiores religiosos | Vossa Reverendíssima ou Vossa Senhoria Reverendíssima | Não existe | Reverendíssimo Monsenhor (ou Cônegos, etc.), ou Reverendíssimo Senhor Cônego, | Senhor Monsenhor (ou Cônego, etc.) Fulano de Tal Endereço |
| Sacerdotes, Clérigos e demais religiosos | Vossa Reverência | Não existe | Reverendo Sacerdote (ou Clérigo, etc.), | Senhor Sacerdote (ou Clérigo, etc.) Fulano de Tal Endereço |

### 4.2.1. Em concursos[3]

**O senhor, a senhora e você, vocês são pronomes de tratamento. "O senhor"** e **"a senhora"** são empregados no tratamento cerimonioso; **"você"** e **"vocês"**, no tratamento familiar. **Você** e **vocês** são empregados no português do Brasil; em algumas regiões, a forma **tu** é de uso frequente, em outras, é muito pouco empregada. Já a forma **vós** tem uso restrito à linguagem litúrgica, ultraformal ou literária.

**Vossa Excelência** e **Sua Excelência:** os pronomes de tratamento que possuem "Vossa (s)" são empregados em relação à pessoa **a quem** nos dirigimos.

**3ª pessoa:** a concordância deve ser feita com a 3ª pessoa. Assim, os verbos, os pronomes possessivos e os pronomes oblíquos empregados em relação a eles devem ficar na 3ª pessoa.

3. Só português. Disponível em <http://www.soportugues.com.br/secoes/morf/morf46.php>. Acesso em 2 abril 2014, alterado.

**Uniformidade de Tratamento:** quando escrevemos ou nos dirigimos a alguém, não é permitido mudar, ao longo do texto, a pessoa do tratamento escolhida inicialmente. Se usa a terceira pessoa (você), não pode usar oblíquos **te, ti, contigo**, nem os possessivos **teu, tua**, por exemplo.

## 4.3. Pronome Possessivo

Indica posse das pessoas do discurso.

| Pessoa | Número | Pronome |
|---|---|---|
| Primeira | singular | meu(s), minha(s) |
| | plural | nosso(s), nossa(s) |
| Segunda | singular | teu(s), tua(s) |
| | plural | vosso(a), vossos(as) |
| Terceira | singular | seu(s), sua(s) |
| | plural | seu(s), sua(s) |

### 4.3.1. Morfossintaxe do pronome possessivo

O pronome possessivo, quando adjetivo, ou seja, acompanhado por substantivo, exerce função de adjunto adnominal.

Entregou **seu** gabarito ao fiscal.

- Morfologia: pronome adjetivo (acompanha o substantivo **gabarito**).
- Sintaxe: adjunto adnominal do objeto direto **seu gabarito**.

Pode possuir função sintática de: núcleo do sujeito, do complemento verbal, do predicativo, etc. Normalmente ocorre em estruturas paralelísticas – o substantivo representado já foi mencionado anteriormente, acompanhado por um pronome possessivo adjetivo.

Este é o **meu** concurso. O **seu**, o edital nem foi publicado.

### 4.3.2. Em concursos[4]

| | | |
|---|---|---|
| **Pronomes possessivos e demonstrativos que possuem outros valores** | Afetividade | Não faça assim, **minha** criança. |
| | Proximidade | Ele tem **seus** quarenta anos. |
| | Hábito | Vai começar com **sua** tosse? |
| | Desprezo | Ela está namorando **aquilo**? |
| | Surpresa | Esta é **aquela**? |
| | Intensidade | Aonde você vai com **essa** pose? |

4. Só português. Disponível em <http://www.soportugues.com.br/secoes/morf/morf47.php>. Acesso em 2 abril 2014, alterado.

| | |
|---|---|
| **Não é pronome possessivo quando possui sentido de Senhor** | Obrigada, **Seu** Jorge.<br>= Obrigada, **Senhor** Jorge. |
| **Em frases com pronome de tratamento, o pronome possessivo concorda com a terceira pessoa.** | Vossa Excelência leu todo o **seu** livro? |
| **Pronomes pessoais oblíquos podem assumir valor de posse.** | Ajeitou-**lhe** a coberta.<br>= Ajeitou **sua** coberta. |

## 4.4. Pronome Demonstrativo

O pronome demonstrativo é utilizado em três situações. Pode se referir a espaço, ideias ou elementos. São eles:

| Pessoa | Variáveis | Invariáveis |
|---|---|---|
| primeira | este, esta, estes, estas | isto |
| segunda | esse, essa, esses, essas | isso |
| terceira | aquele, aquela, aqueles, aquelas | aquilo |

### 4.4.1. Emprego do pronome demonstrativo

| Para demonstrar no espaço | | |
|---|---|---|
| **pronome** | **usado para** | **dica** |
| Este(s), esta(s), isto | o que está próximo a mim | AQUI |
| Esse(s), essa(s), isso | o que está próximo a você | AÍ |
| Aquele(s), aquela(s), aquilo | o que está distante | LÁ |

Exemplos:

**Este** livro em minhas mãos foi escrito por **aquele** autor sentado na sexta fileira.

**Essa** aliança é de qual casamento seu?

| Para retomar elementos (pessoas ou coisas) | |
|---|---|
| **pronome** | **usado para** |
| Este(s), esta(s) | retomar o elemento mais próximo do pronome |
| Aquele(s), aquela(s) | retomar o elemento mais distante do pronome |

Exemplo:

**Matemática** e **literatura** me agradam: **esta** desenvolve a sensibilidade; **aquela**, o raciocínio.

Percebam que, se caso a ordem for alterada, os pronomes, obrigatoriamente, serão alterados também. Dependerá sempre do contexto. Exemplo:

**Literatura** e **matemática** me agradam: **aquela** desenvolve a sensibilidade; **esta**, o raciocínio.

> **Atenção!** Em **FGV**: para retomar três elementos, a banca opta pelo uso de numerais ordinais. Exemplos:
>
> **João**, **Pedro** e **Fernando** são fumantes; o terceiro (Fernando), de cigarros; o segundo (Pedro), de cachimbo e o primeiro (João), de charutos.
>
> **João, Pedro** e **Maria** são fumantes; a terceira (Maria), de cigarros; o segundo (Pedro), de charutos e o primeiro (João), de cachimbo.

| **Para ideias** | | |
|---|---|---|
| **pronome** | **usado para** | **dica** |
| Esse (a), isso | para retomar ideia | anáfora |
| Este (a), isto | para citar ideia | catáfora |

Pronome anafórico: retoma ideia do período anterior ou do parágrafo anterior.

Pronome catafórico: cita ideia. Associe o **c** no início dos dois vocábulos.

Exemplos:

Espero sinceramente **isto**: que se procedam as reformas.

Que as reformas sejam efetuadas logo; é **isso** que desejo.

| Em relação ao tempo | |
|---|---|
| **Pronome** | **Tempo** |
| **Este(s), esta(s) e isto** | indicam o tempo presente em relação à pessoa que fala. |
| **Esse(s), essa(s) e isso** | indicam o tempo passado próximo ao momento da fala. |
| **Aquele(s), aquela(s) e aquilo** | indicam um afastamento no tempo, tempo remoto. |

## 4.5. Pronome Relativo

Representa nomes já mencionados anteriormente e com os quais se relaciona. Inicia as orações subordinadas adjetivas. São eles:

| Variáveis | Invariáveis |
|---|---|
| o qual, a qual, os quais, as quais | que |
| cujo, cuja, cujos, cujas | quem |
| quanto, quanta, quantos, quantas | onde |

**Observações importantes:**

- Os vocábulos **como** e **quanto**, quando retomam termos anteriormente mencionados, possuem função de pronome relativo.
- Para evitar erros, ao aparecer a palavra **que**, tente substituí-la por **o qual, a qual, os quais, as quais**.

### 4.5.1. Emprego do pronome relativo

Um dos tópicos mais pedidos em concursos por fazer, também, de regência. Muitas teorias não valem a pena ser mencionadas porque as instituições pedem o emprego da mesma forma.

Atenção, em primeiro lugar, ao quadro-resumo a seguir.

| Quem | Cujo | Onde |
|---|---|---|
| usado apenas para pessoas. | concorda com o termo posterior e indica posse da anterior e não admite artigo, apenas preposição. | usado para retomar lugar e pode ser substituído por **em que, na qual, no qual, nas quais, nos quais.** |

Siga o passo a passo:

1) Encontre o pronome relativo;
2) Veja a qual termo o pronome relativo se refere;
3) Construa outra oração com os termos posteriores ao pronome relativo e encaixe o vocábulo que o relativo retoma.

Sempre mantenha a informação, atente-se aos exemplos a seguir.

- **Não conheço o lugar onde você mora.**

| 1) Onde | 2) Retoma **lugar** | 3) Você mora **no** lugar |
|---|---|---|

*Quem mora, mora* ***em*** *algum lugar.*

A preposição **em *é pedida.***

Assim, teremos:

Não conheço o lugar **em que** você mora.

Não conheço o lugar **no qual** você mora.

- **Conheço a garota de quem você falou.**

| 1) Quem | 2) Retoma **garota** | 3) Você falou **da** garota |
|---|---|---|

Quem fala, fala **de** alguém.

A preposição **de *é pedida.***

Assim, teremos:

Conheço a garota **da qual** você falou.

Conheço a garota **de que** você falou.

- **Este é o autor a cuja obra me referi.**

| 1) Cuja | 2) Refere-se a **autor** | 3) Eu me referi à obra do autor (posse do anterior) |
|---|---|---|

Quem se refere, refere-se **a** algo.

A preposição **a** foi pedida.

**Atenção: não existem as formas cujo o, cuja a e o cuja, mas a cujo(a) existe = preposição e não artigo.**

- **Estas são as pessoas com cujas ideias concordo.**

| 1) Cujas | 2) Refere-se a **ideias** | 3) Eu concordo **com** as ideias do autor |
|---|---|---|

Quem concorda, concorda **com** algo.

A preposição **com** foi pedida.

## 4.6. Pronome Indefinido

Designa o referente – isto é, a terceira pessoa do discurso – e possui sentido vago.

Classificam-se em:

**Pronomes Indefinidos Substantivos:** assumem o lugar do ser ou da quantidade aproximada de seres na frase. São eles: **algo, alguém, fulano, sicrano, beltrano, nada, ninguém, outrem, quem, tudo.**

**Pronomes Indefinidos Adjetivos:** qualificam um ser expresso na frase, conferindo-lhe a noção de quantidade aproximada. São eles: **cada, certo(s), certa(s).**

| **Variáveis** | | | | **Invariáveis** |
|---|---|---|---|---|
| **Singular** | | **Plural** | | |
| **Masculino** | **Feminino** | **Masculino** | **Feminino** | |
| algum | alguma | alguns | algumas | alguém |

| Variáveis | | | | Invariáveis |
|---|---|---|---|---|
| Singular | | Plural | | |
| Masculino | Feminino | Masculino | Feminino | |
| nenhum | nenhuma | nenhuns | nenhumas | ninguém |
| todo | toda | todos | todas | outrem |
| muito | muita | muitos | muitas | tudo |
| pouco | pouca | poucos | poucas | nada |
| vário | vária | vários | várias | algo |
| tanto | tanta | tantos | tantas | cada |
| outro | outra | outros | outras | |
| quanto | quanta | quantos | quantas | |
| qualquer | | quaisquer | | |

**Locuções pronominais indefinidas**: cada qual, cada um, qualquer um, quantos quer (que), quem quer (que), seja quem for, seja qual for, todo aquele (que), tal qual (= certo), tal e qual, tal ou qual, um ou outro, uma ou outra etc.

### 4.6.1. Em concursos[5]

| Sentido negativo | nenhum, ninguém, nada |
|---|---|
| Sentido afirmativo | algum, alguém, algo |
| Totalidade negativa | nenhum, nada |
| Totalidade afirmativa | todo, tudo |
| Particulariza | certo |
| Generaliza | qualquer |
| Pessoa | alguém, ninguém |
| Coisa | algo, nada |

## 4.7. Pronome Interrogativo

Os pronomes **que, quem, qual e quanto**, na teoria indefinidos, são classificados particularmente como interrogativos porque são empregados para formular interrogações diretas ou indiretas:

Que *foi isso?*

*Quero saber que foi isso.*

---

5. Só português. Disponível em <http://www.soportugues.com.br/secoes/morf/morf50.php>. Acesso em 2 abril 2014.

*Quem é esse rapaz?*
*Quero saber quem é esse rapaz.*
*Qual o melhor itinerário?*
*Quero saber qual é o melhor itinerário.*
*Quanto custa?*
*Quero saber quanto custa.*

## 5. COLOCAÇÃO PRONOMINAL

Os pronomes oblíquos átonos (**o, a, os, as, lhe, lhes, me, te, se, nos, vos**) podem ocupar três posições diferentes em relação ao verbo: **próclise, mesóclise e ênclise.**

Dica: a fonética (a sonoridade) ajuda a resolver as questões. Pronuncie e perceba se a dicção está perfeita. Em casos de colocação errada, a fala soa mal.

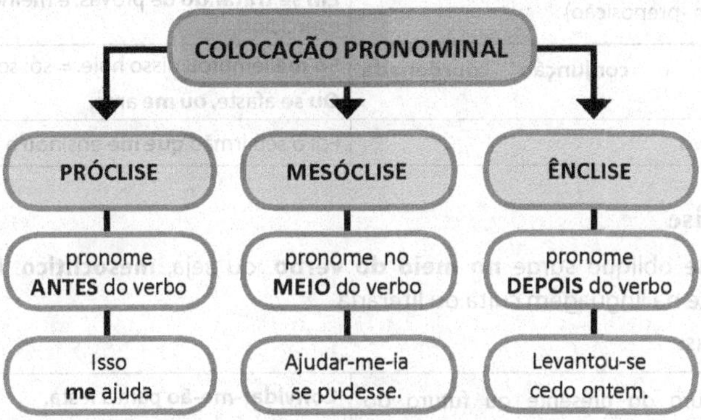

***Fonte:*** *Língua Portuguesa – Facebook*

### 5.1. Próclise

O pronome oblíquo surge **antes do verbo**, isto é, **proclítico**.

Ocorre em orações nas quais antes do verbo haja:

| | |
|---|---|
| Palavra ou expressão de **valor negativo.** | **Nunca me** revelaram os motivos.<br>**Não me** conte seus problemas. |
| **Advérbios e pronomes indefinidos**, sem que haja pontuação. | **Tudo se** acaba um dia.<br>**Assim se** resolveram as questões.<br>Havendo pontuação, ocorrerá ênclise:<br>Assim, **resolvem-se** os problemas. |
| **Pronomes e advérbios interrogativos.** | **Quem te** chamou aqui?<br>**Por que a** avisaram apenas agora? |
| **Orações exclamativas e optativas** (indicam desejo). | **Deus te** abençoe.<br>**Como a** admiro! |
| Conjunções subordinativas. | **É necessário que se** faça a reforma.<br>Comprei o livro **que me** será útil. |
| **Gerúndio + em** (preposição) | **Em se tratando** de provas, é melhor fazer muitos exercícios. |
| **Advérbio** só **e conjunção coordenada alternativa.** | **Só me** lembrou disso hoje. = só: somente<br>**Ou se** afaste, **ou me** ame. |
| Pronome relativo | Foi o seu irmão **que me** ensinou a matéria. |

## 5.2. Mesóclise

O pronome oblíquo surge **no meio do verbo**, ou seja, **mesoclítico**. É empregada, exclusivamente na linguagem culta ou literária.

Ocorrências:

| | |
|---|---|
| Verbo no futuro do presente ou futuro do pretérito do indicativo. | **Convidar-me-ão** para a festa.<br>**Convidar-te-ia** para a reunião. |
| **NÃO OCORRERÁ** se houver justificativa para próclise, como estudamos no tópico anterior: | **Amanhã o** convidarão para a festa.<br>**Todos te** convidariam para a reunião. |

## 5.3. Ênclise

O pronome oblíquo surge **depois do verbo**, isto é, **enclítico**. É a colocação básica do pronome, a mais utilizada e ocorre quando não há palavras que atraem o oblíquo. Utilizada em:

| | |
|---|---|
| **Verbo no início da frase.** | Comenta-se que ele foi aprovado. |
| **Verbo no imperativo afirmativo.** | Alunos, apressem-se. |
| **Verbo no gerúndio.** | Mudou o texto, acrescentando-lhe explicação. |
| **Verbo no infinitivo impessoal.** | Leia os testes antes de resolvê-los. |

## 5.4. Em Locuções Verbais

| | | |
|---|---|---|
| Verbo principal no infinitivo ou gerúndio | Pronome **depois do verbo auxiliar ou do verbo principal** | **Quero-lhe** apresentar a meus amigos.<br>Quero **apresentar-lhe** a meus amigos.<br>**Ia-lhe** dizendo o gabarito inteiro.<br>Ia **dizendo-lhe** o gabarito inteiro. |
| | Com palavra que exija próclise: **pronome antes do verbo auxiliar ou depois do principal** | **Não lhe quero** apresentar a meus amigos.<br>Não quero **apresentar-lhe** a meus amigos.<br>**Alguém lhe** ia dizendo o gabarito.<br>Alguém ia **dizendo-lhe** o gabarito. |
| Verbo principal no infinitivo ou gerúndio | **Preposição entre o verbo auxiliar e o infinitivo**: duas formas. | Seu artigo há de **encontrar-se** no jornal de ontem.<br>Seu artigo há **de se encontrar** no jornal de ontem. |
| | Preposição **a** e o pronome oblíquo **o** = pronome depois do infinitivo. | Voltou a **cumprimentá-los** pela aprovação. |
| Verbo Principal no Particípio | O pronome oblíquo átono **não** poderá vir depois dele. | Os poemas **tinham-se** perdido no vazio do tempo. |
| | Havendo fator que justifique a próclise, o pronome ficará antes da locução. | **Não me** haviam consultado sobre a data da prova. |

## 5.5. *Pegadinhas* das bancas

- Quando há verbo no **infinitivo** pessoal regido de preposição, exceto "a", **a colocação pronominal é facultativa**, podendo ocorrer tanto ênclise quanto próclise:

  *Estava para **lhe** dizer a verdade.* (próclise)

  *Estava para **dizer-lhe** a verdade.* (ênclise)

- Nas locuções verbais, caso não haja palavra atrativa que exija a próclise, **o pronome oblíquo** deverá ficar depois do verbo auxiliar, **nunca depois do verbo principal no particípio**: Haviam-me <u>convidado</u>.

- **Próclise facultativa**: nas situações em que não existe uma palavra atrativa que obrigue ao adiantamento do pronome ou em que não haja a proibição do adiantamento do pronome, o uso da próclise se torna facultativo:

  O antigo juiz **me ligou** ontem.

  O antigo juiz **ligou-me** ontem.

  A Luna **se esqueceu** do encontro?

  A Luna **esqueceu-se** do encontro?

- É **facultativo** o uso da **próclise** ou da **ênclise**, caso o verbo não se encontre no início da frase, nem haja situações que justifiquem o uso específico de uma forma de colocação pronominal.

## 6. FIQUE DE OLHO

- Colocação dos pronomes átonos nos tempos simples e compostos;
- Pronome relativo e regência;
- Pronomes pessoais com função de objeto direto ou de objeto indireto;
- Pronomes demonstrativos – para retomar ou citar ideias ou para retomar elementos.

  **Observação**: em **FGV**, usam-se numerais ordinais para retomar mais de dois elementos – primeiro, segundo e terceiro.

### 6.1. Questões comentadas

**01. (FGV - TRF 1 - Analista Judiciário – Área Judiciária - 2024)** A frase abaixo em que está correto o emprego do pronome demonstrativo sublinhado é:

(A) Somos seres muito primitivos, operando a 0,001% da potência espiritual que somos capazes de operar **nessa** vida;

(B) O meu cão não fala e é graças a **isso** que eu o compreendo;

(C) A verdade é **essa**: todos devemos trabalhar;

(D) João e Maria vieram: **este** de táxi e **aquele** de ônibus;

(E) Na Idade Média todos eram bons cristãos; **nesta** época, a Igreja era muito poderosa.

➢ Comentários:

**Alternativa "a"** – O pronome demonstrativo refere-se ao tempo presente (agora, nesta vida) e deveria ser substituído por "esta" = nesta vida.

Observações:

1. Usaria "essa" se fosse um tempo passado próximo = Na semana passada, foram criticados. Nessa semana, houve vários ataques;

2. Usaria "naquela" se fosse um tempo passado distante = Em 1990 as pessoas eram mais saudáveis. Naquela década não existia COVID.

**Alternativa "b"** – O pronome é anafórico, isto é, retoma a ideia mencionada na oração anterior.

Dica: quando se refere a algo que será mencionado, ocorre catáfora, e o pronome utilizado deve ser "isto".

**Alternativa "c"** – A ideia será mencionada, ocorre catáfora.

Correção: A verdade é **esta.**

**Alternativa "d"** – Para retomar dois elementos (pessoas ou coisas), usa-se "este(a) para o elemento mais próximo do pronome, e "aquele" para o mais distante.

Opções de correção:

1. João e Maria vieram: **esta** de táxi e **aquele** de ônibus. - esta = Maria / aquele = João.

2. João e Maria vieram: **aquele** de táxi e **esta** de ônibus. - aquele = João / esta = Maria.

**Alternativa "e"** – Refere-se a uma época distante.

Correção: **naquela** época.

**RESPOSTA: B**

**02. (FGV - TJ RJ - Programa de Residência - Direito - 2024)** As frases a seguir mostram dois segmentos, separados por uma barra inclinada.

Assinale a frase em que a relação entre esses segmentos é corretamente identificada.

(A) A economia compreende todas as atividades do país, / mas nenhuma atividade do país compreende a economia. / relação de diferença.

(B) A concorrência é uma prática dolorosa, / mas produz ótimos resultados. / relação de concessão.

(C) Não existe política cultural no Brasil. / Existem pessoas que têm talento para captar dinheiro. / relação de oposição.

(D) A Transbrasil nasceu transportando salsichas e morreu transportando laranjas. / relação de semelhança.

(E) O comércio internacional não é um jogo de damas, / é um jogo de interesses. / relação de comparação.

➢ Comentários:

**Alternativa "a"** – A economia compreende todas as atividades **x** nenhuma atividade compreende a economia = relação de oposição, adversidade.

**Alternativa "b"** – Possui dor **x** produz ótimos resultados = relação de concessão.

**Dicas:**

1. concessão: *[Gramática] Evento contrário e subordinado ao mais importante, numa oração, que não impede a realização da ação principal*[1];

2. tente substituir por "embora": embora produza ótimos resultados.

**Alternativa "c"** – É impossível haver oposição porque "política cultural" não destoa de "captar dinheiro". A relação pode ser de análise e crítica, ou de sátira e ironia.

**Alternativa "d"** – Relação de transformação: começou com salsichas e terminou com laranjas.

**Alternativa "e"** – A relação é metafórica porque a comparação está implícita.

**Dica:** se houvesse a conjunção "como", seria uma comparação = o comércio internacional é como um jogo de interesses.

**RESPOSTA: B**

---

**03. (FGV - TJ RJ - Programa de Residência - Direito - 2024)** Assinale a frase em que a inversão proposta dos termos separados por uma barra ***não*** é adequada.

(A) A parte mais sensível do corpo humano / é o bolso. – O bolso é a parte mais sensível do corpo humano.

(B) Cada vez que preencho um cargo, / faço cem descontentes e um ingrato. - Faço cem descontentes e um ingrato cada vez que preencho um cargo.

(C) Eu estaria disposto a tentar entender a economia / se me convencessem de que alguém entende. / Se me convencessem de que alguém entende economia, eu estaria disposto a tentar entendê-la.

(D) Sabedoria é saber o que fazer; / virtude é fazer. – Virtude é fazer, sabedoria é saber o que fazer.

(E) Chega de homenagens. / Eu quero o dinheiro. – Eu quero o dinheiro. Chega de homenagens.

➢ Comentários:

**Alternativa "a"**

A parte mais sensível do corpo humano é o bolso.

O bolso é a parte mais sensível do corpo humano.

= inversão adequada.

→ O que é aparte m mais sensível do corpo humano? O bolso.

→ O que é o bolso? A parte mais sensível do corpo humano.

**Alternativa "b"**

Cada vez que preencho um cargo, faço cem descontentes e um ingrato.

Faço cem descontentes e um ingrato cada vez que preencho um cargo.

= inversão adequada.

→ Quando faço cem descontentes e um ingrato? Cada vez que preencho um cargo.

A oração subordinativa adverbial pode estar anteposta, ou posposta à oração principal.

**Alternativa "c"**

Eu estaria disposto a tentar entender a economia se me convencessem de que alguém entende.

Se me convencessem de que alguém entende economia, eu estaria disposto a tentar entendê-la.

= inversão adequada.

→ A oração subordinativa condicional pode estar anteposta, ou posposta à oração principal.

**Alternativa "d"**

Sabedoria é saber o que fazer; virtude é fazer.

Virtude é fazer, sabedoria é saber o que fazer.

= inversão inadequada.

→ A definição de sabedoria é mais completa do que a definição de virtude.

Ao inverter, a coerência fica prejudicada pelo fato de ficar com sentido vago (fazer o quê?).

Isso significa que o período ficou incoerente, sem lógica.

**Alternativa "e"**

Chega de homenagens. Eu quero o dinheiro.

Eu quero o dinheiro. Chega de homenagens.

= inversão adequada.

→ Altera o realce, mas o sentido é mantido: na primeira, o destaque é em "chega de homenagens"; no segundo, em "eu quero dinheiro".

**RESPOSTA: D**

---

**04. (VUNESP – TRF 3ª Região – Analista Judiciário – Área Administrativa – 2024)** Assinale a alternativa em que o primeiro termo destacado é um pronome com valor possessivo, e o segundo, um adjetivo.

(A) "Dói-**me** o corpo **inteiro**, senhor; o corpo inteiro."
(B) ... já ia **se** conformando em ser chamada de dona Teresa, caiu **doente**.
(C) Mandou-**me** um bilhete com a letra **meio** trêmula, falando em reumatismo.
(D) O **mesmo** caso, ajuntou, houve cerca de 15 anos **atrás**...
(E) Entregou-me a chave, fez **qualquer** observação **sobre** o aquecedor...

➤ Comentários:

**Nota da autora:** Questão de morfologia (classes gramaticais – pronome e adjetivo).

**Lembre**-se de que o adjetivo possui a função de qualificar.

**Alternativa "a"** – Pronome pessoal oblíquo da primeira pessoa do singular. Possui valor de posse porque equivale a "dói meu corpo inteiro"; adjetivo: qualifica o substantivo "corpo".

**Dica:** insira um verbo de ligação entre os dois termos para ficar clara a ideia de qualificação: o corpo é inteiro.

**Alternativa "b"** – Parte integrante do verbo (conformar-se) sem valor possessivo; adjetivo.

**Alternativa "c"** – Pronome pessoal oblíquo da primeira pessoa do singular, mas não possui valor de posse; advérbio.

**Alternativa "d"** – Pronome demonstrativo sem valor de posse; advérbio.

**Alternativa "e"** – Pronome indefinido sem valor de posse; preposição.

**RESPOSTA: A**

---

**05. (VUNESP – TRF 3ª Região – Analista Judiciário – Área Administrativa – 2024)** Nos enunciados reescritos a partir das informações do texto, a colocação pronominal e a regência atendem à norma-padrão em:

(A) Dona Teresa me contou que, há cerca de 15 anos atrás, tinha exposto-se em uma corrente de ar em um outro apartamento.
(B) Não fosse a corrente de ar que lhe acometera, Mme. Thérèse já teria-se conformado em ser chamada de dona Teresa.
(C) Eu entreguei o dinheiro a dona Teresa, ela contou-o. Depois foi lá dentro apanhar umas pobres coisas que se esquecera.
(D) Quando voltou, Mme. Thérèse informou-me de que sua debilidade era proveniente de uma corrente de ar no meu apartamento.
(E) Dona Teresa certamente vira-se abalada com a corrente de ar, pois veio no meu apartamento magra, mais pálida e menor.

➤ Comentários:

**Nota da autora:** Questão de colocação pronominal e de regência.

**Alternativa "a"** – Colocação pronominal: **contou-me** = sem fator atrativo, o pronome deve estar enclítico; **tinha se exposto**: o pronome oblíquo não pode vir após o verbo no particípio.

Observação: embora não seja pedida no comando da questão, vale ressaltar que ocorre redundância em "há cerca de 15 anos atrás".

Correção: "há cerca de 15 anos" ou "cerca de 15 anos atrás".

**Alternativa "b"** – Colocação pronominal: **já se** teria = o advérbio atrai o pronome oblíquo.

Regência: **a** acometera = o verbo *acometer* é transitivo direto e não admite o pronome "lhe" como complemento.

**Alternativa "c"** – Regência: coisas **de** que se esquecera = o verbo *esquecer* é pronominal e exige a preposição "de".

**Alternativa "d"** – Colocação pronominal correta: ênclise por não haver fator atrativo (informou-me).

Regência correta: o verbo informar é transitivo direto e indireto ("me" é objeto direto / "de que sua debilidade..." possui função de objeto indireto, ou seja, oração subordinativa substantiva objetiva indireta).

**Alternativa "e"** – Colocação pronominal: certamente **se** vira = o advérbio atrai o pronome oblíquo.

Regência: veio **ao** meu apartamento.

**RESPOSTA: D**

---

**06. (FCC - TRT 18 - Analista Judiciário - Área Administrativa - 2023)** Está plenamente adequado o emprego do elemento sublinhado na frase:

(A) As reações hostis com que são vítimas os imigrantes constituem um crime contra a humanidade.

(B) Os preconceitos culturais aos quais tantos povos que se dizem superiores se nutrem são abomináveis.

(C) Os valores por cujos algumas culturas se afirmam podem ser perfeitamente contraditados por outras.

(D) Os critérios de valor dos quais algumas civilizações não prescindiram acabaram por se tornar anacrônicos.

(E) A diversidade de valores, da qual tantos fazem questão de ignorar, deveria ser vista como natural num mundo globalizado.

➢ Comentários:

**Nota da autora:** Questão de pronome e de regência.

Siga o passo a passo a seguir e não erre questão de regência e de pronome relativo.

1. Veja qual palavra é retomada pelo pronome relativo;

2. Elabore oração com os termos posteriores ao relativo até encaixar a palavra que foi retomada;

3. Agora você saberá se o termo exige preposição, ou não.

**Alternativa "a"** – Retoma: reações hostis;

Oração: os imigrantes são vítimas **de** reações hostis;

Preposição exigida + pronome relativo: **de que** ou **das quais.**

**Alternativa "b"** – Retoma: preconceitos culturais;

Oração: tantos povos que se dizem superiores se nutrem **dos** preconceitos culturais;

Preposição exigida + pronome relativo: **de que** ou **dos quais.**

**Alternativa "c"** – Retoma: valores;

Oração: algumas culturas se afirmam **nos** valores;

Preposição exigida + pronome relativo: **em que** ou **nos quais.**

**Dica:** o verbo "afirmar-se" é pronominal e está no sentido de *fazer a certificação de alguma coisa através do uso da vista. Sendo assim, exige a preposição "em".*

**Alternativa "d"** – Retoma: critérios de valor;

Oração: algumas civilizações não prescindiram **dos** critérios de valor;

Preposição exigida + pronome relativo: **de que** ou **dos quais.**

**Alternativa "e"** – Retoma: diversidade de valores;

Oração: tantos fazem questão de ignorar a diversidade de valores;

Não foi exigida preposição alguma;

Pronome relativo: **que** ou **a qual**.

**ALTERNATIVA CORRETA: D**

---

**07. (FCC - TRT 18 - Analista Judiciário - Área Judiciária - 2023)** Ao tratar da morte, o cronista **atribui à morte** um poder de imantação tal que acaba por **identificar a morte** como uma força que, paradoxalmente, exerce uma estranha atração até mesmo sobre os que **temem a morte**.

Evitam-se as viciosas repetições do período acima substituindo-se os elementos sublinhados, na ordem dada, por:

(A) atribui-lhe – identificá-la – a temem

(B) lhe atribui – identificar a ela – lhe temem

(C) atribui-lhe – a identificar – temem-lhe

(D) atribui nela – lhe identificar – temem-na

(E) a atribui – identificar-lhe – a temem

➢ Comentários:

**Nota da autora:** Questão de coesão textual, regência, pronome e colocação pronominal.

**Alternativa "a"** – O verbo *atribuir* é transitivo direto e indireto, o termo sublinhado possui função de objeto indireto (a algo) e não possui fator atrativo: atribui-lhe / o verbo *identificar* é transitivo direto (algo), termina em "r" (deve ser suprimido) e não possui fator atrativo: identificá-la / o verbo *temer* é transitivo direto (algo) e possui fator atrativo (pronome relativo): que a temem.

**Alternativa "b"** – Não há fator atrativo / regência incorreta: identificar algo / regência incorreta.

**Alternativa "c"** – Atribui-lhe: certo / próclise desnecessária, não há fator atrativo / regência e colocação pronominal incorretas.

**Alternativa "d"** – Regência incorreta: a ela / regência e colocação pronominal erradas / o pronome relativo (que) atrai o pronome oblíquo: que a temem.

**Alternativa "e"** – Não há fator atrativo e termo destacado é objeto indireto, isto é, não admite o pronome oblíquo "a" / regência incorreta / a temem: certo.

**ALTERNATIVA CORRETA: A**

**08. (FCC - TRT 17 - Analista Judiciário - Área Judiciária - 2023)** Eu vos pergunto: pode a experiência do mais velho servir às hesitações do jovem, fazer o jovem superar essas hesitações, convencer o jovem a não mais render culto às hesitações?

Evitam-se as viciosas repetições do período acima substituindo-se os segmentos sublinhados, na ordem dada, por:

(A) fazê-lo – convencê-lo – lhes render culto

(B) fazer-lhe – convencer-lhe – render culto às mesmas

(C) fazê-lo – lhe convencer – render-lhes culto

(D) o fazer – o convencer – a render culto

(E) lhe fazer – lhe convencê-lo – lhe rendê-la culto

➢ Comentários:

**Nota da autora:** Questão de pronome e de regência.

**Alternativa "a"**

**Fazer:** verbo transitivo direto terminado em "r" = fazê-lo.

**Convencer:** verbo transitivo direto e indireto terminado em "r" – o objeto direto é "o jovem" = convencê-lo.

**Render:** verbo transitivo direto e indireto – o objeto indireto é "hesitações" = lhes render culto.

**Dica:** atente-se, também, à colocação pronominal.

**Alternativa "b"** – É impossível o complemento dos verbos "fazer" e "convencer" serem o oblíquo "lhe" – como explicado na alternativa anterior.

Além disso, não cabe a expressão "às mesmas".

**Alternativa "c"** – Dois erros: "lhe convencer" e "render-lhes culto" – aqui, pelo fato de o pronome estar enclítico. Deve ser proclítico por haver fator atrativo (não mais).

**Alternativa "d"** – É inadmissível haver pronome oblíquo posposto à vírgula* (dois casos) e a preposição "a" não pode ser repetida (convencer o jovem **a** não mais **a** render culto).

***Exceção:** se houver fator atrativo anteposto à vírgula.

Exemplo: Ontem, depois das 15 horas, me entregaram o envelope.

Lê-se sem a intercalação: Ontem me entregaram o envelope.

**Alternativa "e"** – As três substituições estão incorretas.

**ALTERNATIVA CORRETA: A**

**09. (FCC – Técnico Judiciário – Área Administrativa – TRT 6/2018)** Está correto o uso do elemento sublinhado na seguinte frase:

(A) Nos diálogos forjados nas redes sociais, os usuários selecionam aqueles dos quais estão dispostos a interagir.

(B) A maioria das pessoas hoje acessa as redes sociais em cuja influência revolucionou a forma de compartilhar notícias.

(C) Deve-se reagir com cautela à recepção de conteúdos aos quais são disseminados nas mídias digitais.

(D) As mídias sociais são acusadas de formar redutos no qual o usuário consome um conteúdo que o agrade.

(E) A esfera pública, na qual os mais engajados prevalecem, parece tomada por uma intensa polarização.

➢ Comentários:

**Nota da autora:** Questão de pronome relativo e regência.

**Alternativa "a"** – O pronome relativo retoma "aqueles" (sujeito) e não pode haver preposição no sujeito: **os quais**. Equivale a "aqueles estão dispostos a interagir".

**Alternativa "b"** – O pronome relativo concorda com "influência" (sujeito) e não pode haver preposição no sujeito: **cuja**. Equivale a "a influência das redes sociais revolucionou".

Observação: lembre-se de que o relativo "cujo" indica posse do termo anterior.

**Alternativa "c"** – Os conteúdos (sujeito) são disseminados: **os quais**.

**Alternativa "d"** – O pronome relativo retoma "redutos": **nos quais**. Ordem direta: o usuário consome um conteúdo que o agrade **nos** redutos.

**Alternativa** "e"

1. O pronome relativo retoma "A esfera pública";

2. Ordem direta com os termos pospostos ao relativo até encontrar o termo retomado: os mais engajados prevalecem **na** esfera pública;

3. A preposição "em" foi exigida e deve ser inserida antes do pronome relativo: **na qual** (em + a qual).

**ALTERNATIVA CORRETA: E**

---

**10. (FCC – Técnico Judiciário – Área Administrativa – TRT 24/2017)** No trecho *Os bancos e as empresas que efetuam pagamentos*, o "que" exerce função pronominal. Outro trecho do texto em que essa palavra exerce a mesma função é:

(A) De acordo com os resultados, cerca de metade das organizações que atuam no campo de pagamentos eletrônicos...

(B) Mais de um terço (38%) das organizações reconhece que é cada vez mais difícil detectar se uma transação é fraudulenta ou verdadeira...

(C) O estudo revela que o índice de fraudes on-line acompanha o aumento do número de transações on-line...

(D) Também vale notar que o desvio de pagamentos pode causar perda de clientes...

(E) Conclui-se que a fraude não é o único obstáculo a ser superado...

➢ Comentários:

**Nota da autora:** No comando da questão: os bancos e as empresas **as quais** efetuam = pronome relativo.

**DICA:** Sempre que o "que" puder ser substituído por "o (a) qual", será pronome relativo.

**Alternativa "a"** – cerca de metade das organizações **as quais** atuam = pronome relativo.

**Alternativa "b"** – reconhece **isto**: coube o pronome catafórico, trata-se de conjunção integrante. Está ligando a oração principal à oração subordinada substantiva objetiva direta.

**Alternativa "c"** – revela **isto**: conjunção integrante. Liga a oração principal à oração subordinada substantiva objetiva direta.

**Alternativa "d"** – notar **isto**: conjunção integrante. Liga a oração principal à oração subordinada substantiva objetiva direta.

**Alternativa "e"** – conclui-se **isto**: conjunção integrante. Liga a oração principal à oração subordinada substantiva subjetiva.

**DICA**: O verbo *concluir* é transitivo direto e, seguido de "se" (pronome apassivador), indica que a oração está na voz passiva sintética. Equivale a *é concluído que a fraude não é o único obstáculo a ser superado.*

**ALTERNATIVA CORRETA: A**

Capítulo

2

# VERBO

## 1. INTRODUÇÃO

Verbo, além de ser um assunto extenso, é muito exigido por várias bancas. Iniciaremos do zero para que não fique dúvida, pois não se trata de um assunto difícil, mas sim repleto de detalhes.

## 2. DEFINIÇÃO

Verbo é palavra variável que indica ação (caminhar), estado (ser), fenômeno da natureza (amanhecer), processos naturais (morrer), processos mentais (estudar) etc.

## 3. ESTRUTURA VERBAL

Elementos que formam o verbo:

| RADICAL | VOGAL TEMÁTICA | TEMA | DESINÊNCIA MODO-TEMPORAL | DESINÊNCIA NÚMERO-PESSOAL |
|---|---|---|---|---|
| estud | a | estuda | sse | mos |
| bat | e | bate | re | mos |
| sorr | i | sorri | ra | mos |

### 3.1. Radical

É a parte que possui a base do significado, ou seja, é o elemento essencial do verbo. Importante: não sofre alteração.

| VERBO | RADICAL |
|---|---|
| estudar | estud |
| bater | bat |
| sorrir | sorr |

### 3.2. Vogal Temática

É o elemento que se junta ao radical para formar o tema verbal. Situada entre o radical e a desinência, indica a conjugação a que pertence o verbo – primeira, segunda ou terceira.

| | | |
|---|---|---|
| **Primeira conjugação** | a | estudAr |
| **Segunda conjugação** | e | batEr |
| **Terceira conjugação** | i | sorrIr |

Observações:

1) O verbo **pôr** e seus derivados (compor, repor, dispor etc.) pertencem à segunda conjugação por razões etimológicas: sua forma arcaica era **poer**. Perceba: pus-é-sse-mos; pus-é-ra-mos.

2) No presente do subjuntivo e nos tempos derivados dele, não há vogal temática.

### 3.3. Tema

É a junção do radical + vogal temática.

| RADICAL | VOGAL TEMÁTICA | TEMA |
|---|---|---|
| estud | + a | estuda |
| bat | + e | bate |
| sorr | + i | sorri |

### 3.4. Desinência modo-temporal

É o elemento que designa o tempo (presente, pretérito, futuro) e o modo (indicativo, subjuntivo, imperativo) do verbo.

| RADICAL | VOGAL TEMÁTICA | TEMA | DESINÊNCIA MODO-TEMPORAL | MODO | TEMPO |
|---|---|---|---|---|---|
| estud | a | estuda | sse | Subjuntivo (dúvida) | Pretérito imperfeito |
| bat | e | bate | u | Indicativo (certeza) | Pretérito perfeito |
| sorr | i | sorri | ra | Indicativo (certeza) | Pretérito mais-que-perfeito |

### 3.5. Desinência número-pessoal

É o elemento que designa a pessoa do discurso (1ª, 2ª ou 3ª) e o número (singular ou plural).

| RADICAL | VOGAL TEMÁTICA | TEMA | DESINÊNCIA MODO-TEMPORAL | DESINÊNCIA NÚMERO-PESSOAL | NÚMERO e PESSOA |
|---|---|---|---|---|---|
| estud | a | estuda | sse | mos | Plural – 1ª |
| beb | e | bebe | ra | mos | Plural – 1ª |
| sorr | i | sorri | ra | mos | Plural – 1ª |

## 3.6. Formas Rizotônicas e Arrizotônicas

| | | |
|---|---|---|
| **Rizotônica** | o acento tônico cai no radical | **opi**no, **apren**do, **nu**tro |
| **Arrizotônica** | o acento tônico cai na desinência | opin**ei**, aprender**ão**, nutrir**í**amos |

# 4. CLASSIFICAÇÃO VERBAL

| | | |
|---|---|---|
| **Regulares** | possuem as desinências normais de sua conjugação e cuja **flexão não provoca alterações no radical.** | **cant**o, **cant**ei, **cant**arei, **cant**ava, **cant**asse. |
| **Irregulares** | a **flexão provoca alterações no radical** ou nas desinências. | faço, fiz, farei, fizesse. |
| **Anômalos** | incluem **mais de um radical** em sua conjugação. | Ir, pôr, ser, saber. |
| **Defectivos** | **não** apresentam **conjugação completa.** | colorir, computar, falir. |
| **Auxiliares** | fazem parte da formação dos tempos compostos e das locuções verbais. | ser, estar, ter e haver. |
| **Abundantes** | possuem **mais de uma forma com o mesmo valor**. Geralmente, esse fenômeno costuma ocorrer no particípio, em que, além das formas regulares terminadas em **-ado** ou **-ido**, surgem as chamadas **formas curtas** (particípio irregular). | fritar: frito, fritado;<br>prender: preso, prendido |
| **Pronominais** | São aqueles verbos que **se conjugam com os pronomes oblíquos átonos me, te, se, nos, vos, se**, na mesma pessoa do sujeito, expressando reflexibilidade. | abster-se, ater-se, apiedar-se, atrever-se, dignar-se, arrepender-se. |

## 4.1. Defectivos[1]

Verbos que não apresentam conjugação completa. Classificam-se em **impessoais**, **unipessoais** e **pessoais**.

---

1. Só português. Disponível em <http://www.soportugues.com.br/secoes/morf/morf55.php>. Acesso em 24 abril 2014, alterado.

<table>
<tr><td>IMPESSOAIS</td><td>Não possuem sujeito. Normalmente, são usados na terceira pessoa do singular.</td><td>Os principais são:<br>• haver, quando sinônimo de existir, acontecer, realizar-se ou fazer (em orações temporais).<br>• fazer, ser e estar (quando indicam tempo).<br>• Todos os verbos que indicam fenômenos da natureza são impessoais: chover, ventar, nevar, gear, trovejar, amanhecer, escurecer, etc.<br>Outros verbos impessoais<br>• o verbo passar (seguido de preposição), indicando tempo.<br>• os verbos bastar e chegar, seguidos da preposição de, indicando suficiência.<br>• os verbos estar e ficar em orações tais como Está bem, Está muito bem assim, Não fica bem, Fica mal, sem referência a sujeito expresso anteriormente.<br>• o verbo deu + para da língua popular, equivalente de "ser possível".</td></tr>
<tr><td>UNIPESSOAIS</td><td>Possuem sujeito e são conjugados apenas nas terceiras pessoas, do singular e do plural.</td><td>Entre os unipessoais estão os verbos que significam vozes de animais: bramar: tigre; bramir: crocodilo; cacarejar: galinha; coaxar: sapo; cricrilar: grilo<br>Outros verbos unipessoais<br>1) cumprir, importar, convir, doer, aprazer, parecer, ser (preciso, necessário, etc.).<br>2) fazer e ir, em orações que dão ideia de tempo, seguidos da conjunção que.</td></tr>
<tr><td>PESSOAIS</td><td>Não apresentam algumas flexões por motivos morfológicos ou eufônicos.</td><td>Exemplo: falir, computar.</td></tr>
</table>

## 4.2. Abundantes

São verbos que possuem duas formas no particípio: formas regulares (terminação: **-ado** e -**ido**: formas longas) e formas irregulares (curtas).

| INFINITIVO | PARTICÍPIO REGULAR | PARTICÍPIO IRREGULAR |
|---|---|---|
| Anexar | Anexado | Anexo |
| Dispersar | Dispersado | Disperso |
| Eleger | Elegido | Eleito |
| Envolver | Envolvido | Envolto |
| Imprimir | Imprimido | Impresso |
| Matar | Matado | Morto |
| Morrer | Morrido | Morto |
| Pegar | Pegado | Pego |
| Soltar | Soltado | Solto |

Como utilizá-las?

1) **Ao lado de SER ou ESTAR,** usamos as formas **curtas.**
2) **Ao lado de TER ou HAVER,** usamos as formas **longas.**

Exemplos:

- O vereador **estava** (ou **foi) eleito** pelo povo.
- O ladrão **foi** (ou **estava) preso** pelo policial.
- Alguém **havia** (ou **tinha) fritado** o bife.
- Ele **tinha (ou havia) prendido** o corrupto.

**VERBOS QUE EXIGEM MUITA ATENÇÃO:**

1) Ao lado de TER e HAVER admitem as duas formas (regular e irregular).

| | PAGAR | GASTAR | GANHAR |
|---|---|---|---|
| TER | Tinha pago | Tinha gasto | Tinha ganho |
| | Tinha pagado | Tinha gastado | Tinha ganhado |
| HAVER | Havia pago | Havia gasto | Havia ganho |
| | Havia pagado | Havia gastado | Havia ganhado |

2) **PEGAR passou a ser aceito como abundante**

Ele foi pego.

Alguém tinha pegado o sujeito.

3) **CHEGAR:** não existe a forma chego!

## 4.3. Anômalos

São aqueles que incluem mais de um radical em sua conjugação. Os clássicos são os verbos SER e IR, acrescentemos o PÔR e SABER.

| Ir | Pôr | Ser | Saber |
|---|---|---|---|
| vou | ponho | sou | sei |
| vais | pus | és | sabes |
| ides | pôs | fui | soube |
| fui | punha | foste | saiba |
| foste | – | seja | – |

### 4.3.1. Em concursos

Os verbos **ir** e **ser** possuem a mesma conjugação no pretérito perfeito do indicativo: fui, foste, foi, fomos, fostes, foram. Exemplos:

Eu **fui** aluna. = ser.

Eu **fui à Grécia.** = ir.

## 4.4. Auxiliares

São aqueles que entram na formação dos tempos compostos e das locuções verbais. O verbo principal, quando acompanhado de verbo auxiliar, é expresso numa das formas nominais: **infinitivo, gerúndio** ou **particípio.**

Dica: os dois verbos podem ser substituídos por um e o verbo que desaparece é o auxiliar.

Exemplos:

| **Farei** | | prova |
|---|---|---|
| **Vou** | **fazer** | prova. |
| *verbo auxiliar* | *verbo principal no infinitivo* | |

| **Chega** | | a hora da aula. |
|---|---|---|
| **Está** | **chegando** | a hora da aula. |
| *verbo auxiliar* | *verbo principal no gerúndio* | |

| Nós | **cumprimentamos** | | os aprovados |
|---|---|---|---|
| Os aprovados | **foram** | **cumprimentados** | por nós. |
| | *verbo auxiliar* | *verbo principal no particípio* | |

No último exemplo, há voz passiva analítica (ser + particípio) e na ativa equivale a: Nós cumprimentamos os aprovados.

## 4.5. Pronominais

São aqueles verbos que se conjugam com os pronomes oblíquos átonos **me, te, se, nos, vos, se**, na mesma pessoa do sujeito, expressando reflexibilidade (pronominais acidentais) ou apenas reforçando a ideia já implícita no próprio sentido do verbo (reflexivos essenciais).

| **Essenciais** | sempre se conjugam com os pronomes oblíquos me, te, se, nos, vos, se. | abster-se, ater-se, apiedar-se, atrever-se, dignar-se, arrepender-se etc. |
|---|---|---|

| | | |
|---|---|---|
| **Acidentais** | verbos transitivos diretos em que a ação exercida pelo sujeito recai sobre o objeto representado por pronome oblíquo da mesma pessoa do sujeito; assim, o sujeito faz uma ação que recai sobre ele mesmo. Em geral, forma a voz reflexiva. | eu me arrependo; tu te arrependes; ele se arrepende; nós nos arrependemos; vós vos arrependeis; eles se arrependem. |
| | Observação: A reflexibilidade se diz acidental, pois a ação reflexiva pode ser exercida também sobre outra pessoa. | Ele se penteava. Ele me penteou. |

## 4.5.1. Conjugação

| Pessoas | Presente do indicativo | Pretérito Imperfeito do indicativo | Futuro do presente do indicativo |
|---|---|---|---|
| EU | eu ME sento | Me sentava | ME sentarei |
| TU | tu TE sentas | TE sentavas | TE sentarás |
| ELE | ele SE senta | SE sentava | SE sentará |
| NÓS | NOS sentamos | NOS sentávamos | NOS sentaremos |
| VÓS | VOS sentais | VOS sentáveis | VOS sentareis |
| ELES | SE sentam | SE sentavam | SE sentarão |

## 4.5.2. Em concursos

- Os pronomes oblíquos átonos dos verbos pronominais não possuem função sintática, pois são parte integrante do verbo.
- Verbos reflexivos não são essencialmente pronominais e os pronomes possuem função sintática: Ele se feriu. O verbo ferir é transitivo direto e o objeto direto é o pronome **se**.

# 5. MODO VERBAL

Modo são as formas assumidas pelo verbo na expressão de um fato. Há três:

| | | |
|---|---|---|
| **Indicativo** | certeza | estudo, estudei, estudarei. |
| **Subjuntivo** | dúvida, hipótese | que eu estude, se ele estudasse, quando você estudar. |
| **Imperativo** | ordem, desejo | estuda tu, estude você, estudemos nós, estudai vós, estudem vocês. |

## 5.1. Formas Nominais

São formas que não possuem noção de tempo, mas sim de nomes – substantivo, adjetivo e advérbio.

| | | |
|---|---|---|
| **Infinitivo** | exprime a significação do verbo de modo vago e indefinido, podendo ter valor e função de **substantivo**. | cantar, fazer, partir |
| **Gerúndio** | o gerúndio pode funcionar como adjetivo ou **advérbio**. | **Saindo** da escola, encontrei alguns amigos. (função de advérbio)<br>No parque, havia crianças **vendendo** doces. (função adjetivo) |
| **Particípio** | se não for empregado na formação dos tempos compostos, o particípio indicará ação terminada. | cantado, feito, partido |

### 5.1.1. Em concursos

O **infinitivo impessoal** não possui sujeito. O **infinitivo pessoal** possui sujeito e assume a forma do impessoal. Flexiona-se assim:

| | |
|---|---|
| **2ª pessoa do singular: Radical + ES** | cantares(tu) |
| **1ª pessoa do plural: Radical + MOS** | cantarmos (nós) |
| **2ª pessoa do plural: Radical + DES** | cantardes (vós) |
| **3ª pessoa do plural: Radical + EM** | cantarem (eles) |

Na primeira e terceira pessoas do singular, assumem a forma do impessoal: cantar (sem desinência).

O **gerúndio**, na forma simples, expressa uma ação em curso; na forma composta, uma ação concluída: **Estudando**, entenderá o valor da vida. **Tendo estudado**, entendeu o valor da vida.

O **particípio** pode exprimir somente estado, sem nenhuma relação temporal, e assumir verdadeiramente a função de adjetivo (adjetivo verbal): Ele foi o estudante **escolhido** para organizar a palestra.

## 6. TEMPO VERBAL

Antes de nos aprofundarmos nas conjugações dos tempos, vamos às dicas do que indica cada tempo. O intuito é tornar o verbo uma matéria prazerosa de ser estudada, já que é a classe gramatical mais usada em nosso dia a dia. Relembrando os modos: indicativo = certeza; subjuntivo = dúvida, hipótese.

**Dica**

1) **PRESENTE**

- **do indicativo**: indica ação que acontece no momento da fala; hábito.

  Ele estuda de manhã e trabalha à tarde.

  *Canto, cantas, canta, cantamos, cantais, cantam*

- **do subjuntivo**: indica hipótese, dúvida.

  Que nós estudemos todas as manhãs.

  *Que eu cante, cantes, cante, cantemos, canteis, cantem*

**2) FUTURO**

- **do presente do indicativo**: ação futura certa (amanhã)

  Estarei no local marcado à tarde.

  *Cantarei, cantarás, cantará, cantaremos, cantareis, cantarão*

- **do pretérito do indicativo**: tempo condicional

  Nós *cantaríamos* se houvesse público.

  *Cantaria, cantarias, cantaria, cantaríamos, cantaríeis, cantariam*

- **do subjuntivo**: ação futura duvidosa

  Quando *fizer* o trabalho, darei os parabéns.

  *(quando/se) eu cantar, cantares, cantar, cantarmos, cantardes, cantarem*

**3) PRETÉRITO**

- **Perfeito do indicativo**: ação concluída (ontem)

  Fizemos tudo certo naquele dia.

  *Cantei, cantaste, cantou, cantamos, cantastes, cantaram*

- **Imperfeito do indicativo**: ação prolongada, contínua

  *Passeava* de moto quando o guarda o multou.

  *Cantava, cantavas, cantava, cantávamos, cantáveis, cantavam*

- **Mais-que-perfeito do indicativo**: ação passada em relação a outra ação também passada.

  Fez os exercícios e aprendera toda a matéria.

  *Cantara, cantaras, cantara, cantáramos, cantáreis, cantaram*

  Perceba que para ter o mais- que- perfeito é necessário o perfeito.

- **Imperfeito do subjuntivo**: tempo condicional

  Se fizesse todas as tarefas, poderia viajar.

  *Se cantasse, cantasses, cantasse, cantássemos, cantásseis, cantassem*

  Normalmente usado junto com o futuro do pretérito para enfatizar a condição.

## 6.1. Tempos Primitivos

### 6.1.1. Presente do Indicativo

| 1ª conjugação | 2ª conjugação | 3ª conjugação | Desinência pessoal |
|---|---|---|---|
| CANTAR | VENDER | PARTIR | - |
| cantO | vendO | partO | O |
| cantaS | vendeS | parteS | S |
| canta | vende | parte | - |

| 1ª conjugação | 2ª conjugação | 3ª conjugação | Desinência pessoal |
|---|---|---|---|
| cantaMOS | vendeMOS | partiMOS | MOS |
| cantaIS | vendeIS | partIS | IS |
| cantaM | vendeM | parteM | M |

### 6.1.2. Pretérito perfeito do indicativo

| 1ª conjugação | 2ª conjugação | 3ª conjugação | Desinência pessoal |
|---|---|---|---|
| CANTAR | VENDER | PARTIR | - |
| cantei | vendI | partI | I |
| cantaSTE | vendeSTE | partISTE | STE |
| cantoU | vendeU | partiU | U |
| cantaMOS | vendeMOS | partiMOS | MOS |
| cantaSTES | vendeSTES | partISTES | STES |
| cantaRAM | vendeRAM | partiRAM | RAM |

### 6.1.3. Infinitivo impessoal

Não indica tempo e não possui sujeito.

| 1ª conjugação | 2ª conjugação | 3ª conjugação |
|---|---|---|
| CANTAR | VENDER | PARTIR |

## 6.2. Tempos Derivados do Presente do Indicativo

### 6.2.1. Presente do subjuntivo

Substitui-se a desinência -**o** da primeira pessoa do singular do presente do indicativo pela desinência -**e** (nos verbos de 1ª conjugação) ou pela desinência -**a** (nos verbos de 2ª e 3ª conjugação).

| 1ª conjugação | 2ª conjugação | 3ª conjugação | Des. temporal | Des. temporal | Desinência pessoal |
|---|---|---|---|---|---|
| - | - | - | 1ª conj. | 2ª/3ª conj. | - |
| CANTAR | VENDER | PARTIR | - | - | - |
| cantE | vendA | partA | E | A | Ø |
| cantES | vendAS | partaAS | E | A | S |
| cantE | vendA | partaA | E | A | Ø |

| 1ª conjugação | 2ª conjugação | 3ª conjugação | Des. temporal | Des. temporal | Desinência pessoal |
|---|---|---|---|---|---|
| cantEMOS | vendAMOS | partAMOS | E | A | MOS |
| cantEIS | vendAIS | partAIS | E | A | IS |
| cantEM | vendAM | partAM | E | A | M |

### 6.2.2. Imperativo

**Imperativo Afirmativo**

Tira-se do presente do indicativo a 2ª pessoa do singular (tu) e a segunda pessoa do plural (vós) eliminando-se o "S" final. As demais pessoas são retiradas, sem alteração, do presente do subjuntivo.

| Presente do Indicativo | Imperativo Afirmativo | Presente do Subjuntivo |
|---|---|---|
| Eu canto | – | Que eu cante |
| **Tu cantas** | **CantA tu** | Que tu cantes |
| Ele canta | Cante você | Que ele cante |
| Nós cantamos | Cantemos nós | Que nós cantemos |
| **Vós cantais** | **CantAI vós** | Que vós canteis |
| Eles cantam | Cantem vocês | Que eles cantem |

**Imperativo Negativo**

Forma-se o imperativo negativo, inserindo a negação às formas do presente do subjuntivo. Muito simples.

| Presente do Subjuntivo | Imperativo Negativo |
|---|---|
| Que eu cante | – |
| Que tu cantes | Não cantes tu |
| Que ele cante | Não cante você |
| Que nós cantemos | Não cantemos nós |
| Que vós canteis | Não canteis vós |
| Que eles cantem | Não cantem eles |

Importante: O verbo SER, no imperativo (segundas pessoas) = sê (tu), sede (vós).

## 6.3. Tempos Derivados do Pretérito Perfeito do Indicativo

### 6.3.1. Pretérito mais-que-perfeito

Formação: elimina-se a desinência **-STE** da 2ª pessoa do singular do pretérito perfeito, acrescenta-se a esse tema a desinência temporal **-RA** mais a desinência de número e pessoa correspondente.

| 1ª conjugação | 2ª conjugação | 3ª conjugação | Des. temporal | Desinência pessoal |
|---|---|---|---|---|
| | | | 1ª/2ª e 3ª conj. | |
| CANTAR | VENDER | PARTIR | | |
| cantaRA | vendeRA | partiRA | RA | Ø |
| cantaRAS | vendeRAS | partiRAS | RA | S |
| cantaRA | vendeRA | partiRA | RA | Ø |
| cantáRAMOS | vendêRAMOS | partíRAMOS | RA | MOS |
| cantáREIS | vendêREIS | partíREIS | RE | IS |
| cantaRAM | vendeRAM | partiRAM | RA | M |

### 6.3.2. Pretérito imperfeito do subjuntivo

Formação: tema + **-sse, -sses, -sse, -ssemos, -sseis, -ssem** (1ª, 2ª e 3ª conj.)

| 1ª conjugação | 2ª conjugação | 3ª conjugação | Des. temporal | Desinência pessoal |
|---|---|---|---|---|
| | | | 1ª /2ª e 3ª conj. | |
| CANTAR | VENDER | PARTIR | | |
| cantaSSE | vendeSSE | partiSSE | SSE | Ø |
| cantaSSES | vendeSSES | partiSSES | SSE | S |
| cantaSSE | vendeSSE | partiSSE | SSE | Ø |
| cantáSSEMOS | vendêSSEMOS | partíSSEMOS | SSE | MOS |
| cantáSSEIS | vendêSSEIS | partíSSEIS | SSE | IS |
| cantaSSEM | vendeSSEM | partiSSEM | SSE | M |

### 6.3.3. Futuro do subjuntivo

Formação: tema + **-r, -res, -r, -rmos, -rdes, -rem** (1ª, 2ª e 3ª conj.)

| 1ª conjugação | 2ª conjugação | 3ª conjugação | Des. temporal | Desinência pessoal |
|---|---|---|---|---|
| | | | 1ª /2ª e 3ª conj. | |
| CANTAR | VENDER | PARTIR | | |
| cantaR | vendeR | partiR | Ø | |
| cantaRES | vendeRES | partiRES | R | ES |
| cantaR | vendeR | partiR | R | Ø |
| cantaRMOS | vendeRMOS | partiRMOS | R | MOS |
| cantaRDES | vendeRDES | partiRDES | R | DES |
| cantaREM | VendeREM | PartiREM | R | EM |

## 6.4. Tempos Derivados do Infinitivo Impessoal

### 6.4.1. Futuro do presente do indicativo

Formação: Infinitivo Impessoal + **-ei, -ás, -á, -emos, -eis, -ão** (1ª,2ª e 3ª conj.)

| 1ª conjugação | 2ª conjugação | 3ª conjugação |
|---|---|---|
| CANTAR | VENDER | PARTIR |
| cantar ei | vender ei | partir ei |
| cantar ás | vender ás | partir ás |
| cantar á | vender á | partir á |
| cantar emos | vender emos | partir emos |
| cantar eis | vender eis | partir eis |
| cantar ão | vender ão | partir ão |

### 6.4.2. Futuro do pretérito do indicativo

Formação: Infinitivo Impessoal + **-ia, -ias, -ia, -íamos, -íeis, -iam** (1ª, 2ª e 3ª conj.)

| 1ª conjugação | 2ª conjugação | 3ª conjugação |
|---|---|---|
| CANTAR | VENDER | PARTIR |
| cantarIA | venderIA | partirIA |
| cantarIAS | venderIAS | partirIAS |
| cantarIA | venderIA | partirIA |
| cantarÍAMOS | venderÍAMOS | partirÍAMOS |
| cantarÍEIS | venderÍEIS | partirÍEIS |
| cantarIAM | venderIAM | partirIAM |

### 6.4.3. Pretérito Imperfeito do Indicativo

| 1ª conjugação | 2ª conjugação | 3ª conjugação |
|---|---|---|
| CANTAR | VENDER | PARTIR |
| cantaVA | vendIA | partiA |
| cantaVAS | vendIAS | partiAS |
| cantaVA | vendIA | partiA |
| cantáVAMOS | vendÍAMOS | partÍAMOS |

| 1ª conjugação | 2ª conjugação | 3ª conjugação |
|---|---|---|
| cantáVEIS | vendÍEIS | partÍEIS |
| cantaVAM | vendIAM | partiAM |

### 6.4.4. Infinitivo pessoal

Formação: Infinitivo Impessoal + **-es** (2ª pessoa do singular), **-mos** (1ª pessoa do plural), **-des** (2ª pessoa do plural), **-em** (3ª pessoa do plural) (1ª, 2ª e 3ª conj.)

| 1ª conjugação | 2ª conjugação | 3ª conjugação |
|---|---|---|
| CANTAR | VENDER | PARTIR |
| cantar | vender | partir |
| cantarES | venderES | partirES |
| cantar | vender | partir |
| cantarMOS | venderMOS | partirMOS |
| cantarDES | venderDES | partirDES |
| cantarEM | venderEM | partirEM |

## 6.5. Tempos Compostos

Composto por haver mais de um verbo. Os tempos compostos são formados por locuções verbais: verbo auxiliar **ter** ou **haver + verbo principal** (particípio). Vamos, agora, aos tempos.

| Tempo | formação | exemplo | valor |
|---|---|---|---|
| Pretérito Perfeito Composto do Indicativo | auxiliar **ter** ou **haver** no Presente do Indicativo e o principal no particípio, | tenho estudado | indica uma ação repetida que tem ocorrido no passado, prolongando-se até ao presente. |
| Pretérito Perfeito Composto do Subjuntivo | auxiliar **ter** ou **haver** no **Presente do Subjuntivo** e o principal no particípio | tenha estudado | indica uma ação anterior já concluída, podendo se referir a um fato passado ou futuro. |
| Pretérito Mais-que-perfeito Composto do Indicativo | auxiliar **ter** ou **haver** no **Pretérito Imperfeito do Indicativo** e o principal no particípio | tinha estudado | indica uma ação que ocorreu antes de outra ação passada. Pode indicar também um acontecimento situado de forma incerta no passado. |

| Tempo | formação | exemplo | valor |
|---|---|---|---|
| Pretérito Mais-que-perfeito Composto do Subjuntivo | auxiliar **ter** ou **haver** no **Pretérito Imperfeito do Subjuntivo** e o principal no particípio | tivesse estudado | indica um fato anterior a outro fato passado. Pode se referir também a acontecimentos irreais do passado. |
| Futuro do Presente Composto do Indicativo | auxiliar **ter** ou **haver** no **Futuro do Presente simples do Indicativo** e o principal no particípio | terei estudado | refere-se a um fato futuro que estará terminado antes de outro fato futuro. Pode expressar tanto certeza como incerteza. |
| Futuro do Pretérito Composto do Indicativo | auxiliar **ter** ou **haver** no **Futuro do Pretérito simples do Indicativo** e o principal no particípio | teria estudado | indica uma ação que poderia ter acontecido posteriormente a uma situação passada, encontrando-se condicionada. Indica também a possibilidade de uma ação passada e transmite incerteza, surpresa e indignação. |
| Futuro Composto do Subjuntivo | auxiliar **ter** ou **haver** no **Futuro do Subjuntivo simples** e o principal no particípio | tiver estudado | ação futura que estará terminada antes de outra ação futura. |
| Infinitivo Pessoal Composto | auxiliar **ter** ou **haver** no **Infinitivo Pessoal simples** e o principal no particípio | ter estudado | fato passado já concluído. |

### 6.5.1. Em concursos

Há locuções formadas por verbos auxiliares + gerúndio ou infinitivo. Dica: os dois verbos poderão, sempre, ser substituído por um verbo.

Estou viajando = viajo.

### 6.5.2. Correlação de tempos verbais

- Presente do indicativo + Presente do subjuntivo:

  Exijo que você faça o teste.

- Pretérito perfeito do indicativo + Pretérito imperfeito do subjuntivo:

  Exigi que ele fizesse o teste.

- Presente do indicativo + Pretérito perfeito composto do subjuntivo:

  Espero que ele tenha feito o teste.

- Pretérito imperfeito do indicativo + Mais-que-perfeito composto do subjuntivo:

Queria que ele tivesse feito o teste.

- Futuro do subjuntivo + Futuro do presente do indicativo:

  Se você fizer o teste, ficarei feliz.

- Pretérito imperfeito do subjuntivo + Futuro do pretérito do indicativo:

  Se você fizesse o teste, leria suas respostas.

- Pretérito mais-que-perfeito composto do subjuntivo + Futuro do pretérito composto do indicativo:

  Se você tivesse feito o teste, teria lido suas respostas.

- Futuro do subjuntivo + Futuro do presente do indicativo:

  Quando você fizer o teste, dormirei.

- Futuro do subjuntivo + Futuro do presente composto do indicativo:

  Quando você fizer o teste, já terei dormido.

**COMBINAÇÕES MAIS FREQUENTES**[2]

**Modo Subjuntivo**: Presente; Pretérito Imperfeito; o Futuro do Presente e o mais-que--Perfeito Composto.

Emprega-se o **Presente do Subjuntivo** na oração subordinada em correlação com um **Presente do Indicativo** e o **Futuro do Presente do Indicativo** na oração principal.

Solicito que viaje logo. Solicitarei que viaje logo.

Emprega-se o **Pretérito Imperfeito do Subjuntivo** na oração subordinada em correlação com um tempo passado do Modo Indicativo na oração principal.

Solicitei que viajasse logo. Solicitava que viajasse logo. Solicitara que viajasse logo. Solicitaria que viajasse logo.

Usa-se o **Futuro do Presente do Subjuntivo** na oração subordinada em correlação com o Futuro de Presente do Indicativo na oração principal.

Se você viajar, solicitarei imediatamente sua dispensa.

O **mais-que-Perfeito Composto do Subjuntivo** é formado com o auxiliar (ter ou haver) tirado derivado do Imperfeito do Subjuntivo mais o verbo principal, que se está conjugando. Usa-se quando se quer indicar uma ação passada anterior a outra ação também passada. Aponta-se uma ação que ocorreu antes de outra ação passada.

Emprega-se o **mais-que-Perfeito Composto do Subjuntivo** na oração subordinada que tem na oração principal um **Pretérito Imperfeito do Indicativo** ou um **Futuro do Pretérito Composto do Indicativo.**

Esperava que já tivesse viajado ontem. Teria pedido permissão, se houvesse viajado ontem.

Outras combinações com o Modo Subjuntivo no Presente, no Pretérito Imperfeito, no Futuro do Presente e no mais-que-Perfeito Composto na oração subordinada:

a) Com o **Presente do Subjuntivo** (oração subordinada) – **Presente do Indicativo** (na oração principal):

---

2. LÍNGUA FÁCIL. Disponível em <https://linguafacil.wordpress.com/2012/06/03/correlacao-dos-tempos-verbais-prof-sidney-lima-2/>. Acesso em 8 de junho 2016, alterado.

Peço que não minta novamente para mim.

b) Com o **Presente do Subjuntivo** (oração subordinada) – **Futuro do Presente do Indicativo** (na oração principal):

Pedirei que conte honestamente toda a verdade.

c) Com o **Pretérito Imperfeito do Subjuntivo** (oração subordinada) – **Tempo passado do Modo Indicativo** (na oração principal):

Apelei que escrevesse. Pedia que falasse. Solicitara que permanecesse conosco. Gostaria que não reclamasse tanto!

d) Com o **Futuro do Presente do Subjuntivo** na oração subordinada em correlação com o **Futuro de Presente do Indicativo** na oração principal.

Estarei disponível, quando você quiser.

e) Com o **mais-que-Perfeito Composto do Subjuntivo** na oração subordinada e o **Pretérito Imperfeito do Indicativo** ou um **Futuro do Pretérito Composto do Modo Indicativo** na oração principal.

Desejava que houvessem feito uma boa prova. Teria feito uma grande festa, se tivessem passado no concurso.

# 7. ASPECTO VERBAL

**É a referência ao desenrolar da ação, marcando-se o início**, a **duração**, a **conclusão** ou o resultado de desenvolvimento processual.

| COMPLETAMENTO DO PROCESSO | | |
|---|---|---|
| **Aspecto perfectivo** | O processo é apresentado em sua totalidade, com começo, meio e fim. Pode ser **durativo** ou **pontual**. | Estudou a matéria em duas horas = durativo.<br>Correu ontem na competição = pontual. |
| **Aspecto imperfectivo** | O processo verbal é incompleto, prolongando-se por tempo não determinado. Não há enfoque do processo todo. | Ele era engraçado desde criança.<br>Permanece a indisciplina naquela classe. |

| DURAÇÃO DO PROCESSO | | |
|---|---|---|
| **Aspecto durativo** | O processo de duração contínua. | A nota de corte é 8.<br>Estava estudando desde as 6 horas. |
| **Aspecto pontual ou momentâneo** | Não é apresentada a duração. | Viu o filme e devolveu ao dono.<br>O aluno estuda a matéria e faz os testes. |

| | | |
|---|---|---|
| **Aspecto iterativo** | Há uma ideia de repetição. | A primeira coisa que o professor de literatura faz é a chamada. = iteração pontual.<br>Ela me beijou duas vezes. = iteração pontual.<br>Tem evitado álcool. = iteração durativa. |

| DESENVOLVIMENTO DO PROCESSO | | |
|---|---|---|
| **Aspecto inceptivo** | O processo é apresentado no seu início. | Ao tocar o sinal, os alunos entraram. |
| **Aspecto cursivo** | O processo é apresentado durante o seu desenvolvimento. | Durante a aula, dividia a atenção entre os alunos novos e antigos. |
| **Aspecto terminativo ou cessativo** | O processo é apresentado no seu término. | Enfim, o que os concurseiros mais esperavam: a aprovação e o começo do trabalho. |

## VERBOS CAUSATIVOS[3]

O sujeito faz com que o objeto faça ou torne-se alguma coisa.

Exemplos: "João **afugentou** os cães" = pela ação de João, os cães fugiram; "Roma **civilizou** a Península Ibérica" = pela ação de Roma, a Península tornou-se civilizada; "Os portugueses **cristianizaram** a Terra de Santa Cruz" = pela ação dos portugueses, a Terra de Santa Cruz tornou-se cristã; "**Notifiquei**-o do atraso" = pela minha ação, ele tomou conhecimento do atraso.

## VERBOS VICÁRIOS[4]

Substituem aqueles anteriormente mencionados, de modo a evitar possíveis repetições. Nesse sentido, podemos dizer que o verbo em referência **atua como sinônimo** do qual faz as vezes, representado, normalmente, pelos verbos ser e fazer. Em outras palavras, trata-se de coesão textual.

**Ele não viaja mais como fazia antigamente.**

O verbo *fazia* substitui o *viajava*.

**A cerimônia se realizou, mas não foi como todos esperavam.**

O verbo *foi* (verbo ser) substitui o verbo *realizou*.

---

3. HERNANDES, Paulo. Disponível em <http://www.paulohernandes.pro.br/dicas/001/dica105.html>. Acesso em 8 de junho 2016, alterado.
4. PORTUGUÊS UOL. Disponível em < http://portugues.uol.com.br/gramatica/verbo-vicario-definindo-conceitos.html>. Acesso em 8 de junho 2016, alterado.

# 8. INFINITIVO PESSOAL E IMPESSOAL

Verbo no infinitivo significa que apresenta sentido genérico ou indefinido. O infinitivo impessoal não se relaciona à pessoa – não possui sujeito e sua forma é invariável. Considera-se apenas o processo verbal. O infinitivo pessoal apresenta desinências de número e pessoa.

| | | |
|---|---|---|
| | – | Eu |
| **cantar** | -es | Tu |
| **oferecer** | – | Ele |
| **partir** | -mos | Nós |
| | -des | Vós |
| | -em | Eles |

## 8.1. Emprego do infinitivo impessoal

O infinitivo impessoal é usado:

| | |
|---|---|
| Quando apresenta uma ideia vaga, genérica, sem haver sujeito. | **Beber** prejudica o fígado.<br>É desnecessário **reclamar.** |
| Quando tiver o valor de Imperativo. | Alunos, **estudar**!<br>= Estudem! |
| **Quando é regido de preposição e funciona como complemento de um substantivo, adjetivo ou verbo da oração anterior.** | Ele não os convenceu **a aceitar.**<br>Eles não têm o direito **de chorar** assim.<br>Os candidatos foram impedidos **de participar** do jogo. |
| Importante: na voz passiva dos verbos **contentar, tomar** e **ouvir**, o infinitivo (verbo auxiliar) deve ser flexionado. | Aqueles refrigerantes não são ruins de **serem** tomados.<br>Eram leitores difíceis de **serem** contentados.<br>Os MP3 que ela me emprestou são agradáveis de **serem** ouvidos. |
| Nas locuções verbais. | Precisamos **dormir** bem cedo amanhã.<br>Podiam **reclamar** da instituição.<br>Vou **pensar** em você sempre. |
| Quando o sujeito do infinitivo é o mesmo do verbo da oração anterior. | Devemos sorrir ao invés de **chorar.**<br>Tenho ainda alguns livros por (para) **publicar**.<br>Eles foram condenados a **pagar** pesadas multas. |

| | |
|---|---|
| Importante: quando o infinitivo preposicionado, ou não, preceder ou estiver distante do verbo da oração principal (verbo regente), pode ser flexionado para melhor clareza do período e também para se enfatizar o sujeito (agente) da ação verbal. | Foram dois amigos à casa de outro, a fim **de jogarem** basquete.<br>Na esperança **de sermos** aprovados, estudaremos.<br>**Para estudarmos**, estaremos sempre atentos. |
| **Com os verbos causativos "deixar", "mandar" e "fazer" e seus sinônimos que não formam locução verbal com o infinitivo que os segue.** | Mandei-os **sair** cedo hoje. |
| Com os verbos sensitivos "ver", "ouvir", "sentir" e sinônimos, deve-se também deixar o infinitivo sem flexão. | Vi-os **entrar**.<br>Ouvi-as **dizer** que iriam à aula. |
| Importante: É inadequado o emprego da preposição **para** antes dos objetos diretos de verbos como **pedir**, **dizer**, **falar** e sinônimos. | Pediu **para** Fernanda entrar. = errado<br>Pediu **para** que Fernanda entrasse. = errado<br>Pediu que Fernanda entrasse. = correto |

## 8.2. Emprego do infinitivo pessoal

O infinitivo deve ser flexionado:

| | |
|---|---|
| Quando o sujeito da oração estiver claramente expresso. | Se tu **perceberes** isto...<br>Convém vocês **irem** depois.<br>O bom é sempre **lembrarmos** desta matéria.<br>= sujeito desinencial, sujeito implícito = nós |
| Quando tiver sujeito diferente daquele da oração principal. | O professor deu um prazo para os alunos **estudarem** bastante para a prova.<br>Perdoo-te por me **traíres**.<br>O hotel preparou tudo para os turistas **ficarem** à vontade. |
| Quando se quiser indeterminar o sujeito (utilizado na terceira pessoa do plural). | Têm de agir assim para se **promoverem**.<br>Ela não sai sozinha à noite a fim de não **falarem** mal da sua conduta. |
| Quando apresentar reciprocidade ou reflexibilidade de ação. | Fizemos os adversários **cumprimentarem-se**.<br>Mandei os homens **olharem-se** no espelho do banheiro. |

# 9. VOZ VERBAL

Refere-se à forma como o agente e o paciente de uma oração são enquadrados nas funções gramaticais – sujeito e complementos verbais (especialmente o objeto direto).

Há duas vozes verbais principais, **voz ativa** e **voz passiva**. A diferença principal é que o sujeito da voz passiva tem o mesmo papel em relação ao verbo principal que o objeto da voz ativa. Há algumas variantes dessas duas vozes principais, como a **voz** (**ativa**) **reflexiva** (Eles se prepararam) e a **voz passiva sintética**. Há ainda uma outra voz na Língua Portuguesa, a **voz reflexiva**, na qual o sujeito sofre e efetua a ação ao mesmo tempo.

## 9.1. Voz Ativa

O sujeito pratica a ação. Exemplo:

| V.A. = | Todos os alunos | ouviram | aquela música |
|---|---|---|---|
| | *sujeito* | *V.T.D.* | *objeto direto* |

**Para passar uma oração da voz ativa para a passiva, o objeto direto é obrigatório.**

## 9.2. Voz Passiva

o sujeito sofre a ação.

Há dois tipos de voz passiva:

### 9.2.1. Passiva analítica

**SER + PARTICÍPIO**

| **V.P. =** | **Aquela música** | **foi ouvida** | **por todos os alunos** |
|---|---|---|---|
| | *sujeito paciente* | *Ser + particípio* | *agente da passiva* |

Dica 1: transpondo a oração da voz ativa para a passiva. Siga a numeração.

*sujeito* *V.T.D.* *objeto direto*

**V.A. = Todos os alunos ouviram aquela música**

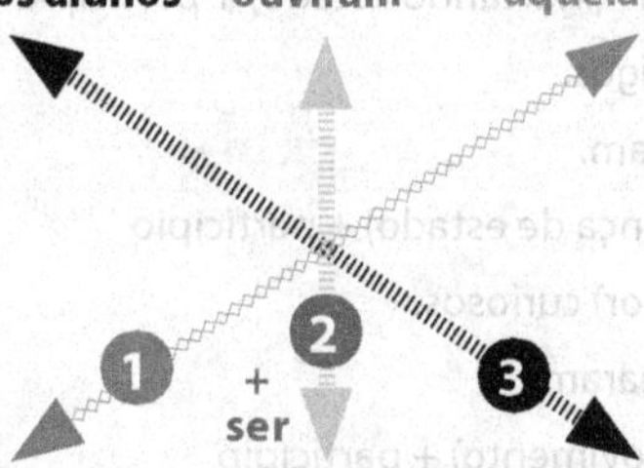


**V.P. = Aquela música foi ouvida por todos os alunos**

*sujeito paciente* *Ser + particípio* *agente da passiva*

### 9.2.2. Passiva sintética

**V.T.D.(I.) + SE = V.P.** (sujeito)

Verbo transitivo direto ou transitivo direto e indireto + se = voz passiva e possui sujeito. O **se** é pronome aPASSIVAdor.

| Vende- se | livro | = V.P. sintética | |
|---|---|---|---|
| V.T.D. + se = VP | sujeito | | |
| **Entregou-se** | **o prêmio** | **ao vencedor.** | **= V.P. sintética** |
| V.T.D.I. + se = VP. | sujeito | O.I. | |

Equivalem a:

- Livro é vendido. = V.P. analítica
- O prêmio foi entregue ao vencedor. = V.P. analítica

Por isso, as formas corretas são:

- Vendem- se livros.
- Entregaram-se os prêmios aos vencedores.

**Dica 1: Sujeito no plural = verbo no plural**

**Dica 2: Atente-se ao número de verbo.**

| Voz Ativa | Voz Passiva = + SER |
|---|---|
| 1 verbo | 1 verbo + SER = 2 verbos |
| 2 verbos | 2 verbos + SER = 3 verbos |

| Voz Passiva | Voz Ativa = – SER |
|---|---|
| 2 verbos | 2 verbos – SER = 1 verbos |
| 3 verbos | 3 verbos – SER = 2 verbos |

### 9.2.3. *Pegadinha* das bancas

Segundo o gramático Celso Cunha, ao usar outros verbos, o sujeito pode sofrer a ação.

Também podem indicar **voz passiva analítica**:

- "**estar**", "**andar**" e "**viver**" (indicando estado) + particípio

  Ele **está cercado** de amigos.

  Na ativa: amigos os cercam.

- "**ficar**" (indicando mudança de estado) + particípio

  Ele **ficou rodeado** de (por) curiosos.

  Na ativa: curiosos o rodearam.

- "**ir**" e "**vir**" (indicando movimento) + particípio

  A mala **ia (vinha) carregada** pelo turista.

  Na ativa: o turista carregava a mala.

## 9.3. Voz Reflexiva

O sujeito pratica e sofre a ação. Exemplos:

- Ele se feriu ontem à noite.
- Caberá sempre MESMO(a), PRÓPRIO(a)
- Ele feriu a ele próprio, a ele mesmo.

## 10. CONJUGAÇÕES DOS VERBOS MAIS PEDIDOS EM CONCURSOS

**Abolir (defectivo)** não possui a 1ª pessoa do sing. do pres. do indicativo, por isso não possui pres. do subjuntivo e o imperativo negativo. (= banir, carpir, colorir, delinquir, demolir, descomedir-se, emergir, exaurir, fremir, fulgir, haurir, retorquir, urgir)

| | |
|---|---|
| **Acudir (alternância vocálica o/u)** | presente do indicativo– acudo, acodes |
| **Adequar (defectivo)** | só possui a 1ª e a 2ª pessoa do plural no presente do indicativo |
| **Aderir (alternância vocálica e/i)** | presente do indicativo – adiro, aderes... (= advertir, cerzir, despir, diferir, digerir, divergir, ferir, sugerir) |
| **Agir (acomodação gráfica g/j)** | presente do indicativo – ajo, ages... (= afligir, coagir, erigir, espargir, refulgir, restringir, transigir, urgir) |
| **Agredir (alternância vocálica e/i)** | presente do indicativo – agrido, agrides, agride, agredimos, agredis, agridem (= prevenir, progredir, regredir, transgredir) |
| **Aguar (regular)** | presente do indicativo – águo, águas, água..., / pretérito perf. do indicativo – aguei, aguaste, aguou, aguamos, aguastes, aguaram (= desaguar, enxaguar, minguar) |
| **Aprazer (irregular)** | presente do indicativo – aprazo, aprazes, apraz... / pretérito perf. do indicativo – aprouve, aprouveste, aprouve, aprouvemos, aprouvestes, aprouveram |
| **Arguir (irregular com alternância vocálica o/u)** | presente do indicativo – arguo (ú), arguis, argui, arguimos, arguis, arguem / pretérito perf. – argui, arguiste... |
| **Atrair (irregular)** | presente do indicativo – atraio, atrais... / pretérito perf. – atraí, atraíste... (=abstrair, cair, distrair, sair, subtrair) |
| **Atribuir (irregular)** | presente do indicativo – atribuo, atribuis, atribui, atribuímos, atribuís, atribuem / pretérito perfeito – atribuí, atribuíste, atribuiu... (= afluir, concluir, destituir, excluir, instruir, possuir, usufruir) |
| **Averiguar (alternância vocálica o/u)** | presente do indicativo – averiguo (ú), averiguas (ú), averigua (ú), averiguamos, averiguais, averiguam (ú) / pretérito perfeito – averiguei, averiguaste... / presente do subjuntivo – averigue, averigues, averigue... (= apaziguar) |
| **Cear (irregular)** | presente do indicativo – ceio, ceias, ceia, ceamos, ceais, ceiam / pretérito perfeito indicativo – ceei, ceaste, ceou, ceamos, ceastes, cearam (= verbos terminados em -ear: falsear, passear... – alguns apresentam pronúncia aberta: estreio, estreia...) |
| **Coar (irregular)** | presente do indicativo – coo, côas, côa, coamos, coais, coam / pretérito perfeito – coei, coaste, coou... (= abençoar, magoar, perdoar) |

| | |
|---|---|
| **Comerciar (regular)** | presente do indicativo – comercio, comercias... / pretérito perfeito – comerciei... (= verbos em -iar, exceto os seguintes verbos: mediar, ansiar, remediar, incendiar, odiar) |
| **Compelir (alternância vocálica e/i)** | presente do indicativo – compilo, compeles... / pretérito perfeito indicativo – compeli, compeliste... |
| **Compilar (regular)** | presente do indicativo – compilo, compilas, compila... / pretérito perfeito indicativo – compilei, compilaste... |
| **Construir (irregular e abundante)** | presente do indicativo – construo, constróis, constrói, construímos, construís, constroem / pretérito perfeito indicativo – construí, construíste... |
| **Crer (irregular)** | presente do indicativo – creio, crês, crê, cremos, credes, creem / pretérito perfeito indicativo – cri, creste, creu, cremos, crestes, creram / imperfeito indicativo – cria, crias, cria, críamos, críeis, criam |
| **Falir (defectivo)** | presente do indicativo – falimos, falis / pretérito perfeito indicativo – fali, faliste... (= aguerrir, combalir, foragir-se, remir, renhir) |
| **Frigir (acomodação gráfica g/j e alternância vocálica e/i)** | presente do indicativo – frijo, freges, frege, frigimos, frigis, fregem / pretérito perfeito indicativo – frigi, frigiste... |
| **Ir (irregular)** | presente do indicativo – vou, vais, vai, vamos, ides, vão / pretérito perfeito indicativo – fui, foste... / pres. subj. – vá, vás, vá, vamos, vades, vão |
| **Jazer (irregular)** | presente do indicativo – jazo, jazes... / pretérito perfeito indicativo – jazi, jazeste, jazeu... |
| **Mobiliar (irregular)** | presente do indicativo – mobílio, mobílias, mobília, mobiliamos, mobiliais, mobíliam / pretérito perfeito indicativo – mobiliei, mobiliaste... |
| **Obstar (regular)** | presente do indicativo – obsto, obstas... / pretérito perfeito indicativo – obstei, obstaste... |
| **Pedir (irregular)** | presente do indicativo – peço, pedes, pede, pedimos, pedis, pedem / pretérito perfeito indicativo – pedi, pediste... (= despedir, expedir, medir) |
| **Polir (alternância vocálica e/i)** | presente do indicativo – pulo, pules, pule, polimos, polis, pulem / pretérito perfeito indicativo – poli, poliste... |
| **Precaver-se (defectivo e pronominal)** | presente do indicativo – precavemo-nos, precaveis-vos / pretérito perfeito indicativo – precavi-me, precaveste-te... |
| **Prover (irregular)** | presente do indicativo – provejo, provês, provê, provemos, provedes, proveem / pretérito perfeito indicativo – provi, proveste, proveu... |
| **Reaver (defectivo)** | presente do indicativo – reavemos, reaveis / pretérito perfeito indicativo – reouve, reouveste, reouve... (verbo derivado do haver, mas só é conjugado nas formas verbais com a letra v) |

| | |
|---|---|
| **Remir (defectivo)** | presente do indicativo – remimos, remis / pretérito perfeito indicativo – remi, remiste... |
| **Requerer (irregular)** | presente do indicativo – requeiro, requeres... / pretérito perfeito indicativo – requeri, requereste, requereu... (derivado do querer, diferindo dele na 1ª pessoa do singular do presente do indicativo e no pretérito perfeito do indicativo e derivados, sendo regular) |
| **Rir (irregular)** | presente do indicativo – rio, ris, ri, rimos, rides, riem / pretérito perfeito indicativo – ri, riste... (= sorrir) |
| **Saudar (alternância vocálica)** | presente do indicativo – saúdo, saúdas... / pretérito perfeito indicativo – saudei, saudaste... |
| **Suar (regular)** | presente do indicativo – suo, suas, sua... / pretérito perfeito indicativo – suei, suaste, suou... (= atuar, continuar, habituar, individuar, recuar, situar) |
| **Valer (irregular)** | presente do indicativo – valho, vales, vale... / pretérito perfeito indicativo – vali, valeste, valeu... |

## 11. VERBOS IRREGULARES QUE MERECEM ATENÇÃO

**Pronominais:** Apiedar-se, dignar-se, persignar-se, precaver-se

### CABER

- **presente do indicativo**: caibo, cabes, cabe, cabemos, cabeis, cabem
- **presente do subjuntivo**: caiba, caibas, caiba, caibamos, caibais, caibam
- **pretérito perfeito do indicativo**: coube, coubeste, coube, coubemos, coubestes, couberam
- **pretérito mais-que-perfeito do indicativo**: coubera, couberas, coubera, coubéramos, coubéreis, couberam
- **pretérito imperfeito do subjuntivo**: coubesse, coubesses, coubesse, coubéssemos, coubésseis, coubessem
- **futuro do subjuntivo**: couber, couberes, couber, coubermos, couberdes, couberem

### DAR

- **presente do indicativo**: dou, dás, dá, damos, dais, dão
- **presente do subjuntivo**: dê, dês, dê, demos, deis, deem pretérito perfeito do indicativo: dei, deste, deu, demos, destes, deram
- **pretérito mais-que-perfeito do indicativo**: dera, deras, dera, déramos, déreis, deram
- **pretérito imperfeito do subjuntivo**: desse, desses, desse, déssemos, désseis, dessem
- **futuro do subjuntivo**: der, deres, der, dermos, derdes, derem

### DIZER

- **presente do indicativo**: digo, dizes, diz, dizemos, dizeis, dizem
- **presente do subjuntivo**: diga, digas, diga, digamos, digais, digam
- **pretérito perfeito do indicativo**: disse, disseste, disse, dissemos, dissestes, disseram
- **pretérito mais-que-perfeito do indicativo**: dissera, disseras, dissera, disséramos, disséreis, disseram
- **futuro do presente**: direi, dirás, dirá, etc.

- **futuro do pretérito**: diria, dirias, diria, etc.
- **pretérito imperfeito do subjuntivo**: dissesse, dissesses, dissesse, disséssemos, dissésseis, dissessem
- **futuro do subjuntivo**: disser, disseres, disser, dissermos, disserdes, disserem

Seguem esse modelo os derivados bendizer, condizer, contradizer, desdizer, maldizer, predizer.

Os particípios desse verbo e seus derivados são irregulares: dito, bendito, contradito, etc.

## ESTAR

- **presente do indicativo**: estou, estás, está, estamos, estais, estão
- **presente do subjuntivo**: esteja, estejas, esteja., estejamos, estejais, estejam
- **pretérito perfeito do indicativo**: estive, estiveste, esteve, estivemos, estivestes, estiveram
- **pretérito mais-que-perfeito do indicativo**: estivera, estiveras, estivera, estivéramos, estivéreis, estiveram
- **pretérito imperfeito do subjuntivo**: estivesse, estivesses, estivesse, estivéssemos, estivésseis, estivessem
- **futuro do subjuntivo**: estiver, estiveres, estiver, estivermos, estiverdes, estiverem

## FAZER

- **presente do indicativo**: faço, fazes, faz, fazemos, fazeis, fazem
- **presente do subjuntivo**: faça, faças, faça, façamos, façais, façam
- **pretérito perfeito do indicativo**: fiz, fizeste, fez, fizemos, fizestes, fizeram
- **pretérito mais-que-perfeito do indicativo**: fizera, fizeras, fizera, fizéramos, fizéreis, fizeram
- **pretérito imperfeito do subjuntivo**: fizesse, fizesses, fizesse, fizéssemos, fizésseis, fizessem
- **futuro do subjuntivo**: fizer, fizeres, fizer, fizermos, fizerdes, fizerem

Seguem esse modelo desfazer, liquefazer e satisfazer.

Os particípios desse verbo e seus derivados são irregulares: feito, desfeito, liquefeito, satisfeito, etc.

## HAVER

- **presente do indicativo**: hei, hás, há, havemos, haveis, hão
- **presente do subjuntivo**: haja, hajas, haja: hajamos, hajais, hajam
- **pretérito perfeito do indicativo**: houve, houveste, houve, houvemos, houvestes, houveram
- **pretérito mais-que-perfeito do indicativo**: houvera, houveras, houvera, houvéramos, houvéreis, houveram

- **pretérito imperfeito do subjuntivo**: houvesse, houvesses, houvesse, houvéssemos, houvésseis, houvessem
- **futuro do subjuntivo**: houver, houveres, houver, houvermos, houverdes, houverem

### IR

- **presente do indicativo**: vou, vais, vai, vamos, ides, vão
- **presente do subjuntivo**: vá, vás, vá, vamos, vades, vão
- **pretérito imperfeito do indicativo**: ia, ias, ia, íamos, íeis, iam
- **pretérito perfeito do indicativo**: fui, foste, foi, fomos, fostes, foram
- **pretérito mais-que-perfeito do indicativo**: fora, foras, fora, fôramos, fôreis, foram
- **pretérito imperfeito do subjuntivo**: fosse, fosses, fosse, fôssemos, fôsseis, fossem
- **futuro do subjuntivo**: for, fores, for, formos, fordes, forem

### PODER

- **presente do indicativo**: posso, podes, pode, podemos, podeis, podem
- **presente do subjuntivo**: possa, possas, possa, possamos, possais, possam
- **pretérito perfeito do indicativo**: pude, pudeste, pôde, pudemos, pudestes, puderam
- **pretérito mais-que-perfeito do indicativo**: pudera, puderas, pudera, pudéramos, pudéreis, puderam
- **pretérito imperfeito do subjuntivo**: pudesse, pudesses, pudesse, pudéssemos, pudésseis, pudessem
- **futuro do subjuntivo**: puder, puderes, puder, pudermos, puderdes, puderem

### PÔR

- **presente do indicativo**: ponho, pões, põe, pomos, pondes, põem
- **presente do subjuntivo**: ponha, ponhas, ponha, ponhamos, ponhais, ponham
- **pretérito imperfeito do indicativo**: punha, punhas, punha, púnhamos, púnheis, punham
- **pretérito perfeito do indicativo**: pus, puseste, pôs, pusemos, pusestes, puseram
- **pretérito mais-que-perfeito do indicativo**: pusera, puseras, pusera, puséramos. puséreis, puseram
- **pretérito imperfeito do subjuntivo**: pusesse, pusesses, pusesse, puséssemos, pusésseis, pusessem
- **futuro do subjuntivo**: puser, puseres, puser, pusermos, puserdes, puserem

Todos os derivados do verbo pôr seguem exatamente esse modelo: antepor. compor, contrapor, decompor, depor, descompor, dispor, expor, impor, indispor, interpor, opor, pospor, predispor, pressupor, propor, recompor, repor, sobrepor, supor, transpor são alguns deles.

### QUERER

- **presente do indicativo**: quero, queres, quer, queremos, quereis, querem

- **presente do subjuntivo**: queira, queiras, queira, queiramos, queirais, queiram
- **pretérito perfeito do indicativo**: quis, quiseste, quis, quisemos, quisestes, quiseram
- **pretérito mais-que-perfeito do indicativo**: quisera, quiseras, quisera, quiséramos, quiséreis, quiseram
- **pretérito imperfeito do subjuntivo**: quisesse, quisesses, quisesse, quiséssemos, quisésseis, quisessem
- **futuro do subjuntivo**: quiser, quiseres, quiser, quisermos, quiserdes, quiserem

### SABER

- **presente do indicativo**: sei, sabes, sabe, sabemos, sabeis, sabem
- **presente do subjuntivo**: saiba, saibas, saiba, saibamos, saibais, saibam
- **pretérito perfeito do indicativo**: soube, soubeste, soube, soubemos, soubestes, souberam
- **pretérito mais-que-perfeito do indicativo**: soubera, souberas, soubera, soubéramos, soubéreis, souberam
- **pretérito imperfeito do subjuntivo**: soubesse, soubesses, soubesse, soubéssemos, soubésseis, soubessem
- **futuro do subjuntivo**: souber, souberes, souber, soubermos, souberdes, souberem

### SER

- **presente do indicativo**: sou, és, é, somos, sois, são
- **presente do subjuntivo:** seja. sejas, seja, sejamos, sejais, sejam
- **pretérito imperfeito do indicativo**: era, eras, era, éramos, éreis, eram
- **pretérito perfeito do indicativo**: fui, foste, foi, fomos, fostes, foram
- **pretérito mais-que-perfeito do indicativo**: fora, foras, fora, fôramos, fôreis, foram
- **pretérito imperfeito do subjuntivo**: fosse, fosses, fosse, fôssemos, fôsseis, fossem
- **futuro do subjuntivo**: for, fores, for, formos, fordes, forem

As segundas pessoas do imperativo afirmativo são. sê (tu) e sede (vós).

### TER

- **presente do indicativo**: tenho, tens, tem, temos, tendes, têm
- **presente do subjuntivo**: tenha, tenhas, tenha, tenhamos, tenhais, tenham
- **pretérito imperfeito do indicativo**: tinha, tinhas, tinha, tínhamos, tínheis, tinham
- **pretérito perfeito do indicativo**: tive, tiveste, teve, tivemos, tivestes, tiveram
- **pretérito mais-que-perfeito do indicativo**: tivera, tiveras, tivera, tivéramos, tivéreis, tiveram
- **pretérito imperfeito do subjuntivo**: tivesse, tivesses, tivesse, tivéssemos, tivésseis, tivessem
- **futuro do subjuntivo**: tiver, tiveres, tiver, tivermos, tiverdes, tiverem

Seguem esse modelo os verbos ater, conter, deter, entreter, manter, reter.

**TRAZER**

- **presente do indicativo**: trago, trazes, traz, trazemos, trazeis, trazem
- **presente do subjuntivo**: traga, tragas, traga, tragamos, tragais, tragam
- **pretérito perfeito do indicativo**: trouxe, trouxeste, trouxe, trouxemos, trouxestes, trouxeram
- **pretérito mais-que-perfeito do indicativo**: trouxera, trouxeras, trouxera, trouxéramos, trouxéreis, trouxeram
- **futuro do presente**: trarei, trarás, trará, etc.
- **futuro do pretérito**: traria, trarias, traria, etc.
- **pretérito imperfeito do subjuntivo**: trouxesse, trouxesses, trouxesse, trouxéssemos, trouxésseis, trouxessem
- **futuro do subjuntivo**: trouxer, trouxeres, trouxer, trouxermos, trouxerdes, trouxerem

**VER**

- **presente do indicativo**: vejo, vês, vê, vemos, vedes, veem
- **presente do subjuntivo**: veja, vejas, veja, vejamos, vejais, vejam
- **pretérito perfeito do indicativo**: vi, viste, viu, vimos, vistes, viram
- **pretérito mais-que-perfeito do indicativo**: vira, viras, vira., víramos, víreis, viram
- **pretérito imperfeito do subjuntivo**: visse, visses, visse, víssemos, vísseis, vissem
- **futuro do subjuntivo**: vir, vires, vir, virmos, virdes, virem

Seguem esse modelo os derivados antever, entrever, prever, rever. Prover segue o modelo acima apenas no presente do indicativo e seus tempos derivados; nos demais tempos, comporta-se como um verbo regular da segunda conjugação.

**VIR**

- **presente do indicativo**: venho, vens, vem, vimos, vindes, vêm
- **presente do subjuntivo**: venha, venhas, venha, venhamos, venhais, venham
- **pretérito imperfeito do indicativo**: vinha, vinhas, vinha, vínhamos, vínheis, vinham
- **pretérito perfeito do indicativo**: vim, vieste, veio, viemos, viestes, vieram
- **pretérito mais-que-perfeito do indicativo**: viera, vieras, viera., viéramos, viéreis, vieram
- **pretérito imperfeito do subjuntivo**: viesse, viesses, viesse, viéssemos, viésseis, viessem
- **futuro do subjuntivo**: vier, vieres, vier, viermos, vierdes, vierem

**particípio e gerúndio**: vindo

Seguem esse modelo os verbos advir, convir, desavir-se, intervir, provir, sobrevir.

| Verbos em IAR em comparação com os em EAR | | | | | |
|---|---|---|---|---|---|
| **Passear** | | **Odiar** | | **Copiar** | |
| **Pres. Ind.** | **Pres. Subj.** | **Pres. Ind.** | **Pres. Subj.** | **Pres. Ind.** | **Pres. Subj.** |
| passeio | passeie | odeio | odeie | copio | copie |
| passeias | passeies | odeias | odeies | copias | copies |
| passeia | passeie | odeia | odeie | copia | copie |
| passeamos | passeemos | odiamos | odiemos | copiamos | copiemos |
| passeais | passeeis | odiais | odieis | copiais | copieis |
| passeiam | passeiem | odeiam | odeiem | copiam | copiem |
| Todos os verbos terminados em EAR são irregulares. Os verbos terminados em IAR são regulares, exceto: mediar, ansiar, remediar, incendiar e odiar. | | | | | |

## 12. FIQUE DE OLHO

- Vozes verbais – transposição da ativa para a passiva ou vice-versa;
- Vozes verbais – transposição da passiva analítica para a passiva sintética ou vice-versa;
- Voz reflexiva e voz recíproca;
- Tempos e modos verbais;
- Formação dos modos imperativos;
- Correlação dos tempos verbais.

### 12.1. Questões comentadas

**01. (FCC - TRT 11 – Analista Judiciário – Área Judiciária - 2024)** Transpondo-se para a voz passiva a frase *Será que podemos entender o mundo sem algum tipo de crença?*, a forma verbal resultante deverá ser

(A) podia entender-se
(B) pode entender-nos
(C) podemos ser entendidos
(D) pode ser entendido
(E) o entenderemos

➢ Comentários:

**Nota da autora:** É necessário fazer a transposição do objeto direto para sujeito, inserir o verbo "ser" no mesmo tempo do principal e adicionar o particípio. Após, acrescentar a preposição e transpor o sujeito para o agente da passiva.

**Alternativa "a"** – O tempo verbal foi alterado para futuro do pretérito do indicativo (podia).

Observação: a oração estaria na voz passiva sintética por haver acréscimo do pronome apassivador "se". Nesse caso, o agente da passiva é desnecessário.

**Alternativa "b"** – Estaria na passiva sintética se fosse inserido o pronome apassivador: pode entender-se.

**Alternativa "c"** – Na passiva, o sujeito passa a ser "o mundo", a concordância está incorreta.

**Alternativa "d"** – Será que o mundo **pode ser entendido** por nós sem algum tipo de crença?

**Alternativa "e"** – A oração permanece na voz ativa.

**ALTERNATIVA CORRETA: D**

---

**02. (FCC - TRT 11 – Analista Judiciário – Área Judiciária - 2024)** É adequada a articulação entre os tempos e os modos das formas verbais na seguinte frase:

(A) Rousseau dava demonstração de que respeitava o saber das universidades e das academias a cada vez que reconhecia a função útil das ciências.

(B) Caso não viesse a glorificar os esforços laboriosos da conquista intelectual verdadeira, Rousseau não terá lutado contra os obstáculos da irracionalidade.

(C) Embora nunca tenha pretendido exaltar a animalidade do selvagem, ocorrera que muitos intérpretes de Rousseau houvessem de atribuir-lhe tal intenção.

(D) Os abusos da vida social civilizada teriam colocado o homem muito abaixo da vida primitiva, caso ele venha de fato a cometê-los.

(E) Para Rousseau, os abusos do estado social centralizar-se-iam na perda da consciência a que o conduzirá o culto dos refinamentos artificiais.

➢ Comentários:

**Alternativa "a"** – "dava", "respeitava", "reconhecia": pretérito imperfeito do indicativo = ações contínuas.

**Alternativa "b"** – "viesse": pretérito imperfeito do subjuntivo (tempo condicional) + **"teria"**: futuro do pretérito do indicativo (tempo condicional).

**Alternativa "c"** – "tenha pretendido"; **ocorre**: presente do indicativo; **haveriam**: futuro do pretérito do indicativo (condição).

**Alternativa "d"** – "teriam": futuro do pretérito do indicativo (tempo condicional) + **viesse** pretérito imperfeito do subjuntivo (tempo condicional).

**Alternativa "e"** – "centralizariam": futuro do pretérito do indicativo (tempo condicional) + **conduzisse**: pretérito imperfeito do subjuntivo (tempo condicional).

**ALTERNATIVA CORRETA: A**

---

**03. (FGV - TJ RJ - Programa de Residência - Direito - 2024)** Assinale a frase que ***não*** mostra um exemplo de voz passiva pronominal (com o pronome SE).

(A) Ninguém se prejudicou por haver calado, mas sim por haver falado.

(B) O resumo da sabedoria é este: nunca é perdido o tempo que se consagra ao trabalho.

(C) Nem todo problema que se tem com a namorada se deve ao modo capitalista de produção.

(D) De quantas infâmias se compõe um êxito?

(E) O sol nunca se põe no mesmo lugar.

➢ Comentários:

**Alternativa "a"** – Passividade: ninguém **foi prejudicado** (ser + particípio).

**Alternativa "b"** – Passividade: o tempo nunca **é perdido** (ser + particípio).

**Alternativa "c"** – Passividade: nem todo problema que **se tem** = é tido (verbo transitivo direto + se).

**Alternativa "d"** – Passividade: **compõe-se** um êxito = é composto (verbo transitivo direto + se).

**Alternativa "e"** – Voz ativa. O verbo "pôr", nesse caso, não é transitivo direto ou bitransitivo - transitivo direto e indireto.

**Dica**: apenas os dois verbos mencionados podem indicar passividade.

**RESPOSTA: E**

---

**04. (FCC - TRT 21 – Analista Judiciário – Área Judiciária - 2023)** Transpondo-se para a **voz passiva** a frase *até que ponto podemos compreender a natureza da realidade?*[5], a forma verbal a se adotar deverá ser

(A) poderá ter sido compreendida

(B) podemos ter compreensão

(C) podia compreender-se

(D) pode ser compreendida

(E) se poderia compreender

➢ Comentários:

**Nota da autora:** Atente-se ao número de verbos: na voz ativa, há dois; ao transpor para a passiva, acrescenta-se o "ser", ou seja, passa a ter três verbos.

**Alternativa "a"** – Quatro verbos e o tempo foi alterado para o futuro do presente do indicativo.

**Alternativa "b"** – Não acrescento o verbo "ser" e a oração continua na voz ativa.

**Alternativa "c"** – O tempo verbal foi alterado para o pretérito imperfeito do indicativo.

**Alternativa "d"** – Até que ponto a realidade **pode ser compreendida** por nós?

**Alternativa "e"** – O tempo foi alterado para o futuro do pretérito do indicativo.

**ALTERNATIVA CORRETA: D**

---

**05. (FCC – TRT 21 – Analista Judiciário – Área Administrativa - 2023)** *Vi Donana nas manhãs seguintes chamar Belonísia de Carmelita também.*

Transpondo a frase acima para a voz passiva, O verbo "Chamar" deverá assumir a seguinte forma:

(A) tinha chamado.

(B) fora chamada.

(C) ser chamada.

5. Adaptado de: GLEISER, Marcelo. A ilha do conhecimento. São Paulo: Editora Record, 2023, p. 13-14 e 19.

(D) foi chamado.

(E) era chamada.

➢ Comentários:

**Alternativa "a"** – Permanece na voz ativa.

**Alternativa "b"** – O verbo "ser" está conjugado no pretérito mais-que-perfeito do indicativo. Deveria permanecer no infinitivo, como está o verbo principal da ativa (chamar).

**Alternativa "c"** – Vi Belonísia ser chamada de Carmelita pela Donana.

**Alternativa "d"** – Tempo errado: passou para o pretérito perfeito do indicativo. Além disso, o particípio não concorda com o sujeito paciente (Belonísia): chamada.

**Alternativa "e"** – Tempo errado: passou para o pretérito imperfeito indicativo.

**ALTERNATIVA CORRETA: C**

Texto para responder à questão.

*Sempre me lembro da história exemplar de um mineiro que veio até a capital, zanzou por aqui, e voltou para contar em casa os assombros da cidade. Seu velho pai balançou a cabeça; fazendo da própria dúvida a sua sabedoria: "É, meu filho, tudo isso pode ser muito bonito, mas pai de família que não tem plantação, não sei não..."*

*Às vezes morro de nostalgia. São momentos de sinceridade, nos quais todo o meu ser denuncia minha falsa condição de morador do Rio de Janeiro. A trepidação desta cidade não é minha. Sou mais, muito mais, querendo ou não querendo, de uma indolência de sol parado e gerânios. Minha terra é outra, minha gente não é esta, meu tempo é mais pausado, meus assuntos são mais humildes, minha fala, mais arrastada. O milho pendoou? Vamos ao pasto dos Macacos matar codorna? A vaca do coronel já deu cria? Desta literatura rural é que preciso.*

*Eis em torno de mim, a cingir-me como um anel, o Rio de Janeiro. Velozes automóveis me perseguem na rua, novos edifícios crescem fazendo barulho em meus ouvidos, a guerra comercial não me dá tréguas, o clamor do telefone me põe a funcionar sem querer, a vaga se espraia e repercute no meu peito, minha inocência não percebe o negócio de milhões articulado com um sorriso e um aperto de mão. Pois eu não sou daqui.*

*Vivo em apartamento só por ter cedido a uma perversão coletiva; nasci em casa de dois planos, o de cima, da família, sobre tábuas lavadas, claro e sem segredos, e o de baixo, das crianças, o porão escuro, onde a vida se tece de nada, de pressentimentos, de imaginação, do estofo dos sonhos. A maciez das mãos que me cumprimentam na cidade tem qualquer coisa de peixe e mentira; não sou desta viração mesclada de maresia; não sei comer este prato vermelho e argênteo de crustáceos; não entendo os sinais que os navios trocam na cerração além da minha janela. Confio mais em mãos calosas, meus sentidos querem uma brisa à boca da noite cheirando a capim-gordura; um prato de tutu e torresmos para minha fome; e quando o trem distante apitasse na calada, pelo menos eu saberia em que sentimentos desfalecer.*

*Ando bem sem automóvel, mas sinto falta de uma charrete. Com um matungo que me criasse amizade, eu visitaria o vigário, o médico, o turco, o promotor que lê Victor Hugo, o italiano que tem uma horta, o ateu local, o criminoso da cadeia, todos eles muitos meus amigos. Se aqui não vou à igreja, lá pelo menos frequentaria a doçura do adro, olhando o cemitério em aclive sobre a encosta, emoldurado em muros brancos. Aqui jaz Paulo Mendes Campos. Por favor, engavetem-me com simplicidade do lado da sombra. É tudo o que peço. E não é preciso rezar por minha alma desgovernada.*

(Adaptado de: CAMPOS, Paulo Mendes. Balé do pato. São Paulo: Ática, 2012)

---

**06. (FCC – Técnico Judiciário – TRT 18/2023)** *o meu ser denuncia minha falsa condição de morador do Rio de Janeiro.* (2º parágrafo)

Ao se transpor o trecho acima para a voz passiva, a forma verbal resultante será:

A) foi denunciado

B) denunciaria

C) fora denunciada

D) denunciara

E) é denunciada

➢ Comentários:

**Nota da autora:** O objeto direto passa a ser sujeito, o sujeito passa a ser agente da passiva (com inserção da preposição), há acréscimo do verbo "ser" no mesmo tempo do verbo principal.

**Alternativa "a"** – O verbo deve concordar com o sujeito *"minha falsa condição de morador do Rio de Janeiro"* e deve permanecer no presente do indicativo.

**Alternativa "b"** – Continua na voz ativa, apenas alterou o verbo para o futuro do pretérito do indicativo.

**Alternativa "c"** – É inadmissível alterar o tempo verbal. No caso, transpôs para o pretérito mais-que-perfeito do indicativo.

**Alternativa "d"** – Continua na voz ativa, apenas alterou o verbo para o pretérito mais-que--perfeito do indicativo.

**Alternativa "e"** – minha falsa condição de morador do Rio de Janeiro **é denunciada** pelo meu ser.

**ALTERNATIVA CORRETA: E**

---

**07. (FCC - TRT 18 - Analista Judiciário - Área Judiciária - 2023)** Transpondo-se para a **voz ativa** a frase **os mais poderosos são tratados como divindades**, a forma verbal obtida deverá ser

(A) tratam-se

(B) tratam

(C) devem ser tratados

(D) tratar-se-ão

(E) podem tratar-se

➢ Comentários:

**Nota da autora:** Perceba que não existe o agente da passiva. Nesse caso, o sujeito, na ativa, deve ser indeterminado.

**Dica:** na voz ativa, não pode haver verbo transitivo direto ou verbo transitivo direto e indireto + "se" (eliminadas A, D, E) nem verbo "ser" + particípio (eliminada C).

**Alternativa "a"** – Tratam-se os mais poderosos: voz passiva sintética = verbo transitivo direto + se.

**Alternativa "b"** – Como não existe o agente da passiva, o verbo deve ficar no plural para indeterminar o sujeito na ativa: tratam os mais poderosos como divindades.

**Alternativa "c"** – Ocorreu acréscimo do verbo "dever" e a oração permanece na voz passiva analítica (verbo *ser* + particípio).

**Alternativa "d"** – Ocorreu mudança do tempo verbal (do presente do indicativo para o futuro do presente) e a oração foi transposta para a voz passiva sintética = verbo transitivo direto + se.

**Alternativa "e"** – Ocorreu acréscimo do verbo "poder" e a oração foi transposta para a voz passiva sintética (verbo + pronome apassivador).

**Observação**: existe, aqui, outra possibilidade de análise = podem tratar uns aos outros como divindade: voz reflexiva recíproca.

**ALTERNATIVA CORRETA: B**

---

**08. (FCC - TRT 18 - Analista Judiciário - Área Judiciária - 2023)** Está plenamente adequada a correlação entre os tempos e os modos verbais na frase:

(A) A moça fora visitar o soberbo escritor em respeito à amizade que desde os tempos de sua meninice cultivasse com ele.

(B) Foi tocante a sinceridade das palavras que o grande escritor Machado de Assis houvera dito assim que a moça lhe fez aquela confissão.

(C) Caso não houvesse entre ambos uma antiga e sólida amizade, a cena de despedida não viesse a despertar a comoção final.

(D) Mal faz a moça sua declaração de saudades e já ouve do mestre as palavras gratas e melancólicas de quem da vida se despede.

(E) A moça disfarçaria sua emoção inventando uma alegria que o escritor recebera com a melancólica consciência de quem esteja à morte.

➢ Comentários:

**Alternativa "a"** – fora visitar ... **cultivava** – pretérito imperfeito do indicativo.

**Alternativa "b"** – foi tocante ... **disse** – pretérito perfeito do indicativo.

**Alternativa "c"** – houvesse ... **viria** – futuro do pretérito do indicativo (dois tempos condicionais).

**Alternativa "d"** – faz, ouve, despede – presente do indicativo.

**Alternativa "e"** – disfarçaria, **receberia, estivesse** – futuro do pretérito do indicativo e pretérito imperfeito do subjuntivo (tempos condicionais).

**ALTERNATIVA CORRETA: D**

---

**09. (FCC - TRT 18 - Analista Judiciário - Área Administrativa - 2023)** Transpondo-se para a voz **passiva** a frase ***O fenômeno mundial da imigração põe prova a diversidade de valores e os preconceitos,*** obtém-se a forma verbal

(A) são postos prova

(B) provam

(C) têm provado

(D) terão sido postos prova

(E) provam-se

➢ Comentários:

**Nota da autora:** Lembre-se de que necessário encontrar o objeto direto da ativa (ser sujeito da passiva), acrescentar o verbo "ser no tempo do verbo principal da ativa e transpor o sujeito da ativa para o agente da passiva.

**Alternativa "a** – A diversidade de valores e os preconceitos (sujeito) **são postos** prova pelo fenômeno mundial da imigração.

**Alternativa "b** – É inadmissível transformar a locução adverbial "à prova em verbo.

**Alternativa "c** – Não acrescentou o verbo "ser. Isso significa que a oração permanece na voz ativa.

**Alternativa "d** – Pode haver apenas o acréscimo do verbo "ser, não do verbo "ter.

**Alternativa "e** – É inadmissível transformar a locução adverbial "à prova em verbo.

**ALTERNATIVA CORRETA: A**

---

**10. (FCC - TRT 18 - Analista Judiciário - Área Administrativa - 2023)** Est correto o emprego de todas as formas verbais na frase:

(A) Quem se propor a recuperar a visão de sua cidade natal, municie-se de muita tolerância.

(B) Para que se revejem vestígios da nossa antiga cidade, urge alimentar a imaginação.

(C) Conter-se-ia nossa decepção caso déssemos, de súbito, com uma casinha poupada?

(D) A menos que retêssemos na memória uma imagem fiel, nada escaparia a tal devastação.

(E) Ele havia salvo da devastação da cidade alguns vestígios que se manteram vivos.

➢ Comentários:

**Alternativa "a** – O verbo "propor conjugado como o verbo "pôr.

No futuro do subjuntivo: puser = **propuser.**

**Alternativa "b** – O verbo "rever conjugado como o verbo "ver.

No presente do subjuntivo: veja = **reveja.**

**Alternativa "c** – Foram usados os tempos condicionais: futuro do pretérito do indicativo (conteria) + pretérito imperfeito do subjuntivo (déssemos).

**Alternativa "d** – O verbo "reter conjugado como o verbo "ter.

No pretérito imperfeito do subjuntivo: tivéssemos = **retivéssemos.**

**Alternativa "e** – O verbo "manter conjugado como o verbo "ter.

No pretérito perfeito do indicativo: tiveram = **mantiveram.**

**ALTERNATIVA CORRETA: C**

Capítulo 3

# COMPLEMENTO

Os assuntos abordados neste capítulo são pouco exigidos por CESPE e foram sintetizados para facilitar seu estudo.

## 1. PROCESSOS DE FORMAÇÃO DAS PALAVRAS

### 1.1. Conceitos

Observemos alguns conceitos sobre palavras primitivas e derivadas, palavras simples e compostas.

#### 1.1.1. Palavras primitivas

Palavras que não são formadas a partir de outras palavras.

| mar | terra | pedra | casa |
|---|---|---|---|

#### 1.1.2. Palavras derivadas

Palavras que são formadas a partir de outras já existentes.

| mar | terra | pedra | casa |
|---|---|---|---|
| marinheiro, marujo | aterrar, terreiro | pedrada, pedreiro | casulo, casebre |

#### 1.1.3. Palavras simples

Palavras que possuem apenas um radical.

| lua | sol | música | poesia |
|---|---|---|---|

### 1.1.4. Palavras compostas

Palavras que possuem dois ou mais radicais.

| | |
|---|---|
| pernilongo | perna + longa |
| aguardente | água + ardente |
| guarda-chuva | guarda + chuva |
| guarda-civil | guarda + civil |

## 1.2. Derivação

É o processo de formação de novas palavras através da adição ou subtração de itens a uma palavra primitiva, ou seja, deriva de outra.

### 1.2.1. Derivação prefixal

ocorre quando a palavra nova é obtida por acréscimo de prefixo.

**Dica:** Pré **indica anterioridade, antecipação, adiantamento.**

| | |
|---|---|
| expor | **ex** + por |
| impor | **im** + por |
| percorrer | **per** + correr |

### 1.2.2. Derivação sufixal

Ocorre quando a palavra nova é obtida por acréscimo de sufixo.

**Dica:** Sufixo **é afixo que se junta ao final de uma palavra para formar derivadas.**

| | |
|---|---|
| dentista | dent + **ista** |
| amoroso | amor + **oso** |
| artista | art + **ista** |
| boiada | boi + **ada** |

### 1.2.3. Derivação prefixal e sufixal

Ocorre quando a palavra nova é obtida por acréscimo de prefixo e sufixo.

**Em concursos:** o prefixo ou o sufixo pode ser retirado e uma nova palavra é formada.

| | prefixo | radical | sufixo | novas palavras |
|---|---|---|---|---|
| **deslealdade** | des | leal | dade | desleal, lealdade |
| **infelizmente** | in | feliz | mente | infeliz, felizmente |

| | prefixo | radical | sufixo | novas palavras |
|---|---|---|---|---|
| **Inutilizar** | in | util | izar | inútil, utilizar |

### 1.2.4. Derivação parassintética

Ocorre quando a palavra nova é obtida pelo acréscimo simultâneo de prefixo e sufixo. Por parassíntese formam-se, principalmente, verbos.

**Em concursos:** o prefixo ou o sufixo **não** pode ser retirado.

| | prefixo | radical | sufixo | |
|---|---|---|---|---|
| **entristecer** | en | trist | ecer | **não** há novas palavras |
| **entardecer** | en | tard | ecer | |
| **esquentar** | es | quent | ar | |

### 1.2.5. Derivação regressiva

O nome já traz seu significado: a palavra reduz, ou seja, diminui.

| botequim | boteco |
|---|---|
| português | portuga |
| barracão | barraco |
| sarampão | sarampo |

É importante na formação de substantivos derivados de verbos.

| verbo | substantivo |
|---|---|
| estudar | estudo |
| caçar | caça |
| pescar | pesca |
| chorar | choro |

### 1.2.6. Derivação imprópria

Ocorre mudança na classe gramatical, por isso o nome **imprópria**.

| substantivo | derivado do verbo |
|---|---|
| o **jantar** | jantar |

| adjetivo | derivado do substantivo |
|---|---|
| mulher **aranha** | aranha |

| substantivo | derivado do advérbio |
|---|---|
| "como será o **amanhã**?" | amanhã |

## 1.3. Composição

É o processo que forma palavras compostas, a partir da junção de dois ou mais radicais.

**Em concursos:** Derivação possui **um** radical e composição possui **mais de um** radical.

### 1.3.1. Composição por justaposição

Ao unirmos os radicais, **não** ocorre alteração fonética, ou seja, o som não muda.

| | |
|---|---|
| **passatempo** | passa + tempo |
| **varapau** | vara + pau |
| **obra-prima** | obra + prima |
| **malmequer** | mal + me + quer |
| **girassol*** | gira + sol |
| **couve-flor** | couve + flor |
| **salário-família** | salário + família |

*Em **girassol** houve acréscimo da consoante **s** para manter a sonoridade.

### 1.3.2. Composição por aglutinação

Ao unirmos dois ou mais vocábulos ou radicais, **ocorre supressão** de um ou mais de seus elementos fonéticos.

| | |
|---|---|
| **aguardente** | água + ardente |
| **planalto** | plano + alto |
| **embora** | em + boa + hora |
| **cabisbaixo** | cabeça + baixa |
| **fidalgo** | filho + de + algo |
| **vinagre** | vinho + acre |
| **pernilongo** | perna + longa |

## 1.4. Outros Processos de Formação das Palavras

### 1.4.1. Redução ou abreviação vocabular

Reduz-se a palavra ao máximo sempre mantendo seu significado.

| | |
|---|---|
| **auto** | automóvel |

| cine | cinema |
|---|---|
| Zé | José |
| extra | extraordinário |
| pneu | pneumático |
| zoo | zoológico |

As **siglas** podem ser citadas também como redução, muito frequentes na comunicação atual. Veremos em seguida.

## 1.4.2. Hibridismo

Palavra formada por elementos de línguas distintas.

| burocracia | buro: francês | cracia: grego |
|---|---|---|
| automóvel | auto: grego | móvel: latim |
| monocultura | mono: grego | cultura: latim |
| sambódromo | samba: portu-guês | dromo: grego |

## 1.4.3. Onomatopeia

São vocábulos que reproduzem aproximadamente os sons e as vozes dos seres.

| tique-taque | pingue-pongue | mugir | miar | piar | rosnar | grunhir | latir | bummm! |
|---|---|---|---|---|---|---|---|---|

## 1.5. Neologismos e Gírias[1]

A língua está sempre se modificando: palavras novas, das mais diversas origens, são incorporadas ao idioma e logo absorvidas pelos falantes, que passam a utilizá-las no seu processo diário de comunicação. Simultaneamente, o avanço tecnológico, os modismos, as invenções exigem a criação de novas palavras. Às vezes, palavras antigas podem ganhar uma nova significação, um novo sentido. Surgem, assim, os **neologismos**.

Os neologismos podem ser criados a partir de palavras da própria língua do país (como as palavras "presidenciável" e "carreata", por exemplo) ou a partir de palavras estrangeiras ("roqueiro" e "deletar", por exemplo).

No processo de criação de palavras novas, merecem destaque as gírias, que surgem

1. Só português. Disponível em <http://www.soportugues.com.br/secoes/girias/>. Acesso em 30 março 2014.

num determinado grupo social e, por sua expressividade, acabam sendo incorporadas à linguagem coloquial de outras camadas sociais.

A **gíria** é um fenômeno de linguagem especial que consiste no uso de uma palavra não convencional para designar outras palavras formais da língua. Pode ser empregada no intuito de fazer segredo, humor ou distinguir o grupo que a adota dos demais, muitas vezes criando um jargão próprio. Assim, como uma expressão idiomática, é uma palavra que se caracteriza por não permitir a identificação do seu significado através de seu sentido literal. Por essa razão, também não é possível traduzi-la para outra língua de modo literal. As gírias geralmente se originam de acordo com a cultura e peculiaridades de cada região.

É importante observar que a gíria é uma linguagem de uso passageiro: ao entrar em desuso, a mensagem pode se tornar incompreensível. Portanto, ao escrevermos um texto informativo, devemos evitá-las. As gírias podem comprometer a clareza, bem como a permanência do texto escrito, gerando complicações.

| Gíria | Explicação |
|---|---|
| 13 ou 22 | Cara louco, doido, maluco. |
| **38** (lê-se trinta-e-oito ou três-oitão) | Arma de fogo bastante comum no Brasil, principalmente de forma ilegal. |
| **171** (lê-se um-sete-um) | Estelionatário.<br>Refere-se ao artigo número 171, que versa sobre estelionato. |
| Abraçar jacaré | Dar-se mal, encontrar-se em situação controversa. |
| Alcaguete ou Alcagueta | Pessoa dedo-duro, delatora. |
| Animal | Muito legal, radical. |

## 2. SUBSTANTIVO

**Substantivo** é a classe gramatical variável que denomina os seres. Além de objetos, pessoas e fenômenos, os substantivos também nomeiam:

| | |
|---|---|
| **Lugares** | Alemanha, Porto Alegre. |
| **Sentimentos** | amor, raiva. |
| **Estados** | alegria, tristeza. |
| **Qualidades** | honestidade, sinceridade. |
| **Ações** | corrida, pescaria. |

### 2.1. Em Concursos – Morfossintaxe

Na análise sintática, o substantivo pode ser núcleo de vários termos.

| | |
|---|---|
| núcleo | do **sujeito** |
| | do **complemento verbal** – objeto direto e objeto indireto |
| | do **agente da passiva** |
| | do **complemento nominal** |
| | do **aposto** |
| | do **predicativo** – do sujeito ou do objeto |
| | do **vocativo** |
| | do **adjunto adnominal** |
| | do **adjunto adverbial** |

O substantivo pode ser adjetivado, isto é, pode qualificar.

Segundo o *Dicionário de usos do português do Brasil*, de Francisco S. Borba, o **substantivo** se refere à palavra em sua atuação como adjetivo:

**Substantivo** Adj [**Qualificador de nome não animado**]

1) que tem substância ou essência: destacava-se entre os homens hábeis daquele país o hábito de fazer uma conversa prosseguir horas a fio, sem que a proposta substantiva ganhasse clara configuração (REP); se olham as coisas não pelos resultados substantivos (VEJ);
2) essencial; profundo: eu te amo por você mesma, de um modo substantivo e positivo (LC);
3) fundamental; essencial: o submarino foi um elemento adjetivo na I Guerra Mundial e substantivo na II Guerra (VEJ);
4) que equivale a um substantivo, ou que o traz implícito: onde é que está a ideia substantiva no meio desses adjetivos? (CNT);
5) palavra que por si só designa a substância, ou seja, um ser real ou metafísico; palavra com que se nomeiam os seres, atos ou conceitos; nome: Há-kodesh é na origem um substantivo feminino (VEJ); Planctus era um particípio passado e não um substantivo (ACM).

## 2.2. Formação do Substantivo

### 2.2.1. Substantivos simples e compostos

Substantivo simples é formado por um único elemento; substantivo composto é formado por dois ou mais elementos.

| | |
|---|---|
| **simples** | sol, poesia, livro, lua |
| **composto** | girassol, beija-flor, guarda-sol |

### 2.2.2. Substantivos primitivos e derivados

Substantivo primitivo não deriva de nenhuma outra palavra da própria língua portuguesa; o substantivo derivado se origina de outra palavra.

| primitivo | terra, luz, fogo, feudo |
|---|---|
| derivado | território, luzeiro, fogueira, feudalismo |

## 2.3. Flexão do Substantivo

### 2.3.1. Flexão de gênero

**Gênero** é a propriedade que as palavras têm de indicar sexo real ou fictício dos seres. São dois gêneros: **masculino** e **feminino.**

**Substantivos Biformes e Substantivos Uniformes**

Atente-se ao que facilita: uni = uma; bi = duas.

**Biformes**: possuem duas formas, uma para o masculino e outra para o feminino.

| masculino | feminino |
|---|---|
| menino | menina |
| amigo | amiga |
| gato | gata |
| candidato | candidata |

**Uniformes**: possuem uma única forma e são classificados em:

**Epicenos**

Têm um só gênero e nomeiam bichos.

| onça macho | onça fêmea |
|---|---|
| jacaré macho | jacaré fêmea |
| foca macho | foca fêmea |

**Sobrecomuns**

Têm um só gênero e nomeiam pessoas.

| a criança | a testemunha | o cônjuge | o carrasco | o ídolo |
|---|---|---|---|---|

Observação: Há substantivos que, variando de gênero, variam em seu significado:

→ o rádio (aparelho receptor) e a rádio (estação emissora)

→ o capital (dinheiro) e a capital (cidade)

**Comuns de dois gêneros**

Indicam o sexo das pessoas por meio do artigo.

| o dentista | a dentista |
|---|---|
| um jovem | uma jovem |
| o imigrante | a imigrante |

## Formação dos Substantivos Biformes e Uniformes

### Substantivos Biformes[2]

<table>
<tr><td>Regra geral</td><td>troca-se a terminação -o por a-</td><td colspan="2">aluno – aluna</td></tr>
<tr><td>Substantivos terminados em -ês</td><td>acrescenta-se -a ao masculino</td><td colspan="2">freguês – freguesa</td></tr>
<tr><td rowspan="5">Substantivos terminados em -ão</td><td rowspan="5">fazem o feminino de três formas</td><td>troca-se -ão por -oa.</td><td>patrão – patroa</td></tr>
<tr><td>troca-se -ão por -ã.</td><td>campeão – campeã</td></tr>
<tr><td rowspan="2">troca-se -ão por ona.</td><td>solteirão – solteirona</td></tr>
<tr><td>barão – baronesa</td></tr>
<tr><td>Exceções:</td><td>• ladrão- ladra<br>• sultão – sultana</td></tr>
<tr><td rowspan="2">Substantivos terminados em -or</td><td>1. acrescenta-se -a ao masculino</td><td colspan="2">doutor – doutora</td></tr>
<tr><td>2. troca-se -or por -triz</td><td colspan="2">imperador – imperatriz</td></tr>
<tr><td rowspan="3">Substantivos com feminino em -esa, -essa, -isa</td><td>-esa</td><td colspan="2">cônsul – consulesa</td></tr>
<tr><td>-essa</td><td colspan="2">conde – condessa</td></tr>
<tr><td>-isa</td><td colspan="2">poeta – poetisa</td></tr>
<tr><td>Substantivos que formam o feminino trocando o -e final por -a</td><td colspan="3">elefante – elefanta</td></tr>
<tr><td>Substantivos que têm radicais diferentes no masculino e no feminino</td><td colspan="3">bode – cabra / boi – vaca</td></tr>
<tr><td>Substantivos que formam o feminino de maneira especial, isto é, não seguem nenhuma das regras anteriores:</td><td colspan="3">czar – czarina / réu – ré</td></tr>
</table>

### Uniformes[3]

2. Só português. Disponível em <http://www.soportugues.com.br/secoes/morf/morf24.php>. Acesso em 30 março 2014, alterado.
3. Só português. Disponível em <http://www.soportugues.com.br/secoes/morf/morf25.php>. Acesso em 30 março 2014, alterado.

| | |
|---|---|
| **Epicenos** | Alguns nomes de animais apresentam uma só forma para designar os dois sexos. Esses substantivos são chamados de **epicenos**. No caso dos epicenos, quando houver a necessidade de especificar o sexo, utilizam-se palavras **macho** e **fêmea.** |
| | o jacaré (gênero masculino) – o macho do jacaré / o jacaré macho – a fêmea do jacaré / o jacaré fêmea ou fêmeo.<br>a mosca (gênero feminino) – o macho da mosca/ a mosca macho ou macha – a fêmea da mosca/ o mosca fêmea". |
| **Sobrecomuns** | O substantivo sobrecomum, que se refere aos seres humanos, tem a mesma forma genérica para o masculino ou feminino. Nem os artigos e adjetivos que acompanham o substantivo sobrecomum variam. |
| | O algoz / O apóstolo / A criança / A pessoa / A vítima / O cônjuge / O verdugo / A criatura |
| **Comuns de Dois Gêneros** | A distinção de gênero pode ser feita através da análise do artigo ou adjetivo, quando acompanharem o substantivo. |
| | **o** colega – **a** colega / **o** imigrante – **a** imigrante / **um** jovem – **uma** jovem / artista **famoso** – artista **famosa /** repórter **francês** – repórter **francesa** |

## Substantivos de gêneros incertos[4]

Existem numerosos substantivos de gênero incerto e flutuante, sendo usados com a mesma significação, ora como masculinos, ora como femininos.

| | |
|---|---|
| **a abusão** | erro comum, superstição, crendice |
| **a aluvião** | sedimentos deixados pelas águas, inundação, grande numero |
| **a cólera ou cólera-morbo** | doença infecciosa |
| **a personagem** | pessoa importante, pessoa que figura numa história |
| **a trama** | intriga, conluio, maquinação, cilada |
| **a xerox (ou xérox)** | cópia xerográfica, xerocópia |
| **o ágape** | refeição que os cristãos faziam em comum, banquete de confraternização |
| **o caudal** | torrente, rio |
| **o diabetes ou diabete** | doença |
| **o jângal** | floresta própria da Índia |
| **o lhama** | mamífero ruminante da família dos camelídeos |
| **o ordenança** | soldado às ordens de um oficial |

4. Só português. Disponível em <http://www.soportugues.com.br/secoes/morf/morf26.php>. Acesso em 30 março 2014.

| o praça | soldado raso |
|---|---|
| o preá | pequeno roedor |

### Gênero dos Nomes de Cidades

Salvo raras exceções, nomes de cidades são femininos.

| A histórica Ouro Preto. | A dinâmica São Paulo. | A acolhedora Porto Alegre. | Uma Londres imensa e triste. |
|---|---|---|---|
| **Exceções**: o Rio de Janeiro, o Cairo, o Porto, o Havre. | | | |

### Gênero e Significação[5]

Muitos substantivos têm uma significação no masculino e outra no feminino.

| MASCULINO | FEMININO |
|---|---|
| **o baliza** (soldado que, que à frente da tropa, indica os movimentos que se deve realizar em conjunto; o que vai à frente de um bloco carnavalesco, manejando um bastão) | **a baliza** (marco, estaca; sinal que marca um limite ou proibição de trânsito) |
| **o cabeça** (chefe) | **a cabeça** (parte do corpo) |
| **o cisma** (separação religiosa, dissidência) | **a cisma** (ato de cismar, desconfiança) |
| **o cinza** (a cor cinzenta) | **a cinza** (resíduos de combustão) |
| **o capital** (dinheiro) | **a capital** (cidade) |
| **o coma** (perda dos sentidos) | **a coma** (cabeleira) |
| **o coral** (pólipo, a cor vermelha, canto em coro) | **a coral** (cobra venenosa) |
| **o crisma** (óleo sagrado, usado na administração da crisma e de outros sacramentos) | **a crisma** (sacramento da confirmação) |
| **o cura** (pároco) | **a cura** (ato de curar) |
| **o estepe** (pneu sobressalente) | **a estepe** (vasta planície de vegetação) |
| **o guia** (pessoa que guia outras) | **a guia** (documento, pena grande das asas das aves) |
| **o grama** (unidade de peso) | **a grama** (relva) |
| **o caixa** (funcionário da caixa) | **a caixa** (recipiente, setor de pagamentos) |
| **o lente** (professor) | **a lente** (vidro de aumento) |
| **o moral** (ânimo) | **a moral** (honestidade, bons costumes, ética) |
| **o nascente** (lado onde nasce o Sol) | **a nascente** (a fonte) |
| **o maria-fumaça** (trem como locomotiva a vapor) | **a maria-fumaça** (locomotiva movida a vapor) |

5. Só português. Disponível em <http://www.soportugues.com.br/secoes/morf/morf26.php>. Acesso em 30 março 2014.

| MASCULINO | FEMININO |
|---|---|
| **o pala** (poncho) | **a pala** (parte anterior do boné ou quepe, anteparo) |
| **o rádio** (aparelho receptor) | **a rádio** (estação emissora) |
| **o voga** (remador) | **a voga** (moda, popularidade) |

## 2.3.2. Flexão de número do substantivo[6]

**Plural dos Substantivos Simples**

<table>
<tr><td rowspan="13">Os substantivos terminados em</td><td>vogal, ditongo oral e n fazem o plural pelo acréscimo de s.</td><td colspan="2">pai – pais / ímã – ímãs<br>hífen – hifens (sem acento, no plural)<br>Exceção: cânon – cânones.</td></tr>
<tr><td>m fazem o plural em ns.</td><td colspan="2">homem – homens</td></tr>
<tr><td>r e z fazem o plural pelo acréscimo de es.</td><td colspan="2">revólver – revólveres / raiz – raízes<br>Atenção: O plural de caráter é caracteres.</td></tr>
<tr><td>al, el, ol, ul flexionam-se no plural, trocando o l por is.</td><td colspan="2">quintal – quintais / caracol – caracóis / hotel – hotéis<br>Exceções: mal e males, cônsul e cônsules.</td></tr>
<tr><td rowspan="3">il fazem o plural de duas maneiras:</td><td>Quando oxítonos, em is.</td><td>canil – canis</td></tr>
<tr><td>Quando paroxítonos, em eis.</td><td>míssil – mísseis.</td></tr>
<tr><td colspan="2">Obs.: a palavra réptil pode formar seu plural de duas maneiras: répteis ou reptis (pouco usada).</td></tr>
<tr><td rowspan="2">s fazem o plural de duas maneiras:</td><td>Quando monossilábicos ou oxítonos, mediante o acréscimo de es.</td><td>ás – ases<br>retrós – retroses</td></tr>
<tr><td>Quando paroxítonos ou proparoxítonos, ficam invariáveis.</td><td>o lápis – os lápis<br>o ônibus – os ônibus.</td></tr>
<tr><td rowspan="3">ão fazem o plural de três maneiras.</td><td>substituindo o -ão por –ões</td><td>ação – ações</td></tr>
<tr><td>substituindo o -ão por –ães</td><td>cão – cães</td></tr>
<tr><td>substituindo o -ão por –ãos</td><td>grão – grãos</td></tr>
<tr><td>x ficam invariáveis.</td><td colspan="2">o látex – os látex.</td></tr>
</table>

6. Só português. Disponível em <http://www.soportugues.com.br/secoes/morf/morf27.php>. Acesso em 30 março 2014.

**Plural dos Substantivos Compostos**

A formação do plural dos substantivos compostos depende da forma como são grafados, do tipo de palavras que formam o composto e da relação que estabelecem entre si. Aqueles que são grafados sem hífen comportam-se como os substantivos simples

| aguardente e aguardentes | pontapé e pontapés | girassol e girassóis | malmequer e malmequeres |
|---|---|---|---|

O plural dos substantivos compostos cujos elementos são ligados por hífen costuma provocar muitas dúvidas e discussões. Vamos a elas.

<table>
<tr><td rowspan="4">1.<br>Flexionam-se os dois elementos, quando formados de</td><td>substantivo<br>+<br>substantivo</td><td>couve-flor e couves-flores</td></tr>
<tr><td>substantivo<br>+<br>adjetivo</td><td>amor-perfeito e amores-perfeitos</td></tr>
<tr><td>adjetivo<br>+<br>substantivo</td><td>gentil-homem e gentis-homens</td></tr>
<tr><td>numeral<br>+<br>substantivo</td><td>quinta-feira e quintas-feiras</td></tr>
<tr><td rowspan="3">2.<br>Flexiona-se somente o segundo elemento, quando formados de</td><td>verbo<br>+<br>substantivo</td><td>guarda-roupa e guarda-roupas</td></tr>
<tr><td>palavra invariável<br>+<br>palavra variável</td><td>alto-falante e alto-falantes</td></tr>
<tr><td>palavras repetidas ou imitativas</td><td>reco-reco e reco-recos</td></tr>
<tr><td rowspan="3">3.<br>Flexiona-se somente o primeiro elemento, quando formados de</td><td>substantivo<br>+<br>preposição clara<br>+<br>substantivo</td><td>água-de-colônia e águas-de-colônia</td></tr>
<tr><td>substantivo<br>+<br>preposição oculta<br>+<br>substantivo</td><td>cavalo-vapor e cavalos-vapor</td></tr>
<tr><td>substantivo<br>+<br>substantivo que funciona como determinante do primeiro, ou seja, especifica a função ou o tipo do termo anterior.</td><td>palavra-chave – palavras-chave<br>bomba-relógio – bombas-relógio<br>notícia-bomba – notícias-bomba<br>homem-rã – homens-rã<br>peixe-espada – peixes-espada</td></tr>
</table>

<table>
<tr><td rowspan="2">4.<br>Permanecem invariáveis, quando formados de</td><td>verbo<br>+<br>advérbio</td><td>o bota-fora e os bota-fora</td></tr>
<tr><td>verbo<br>+<br>substantivo no plural</td><td>o saca-rolhas e os saca-rolhas</td></tr>
<tr><td>5.<br>Casos Especiais</td><td colspan="2">o louva-a-deus e os louva-a-deus<br>o bem-te-vi e os bem-te-vis<br>o bem-me-quer e os bem-me-queres<br>o joão-ninguém e os joões-ninguém</td></tr>
</table>

## 2.3.3. Flexão de grau do substantivo

Grau é a propriedade que as palavras têm de exprimir as variações de tamanho dos seres.

<table>
<tr><th colspan="2">Grau</th><th>Definição</th><th>EXEMPLO</th></tr>
<tr><td colspan="2">Neutro</td><td>Indica um ser de tamanho considerado natural.</td><td>rocha, papel, lápis</td></tr>
<tr><td rowspan="3">Aumentativo</td><td>-</td><td>Indica o aumento do tamanho do ser.</td><td>bocarra (boca)<br>muralha (muro)<br>pedrona (pedra)</td></tr>
<tr><td>Analítico</td><td>o substantivo é acompanhado de um adjetivo que indica grandeza.</td><td>casa grande</td></tr>
<tr><td>Sintético</td><td>é acrescido ao substantivo um sufixo indicador de aumento. Fácil: Sintético = Sufixo.</td><td>casarão</td></tr>
<tr><td rowspan="3">Diminutivo</td><td>-</td><td>Indica a diminuição do tamanho do ser.</td><td>gatinho (gato)<br>bigodinho (bigode)<br>vidro (vidrinho)</td></tr>
<tr><td>Analítico</td><td>substantivo acompanhado de um adjetivo que indica pequenez.</td><td>casa pequena</td></tr>
<tr><td>Sintético</td><td>é acrescido ao substantivo um sufixo indicador de diminuição. Fácil: Sintético = Sufixo.</td><td>casinha</td></tr>
</table>

# 3. ADJETIVO

É a palavra que caracteriza o substantivo e lhe atribui qualidade, estado, aparência, aspectos gerais, característica e modo de ser.

| substantivo | adjetivo |
|---|---|
| candidato | competente |
| aluno | estudioso |
| aluna | estudiosa |
| servidor | aprovado |
| servidora | aprovada |

## 3.1. Em Concursos – Morfossintaxe

Na análise sintática, pode ser:

| adjunto adnominal | predicativo do sujeito | predicativo do objeto |
|---|---|---|

## 3.2. Locução Adjetiva

Locução é o conjunto de duas ou mais palavras que porta significado distinto daquele que advém da consideração das palavras isoladamente, isto é, locução adjetiva é mais de uma palavra com valor de adjetivo. Normalmente é formada por preposição + substantivo.

| | | | | | |
|---|---|---|---|---|---|
| **de águia** | aquilino | **de esmeralda** | esmeraldino | **de neve** | níveo ou nival |
| **de aluno** | discente | **de estômago** | estomacal ou gástrico | **de nuca** | occipital |
| **de anjo** | angelical | **de falcão** | falconídeo | **de orelha** | auricular |
| **de ano** | anual | **de farinha** | farináceo | **de ouro** | áureo |
| **de aranha** | aracnídeo | **de fera** | ferino | **de ovelha** | ovino |
| **de asno** | asinino | **de ferro** | férreo | **de paixão** | passional |
| **de baço** | esplênico | **de fígado** | figadal ou hepático | **de pâncreas** | pancreático |
| **de bispo** | episcopal | **de fogo** | ígneo | **de pato** | anserino |
| **de bode** | hircino | **de gafanhoto** | acrídeo | **de peixe** | písceo ou ictíaco |
| **de boi** | bovino | **de garganta** | gutural | **de pombo** | columbino |
| **de bronze** | brônzeo ou êneo | **de gelo** | glacial | **de porco** | suíno ou porcino |
| **de cabelo** | capilar | **de gesso** | gípseo | **de prata** | argênteo ou argírico |
| **de cabra** | caprino | **de guerra** | bélico | **dos quadris** | ciático |
| **de campo** | campestre ou rural | **de homem** | viril ou humano | **de raposa** | vulpino |
| **de cão** | canino | **de ilha** | insular | **de rio** | fluvial |
| **de carneiro** | arietino | **de intestino** | celíaco ou entérico | **de serpente** | viperino |
| **de cavalo** | cavalar, equino, equídio ou hípico | **de inverno** | hibernal ou invernal | **de sonho** | onírico |
| **de chumbo** | plúmbeo | **de lago** | lacustre | **de terra** | telúrico, terrestre ou terreno |

| | | | | | |
|---|---|---|---|---|---|
| **de chuva** | pluvial | **de laringe** | laríngeo | **de trigo** | tritício |
| **de cinza** | cinéreo | **de leão** | leonino | **de urso** | ursino |
| **de coelho** | cunicular | **de lebre** | leporino | **de vaca** | vacum |
| **de cobre** | cúprico | **de lobo** | lupino | **de velho** | senil |
| **de couro** | coriáceo | **de lua** | lunar ou selênico | **de vento** | eólico |
| **de criança** | pueril | **de macaco** | simiesco, símio ou macacal | **de verão** | estival |
| **de dedo** | digital | **de madeira** | lígneo | **de vidro** | vítreo ou hialino |
| **de diamante** | diamantino ou adamantino | **de marfim** | ebúrneo ou ebóreo | **de virilha** | inguinal |
| **de elefante** | elefantino | **de mestre** | magistral | **de visão** | óptico ou ótico |
| **de enxofre** | sulfúrico | **de monge** | monacal | | |

## 3.3. Flexão de Gênero

Os adjetivos concordam com o substantivo a que se referem (masculino e feminino).

Adjetivos Uniformes e Biformes

| | | |
|---|---|---|
| **Biformes** | têm duas formas, sendo uma para o masculino e outra para o feminino. | estudioso, estudiosa, vencedor, vencedora |
| **Uniformes** | têm uma só forma tanto para o masculino como para o feminino. | feliz, confiante, contente |

## 3.4. Flexão de Número

### 3.4.1. Plural dos adjetivos simples

Os adjetivos simples flexionam-se no plural de acordo com as regras estabelecidas para a flexão numérica dos substantivos simples.

| | | | |
|---|---|---|---|
| mau e maus | feliz e felizes | ruim e ruins | boa e boas |

#### 3.4.1.1. Em concursos

Caso o adjetivo seja uma palavra que também exerça função de substantivo, ficará invariável, ou seja, se a palavra que estiver qualificando um elemento for, originalmente, um substantivo, ela manterá sua forma primitiva.

A palavra **violeta** é um substantivo, porém, se estiver qualificando um elemento, funcionará como adjetivo. Ficará invariável. Ex.: camisas **violeta**, ternos **violeta**.

| Comparando | |
|---|---|
| Blusas **vinho**<br>– substantivo adjetivado = singular | Blusas **verdes**<br>– adjetivo = plural |
| Tetos **musgo**<br>– substantivo adjetivado = singular | Tetos **azuis**<br>– adjetivo = plural |
| Livros **monstro**<br>– substantivo adjetivado = singular | Livros **grandiosos**<br>– adjetivo = plural |

### 3.4.2. Plural dos adjetivos compostos

Adjetivo composto é formado por dois ou mais elementos. Normalmente, esses elementos são ligados por hífen.

| **Regra**: apenas o último elemento concorda com o substantivo a que se refere; os demais ficam na forma masculina, singular. | camisas **verde-claras** |
|---|---|

#### 3.4.2.1. Em concursos

Caso o adjetivo seja uma palavra que também exerça função de substantivo, ficará invariável. Facilitando: se a palavra que qualifica um elemento for, originalmente, um substantivo, ela manterá sua forma primitiva (singular).

As palavras **ouro e café** são originalmente substantivos, porém, se estiverem qualificando um elemento, funcionarão como adjetivos. Caso se ligue a outra palavra por hífen, formará um adjetivo composto; como é um substantivo adjetivado, o adjetivo composto inteiro ficará invariável. Ex.: 1) Camisas **amarelo-ouro.** 2) Telhados **marrom-café.**

| **Observações importantes** | | |
|---|---|---|
| | **Azul-marinho, azul-celeste, ultravioleta e qualquer adjetivo composto iniciado por cor-de-...** são sempre invariáveis. | Blusas **azul-marinho**<br>Blusas **azul-celeste**<br>Blusas **cor-de-rosa** |
| | Os adjetivos compostos **surdo-mudo e pele-vermelha** têm os dois elementos flexionados. | Meninos **surdos-mudos**<br>Crianças **peles-vermelhas** |

### 3.5. Flexão de Grau

Os adjetivos flexionam-se em grau para indicar a intensidade da qualidade do ser. São dois os graus do adjetivo: o **comparativo** e o **superlativo**.

### 3.5.1. Grau comparativo

| **Igualdade** | ... | tão | ... | como (quanto) | ... |
|---|---|---|---|---|---|
| **Superioridade** | ... | mais | ... | (do que) | ... |
| **Inferioridade** | ... | menos | ... | (do que) | ... |

#### 3.5.1.1. Em concursos

Na comparação, a preposição é facultativa: **mais que** ou **mais do que, menos que** ou **menos do que.**

### 3.5.2. Grau superlativo

O superlativo expressa qualidades num grau muito elevado ou em grau máximo. O grau superlativo pode ser **absoluto** ou **relativo**.

| Absoluto | | Relativo | |
|---|---|---|---|
| ocorre quando a qualidade de um ser é intensificada, sem relação com outros seres. | | ocorre quando a qualidade de um ser é intensificada em relação a um conjunto de seres. | |
| **Analítico** | **Sintético** | **Superioridade** | **Inferioridade** |
| a intensificação se faz com o auxílio de palavras que dão ideia de intensidade (advérbios).<br>O secretário é **muito inteligente.** | a intensificação se faz por meio do acréscimo de sufixos.<br>O secretário é **inteligentíssimo.** | Clara é **a mais** bela da sala. | Clara é **a menos** bela da sala. |

#### 3.5.2.1. Em concursos – fixando

| Absoluto | | Relativo | |
|---|---|---|---|
| Um elemento. | | Um elemento e outros. Há **artigo.** | |
| **Analítico** | **Sintético** | **Superioridade** | **Inferioridade** |
| Advérbio | Sufixo | **a (o mais)** | **a (o menos)** |

## 4. ARTIGO

É a palavra que acompanha o substantivo e indica a forma que está sendo empregado, pode ser artigo definido (sentido individual) ou indefinido (sentido geral). Indica, também, o gênero e o número dos substantivos.

### 4.1. Classificação do Artigo

| **Definido** | individualiza e se refere a um ser conhecido | o, a, os, as | **O** presidente viajou. |
|---|---|---|---|
| **Indefinido** | generaliza e se refere a um ser desconhecido | um, uma, uns, umas | **Um** aluno faltou hoje. |

### 4.2. Combinação do Artigo

Os artigos definidos e indefinidos podem combinar com preposições.

| Preposição | Artigo | | | |
|---|---|---|---|---|
| | o, os | a, as | um, uns | uma, umas |
| a | ao, aos | à, às | - | - |
| de | do, dos | da, das | dum, duns | duma, dumas |
| em | no, nos | na, nas | num, nuns | numa, numas |
| por (per) | pelo, pelos | pela, pelas | - | - |

## 4.3. Emprego do Artigo[7]

| NÃO SE USA o artigo definido | |
|---|---|
| Em Provérbios e Comparações | Cão que ladra não morde.<br>Amor com amor se paga.<br>Amor e tosse na dá para esconder. |
| Depois de Cujo e o Substantivo Imediato | Era o homem cujo pai procurávamos.<br>Há animais cujo pelo é liso. |
| **Antes de Palavras que Designam Matérias de Estudo,** usadas com os verbos ensinar, aprender, estudar e equivalentes | Estudava Literatura.<br>Lecionava Português.<br>Já não se estuda Latim nas escolas. |
| **Antes de Nomes de Sentido Generalizado** – antes de substantivos usados de uma maneira geral | Amor é sacrifício.<br>Avareza não é economia.<br>Escrever certo é difícil.<br>Sal, pimenta e açúcar devem ser usados em quantidades moderadas. |
| Antes de Palavras que se Referem à Mesma Pessoa | Diretor da empresa e funcionário público. |
| Antes de Pronomes Tratamento | Sua Alteza casou com Dona Teresa Cristina.<br>Espero não ter interrompido Vossa Excelência. |
| ↳ **EXCEÇÃO:** senhor, senhora e senhorita admitem artigo. | Falei com a senhorita Ana.<br>O senhor João morreu ontem. |
| ↳ **Cuidado:** não quando nos dirigimos à própria pessoa | Adeus, senhor Antônio. |
| **Antes dos Adjetivos São, Santo e Santa,** quando acompanhados de nome próprio, assim como Nosso Senhor e Nossa Senhora | Santo Antônio é seu padroeiro e confidente |
| **Antes de Pronome Possessivo** usado em expressões com o valor de alguns | Quem não tem suas (algumas) dificuldades? |
| **Com Nomes Próprios de Pessoas Usados Por Inteiro** (famosos ou não) | João Figueiredo pediu para ser esquecido. |
| ↳ **Observações:** Com nomes de pessoas, geralmente, não se usa artigo | Rita não compareceu à cerimônia. |
| ↳ **Cuidado:** na linguagem coloquial de alguns Estados brasileiros, é frequente a anteposição de artigo a nomes de pessoas, a fim de indicar afetividade ou familiaridade | O Édson é meu irmão.<br>A Sandra não quis sair comigo. |
| **Antes das palavras Casa e Terra,** quando não especificadas. | Eles estavam em casa.<br>Voltou para casa mais tarde do que de hábito.<br>Os marinheiros permaneciam em terra. |

7. RECANTO DAS LETRAS. Disponível em <http://www.recantodasletras.com.br/gramatica/1408194>. Acesso em 2 abril 2014.

| NÃO SE USA o artigo definido | |
|---|---|
| ↳ **Cuidado: usa-se artigo antes das palavras Casa e Terra,** quando especificadas. | Ele estava na casa do amigo.<br>Voltou para a casa dos pais.<br>Os marinheiros permaneceram na terra dos anões. |
| **Antes de Outro em sentido indeterminado** | Uns estavam atentos, outros não.<br>Um entrou no banco, outro no carro. |
| **Com Ambos (ambas)** é obrigatório o emprego do artigo definido. Coloque-o entre o numeral ambos e o substantivo a que se refere | O juiz solicitou a presença de ambos os cônjuges.<br>Ambas as partes chegaram a um acordo. |
| **Com Cujo** (e flexões) não usamos artigo | Este é o homem cujo amigo desapareceu.<br>Este é o autor cuja obra conheço. |
| **Não se combina com preposição** o artigo que faz parte do nome de revistas, jornais e obras literárias | Li a notícia em O Estado de São Paulo.<br>A notícia foi publicada em O Globo. |

| USA-SE o artigo definido | |
|---|---|
| **Nomes próprios geográficos**<br>Dica: use **voltei do, da** = com artigo | A Bahia = voltei da<br>O Rio de Janeiro = voltei do<br>A Amazônia = voltei da |
| **Qualificando** o lugar, haverá também o artigo | O velho Portugal = voltei do<br>A Atenas de Péricles = voltei da<br>A antiga Grécia = voltei da |
| ↳ **Cuidado:**<br>**voltei de** = sem artigo | Portugal = voltei de<br>Roma = voltei de<br>Atenas = voltei de<br>Curitiba = voltei de<br>São Paulo = voltei de<br>Paris = voltei de |
| **Uso FACULTATIVO** antes de pronomes possessivos | Foi rápida a sua entrevista.<br>Foi rápida sua entrevista. |

| Artigo indefinido | |
|---|---|
| Transmite ao substantivo grande força expressiva | *Estou com* **uma sede**!<br>O artigo indefinido denota a grande intensidade da sede que o emissor da frase sente. |
| Antepõe-se ao numeral quando não se pode precisá-lo | *Ela deve ter* **uns 15** *anos.* |
| Antes de nomes próprios para acentuar a semelhança de alguém com um personagem célebre. Nesse caso o nome próprio passa a ser um nome comum | *Revelou-se* **um Pavarotti.**<br>(um grande cantor) |

## 4.4. Em Concursos

**PARALELISMO**: quando há vários substantivos, usa-se o artigo em todos ou em nenhum.

1) Estudou livros, apostilas, tópicos e testes.

2) Estudou os livros, as apostilas, os tópicos e os testes.

Surge, assim, questão de crase:

Entregou o prêmio **a** aluna, professora e diretora. = O **a** é preposição.

Entregou o prêmio à aluna, à professora e **à** diretora. = Há artigo + preposição, ou seja, há o sinal indicativo de crase.

| | | | |
|---|---|---|---|
| A | **artigo** | admite plural | **As** apostilas estão prontas. |
| | **preposição** | **não** admite plural | Fomos **a** Londres. |
| | **Pronome pessoal** | sentido de **algo, alguém** | Convidei-**a** para jantar |
| | **Pronome demonstrativo** | sentido de **esta, essa, aquela** | Ela foi **a** que mais conversou. |

# 5. NUMERAL

É a palavra que atribui quantidade aos seres ou os situa em determinada sequência.

| | |
|---|---|
| Os **quatro** últimos ingressos foram vendidos há pouco. | **quatro:** numeral = atributo numérico de "ingresso". |
| Eu quero café **duplo.** | **duplo:** numeral = atributo numérico de "café". |
| A **primeira** pessoa da fila pode entrar. | **primeira:** numeral = situa o ser "pessoa" na sequência de «fila». |

Os **numerais** traduzem, em palavras, o que os números indicam em relação aos seres. Assim, quando a expressão é colocada em números (1, 1º, 1/3, etc.) não se trata de numerais, mas sim de algarismos. Estes últimos são uma classe gramatical específica às palavras (um, primeiro, terça parte, etc.).

Além dos numerais mais conhecidos, já que refletem a ideia expressa pelos números, existem mais algumas palavras consideradas numerais porque denotam quantidade, proporção ou ordenação. São alguns exemplos: **década, dúzia, par, ambos(as), novena**.

## 5.1. Classificação do Numeral

De acordo com suas funções, os numerais são classificados em:

| |
|---|
| Cardinais |
| Ordinais |
| Fracionários |
| Multiplicativos |
| Coletivos |

## 5.2. Leitura dos Numerais

Separando os números em centenas, de trás para frente, obtêm-se conjuntos numéricos, em forma de centenas e, no início, também de dezenas ou unidades. Entre esses conjuntos usa-se vírgula; as unidades ligam-se pela conjunção **e**.

| | |
|---|---|
| **1.203.726** | um milhão, duzentos **e** três mil, setecentos **e** vinte **e** seis. |
| **45.520** | quarenta **e** cinco mil, quinhentos **e** vinte. |

## 5.3. Emprego dos Numerais[8]

<table>
<tr><td>Não se deve usar o numeral um antes de mil</td><td colspan="2">Ganhei mil reais.</td></tr>
<tr><td>Em relação ao primeiro dia do mês</td><td colspan="2">Fortaleza, 1º de dezembro de 2014.<br>Com relação ao primeiro dia, há gramáticos respeitados, como Evanildo Bechara, que defendem tanto o uso do ordinal como do cardinal. O emprego do ordinal, todavia, parece ter maior aceitação e, portanto, deve receber prioridade.</td></tr>
<tr><td>Com relação às datas<br>– Uso de AOS, A e EM</td><td>É facultativo.<br>Assim, posso empregar qualquer uma das três opções.</td><td>– Aos 18 dias de março foi prolatada a sentença.<br>– A 18 de março foi prolatada a sentença.<br>– Em 18 de março foi prolatada a sentença.<br>– No dia 23 de março foi prolatada a sentença.</td></tr>
<tr><td>Os numerais milhares, milhões e bilhões exigem o artigo no masculino</td><td colspan="2">– Os milhares de mulheres compareceram à passeata.<br>– Os três milhões de árvores plantadas cresceram devagar.<br>– Não há oferta de trabalho para os dois bilhões de pessoas ociosas.</td></tr>
<tr><td>Na designação de artigos, capítulos e parágrafos, usam-se os ordinais de um a nove e os cardinais de dez em diante</td><td colspan="2">– Capítulo VII (sétimo)<br>– Capítulo X (dez)<br>– Artigo IX (nono)<br>– Artigo X (dez)<br>– Parágrafo X (dez)<br>– Parágrafo XI (onze)</td></tr>
<tr><td rowspan="2">Na designação de papas, séculos e reis, usam-se os ordinais de um a dez e os cardinais de onze em diante</td><td colspan="2">– Oficialmente o fim do Império Romano se deu no século V. (século quinto)<br>– A Reforma Protestante e a Contrarreforma ocorreram no século XVI. (século dezesseis)<br>– Pio X e Pio XII foram dois papas da Igreja Católica. (respectivamente Pio décimo e Pio doze)<br>– Dom Pedro II era maçom. (Pedro Segundo)</td></tr>
<tr><td>Observação:<br>usar-se-ão, todavia, os ordinais em frases como:</td><td>No décimo quarto século depois do fim do Império Romano nasceu Nietzsche, o filósofo que mais perseguiu o cristianismo.</td></tr>
</table>

8. Português Uol. Disponível em < http://portugues.uol.com.br/gramatica/o-emprego-que-se-atribui-aos-numerais.html>. Acesso em 8 de junho 2016, alterado.

<table>
<tr><td rowspan="2">Na designação de páginas de um livro e nos endereços de apartamentos e casas de uma vila usam-se os cardinais</td><td colspan="2">Carla abriu o livro na página 5. (cinco)<br>Carla mora no apartamento 203. Casa 3. (três)</td></tr>
<tr><td>Observação:<br>Se o numeral anteceder o substantivo, o ordinal deve ser usado.</td><td>– Carla abriu o livro na 5ª página. (quinta)<br>– Carla abriu o livro na quinta página.</td></tr>
<tr><td rowspan="2">Não se usa o ponto entre os numerais, quando estes designam datas</td><td colspan="2">Hoje é dia 18 de agosto de 2013.</td></tr>
<tr><td>Observação:<br>Nos demais casos, o ponto deve ser colocado entre as centenas e milhares.</td><td>– Ele ganhou R$ 1.250.350,18 de prêmio.<br>– O juiz de Direito fez menção ao art. 1.184 do Código de Processo Civil.</td></tr>
<tr><td>Uso de sinais gráficos entre as datas: três opções, sendo a primeira mais aceita</td><td colspan="2">– / 12 / 2013<br>–.12.2013<br>– – 12 – 2013</td></tr>
<tr><td>Quantidade de dígitos em relação aos dias, meses e anos</td><td colspan="2">– Escrita: 18/01/2014<br>– No preenchimento de campos, seja em papéis, seja nos meios eletrônicos: 18/01/2014 ou 18/01/14<br>– no computador: O fato aconteceu a 20 de dezembro de 2013.<br>– O fato aconteceu a 20/12/2013.<br>– Ribeirão Preto, 26 de janeiro de 2014. (por causa do nome geográfico, no caso Ribeirão Preto)</td></tr>
<tr><td>Uso de sinais gráficos entre a data, o nome geográfico e entre este e a sigla correspondente ao estado ou país</td><td colspan="2">– Ribeirão preto, SP, 26 de janeiro de 2014.<br>– Ribeirão Preto-SP, 26 de janeiro de 2014.<br>– Ribeirão Preto (SP), 26 de janeiro de 2014.</td></tr>
</table>

# 6. ADVÉRBIO

Advérbio é uma palavra invariável que modifica o sentido do verbo, do adjetivo e do próprio advérbio. Esclareço: fazendo pergunta ao verbo, encontramos a circunstância expressa pelo advérbio. Modifica o adjetivo e o próprio advérbio através de intensidade.

## 6.1. Flexão do Advérbio

Embora seja invariável – não admite flexão de gênero e número –, alguns advérbios admitem variação de grau.

<table>
<tr><td rowspan="3">Comparativo</td><td>igualdade</td><td>tão</td><td>advérbio</td><td>tanto (como)</td><td>Ele fala tão alto quanto ela.</td></tr>
<tr><td>superioridade</td><td>mais</td><td>advérbio</td><td>que (do que)</td><td>Ele fala mais alto (do) que ela.</td></tr>
<tr><td>inferioridade</td><td>menos</td><td>advérbio</td><td>que (do que)</td><td>Ele fala menos alto (do) que ela.</td></tr>
</table>

| | | | |
|---|---|---|---|
| **Superlativo** | analítico | acompanha outro advérbio | Ela fala **muito alto.** |
| | sintético | formado com sufixo | Ela fala **altíssimo.** |

## 6.2. Classificação do Advérbio

Antes de listar os principais advérbios, aprendamos a diferença entre advérbio e locução adverbial. Sintaticamente, possuem função de adjunto adverbial, estudaremos na terceira parte.

| | | |
|---|---|---|
| **Advérbio** | uma palavra | ontem |
| **Locução Adverbial** | é um conjunto de palavras que pode exercer a função de advérbio. | de modo algum |

## 6.3. Lista dos Principais Advérbios, Locuções Adverbiais e Palavras Denotativas

Como pedido nas últimas provas, houve acréscimo das **palavras denotativas** (palavras que, embora, em alguns aspectos (ser invariável, por exemplo), assemelhem-se a advérbios, não possuem, segundo a Nomenclatura Gramatical Brasileira, classificação especial. Do ponto de vista sintático, são expletivas, isto é, não assumem nenhuma função; do ponto de vista morfológico, são invariáveis (muitas delas vindas de outras classes gramaticais); do ponto de vista semântico, são inegavelmente importantes no contexto em que se encontram) à lista.

| | |
|---|---|
| **Modo** | Bem, mal, assim, adrede, melhor, pior, depressa, acinte, debalde, devagar, às pressas, às claras, às cegas, à toa, à vontade, às escondas, aos poucos, desse jeito, desse modo, dessa maneira, em geral, frente a frente, lado a lado, a pé, de cor, em vão e a maior parte dos que terminam em -mente: calmamente, tristemente, propositadamente, pacientemente, amorosamente, docemente, escandalosamente, bondosamente, generosamente. |
| **Intensidade** | Muito, demais, pouco, tão, menos, em excesso, bastante, pouco, mais, menos, demasiado, quanto, quão, tanto, assaz, que (equivale a quão), tudo, nada, todo, quase, de todo, de muito, por completo, bem (quando aplicado a propriedades graduáveis). |
| **Tempo** | Hoje, logo, primeiro, ontem, tarde outrora, amanhã, cedo, dantes, depois, ainda, antigamente, antes, doravante, nunca, então, ora, jamais, agora, sempre, já, enfim, afinal, amiúde, breve, constantemente, entrementes, imediatamente, primeiramente, provisoriamente, sucessivamente, às vezes, à tarde, à noite, de manhã, de repente, de vez em quando, de quando em quando, a qualquer momento, de tempos em tempos, em breve, hoje em dia. |
| **Lugar** | Aqui, antes, dentro, ali, adiante, fora, acolá, atrás, além, lá, detrás, aquém, cá, acima, onde, perto, aí, abaixo, aonde, longe, debaixo, algures, defronte, nenhures, adentro, afora, alhures, nenhures, aquém, embaixo, externamente, a distancia, à distancia de, de longe, de perto, em cima, à direita, à esquerda, ao lado, em volta. |
| **Negação** | Não, nem, nunca, jamais, de modo algum, de forma nenhuma, tampouco, de jeito nenhum. |
| **Dúvida** | Acaso, porventura, possivelmente, provavelmente, quiçá, talvez, casualmente, por certo, quem sabe. |

| | |
|---|---|
| **Afirmação** | Sim, certamente, realmente, decerto, efetivamente, certo, decididamente, realmente, deveras, indubitavelmente. |
| **Exclusão** | apesar, somente, só, salvo, unicamente, exclusive, exceto, senão, sequer, apenas, etc. |
| **Inclusão** | Ainda, até, mesmo, inclusivamente, também. |
| **Ordem** | Depois, primeiramente, ultimamente. |
| **Designação** | Eis. |
| **Afastamento** | Embora. |
| **Adição** | ainda, além disso, etc. |
| **Afetividade** | ainda bem, felizmente, infelizmente |
| **Aproximação** | quase, lá por, bem, uns, cerca de, por volta de, etc. |
| **Explicação** | isto é, por exemplo, a saber, etc. |
| **Limitação** | só, somente, unicamente, apenas, etc. |
| **Realce** | é que, cá, lá, não, mas, é porque, etc. |
| **Retificação** | aliás, isto é, ou melhor, ou antes, etc. |
| **Situação** | então, mas, se, agora, afinal, etc. |

## 6.4. Em Concursos

Diferença entre advérbio, pronome indefinido e adjetivo

| | | |
|---|---|---|
| **Advérbio** | ligado ao verbo e invariável | Estudei **muito** = estudamos **muito**. |
| **Adjetivo** | qualifica e varia (gênero e número) | O livro é **caro** = os livros são **caros**. |
| **Pronome indefinido** | sentido vago | Estudamos **muitas** horas. |

# 7. CONJUNÇÃO

É a palavra invariável que liga duas orações ou dois termos semelhantes de uma mesma oração.

Aprofundaremos os estudos em **sintaxe, no período composto.** Facilitando: a conjunção é invariável e liga orações.

Na sintaxe, as conjunções, como as preposições, não exercem propriamente uma função sintática: são **conectivos**.

## 7.1. Classificação

As conjunções podem ser **coordenativas** ou **subordinativas**. Coordenadas ligam orações independentes sintaticamente e subordinadas ligam orações que possuem dependência sintática.

| | |
|---|---|
| **Coordenadas** | • aditivas<br>• adversativas<br>• alternativas<br>• conclusivas<br>• explicativas |
| **Subordinadas** | • integrantes<br>• adverbiais |

## 7.2. Coordenativas

Ligam orações de sentido completo e independente ou termos da oração que têm a mesma função gramatical. São elas:

| | | |
|---|---|---|
| **Aditivas** | Acrescentam uma ideia, adicionam. | e, nem, mas também, como também, além de (disso, disto, aquilo), quanto (depois de tanto), bem como e etc. |
| **Adversativas** | Possuem ideia de oposição, contraste. | mas, porém, todavia, entretanto, no entanto, senão, não obstante, contudo, etc. **Antes dos nexos adversativos a vírgula é obrigatória.** |
| **Alternativas** | Ideia de alternância ou escolha. | ou…ou, ou, ora…ora ,já…já, quer…quer, etc. |
| **Conclusivas** | Apresentam ideia de conclusão ou consequência. | pois (equivalendo a logo), logo, portanto, então, por isso, por conseguinte, por isto, assim, etc. |
| **Explicativas** | Explicam a ideia de outra oração. | que, porque, porquanto, pois (equivalendo a porque). |

Não se trata de memorizar, mas sim de interpretar, pois nas atuais provas há vários "peguinhas".

Exemplos:

| | |
|---|---|
| Estudou **e** foi aprovada.<br>Ela não só dirigiu o projeto **como também** escreveu o relatório. | **aditivas** |
| O carro capotou, **mas** ninguém se feriu.<br>Tentou chegar cedo, **porém** não conseguiu. | **adversativas** |
| **Ou** escolho agora, **ou** fico sem a vaga. | **alternativa** |
| Ele bebeu bem mais do que poderia, **logo** ficou embriagado.<br>Ela estava bem preparada para o teste, **portanto** não ficou nervosa. | **conclusivas** |
| Ele não entra **porque** está sem tempo.<br>Não demore, **que** o filme já vai começar. | **explicativas** |

## 7.3. Em Concursos[9]

Detalhes que são exigidos por várias bancas.

- As conjunções **"e"," antes", "agora"," quando"** são adversativas quando equivalem a **"mas"**.
- **"Senão"** é conjunção adversativa quando equivale a **«mas sim"**.
- Das conjunções adversativas, **"mas"** deve ser empregada sempre no início da oração: as outras (**porém, todavia, contudo**, etc.) podem vir no início ou no meio.
- A palavra **"pois"**, quando é conjunção conclusiva, vem geralmente após um ou mais termos da oração a que pertence.
- Quando é conjunção explicativa," **pois**" vem, geralmente, após um verbo no imperativo e sempre no início da oração a que pertence.

## 7.4. Subordinativas

Ligam orações que possuem dependência sintática. Aprofundaremos o estudo em Período Composto.

### 7.4.1. Integrantes

Indicam que a oração subordinada por elas introduzida completa ou integra o sentido da principal. Introduzem orações que equivalem a substantivos.

Facilitando: encaixe o pronome demonstrativo catafórico **isto** antes da conjunção para se certificar.

Exemplo: Espero que seja convocado em breve.

Espero **isto**. O que é conjunção integrante. Em concursos, é pedida a diferença entre conjunção integrante e o pronome relativo (**que** equivale a **o qual** ou **a qual**).

### 7.4.2. Adverbiais

A oração subordinada por elas introduzida exerce a função de adjunto adverbial da principal. De acordo com a circunstância que expressam. São elas:

| | | |
|---|---|---|
| **Causais** | Indicam causa da oração principal.<br>- Faz-se a pergunta **por quê**? | porque, que, como (= porque, no início da frase), pois que, visto que, uma vez que, porquanto, já que, desde que, etc. |
| **Concessivas** | Indicam ideia contrária, ideia oposta.<br>- Encaixar a conjunção **embora.** | embora, ainda que, apesar de que, se bem que, mesmo que, por mais que, posto que, conquanto, etc. |
| **Condicionais** | Indicam hipótese, condição.<br>- Encaixar a conjunção caso ou se. | se, caso, contanto que, salvo se, a não ser que, desde que, a menos que, sem que, etc. |

9. Só português. Disponível em <http://www.soportugues.com.br/secoes/morf/morf85.php>. Acesso em 2 abril 2014, alterado.

| | | |
|---|---|---|
| **Conformativas** | Indicam regra, conformidade.<br>– Encaixar a conjunção **conforme.** | conforme, como (= conforme), segundo, consoante, etc. |
| **Finais** | Expressam a finalidade ou o objetivo.<br>– Faz-se a pergunta **para quê**? | para que, a fim de que, que, porque (= para que), que, etc. |
| **Proporcionais** | Indicam proporção, ações simultâneas (acontecem ao mesmo tempo).<br>– Encaixar: à medida que. | à medida que, à proporção que, ao passo que e as combinações quanto mais...(mais), quanto menos... (menos), quanto menos. ..(mais), quanto menos...(menos), etc. |
| **Temporais** | Indicam tempo.<br>– Faz-se a pergunta **quando**? | quando, enquanto, antes que, depois que, logo que, todas as vezes que, desde que, sempre que, assim que, agora que, mal (= assim que), etc. |
| **Comparativas** | Ocorre comparação entre as orações.<br>– Encaixar a conjunção **como.** | como, assim como, tal como, como se, (tão)...como, tanto como, tanto quanto, do que, quanto, tal, qual, tal qual, que nem, que (combinado com menos ou mais), etc. |
| **Consecutivas** | Indicam a consequência da oração principal, o efeito.<br>– Encaixar a locução **de modo que**. | de sorte que, de modo que, sem que (= que não), de forma que, de jeito que, que (tendo como antecedente na oração principal uma palavra como tal, tão, cada, tanto, tamanho), etc. |

Exemplos:

| | |
|---|---|
| **causal** | Ela cantou **porque** *ouviu sua música favorita.* |
| **concessiva** | **Embora** a prova estivesse fácil, demorou *para terminar.* |
| **condicional** | **Caso** você não estude, *ficará muito ansioso para a prova.* |
| **conformativa** | **Como** *eu havia te falado,* a prova não estava fácil. |
| **final** | Não vou fechar os portões da escola, **para que** *você possa terminar a pesquisa.* |
| **proporcional** | **Quanto mais** *você estudar,* mais fácil será sua boa classificação. |
| **temporal** | **Quando** *você voltar,* nós nos encontraremos. |
| **comparativa** | Ela andava leve **como** *uma borboleta.* |
| **consecutiva** | Comecei o dia tão mal **que** *não consegui me concentrar nos estudos.* |

## 7.5. Em Concursos

Conjunção que pode sofrer alterações na classificação:

| | | |
|---|---|---|
| **QUE** | **aditiva** | Bate **que** bate, mas ninguém atende. |
| | **explicativa** | Corra, **que** está na hora. |
| | **integrante** | Afirme-lhe **que** irei. |
| | **consecutiva** | Onde estava, **que** não a vi? |

| | | |
|---|---|---|
| QUE | **comparativa** | Ficou amarelo **que** nem um canário. |
| | **concessiva** | Coma, um pouco **que** seja. |
| | **temporal** | Chegados **que** fomos, dormimos no mesmo quarto. |
| | **final** | Vendo a namorada à sacada, fez sinal **que** descesse. |
| | **causal** | Ser humano **que** sou, aprendo todos os dias. |

# 8. PREPOSIÇÃO

Assim como o advérbio, a preposição faz parte das classes gramaticais invariáveis. Em provas de concursos públicos, é pedida a relação que a preposição indica e, na maioria das vezes, é a mesma circunstância expressa pela locução adverbial.

## 8.1. Definição

É a palavra invariável que estabelece uma relação entre dois ou mais termos da oração. Essa relação é do tipo **subordinativa**, isto é, entre os elementos ligados pela preposição não há sentido separado, individualizado. O sentido da expressão é dependente da junção de todos os elementos que a preposição vincula.

Os candidatos **de** São Paulo falavam **sobre** a prova.

As preposições ligam termos, subordinam-nos. O termo que antecede a preposição é chamado de **regente** e o termo posposto é chamado de **regido**.

As preposições são palavras **invariáveis**, pois não sofrem flexão de gênero, número ou variação em grau como os nomes, nem de pessoa, número, tempo, modo, aspecto e voz como os verbos. Em diversas situações as preposições se **combinam** a outras palavras da língua (fenômeno da **contração**) e, assim, estabelecem uma relação de concordância em gênero e número com essas palavras às quais se ligam. Mesmo assim, não se trata de uma variação própria da preposição, mas sim da palavra com a qual ela se funde.

| **Combinação** | **não ocorre perda de som** | | | **Contração** | **ocorre perda de som** | |
|---|---|---|---|---|---|---|
| **a** | + o (artigo) | ao | | **em** | + o (artigo) | no |
| **a** | + onde (advérbio ou pronome) | aonde | | **por** | + a (artigo) | pela |
| **a** | + os (artigo) | aos | | **de** | + isto (pronome) | disto |

## 8.2. Classificação das preposições

| | | |
|---|---|---|
| **Essenciais** | desempenham apenas o papel de preposição | a, ante, após, até, com, contra, de, desde, em, entre, para, per, perante, por, sem, sob, sobre, trás |
| **Acidentais** | palavras de outras classes gramaticais que são usadas como preposição | • como (= na qualidade de),<br>• conforme (= de acordo com),<br>• segundo (= conforme),<br>• consoante (= conforme),<br>• durante, salvo, fora, mediante, tirante, exceto, senão,<br>• visto (=por) |

## 8.3. Locução Prepositiva

Como já visto em capítulos anteriores, locução é o conjunto de palavras. Assim, locução prepositiva é mais de uma palavra que possui a função de subordinar termos, ou seja, de ligar palavras. Facilitando: **p**reposição liga **p**alavras e conjunção liga orações.

| abaixo de | acima de | acerca de |
|---|---|---|
| a fim de | além de | a par de |
| apesar de | antes de | depois de |
| ao invés de | diante de | em fase de |
| em vez de | graças a | junto a |
| junto com | junto de | à custa de |
| defronte de | através de | em via de |
| de encontro a | em frente de | em frente a |
| sob pena de | a respeito de | ao encontro de |

## 8.4. Relações das Preposições

As preposições podem indicar relações. Faça, como no advérbio, a pergunta e encontre a relação.

**Atenção**: se estiver ligada ao verbo, a relação da preposição será a mesma circunstância da locução adverbial. A diferença entre preposição e locução adverbial é o fato de poder haver preposição que não faça parte da locução adverbial.

| Caneta **de** Maria | posse | de quem? |
|---|---|---|
| Ver **de** perto | lugar | de onde? |
| Mesa **de** trabalho | finalidade | para que a mesa? |
| Morreu **de** felicidade | causa | morreu de quê? |
| Falava **de** amor | assunto | falava de quê? |
| Saiu **com** os amigos | companhia | saiu com quem? |
| Sou **de** Ribeirão | lugar (origem) | de onde? |
| Bola **de** couro | matéria | de que é feita a bola? |
| A música é **de** Caetano Veloso | autoria | de quem? |
| A escolha será **por** sorteio | modo ou conformidade | como? |
| Andaremos **a** cavalo | meio | de quê? |
| Palmeiras jogou **contra** Corinthians | oposição | contra quem? |
| Tomei um copo **de** vinho | conteúdo | de quê? |
| Vendeu o livro **(a) por** R$ 50,00 | preço | por quanto? |
| Formou-se **em** medicina | especialidade | em quê? |
| Olhe **para** frente sempre | destino ou direção | para onde? |
| Foi **até** o fim | limite | |

| Está **sem** paciência | ausência, falta |
|---|---|
| Saiu do palco **sob** muitos aplausos | **lugar conotativo** (sentido figurado) |

# 9. INTERJEIÇÃO

Classe gramatical invariável que exprime emoções, sensações, estados de espírito, ou que procura agir sobre o interlocutor de forma sintetizada.

Exemplos:

| Bravo! Bis! | Ai! Ai! Ai! | Ah | Hum! | Psiu! | Puxa! |
|---|---|---|---|---|---|

## 9.1. Funções

| Sintetizar uma frase exclamativa, exprimindo alegria, tristeza, dor, etc. | Você faz o que no Brasil? |
|---|---|
| | Eu? Eu negocio com madeiras. |
| | **Ah**, deve ser muito interessante. |
| Sintetizar uma frase **apelativa** | **Cuidado**! Saia da minha frente. |

## 9.2. Formação

| simples sons vocálicos | Oh!, Ah!, Ó, Ô. |
|---|---|
| palavras | Oba!, Olá!, Claro! |
| **grupos de palavras** (locuções interjetivas) | Meu Deus!, Ora bolas! |

## 9.3. Classificação

| Advertência | Cuidado!, Devagar!, Calma!, Sentido!, Atenção!, Olha!, Alerta! |
|---|---|
| Afugentamento | Fora!, Passa!, Rua!, Xô! |
| Alegria ou Satisfação | Oh!, Ah!, Eh!, Oba!, Viva! |
| Alívio | Arre!, Uf!, Ufa! Ah! |
| Animação ou Estímulo | Vamos!, Força!, Coragem!, Eia!, Ânimo!, Adiante!, Firme!, Toca! |
| Aplauso ou Aprovação | Bravo!, Bis!, Apoiado!, Viva!, Boa! |
| Concordância | Claro!, Sim!, Pois não!, Tá!, Hã-hã! |
| Repulsa ou Desaprovação | Credo!, Irra!, Ih!, Livra!, Safa!, Fora!, Abaixo!, Francamente!, Xi!, Chega!, Basta!, Ora! |
| Desejo ou Intenção | Oh!, Pudera!, Tomara!, Oxalá! |
| Desculpa | Perdão! |

| | |
|---|---|
| Dor ou Tristeza | Ai!, Ui!, Ai de mim!, Que pena!, Ah!, Oh!, Eh! |
| Dúvida ou Incredulidade | Qual!, Qual o quê!, Hum!, Epa!, Ora! |
| Espanto ou Admiração | Oh!, Ah!, Uai!, Puxa!, Céus!, Quê!, Caramba!, Opa!, Virgem!, Vixe!, Nossa!, Hem?!, Hein?, Cruz!, Putz! |
| Impaciência ou Contrariedade | Hum!, Hem!, Irra!, Raios!, Diabo!, Puxa!, Pô!, Ora! |
| Pedido de Auxílio | Socorro!, Aqui!, Piedade! |
| Saudação, Chamamento ou Invocação | Salve!, Viva!, Adeus!, Olá!, Alô!, Ei!, Tchau!, Ô, Ó, Psiu!, Socorro!, Valha-me, Deus! |
| Silêncio | Psiu!, Bico!, Silêncio! |
| Terror ou Medo | Credo!, Cruzes!, Uh!, Ui!, Oh! |
| Afetividade | oizinho, bravíssimo, até loguinho. |

Parte III

# SINTAXE

Capítulo 1

# TERMOS ESSENCIAIS DA ORAÇÃO

## 1. INTRODUÇÃO

Sintaxe é o cerne da língua portuguesa, o âmago do estudo para todas as provas de concursos públicos.

Para fazer a análise, precisa-se da morfologia – substantivo, adjetivo, pronome, verbo e outras classes gramaticais. Para entender os tópicos nela contidos, é necessário seguir o passo a passo.

## 2. DEFINIÇÃO

A sintaxe estuda a relação lógica das palavras na frase, no período e no texto. É preciso haver coerência para que uma mensagem seja compreendida; a combinação dos vocábulos e das orações nada mais é do que a sintaxe.

## 3. SINTAXE DE ORAÇÃO – TERMOS ESSENCIAIS

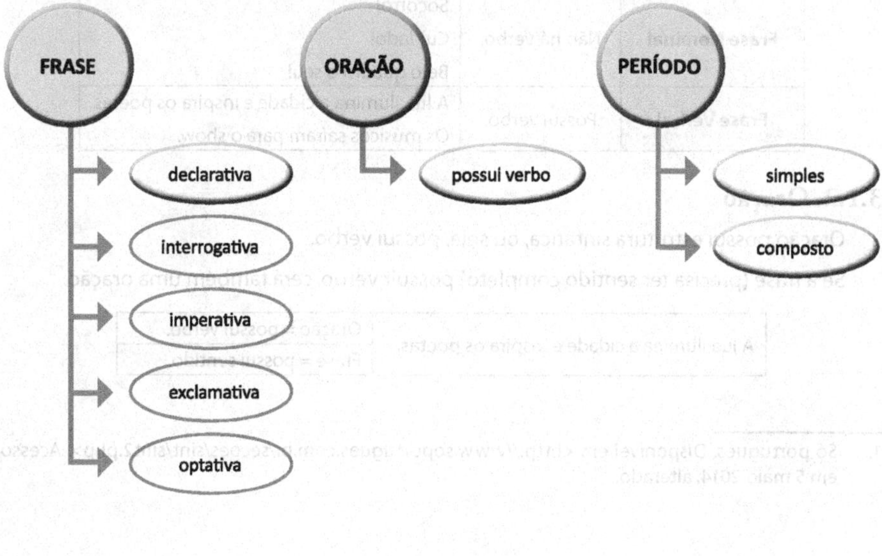

## 3.1. Frase, Oração e Período

### 3.1.1. Frase

Frase é uma informação que possui sentido completo. Pode ser representada por uma palavra ou várias e o verbo não é obrigatório. Exprime ideias, emoções, ordens ou apelos.

#### 3.1.1.1. Tipos de frase[1]

| | | |
|---|---|---|
| **Interrogativas** | Uma pergunta é feita e se deseja obter alguma informação. A interrogação pode ser direta ou indireta. | Você estuda comigo domingo?<br>= Interrogação direta<br>Desejo saber se você estuda comigo domingo.<br>= Interrogação indireta |
| **Imperativas** | O emissor da mensagem dá uma ordem, um conselho ou faz um pedido, utilizando o verbo no modo imperativo (afirmativo ou negativo). | Faça-o entrar no carro!<br>= Afirmativa<br>Não faça isso.<br>= Negativa |
| **Exclamativas** | Possuem estado afetivo e apresentam entoação ligeiramente prolongada. | Que prova difícil!<br>É uma delícia esse sanduíche! |
| **Declarativas** | É a constatação um fato. Informa ou declara alguma coisa. Podem ser afirmativas ou negativas. | Obrigaram o aluno a sair.<br>= Afirmativa<br>Ela não está na escola.<br>= Negativa |
| **Optativas** | Usadas para exprimir um desejo. | Deus te abençoe!<br>Bons ventos o tragam! |

#### 3.1.1.2. Construção da frase

| | | |
|---|---|---|
| **Frase Nominal** | Não há verbo. | Socorro!<br>Cuidado!<br>Belo quadro o seu! |
| **Frase Verbal** | Possui verbo. | A lua ilumina a cidade e inspira os poetas.<br>Os músicos saíram para o show. |

### 3.1.2. Oração

Oração possui estrutura sintática, ou seja, possui verbo.

Se a frase (precisa ter sentido completo) possuir verbo, será também uma oração.

| | |
|---|---|
| A lua ilumina a cidade e inspira os poetas. | Oração = possui verbo.<br>Frase = possui sentido. |

1. Só português. Disponível em <http://www.soportugues.com.br/secoes/sint/sint2.php>. Acesso em 5 maio 2014, alterado.

### 3.1.3. Período

O período é formado por oração e pode ser classificado em simples ou composto.

| | | |
|---|---|---|
| **Período Simples** | Uma oração, um verbo. | A lua ilumina a cidade. |
| **Período Composto** | Mais de uma oração, mais de um verbo | A lua ilumina a cidade e inspira os poetas. |

## 3.2. Termos Essenciais da Oração

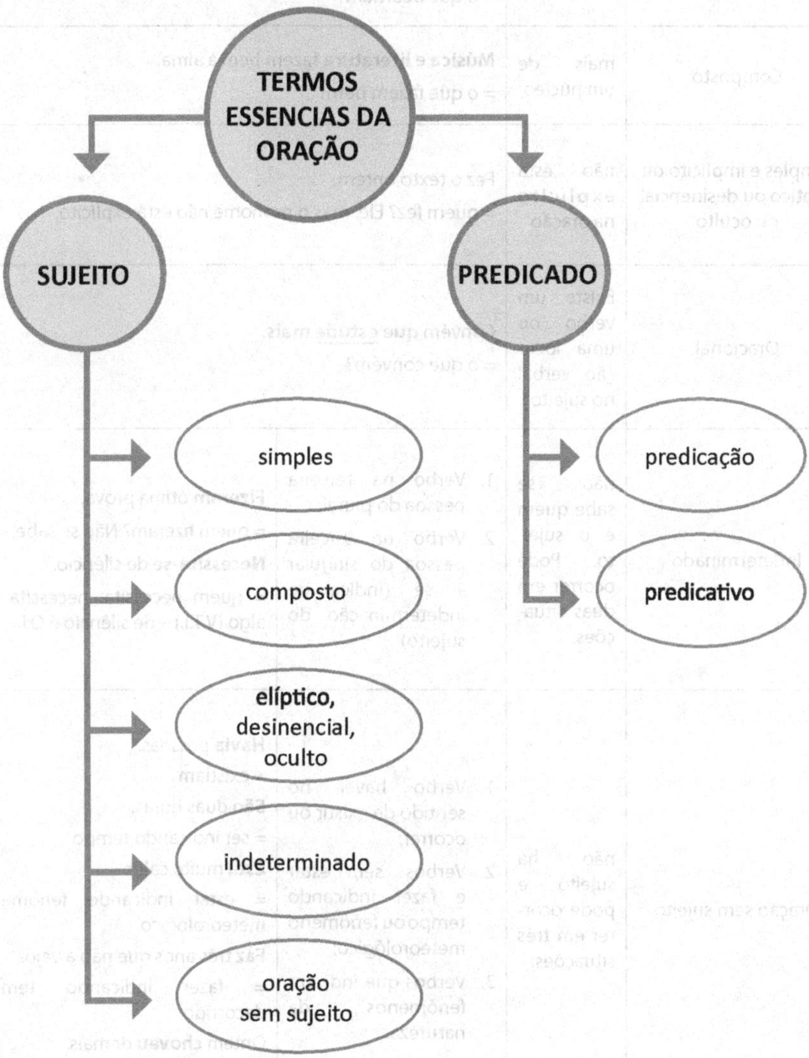


São termos essenciais da oração: sujeito e predicado.

Sujeito é o ser de quem se declara algo e predicado é a declaração feita do sujeito.

### 3.2.1. Sujeito

Para encontrar o sujeito faz-se a pergunta **o quê?** (para coisa) e **quem?** (para pessoa).

Atente-se: se há voz ativa, voz passiva e voz reflexiva, o sujeito não é apenas o ser que pratica ação. Pode praticar, sofrer ou praticar e sofrer a ação.

Classificam-se em:

<table>
<tr><td>Simples</td><td>um núcleo</td><td colspan="2">Muitos fatos estranhos ocorriam naquela situação.<br>= o que ocorriam?</td></tr>
<tr><td>Composto</td><td>mais de um núcleo</td><td colspan="2">Música e literatura fazem bem à alma.<br>= o que fazem bem?</td></tr>
<tr><td>Simples e implícito ou elíptico ou desinencial ou oculto</td><td>não está explícito na oração</td><td colspan="2">Fez o texto ontem.<br>= quem fez? Ele, mas o pronome não está explícito.</td></tr>
<tr><td>Oracional</td><td>Existe um verbo ou uma locução verbal no sujeito</td><td colspan="2">Convém que <u>estude</u> mais.<br>= o que convém?</td></tr>
<tr><td>Indeterminado</td><td>não se sabe quem é o sujeito. Pode ocorrer em duas situações:</td><td>1. Verbo na terceira pessoa do plural;<br>2. Verbo na terceira pessoa do singular + se (índice de indeterminação do sujeito)</td><td>Fizeram ótima prova.<br>= quem fizeram? Não se sabe.<br>Necessita-se de silêncio.<br>= quem necessita, necessita de algo (V.T.I.) – de silêncio é O.I.</td></tr>
<tr><td>Oração sem sujeito</td><td>não há sujeito e pode ocorrer em três situações:</td><td>1. Verbo haver no sentido de existir ou ocorrer;<br>2. Verbos ser, estar e fazer indicando tempo ou fenômeno meteorológico;<br>3. Verbos que indicam fenômenos da natureza.</td><td>Havia pessoas.<br>= existiam<br>São duas horas.<br>= ser indicando tempo<br>Está muito calor.<br>= estar indicando fenômeno meteorológico<br>Faz três anos que não a vejo.<br>= fazer indicando tempo decorrido<br>Ontem choveu demais.<br>= fenômeno da natureza</td></tr>
</table>

#### 3.2.1.1. Em concursos

O que é pedido em concursos e pode gerar dúvidas:

- **Simples**: retirando o núcleo, o(s) termo(s) que resta(m) possui (possuem) função de adjunto adnominal.

Muitos **fatos** estranhos ocorriam naquela situação.

A.A. núcleo A.A.

- **Composto**: o termo que liga os núcleos é chamado de conjunção ou conectivo.

  **Música** e **literatura** fazem bem à alma.

  E = conectivo ou conjunção

- **Simples e implícito ou elíptico** ou **desinencial** ou **oculto:** No singular, sujeito = ele; no plural, sujeito = indeterminado.

  Fez o texto ontem. = sujeito simples e implícito (ele) – Fora de contexto.

  Fizeram o texto ontem. = sujeito indeterminado (verbo no plural).

- **Indeterminado:** Sempre muito pedida a diferença do **SE**.

| Índice de indeterminação do sujeito | Verbo no singular + se. | Intransitivo, transitivo indireto e verbo de ligação. | Dormiu-se bem.<br>Precisa-se de livros. |
|---|---|---|---|
| Pronome apassivador | Verbo no singular ou no plural + se. Admite plural porque possui sujeito. | transitivo direto + se ou transitivo direto e indireto + se | Encontrou-se o local da prova = encontraram-se os locais da prova.<br>Dão-se aulas aos necessitados = aulas são dadas aos necessitados. |

- **Oração sem sujeito:** Há pouco tempo, acrescentou-se o verbo **bastar** seguido da preposição **de** = Basta de problemas: oração sem sujeito.

  Fixando a concordância:

| **ORAÇÃO SEM SUJEITO**<br>verbo no singular | **SUJEITO**<br>verbo admite plural |
|---|---|
| **Havia** alunos. | **Existiam** alunos. |
| **Devia** haver alunos. | **Deviam** existir alunos. |
| **Havia** de haver alunos. | **Haviam** de existir alunos. |
| Alunos: **objeto direto** | Alunos: **sujeito**<br>*Por isso o verbo admite plural |

Verbo **FAZER** indicando tempos decorrido: singular.

**Faz** dois anos. **Vai** fazer dois anos.

Em: **O dia amanheceu calmo**, embora o verbo indique fenômeno da natureza, **o dia** possui função de sujeito.

### 3.2.2. Predicado

Predicado é a declaração feita do sujeito, isto é, retirando-se o sujeito obtém-se o predicado. Pode haver oração sem sujeito, mas não há como existir oração sem predicado. São classificados em **verbal, nominal e verbo-nominal.**

Para classificá-lo, é necessário estudarmos os termos que fazem parte do predicado. Siga o passo a passo para evitar erros.

#### 3.2.2.1. Predicação verbal

Predicação é a classificação do verbo. Vamos aprofundar:

| Classificação | Teoria | Exemplo | Dica |
|---|---|---|---|
| **In̲transitivo** | o verbo não exige complemento, por isso o prefixo IN. | O vulto desapareceu na planície. | Nunca caberão as palavras *algo* e *alguém* após o intransitivo. |
| **Transitivo direto** | o verbo exige complemento SEM preposição. | "Tenho duas mãos e o sentimento do mundo." | tem **algo** |
| **Transitivo indireto** | o verbo exige complemento COM preposição. | Todos precisam de felicidade. | precisa **DE algo** |
| **Transitivo direto e indireto** | o verbo exige dois complementos: com e sem preposição | Alguém ofereceu flor à Iemanjá. | oferece **algo a alguém** |
| **Verbo de ligação** | liga o sujeito ao predicativo (termo que qualifica) e **não indica ação. Indica estado.** | Todos ficaram felizes. | Para haver verbo de ligação, é preciso haver **predicativo.** |

##### 3.2.2.1.1. Estados do verbo de ligação

Por não indicar ação (movimento), o verbo de ligação pode expressar diferentes estados.

| Estado | Verbo | Exemplo |
|---|---|---|
| permanente | ser, viver | Ele é alegre.<br>Ele vive alegre. |
| transitório | estar, andar, achar-se, encontrar-se | Nós estamos felizes.<br>Eles andam felizes. |
| mutatório | ficar, virar, tornar-se, fazer-se | Ficaram cansados. Tornaram-se exaustos. |
| continuidade de estado | continuar, permanecer | Todos continuam desconfiados.<br>Alguém permanece desatento. |
| estado aparente | parecer | Ela parece satisfeita. |

#### 3.2.2.1.2. Em concursos

Note a diferença entre as orações abaixo.

Lembre-se de que para haver verbo de ligação é preciso haver predicativo!

| Eles estavam | exaustos. |
|---|---|
| V.L. | ptivo sujeito |

| Eles estavam | em Londres. |
|---|---|
| intransitivo | adjunto adverbial de lugar |

| Elas ficaram | nervosas. |
|---|---|
| V.L. | ptivo sujeito |

| Elas ficaram | na escola. |
|---|---|
| intransitivo | adjunto adverbial de lugar |

### 3.2.2.2. Predicativo

Predicativo é o termo que qualifica o sujeito ou o objeto.

Muito importante: para haver predicativo é necessário o verbo de ligação e para haver verbo de ligação é necessário o predicativo.

Fácil assim:

- **Predicativo** → Verbo de ligação
- **Verbo de ligação** → Predicativo

| **Predicativo do sujeito** | **A plateia** aplaudiu o espetáculo **emocionada.** |
|---|---|
| A plateia (sujeito) aplaudiu o espetáculo (e estava = V.L.) emocionada. | |

| **Predicativo do objeto** | Encontrei **mortos os soldados.** |
|---|---|
| Encontrei (transitivo direto) os soldados (objeto direto) (e eles estavam) mortos. | |

#### 3.2.2.2.1. Morfossintaxe dos predicativos

| | | |
|---|---|---|
| **Predicativo do sujeito** | **adjetivos ou locuções adjetivas** | A lua é branca. |
| | **substantivos** | Ele é engenheiro. |
| | **pronomes substantivos** | Para Vinícius de Moraes, a beleza era tudo. |
| | **numerais substantivos** | Os irresponsáveis eram cinco. |
| | **palavra substantivada** | A vida é um querer sem fim. |
| | **oração subordinada substantiva** | A verdade é que ele foi aprovado. |
| **Predicativo do objeto** | **adjetivo** | Todos consideraram a prova difícil. |
| | **substantivo** | Nomearam-no síndico. |

### 3.2.2.3. Classificação do predicado

| PREDICADO | Teoria | Exemplo | Dica |
|---|---|---|---|
| Verbal | o núcleo é o verbo | Todos CAMINHAVAM tranquilamente pela praia. | menos o verbo de ligação |
| Nominal | o núcleo é o predicativo | Alguns estavam FELIZES. | há verbo de ligação |
| Verbo-nominal | há dois núcleos: verbo e predicativo | Todos CAMINHAVAM FELIZES pela praia. | verbo (+ V.L. oculto) + predicativo |
| | Todos CAMINHAVAM (e estavam) FELIZES pela praia. | | |

Facilitando:

| predicados | verbo significativo | verbo de ligação | predicativo |
|---|---|---|---|
| P.V. | sim | não | não |
| P.N. | não | sim | sim |
| P.V.N. | sim | não explícito | sim |

- Verbos significativos são os intransitivos, transitivos diretos, transitivos indiretos, transitivos diretos e indiretos.

Capítulo

# 2

# TERMOS INTEGRANTES DA ORAÇÃO

## 1. INTRODUÇÃO

Termos integrantes, como o próprio nome diz, integram o sentido de outros termos, completam. São eles: complementos verbais – objeto direto e objeto indireto –, complemento nominal e agente da passiva.

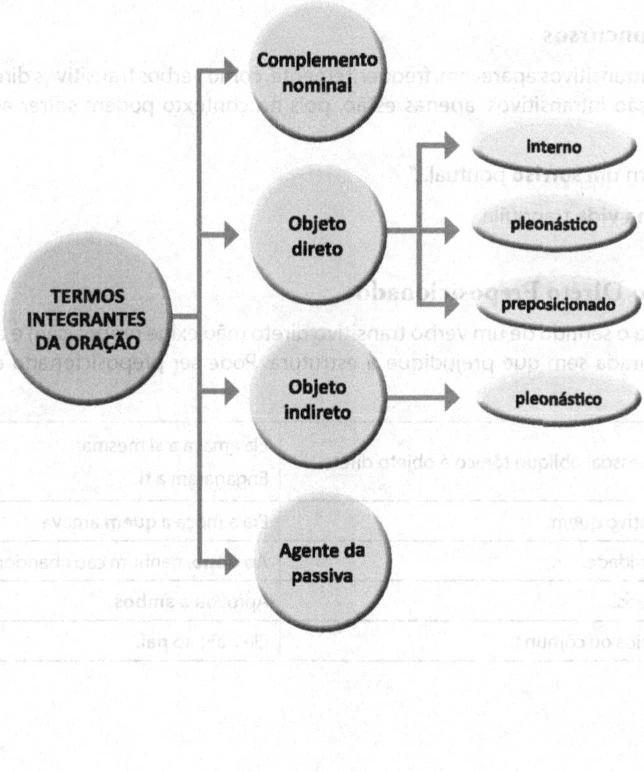

## 2. OBJETO DIRETO

Completa a significação de verbos transitivos diretos sem acompanhamento de preposição obrigatória.

Importante notar que dentro do objeto direto pode haver, também, o adjunto adnominal.

| As mãos cálidas | encontram | **o estático olhar.** |
|---|---|---|
| sujeito | V.T.D. | **O.D.** |

**O estático olhar**: objeto direto.

Núcleo: olhar (substantivo)

Adjunto Adnominal: o, estático.

| Abriu | **os longos braços** | ao chegar. |
|---|---|---|
| V.T.D. | **O.D.** | |

**Os longos braços**: objeto direto

Núcleo: braços (substantivo)

Adjunto adnominal: os, longos.

### 2.1. Em Concursos

Verbos intransitivos aparecem, frequentemente, como verbos transitivos diretos. Facilite: verbos não são intransitivos, apenas estão, pois no contexto podem sofrer alterações na predicação.

"... me sorri **um sorriso** pontual..."

Viveu **uma vida** tranquila.

### 2.2. Objeto Direto Preposicionado

Completa o sentido de um verbo transitivo direto (não exige preposição) e a preposição pode ser retirada sem que prejudique a estrutura. Pode ser preposicionado em algumas situações:

| O pronome pessoal oblíquo tônico é objeto direto. | Ela amava **a si** mesma.<br>Enganaram **a ti**. |
|---|---|
| Pronome relativo quem. | Era a moça **a quem** amava. |
| Evitar ambiguidade. | **Ao dono**, nenhum cão abandona. |
| Numeral ambos. | Aprovou **a ambos**. |
| Nomes próprios ou comuns. | Ele traiu **ao pai**. |

| | |
|---|---|
| Pronomes substantivos indefinidos ou demonstrativos. | Aprecio **a este.** |
| Reciprocidade. | Todos se odiavam uns **aos outros.** |
| Ênfase. | Pegou **da viola.**<br>Bebeu **do vinho.**<br>Comeu **do bolo.** |

## 2.3. Objeto Direto Pleonástico

Ocorre repetição do objeto direto através de um pronome oblíquo átono. O pronome tem de se referir ao objeto direto.

| **Estes livros,** | **já** | **os** | **li.** |
|---|---|---|---|
| O.D. | | **O.D. pleonástico** | V.T.D. |

| A mim, | ninguém | **me** | engana. |
|---|---|---|---|
| O.I. (tônico) | | **O.I. pleonástico (átono)** | |

# 3. OBJETO INDIRETO

Completa a significação de verbos transitivos indiretos, com acompanhamento de preposição obrigatória.

Importante notar que dentro do objeto direto pode haver, também, o adjunto adnominal e, claro, a preposição.

| Desobedeço | **a meus patrões.** |
|---|---|
| V.T.I.<br>a: preposição<br>meus: adjunto adnominal | **O.I.** |

- Desobedece A alguém.

| Precisamos | **de silêncio** | para estudar. |
|---|---|---|
| V.T.I. | **O.I.** | |

- Precisamos DE algo.

| Enviou | – lhe | o livro. |
|---|---|---|
| V.T.D.I. | **O.I.** | O.D. |

- Enviou algo A alguém.

### 3.1. Objeto Indireto Pleonástico

Ocorre repetição do objeto indireto através de um pronome oblíquo átono. O pronome tem de se referir ao objeto indireto.

| Aos pobres, | nega | **-lhes** | tudo. |
|---|---|---|---|
| O.I. | V.T.D.I. | **O.I. pleonástico** | O.D. |

| Ao estudante relapso, | nenhuma disciplina | **lhes** | interessa. |
|---|---|---|---|
| O.I. | SUJEITO | **O.I. pleonástico** | V.T.I. |

## 4. MORFOSSINTAXE DOS COMPLEMENTOS VERBAIS

Os objetos podem ser representados por:

| | |
|---|---|
| **Substantivo** | Leu **bons livros**.<br>Gosta de **bons livros**. |
| **Pronome Substantivo** | Nunca li **aquilo**.<br>Confiam **em mim**. |
| **Numeral substantivo** | – Quantos irmãos você tem?<br>– Tenho **três**. |
| **Palavra substantivada** | Disse um sonoro "**sim**". |
| **Oração subordinada** | Espero **que você seja aprovado**. |

## 5. AGENTE DA PASSIVA

É o termo da oração que pratica a ação verbal na voz passiva, sempre introduzido por preposição, com a finalidade de indicar o ser que pratica a ação verbal sofrida pelo sujeito.

Facilitando: é o termo que age na voz passiva.

Quanto à transposição da voz ativa para a passiva analítica (ser + particípio), já aprofundamos os estudos no capítulo 7 – Verbo.

| A prova | foi adiada | **pela banca.** |
|---|---|---|
| *sujeito paciente* | *ser + particípio* | ***agente da passiva*** |

Note que o agente da passiva passa a ser sujeito na voz ativa e que o sujeito paciente passa a objeto direto:

| **A banca** | adiou | a prova. |
|---|---|---|
| ***sujeito ativo*** | *V.T.D.* | *O.D.* |

Por isso é necessário o objeto direto para haver transposição da voz ativa para a passiva.

Exemplo com três verbos:

| Os gabaritos | tinham sido encontrados | no pátio da escola | **pelos candidatos.** |
|---|---|---|---|
| sujeito paciente | ser particípio | adj. adverbial de lugar | **agente da passiva** |

Se na voz passiva há três verbos, na ativa haverá dois: retira-se o **ser**.

| **Os candidatos** | tinham encontrado | no pátio da escola | os gabaritos. |
|---|---|---|---|
| **sujeito** | = encontraram: V.T.D. | adj. adverbial de lugar | O.D. |

## 5.1. Em concursos

Em provas recentes, a pegadinha das bancas é retirar o verbo **ser**, deixando explícito apenas o particípio.

**Dica**: tente transpor a oração para a voz ativa:

| A passeata | feita | **por estudantes.** |
|---|---|---|
| sujeito paciente | (ser implícito) particípio | **agente da passiva** |

| **Estudantes** | fizeram | a passeata. |
|---|---|---|
| **sujeito ativo** | V.T.D. | objeto direto |

## 5.2. Morfossintaxe do Agente da Passiva

O agente da passiva é representado por um substantivo ou por uma palavra ou oração com valor de substantivo.

| O poema | foi escrito | por um grande poeta. | núcleo: **poeta = substantivo** |
|---|---|---|---|
| O poema | foi escrito | por ele. | núcleo: **ele = pronome substantivado** |
| O poema | foi feito | pelos três. | núcleo: **três = numeral substantivado** |

# 6. COMPLEMENTO NOMINAL

É o termo da oração que se liga a um nome – substantivo, adjetivo ou advérbio – sempre por meio de uma preposição. Possui a função de completar o sentido do nome.

| O novo projeto | é | acessível | **aos membros do grupo.** |
|---|---|---|---|
| sujeito | V.L. | predicativo do sujeito | **C.N.** |

Faz-se a pergunta ao nome (regência nominal): é acessível **a algo** = completa adjetivo.

| Alguns | tinham | medo | **do futuro.** |
|---|---|---|---|
| sujeito | V.T.D. | O.D. | **C.N.** |

Quem tem medo, tem <u>medo</u> **de algo** = completa substantivo.

| Agiu | contrariamente | **ao esperado.** |
|---|---|---|
| I. | adj. adverbial de modo | **C.N.** |

Agiu <u>contrariamente</u> **a algo** = completa advérbio

## 6.1. Morfossintaxe do Complemento Nominal

O complemento nominal possui função substantiva, isto é, será representado por um substantivo ou palavra ou oração com valor de substantivo.

| A obediência às **leis** | é necessária. |
|---|---|
| *Leis: substantivo* | |
| A necessidade **dela** | era a mesma dos outros. |
| *Ela: pronome substantivo* | |
| A confiança **nos dois** | é fundamental para o futuro. |
| *Dois: numeral substantivado* | |
| Tinha necessidade | **de que o ajudassem.** |
| *De que o ajudasse: oração subordinada substantiva* | |
| Caminhar a pé **lhe** era necessário. | |
| *Lhe: pronome oblíquo = saudável a ele* | |
| O remédio **nos** era prejudicial. | |
| *Nos: pronome oblíquo = prejudicial a nós* | |

# 7. DIFERENÇA ENTRE COMPLEMENTO NOMINAL E OBJETO INDIRETO

Muito fácil se pensar assim:

1) Os dois termos são preposicionados;

2) O objeto indireto vem após o verbo;

3) O complemento nominal vem após um nome (não pode ser conjugado).

| Todos | gostaram | **do resumo.** |
|---|---|---|
| sujeito | V.T.I. | **O.I.** |

– Quem gosta, gosta de algo = complementa o verbo.

| Todos | tinham | receio | **da reprovação.** |
|---|---|---|---|
| sujeito | V.T.D. | O.D. | **C.N.** |

– Quem tem receio, tem receio de algo = completa o substantivo.

E como diferenciar os dois termos em outra situação? Mais fácil ainda! Vamos lá:

| Entregaram | o prêmio | **ao vencedor.** |
|---|---|---|
| V.T.D.I. | O.D. | **O.I.** |
| Retire o objeto direto:<br>Entregaram ao vencedor. | | |

– Retirou-se o objeto direto e manteve o sentido. Significa que o termo preposicionado está ligado ao verbo, ou seja, é objeto indireto.

| Tinham | medo | **da reprovação.** |
|---|---|---|
| V.T.D. | O.D. | **C.N.** |
| Não é possível retirar o objeto direto e continuar correta oração. | | |

– Se retirar o objeto direto e a frase ficar incoerente, significa que o termo preposicionado está ligado ao nome, isto é, trata-se de um complemento nominal.

## 8. DIFERENÇA ENTRE COMPLEMENTO NOMINAL E AGENTE DA PASSIVA

A dica é tentar transpor a oração para a voz ativa. Simples, não é?

| Candidatos | foram inscritos | **pelos agentes.** |
|---|---|---|
| Sujeito paciente | ser + particípio | **agente da passiva** |
| Voz ativa = Os agentes inscreveram os candidatos. | | |

| Candidatos | ficaram atentos | **ao resultado.** |
|---|---|---|

| sujeito | V.L + predicativo do sujeito | **complemento nominal** |
|---|---|---|
| A oração já se encontra na voz ativa! | | |

# 9. DIFERENÇA ENTRE COMPLEMENTO NOMINAL E ADJUNTO ADNOMINAL

Muito importante dar ênfase neste tópico.

Para que haja diferença entre os dois termos é necessário atentar-se a três itens:

1. O termo deve estar dentro do sujeito;
2. O termo é preposicionado;
3. O termo vem ligado a um substantivo.

Feitas as três análises, passemos ao segundo passo:

| Sentido Ativo | Adjunto Adnominal |
|---|---|
| A resposta **DO ALUNO** | convenceu a classe. |
| O aluno respondeu: sentido ativo | |

| Sentido Passivo | Complemento Nominal |
|---|---|
| A resposta **AO ALUNO** | convenceu a classe. |
| O aluno recebeu a resposta: sentido passivo | |

| A crítica **DO TÉCNICO AOS JOGADORES** foi severa. |
|---|
| O técnico criticou: do técnico = adjunto adnominal |
| Os jogadores foram criticados: aos jogadores = complemento nominal |

Capítulo 3

# TERMOS ACESSÓRIOS DA ORAÇÃO

## 1. INTRODUÇÃO

Termos acessórios são dispensáveis na estrutura básica da oração, mas são importantes para a compreensão do enunciado. Podem caracterizar o ser, determinar os substantivos e exprimirem circunstâncias. São eles: adjunto adnominal, adjunto adverbial e aposto.

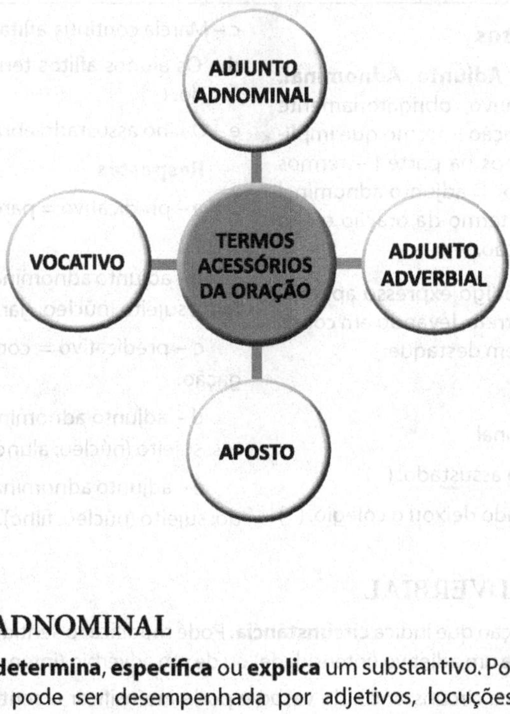


## 2. ADJUNTO ADNOMINAL

É o termo que **determina**, **especifica** ou **explica** um substantivo. Possui função adjetiva na oração, a qual pode ser desempenhada por adjetivos, locuções adjetivas, artigos, pronomes adjetivos enumerais adjetivos.

Agrupam-se ao redor dos substantivos dentro de qualquer termo da oração – essencial, integrante ou mesmo acessório (adjunto adverbial).

| **Aqueles dois** rapazes **interessados** | estudaram | **toda a** matéria. |
|---|---|---|
| Sujeito. Núcleo: rapazes (substantivo) | V.T.D. | O.D. Núcleo: matéria |
| **Aqueles, dois e interessados:** adjunto adnominal | | **Toda e a:** adjunto adnominal |

## 2.1. Morfossintaxe do Adjunto Adnominal

| | |
|---|---|
| **Artigo** | **A** prova foi aplicada |
| **Numeral adjetivo** | **Três** candidatos chegaram. |
| **Pronome adjetivo** | **Aqueles** candidatos fizeram boa prova. |
| **Pronome pessoal oblíquo (equivalendo a possessivo)** | Roubaram-**me** a prova. = roubaram a minha prova.<br>Não **te** reconheci a voz. = a tua voz. |
| **Adjetivo** | Candidatos **insatisfeitos** faltaram. |
| **Locução adjetiva** | Candidatos **da capital** chegaram. |
| **Oração subordinada** | O aluno **que estuda** é aprovado. |
| | O aluno estudioso = oração subordinada adjetiva. |

## 2.2. Em Concursos

**Predicativo e Adjunto Adnominal:** para haver predicativo, obrigatoriamente haverá verbo de ligação (mesmo que implícito, como estudamos na parte I – termos essenciais da oração). O adjunto adnominal vem dentro de um termo da oração e não exige verbo de ligação.

Atenha-se ao código expresso aplicando-o de maneira correta, levando em consideração os termos em destaque:

A) Predicativo

B) Adjunto adnominal

a – O garoto parecia assustado. ( )

b – O garoto assustado deixou o colégio. ( )

c – Márcia continua aflita. ( )

d – Os alunos aflitos terminaram o simulado. ( )

e – O filho assustado abraçou a mãe. ( )

**Respostas**

a – predicativo = parecia: verbo de ligação.

b – adjunto adnominal = o garoto assustado: sujeito (núcleo: garoto).

c – predicativo = continua: verbo de ligação.

d – adjunto adnominal = os alunos aflitos: sujeito (núcleo: alunos).

e – adjunto adnominal = o filho assustado: sujeito (núcleo: filho).

# 3. ADJUNTO ADVERBIAL

É o termo da oração que indica **circunstância.** Pode modificar o sentido de um verbo (faz-se uma pergunta), de um adjetivo (intensidade) ou de um advérbio (intensidade).

Facilitando: indica circunstância do verbo e pode intensificar o sentido do adjetivo ou do próprio advérbio.

| O verão | chegou | **cedo.** |
|---|---|---|
| | quando? | **tempo** |

| Leram | o livro | **na biblioteca.** |
|---|---|---|
| onde? | | **lugar** |

| O verão | chegou | **muito** | **cedo.** |
|---|---|---|---|
| | quando? | **intensidade** | **tempo** |

| Ele | estava | **muito** | atrasado. |
|---|---|---|---|
| | | **intensidade** | predicativo (adjetivo) |

## 3.1. Diferença entre Adjunto Adverbial e Predicativo

Para ser predicativo, precisa-se do verbo de ligação (mesmo que implícito) e para ser adjunto adverbial, deve-se fazer pergunta ao verbo para saber a circunstância ou deve indicar intensidade do adjetivo ou advérbio.

Facilitando:

| **predicativo** | varia |
|---|---|
| **adjunto adverbial** | não varia |

Ele estava muito **atrasado** = Ela estava muito **atrasada**.

## 3.2. Classificação do Adjunto Adverbial

| Circunstância | Exemplo | Dica |
|---|---|---|
| **Acréscimo** | **Além da alegria**, sentia cansaço. | + |
| **Afirmação** | **Certamente** será aprovado. | Não é necessário fazer pergunta. |
| **Assunto** | Falávamos **sobre política.** | Sobre o quê? |
| **Causa** | **Com o frio**, os animais morreram. | Por quê? |
| **Companhia** | **Com quem** você saiu ontem? | Com quem? |
| **Concessão** | **Apesar do nervosismo**, fez boa prova. | Embora, apesar de. |
| **Condição** | **Sem a autorização do fiscal**, você não poderá sair. | Se, caso. |
| **Conformidade** | Fez tudo **conforme o combinado.** | Regra. |
| **Dúvida** | **Quiçá** acertemos todas as questões. | Não é necessário fazer pergunta. |
| **Fim, finalidade** | Eles vivem **para estudar.** | Para quê? |
| **Frequência** | **Sempre** vêm aqui. | Quando? |

| Circunstância | Exemplo | Dica |
|---|---|---|
| **Instrumento** | Desenhava **a lápis.** | Com o quê? |
| **Intensidade** | Todos corriam **bastante.** | Não é necessário fazer pergunta. |
| **Limite** | Estudava **até cansar.** | Até. |
| **Lugar** | Nasceu **em Ribeirão Preto.** | Onde? |
| **Matéria** | Era feito **de ferro.** | De quê? |
| **Meio** | Foi **de avião.** | De quê? |
| **Modo** | Ficamos **à vontade.** | Como? |
| **Negação** | **Não** pode haver enganos. | Não é necessário fazer pergunta. |
| **Preço** | Os livros são vendidos **a preços baixos.** | Quanto? |
| **Substituição ou troca** | Abandonou os estudos **por trabalhos rentáveis.** | Por o quê? |
| **Tempo** | **Ontem à noite** saiu com amigos. | Quando? |

### 3.3. Morfossintaxe do Adjunto Adverbial

O adjunto adverbial é representado por um advérbio (invariável) ou por uma locução adverbial (variável).

## 4. APOSTO

É o termo explica ou especifica os substantivos e os pronomes. Pode vir separado dos demais termos da oração por vírgula, dois-pontos ou travessão.

Recentemente, o mais pedido em provas é o aposto especificativo – não possui sinal de pontuação. Compare:

| Carlos Drummond de Andrade | **, grande poeta mineiro,** | escrevia sobre a arte de escrever. |
|---|---|---|
| | Aposto explicativo = com pontuação | |

| Carlos Drummond de Andrade | **, grande poeta mineiro,** | escrevia sobre a arte de escrever. |
|---|---|---|
| | Aposto explicativo = com pontuação | |

| O poeta **Carlos Drummond de Andrade** | escrevia sobre a arte de escrever. |
|---|---|
| **Aposto especificativo = sem pontuação** | |

### 4.1. Morfossintaxe do Aposto

O aposto possui função substantiva na oração. Seu núcleo é representado por um substantivo ou palavra substantivada.

### 4.2. Classificação do Aposto

| | | |
|---|---|---|
| **Explicativo** | Traduz, ou seja, dá significado a uma frase, geralmente vem entre vírgulas, dois pontos ou parênteses. | Foi aqui, **neste lugar tranquilo**, que o encontrei. |
| **Enumerativo** | É representado por dois pontos, e estabelece uma sequência de elementos que são usados para complementar a ideia fundamental da frase. | À tarde, irei à casa de dois amigos: **Fernando e Júnior**. |
| **Resumidor ou Recapitulativo** | É representado por um pronome que resume tudo o que foi expresso anteriormente. | Henrique, Adilson, Sten, Paulo, **todos** foram aprovados. |
| **Comparativo** | É usado para comparar. | Seus olhos, **lindos oceanos**, fazem-me acreditar no amor. |
| **Distributivo** | Distribui as informações de termos separadamente. | Marcelo e Adriano são amigos. **Este** é um baiano divertido, **aquele**, carioca. |
| **Aposto de Oração** | Usado para resumir termos anteriores. | Ele tem um único desejo: **que todos os candidatos sejam aprovados no concurso.** |
| **Especificativo** | Individualiza um substantivo de sentido genérico. | A rua **Garibaldi** está muito longe do bairro **Irajá**. |

### 4.3. Em Concursos

Não confunda aposto especificativo com adjunto adnominal.

A obra **de Machado de Assis** é símbolo da literatura brasileira.

- Obra de Machado de Assis = obra **machadiana** (adjetivo). Se possui função de adjetivo, é adjunto adnominal.

## 5. VOCATIVO

O vocativo é um termo independente dentro da oração. Não faz parte do sujeito, nem do predicado, nem dos termos integrantes ou acessórios da oração.

Possui função de chamar ou interpelar o interlocutor (é com quem se fala). Vem, sempre, separado por sinal de pontuação.

"**Pai**, afasta de mim esse cálice." (Chico Buarque de Holanda e Milton Nascimento).

**Dica**: o vocativo não pode ser confundido com o sujeito.

1) A pontuação é obrigatória no vocativo;

2) A pontuação nunca poderá separar o sujeito.

No exemplo citado anteriormente:

- Pai: vocativo
- Sujeito: tu, pois o verbo está no imperativo afirmativo (afasta tu).

## 5.1. Morfossintaxe do Vocativo

Por se referir a um ser, o vocativo é representado por um substantivo ou por um pronome substantivo.

# 6. FIQUE DE OLHO

- Encontrar o sujeito e sempre analisar a oração na ordem direta;
- Predicação verbal – classificação do verbo;
- Verbo transitivo direto + "se" ou verbo transitivo direto e indireto + "se" = voz passiva e possui sujeito;
- Verbo de ligação, intransitivo e transitivo indireto + se = sujeito indeterminado;
- Diferença entre complemento nominal e adjunto adnominal.

## 6.1. Questões comentadas

**Texto CB1A1-I**

O aforismo "o cliente sempre tem razão" é bastante conhecido e muito citado como argumento econômico. Justifica-se para manter a fidelidade dos consumidores a marcas e a lojas a fim de evitar que a insatisfação individual se torne uma indesejada propaganda negativa.

Será que, sob a ótica jurídica, a afirmativa corresponde à realidade? Não! O cliente (consumidor) só tem razão quando o direito, a lei, lhe dá amparo.

Invariavelmente, baseando-se em critério pessoal do que seria justo como solução para problema de consumo, o consumidor realmente acredita que possui o direito que alega e, dentro da sua lógica, passa a exigir determinado comportamento do fornecedor.

A expressão direito do consumidor tem sentido de conjunto de normas que regulam as relações entre consumidores e fornecedores; não significa necessariamente que o consumidor tem sempre direito de exigir a satisfação dos seus interesses.

Para ilustrar, cite-se o exemplo, recorrente, de uma pessoa que acredita poder, em qualquer circunstância, trocar um produto que acabou de adquirir simplesmente porque, chegando em casa, percebeu que não era exatamente aquilo que queria, preferia de outra cor ou até haver gastado o dinheiro com algo mais interessante. Para a lei, a troca ou devolução do dinheiro pago só é possível em situações bem concretas: promessa do vendedor de trocar ou devolver o dinheiro (art. 30 do Código de Defesa do Consumidor); vício do produto (art. 18); compra fora do estabelecimento físico (art. 49).

Daí a importância de que toda pessoa tenha uma noção básica de quais são os seus direitos e de como exigir a sua observância. Como é possível exigir respeito a sua condição de consumidor se não houver uma consciência mínima dos direitos?

Leonardo Bessa. O cliente – nem sempre – tem razão! In: Metrópoles. 20/06/2024.

Internet: <www.metropolse.com> (com adaptações)

---

**01. (CEBRASPE - TSE - Analista Judiciário - Área Judiciária - 2024)** As formas verbais "acabou", "queria" e "preferia" (primeiro período do quinto parágrafo) são núcleos de orações cujos sujeitos são elípticos e referem-se ao termo "uma pessoa".

( ) certo ( ) errado

➢ Comentários:

No texto: *Para ilustrar, cite-se o exemplo, recorrente, de uma pessoa que acredita poder, em qualquer circunstância, trocar um produto que* ***acabou*** *de adquirir simplesmente porque, chegando em casa, percebeu que não era exatamente aquilo que* ***queria, preferia*** *de outra cor ou até haver gastado o dinheiro com algo mais interessante.*

Lê-se: **uma pessoa** que acredita poder trocar/ [uma pessoa] que **acabou** de adquirir / [uma pessoa] percebeu / [uma pessoa] **queria** / [uma pessoa] / **preferia.**

O sujeito de todos os verbos se repete. Como está explícito apenas na primeira oração, é considerado desinencial, elíptico ou oculto nas demais ocorrências.

**Resposta: Certo**

---

**02. (CEBRASPE - TSE - Analista Judiciário - Área Judiciária - 2024)** Nas orações em que ocorrem, as expressões 'o cliente sempre tem razão' (primeiro período do primeiro parágrafo) e "direito do consumidor" (primeiro período do quarto parágrafo) desempenham a mesma função sintática.

( ) certo ( ) errado

➢ Comentários:

No texto:

1. O aforismo "**o cliente sempre tem razão**" é bastante conhecido...

2. A expressão **direito do consumidor** tem sentido de conjunto de normas...

Trata-se de aposto especificativo. No primeiro caso, de "aforismo"; no segundo, de "expressão".

**Resposta: Certo**

Texto para responder à questão.

Esse estoque de amor que acumulei
Ninguém veio comprar a preço justo.
Preparei meu castelo para um rei
Que mal me olhou, passando, e a quanto custo.

Meu tesouro amoroso há muito as traças
Comeram, secundadas por ladrões.
A luz abandonou as ondas lassas
De refletir um sol que só se põe

Sozinho. Agora vou por meus infernos
Sem fantasma buscar entre fantasmas.
E marcho contra o vento, sobre eternos

Desertos sem retorno, onde olharás
Mas sem o ver, estrela cega, o rastro
Que até aqui deixei, seguindo um astro.

(FAUSTINO, Mário. O homem e sua hora. São Paulo: Companhia das Letras, 2009)

---

**03. (FCC – Técnico Judiciário – Área Administrativa – TRT 22/2022)** <u>Esse estoque de amor que acumulei</u> / Ninguém veio comprar a preço justo. (versos 1 e 2)

Em relação à oração centrada na locução verbal "veio comprar", a expressão sublinhada exerce a função sintática de

(A) adjunto adnominal.
(B) objeto indireto.
(C) sujeito.
(D) objeto direto.
(E) adjunto adverbial.

➢ Comentários:

**Nota da autora:** É comum a banca inverter a ordem das orações e dos períodos. É mais comum ainda isso acontecer em poesia.

Na ordem direta: Ninguém veio comprar esse estoque de amor que acumulei a preço justo.

**Alternativa "a"** – São adjuntos adnominais do objeto direto: esse, amor.

A oração "que acumulei a preço justo" é subordinativa adjetiva restritiva.

**Alternativa "b"** – Não existe verbo transitivo indireto.

**Alternativa "c"** – Sujeito de "veio comprar": ninguém; sujeito de "acumulei": ninguém.

**Alternativa "d"** – A locução adverbial "veio comprar" equivale a "comprou" – verbo transitivo direto e exige, como complemento, o objeto direto.

**Alternativa "e"** – Adjunto adverbial: a preço justo.

**ALTERNATIVA CORRETA: D**

Fragmento de texto para responder à questão.

Rubião fitava a enseada, – eram oito horas da manhã. Quem o **visse**, com os polegares metidos no cordão do chambre, à janela de uma grande casa de Botafogo, **cuidaria** que ele admirava aquele pedaço de água quieta; mas, em verdade, vos digo que pensava em outra coisa. Cotejava o passado com o presente. Que era, há um ano? Professor. Que é agora? Capitalista. Olha para si, para as chinelas (umas chinelas de Túnis, que lhe deu recente amigo, Cristiano Palha), para a casa, para o jardim, para a enseada, para os morros e para o céu; e tudo, desde as chinelas até o céu, tudo entra na mesma sensação de propriedade.

– Vejam como Deus escreve direito por linhas tortas, pensa ele. Se mana Piedade tem casado com Quincas Borba, apenas me daria uma esperança colateral. Não casou; ambos morreram, e aqui está tudo comigo; de modo que o que parecia uma desgraça...

(Machado de Assis. Quincas Borba. São Paulo: Companhia das Letras, 2012)

---

**04. (FCC – TRT 4 – Analista Judiciário – Área Administrativa - 2022)** Quem o **visse**, [...], **cuidaria** que ele admirava aquele pedaço de água quieta (1º parágrafo)

Os sujeitos dos verbos sublinhados são, respectivamente,

(A) "Quem" e "Quem o visse".

(B) "Rubião" e "Quem o visse".

(C) "Quem" e "Rubião".

(D) "Rubião" e "eu" (o narrador).

(E) "Quem" e "eu" (o narrador).

➢ Comentários:

**Alternativa "a"** – Quem o visse? **Quem**: sujeito. Quem cuidaria? **Quem o visse**: sujeito.

**Alternativa "b"** – Rubião: sujeito de "fitava".

**Alternativa "c"** – Rubião: sujeito de "fitava".

**Alternativa "d"** – Rubião: sujeito de "fitava"; "eu" (narrador): sujeito de "digo".

**Alternativa "e"** – "eu" (narrador): sujeito de "digo".

**ALTERNATIVA CORRETA: A**

---

**05. (FCC - TRT 22 - Analista Judiciário – Área Judiciária - 2022)** *A misteriosa bebida desperta neles a mais profunda das paixões.*[1]

No contexto em que se encontra, o segmento sublinhado acima exerce a mesma função sintática do que est também sublinhado em:

(A) Wagner era um homem casado.

(B) O enredo gira em torno da transformação da relação entre os dois protagonistas.

(C) Existem, com efeito, poções em nossos organismos e cérebros

(D) o que o atraiu para essa história

---

1. Adaptado de: DAMÁSIO, António. O erro de Descartes. São Paulo: Companhia das Letras, edição digital.

(E) Isolda pede criada, Brangena, que lhe prepare uma poção letal

➢ Comentários:

**Nota da autora:** A misteriosa bebida (sujeito) desperta (V.T.D.I) neles (O.I.) **a mais profunda das paixões (objeto direto).**

**Alternativa "a** – Sujeito + verbo de ligação + **predicativo do sujeito**.

**Alternativa "b – Adjunto adverbial.**

**Alternativa "c** – Poções existem: **sujeito.**

**Alternativa "d** – Atraiu alguém: verbo transitivo direto. O pronome pessoal oblíquo "o possui função de **objeto direto.**

**Alternativa "e** – O verbo *preparar* bitransitivo: prepare algo (uma poção letal) a alguém (**lhe**) = **objeto indireto.**

**ALTERNATIVA CORRETA: D**

Texto para responder questão.

Não me correu tranquilo o S. João de 185...

Duas semanas antes do dia em que a Igreja celebra o evangelista, recebi pelo correio o seguinte bilhete, sem assinatura e de letra desconhecida:

"O Dr. *** é convidado a ir à vila de... tomar conta de um processo. O objeto é digno do talento e das habilitações do advogado. Despesas e honorários ser-lhe--ão satisfeitos antecipadamente, mal puser pé no estribo. O réu está na cadeia da mesma vila e chama- se Julião. Note que o Dr. é convidado a ir defender o réu."

Li e reli este bilhete; voltei-o em todos os sentidos; comparei a letra com todas as letras dos meus amigos e conhecidos... Nada pude descobrir.

Entretanto, picava-me a curiosidade. Luzia-me um romance através daquele misterioso e anônimo bilhete. Tomei uma resolução definitiva. Ultimei uns negócios, dei de mão outros, e oito dias depois de receber o bilhete tinha à porta um cavalo e um camarada para seguir viagem. No momento em que me dispunha a sair, entrou-me em casa um sujeito desconhecido, e entregou-me um rolo de papel contendo uma avultada soma, importância aproximada das despesas e dos honorários. Recusei apesar das instâncias, montei a cavalo e parti.

Só depois de ter feito algumas léguas é que me lembrei de que justamente na vila a que eu ia morava um amigo meu, antigo companheiro da academia.

Poucos dias depois apeava eu à porta do referido amigo. Depois de entregar o cavalo aos cuidados do camarada, entrei para abraçar o meu antigo companheiro de estudos, que me recebeu alvoroçado e admirado.

– A que vens, meu amigo? A que vens? perguntava-me ele.

– Vais sabê-lo. Creio que há um romance para deslindar. Há quinze dias recebi no meu escritório, na corte, um bilhete anônimo em que se me convidava com instância a vir a esta vila para tomar conta de uma defesa. Não pude conhecer a letra; era desigual e trémula, como escrita por mão cansada...

–Tens o bilhete contigo?

- Tenho.

Tirei do bolso o misterioso bilhete e entreguei-o aberto ao meu amigo. Ele, depois de lê-lo, disse:

- É a letra de Pai de todos.

- Quem é Pai de todos?

- É um fazendeiro destas paragens, o velho Pio. O povo dá-lhe o nome de Pai de todos, porque o velho Pio o é na verdade.

- Bem dizia eu que há romance no fundo!... Que faz esse velho para que lhe deem semelhante título?

- Pouca coisa. Pio é, por assim dizer, a justiça e a caridade fundidas em uma só pessoa. Só as grandes causas vão ter às autoridades judiciárias, policiais ou municipais; mas tudo o que não sai de certa ordem é decidido na fazenda de Pio, cuja sentença todos acatam e cumprem. Seja ela contra Pedro ou contra Paulo, Paulo e Pedro submetem-se, como se fora uma decisão divina. Quando dois contendores saem da fazenda de Pio, saem amigos. É caso de consciência aderir ao julgamento de Pai de todos.

O meu amigo continuou a desfiar as virtudes do fazendeiro. Meu espírito apreendia-se cada vez mais de que eu ia entrar em um romance. Finalmente o meu amigo dispunha-se a contar-me a história do crime em cujo conhecimento devia eu entrar daí a poucas horas. Detive-o.

- Não, disse-lhe, deixa-me saber de tudo por boca do próprio réu. Depois compararei com o que me contarás.

- É melhor. Julião é inocente...

(Adaptado de: ASSIS, Machado de. Obra Completa, v. II. Rio de Janeiro: Nova Aguilar, 1994)

---

**06. (FCC – Analista Judiciário – Oficial de Justiça Avaliador Federal – TRT 9/2022)** Em "Luzia-me <u>um romance</u> através daquele misterioso e anônimo bilhete" (5º parágrafo), a expressão sublinhada exerce a mesma função sintática da expressão sublinhada em:

(A) Li e reli <u>este bilhete</u>. (4º parágrafo)

(B) entrou-me em casa <u>um sujeito desconhecido</u>. (5º parágrafo)

(C) Tomei <u>uma resolução definitiva</u>. (5º parágrafo)

(D) entregou-me <u>um rolo de papel</u> contendo uma avultada soma. (5º parágrafo)

(E) recebi no meu escritório, na corte, <u>um bilhete anônimo</u>. (9º parágrafo)

➢ Comentários:

**Nota da autora:** Sempre coloque a oração na ordem direta para evitar erro = Um romance luzia-me. O termo sublinhado possui função de sujeito.

**Alternativa "a** – Sujeito simples e implícito: eu.

O verbo "ler e o verbo "reler são transitivos diretos e "este bilhete possui função de objeto direto.

**Alternativa "b** – Na ordem direta: <u>Um sujeito desconhecido</u> entrou-me em casa: sujeito.

**Alternativa "c** – Sujeito simples e implícito: eu.

O verbo "tomar transitivo direto e "uma resolução definitiva possui função de objeto direto.

**Alternativa "d** – Sujeito simples e implícito: ele.

O verbo "entregar transitivo direto e indireto e "um rolo de papel possui função de objeto direto.

**Alternativa "e** – Sujeito simples e implícito: eu.

O verbo "receber transitivo direto e "um bilhete anônimo possui função de objeto direto.

**ALTERNATIVA CORRETA: B**

**Texto CG1A1**

O capitalismo de vigilância uma mutação do capitalismo da informação, o que nos coloca diante de um desafio civilizacional. As Big Techs – seguidas por outras firmas, laboratórios e governos – usam tecnologias da informação e comunicação (TIC) para expropriar a experiência humana, que se torna matéria-prima processada e mercantilizada como dados comportamentais. O usuário cede gratuitamente as suas informações ao concordar com termos de uso, utilizar serviços gratuitos ou, simplesmente, circular em espaços onde as máquinas estão presentes.

A condição para a emergência do capitalismo de vigilância foi a expansão das tecnologias digitais na vida cotidiana, dado o sucesso do modelo de personalização de alguns produtos no início dos anos 2000. No terço final do século XX, estavam criadas as condições para uma terceira modernidade, voltada a valores e expectativas dos indivíduos.

Outras circunstâncias foram ocasionais: o estouro da bolha da internet em 2000 e os ataques terroristas do 11 de setembro. A primeira provocou a retração dos investimentos nas startups, o que levou a Google a explorar comercialmente os dados dos usuários de seus serviços. Para se prevenir contra novos ataques, as autoridades norte-americanas tornaram-se ávidas de programas de monitoramento dos usuários da Internet e se associaram às empresas de tecnologia. Por sua vez, a Google passou a vender dados a empresas de outros setores, criando um mercado de comportamentos futuros. Assim, instaurou-se uma nova divisão do aprendizado entre os que controlam os meios de extração da mais-valia comportamental e os seus destinatários.

Ao se generalizar na sociedade e se aprofundar na vida cotidiana, o capitalismo de vigilância capturou e desviou o efeito democratizador da Internet, que abrira a todos o acesso informação. Ele passou a elaborar instrumentos para modificar e conformar os nossos comportamentos.

Internet: <www.scielo.br> (com adaptações).

---

**07. (Cespe – Analista Judiciário – Área Judiciária – TRT 8/2022)** O trecho "o estouro da bolha da internet em 2000 e os ataques terroristas do 11 de setembro" (primeiro período do terceiro parágrafo) exerce a função de

(A) objeto direto.

(B) objeto indireto.

(C) sujeito.

(D) complemento nominal.

(E) aposto.

➢ Comentários:

**Nota da autora:** Faça a análise completa para evitar erro.

| Outras circunstâncias | foram | ocasionais: | **o estouro da bolha da internet em 2000 e os ataques terroristas do 11 de setembro.** |
|---|---|---|---|
| sujeito | verbo de ligação | predicativo do sujeito | **aposto explicativo** |

**Alternativa "a** – Não existe verbo transitivo direto, ou seja, impossível haver objeto direto.

**Alternativa "b** – Não existe verbo transitivo indireto.

**Alternativa "c** – O sujeito simples "outras circunstâncias.

**Alternativa "d** – Não existe complemento nominal.

**Alternativa "e** – É aposto explicativo de "outras circunstâncias ocasionais.

**ALTERNATIVA CORRETA: E**

---

**08. (FCC – Técnico Judiciário – Área Judiciária – TRT 15/2018 - adaptada)** O segmento destacado em *O realmente importante é reconhecer que essas diferenças não são limitações, e sim pontos de partida,* ***sobre os quais o aprendizado e a experiência podem agir*** possui função equivalente ao que se encontra sublinhado em:

(A) *investigar por exemplo a ativação* ***<u>em seu cérebro</u>*** *enquanto ele mesmo pensa*

(B) *homens possuem* ***<u>em média</u>*** *uns quatro bilhões de neurônios a mais*

(C) *Essa diferença casa* ***<u>bem</u>*** *com observações da psicologia*

(D) ***<u>por que</u>*** *bocejo contagia, se café vicia, o endereço do senso de humor*

(E) *Muitos se queixam da ausência de uma "teoria da mente"* ***<u>satisfatória</u>***

➢ Comentários:

**Nota da autora:** Fundamental trabalhar por eliminação, já que a banca quis complicar.

**Alternativa "a"** – Adjunto adverbial de lugar.

**Alternativa "b"** – Adjunto adverbial aproximativo.

**Alternativa "c"** – Adjunto adverbial de modo.

**Alternativa "d"** – Adjunto adverbial de causa.

**Alternativa "e"** – São adjuntos adnominais, ou seja, possuem função adjetiva. *O adjunto adnominal possui função adjetiva na oração, a qual pode ser desempenhada por adjetivos, locuções adjetivas, artigos, pronomes adjetivos e numerais adjetivos*[2].

**ALTERNATIVA CORRETA: E**

2. "Termos acessórios da oração" em *Só Português*. Virtuous Tecnologia da Informação, 2007-2018. Consultado em 11/08/2018 às 08:35. Disponível na Internet em *https://www.soportugues.com.br/secoes/sint/sint21.php.*

**09. (FCC – Técnico Judiciário – Área Administrativa – TRT 6/2018)** No contexto, os elementos **sublinhados** que apresentam a mesma função sintática se encontram em:

(A) ***o jornalismo televisivo*** *se faz pautar pela imprensa // os eleitores haveriam de aprender a exercer* ***a democracia***

(B) *A chance de erro, sobretudo de imprecisões, é* ***grande*** *// sua capacidade de atingir mais leitores se multiplica* ***na internet***

(C) *O jornalismo de verdade (...) é* ***sempre*** *elitista // os veículos (...) servem* ***como arena de ideias e soluções***

(D) *O que* ***nos*** *remete à questão do início //* ***a prática jornalística*** *municia seus leitores de ferramentas*

(E) *conforme se torna visível* ***a perspectiva*** *de universalizar o ensino superior //* ***A imprensa****, que vive de cobrir crises, sempre esteve em crise*

➢ Comentários:

**Nota da autora:** Sempre coloque a oração na ordem direta, ou seja, iniciando-a com o sujeito = sujeito + verbo + complemento...

**Alternativa "a"** – Sujeito e objeto direto.

**Alternativa "b"** – Predicativo do sujeito e adjunto adverbial de lugar.

**Alternativa "c"** – Adjunto adverbial de tempo e objeto indireto.

**Alternativa "d"** – Objeto direto e sujeito.

**Alternativa "e"** – Possuem função de sujeito. Ordem direta: A perspectiva de universalizar o ensino superior (sujeito) torna-se visível. A imprensa (sujeito) sempre esteve em crise.

**ALTERNATIVA CORRETA: E**

---

**10. (FCC – Analista Judiciário – Área Judiciária – TRT 6/2018)** São exemplos de uma mesma função sintática os elementos **sublinhados** no segmento:

(A) Sua **vida** sobreviveu guardada nas mais de 15 mil **crônicas**.

(B) Resolvi usar as crônicas como se fossem uma longa **entrevista** que Braga tivesse **me** concedido.

(C) Grande parte dos relatos do livro não tem a **pretensão** de ser uma reconstituição fiel dos **fatos**.

(D) Toneladas de **acontecimentos** estão cimentadas pela **força** do lirismo.

(E) A **vida** não basta, é preciso dar sentido ao viver, ou **tudo** se evapora.

➢ Comentários:

**Alternativa "a"** – Sujeito e adjunto adverbial de lugar.

**Alternativa "b"** – Predicativo do sujeito e objeto indireto.

**Alternativa "c"** – Objeto direto e complemento nominal.

**Alternativa "d"** – Adjunto adnominal do sujeito e complemento nominal.

**Alternativa "e"** – Exercem função de sujeito: a vida (sujeito) não basta; tudo (sujeito) se evapora.

**ALTERNATIVA CORRETA: E**

Capítulo 4

# PERÍODO COMPOSTO

## 1. INTRODUÇÃO

Estudamos o período simples nos capítulos anteriores, ou seja, as relações que os termos (vocábulos) possuem dentro da oração. Agora estudaremos as relações estabelecidas entre as orações, é a vez da conjunção – termo que liga orações.

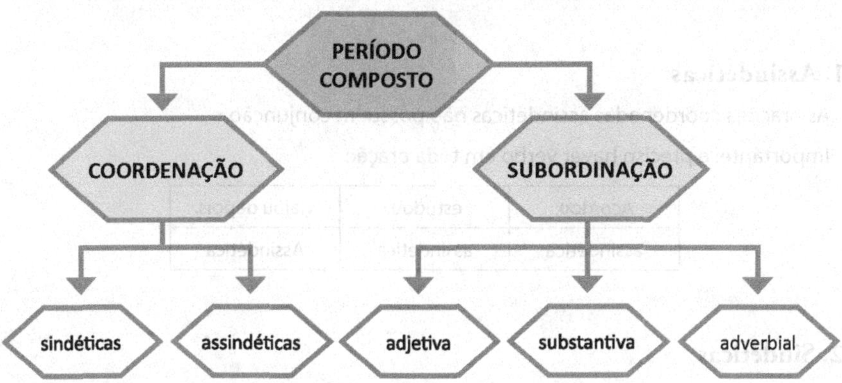


## 2. CONCEITOS

| Período Simples | Possui uma oração. |
|---|---|
| Período Composto | Possui mais de uma oração. |

| Período Composto | | |
|---|---|---|
| Coordenação | São orações que possuem independência sintática. | Ele estudou /e foi aprovado. |

| | | |
|---|---|---|
| **Subordinação** | Há dependência sintática entre as orações, isto é, uma oração se subordina à outra. | Já que estudou, /foi aprovado. |

## 3. COORDENAÇÃO

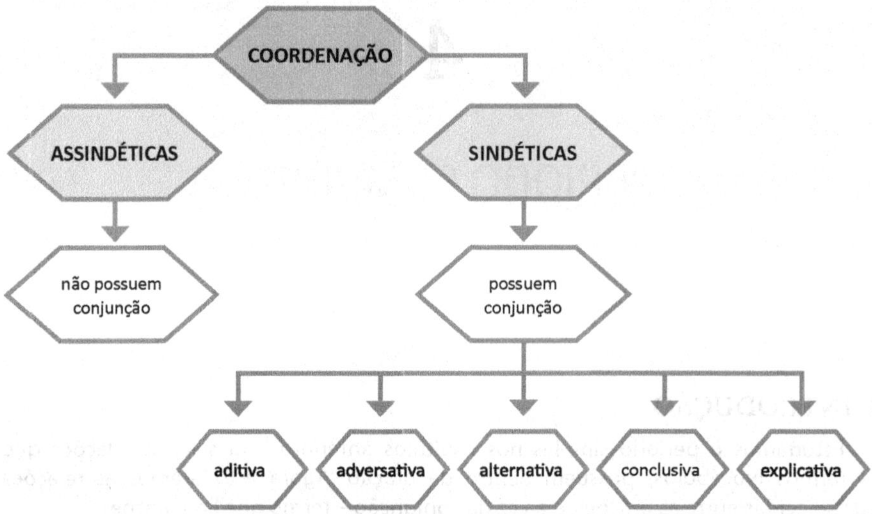


### 3.1. Assindéticas

As orações coordenadas assindéticas não possuem conjunção.

Importante: é preciso haver verbo em toda oração.

| Acordou, | estudou, | viajou depois. |
|---|---|---|
| assindética | assindética | Assindética |

### 3.2. Sindéticas

Possuem conjunção e são classificadas em:

| | | | |
|---|---|---|---|
| **Aditivas** | Expressam ideia de **adição, acrescentamento.** | e, nem, não só... mas também, não só... como, assim... como. | Não só cantou como também dançou.<br>Nem comprei o livro, nem estudei. |

| | | | |
|---|---|---|---|
| **Adversativas** | Exprimem fatos ou conceitos que se opõem ao que se declara na oração coordenada anterior, estabelecendo **contraste** ou **compensação.** | mas, contudo, todavia, entretanto, porém, no entanto, ainda, assim, senão. | Ficou muito cansada, contudo se divertiu.<br>Não comprei o estudei, mas trabalhei. |
| **Alternativas** | Expressam ideia de **alternância de fatos** ou **escolha.** | ou... ou; ora...ora; quer...quer; seja...seja. | Ou usa o protetor solar, ou usa o óleo bronzeador.<br>Quer eu durma quer eu fique acordada, estarei no quarto. |
| **Conclusivas** | Exprimem **conclusão** ou **consequência** referentes à oração anterior. | logo, portanto, por fim, por conseguinte, consequentemente. | Passou no concurso, portanto irá comemorar.<br>Tomou muito sol, consequentemente ficou adoentado. |
| **Explicativas** | Indicam uma **justificativa** ou uma **explicação** referente ao fato expresso na declaração anterior. | que, porque, pois, isto é, ou seja, a saber, na verdade. | Passei na prova porque me esforcei.<br>Não fui à aula pois merecia uma folga à noite. |

## 3.3. Em Concursos

- A conjunção **e** pode indicar oposição. A vírgula é obrigatória, mas é claro que as bancas a retiram: Exemplo: Estudou e não foi aprovado = conjunção adversativa.
- Embora algumas gramáticas abominem, em concursos é pedido: **mas também** indica adição. Exemplo: Estudou mas também foi aprovado.
- **Pois**: no sentido de porque = explicação; no sentido de logo = conclusão.
- **Explicação** e **causa**: Explicação é coordenada – orações independentes; causa é subordinada (estudaremos a seguir).

Explicação: O candidato devia estar doente, porque chorava muito.

O choro do candidato não poderia ser a causa de sua doença.

Causa: Ele está triste porque foi reprovado.

A reprovação é a causa da tristeza dele.

# 4. SUBORDINAÇÃO

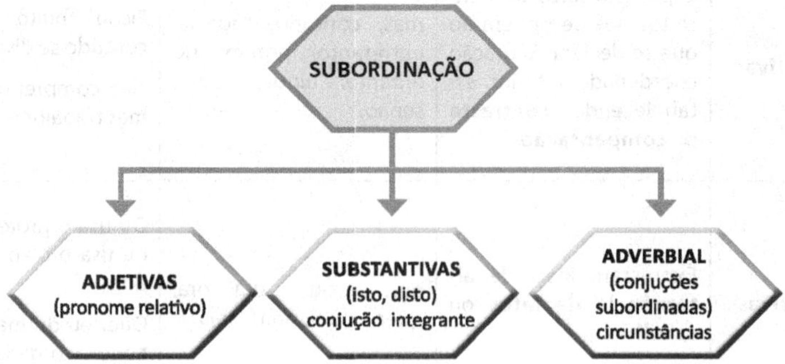


## 4.1. Introdução

As orações subordinadas possuem estrutura distinta das orações coordenadas -assindética e sindética. Veja:

| Todos sabem | que é necessário ter coragem. |
|---|---|
| *Oração principal* | *Oração subordinada* |

A oração principal rege a oração subordinada (possui conjunção ou verbo na forma nominal).

As orações subordinadas são divididas em três tipos:

| Tipos | Definição | Dica |
|---|---|---|
| Substantivas | Possuem valor de **substantivo** e vêm introduzidas por conjunção integrante. | Encaixa-se **isto** ou **disto** antes da conjunção. |
| Adjetivas | Possui valor e função de **adjetivo** e vêm introduzidas por pronome relativo. | Que = **o qual**<br>Cujo |
| Adverbiais | Exercem função de **adjunto adverbial** do verbo da oração principal e exprimem circunstâncias. São introduzidas por conjunções subordinativas – exceto as integrantes. | Indicam circunstâncias. |

## 4.2. Subordinada Substantiva

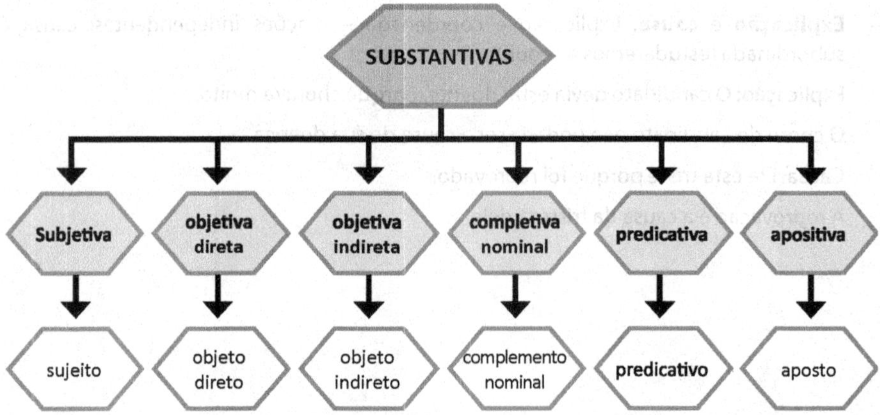

A oração substantiva possui função de substantivo e dependendo da função sintática que exerce, classifica-se em:

<table>
<tr><td rowspan="4">Subjetiva</td><td colspan="2">Exerce a função sintática de sujeito do verbo da oração principal.</td></tr>
<tr><td>É preciso</td><td>que o grupo estude.</td></tr>
<tr><td>V.L. + predicativo</td><td>sujeito</td></tr>
<tr><td>Oração principal</td><td>oração subordinada substantiva subjetiva</td></tr>
<tr><td rowspan="4">Objetiva Direta</td><td colspan="2">Exerce função de objeto direto do verbo da oração principal<br>– que termina com V.T.D.</td></tr>
<tr><td>Os candidatos pediram</td><td>que a prova fosse adiada.</td></tr>
<tr><td>Sujeito + V.T.D.</td><td>objeto direto</td></tr>
<tr><td>Oração principal</td><td>oração subordinada substantiva objetiva direta</td></tr>
<tr><td rowspan="4">Objetiva Indireta</td><td colspan="2">É objeto indireto do verbo da oração principal e vem precedida de preposição.<br>– a oração principal termina em V.T.I.</td></tr>
<tr><td>O autor precisa</td><td>de que alguém a ajude.</td></tr>
<tr><td>Sujeito + V.T.I.</td><td>Objeto indireto</td></tr>
<tr><td>Oração principal</td><td>oração subordinada substantiva objetiva indireta</td></tr>
<tr><td rowspan="4">Completiva Nominal</td><td colspan="2">Completa um nome que pertence à oração principal e possui preposição.<br>– a oração principal termina em NOME.</td></tr>
<tr><td>Tenho vontade</td><td>de que aconteça algo inesperado.</td></tr>
<tr><td>(eu) + V.T.D. + O.D.</td><td>Complemento nominal</td></tr>
<tr><td>Oração principal</td><td>oração subordinada substantiva completiva nominal</td></tr>
<tr><td rowspan="4">Predicativa</td><td colspan="2">Exerce papel de predicativo do sujeito do verbo da oração principal.<br>– a oração principal termina em VERBO DE LIGAÇÃO.</td></tr>
<tr><td>A verdade é</td><td>que você não virá.</td></tr>
<tr><td>Sujeito + V.L.</td><td>Predicativo do sujeito</td></tr>
<tr><td>Oração principal</td><td>oração subordinada substantiva predicativa</td></tr>
<tr><td rowspan="3">Apositiva</td><td colspan="2">Exerce função de aposto de algum termo da oração principal.<br>– normalmente há dois-pontos.</td></tr>
<tr><td>Toda a turma tem o mesmo objetivo:</td><td>que ele seja aprovado.</td></tr>
<tr><td>Oração principal</td><td>oração subordinada substantiva apositiva</td></tr>
</table>

### 4.2.1. Em concursos

- Certifique-se de que a oração é subordinada substantiva apenas encaixando o pronome demonstrativo **isto**. A conjunção que liga as orações é **conjunção integrante**.
- Expressões na voz passiva na oração principal = oração subjetiva: **Sabe-se – Soube-se – Conta-se – Diz-se – Comenta-se – É sabido – Foi anunciado – Ficou provado.**

## 4.3. Subordinada Adjetiva

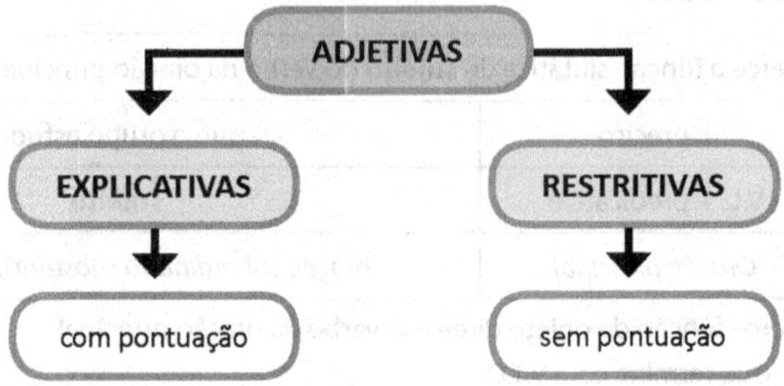


As orações adjetivas exercem função sintática de adjunto adnominal do adjetivo. Relacionam-se a um nome da oração principal e são introduzidas por pronome relativo. Tópico muito exigido em questões de pontuação.

| Conversei ontem com alunos | que estudam português. |
|---|---|
| Oração Principal | que = os quais |
| | que estudam = estudiosos – adjetivo |
| | oração subordinada adjetiva |

| Os escritores | que fizeram um ótimo trabalho | serão homenageados. |
|---|---|---|
| Oração Principal | que = os quais | Oração Principal |
| | oração subordinada adjetiva | |

### 4.3.1. Classificação das subordinadas adjetivas

| Classificação | Teoria | Dica |
|---|---|---|
| Explicativa | Explica, isto é, atribui característica própria e pode ser retirada do período sem que haja alteração no sentido. | Atente-se ao SENTIDO. Possui pontuação. |
| Restritiva | Restringe, ou seja, limita a significação do nome a que se refere e se retirada do período, altera o sentido, perde-se informação. | Atente-se ao SENTIDO. Não possui pontuação. |

**FIXANDO:**

| EXPLICATIVA | RESTRITIVA |
|---|---|
|  |  |
| TODOS | ALGUNS |

| | | |
|---|---|---|
| **Explicativa** | Capitu, **que é uma personagem de Machado de Assis,** tinha olhos de ressaca. | = a qual<br>A informação generaliza (Capitu é personagem) e pode ser retirada, explica. |
| | O irmão dela, **que era advogado,** prestou serviços ao réu. | = o qual<br>A informação generaliza (o irmão era advogado) e pode ser retirada, explica. |
| **Restritiva** | Você é um dos poucos autores **que conheço.** | = os quais<br>Conheço alguns autores e não todos.<br>Não se pode retirar a informação da oração adjetiva. |
| | Eles são um dos alunos **que falaram conosco ontem.** | = os quais<br>Conversamos com alguns alunos e não com todos.<br>Não se pode retirar a informação da oração adjetiva. |

## 4.3.2. Em concursos

A pontuação, nas orações adjetivas explicativas, pode ser através de vírgula(s), travessão (final de frase) ou travessões (no meio da oração principal), ou parênteses.

## 4.3.3. Funções sintáticas do pronome relativo

Nas orações adjetivas, o pronome relativo desempenha função sintática. Vamos às dicas.

| | |
|---|---|
| **SUJEITO** | Os políticos **que** representaram o Brasil.<br>= **Os políticos** representaram o Brasil: sujeito |
| **OBJETO DIRETO** | Entreguei o material **que** você pediu.<br>Você pediu **o material** = O.D.<br>Fernanda, a **quem** admiro, influenciou-me na decisão.<br>Admiro **Fernanda**: a preposição pode ser retirada = objeto direto preposicionado. |
| **OBJETO INDIRETO** | O livro de **que** necessito hoje é este.<br>Necessito **do livro** = O.I. |
| **COMPLEMENTO NOMINAL** | Eis as informações de **que** tem necessidade.<br>Tem necessidade **das informações**. = C.N. |
| **PREDICATIVO DO SUJEITO** | Ele é o funcionário público **que** a maioria quer ser.<br>A maioria quer ser **funcionário público**. = predicativo |
| **AGENTE DA PASSIVA** | Ele é o diretor por **quem** fui criticado.<br>Fui criticado **pelo diretor**. = agente da passiva |
| **ADJUNTO ADVERBIAL** | Os fatos aconteceram no mês em **que** fez aniversário.<br>Fez aniversário **no mês**. = adj. adverbial de tempo |
| **ADJUNTO ADNOMINAL** | Apenas o relativo **cujo** e suas variações podem possuir função de adjunto adnominal.<br>Ele não consegue conviver com chefes **cujas** aspirações sejam apenas materiais.<br>= Não conseguem conviver com chefes<br>= As aspirações dos chefes são apenas materiais. |

## 4.4. Subordinada Adverbial

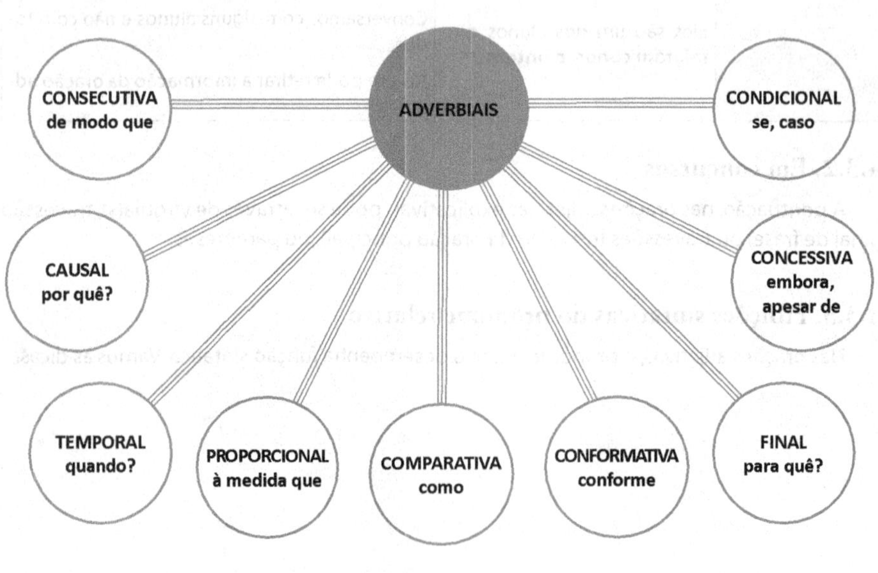

A oração subordinada adverbial exerce a função de **adjunto adverbial** do verbo da oração principal. Indica circunstância.

### 4.4.1. Classificação[1]

Iniciam-se pelas conjunções subordinativas, exceto as integrantes, que fazem parte apenas das orações subordinadas substantivas. São elas:

| | Definição | Conjunções | Exemplo | Dica |
|---|---|---|---|---|
| **Causal** | É a causa, o motivo da oração principal. | **porque, como, pois, pois que, já que, uma vez que, visto que.** | Ela foi aprovada **porque se dedicou aos estudos.** | Faz-se a pergunta **por quê?** À oração principal |
| **Consecutiva** | Indica a consequência da oração principal | **que, de forma que, de sorte que, tanto que,** etc., e pelas estruturas **tão...que, tanto...que, tamanho...que.** | Fiz o trabalho tão concentrada **que nem percebi sua presença.** | Encaixa-se sempre a expressão **de modo que.** |
| **Condicional** | Algo que se impõe como necessário para a realização ou não de um fato. | **se, caso, contanto que, desde que, salvo se, exceto se, a não ser que, a menos que, sem que, uma vez que** – acompanhada de verbo no subjuntivo. | **Caso não se prepare com antecedência**, será difícil ser aprovado. | Substitua por **caso e se.** |
| **Concessiva** | Indica concessão em relação à oração principal, contraste, ideias opostas. | embora, conquanto, ainda que, ainda quando, mesmo que, se bem que, posto que, apesar de que. | **Embora a prova estivesse dificílima**, fui aprovado e convocado. | Encaixe **embora** e **apesar de.** |
| **Comparativa** | É uma comparação. | **como, tão...como** (quanto), **mais** (do) **que, menos** (do) **que.** | Estudou **como um louco.** | Normalmente há verbo implícito. No exemplo citado: como um louco (estuda). |
| **Conformativa** | Indica conformidade, regra. | **conforme, como, consoante e segundo** | **Conforme foi previsto**, houve atraso na entrega dos documentos. | Encaixe **conforme.** |
| **Final** | Indica finalidade da oração principal. | **a fim de que, que, porque** (= para que) e **para que.** | Estudaram de manhã **para depois irem ao cinema.** | Pergunta: **para quê?** |

1. Só português. Disponível em <http://www.soportugues.com.br/secoes/morf/morf86.php>. Acesso em 5 maio 2014, alterado.

| | Definição | Conjunções | Exemplo | Dica |
|---|---|---|---|---|
| **Proporcional** | Indica proporcionalidade, ações simultâneas, acontecem ao mesmo tempo. | à proporção que, **à medida que, ao passo que, quanto maior...** (maior), **quanto maior...**(menor), **quanto menor...**(maior), **quanto menor...**(menor), **quanto mais...** (mais), **quanto mais...** (menos), **quanto menos...**(mais), **quanto menos...**(menos). | À medida que estuda, aprende mais. | Encaixe: à medida que. |
| **Temporal** | Indica o tempo da oração principal. | **quando, enquanto, mal, assim que, logo que, todas as vezes que, antes que, depois que, sempre que, desde que,** etc. | "**Quando você foi embora**, fez-se noite em meu viver..." | Pergunta: **quando?** |

## 4.4.2. Em concursos

Observações importantes:

1. Onde há causa, há consequência. Associe assim:

| Já que você não vai, | eu não vou |
|---|---|
| causa | por quê? |
| | consequência |

A oração para que fazemos a pergunta **por quê?** indica a consequência, o efeito; enquanto a reposta indica causa.

2. À medida que indica proporção; **na medida em que** indica causa. Muito cuidado porque sempre é pedida a diferença.
3. As orações subordinadas e coordenadas podem vir mescladas. Resolva as questões de concursos para saber como está sendo exigido o assunto nos últimos concursos.

## 4.5. Orações Reduzidas

Orações reduzidas, como o próprio nome indica, são menores. Possuem duas características:

| | |
|---|---|
| **1. Apresentam o verbo em uma forma nominal.** | gerúndio, particípio, infinitivo. |
| **2. Não possuem conectivo.** | conectivos: conjunções subordinativas ou pronomes relativas. |

### 4.5.1. Classificação

| 1. Subordinada Reduzida de Infinitivo | 2. Subordinada Reduzida de Gerúndio | 3. Subordinada Reduzida de Particípio |
|---|---|---|

| ORAÇÕES REDUZIDAS | | |
|---|---|---|
| 1<br>INFINITIVO | É necessário **estudar todas as matérias.**<br>= que estude todas as matérias. | **Oração subordinada substantiva** (isto) **subjetiva** (possui função de sujeito) **reduzida de infinitivo** |
| | Ele assegurou **serem de boa qualidade as máquinas.**<br>= que eram de boa qualidade as máquinas. | **Oração subordinada substantiva** (isto) **objetiva direta reduzida de infinitivo** |
| | Gosto **de estudar sozinha.**<br>= que eu estude sozinha. | **Oração subordinada substantiva** (disto) **objetiva indireta reduzida de infinitivo** |
| | O melhor seria **fazerem a prova logo.**<br>= que fizessem a prova logo. | **Oração subordinada substantiva** (isto) **predicativa reduzida de infinitivo** |
| | Ele estava disposto **a vender tudo.**<br>= que ele vendesse tudo. | **Oração subordinada substantiva** (isto) **completiva nominal reduzida de infinitivo** |
| | Ela nos fez um convite: **comparecermos à sua formatura.**<br>= que comparecêssemos à sua formatura. | **Oração subordinada substantiva apositiva reduzida de infinitivo** |
| | Aquele, **a dançar**, é meu irmão.<br>= que dança – o qual dança. | **Oração subordinada adjetiva** (cabe pronome relativo) **explicativa** (com pontuação) **reduzida de infinitivo** |
| | Ela foi a primeira **a reclamar.**<br>= que reclamou – a qual reclamou. | **Oração subordinada adjetiva** (cabe pronome relativo) **restritiva** (sem pontuação) **reduzida de infinitivo** |
| | Lamentou **por ter chegado muito cedo.**<br>= porque chegou muito cedo. | **Oração subordinada adverbial causal** (por quê?) **reduzida de infinitivo** |
| | **Ao rever os pais**, deu-lhes vários beijos.<br>= quando viu os pais. | **Oração subordinada adverbial temporal** (quando?) **reduzida de infinitivo** |
| | Fiz um empréstimo **para pagar a faculdade.**<br>= para que pagasse a faculdade. | **Oração subordinada adverbial final** (para quê?) **reduzida de infinitivo** |
| | **Apesar de estar triste**, sorri.<br>= apesar de que esteja triste. | Oração subordinada adverbial concessiva reduzida de infinitivo |
| | **Se cumprirem a promessa** eu cumpro a minha.<br>= caso cumpram a promessa. | Oração subordinada adverbial condicional reduzida de infinitivo |
| | Ela se distraiu tanto **a ponto de esquecer a briga.**<br>= que esqueceu a briga. | Oração subordinada adverbial consecutiva reduzida de infinitivo |

| ORAÇÕES REDUZIDAS | | |
|---|---|---|
| 2 GERÚNDIO | Encontrei Fernanda, **saindo do hotel.**<br>= que saía do hotel – a qual saía. | **Oração subordinada adjetiva** (cabe pronome relativo) **explicativa** (com pontuação) **reduzida de gerúndio** |
| | Gosto de bichos **correndo pelo quintal.**<br>= que correm pelo quinta. | **Oração subordinada adjetiva** (cabe pronome relativo) **restritiva** (sem pontuação) **reduzida de gerúndio** |
| | **Não cumprindo a promessa**, sentiu remorsos.<br>= porque não cumpriu a promessa | **Oração subordinada adverbial causal** (por quê?) **reduzida de gerúndio** |
| | **Faltando alguns minutos para o final da avaliação**, todos terminaram.<br>= quando faltavam alguns minutos para o final da avaliação. | **Oração subordinada adverbial temporal** (quando?) **reduzida de gerúndio** |
| | **Mesmo estando doente** fiz a prova.<br>= mesmo que estivesse doente | **Oração subordinada adverbial concessiva reduzida de gerúndio** |
| | **Mentindo assim** será pior.<br>= caso minta assim. | **Oração subordinada adverbial condicional reduzida de gerúndio** |
| 3 PARTICÍPIO | Fiquei surpresa com a escultura, **pintada de amarelo.**<br>= que pintaram de amarelo – a qual | **Oração subordinada adjetiva** (cabe pronome relativo) **explicativa** (com pontuação) **reduzida de particípio** |
| | Têm apenas um livro **comprado.**<br>= que comprou – que comprou | **Oração subordinada adjetiva** (cabe pronome relativo) **restritiva** (sem pontuação) **reduzida de particípio** |
| | **Ferido no rosto**, ele não pode mais trabalhar.<br>= porque se feriu no rosto | **Oração subordinada adverbial causal** (por quê?) **reduzida de particípio** |
| | **Concluída a prova**, foi comemorar.<br>= quando concluiu a prova | **Oração subordinada adverbial temporal** (quando?) **reduzida de particípio** |
| | **Vencido o campeonato**, permanecerão treinando.<br>= mesmo que vençam o campeonato | **Oração subordinada adverbial concessiva reduzida de particípio** |
| | **Excluídas as doações**, como funcionaremos?<br>=caso excluam as doações | **Oração subordinada adverbial condicional reduzida de particípio** |

# 5. FIQUE DE OLHO

- Orações coordenadas – independentes sintaticamente;
- Orações subordinadas – dependentes sintaticamente. As mais pedidas: adjetivas (com pronome relativo) e adverbiais;
- Orações reduzidas – sem conjunção ou pronome relativo e com verbo na forma nominal (gerúndio, particípio ou infinitivo).

## 5.1. Questões comentadas

Texto para responder à questão.

**Ideal do filósofo Jean-Jacques Rousseau**

A crítica às sociedades civilizadas e a idealização do homem primitivo, manifestadas a todo passo nas obras do filósofo Rousseau (1713-1784), foram vistas por muitos intérpretes como a expressão de um desejo de retorno à animalidade. Mas o que o filósofo sempre pretendeu não foi exaltar a animalidade do selvagem, mas sua mais profunda humanidade em relação ao homem civilizado.

O homem, para Rousseau, não se regenera pela destruição da sociedade e com o retorno à vida no meio das florestas. Embora privado, no estado social, de muitas vantagens da natureza, ele soube adquirir outras: capacidade de desenvolver-se mais rapidamente, ampliação dos horizontes intelectuais, enobrecimento dos sentimentos e elevação total da alma. Se os abusos do estado social civilizado não o colocassem abaixo da vida primitiva, o homem deveria bendizer sem cessar o instante feliz que o arrancou para sempre da animalidade e fez de um ser estúpido e limitado uma criatura inteligente. O propósito visado por Rousseau é combater os abusos e não repudiar os mais altos valores humanos.

Os abusos centralizam-se, para ele, na perda da consciência a que é conduzido o homem pelo culto dos refinamentos, das mentiras convencionais, da ostentação da inteligência e da cultura, nas quais se busca mais a admiração do próximo do que a satisfação da própria consciência. Rousseau, em uma palavra, não pretende queimar bibliotecas ou destruir universidades e academias; reconhece a função útil das ciências e das artes, mas não quer ver os artistas e intelectuais submetidos aos caprichos frívolos das modas passageiras. Pelo contrário, glorifica os esforços laboriosos da conquista intelectual verdadeira, que se realiza na luta contra os obstáculos da violência e na atividade do espírito crítico, livre de pressões.

(Adaptado do encarte, sem identificação de autoria, do volume Rousseau - Os pensadores. São Paulo: Abril Cultural, 1973, p. 474-475)

---

**01. (FCC - TRT 11 – Analista Judiciário – Área Judiciária - 2024)** Na frase *<u>Embora privado</u>, no estado social, de muitas vantagens da natureza, ele soube adquirir outras*, o elemento sublinhado pode ser adequadamente substituído por:

(A) A menos que destituído

(B) Porquanto encarecido

(C) Para se prover

(D) Conquanto desprovido

(E) Uma vez assoberbado

➢ Comentários:

**Alternativa "a"** – Não indica condição.

**Alternativa "b"** – Não indica causa (se subordinada) nem explicação (se coordenada).

**Alternativa "c"** – Não indica finalidade.

**Alternativa "d"** – Assim como a conjunção "embora", a conjunção "conquanto" é concessiva e indica fato contrário.

**Alternativa "e"** – Não indica causa.

**ALTERNATIVA CORRETA: D**

**Texto – A bananeira está em perigo. Conheça as soluções.**

(Fragmento; adaptado)

Robusta, nutritiva e abundante, ela é a fruta mais consumida do mundo. Mas também tem um ponto fraco: as bananeiras são geneticamente idênticas, clones umas das outras. Isso significa que uma doença poderia arrasar a produção mundial. Entenda o que ameaça a banana – e a corrida para tentar salvá-la.

Por Bruno Garattoni, Renata Cardoso e Leonardo Pujol

**§1º** Carlos II, rei da Espanha entre 1665 e 1700, também era conhecido como Carlos, o Enfeitiçado. O apelido veio da aparência dele, que tinha o rosto estranhamente deformado, do seu déficit cognitivo (só começou a falar aos 4 anos de idade) e dos muitos problemas de saúde que enfrentou ao longo da vida.

**§2º** A bananeira é o oposto disso. Trata-se de uma planta robusta e viçosa, que cresce rápido e dá muitos frutos: a banana é a fruta mais consumida do mundo, com 125 milhões de toneladas produzidas por ano [...].

**§3º** Carlos II foi o resultado de uma série de casamentos consanguíneos, em que os membros da dinastia Habsburgo tiveram filhos entre si ao longo de várias gerações. [...] Mas a prática teve uma consequência terrível: os descendentes ficaram mais e mais parecidos geneticamente, e foram acumulando mutações causadoras de doenças.

[...]

**§4º** A bananeira domesticada, cujas frutas nós comemos, não tem sementes. Isso a torna muito mais agradável de consumir. E também significa que a planta se reproduz de forma assexuada: o agricultor simplesmente corta um pedaço dela e enterra em outro lugar.

**§5º** Nasce uma nova bananeira – que, eis o problema, é geneticamente idêntica à anterior. Ela não tem, como Carlos II não teve, um pai e uma mãe com genes bem diferentes, cuja mistura aperfeiçoa o DNA e ajuda a proteger contra doenças. As bananeiras são clones – por isso, um único patógeno pode exterminá-las todas.

**§6º** E já existe um: o *Fusarium oxysporum*. Trata-se de um fungo que se desenvolve no solo, e infecta as raízes das bananeiras, impedindo que elas puxem água e nutrientes.

**§7º** Após a infecção, o solo fica contaminado por mais de 30 anos, e não há nada a fazer: o F. oxysporum é imune a todos os agrotóxicos.

[...]

**O preço da banana**

[...]

**§8º** A banana comestível teria surgido no sudoeste asiático. Acredita-se que, entre 7 mil e 5 mil a.C., os nativos da Papua-Nova Guiné teriam feito cruzamentos e domesticado as bananeiras selvagens (cheias de sementes duras, de quebrar os dentes). E voilà: desenvolveram bananeiras que produzem frutos sem sementes.

**§9º** Aqueles pontinhos pretos dentro da banana, caso você esteja se perguntando, não são sementes: trata-se de óvulos não fecundados. Isso porque os papuásios descobriram um método curioso para reproduzir a planta: bastava cortar e replantar um pedaço dela.

[...]

**§10º** Os séculos se passaram, e, à medida que as rotas comerciais foram se espalhando pelo mundo, o mesmo aconteceu com a banana [...].

**§11º** Foi quando ela chegou aos EUA, contudo, que a coisa mudou de patamar. [...] Em menos de duas décadas, os americanos já estavam comendo mais bananas do que maçãs ou laranjas. De olho nesse mercado, a Boston Fruit Company começou a comprar terras na América Central para cultivo e exportação da banana a partir de 1885.

**§12º** Criada em 1899, a United Fruit Company (UFC) – atual Chiquita Brands International – se tornou a maior empresa do setor. Era tão poderosa que, na primeira metade do século 20, mandava nos governos da Guatemala e de Honduras, onde mantinha plantações – foi daí que surgiu a expressão "república das bananas".

[...]

**§13º** Em 1951, Juan Jacobo Árbenz Guzmán, de apenas 38 anos, foi eleito presidente da Guatemala com a promessa de fazer duas reformas: uma trabalhista e outra agrária, que garantissem salários justos e devolvessem parte da terra aos pequenos agricultores.

**§14º** A United Fruit, obviamente, não gostou. Se opôs duramente ao novo governo, e em agosto de 1953 conseguiu convencer o presidente dos EUA, Dwight D. Eisenhower, a patrocinar um golpe de estado na Guatemala.

**§15º** A operação, de codinome PBSuccess, foi organizada pela CIA – que armou, financiou e treinou 480 homens, liderados pelo coronel guatemalteco Carlos Castillo Armas, e também organizou um bloqueio naval.

**§16º** As tropas de Castillo invadiram o país em 18 de junho de 1954, o Exército não reagiu – e, nove dias depois, o presidente Guzmán acabou forçado a renunciar. A Guatemala mergulhou em uma guerra civil que duraria 36 anos. E a United retomou seu poder. [...]

Disponível em: https://super.abril.com.br/ciencia/o-futuro-dabanana

**02. (FGV – TJ MS – Analista Judiciário - Área Fim - 2024)** "Aqueles pontinhos pretos dentro da banana, caso você esteja se perguntando, não são sementes [...]" (9º parágrafo)

Tipicamente, uma oração condicional expressa uma condição que precisa ser satisfeita para que uma determinada situação seja verdadeira. Na passagem acima, porém, isso não ocorre, o que caracteriza um uso não convencional da oração condicional.

A alternativa em que se verifica um uso não convencional, análogo ao da passagem acima, da oração condicional é:

(A) Eu, caso ganhe na loteria, darei a volta ao mundo;

(B) Se você estiver com fome, tem comida na geladeira;

(C) Se acaso você viesse, eu não me conteria de felicidade;

(D) Vou ajudá-lo com essa tarefa, ainda que você não mereça;

(E) Posso até ir com você, mas desde que você se comporte.

➢ Comentários:

**Nota da autora:** Perceba que não existe condição para que os pontinhos não sejam sementes.

**Alternativa "a"** – Existe condição para dar a volta ao mundo: se ganhar na loteria.

**Alternativa "b"** – Não existe condição para que a comida esteja na geladeira.

**Alternativa "c"** – Existe condição para não se conter de felicidade: se você viesse.

**Alternativa "d"** – Existe concessão, as ideias são opostas: vou ajudar *versus* você não merece.

**Alternativa "e"** – Existe condição para ir com você: se você se comportar.

**RESPOSTA: B**

---

**03. (FGV – TJ MS – Analista Judiciário - Área Fim - 2024)** A conjunção "e" apresenta, primariamente, valor aditivo. Dentre as alternativas abaixo, o único caso em que ela exibe, adicionalmente, valor conclusivo é:

(A) "Trata-se de uma planta robusta e viçosa [...]" (2º parágrafo);

(B) "E já existe um: o Fusarium oxysporum." (6º parágrafo);

(C) "[...] o agricultor simplesmente corta um pedaço dela e enterra em outro lugar." (4º parágrafo);

(D) "Após a infecção, o solo fica contaminado por mais de 30 anos, e não há nada a fazer [...]" (7º parágrafo);

(E) "As tropas de Castillo invadiram o país em 18 de junho de 1954, o Exército não reagiu – e, nove dias depois, o presidente Guzmán acabou forçado a renunciar" (16º parágrafo).

➢ Comentários:

**Nota da autora:** Atente-se ao comando para evitar erro. A banca menciona que a conjunção deve exprimir adição e conclusão, ou seja, dois valores concomitantemente.

**Alternativa "a"** – Exprime apenas adição: robusta + viçosa. Não cabe a conjunção "logo".

**Alternativa "b"** – Volte ao período anterior para se certificar: *um único patógeno pode exterminá-las todas. E já existe um.*

A oração é coordenada (possui dependência sintática) e possui ideia de adição. Também não cabe a conjunção "logo".

**Alternativa "c"** – Ideias também adicionais (oração coordenada aditiva): corta e enterra.

**Alternativa "d"** – Indica conclusão ou consequência, não adição: o solo fica contaminado, logo (consequentemente) não há nada a fazer.

**Alternativa "e"** – Indica adição e conclusão.

Como conclusiva: As tropas de Castillo invadiram o país em 18 de junho de 1954, o Exército não reagiu – logo (assim, então), nove dias depois, o presidente Guzmán acabou forçado a renunciar.

Como aditiva: As tropas de Castillo invadiram o país em 18 de junho de 1954, o Exército não reagiu – e (bem como), nove dias depois, o presidente Guzmán acabou forçado a renunciar.

**RESPOSTA: E**

---

**04. (FGV – TJ MS – Analista Judiciário - Área Fim - 2024)** Dentre as alternativas abaixo, o único caso em que o significado do elemento sublinhado foi identificado INCORRETAMENTE é:

(A) "Mas a prática teve uma consequência terrível: [...]" (3º parágrafo) – oposição;

(B) "E também significa que a planta se reproduz de forma assexuada" (4º parágrafo) – modo;

(C) "Ela não tem, como Carlos II não teve, um pai e uma mãe com genes bem diferentes [...]" (5º parágrafo) – comparação;

(D) "As bananeiras são clones – por isso, um único patógeno pode exterminá-las todas." (5º parágrafo) – conclusão;

(E) "Os séculos se passaram, e, à medida que as rotas comerciais foram se espalhando pelo mundo, o mesmo aconteceu com a banana." (10º parágrafo) – finalidade.

➢ Comentários:

**Alternativa "a"** – Conjunção coordenada adversativa: indica oposição.

**Alternativa "b"** – **Como** a planta se reproduz? De forma assexuada: modo.

**Alternativa "c"** – Ela, assim como Carlos, não teve: indica comparação.

**Alternativa "d"** – Locução conjuntiva coordenada conclusiva: pode ser substituída por "logo".

**Alternativa "e"** – A locução conjuntiva "à medida que" é subordinativa adverbial proporcional e refere-se a ações concomitantes, isto é, ações que ocorrem ao mesmo tempo.

**Dica**: a locução conjuntiva "na medida em que" indica causa.

**RESPOSTA: E**

**Texto CB1A1-I**

A 4.ª revolução industrial, marcada por avanços tecnológicos exponenciais, está produzindo uma transformação acelerada das ocupações e dos requisitos de habilidades necessárias ao ingresso dos jovens no mundo do trabalho. A demanda por novas qualificações aumenta, e a obsolescência das existentes se acelera; além disso, muitas atividades rotineiras estão sujeitas à robotização ou à substituição por máquinas inteligentes.

Embora essa nova realidade possa abrir grandes oportunidades, a transformação acelerada das ocupações gera também o risco de maior desigualdade.

O mundo tecnológico que emerge exige novas qualificações, ou mesmo novas alfabetizações, uma vez que as habilidades do século XXI estão em processo de redefinição radical, o que reforça a importância de educação de qualidade e formação profissional dos jovens para melhorar a empregabilidade e facilitar a transição da educação para o trabalho; de políticas ativas de mercado de trabalho que compreendam serviços e programas de emprego e contratos especiais para jovens; da promoção do respeito aos direitos trabalhistas e do trato não discriminatório dos jovens; além de políticas públicas que estimulem e desenvolvam a oferta de emprego pelas empresas, desde políticas de desenvolvimento e diversificação produtiva até o apoio às pequenas e médias empresas.

Entre as modalidades de programas para fomentar o emprego juvenil, as alianças público-privadas desempenham papel essencial, pois representam um campo fértil para a responsabilidade social empresarial e podem ser centrais para o desenvolvimento competitivo das empresas.

Internet: <www.ilo.org> (com adaptações)

---

**05. (CEBRASPE - TRT 8 - Técnico Judiciário - 2023)** No terceiro parágrafo do texto CB1A-1-I, a oração "uma vez que as habilidades do século XXI estão em processo de redefinição radical" expressa circunstância de

(A) tempo.

(B) consequência.

(C) proporcionalidade.

(D) condição.

(E) causa.

➢ Comentários:

**Alternativa "a"** – Não cabe a pergunta "quando?".

**Alternativa "b"** – A consequência é indicada pela oração anterior: *o mundo tecnológico que emerge exige novas qualificações, ou mesmo novas alfabetizações.*

**Alternativa "c"** – As ações não são simultâneas, não cabe a locução conjuntiva "à medida que".

**Alternativa "d"** – Não cabe a conjunção "se" ou "caso".

**Alternativa "e"** – A locução conjuntiva "uma vez que" é subordinativa causal.

Note que existe o fato/a causa (1) e a consequência/o efeito (2):

1. uma vez que <u>as habilidades do século XXI estão em processo de redefinição radical</u>

2. o mundo tecnológico que emerge exige novas qualificações, ou mesmo novas alfabetizações.

**ALTERNATIVA CORRETA: E**

Texto para responder à questão.

**Novo movimento**

As revoluções dos últimos dois séculos foram tão rápidas e radicais que transformaram a característica mais fundamental da ordem social. Tradicionalmente, a ordem social era firme e rígida. "Ordem" implicava estabilidade e continuidade. Revoluções sociais rápidas eram excepcionais, e a maioria das transformações sociais resultava da acumulação de uma série de pequenos passos. Os humanos tendiam a presumir que a estrutura social era inflexível e eterna. As pessoas costumavam declarar: "é assim que sempre foi, e é assim que sempre será".

Nos últimos dois séculos, o ritmo das mudanças se tornou tão rápido que a ordem social adquiriu um caráter dinâmico e maleável. Agora existe em estado de fluxo permanente. Quando falamos de revoluções modernas, tendemos a pensar em 1789 (a Revolução Francesa), 1848 (as revoluções liberais) ou 1917 (a Revolução Russa). Mas o fato é que, atualmente, todo ano é revolucionário. Hoje, até mesmo uma pessoa de 30 anos pode dizer honestamente a adolescentes incrédulos: "Quando eu era jovem, o mundo era completamente diferente". A internet, por exemplo, só se disseminou no início dos anos 1990, poucas décadas atrás, hoje, não podemos imaginar o mundo sem ela.

(Adaptado de: HARARI, Yuval Noah, Uma breve história da humanidade. Trad. de Janaina Marcoantonio. Porto Alegre: L&PM, 2018, p. 375-376)

---

**06. (FCC - TRT 21 – Analista Judiciário – Área Judiciária - 2023)** Constituem, respectivamente, uma **causa** e sua **consequência**, os seguintes segmentos do texto:

(A) até mesmo uma pessoa de 30 anos / pode dizer honestamente a adolescentes incrédulos (2º parágrafo)

(B) implicava estabilidade e continuidade / a ordem social era firme e rígida (1º parágrafo)

(C) é assim que sempre foi / e é assim que sempre será (1º parágrafo)

(D) o ritmo das mudanças se tornou tão rápido / a ordem social adquiriu um caráter dinâmico e maleável (2º parágrafo)

(E) tendemos a pensar em 1789 (...). 1848 (...) ou 1917 (...) / Quando falamos de revoluções modernas (2º parágrafo)

➢ Comentários:

**Alternativa "a"** – Inclusão: também, inclusive.

**Alternativa "b"** – As orações são coordenadas, possuem independência sintática e é impossível indicar causa e efeito.

**Alternativa "c"** – Indica adição: sempre foi e sempre será.

**Alternativa "d"** – No texto: *o ritmo das mudanças se tornou tão rápido que a ordem social adquiriu um caráter dinâmico e maleável.*

A conjunção "que" é consecutiva porque equivale a "de modo que".

Você pode pensar de duas formas:

1. Fazendo a pergunta "por quê?"

- **Por que** a ordem social adquiriu um caráter dinâmico e maleável? (a pergunta é a consequência)

- **Porque** o ritmo das mudanças se tornou tão rápido (a resposta é a causa)

2. **O fato** → *o ritmo das mudanças se tornou tão rápido*

**Faz com que** → *ordem social adquiriu um caráter dinâmico e maleável.*

**Alternativa "e"** – Indica tempo: "quando".

**ALTERNATIVA CORRETA: D**

Texto para responder à questão.

**Aspectos da imigração contemporânea**

À medida que cada vez mais pessoas cruzam as mais variadas fronteiras em busca de emprego, segurança e um futuro melhor, a necessidade de confrontar, assimilar ou expulsar estrangeiros cria tensão entre sistemas políticos e identidades coletivas formadas em tempos menos fluidos. Em nenhum lugar o problema é mais agudo que na Europa. A União Europeia foi construída sobre a promessa de transcender as diferenças culturais entre franceses, alemães, espanhóis e gregos. E pode desmoronar devido a sua incapacidade de incluir as diferenças culturais entre europeus e imigrantes da África e do Oriente Médio. Ironicamente, foi, em primeiro lugar, o próprio sucesso da Europa em construir um sistema próspero e multicultural que atraiu tantos imigrantes.

A crescente onda de refugiados e imigrantes provoca reações mistas entre os europeus e desencadeia discussões amargas sobre a identidade e o futuro da Europa. Alguns europeus exigem que a Europa feche seus portões: estarão traindo os ideais multiculturais e de tolerância já aceitos ou só adotando medidas para evitar um desastre de grandes proporções? Outros clamam por uma abertura maior dos portões: estarão sendo fiéis ao cerne dos valores europeus ou serão culpados de sobrecarregar o projeto do continente com expectativas inviáveis?

Discussões desse tipo sobre a imigração degeneram numa gritaria na qual nenhum dos lados ouve o outro. Mas por baixo de todos esses debates espreita uma questão mais fundamental, relativa a como entendemos a cultura humana. Será que entramos no debate sobre imigração com a suposição de que todas as culturas são inerentemente iguais, ou achamos que algumas culturas talvez sejam superiores a outras? Quando os alemães discutem a absorção de um milhão de refugiados sírios, imagina-se que possa haver resistência por quem considere que a cultura alemã é de algum modo melhor que a cultura síria? O fenômeno mundial da imigração põe à prova não apenas a diversidade de valores, mas os preconceitos que podem estar arraigados em cada cultura nacional.

*(Adaptado de: HARARI, Yuval Noah.* ***21 lições para o século 21****. Trad. Paulo Geiger. São Paulo: Companhia das Letras, 2018, p. 178-179)*

**07. (FCC – TRT 18 – Analista Judiciário – Área Administrativa – 2023)** Constituem uma **causa** e sua **consequência**, respectivamente, as seguintes afirmações expressas no primeiro parágrafo:

(A) *cruzam as mais variadas fronteiras / em busca de emprego, segurança e um futuro melhor.*

(B) *A União Europeia foi construída / sobre a promessa de transcender as diferenças culturais.*

(C) *construir um sistema próspero / Em nenhum lugar o problema é mais agudo.*

(D) *incapacidade de incluir as diferenças culturais / pode desmoronar.*

(E) *À medida que cada vez mais pessoas / cruzam as mais variadas fronteiras.*

➢ Comentários:

**Alternativa "a"** – Trecho: ***À medida que** cada vez mais pessoas cruzam as mais variadas fronteiras em busca de emprego, segurança e um futuro melhor, a necessidade de confrontar, assimilar ou expulsar estrangeiros cria tensão entre sistemas políticos e identidades coletivas formadas em tempos menos fluidos.*

A oração é adverbial proporcional.

O segmento *"em busca de emprego, segurança e um futuro melhor"* possui valor de finalidade.

**Alternativa "b"** – Trecho: *A União Europeia foi construída sobre a promessa de transcender as diferenças culturais entre franceses, alemães, espanhóis e gregos.*

O segmento *"sobre a promessa de transcender as diferenças culturais"* possui valor adverbial de modo.

**Alternativa "c"** – Trecho 1: *Ironicamente, foi, em primeiro lugar, o próprio sucesso da Europa em construir um sistema próspero e multicultural que atraiu tantos imigrantes.*

Trecho 2 (anteposto ao 1): *Em nenhum lugar o problema é mais agudo que na Europa.*

As orações são independentes sintaticamente, ou seja, são coordenadas.

**Alternativa "d"** – Trecho: *E pode desmoronar devido a sua incapacidade de incluir as diferenças culturais entre europeus e imigrantes da África e do Oriente Médio.*

**Causa**: *devido a sua incapacidade de incluir as diferenças culturais entre europeus e imigrantes da África e do Oriente Médio.*

**Consequência**: *pode desmoronar.*

**Dicas:**

**1.** Ao se deparar com a locução conjuntiva "devido a", já se sabe que existe indicação de causa;

**2.** Faça a pergunta à oração = **por que pode desmoronar?**

A resposta é a causa, e a pergunta é a consequência.

**Alternativa "e"** – Trecho: *À medida que cada vez mais pessoas cruzam as mais variadas fronteiras em busca de emprego, segurança e um futuro melhor...*

A oração é adverbial proporcional.

**ALTERNATIVA CORRETA: D**

**08. (FCC – TRT 4 – Analista Judiciário – Área Judiciária - 2022)** O segmento sublinhado na frase ***Os franceses, apesar de latinos, não costumam usar tanto a calçada***[2], pode ser coerentemente substituído por

(A) supostamente latinos

(B) conquanto sejam latinos

(C) latinos que fossem

(D) uma vez latinos

(E) porquanto latinos

➢ Comentários:

**Alternativa "a"** – A ideia não de suposição ou de hipótese.

**Alternativa "b"** – "Apesar de e "conquanto são locução conjuntiva subordinativa adverbial **concessiva** e conjunção subordinativa adverbial **concessiva**, respectivamente.

**Alternativa "c"** – Não indica condição.

**Alternativa "d"** – Não indica causa.

**Alternativa "e"** – Não uma explicação.

**ALTERNATIVA CORRETA: B**

Fragmento de texto para responder questão.

> (...) Um criado trouxe o caf. Rubião pegou na xícara e, enquanto lhe deitava açúcar, ia disfarçadamente mirando a bandeja, que era de prata lavrada. Prata, ouro, eram os metais que amava de coração; não gostava de bronze, mas o amigo Palha disse-lhe que era matéria de preço, e assim se explica este par de figuras que aqui est na sala, um Mefistófeles e um Fausto. **Tivesse, porém, de escolher, escolheria a bandeja**, – primor de argentaria, execução fina e acabada.
>
> (Machado de Assis. Quincas Borba. São Paulo: Companhia das Letras, 2012)

**09. (FCC – TRT 4 – Analista Judiciário – Área Administrativa - 2022)** ***Tivesse, porém, de escolher***, *escolheria a bandeja*

Em relação oração que a sucede, a oração sublinhada expressa ideia de

(A) comparação.

(B) concessão.

(C) causa.

(D) condição.

(E) consequência.

➢ Comentários:

**Alternativa "a"** – Não compara termos.

2. Adaptado de: VERISSIMO, Luis Fernando. O mundo é bárbaro. Rio de Janeiro: Objetiva, 2008, p. 69-70.

**Alternativa "b"** – As ideias não são opostas.

**Alternativa "c"** – Não cabe a pergunta "por quê?".

**Alternativa "d"** – Se **tivesse** de escolher = condição. Dica no tempo verbal: pretérito imperfeito do subjuntivo.

**Alternativa "e"** – Não pode ser inserida a locução conjuntiva "de modo que".

**ALTERNATIVA CORRETA: D**

Fragmento de texto para responder questão.

> (...) Não há dúvida de que os seres humanos estão constantemente usando muitos dos efeitos da oxitocina, **conquanto tenham aprendido a evitar, em determinadas circunstâncias, os efeitos que podem vir a não ser bons**. Não se deve esquecer que o filtro de amor não trouxe bons resultados para o Tristão e Isolda de Wagner. Ao fim de três horas de espetáculo, eles encontram uma morte desoladora.
>
> (Adaptado de: DAMÁSIO, António. O erro de Descartes. São Paulo: Companhia das Letras, edição digital)

---

**10. (FCC - TRT 22 - Analista Judiciário – Área Judiciária – 2022 - adaptada)** ***conquanto*** *tenham aprendido a evitar, em determinadas circunstâncias, os efeitos que podem vir a não ser bons.*

Sem prejuízo para a correção gramatical e o sentido, a palavra sublinhada pode ser substituída por

(A) assim.

(B) como.

(C) conforme.

(D) embora.

(E) porquanto.

➢ Comentários:

**Alternativa "a"** – Indica conclusão.

**Alternativa "b"** – Pode indicar conformidade (sentido de *conforme*), comparação ou causa (seguido de verbo no pretérito imperfeito do subjuntivo – Como estudasse, foi aprovado).

**Alternativa "c"** – Indica conformidade, regra.

**Alternativa "d"** – "Embora, assim como "conquanto, conjunção adverbial concessiva.

**Alternativa "e"** – Pode indicar explicação (coordenada) ou causa (subordinativa).

**ALTERNATIVA CORRETA: D**

Capítulo

# 5

# CONCORDÂNCIA

## 1. INTRODUÇÃO

Concordância é a correspondência de flexões existentes entre dois termos – ou mais – de uma oração, como entre verbo e sujeito, entre substantivo e adjetivo.

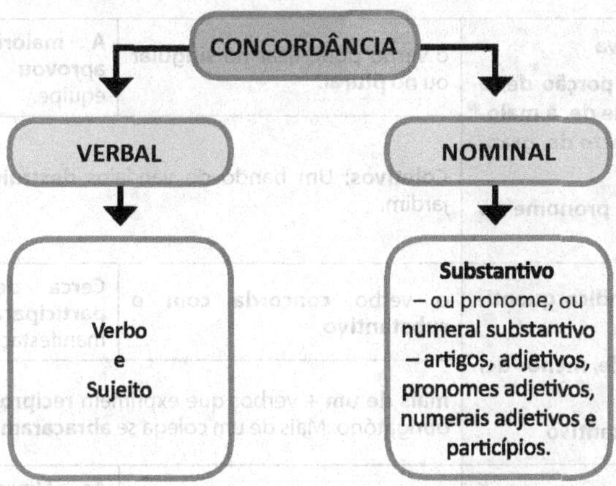

***Fonte:*** http://espelhoesonho.blogspot.com.br/

# 2. CONCORDÂNCIA VERBAL

### REGRA GERAL

O verbo concorda com o sujeito em número e pessoa.

| "Você | me | faz | feliz." |
|---|---|---|---|
| *sujeito* | | *verbo* | |
| ***pronome terceira pessoa singular*** | | ***verbo terceira pessoa singular*** | |

| Música e literatura | fazem | bem à alma. |
|---|---|---|
| *sujeito composto* | *verbo* | |
| ***dois núcleos: terceira pessoa do plural*** | ***verbo terceira pessoa plural*** | |

## 2.1. Casos Particulares[1]

<table>
<tr><td rowspan="2">Expressão partitiva<br>= parte de, uma porção de, o grosso de, metade de, a maioria de, a maior parte de, grande parte de...<br>+ substantivo ou pronome no plural</td><td>o verbo pode ficar no singular ou no plural.</td><td>A maioria dos alunos aprovou (aprovaram) a equipe.</td></tr>
<tr><td colspan="2">Coletivos: Um bando de vândalos destruiu (destruíram) o jardim.</td></tr>
<tr><td rowspan="2">Expressão que indica quantidade aproximada<br>= cerca de, mais de, menos de, perto de...<br>+ numeral e substantivo</td><td>o verbo concorda com o substantivo.</td><td>Cerca de mil pessoas participaram da manifestação.</td></tr>
<tr><td colspan="2">mais de um + verbos que exprimem reciprocidade, o plural é obrigatório: Mais de um colega se abraçaram.</td></tr>
<tr><td>Nomes que só existem no plural, o artigo manda na concordância</td><td>Sem artigo: verbo no singular. Com artigo no plural: verbo no plural.</td><td>As Minas Gerais fazem sonhos.<br>Minas Gerais faz poesia e bons sons.</td></tr>
<tr><td rowspan="2">Pronome interrogativo ou indefinido plural<br>= quais, quantos, alguns, poucos, muitos, quaisquer, vários<br>+ de nós ou de vós</td><td>verbo concorda com o primeiro pronome -na terceira pessoa do plural- ou com o pronome pessoal.</td><td>Quais de vós são (sois) capazes?</td></tr>
<tr><td colspan="2">Interrogativo ou indefinido estiver no singular: verbo no singular: Qual de nós é capaz?</td></tr>
</table>

1. Só português. Disponível em <http://www.soportugues.com.br/secoes/sint/sint49.php>. Acesso em 9 maio 2014, alterado.

<table>
<tr><td rowspan="3">Expressão que indica porcentagem + substantivo</td><td>Sem modificador da porcentagem: facultativamente o verbo pode concordar com o substantivo ou com o número referente à porcentagem.</td><td>30% do orçamento da empresa deve (ou devem) destinar-se à Educação.<br>1% dos alunos faltaram (ou faltou) à prova.</td></tr>
<tr><td>Com modificador da porcentagem: o verbo concorda com o modificador que pode ser pronome demonstrativo, possessivo ou artigo.</td><td>Os 10% da classe estudam muito.<br>Este 1% dos alunos estuda mais.</td></tr>
<tr><td colspan="2">Expressão que indica porcentagem não é seguida de substantivo = verbo concorda com o número: 40% precisam de mudança.</td></tr>
<tr><td>Pronome relativo QUE</td><td>concordância em número e pessoa com o antecedente do pronome.</td><td>Fui eu que paguei o livro.<br>És tu que me fazes ver o sentido da vida.</td></tr>
<tr><td rowspan="2">Um dos que</td><td>verbo plural.</td><td>Você é um dos que admiram o livro.</td></tr>
<tr><td colspan="2">Ele foi um dos escritores que mais fez sucesso.<br>Ela é uma das alunas mais brilhante da sala.</td></tr>
<tr><td>Quem</td><td>verbo na terceira pessoa do singular<br>ou concordando com o antecedente do pronome.</td><td>Fui eu quem pagou o livro.<br>Fui eu quem paguei o livro.</td></tr>
<tr><td>Pronome de tratamento</td><td>verbo na 3ª pessoa do singular ou plural.</td><td>Vossa Excelência é casado?<br>Vossas Excelências vão escrever?</td></tr>
<tr><td rowspan="2">Bater, dar e soar</td><td>verbo concorda com o numeral.</td><td>Deu uma hora no relógio da sala. Deram cinco horas no relógio da sala.</td></tr>
<tr><td colspan="2">sujeito da oração = relógio, sino, torre, etc., o verbo concorda com o sujeito: O tradicional relógio da praça matriz dá nove horas.</td></tr>
<tr><td>Verbos Impessoais:<br>Haver no sentido de existir;<br>Fazer indicando tempo;<br>Indicam fenômenos da natureza.</td><td>verbo na 3ª pessoa do singular</td><td>Havia muitos alunos na sala.<br>Faz três anos que não viajamos.<br>Chovia ontem à tarde.</td></tr>
</table>

## 2.2. Sujeito Composto[2]

| | |
|---|---|
| Sujeito é composto e **anteposto** ao verbo | verbo **plural**<br>**Pai e filho conversavam.** |
| Sujeitos compostos formados por **pessoas gramaticais diferentes**: a primeira pessoa do plural prevalece sobre a segunda pessoa, que por sua vez, prevalece sobre a terceira. | Teus irmãos, tu e eu **tomaremos** a decisão. = nós<br>Tu e teus irmãos **tomareis (tomarão)** a decisão. = vós (ou vocês)*<br>*sujeito é composto, formado por um elemento da segunda pessoa e um da terceira, é possível empregar o verbo na terceira pessoa do plural.<br>Pais e filhos **precisam** respeitar-se. = eles |
| Sujeito composto **posposto** ao verbo: em vez de concordar no plural com a totalidade do sujeito, o verbo pode estabelecer concordância com o **núcleo do sujeito mais próximo**. É uma opção, e não uma obrigação. | **Faltaram coragem e competência.**<br>**Faltou coragem** e competência. |
| Quando ocorre ideia de **reciprocidade**, no entanto, a concordância é feita obrigatoriamente no **plural**. | Abraçaram-**se** vencedor e vencido.<br>**Ofenderam-se** o jogador e o árbitro. |

## 2.2.1. Casos particulares[3]

| | | |
|---|---|---|
| Sujeito composto por **núcleos sinônimos** ou quase sinônimos | verbo no **plural** ou no **singular**. | Descaso e desprezo **marcam (marca)** seu comportamento. |
| Sujeito composto por **núcleos dispostos em gradação** | verbo no **plural** ou concorda com o **último núcleo do sujeito**. | Com você, meu amor, uma hora, um minuto, um segundo me **satisfazem (satisfaz).** |
| Núcleos do sujeito composto são unidos por **ou** ou **nem** | verbo no **plural** se a declaração contida no predicado puder ser atribuída a todos os núcleos. | Drummond **ou** Bandeira **representam** a essência da poesia brasileira.<br>**Nem** o professor **nem** o aluno **acertaram** a resposta. |
| | **núcleos excludentes**: verbo **singular**. | Roma ou Buenos Aires será a sede da próxima Olimpíada.<br>Você ou ele será escolhido. |
| Um e outro | verbo no singular ou no plural. | Um e outro **compareceu (compareceram)** à festa.<br>Nem um nem outro **saiu (saíram)** do colégio. |

2. Só português. Disponível em <http://www.soportugues.com.br/secoes/sint/sint53.php>. Acesso em 9 maio 2014, alterado.
3. Só português. Disponível em <http://www.soportugues.com.br/secoes/sint/sint53.php>. Acesso em 2 abril 2014, alterado.

| | | |
|---|---|---|
| Núcleos do sujeito são unidos por **com** | o verbo pode ficar no **plural:** com = e. | O pai **com** o filho **montaram** o brinquedo.<br>O governador **com** o secretariado **traçaram** os planos para o próximo semestre. |
| Núcleos do sujeito são unidos por **expressões correlativas: não só...mas ainda, não somente..., não apenas...mas também, tanto...quanto** | verbo no **plural**. | **Não só** a seca, **mas também** o pouco caso **castigam** o Nordeste.<br>**Tanto** a mãe **quanto** o filho **ficaram** surpresos com a notícia. |
| Elementos do sujeito composto resumidos por **aposto recapitulativo** | a concordância é feita com o termo resumidor. | Filmes, novelas, boas conversas, **nada** o **tirava** da apatia.<br>Trabalho, diversão, descanso, **tudo é** muito importante na vida das pessoas. |

### 2.2.2. Verbo + SE[4]

Precisa-se de funcionários.

Alugam-se apartamentos à beira-mar.

| | | |
|---|---|---|
| **Índice de indeterminação do sujeito** | o **"se"** acompanha os verbos **intransitivos, transitivos indiretos** e de **ligação** = singular. | **Precisa-se** de governantes interessados em civilizar o país.<br>**Confia-se** em teses absurdas.<br>**Era-se** mais feliz no passado. |
| **Pronome apassivador** | acompanha verbos **transitivos diretos e indiretos** na formação da voz passiva sintética. O verbo deve concordar com o sujeito da oração. | **Construiu-se um posto** de saúde.<br>**Construíram-se novos postos** de saúde.<br>**Não se pouparam** esforços para despoluir o rio.<br>**Não se devem poupar** esforços para despoluir o rio. |

### 2.3. Verbo SER

| | | |
|---|---|---|
| O futuro | **é** | esperanças. |
| *Sujeito* | *Verbo **ser** concorda com o sujeito* | |

| | | |
|---|---|---|
| O futuro | **são** | esperanças. |
| | *Verbo **ser** concorda com o predicativo do sujeito.* | *predicativo* |

---

4. Só português. Disponível em <http://www.soportugues.com.br/secoes/sint/sint55.php>. Acesso em 2 abril 2014, alterado.

| O VERBO SER CONCORDA COM O PREDICATIVO DO SUJEITO | |
|---|---|
| **Sujeito representado pelos pronomes – isto, isso, aquilo, tudo, o – e o predicativo estiver no plural.** | **Isso são lembranças** inesquecíveis.<br>**Aquilo eram problemas** gravíssimos.<br>O que eu admiro em você **são** os seus **cabelos** compridos. |
| **Sujeito no singular – referindo-se a coisas – e o predicativo substantivo no plural.** | **Nosso piquenique foram** só **guloseimas.**<br>**Sua rotina eram só alegrias.** |
| **Sujeito indicar pessoa, o verbo concorda com o sujeito.** | Gustavo era só decepções.<br>Minhas alegrias é esta criança.<br>Admite-se a **concordância no singular** quando se deseja fazer prevalecer um elemento sobre o outro:<br>**A vida é** ilusões. |
| **Sujeito for pronome interrogativo que ou quem.** | **Que são** esses papéis?<br>**Quem são** aquelas crianças? |
| **Impessoal na indicação de horas, dias e distâncias, o verbo ser concorda com o numeral.** | **É uma** hora.<br>**São três** da manhã.<br>**Eram 25** de julho quando partimos.<br>Daqui até a padaria **são dois** quarteirões.<br>Hoje **é dia** quatro de março.<br>Hoje **são quatro** de março. |
| **Sujeito indicando peso, medida, quantidade + pouco, muito, menos de, mais de, etc. = verbo ser no singular.** | Cinco quilos de açúcar **é mais do** que preciso.<br>Três metros de tecido **é pouco** para fazer seu vestido.<br>Duas semanas de férias **é muito** para mim. |
| **Sujeito ou predicativo for pronome pessoal do caso reto, com este concordará o verbo.** | No meu setor, **eu sou** a única mulher.<br>Aqui os adultos **somos nós.** |
| | Ambos os termos representados por pronomes pessoais = verbo concorda com o pronome sujeito:<br>Eu não sou ela. Ela não é eu. |
| **Sujeito com sentido partitivo ou coletivo e o predicativo no plural = verbo ser concorda com o predicativo.** | A grande maioria no protesto **eram jovens.**<br>O resto **foram atitudes** imaturas. |

## 2.4. Verbo PARECER[5]

| Ocorre variação do verbo parecer e não se flexiona o infinitivo. | Alguns colegas **pareciam chorar** naquele momento. |
|---|---|

5. Só português. Disponível em <http://www.soportugues.com.br/secoes/sint/sint58.php>. Acesso em 2 abril 2014, alterado.

| A variação do verbo parecer não ocorre, o infinitivo sofre flexão. | Alguns colegas **parecia chorarem** naquele momento. |
|---|---|

## 2.5. Haja Vista

| A expressão é invariável. | **Haja vista** as lições dadas por ele. = tendo em vista<br>**Haja vista** aos fatos explicados por esta teoria. = tendo em vista |
|---|---|
| O verbo haver pode variar = se não seguido de preposição, considerando-se o termo posposto como sujeito. | **Hajam vista** os exemplos de sua dedicação. = vejam-se |

## 2.6. Em locuções verbais

**Locução verbal** é a junção de um **verbo auxiliar** a um **verbo principal** que indica uma **única ação verbal**.

O **verbo auxiliar** é flexionado em número, pessoa, tempo e modo para concordar com o sujeito; o **verbo principal** é conjugado na forma nominal, ou seja, no infinitivo, no gerúndio ou no particípio.

Exemplos:

Eles **devem estudar**. (equivale a **estudam**)

Ela **poderá entender**. (equivale a **entenderá**)

Os erros **poderiam ser** corrigidos. (equivale a **seriam**)

Note que apenas o verbo auxiliar é flexionado, isto é, apenas ele deve concordar com o sujeito.

- Por quê?

- Porque a flexão da forma nominal seria supérflua. É evidente que o seu sujeito é o mesmo da forma anterior.

- **Dica**:

Caso haja intercalação entre esses verbos, a regra permanecerá idêntica.

Esses dados **poderiam**, em tese, **ser** obtidos.

Lê-se: Esses dados **poderiam ser** obtidos.

## 3. CONCORDÂNCIA NOMINAL[6]

<table>
<tr><th colspan="4">REGRAS GERAIS</th></tr>
<tr><td>**O adjetivo concorda em gênero e número com o substantivo.**</td><td colspan="3">As **mãos trêmulas** denunciavam o que sentia.</td></tr>
<tr><td rowspan="2">**Adjetivo referindo-se a vários substantivos, a concordância varia**</td><td rowspan="2">**Adjetivo anteposto aos substantivos:**</td><td>O adjetivo concorda em gênero e número com o **substantivo mais próximo**.</td><td>Encontramos **caídas as roupas** e os prendedores.<br>Encontramos **caída a roupa** e os prendedores.<br>Encontramos **caído o prendedor** e a roupa.</td></tr>
<tr><td>Substantivos como nomes próprios, adjetivo **plural**.</td><td>As **adoráveis Fernanda** e **Cláudia** vieram me visitar.<br>Encontrei os **divertidos primos** e **primas** na festa.</td></tr>
<tr><td rowspan="2">**Adjetivo posposto aos substantivos**</td><td colspan="2">O adjetivo concorda com o **substantivo mais próximo** ou **com todos eles.**</td><td>A indústria oferece localização e **atendimento perfeito.**<br>A indústria oferece atendimento e **localização perfeita.**<br>A indústria oferece **atendimento e localização perfeitos.**</td></tr>
<tr><td colspan="2">Substantivos possuindo mesmo gênero, adjetivo no singular ou plural.</td><td>A beleza e a inteligência **feminina(s).**<br>O carro e o iate **novo(s).**</td></tr>
</table>

6. Só português. Disponível em <http://www.soportugues.com.br/secoes/sint/sint59.php>. Acesso em 2 abril 2014, alterado.

<table>
<tr><th colspan="3">REGRAS GERAIS</th></tr>
<tr><td rowspan="2">Expressões formadas pelo verbo SER + adjetivo</td><td>O adjetivo fica no masculino singular, se o substantivo não for acompanhado de nenhum modificador.</td><td>Água é bom para saúde.</td></tr>
<tr><td>O adjetivo concorda com o substantivo, se este for modificado por um artigo ou qualquer outro determinativo.</td><td>Esta água é boa para saúde.</td></tr>
<tr><td>O adjetivo concorda em gênero e número com os pronomes pessoais a que se refere.</td><td colspan="2">Juliana as viu ontem muito felizes.</td></tr>
<tr><td>Nas expressões formadas por pronome indefinido neutro (nada, algo, muito, tanto, etc.) + preposição DE + adjetivo = adjetivo masculino singular.</td><td colspan="2">Os jovens tinham algo de misterioso.</td></tr>
<tr><td rowspan="2">A palavra só, quando equivale a "sozinho", tem função adjetiva e concorda com o nome a que se refere.</td><td colspan="2">Cristina saiu só.<br>Cristina e Débora saíram sós.</td></tr>
<tr><td colspan="2">só = somente ou apenas – função adverbial: invariável.<br>Eles só desejam uma palavra.</td></tr>
<tr><td rowspan="2">Um único substantivo modificado por dois ou mais adjetivos no singular</td><td>O substantivo permanece no singular e coloca-se o artigo antes do último adjetivo.</td><td>Admiro a cultura espanhola e a portuguesa.</td></tr>
<tr><td>O substantivo vai para o plural e o artigo antes do adjetivo é omitido.</td><td>Admiro as culturas espanhola e portuguesa.</td></tr>
</table>

## 3.1. Casos Particulares

| É proibido – É necessário – É bom – É preciso – É permitido | |
|---|---|
| **Formadas por verbo + adjetivo, ficam invariáveis se o substantivo a que se referem possuir sentido genérico (não vier precedido de artigo).** | É **proibido** entrada de crianças.<br>Em certos momentos, é **necessário** atenção.<br>No verão, melancia é **bom.**<br>É **preciso** cidadania.<br>Não é **permitido** saída pelas portas laterais. |
| **Sujeito dessas expressões estiver determinado por artigos, pronomes ou adjetivos, tanto o verbo como o adjetivo concordam com ele.** | É **proibida a** entrada de crianças.<br>**Esta** salada é **ótima.**<br>**A** educação é **necessária.**<br>São **precisas várias** medidas na educação. |

| Anexo – Obrigado – Mesmo – Próprio – Incluso – Quite | |
|---|---|
| **Concordam em gênero e número com o substantivo ou pronome a que se referem.**<br>**São expressões adjetivas.** | Seguem **anexas** as documentações requeridas.<br>A menina agradeceu:<br>– Muito **obrigada.**<br>Muito **obrigadas**, disseram as senhoras, nós **mesmas** faremos isso.<br>Seguem **inclusos** os papéis solicitados.<br>Já lhe paguei o que estava devendo: estamos **quites.** |
| **Bastante – Caro – Barato – Longe** | |
| **Invariáveis quando advérbios.**<br>**Concordam com o nome a que se referem quando funcionam como adjetivos, pronomes adjetivos, ou numerais.** | As jogadoras estavam **bastante** cansadas. = advérbio<br>Há **bastantes** pessoas insatisfeitas com o trabalho. = pronome adjetivo (muitos)<br>Nunca pensei que o estudo fosse tão **caro**. = advérbio<br>As casas estão **caras**. = adjetivo<br>Achei **barato** este casaco. = advérbio<br>Hoje as frutas estão **baratas**. = adjetivo<br>"Vais ficando **longe** de mim como o sono, nas alvoradas." (Cecília Meireles) = advérbio<br>"Levai-me a esses **longes** verdes, cavalos de vento!" (Cecília Meireles) = adjetivo) |
| **Meio – Meia** | |
| **Quando adjetivo (metade), concorda com o nome a que se refere.** | Pedi **meia** cerveja e **meia** porção de polentas. |
| **Quando advérbio (modificando um adjetivo, sentido de um pouco) permanece invariável.** | A noiva está **meio** nervosa. |
| **Alerta – Menos** | |
| **Essas palavras, normalmente, são advérbios e permanecem invariáveis.** | Os escoteiros estão sempre **alerta**.<br>Carolina tem **menos** bonecas que sua amiga. |

# 4. FIQUE DE OLHO

- Encontrar o sujeito e colocar a oração na ordem direta: sujeito + verbo + complemento;
- É fundamental saber análise sintática;
- Concordância verbal é mais pedida que a concordância nominal.

## 4.1. Questões comentadas

**01. (FCC - TRT 11 – Analista Judiciário – Área Judiciária - 2024)** As normas de concordância verbal estão plenamente observadas na frase:

(A) É comum que mesmo aos cientistas mais diligentes venham a faltar, em suas pesquisas, o acerto necessário na condução dos seus métodos.

(B) O aprimoramento dos métodos científicos possibilitam aos pesquisadores alimentar esperanças no sucesso do empreendimento que os inspiram.

(C) Não resta aos cientistas ou religiosos senão tomarem para si o dever de encontrar respostas a todo e qualquer mistério que os intrigue.

(D) Não são de se supor que os mistérios que a cada leigo intriga não preocupe também os cientistas mais determinados e os religiosos mais convictos.

(E) O que mais convêm aos cientistas é apurarem seus métodos de investigação, assim como não podem faltar aos religiosos o apoio da fé.

➢ Comentários:

**Alternativa "a"** – o acerto **venha** a faltar.

**Alternativa "b"** – o aprimoramento **possibilita**.

**Alternativa "c"** – os cientistas e religiosos **tomarem**.

**Alternativa "d"** – os mistérios não **preocupem**.

**Alternativa "e"** – Dois erros: o que mais **convém**: sujeito oracional; o apoio da fé não **pode** faltar.

**ALTERNATIVA CORRETA: C**

Texto para responder à questão.

*Dengue prevista*

A dengue é uma doença periódica e cíclica: os casos crescem no verão e há picos epidêmicos a cada 4 ou 5 anos. Trata-se, portanto, de enfermidade de atuação previsível. Supõe-se que o poder público se adiantaria com medidas de prevenção e tratamento. Contudo, há décadas os números de casos e mortes só aumentam no Brasil.

Entre 2000 e 2010, foram registrados 4,5 milhões de ocorrências e 1.869 óbitos. Na década seguinte, os números saltaram para 9,5 milhões e 5.385, respectivamente. O primeiro semestre deste ano registra 1,4 milhão de casos, ante 1,5 milhão em 2022. A tendência é piorar.

Segundo a OMS, urbanização descontrolada e sistema sanitário precário contribuem para o descontrole da moléstia.

No Brasil, cerca de 50% da população não tem acesso a redes de esgoto, em grande parte devido à ineficiência estatal, que só agora começa a mudar com o novo marco do setor. E o desmatamento para a construção de moradias irregulares grassa nos grandes centros. A dimensão de áreas verdes derrubadas para esse fim na cidade de São Paulo atingiu, nos primeiros dois meses de 2023, 85 hectares.

Neste ano, o município já conta com 11 444 casos de dengue – 3,7% a mais em relação ao mesmo período de 2022. Dez pessoas morreram, o maior número em oito anos, quando houve pico epidêmico.

A OMS ressaltou a importância da vacinação. Mas, devido à burocracia, o Brasil protela a distribuição do imunizante japonês Qdenga – já aprovado para venda pela Anvisa – no sistema público de saúde.

O combate à dengue deve ser contínuo, não apenas no verão, e em várias frentes complementares (saúde, infraestrutura e moradia). Com o alerta da OMS, espera-se que o poder público, local e federal, se prepare para receber as consequências do fenômeno climático El Niño.

(Editorial. Folha de S.Paulo, 27.07.2023. Adaptado)

---

**02. (VUNESP – TRF 3ª Região – Analista Judiciário – Área Administrativa – 2024)** A reescrita de informações do texto em que se atende à norma-padrão de concordância verbal é:

(A) São Paulo é um desses grandes centros que convivem com o desmatamento para a construção de moradias.

(B) Segundo a OMS, devem-se à urbanização descontrolada e ao sistema sanitário precário o descontrole da moléstia.

(C) Aumenta-se, no verão, os casos de dengue e constata-se picos epidêmicos a cada 4 ou 5 anos.

(D) Há picos epidêmicos da dengue a cada 4 ou 5 anos. Tratam-se, portanto, de situações de atuação previsível.

(E) Ocorre a cada 4 ou 5 anos os picos epidêmicos da dengue, por isso é enfermidade de atuação previsível.

➢ Comentários:

**Alternativa "a"** – O pronome relativo "que" retoma "um desses grandes centros".

Lê-se: **um desses grandes centros convivem** (ou **convive** – se concordar com "um") com o desmatamento. O verbo concorda com o sujeito retomado.

**Alternativa "b"** – Ordem direta: o **descontrole** da moléstia **deve-se** à urbanização descontrolada e ao sistema sanitário.

**Alternativa "c"** – O verbo "aumentar" é transitivo direto e o "se" é pronome apassivador.

A oração está na voz passiva sintética e o verbo deve concordar com o sujeito paciente: **aumentam-se**, no verão, os **casos** de dengue.

Na passiva analítica: os casos de dengue são aumentados no verão.

**Alternativa "d"** – O verbo "tratar" é transitivo indireto (trata de algo) e está acompanhado pelo índice de indeterminação do sujeito (se).

O sujeito é indeterminado e o verbo não admite pluralização: **trata-se** de situações.

**Alternativa "e"** – Ordem direta: os **picos** epidêmicos da dengue **ocorrem** a cada 4 ou 5 anos.

**RESPOSTA: A**

Texto para responder à questão.

*Numa manhã, Donana acordou me chamando de Carmelita, dizendo que **iria** dar um jeito em tudo, que eu não me preocupasse, que não precisaria mais viajar. Àquela época eu **tinha** doze anos e Belonísia se aproximava dos onze. Vi Donana nas manhãs seguintes chamar Belonísia de Carmelita também. Minha irmã apenas na da confusão.*

*Olhávamos uma para a outra e nos **deixávamos** caçoar pela desordem que se instaurou nos falares de Donana. Em seus pensamentos, Fusco havia se formado uma onça, **pedia** para que tivéssemos cuidado. Nos convidava a caminhar pelas veredas por onde iríamos buscar meu pai que, haviam dito, estava dormindo aos pés de um jatobá ao lado da onça mansa que o cão havia se tornado. Sabíamos que nosso pai estava na roça, trabalhando todos os dias, então as coisas que minha avó falava não **faziam** sentido. Mesmo assim, minha mãe pedia que a acompanhássemos, que vigiássemos para que não lhe sucedesse nenhum acidente ou se perdesse em meio à mala.*

(Adaptado de: VIEIRA JÚNIOR, Itamar. Torto Arado. São Paulo, Cia. das Letras, 2019)

---

**03. (FCC – TRT 21 – Analista Judiciário – Área Administrativa – 2023)** A expressão sublinhada deve sua flexão ao verbo em negrito em:

(A) Àquela época eu **tinha** doze anos e Belonísia se aproximava dos onze.

(B) então as coisas que minha avó falava não **faziam** sentido.

(C) Olhávamos uma para a outra e nos **deixávamos** caçoar pela desordem que se instaurou nos falares de Donana.

(D) Numa manhã, Donana acordou me chamando de Carmelita, dizendo que **iria** dar um jeito em tudo.

(E) Em seus pensamentos, Fusco havia se tornado uma onça, **pedia** para que tivéssemos cuidado.

➢ Comentários:

**Nota da autora:** sem voltar ao texto, poderia errar a questão.

**Alternativa "a"** – <u>Eu</u> **tinha** / <u>Belonísia</u> **se aproximava**.

**Alternativa "b"** – <u>Minha avó</u> **falava** / <u>as coisas</u> não **faziam** sentido.

**Alternativa "c"** – <u>[Nós]</u> nos **deixávamos**.

**Alternativa "d"** – <u>Donana</u> **acordou** / <u>Donana</u> **iria** dar um jeito.

**Alternativa "e"** – <u>Fusco</u> **havia se tornado** / <u>[Donana]</u> **pedia** para que tivéssemos cuidado.

**RESPOSTA: D**

---

**04. (FCC – TRT 21 – Analista Judiciário – Área Judiciária – 2023)** Às normas de concordância verbal encontram-se plenamente observadas na frase:

(A) Já haviam há 25 séculos pensadores que, como Heráclito, aplicava-se a reconhecer o limite que nos impunha as razões da própria Natureza.

(B) Nem tudo o que podemos conhecer dos fenômenos naturais encontra-se à disposição das técnicas científicas que ora se prestigiam.

(C) É ínfima a fração dos fatos compreensíveis que se calculam haver em nosso mundo, ainda quando nos pareçam de grande relevância.

(D) Não cabem aos cientistas decretar o que podem ou não ser por eles conhecido, desde que a própria Natureza em seus mistérios teimam ocultar-se.

(E) Aos avanços das ciências exatas não correspondem, na exata medida, o avanço do conhecimento pleno que a tantos entusiasmam.

➢ Comentários:

**Alternativa "a"** – O verbo haver é impessoal (já existiam) = já **havia** há séculos; pensadores que se **aplicavam**; as razões nos **impunham**.

**Alternativa "b"** – Tudo se encontra; técnicas científicas que se prestigiam – na passiva analítica: que são prestigiadas.

**Alternativa "c"** – A fração que se **calcula** (que é calculada); a fração nos **pareça**.

**Alternativa "d"** – Sujeito oracional = verbo no singular: não **cabe** decretar; a natureza **teima**.

**Alternativa "e"** – O avanço não **corresponde**; o avanço **entusiasma**.

**ALTERNATIVA CORRETA: B**

---

**05. (FCC - TRT 18 - Analista Judiciário - Área Judiciária - 2023)** As normas de concordância verbal estão plenamente observadas na frase:

(A) Não correspondem aos conceitos defendidos pelos revolucionários franceses nenhuma prática moderna plenamente objetiva.

(B) Restam aos que ainda se proponham a bem definir o que seja igualdade o desafio de comprová-la nas vivência sociais.

(C) Não deve satisfazer a um defensor intransigente da igualdade entre os homens as convicções abstratas dos idealistas.

(D) Por mais dúvidas que se coloquem diante do conceito de igualdade, não se apaga o ânimo dos humanistas esperançosos.

(E) Deverá sobrevir como efeito imediato do fim das práticas autoritárias as práticas possíveis de um real igualitarismo.

➢ Comentários:

**Nota da autora:** Encontre os sujeitos e coloque as orações na ordem direta.

**Alternativa "a"** – Nenhuma prática moderna plenamente objetiva (sujeito) não **corresponde** aos conceitos defendidos pelos revolucionários franceses.

**Alternativa "b"** – 1. Sujeito oracional (definir) = verbo no singular: **resta**; 2. nas **vivências** sociais = o substantivo deve ser pluralizado para que a concordância do artigo (as) e do adjetivo (sociais) fique correta.

**Observação**: outra possibilidade é deixar os termos no singular = **na** vivência **social.**

**Alternativa "c"** – O verbo deve concordar com o sujeito: as convicções abstratas dos idealistas não **devem** satisfazer.

**Alternativa "d"** – A primeira oração está na voz passiva sintética e o verbo concorda com o sujeito (dúvidas). Na passiva analítica, lê-se: por mais dúvidas que sejam colocadas. A segunda oração também está na passiva sintética e o verbo concorda com o sujeito (ânimos). Na passiva analítica, lê-se: o ânimo dos humanistas esperançosos não é apagado.

**Alternativa "e"** – O verbo deve concordar com o sujeito: as práticas possíveis de um real igualitarismo **deverão** sobrevir.

**ALTERNATIVA CORRETA: D**

**06. (FCC - TRT 18 - Analista Judiciário - Área Administrativa - 2023)** As normas de concordância verbal estão plenamente observadas na frase:

(A) Não decorrer das diferenças culturais entre europeus e imigrantes o que h de mais problemático nas migrações?

(B) A exigência de que os europeus se fechem para impedir os fluxos imigratórios não condizem com os ideais de uma política humanitária.

(C) O que importam nesses debates todos são os diversos critérios pelos quais cada cultura pretende se legitimar diante de uma outra.

(D) A diversidade de valores e de preconceitos mostram-se sobretudo quando as culturas confrontam seus paradigmas de civilização.

(E) A menos que hajam apelos força e ao domínio físico, não comum que o sistema de uma cultura apague o de outra.

➢ Comentários:

**Nota da autora:** Para evitar erro, sempre coloque a oração (ou o período) na ordem direta.

**Alternativa "a"**

- **O que** não decorrerá das diferenças culturais entre europeus e imigrantes?

- **O que** há de mais problemático nas migrações.

Lê-se: aquilo que há. O sujeito é o pronome relativo "que" retoma o pronome demonstrativo "o". O verbo, consequentemente, deve ficar no singular.

**Alternativa "b"**

- **O que** não condizem com os ideais de uma política humanitária?

- A exigência = sujeito.

Correção: A exigência de que os europeus se fechem para impedir os fluxos imigratórios não **condiz** com os ideais de uma política humanitária.

**Alternativa "c"** – Mais uma vez apareceu a estrutura "o que" = aquilo que importa.

O sujeito é o pronome relativo "que" retoma o pronome demonstrativo "o".

Correção: O que **importa** nesses debates todos são os diversos critérios.

**Alternativa "d"**

- **O que** se mostram quando as culturas confrontam seus paradigmas de civilização?

- A diversidade = sujeito.

Note que o verbo é transitivo direto e está seguido pelo pronome apassivador "se". Isso indica que a oração está na voz passiva sintética e o verbo deve concordar com o sujeito.

Transponha para a voz passiva analítica: a diversidade é mostrada.

Correção: A diversidade de valores e de preconceitos **mostra**-se sobretudo quando as culturas confrontam seus paradigmas de civilização.

**Alternativa "e"** – O verbo "haver" é impessoal por estar no sentido de "existir" e não admite pluralização.

Correção: A menos que **haja** apelos.

**ALTERNATIVA CORRETA: A**

**07. (FCC – TRT 17 – Analista Judiciário – Área Judiciária – 2023)** Respeitam-se plenamente as normas de concordância verbal na frase:

(A) Não se admitem que os jovens poetas passem de repente a desonrar sua admiração inicial pelos poetas mais velhos.

(B) Aos jovens poetas não sucede permanecerem fiéis admiração j demonstrada pelos poetas mais velhos.

(C) Caberiam aos moços talentosos aproveitar melhor as boas lições que lhes foram passadas pelos velhos mestres.

(D) Haveria de passar muitos anos para que aqueles jovens poetas recuperassem seu respeito pelos mestres de outrora.

(E) Recomendam-se aos críticos que não levem em conta os ardores fortes e voluntariosos dos jovens poetas.

➢ Comentários:

**Alternativa "a"** – O verbo "admitir" é transitivo direto e está seguido do pronome apassivador "se" = voz passiva sintética (oração principal).

Sujeito oracional (possui verbo): que os jovens poetas passem de repente a desonrar sua admiração inicial pelos poetas mais velhos.

**Dica:** sempre que o sujeito possuir verbo, o verbo da oração principal ficará no singular.

Correção: Não se **admite.**

Transponha a oração principal para a voz passiva analítica: **Não é admitido** que os jovens poetas passem de repente a desonrar sua admiração inicial pelos poetas mais velhos.

**Alternativa "b"** – A oração está na ordem inversa. Encontre o sujeito e coloque-a na ordem direta:

Permanecerem fiéis à admiração já demonstrada pelos poetas mais velhos (sujeito) não **sucede** aos jovens.

Sujeito oracional = verbo da oração principal no singular.

**Alternativa "c"** – Sujeito oracional novamente.

Ordem direta: aproveitar melhor as boas lições (sujeito) que lhes foram passadas pelos velhos mestres **caberiam** aos moços talentosos.

**Alternativa "d"** – Cuidado! Trata-se de uma locução verbal (haveria de passar).

Substitua os dois verbos por um: passaria. O verbo principal é "passar", o verbo "haver" é apenas auxiliar e deve ser pluralizado se o sujeito estiver no plural ou for composto.

Correção: **Haveriam** de passar muitos anos (sujeito).

Lê-se: Muitos anos passariam.

**Alternativa "e"** – O verbo "recomendar" é bitransitivo – transitivo direto e indireto – e está seguido do pronome apassivador "se" = voz passiva sintética (oração principal).

Sujeito oracional (possui verbo): que não levem em conta os ardores fortes e voluntariosos dos jovens poetas.

Objeto indireto: aos críticos.

Correção: **Recomenda-se.**

Transponha a oração principal para a voz passiva analítica: **É recomendado** aos críticos que não levem em conta os ardores fortes e voluntariosos dos jovens poetas.

**ALTERNATIVA CORRETA: B**

---

**08. (FCC – TRT 14 – Analista Judiciário – Área Judiciária – 2022)** As normas de concordância verbal encontram-se plenamente observadas em:

(A) As palavras que a alguém ocorrem deitar no papel acabam por identificar o estilo mesmo de quem as escreveu

(B) Gaba-se a autora de que às palavras a que recorre nunca falta a espontaneidade dos bons escritos.

(C) Faltam às tarefas outras de que poderiam se incumbir a facilidade que encontra ela em escrever seus textos.

(D) Os possíveis entraves para escrever um conto, revela a autora, logo se dissipou em sua primeira tentativa.

(E) Não haveria de surgir impulsos mais fortes, para essa escritora, do que os que a levaram a imaginar histórias.

➢ Comentários:

**Alternativa "a"** – Sujeito oracional = verbo no singular: **ocorre** deitar no papel.

**Alternativa "b"** – A autora (sujeito) gaba-se.

**Alternativa "c"** – A facilidade (sujeito) **falta** às palavras.

**Alternativa "d"** – Os possíveis entraves (sujeito) logo se **dissiparam**.

**Alternativa "e"** – Cuidado! O verbo "haver" é auxiliar, ou seja, faz parte da locução verbal.

Substitua os dois verbos por um: haveria de surgir = surgiria.

O verbo deve concordar com o sujeito: impulsos mais fortes **haveriam** de surgir.

**ALTERNATIVA CORRETA: B**

---

**09. (FCC – TRT 14 – Analista Judiciário – Área Judiciária – 2022)** O verbo indicado entre parênteses dever flexionar-se numa forma do **plural** para integrar corretamente a frase:

(A) Mais que os esquemas fixos dos programas de TV **(atrair)** as crianças o espetáculo da lareira.

(B) Sempre (**haver**), por conta dos poderes do fogo, as metáforas que o fazem representar nossas paixões.

(C) Não (**convir**) aos espectadores do fogo fixar-se demoradamente em suas luzes que podem enceguecê-los.

(D) No fogo (**convergir**), como espetáculo que é, as propriedades do brilho físico e as do estatuto metafórico.

(E) Aos múltiplos apelos do fogo (**atender**) nosso olhar aberto para o eterno espetáculo que suas chamas constituem.

➢ Comentários:

**Alternativa "a"** – O espetáculo **atrai** as crianças.

**Alternativa "b"** – O verbo "haver" é impessoal por possuir sentido de "existir" e não admite pluralização: sempre há metáforas.

**Dica:** equivale a "sempre existem metáforas".

Nesse caso, o verbo admite plural porque deve concordar com o sujeito.

**Alternativa "c"** – Sujeito oracional = verbo no singular: não **convém**.
- O que não convém aos espectadores do fogo?
- fixar-se demoradamente em suas luzes = sujeito.

É oracional por possuir verbo e a oração é classificada como subordinada substantiva subjetiva.

**Alternativa "d"** – as **propriedades** do brilho físico e as **[propriedades]** do estatuto metafórico **convergem**.

Sujeito composto = verbo no plural.

**Alternativa "e"** – nosso olhar aberto atende.

**ALTERNATIVA CORRETA: D**

---

**10. (FCC – TRT 4 – Analista Judiciário – Área Judiciária - 2022)** As normas de concordância verbal estão plenamente atendidas na frase:

(A) Atribui-se à prática do ***loitering***, na Europa, desvantagens de sua economia em relação à da América.

(B) Nos Estados Unidos como na Inglaterra têm diferentes implicações legais a prática do ***loitering***.

(C) Há países em que se podem punir como contravenção a prática dos que ficam zanzando pelas calçadas.

(D) Muitas vezes cabe aos guardas interpretar as diferenças entre atos inocentes e supostas contravenções.

(E) Aos espanhóis e aos italianos imputam-se o hábito de se valerem das calçadas para longas conversações.

➢ Comentários:

**Alternativa "a" – Atribuem-se** desvantagens: VTD + SE = VP. Na analítica: vantagens são atribuídas.

**Alternativa "b"** – A prática **tem** diferentes implicações.

**Alternativa "c"** – ... em que se **pode** punir a prática: VTD + SE = VP. Na analítica: a prática pode ser punida.

**Alternativa "d"** – Interpretar as diferenças entre atos inocentes e supostas contravenções (sujeito oracional) cabe aos guardas.

**Alternativa "e" – Imputa-se** o hábito: VTD + SE = VP. Na analítica: o hábito é imputado.

**ALTERNATIVA CORRETA: D**

Capítulo 6

# REGÊNCIA

## 1. INTRODUÇÃO

Regência trata das relações entre os termos da frase, estabelecendo a dependência entre eles.

**Regente** é o termo que exige complemento e **regido** é o termo complementar.

| Ninguém | **assistiu** | **à palestra.** |
|---|---|---|
| | **termo regente** | **termo regido** |

| **Necessidade** | **de ser fera.** |
|---|---|
| **termo regente** | **termo regido** |

| **Regência** | |
|---|---|
| **Verbal** | **Nominal** |
| • V.T.D.<br>• V.T.I.<br>• V.T.D.I.<br>• I. | • admiração a, por<br>• doutor em<br>• diferente de<br>• suspeito de<br>• longe de |

## 2. REGÊNCIA VERBAL

Com o intuito de facilitar, vamos dividir o estudo de regência em:

1. Verbos que apresentam uso popular em desacordo com a norma culta;

2. Verbos que possuem mais de uma regência;
3. Lista de verbos notáveis.

## 2.1. Verbos que Apresentam Uso Popular em Desacordo com a Norma Culta

| Verbo | Sentido | Regência | Exemplo |
|---|---|---|---|
| **Custar** | ser difícil | V.T.I. | Custou **ao** candidato aceitar a nota. |
| **Implicar** | acarretar | V.T.D. | Sua atitude implicará demissão. |
| **Namorar** | – | V.T.D. | Ela namora o advogado há alguns meses. |
| **Obedecer e desobedecer** | – | V.T.I. | Ele obedece **ao** patrão.<br>Ela desobedece **ao** pai. |
| Admitem voz passiva, embora sejam transitivos indiretos:<br>O patrão é obedecido por ele. O pai era desobedecido por ela. | | | |
| **Pedir** | – | V.T.D. (coisa)<br>V.T.I. (pessoa) | Pediu licença e saiu.<br>Pediu **ao** professor que lhe entregasse o gabarito. |
| Pede a preposição para quando subentendida a palavra licença | | V.T.D. | Pediu (licença) para sair. |
| **Preferir** | – | V.T.D.I. (algo a algo) | Prefere cinema **a** teatro. |
| **Responder** | quando declaração da resposta | V.T.D. | Respondeu que não sabia o segredo. |
| | quando nomeia a coisa ou a pessoa a quem se dá a resposta | V.T.I. | Ele respondeu **a** todas as perguntas. |
| **Simpatizar e antipatizar** | – | V.T.I. | Simpatiza **com** ela. |
| Não admite o pronome oblíquo, por não ser pronominal. | | | |

## 2.2. Verbos que possuem mais de uma Regência

| Verbo | Sentido | Regência | Exemplo |
|---|---|---|---|
| **Aspirar** | respirar, sorver (perfume, ar) | V.T.D. | Aspirou um ar venenoso. |
| | pretender/ desejar | V.T.I. (a) | Os candidatos aspiram **a** aprovações. |
| | O verbo aspirar **não aceita os pronomes lhe, lhes** como objeto indireto, por isso devemos substituí-los por a ele, a ela, a eles, a elas. | | |

| Verbo | Sentido | Regência | Exemplo |
|---|---|---|---|
| **Assistir** | ver | V.T.I. (a) | Assistiu **ao** jogo. |
| | Usado nesse sentido, "assistir" não aceita lhe, lhes, como objeto indireto; por isso, quando necessário, deveremos trocá-lo por a ele, a ela, a eles, a elas. | | |
| | socorrer, ajudar | V.T.D. | O amigo assistiu o doente. |
| | caber, pertencer | V.T.I. (a) | O poder de resolver assiste **a** ele apenas. |
| **Chamar** | mandar vir, solicitar a presença | V.T.D. | A professora chamou os alunos. |
| | chamar pelo nome, apelidar | há quatro construções | Chamaram a menina de balão.<br>Chamaram a menina balão.<br>Chamaram à menina de balão.<br>Chamaram à menina balão. |
| **Esquecer e lembrar** | não pronominais: sem preposição | | Esqueceu o caderno. |
| | pronominais: com preposição (de) | | Ele **se** esqueceu **do** caderno. |
| | Se a coisa esquecida possuir função de sujeito, sofre alteração:<br>Esqueceu-me o ocorrido. Lembrou-me o assunto. | | |
| **Informar** | Admite duas construções | V.T.D.I. | Informei a data **ao** aluno (algo a alguém).<br>Informei o aluno **da** data (alguém de algo). |
| **Pagar e perdoar** | Para coisa | V.T.D. | Paguei o DVD. Perdei seus erros. |
| | Para pessoa | V.T.I. | Paguei **a** você. Perdoei **a** você. |
| **Proceder** | ter fundamento | I. | Os boatos não procediam. |
| | executar | V.T.I. (a) | Procederemos **ao** inquérito. |
| **Querer** | desejar | V.T.D. | "A gente quer dinheiro e felicidade." |
| | estimar | V.T.I. (a) | Quero **a** meus amigos. |

| Verbo | Sentido | Regência | Exemplo |
|---|---|---|---|
| Visar | mirar | V.T.D. | Visou o alvo. |
| | vistar | V.T.D. | Visou o cheque. |
| | ter em vista | V.T.I. (a) | Visam **a** aprovações. |
| | O verbo visar **não aceita os pronomes lhe, lhes** como objeto indireto, por isso devemos substituí-los por a ele, a ela, a eles, a elas. | | |

## 2.3. Lista de Verbos Notáveis

| Verbo | Sentido | Regência | Exemplo |
|---|---|---|---|
| Abraçar | cingir com os braços, *ocupar-se de*, seguir | V.T.D. | Muitos abraçam as ideias comunistas. |
| | adotar como sua | V.T.D. | Abraçou nossa causa. |
| Agradar | fazer agrados, *mimar*, acaricia | V.T.D. | Ele agrada seu cão. |
| | ser agradável, *contentar*, satisfazer, sendo o sujeito da oração nome de **coisa**. | V.T.I. (a) | A música agradou **a**o público. |
| | ser agradável, *contentar*, satisfazer, quando o sujeito é nome de **pessoa**. | V.T.D. | Ela não consegue agradar o chefe. |
| | ser agradável, *contentar*, satisfazer | I. | A apresentação não agradou. |
| | gostar: pronominal | V.T.I. (de) | Agradou-**se** muito **d**o rapaz. |
| Agradecer | objeto direto de coisa e indireto de pessoa | V.T.I. (a) | Agradeci o presente **a** meu pai. |
| Ajudar | transitivo direto ou indireto | V.T.D. ou V.T.I. (a) | Ajudei este homem nos seus estudos.<br>Ajudei **a** este homem nos seus estudos. |
| | Seguido de infinitivo | V.T.D.I. | Ajudei este homem **a** estudar. |
| Atender | acolher ou receber alguém com atenção, responder a alguém que se dirige a nós, ouvir, conceder, deferir um pedido | V.T.D. | O diretor atendeu os alunos.<br>Deus atendeu a súplica de seu servo. |
| | dar atenção a alguém, ouvir-lhe os conselhos, levar em consideração, atentar, prestar atenção a, satisfazer | V.T.I. (a) | A mãe não atendia **a**os apelos do filho.<br>Atenderemos **a**o chamado do cliente. |

| Verbo | Sentido | Regência | Exemplo |
|---|---|---|---|
| **Chegar** | aparece modificado por adjunto adverbial de lugar (rege a preposição **a**) | I. | Chegamos **a** São Paulo pela manhã. |
| **Ensinar** | objeto direto de coisa<br>e indireto de pessoa ou objeto direto de pessoa<br>e indireto no infinitivo (rege a preposição **a**) | V.T.D.I. | Ensino a dança **a** João.<br>Ensina-o a converter cada espinho em flor. |
| **Residir** | aparece modificado por adjunto. Rege a preposição **em** | I. | Reside **na** rua Garibaldi. |

## 3. REGÊNCIA NOMINAL

É a relação existente entre um **nome** (substantivo, adjetivo ou advérbio) e os termos regidos por esse nome. Essa relação é sempre intermediada por uma **preposição**.

Lista dos nomes mais exigidos em provas.[1]

### A

- acesso [a]
- acessível [a, para]
- acostumado [a, com]
- adequado [a]
- admiração [a, por]
- afável [com, para com]
- afeição [a, por]
- aflito [com, por]
- alheio [a, de]
- aliado [a, com]
- alusão [a]
- amante [de]
- amigo [de]
- amor [a, de, para com, por]
- amoroso [com]
- análogo [a]
- ansioso [de, para, por]
- antipatia [a, contra, por]
- aparentado [com]
- apologia [de]
- apto [a, para]
- assíduo [a, em]
- atenção [a]
- atento [a, em]
- atencioso [com, para com]
- aversão [a, para, por]
- avesso [a]
- ávido [de, por]

### B

- benéfico **[a]**
- bom **[para].**

### C

- cobiçoso **[de]**
- capacidade **[de, para]**
- capaz **[de, para]**
- cego **[a]**
- certeza **[de]**
- coerente **[com]**
- comum **[de]**
- compaixão **[de, para com, por]**

1. RECANTO DAS LETRAS. Disponível em <http://www.recantodasletras.com.br/gramatica/74609>. Acesso em 2 abril 2014.

- compatível **[com]**
- concordância **[a, com, de, entre]**
- conforme **[a, com]**
- contemporâneo **[de]**
- constituído **[com, de, por]**
- consulta **[a]**
- contente **[com, de, em, por]**
- contíguo **[a]**
- constante **[em]**
- convênio **[entre]**
- cruel **[com, para, para com]**
- cuidadoso **[com]**
- cúmplice **[em]**
- curioso **[de, por**

## D

- desacostumado **[a, com]**
- desatento **[a]**
- descontente **[com]**
- desejoso **[de]**
- desfavorável **[a]**
- desleal **[a]**
- desrespeito **[a]**
- desgostoso **[com, de]**
- desprezo **[a, de, por]**
- devoção **[a, para, com, por]**
- devoto **[a, de]**
- diferente **[de]**
- dificuldade **[com, de, em, para]**
- digno **[de]**
- discordância **[com, de, sobre]**
- disposição **[para]**
- dotado **[de]**
- dúvida **[acerca de, em, sobre**

## E

- Equivalente **[a]**
- empenho **[de, em, por]**
- entendido **[em]**
- erudito **[em]**
- escasso **[de]**
- essencial **[para]**
- estreito **[de]**
- exato **[em]**

## F

- fácil **[a, de, para]**
- facilidade **[de, em, para]**
- falho **[de, em]**
- falta **[a]**
- fanático **[por]**
- favorável **[a]**
- fiel **[a]**
- feliz **[de, com, em, por]**
- fértil **[de, em]**
- forte **[em]**
- fraco **[em, de]**
- furioso **[com]**

## G

- grato **[a]**
- graduado **[a]**
- guerra **[a]**

## H

- hábil **[em]**
- habituado **[a]**
- horror **[a, de, por]**
- hostil **[a, contra, para com]**

## I

- ida **[a]**
- idêntico **[a]**
- impaciência **[com]**
- impossibilidade **[de, em]**
- impotente **[para, contra]**
- impróprio **[para]**
- imune **[a, de]**
- inábil **[para]**
- inacessível **[a]**
- incansável **[em]**

- incapaz **[de, para]**
- incerto **[em]**
- inconsequente **[com]**
- indeciso **[em]**
- indiferente **[a]**
- indigno **[de]**
- indulgente **[com, para com]**
- inerente **[a]**
- infiel **[a]**
- influência **[sobre]**
- ingrato **[com]**
- insensível **[a]**
- intolerante **[com]**
- invasão **[de]**
- inútil **[para]**
- isento **[de]**

**J**

- junto **[a, de]**

**L**

- leal **[a]**
- lento **[em]**
- liberal **[com]**

**M**

- maior **[de]**
- manifestação **[contra]**
- medo **[de, a]**
- menor **[de]**
- misericordioso **[com]**
- morador **[em]**

**N**

- natural **[de]**
- necessário **[a]**
- necessidade **[de]**
- nobre **[em]**
- nocivo **[a]**

**O**

- obediente **[a]**
- ódio **[a, contra]**
- ojeriza **[a, por]**
- oposto **[a]**
- orgulhoso **[de, com]**

**P**

- paixão **[de, por]**
- pálido **[de]**
- parecido **[a, com]**
- paralelo **[a]**
- parecido **[a, com]**
- pasmado **[de]**
- passível **[de]**
- peculiar **[a]**
- perito **[em]**
- prático **[em]**
- preferência **[a, por]**
- preferível **[a]**
- preste **[a, para]**
- pendente **[de]**
- prodigo **[em, de]**
- propício **[a]**
- próximo **[a, de]**
- pronto **[para, em]**
- propensão **[para]**
- próprio **[de, para]**

**Q**

- Querido **[de, por]**
- queixa **[contra]**

**R**

- receio **[de]**
- relação **[a, com, de, por, para com]**

- relacionado **[com]**
- rente **[a, de, com]**
- residente **[em]**
- respeito **[a, com, para com, por]**
- responsável **[por]**
- rico **[de, em]**

**S**

- sábio **[em]**
- satisfeito **[com, de, em, por]**
- semelhante **[a]**
- simpatia **[a, para com, por]**
- sito **[em]**
- situado **[a, em, entre]**
- solidário **[com]**
- superior **[a]**
- surdo **[a, de]**
- suspeito **[a, de]**

**T**

- tentativa **[contra, de, para, para com]**
- triunfo **[sobre]**

**U**

- último **[a, de, em]**
- união, **[a, com, entre]**
- único **[em]**
- útil **[a, para]**

**V**

- vazio **[de]**
- versado **[em]**
- visível **[a]**
- vizinho **[a, de, com]**

**Z**

- zelo **[a, de, por]**

| ADVÉRBIOS | | |
|---|---|---|
| longe [de] | perto [de] | proximamente [a, de] |

Todos os advérbios formados de **adjetivos + sufixo** [-mente], apresentam a mesma preposição dos adjetivos:

| Compatível [com] | compativelmente [com] |
|---|---|
| Relativo [a] | relativamente [a] |

# 4. FIQUE DE OLHO

- Normalmente ligada ao pronome relativo;
- Cuidado com o emprego do acento indicativo de crase.

## 4.1. Questões comentadas

**01. (FCC - TRT 11 – Analista Judiciário – Área Judiciária - 2024)** A frase continuará correta com a substituição do elemento sublinhado pelo indicado entre parênteses no seguinte caso:

(A) são tentativas pré-científicas de dar <u>sentido àquilo</u> que existe. (significar naquilo)

(B) ambas tentam de alguma forma <u>revelar os</u> mecanismos por trás dos fenômenos. (expor dos)

(C) muitos religiosos buscam explicar o desconhecido. (ter acesso do)

(D) Muito da tensão entre ciência e religião vem da suposição. (origina pela)

(E) Mitos religiosos permitem que os que neles creem transcendam sua "situação histórica". (lhes dão crédito)

➢ Comentários:

**Alternativa "a"** – significar **aquilo** – verbo transitivo direto.

**Alternativa "b"** – expor **os** – verbo transitivo direto.

**Alternativa "c"** – ter acesso **ao** – o substantivo exige a preposição "a".

**Alternativa "d"** – origina **da** – o verbo exige a preposição "de".

**Alternativa "e"** – verbo bitransitivo: dar algo (crédito – objeto direto) a alguém (lhes – objeto indireto).

**ALTERNATIVA CORRETA: E**

---

**02. (FCC - TRT 12 - Analista Judiciário – Área Administrativa - 2023)** Está plenamente adequado o emprego do elemento sublinhado na frase:

(A) As paisagens de que me reporto não são quaisquer umas: apenas as das minhas janelas.

(B) As visões externas com cujas nos comprazemos dizem algo da nossa interioridade.

(C) Os elementos do cenário ao qual se interessa o cronista dão-lhe motivos para escrever.

(D) Há encantos da natureza pelos quais ninguém, em sã consciência, pode ou deve ignorar.

(E) Pelas janelas de uma casa abrem-se paisagens de cuja beleza muitos se impregnarão.

➢ Comentários:

**Alternativa "a"** – Reporto-me **a** paisagens: **a que** ou **às quais.**

**Alternativa "b"** – Comprazemo-nos **com** as visões – termo que o relativo retoma.

Correção: As visões externas **com que** (ou **com as quais**) nos comprazemos.

**Alternativa "c"** – O cronista se interessa **pelos** elementos do cenário = **pelos quais** ou **por que.**

**Alternativa "d"** – Ninguém pode ou deve ignorar os encantos da natureza. O verbo não exige preposição = **os quais** ou **que.**

**Alternativa "e"** – O relativo "cuja" concorda com "beleza" e indica posse de "paisagens". Lê-se: Muitos se impregnarão da beleza das paisagens.

Como a preposição "de" foi exigida pelo verbo "impregnar-se", a forma correta é "de cuja".

**ALTERNATIVA CORRETA: E**

---

**03. (FCC - TRT 21 – Analista Judiciário – Área Judiciária - 2023)** Pode-se substituir adequadamente o segmento sublinhado pelo indicado entre parênteses no seguinte caso:

(A) O avanço das ciências é um fato do qual ninguém duvida (cuja desconfiança ninguém nutre)

(B) Ele tem um comportamento do qual não consegue abdicar (de cujo não consegue renunciar)

(C) São mistérios a que não podemos acessar (aonde não sabemos tocar)

(D) É limitado esse instrumento de que vamos nos servir (ao qual iremos nos utilizar)

(E) É somente uma fração do real a que pode chegar nossa percepção (que nosso entendimento alcança)

➢ Comentários:

**Alternativa "a"** – Ninguém nutre a desconfiança **de** um fato: **de** cuja desconfiança.

**Alternativa "b"** – Não consegue renunciar um comportamento: **que** ou **o qual** não consegue renunciar.

**Alternativa "c"** – Não sabemos tocar os mistérios: **que** ou **os quais** não sabemos tocar.

**Alternativa "d"** – Iremos nos utilizar **desse** instrumento: **de que** ou **dos quais** iremos nos utilizar.

**Alternativa "e"** – Nosso entendimento **alcanç**a uma fração do real: verbo transitivo direto = sem preposição.

**ALTERNATIVA CORRETA: E**

Fragmento de texto para responder questão.

> (...) Como não existe nenhuma resposta clara e consensual a questões desse tipo, **o uso do termo "igualitário tem levado a discussões infindáveis**. Para alguns teóricos do século XVII, a igualdade se manifestava no estado da Natureza. Igualdade, pois, seria um termo definido por omissão: identificaria uma humanidade que pudesse estar livre depois de removidas todas as armadilhas da civilização. Povos "igualitários seriam, pois, aqueles sem príncipes, sem juízes, sem inspetores, sem sacerdotes, possivelmente sem cidades, sem escrita ou sequer agricultura. Seriam sociedades de iguais apenas no sentido estrito de que estariam ausentes todos os sinais mais evidentes de desigualdade. (...)
>
> (Adaptado de: GRAEBER, David, e WENGROW, David. O despertar de tudo – Uma nova história da humanidade. Trad. Denise Bottmann e Claudio Marcondes. São Paulo: Companhia das Letras, 2022, p. 91 a 94, passim)

---

**04. (FCC – TRT 18 – Analista Judiciário – Área Judiciária – 2023)** A frase *o uso do termo "igualitário* ***tem levado a*** *discussões infindáveis* permanecer gramaticalmente correta caso se substitua o elemento sublinhado por

(A) tem sido propiciado de

(B) vem ensejando

(C) abrange-se em

(D) investe-se para

(E) conclama essas

➢ Comentários:

**Alternativa "a"** – **tem sido propiciado** discussões – verbo transitivo direto.

**Alternativa "b"** – vem ensejando discussões – verbo transitivo direto.

**Alternativa "c" – abrange discussões** – verbo transitivo direto.

Observação: não há motivo, no contexto, de ser pronominal.

**Alternativa "d"** – investe em discussões.

Observação: não há motivo, no contexto, de ser pronominal.

**Alternativa "e" – conclama discussões** – verbo transitivo direto.

**ALTERNATIVA CORRETA: B**

---

**05. (FCC – TRT 14 – Analista Judiciário – Área Judiciária – 2022)**

E o fogo pode ser a luz ofuscante ***que os olhos não podem fixar.***

Numa nova redação, a frase acima permanecer gramaticalmente correta ao se substituir o segmento sublinhado por

(A) aonde os olhos não podem mirar.

(B) em que os olhos não podem se deter.

(C) em cuja os olhos nada podem distinguir.

(D) à qual os olhos nunca podem se evadir.

(E) de que os olhos não podem encarar.

➢ Comentários:

**Nota da autora:** Questão de regência e de pronome relativo.

Na frase, o relativo "que" retoma "luz ofuscante".

Na ordem direta com os termos pospostos ao relativo: os olhos não podem fixar a luz ofuscante.

Verbo transitivo direto = não exige preposição. Pode-usar "que" ou "a qual".

**Alternativa "a"** – Os olhos não podem mirar a luz ofuscante: sem preposição e sem adjunto adverbial de lugar = **que** ou a qual.

**Alternativa "b"** – Os olhos não podem se deter na luz ofuscante = **em que** ou **na qual**.

**Alternativa "c"** – O pronome relativo "cujo" sempre deverá concordar com o termo posterior, isto é, alternativa facilmente descartada.

Além disso, não existe relação de posse com o termo anteposto.

Os olhos não podem distinguir a luz ofuscante: sem preposição = **que** ou **a qual**.

**Alternativa "d"** – Os olhos não podem se evadir da luz ofuscante = **de que** ou **da qual**.

**Alternativa "e"** – Os olhos não podem encarar a luz ofuscante: sem preposição = **que** ou **a qual**.

**ALTERNATIVA CORRETA: B**

---

**06. (FCC – TRT 4 – Analista Judiciário – Área Judiciária - 2022)** Est inteiramente adequado o emprego do elemento sublinhado na frase:

(A) A energia atômica, **que seu uso** pode se dar em várias direções, marcou o início de uma nova era na história da Humanidade.

(B) Seria enorme o espanto **ao qual** um camponês do ano 1.000 se sentiria invadido caso viesse a cair na era da Revolução Científica.

(C) Tomou proporções gigantescas o crescimento econômico **porque** foi marcado o período dos últimos quinhentos anos.

(D) É altíssima a capacidade de armazenamento de dados **aonde** se capacitam os computadores das grandes corporações.

(E) Um microscópio doméstico, **de cuja** capacidade riríamos hoje, foi fundamental para a revelação visual dos micro-organismos.

➢ Comentários:

**Alternativa "a"** – A energia atômica, cujo uso pode se dar em várias direções. Indica posse: o uso da energia atômica.

**Alternativa "b"** – Um camponês do ano 1.000 se sentiria invadido **pelo** espanto: por que ou pelo qual.

**Alternativa "c"** – O período dos últimos quinhentos anos foi marcado **pelo** crescimento econômico: **por que** ou **pelo qual**.

**Alternativa "d"** – Os computadores das grandes corporações capacitam-se **de** armazenamento de dados: **de que** ou **do qual**.

**Alternativa "e"** – Riríamos da capacidade de um microscópio doméstico: de cuja.

**ALTERNATIVA CORRETA: E**

---

**07. (FCC – Analista Judiciário – Área Judiciária – TRT 5/2022)** A frase **H uma grande quantidade de pessoas em cuja existência sequer reparamos** continuar gramaticalmente correta caso se substitua o elemento sublinhado por:

(A) para cujos méritos não atentamos.

(B) de cujo valor jamais damos crédito.

(C) quem não dedicamos atenção.

(D) por cuja importância não nos damos conta.

(E) onde não discriminamos virtudes próprias.

➢ Comentários:

**Nota da autora:** Questão de regência e de pronome relativo.

Primeiro, analise a regência frase original.

O pronome relativo "cuja" concorda com o termo posterior (existência) e indica posse do termo anterior (grande quantidade de pessoas).

Lê-se: sequer reparamos na existência de grande quantidade de pessoas.

**Alternativa "a"** – Não atentamos para os méritos: para cujos méritos.

**Alternativa "b"** – Jamais damos crédito ao valor: **a** cujo valor.

**Alternativa "c"** – Não dedicamos atenção a uma grande quantidade de pessoas: **a** quem.

Dica: o pronome relativo "quem" (assim como o relativo "cujo") não admite artigo. Isso significa que não admite o sinal indicativo de crase.

**Alternativa "d"** – Não nos damos conta da importância: **de** cuja importância.

**Alternativa "e"** – "uma grande quantidade de pessoas" não indica lugar e, consequentemente, é inadmissível usar o relativo "onde".

**Dica:** A palavra **onde**, como *pronome relativo,* somente pode ser utilizada para substituir um substantivo que exprima a ideia de lugar.
Para a substituição de outros substantivos, utilize as formas "em que", "na qual" ou "no qual".

**Exemplo:** Na rua **onde** ele mora não há muito movimento.

Lê-se: ela mora **na** rua em que (ou "na qual") não há muito movimento.

**ALTERNATIVA CORRETA: A**

---

**08. (FCC – TRT 9 – Analista Judiciário – Área Judiciária - 2022)** O regime dos sapiens produziu poucas coisas das quais podem se orgulhar.

A frase acima permanecer gramaticalmente correta caso se substitua o segmento sublinhado por

(A) em cujas podem se exaltar

(B) porque têm de se envaidecer

(C) donde podem se gabar

(D) em cujo valor confiem

(E) pelas quais creditem algum mérito

➢ Comentários:

**Nota da autora:** O pronome relativo "as quais" retoma "poucas coisas". Na ordem direta: podem se orgulhar de poucas coisas = **de que** ou **das quais**.

**Alternativa "a"** – Exaltam-se **com** poucas coisas = **com que** ou **com as quais**.

**Alternativa "b"** – Têm de se envaidecer **com** poucas coisas = **com que** ou **com as quais**.

**Alternativa "c"** – Podem se gabar **de** poucas coisas = **das quais** ou **de que**.

**Alternativa "d"** – Confiem no valor das poucas coisas (sentido de posse). A preposição "em" é exigida pelo verbo "confiar" (termo regente) = **em** cujo – o relativo está no masculino porque concorda com o termo posterior "valor".

**Alternativa "e"** – Creditam algum mérito **às** poucas coisas = **a que** ou **às quais**.

**ALTERNATIVA CORRETA: D**

---

**09. (FCC – Analista Judiciário – Área Judiciária – TRT 23/2022)** É inteiramente regular o emprego do termo sublinhado na frase:

(A) Os dias futuros, aos quais se reconhece o direcionamento das nossas vidas, são cada vez mais inquietantes.

(B) As tarefas do cotidiano, que seu valor antigamente era tido como mesquinho, fecham hoje o sentido do nosso futuro.

(C) O efeito estufa é um fenômeno à que se associa a catástrofe da subida das águas e da submersão de cidades.

(D) Há, segundo o autor do texto, a necessidade de discernir o futuro sob o qual comando orientaremos nossa vida.

(E) Eram coletivos os projetos de que os antigos se valiam para alimentarem as mais gloriosas utopias.

➢ Comentários:

**Nota da autora:** Veja qual termo o pronome relativo retoma, monte frase com os termos posteriores até conseguir encaixar o termo retomado.

**Alternativa "a"** – O direcionamento das nossas vidas se reconhece **em** dias futuros = em que, nos quais.

**Alternativa "b"** – A ideia é esta: o valor das tarefas (sentido de posse) era tido como mesquinho = **cujo** valor.

**Alternativa "c"** – A catástrofe da subida das águas se associa **a** um fenômeno = a que, ao qual.

**Dica:** se retoma um termo masculino (fenômeno), é impossível haver o acento indicativo de crase antes do pronome relativo.

**Alternativa "d"** – A ideia é esta: orientamos nossa vida **sob** o comando do futuro (sentido de posse) era tido como mesquinho = sob cujo comando.

**Alternativa "e"** – Os antigos se valiam dos projetos = dos quais, de que.

**ALTERNATIVA CORRETA: E**

Texto para responder questão.

Antigamente, se morria.
1907, digamos, aquilo sim
é que era morrer.
Morria gente todo dia,
e morria com muito prazer,
já que todo mundo sabia
que o Juízo, afinal, viria,
e todo mundo ia renascer.
Morria-se praticamente de tudo.
De doença, de parto, de tosse.
E ainda se morria de amor,
como se o amar morte fosse.
Pra morrer, bastava um susto,
um lenço no vento, um suspiro e pronto,
lá se ia nosso defunto
para a terra dos pés juntos.
Dia de anos, casamento, batizado,
morrer era um tipo de festa,
uma das coisas da vida,
como ser ou não ser convidado.

O escândalo era de praxe.
Mas os danos eram pequenos.
Descansou. Partiu. Deus o tenha.
Sempre alguém tinha uma frase
que deixava aquilo mais ou menos.
Tinha coisas que matavam na certa.
Pepino com leite, vento encanado,
praga de velha e amor mal curado.
Tinha coisas que tem que morrer,
tinha coisas que tem que matar.
A honra, a terra e o sangue
mandou muita gente praquele lugar.
Que mais podia um velho fazer,
nos idos de 1916,
a não ser pegar pneumonia,
deixar tudo para os filhos
e virar fotografia?
Ninguém vivia pra sempre.
Afinal, a vida é um upa.
Não deu pra ir mais além.
Mas ninguém tem culpa.
Quem mandou não ser devoto
de Santo Inácio de Acapulco,
Menino Jesus de Praga?
O diabo anda solto.
Aqui se faz, aqui se paga.
Almoçou e fez a barba,
tomou banho e foi no vento.
Não tem o que reclamar.
Agora, vamos ao testamento.
Hoje, a morte está difícil.
Tem recursos, tem asilos, tem remédios.
Agora, a morte tem limites.
E, em caso de necessidade,
a ciência da eternidade

inventou a criônica.

Hoje, sim, pessoal, a vida é crônica.

(LEMINSKI, Paulo. Toda poesia, 2013)

---

**10. (FCC – Analista Judiciário – Oficial de Justiça Avaliador Federal – TRT 9/2022)** Considerando a regência verbal recomendada pela norma-padrão da língua portuguesa, verifica-se um desvio em:

(A) "Agora, vamos ao testamento." (verso 50)

(B) "lá se ia nosso defunto/ para a terra dos pés juntos." (versos 15 e 16)

(C) "Almoçou e fez a barba," (verso 47)

(D) "tomou banho e foi no vento." (verso 48)

(E) "a ciência da eternidade / inventou a crônica." (versos 55 e 56)

➢ Comentários:

**Alternativa "a"** – Vamos a algo: certo.

**Alternativa "b"** – Nosso defunto ia-se para a terra dos pés juntos.

**Alternativa "c"** – Fez algo: certo. O verbo "fazer" é transitivo direto e não exige preposição.

Observação: note que o "a" é um artigo definido (admite pluralização) = fez as barbas. A preposição não admite plural.

**Alternativa "d"** – Foi a: foi **ao** vento. Ocorreu desvio gramatical.

**Alternativa "e"** – Inventou algo: certo. O verbo "inventar" é transitivo direto e não exige preposição.

Observação: note que o "a" é um artigo definido (admite pluralização) = inventou as crônicas. A preposição não admite plural.

**ALTERNATIVA CORRETA: D**

Capítulo

7

# CRASE

## 1. INTRODUÇÃO

A palavra crase significa fusão, junção, mistura. Ocorre com vogais idênticas e o primeiro **a** sempre será uma preposição.

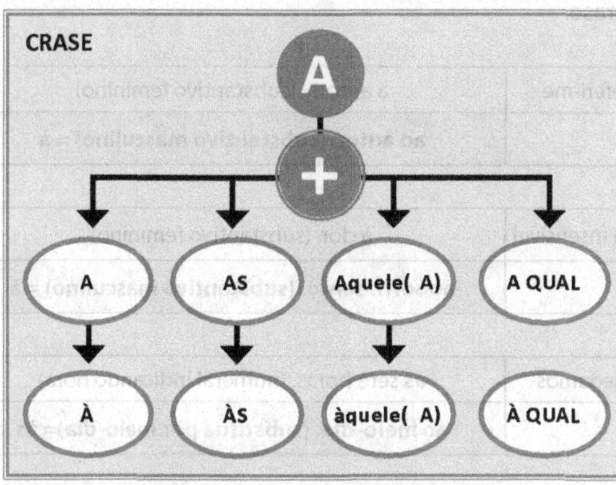


***A TURMA DO PORTUGUÊS*** em... No mesmo descompasso

***Fonte:*** http://turmadoportugues.blogspot.com.br/

## 2. REGRA GERAL

Haverá crase quando o termo regente exigir a preposição **a** e o tremo regido admitir o artigo **a** ou **as.**

| Referi-me | **à autora.** |
|---|---|
| Referi-me **a** (preposição) | + **a** (artigo) = **à** |

| Ficou insensível | **à dor.** |
|---|---|
| Insensível **a** algo (preposição) | + **a** (artigo) = **à** |

| Chegamos | **às sete horas.** |
|---|---|
| Chegamos **a** (preposição) | + **as** (artigo) = **às** |

**Dica**: Nos casos mencionados, basta trocar a o regido por um masculino correlato, ou seja, que pertença à mesma classe gramatical. Se obtiver a combinação **ao (preposição a + artigo o)**, haverá crase.

| Referi-me | à autora. (substantivo feminino) |
|---|---|
| | **ao autor. (substantivo masculino) = à** |

| Ficou insensível | à dor. (substantivo feminino) |
|---|---|
| | **ao sofrimento. (substantivo masculino) = à** |

| Chegamos | **às** sete horas. (numeral indicando hora) |
|---|---|
| | **ao meio-dia. (substitua por meio-dia)= às** |

## 3. CASOS EM QUE SEMPRE HAVERÁ CRASE[1]

| **Diante de palavras femininas – Substitua sempre por uma masculina** | |
|---|---|
| • Sou grata **à** aluna.<br>• Álcool é prejudicial **à** saúde.<br>• Este texto é posterior **à** invenção do conto. | • Sou grata **ao aluno.**<br>• Álcool é prejudicial **ao organismo.**<br>• Este texto é posterior **ao problema** do conto. |
| **Diante da palavra moda = à moda de (mesmo que a expressão moda de fique subentendida)** | |

1. Só português. Disponível em < http://www.soportugues.com.br/secoes/sint/sint78.php>. Acesso em 2 abril 2014, alterado.

| |
|---|
| • O jogador fez um gol **à** (moda de) Romarinho. |
| • Usava sapatos **à** (moda de) Luís XV. |
| **Na indicação de horas** |
| • Acordamos **às** seis horas. = **ao** meio-dia |
| • Elas chegaram **às** dez horas. = **ao** meio-dia |
| • Foram dormir **à** meia-noite. = **ao** meio-dia |
| **Em locuções adverbiais, prepositivas e conjuntivas formadas por palavras femininas.** |
| • à tarde, às ocultas, às pressas, à medida que, |
| • à noite, às claras, às escondidas, à força, |
| • à vontade, à beça, à larga, à escuta, às avessas, à revelia, à exceção de, à imitação de, à esquerda, às turras, às vezes, à chave, |
| • à direita, à procura, à deriva, à toa, à luz, |
| • à sombra de, à frente de, à proporção que, |
| • à semelhança de, às ordens, à beira de |

# 4. DIANTE DE NOMES DE LUGAR

Substitua o termo regente por um verbo que peça a preposição **de.**

Resultando na contração **da** significa que esse nome de lugar aceita o artigo e haverá crase.

- Vou **à** França. = Vim **da** França.
- Cheguei **à** Grécia. = Vim **da** Grécia.
- Retornarei **à** Itália. = Vim **da** Itália.

Observação: **Se especificar o nome do lugar, haverá crase.**

- Retornarei **à** São Paulo dos bandeirantes. = Vim **da** São Paulo dos bandeirantes.
- Irei **à** Salvador de Jorge Amado. = Vim **da** Salvador de Jorge Amado.

## 4.1. Peculiaridades

Algumas peculiaridades para que você possa estar atento(a): **Crase com nomes geográficos**[2].

***Cidades***

Como regra, não se usa o acento indicativo de crase diante dos nomes de cidades, porque eles repelem o artigo definido, como se pode observar: Salvador é uma festa. Venho *de* Florianópolis. Ele mora *em* Curitiba. Estivemos *em* Vitória. Assim sendo, nada de crase:

Bem-vindos **a** Salvador.

Vamos **a** Blumenau.

2. LÍNGUA BRASIL – Instituto Euclides da Cunha. Disponível em: <http://www.linguabrasil.com.br/nao-tropece-detail.php?id=47>. Acesso em 17 out. 2016, alterado.

Refiro-me **a** Imperatriz/MA.

Somente quando modificados por algum elemento restritivo ou qualificativo é que os nomes de cidade podem receber o artigo feminino e, portanto, a crase. São casos raros:

Bem-vindos **à** Florianópolis das 42 praias.

Fomos **à** bela Blumenau.

Refiro-me **à** Brasília dos excluídos, e não dos políticos endinheirados.

***Estados***

Em princípio, só dois estados brasileiros admitem a crase: a **Bahia** e a **Paraíba**. As demais unidades da Federação ou são nomes masculinos (o Amapá, o Acre, o Amazonas, o Ceará, o Espírito Santo, o Maranhão, o Mato Grosso do Sul, o Pará, o Paraná, o Piauí, o Rio de Janeiro, o Rio Grande do Norte, o Rio Grande do Sul, o Tocantins) ou não são determinados por artigo (Alagoas, Goiás, Mato Grosso, Minas Gerais, Pernambuco, Rondônia, Santa Catarina, São Paulo, Roraima, Sergipe). Sendo assim:

Bem-vindos **à** Bahia.

Vamos **à** Paraíba e **a** Santa Catarina.

Esse patrimônio incalculável pertence **a** Goiás.

Refiro-me **ao** Rio Grande do Sul e **ao** Pará.

Quanto a Mato Grosso, embora originalmente o artigo seja dispensável, há uma hesitação: quando não acompanhada da palavra "estado", é comum (provavelmente por analogia com **o** Mato Grosso do Sul) a construção "o Mato Grosso, do Mato Grosso, no Mato Grosso". Mas sempre se dirá "o Estado **de** Mato Grosso" – é a forma oficial.

***Países***

A presença da crase diante de um nome de país depende de ser esse nome determinado ou não pelo artigo feminino A. Entre os países que levam artigo – e que constituem a maioria – alguns são masculinos (*o Canadá, os Estados Unidos, o Japão, o Chile*), outros femininos (*a Rússia, a Venezuela, a Índia*). Existem países que rejeitam o artigo, como *Portugal, Israel, Angola, Moçambique, São Salvador, Liechtenstein*. E há nomes que se usam tanto com o artigo quanto sem ele, principalmente quando regidos de preposição – os brasileiros preferem com o artigo; os portugueses, sem ele: na França/em França; da Itália/de Itália; na Espanha/em Espanha; da Inglaterra/de Inglaterra. O mesmo vale para o continente: da Europa/de Europa. Portanto, escrevemos:

Bem-vindos **à** Argentina.

Quanto **à** Europa, refiro-me **à** França, **à** Áustria e **à** Alemanha.

O presidente chegou **à** Inglaterra por volta do meio-dia, mas não foi a Londres.

Enviamos saudações **à** Colômbia.

## 5. DIANTE DE PRONOME DEMONSTRATIVO

Haverá crase diante desses pronomes sempre que o termo regente exigir a preposição a.

| Refiro-me | **a aquele** | livro |
|---|---|---|
| | ***Preposição a + pronome demonstrativo aquele = àquele*** | |

| Dediquei | a aquele aluno | o meu livro. |
|---|---|---|
| | ***Preposição a + pronome demonstrativo aquele = àquele aluno*** | |

| Não haverá crase | |
|---|---|
| **Se o termo regente não pedir preposição** | Aluguei aquele apartamento. = Aluguei algo |

# 6. COM PRONOME RELATIVO

| A QUAL | |
|---|---|
| Dependerá da regência do verbo – se exige ou não a preposição –, mas trabalharemos com dicas para que não ocorra erro. | A apostila à **qual** me referi.<br>1. O relativo retoma um substantivo feminino (apostila);<br>2. Substitua-o por um substantivo masculino: O livro **ao qual** me referi.<br>Resultou em ao, há crase. |
| | A sessão à qual assisti foi muito rápida.<br>1. O relativo retoma um substantivo feminino (sessão);<br>2. Substitua-o por um substantivo masculino: O filme **ao qual** assisti.<br>Resultou em ao, há crase. |
| Não resultando em **ao**, não há crase. | A propaganda **a qual** vi.<br>= O filme **o qual** vi. |

| QUE | |
|---|---|
| Algumas gramáticas alegam não haver o acento indicativo de crase antes do **que**, mas há exceção e é pedido em concursos (comparação que está ligada ao pronome demonstrativo – estudaremos abaixo). | Sua caneta é igual à que comprei.<br>1. O relativo retoma um substantivo feminino (caneta);<br>2. Substitua-o por um substantivo masculino: Seu lápis é igual **ao que comprei**.<br>Resultou em ao, há crase. |

| QUEM e CUJO | |
|---|---|
| Não há crase anteposta a quem e cujo por repelirem o artigo. Em caso de dúvida, substitua. | A mulher **a quem** obedeço. = O homem a quem obedeço.<br>A autora **a cuja** obra me referi. = A autora a cujo livro me referi.<br>*O **a** que acompanha o relativo cujo é preposição e não artigo: refiro-me à obra. |

# 7. COM PRONOME DEMONSTRATIVO

Façamos, mais uma vez a substituição.

| Sua ideia é ligada **à** de seus professores. | = Sua ideia é ligada àquela.<br>= Seu dever é ligado **ao** de seus professores. |
|---|---|

## 8. ANTES DA PALAVRA DISTÂNCIA

| | | |
|---|---|---|
| **Se especificada, haverá crase.** | A rua fica **à** distância de 50 Km daqui.<br>Fiquem **à** distância de 100 metros do palco. | = Determina-se a distância.<br>= A palavra distância está especificada. |
| **Sem especificar = sem crase.** | Ficaram a distância.<br>Ensinou a distância.<br>Foi reconhecido a distância. | |
| Observação: para evitar ambiguidade, pode-se usar a crase. Ensinou à distância. Ela o curou à distância. | | |

## 9. CRASE FACULTATIVA

| | | |
|---|---|---|
| **Diante de nomes próprios femininos** | Enviei o e-mail **a** Fernanda.<br>Enviei o e-mail à Fernanda. | Facultativo porque o artigo pode ou não acompanhar o nome próprio. |
| **Diante de pronome possessivo feminino** | Referi-me **a** sua ideia.<br>Referi-me à sua ideia. | Facultativo porque o artigo pode ou não acompanhar o pronome possessivo. |
| **Após preposição até** | Fui até **a** esquina.<br>Fui até à esquina.<br>O curso vai até **as** oito horas.<br>O curso vai até **às** oito horas. | |

## 10. NÃO SE USA CRASE

| | |
|---|---|
| **Diante de substantivos masculinos** | Fizeram o teste **a** lápis.<br>Comprei o carro **a** prazo. |
| **Diante de verbos** | Estavam **a** estudar.<br>Nada tem **a** dizer. |
| **Diante de pronomes e das expressões de tratamento** | Fez referência **a** Vossa Excelência.<br>Peço **a** Vossa Senhoria que entenda.<br><br>**Exceção**: diante de pronomes de tratamento que se referem à mulher: **senhora, dona, senhorita e madame**. Entregou o livro à senhorita (à madame) (à senhora) (à dona) |
| **Diante de numerais cardinais** | Chegou a cinquenta o número de aprovados.<br>Daqui **a** duas semanas será a avaliação. |

| | |
|---|---|
| **Singular + plural** | Não vou **a** festas.<br>Não se pode usar crase porque o **a** é apenas uma preposição. |
| **Entre palavras repetidas dentro do adjunto adverbial** | Ficaram frente **a** frente.<br>Exceção: em palavras que façam parte de complemento verbal (objeto indireto) = Prefere guerra à guerra. |

## 11. FIQUE DE OLHO

- É necessário saber análise sintática e regência;
- Cuidado com os casos proibidos do uso do acento indicativo de crase;
- Na maioria dos casos, pode substituir a palavra feminina por uma masculina da mesma classe gramatical e verificar se resulta em "ao". Se resultar em "ao" antes da masculina, haverá crase antes da palavra feminina.

### 11.1. Questões comentadas

Fragmento de texto para responder à questão.

O aforismo "o cliente sempre tem razão" é bastante conhecido e muito citado como argumento econômico. Justifica-se para manter a fidelidade dos consumidores a marcas e a lojas a fim de evitar que a insatisfação individual se torne uma indesejada propaganda negativa. (...)

Leonardo Bessa. O cliente – nem sempre – tem razão! In: Metrópoles. 20/06/2024.

Internet: <www.metropolse.com> (com adaptações)

---

**01. (CEBRASPE - TSE - Analista Judiciário - Área Judiciária - 2024 - adaptada)** Prejudicaria a correção gramatical do texto a substituição do trecho "a marcas e a lojas" (segundo período) por **à marcas e à lojas**.

( ) certo ( ) errado

➢ Comentários:

**Nota da autora:** Questão de regência e de crase.

Nas duas ocorrências, "a" é preposição. Não estão acompanhadas do artigo definido porque os termos pospostos são substantivos femininos e, consequentemente, os artigos deveriam estar pluralizados.

Na reescrita não foram pluralizados, por isso não admitem o acento indicativo de crase.

**Dica**: se pluralizados, a crase seria obrigatória = *manter a fidelidade dos consumidores* **às** *marcas e* **às** lojas.

Basta substituir por qualquer substantivo masculino e ver se resulta, ou não, em "ao".

No plural: <u>ao</u>s produtos e <u>ao</u>s escritórios = crase antes das palavras femininas.

No singular: a produtos e a escritórios = sem crase antes das palavras femininas.

Observação: só haverá o acento se resultar em "ao" = preposição (a) + artigo (o).

**Resposta: Certo**

Leia o texto para responder à questão.

Minha empregada, Mme. Thérèse, que já ia se confor- mando em ser chamada de dona Teresa, caiu doente. Mandou-me um bilhete com a letra meio trêmula, falando em reumatismo. Dias depois apareceu, mas magra, mais pálida e menor; explicou-me que tudo fora consequência de uma corrente de ar. Que meu apartamento tem um *courant d'air* terrível, de tal modo que, _________, chegando em casa, nem teve coragem de tirar a roupa, caiu na cama. "Dói-me o corpo inteiro, senhor; o corpo inteiro."

O mesmo caso, ajuntou, houve cerca de 15 anos atrás, quando trabalhava em um apartamento que tinha uma corrente de ar exatamente igual ______ essa de que hoje sou sublocatário. Fez uma pausa. Fungou. Contou o dinheiro que eu lhe entregava, agradeceu _______ dispensa do troco. Foi lá dentro apanhar umas pobres coisas que deixara. Entregou-me a chave, fez qualquer observação sobre o aquecedor _______ gás – e depois, no lugar de sair _______ rua, deixou-se ficar imóvel e calada, de pé, em minha frente.

(Rubem Braga, "Dona Teresa". 200 crônicas escolhidas. Adaptado)

---

**02. (VUNESP – TRF 3ª Região – Analista Judiciário – Área Administrativa – 2024)** Em conformidade com a norma-padrão, as lacunas do texto devem ser preenchidas, respectivamente, com:

(A) aquela tarde ... à ... à ... à ... a

(B) àquela tarde ... a ... a ... a ... à

(C) àquela tarde ... à ... à ... a ... a

(D) aquela tarde ... a ... a ... à ... à

(E) àquela tarde ... à ... a ... a ... à

➢ Comentários:

**Alternativa "a"** – Erros: àquela tarde; igual a essa; agradeceu a dispensa; aquecedor a gás; sair à rua.

**Alternativa "b"** – **àquela** tarde: locução adverbial formada com palavra feminina / igual **a** essa: preposição / agradeceu **a** dispensa: artigo – o verbo é transitivo direto / aquecedor **a** gás: preposição – não pode haver o sinal indicativo de crase antes de palavra masculina / sair **à** rua: locução adverbial formada por palavra feminina.

**Alternativa "c"** – Erros: igual a essa; agradeceu a dispensa; sair à rua.

**Alternativa "d"** – Erros: àquela tarde; aquecedor a gás.

**Alternativa "e"** – Erro: igual a essa.

**RESPOSTA: B**

Fragmento de texto para responder à questão.

> (...) Com 27%, a fatia de vendas na China é mais que o dobro da média mundial de 13%. Lá, 6,2 milhões de veículos eletrificados chegaram às ruas em 2022 – entre os totalmente elétricos com baterias (BEV, na abreviação em inglês) e os híbridos que podem ser ligados na tomada (*plug-ins*, ou PHEV). (...)
>
> (Editorial. *Folha de S.Paulo*, 29.03.2023. Adaptado)

---

**03. (VUNESP - 2023 - TJ/SP - Escrevente Técnico Judiciário)** Na passagem do segundo parágrafo – Lá, 6,2 milhões de veículos eletrificados **chegaram** às ruas em 2022... –, o sinal indicativo da crase mantém-se, se a forma verbal destacada for substituída por

(A) circularam.

(B) foram.

(C) espalharam-se.

(D) tomaram.

(E) conquistaram.

➢ Comentários:

**Nota da autora:** Questão de crase e de regência.

**Alternativa "a"** – circularam **nas** ruas – intransitivo e exige a preposição "em" para indicar lugar (adjunto adverbial).

**Alternativa "b"** – foram **às** ruas – intransitivo e exige a preposição "a" para indicar direção. Preposição "a" + artigo definido "a" = crase.

**Alternativa "c"** – espelharam-se **nas** ruas – transitivo indireto e exige a preposição "em".

**Alternativa "d"** – tomaram **as** ruas – transitivo direto.

**Alternativa "e"** – conquistaram **as** ruas – transitivo direto.

**ALTERNATIVA CORRETA: B**

Texto para responder à questão.

> José Dias tratava-me com extremos de mãe e atenções de servo. A primeira cousa que consegui, logo que comecei a andar fora, foi dispensar-me o pajem; fez-se pajem, ia comigo à rua. Cuidava dos meus arranjos em casa, dos meus livros, dos meus sapatos, da minha higiene e da minha prosódia. Aos oito anos os meus plurais careciam, alguma vez, da desinência exata, ele a corrigia, meio sério para dar autoridade à lição, meio risonho para obter o perdão da emenda. Ajudava assim o mestre de primeiras letras. Mais tarde, quando o Padre Cabral me ensinava latim, doutrina e história sagrada, ele assistia às lições, fazia reflexões eclesiásticas, e, no fim, perguntava ao padre: "Não é verdade que o nosso jovem amigo caminha depressa?" Chamava-me "um prodígio"; dizia a minha mãe ter conhecido outrora meninos muito inteligentes, mas que eu excedia a todos esses, sem contar que, para a minha idade, possuía já certo número de qualidades morais sólidas. Eu, posto não avaliasse todo o valor deste outro elogio, gostava do elogio; era um elogio.
>
> (Machado de Assis, *Dom Casmurro*)

**04. (VUNESP - 2023 - TJ/SP - Escrevente Técnico Judiciário)** No texto, o sinal indicativo da crase poderia ser empregado no termo destacado em:

(A) ... os meus plurais careciam, alguma vez, da desinência exata, ele **a** corrigia...

(B) ... para **a** minha idade, possuía já certo número de qualidades morais sólidas.

(C) ... mas que eu excedia **a** todos esses...

(D) ... dizia **a** minha mãe ter conhecido outrora meninos muito inteligentes...

(E) A primeira cousa que consegui logo que comecei **a** andar fora...

➢ Comentários:

**Alternativa "a"** – Corrigia alguém: "a" é pronome pessoal oblíquo e não admite crase.

**Alternativa "b"** – Artigo definido feminino. Não foi exigida a preposição.

**Alternativa "c"** – Preposição regida pelo verbo "exceder".

**Alternativa "d"** – Verbo bitransitivo – dizia algo a algo: antes do pronome possessivo feminino, o artigo é facultativo, ou seja, o acento indicativo de crase é facultativo.

**Alternativa "e"** – Preposição. Não cabe o artigo definido feminino antes do verbo.

**ALTERNATIVA CORRETA: D**

---

**05. (FUMARC – Analista Judiciário – Área Judiciária – TRT 3/2022)** A crase é facultativa em:

(A) Ele escreve à Machado de Assis.

(B) Ele vendeu o apartamento à vista.

(C) Os rapazes saíram às pressas.

(D) Vou à casa de meu primo mais tarde.

(E) Voltaremos para casa até às 19 horas.

➢ Comentários:

**Alternativa "a"** – Crase obrigatória: a expressão "à moda de" está implícita.

**Alternativa "b"** – Crase obrigatória: locução adverbial formada por palavra feminina (vista).

**Alternativa "c"** – Crase obrigatória: locução adverbial formada por palavra feminina (pressa).

**Alternativa "d"** – Crase obrigatória: a palavra "casa" está especificada, ou seja, sabe-se que está se referindo à casa de meu primo.

Sempre que os vocábulos "casa" e "terra" forem especificados, deverá haver o acento indicativo de crase.

**Alternativa "e"** – O emprego da crase é facultativo após a preposição "até".

**ALTERNATIVA CORRETA: E**

---

**06. (FCC – Técnico Judiciário – Área Administrativa – TRT 2/2018 - adaptada)** O sinal indicativo de crase pode ser acrescido, por ser facultativo, à expressão destacada em:

(A) *Meditar é aprender* ***a*** *estar aqui, agora.*

(B) *se voltavam ávidos* ***a*** *técnicas milenares de relaxamento...*

(C) *Agora sente o sol aquecendo **as** escamas.*

(D) *o macarrão que esfria, **a** minha frente.*

(E) *Esquece **as** moscas.*

➢ Comentários:

**Alternativa "a"** – Não há crase antes de verbo.

**Alternativa "b"** – Não há crase em singular (a) + plural (técnicas).

**Alternativa "c"** – O verbo *aquecer* é transitivo direto, isto é, não admite preposição.

**Alternativa "d"** – O sinal de crase é facultativo antes do pronome adjetivo possessivo feminino.

**Alternativa "e"** – O verbo *esquecer*, quando não pronominal, é transitivo direto.

**Observação**: quando pronominal, é transitivo indireto e exige a preposição "de": Esquece-se das moscas.

**ALTERNATIVA CORRETA: D**

---

**07. (FCC – Técnico Judiciário – Área Administrativa – TRT 11/2017)** Atente para as frases abaixo, redigidas a partir de frases do texto modificadas.

I. O Brasil não figura entre os países mais suscetíveis à catástrofes naturais.

II. Em alguns locais, existe uma suscetibilidade natural à ocorrência de desastres, como secas, enchentes e deslizamentos.

III. Certas atitudes relacionadas à cultura humana podem impactar o desfecho final de uma situação de risco.

O sinal de crase está empregado corretamente APENAS em

(A) II e III.

(B) I e III.

(C) I e II.

(D) II.

(E) III.

➢ Comentários:

I. **Errado**: não pode haver crase com singular (a) + plural (catástrofes).

Haveria se os dois vocábulos estivessem no singular, ou no plural: suscetíveis à catástrofe, suscetíveis às catástrofes. Substituindo o substantivo feminino por um masculino, resultaria em "ao" (preposição + artigo): suscetíveis **ao** problema, suscetíveis **aos** problemas.

II. **Certo**. Quanto à regência: natural **a** algo (preposição + artigo "a") = à.

Substituindo: suscetibilidade natural **ao** organismo.

III. **Certo**. Quanto à regência: relacionadas **a** algo (preposição + artigo "a") = à.

Substituindo: relacionadas **ao** evento.

→ Estão corretos os itens II e III.

**ALTERNATIVA CORRETA: A**

**08. (FCC – Técnico Judiciário – TRT 14/2016)** No que se refere ao emprego do acento indicativo de crase e à colocação do pronome, a alternativa que completa corretamente a frase O palestrante deu um conselho _______________ é:

(A) à alguns jovens que escutavam-no.

(B) à estes jovens que o escutavam.

(C) àqueles jovens que o escutavam.

(D) à juventude que escutava-o.

(E) à uma porção de jovens que o escutava.

➢ Comentários:

**Alternativa "a" – Crase**: não há crase antes de pronome indefinido (exceto antes de *outra, outras*), não há crase em singular (a) + plural (alguns) e não há crase entes de palavra masculina (exceto: à moda de, ao estilo de); **colocação pronominal**: que o escutavam.

**Alternativa "b"** – Não há crase antes de pronome demonstrativo (exceto antes de *mesma, mesmas*) e não há crase em singular (a) + plural (estes) e não há crase entes de palavra masculina.

**Alternativa "c"** – Deu algo **a** alguém = verbo transitivo direto e indireto. Objeto direto: um conselho; objeto indireto: àqueles **jovens**. A preposição "a" é exigida. Temos a + aqueles (pronome demonstrativo). Quanto à colocação pronominal, o pronome relativo atrai o pronome oblíquo.

**Alternativa "d"** – O problema é a colocação pronominal e não a crase = que o escutava.

**Alternativa "e"** – Não há crase antes de artigo indefinido.

**ALTERNATIVA CORRETA: C**

**09. (FCC – Técnico Judiciário – TRT 23/2016)** O acento indicativo de crase está empregado corretamente em:

(A) À esta assinatura eletrônica que usa algoritmos de criptografia assimétrica, dá-se o nome de assinatura digital.

(B) Destinada à resguardar a integridade de um documento, a assinatura digital usa a criptografia.

(C) A assinatura digital destina-se à preservação da autoria de documentos eletrônicos.

(D) A assinatura digital é útil à todas as pessoas que desejam proteger seus documentos eletrônicos.

(E) A assinatura digital atende à várias finalidades, das quais se destaca a verificação da autoria do documento.

➢ Comentários:

**Alternativa "a"** – Não há crase antes de pronome demonstrativo. Substitua para saber se resultará em **ao**: dá-se o nome de assinatura digital **a** este documento eletrônico = sem crase.

**DICA**

Antes do demonstrativo "mesma", pode haver: Assistimos à mesma cena = assistimos **ao** mesmo espetáculo.

**Alternativa "b"** – Não há crase antes de verbo.

**Alternativa "c"**

– Regência: destina-se **a** algo + artigo definido "a" = à.

– Crase: é aconselhável substituir o substantivo feminino por um masculino, resultando em **ao**, haverá crase = A assinatura digital destina-se **ao** projeto.

**Alternativa "d"** – Não há crase antes de pronome indefinido.

**DICA**

Antes do indefinido "outra", pode haver: Não diga às outras pessoas = não diga **aos** outros homens.

**Alternativa "e"** – Não há crase antes de pronome indefinido (lembre-se da exceção anterior).

**ALTERNATIVA CORRETA: C**

---

**10. (FCC – Analista Judiciário – Área Judiciária – TRT 23/2016)** Quanto à ocorrência de crase, considere as frases abaixo.

I. No segmento ... *encontrar um mulungu* ***em meio*** *à vegetação*..., pode-se substituir corretamente o elemento sublinhado por "por entre", sem que nenhuma outra alteração seja feita.

II. No segmento *Disse isso à minha avó e ela riu*..., pode-se suprimir o artigo definido sem prejuízo para o sentido e a correção.

III. Uma redação correta para o segmento ... *na hora de ir para casa* (quantidade de mulungus que me restava na palma da mão na hora de ir para casa), caso se substitua a preposição "em" por "a", é: "à hora de ir para casa".

Está correto o que consta em

(A) III, apenas.

(B) II e III, apenas.

(C) I e II, apenas.

(D) I, II e III.

(E) I, apenas.

➢ Comentários:

**Alternativa correta: letra "b"**

I. **Errado**: a crase deve ser retirada = por entre a vegetação (por entre algo: sem preposição, sem crase);

II. **Certo**: O artigo – assim como a crase – possui emprego facultativo antes de pronome adjetivo possessivo;

III. **Certo**. Quando me restavam mulungos na palma da mão? **Na** hora de ir para casa ou à hora de ir para casa = locução adverbial de tempo formada com termo feminino.

**ALTERNATIVA CORRETA: B**

Capítulo 8

# PONTUAÇÃO

## 1. INTRODUÇÃO

São sinais gráficos da linguagem escrita que indicam a entoação da leitura. Servem para compor a coesão e a coerência textual além de ressaltar especificidades semânticas e pragmáticas. Alguns exemplos foram retirados do Curso Prático de Gramática.[1]

## 2. VÍRGULA

A vírgula é empregada para separar termos de uma oração, ou orações de um período. É uma questão de sintaxe – período simples e período composto – e por esse motivo separaremos nosso estudo em dois tópicos: vírgula dentro da oração e vírgula entre as orações.

***O poder da vírgula***

*"Se o homem soubesse o valor*
*que tem a mulher andaria*

1. TERRA, Ernani. Curso Prático de Gramática. 1. Ed. São Paulo: Editora Scipione, 2002. p.385.

*de quatro a sua procura"*

*Se você for mulher, certamente colocou*
*a vírgula depois de mulher.*
*Se for homem, certamente colocou*
*a vírgula depois de tem.*

## 2.1. Vírgula no Interior da Oração

Iniciemos pela **ordem direta** da oração: **sujeito + verbo + complemento verbal + adjunto adverbial ou predicativo ou complemento nominal**.

Se a oração estiver na ordem apresentada, não se usa a vírgula.

| Os poetas | escreveram | os textos | com entusiasmo. |
|---|---|---|---|
| *sujeito* | *V.T.D.* | *O.D.* | *adj. adv. modo* |

A vírgula é usada para separar:

| | Exemplo | Dica |
|---|---|---|
| **Termos intercalados** | Trabalharam muito, **logo,** merecem descansar. | Intercala conjunção |
| | Nossos alunos, **certamente,** serão aprovados. | Intercala adjunto adverbial |
| | Estudem, concurseiros, pois chegou a hora. | Intercala vocativo |
| | Mary, **aluna da turma top,** foi empossada. | Intercala aposto |
| | A música**, isto é,** o alimento da alma encanta a humanidade há séculos. | Intercala expressões explicativas: **isto é, a saber, por exemplo, ou melhor, ou antes, etc.** |
| **Termos deslocados = normalmente, a oração não se inicia com o sujeito.** | **Naquele dia,** muitos faltaram. | Adjunto adverbial anteposto. Em locução adverbial, a vírgula é obrigatória. |
| | **Hoje,** muitos faltaram. | Em advérbio anteposto, a vírgula é dispensável. |
| | **Este assunto,** já o li em uma revista. | Objeto direto pleonástico anteposto. |
| **Palavras omitidas** | A turma 1 estudou português e a turma 2**,** informática. | Zeugma ou elipse |
| **Vocativo = a quem se dirige** | **Alunos**, estudem mais.<br>"**Deus! ó Deus!** onde estás que não respondes?" (Castro Alves) | Pode estar no início, meio ou final da frase. |
| **Termos coordenados ligados por e, ou, nem** | E o namorado**, e** os amigos**, e** os irmãos magoaram-no.<br>Não andou por montanhas, **ou** florestas**, ou** cavernas. | Repetindo a conjunção coordenada indica ênfase (polissíndeto). |
| **Datas** | **Ribeirão Preto,** 26 de janeiro de 2014. | Separa o local. |
| **Advérbios sim ou não** | – Você leu o livro?<br>– **Sim,** inteiro. | Usados como resposta. |

| | Exemplo | Dica |
|---|---|---|
| **Saudação** | Com muito amor,<br>Respeitosamente, | Em correspondência comercial ou social. |
| **Termos de mesma função sintática** | Leu o livro**, a apostila, os contos** e as poesias. | Objeto direto |
| **Elementos paralelos** | Tal pai, tal filho. | Em provérbios. |

Para **FGV**, a inversão só exigirá vírgula se houver mais de três palavras na locução adverbial. Atente-se a esse detalhe.

## 2.2. Vírgula entre as Orações

As orações, compondo um período, podem possuir vírgula ou não. Estudemos os casos.

| | Exemplo | Dica |
|---|---|---|
| **Orações subordinadas adjetivas explicativas** | O homem**, que é um ser racional,** aprende com os erros. | Sempre possuirão vírgula, ou travessão ou parênteses. |
| **Orações subordinadas adjetivas restritivas** | O aluno **que estuda** é aprovado. | Restringe (apenas o que estuda): sem pontuação. |
| | **Observação**: com verbos seguidos, pode-se inserir a vírgula.<br>O homem que **fuma, adoece** rápido. | |
| **Orações subordinadas adverbiais** | **Quando entrou na sala de aula,** todos aplaudiram. | Oração deslocada: não se inicia com a oração principal. |
| **Orações subordinadas substantivas** | Espero **que me telefone logo**.<br>O remédio era **esperar.** | Não se separa da principal, exceto a apositiva. |
| **Orações coordenadas** | **Chegou, ficou em silêncio, aguardou alguns minutos** e aplicou a prova. | Separam-se por vírgula. Exceto as aditivas. |
| | **Os ignorantes** falam muito**, e os sábios** se calam. | Sujeitos distintos: com vírgula. |
| | **E estuda, e** enlouquece**, e** fica bravo**, e** será aprovado. | Polissíndeto (a conjunção indica ênfase): com vírgula. |
| | Não estudou**, e foi aprovado.** | Conjunção **e** com valor adversativo: com vírgula. |
| **Orações intercaladas** | Eu**, disse o candidato,** preciso do voto de vocês. | Sempre serão separadas por vírgulas, travessões ou parênteses. |

# 3. PONTO E VÍRGULA

É um sinal intermediário entre a vírgula e o ponto e não indica o término do período. Usa-se para separar:

- **Orações coordenadas não unidas por conjunção.**

  Ex.: Ele saiu tarde; chegou atrasado.

- **Orações coordenadas, quando pelo menos uma delas possui elementos separados por vírgula.**

Ex.: O resultado foi: dois alunos foram a favor; quinze, contra.

- **Itens de uma enumeração.**

Ex.: Considerando: 1) A alta taxa de desemprego; 2) A elevação da taxa de juros; 3) A recessão; solicitamos atenção.

- **Substituir a vírgula em conjunções adversativas.**

Ex.: Gostaria de encontrar você hoje; todavia, a vida impede.

- **Orações coordenadas adversativas quando a conjunção aparecer no meio da oração**

Ex.: Esperava receber todos os livros; recebi, porém, apenas dois.

## 4. DOIS-PONTOS

Introduzem algo importante. Utilizam-se:

| | |
|---|---|
| **para anunciar a fala de personagens nas histórias de ficção** | "A porta abriu-se, um brado ressoou:<br>– Até que enfim, meu rapaz!" (Eça de Queirós) |
| **para anunciar uma citação** | Assim escreveu Vinícius de Moraes: "Tristeza não tem fim, Felicidade sim." |
| **para anunciar uma enumeração** | Os alunos aprovados são: Júlia, Renata, Paulo e Marcos. |
| **antes de orações apositivas** | Só aceito com esta condição: *Irá casar comigo.* |
| **para indicar um esclarecimento, resultado ou resumo do que se disse** | Em síntese: estudou, foi aprovado e viajou em férias. |
| **em invocação das correspondências** | Prezados Senhores: |

## 5. PONTO FINAL

Usado para fechar o período de frases declarativas e imperativas e em abreviaturas.

## 6. PONTO DE INTERROGAÇÃO

O ponto de interrogação é usado ao final de qualquer interrogação direta, ainda que a pergunta não exija resposta. Exemplos:

- Onde você comprou este curso?
- Quais seriam as causas de tantas discussões?

## 7. PONTO DE EXCLAMAÇÃO

O ponto de exclamação é utilizado após as interjeições, frases exclamativas e imperativas. Pode exprimir surpresa, espanto, susto, indignação, piedade, ordem, súplica, etc. Possui entoação descendente. Exemplos:

- "Como as mulheres são lindas!" (Manuel Bandeira)
- Pare, por favor!

## 8. RETICÊNCIAS

As reticências marcam uma interrupção da sequência lógica da frase. Podem ser usadas para:

| | |
|---|---|
| **indicar continuidade de uma ação ou fato** | A vida passa... |
| **indicar suspensão ou interrupção do pensamento** | Acreditei que... |
| **representar, na escrita, hesitações comuns na língua falada** | Não vou estudar agora...porque...porque não consigo pensar. |
| **realçar uma palavra ou expressão** | Para que tanto...desespero? |
| **realizar citações incompletas** | "No meio do caminho tinha uma pedra, tinha..." |
| **transmitir mais emoção e subjetividade para quem lê** | (...) 'Stamos em pleno mar... Dois infinitos<br>Ali se estreitam num abraço insano,<br>Azuis, dourados, plácidos, sublimes...<br>Qual dos dous é o céu? qual o oceano?...<br>'Stamos em pleno mar.. . Abrindo as velas<br>Ao quente arfar das virações marinhas,<br>Veleiro brigue corre à flor dos mares,<br>Como roçam na vaga as andorinhas... (...)<br>(Navio Negreiro – Castro Alves) |

## 9. PARÊNTESES

Isolam explicações, indicações, orações de caráter explicativo, palavras ou comentários acessórios.

Podem ser substituídos por vírgulas ou travessões.

## 10. TRAVESSÃO

**O travessão simples** (–) serve para dar início à fala de um personagem; indicar mudança do interlocutor nos diálogos; unir grupos de palavras que indicam itinerário.

**O duplo travessão** (– –) pode substituir dupla vírgula ou parênteses.

## 11. ASPAS

Destacam uma parte do texto. São usadas:

| antes e depois de citações ou transcrições textuais | para representar nomes de livros ou legendas | para assinalar estrangeirismos, neologismos, gírias, expressões populares, ironia | para realçar uma palavra ou expressão |
|---|---|---|---|
| *"Ia viajar! Viajei. Trinta e quatro vezes, às pressas, bufando, com todo o sangue na face, desfiz e refiz a mala".*<br>*(O prazer de viajar – Eça de Queirós)* | *Machado escreveu "Dom Casmurro".* | *Conversando com meu superior, dei a ele um "feedback" do serviço a mim requerido.* | *Você foi o "esperto" que respondeu a questão?* |

## 12. COLCHETES

Os colchetes, assim como os parênteses, isolam explicações, indicações, orações de caráter explicativo, palavras ou comentários acessórios. Seu uso normalmente se restringe aos escritos de cunho didático, filológico, científico.

## 13. ASTERISCO

O asterisco (*) é usado nas remissões a notas ou explicações contidas em pé de páginas ou ao final de capítulos e nas substituições de nomes próprios não mencionados.

## 14. FIQUE DE OLHO

- É preciso saber análise sintática e período composto;
- Preste atenção nas intercalações – termos que podem ser retirados sem que haja incorreção na sequência sintática;
- Preste atenção nas inversões – orações que não se iniciam com sujeito e períodos que não se iniciam com a oração principal (sem conjunção ou pronome relativo);
- Orações adjetivas (com pronome relativo) explicativas = com pontuação antes do relativo e possuem ideia de "todos";
- Orações adjetivas (com pronome relativo) restritivas = sem pontuação antes do relativo e possuem ideia de "alguns".

### 14.1. Questões comentadas

---

**01. (FCC - TRT 11 – Analista Judiciário – Área Judiciária - 2024)** Está inteiramente adequada a pontuação da seguinte frase:

(A) Aqui e ali nos textos de Rousseau, houve quem encontrasse a falsa ideia, de que ele não reconhecia valor algum, nos hábitos civilizados.

(B) Apesar das interpretações equivocadas que, ainda, se perpetuam as obras de Rousseau provocam, entre leitores especializados um sugestivo debate.

(C) Nas obras de Rousseau, reconhecidas como do mais alto idealismo, as sociedades tribais, com seu primitivismo, são admiradas pelo filósofo.

(D) Ao analisar comunidades primitivas Rousseau considera, que seus hábitos, exprimem uma feliz naturalidade ao contrário dos hábitos aristocráticos.

(E) Não fossem os abusos, da vida civilizada, o homem poderia aspirar a uma sociedade, cujos altos valores fossem também revestidos de simplicidade.

➢ Comentários:

**Alternativa "a"** – Precisa intercalar o adjunto adverbial: Aqui e ali**, nos textos de Rousseau,** / retirar a vírgula entre o termo regente e o termo regido: a falsa **ideia de que** / retirar a última vírgula por estar na orem direta: ele não reconhecia valor algum **nos hábitos civilizados.**

**Alternativa "b"** – A vírgula é obrigatória para demarcar deslocamento/inversão da oração adverbial concessiva: Apesar das interpretações equivocadas que, ainda, se perpetuam, / é necessário intercalar o adjunto adverbial entre verbo e complemento: provocam**, entre leitores especializados,** um sugestivo debate.

**Alternativa "c"** – Nas obras de Rousseau = deslocamento/inversão do adjunto adverbial; reconhecidas como do mais alto idealismo = oração subordinativa adjetiva explicativa reduzida de particípio;

com seu primitivismo = intercalação.

**Alternativa "d"** – Vírgula obrigatória para demarcar inversão/deslocamento da oração adverbial temporal: Ao analisar comunidades primitivas Rousseau, / vírgula proibida entre oração principal e oração subordinativa substantiva: considera **que seus hábitos**... / vírgula proibida entre sujeito e verbo: **seus hábitos exprimem** uma feliz naturalidade / faltou vírgula para demarcar a oposição: exprimem uma feliz naturalidade**, ao contrário dos hábitos aristocráticos.**

**Alternativa "e"** – Vírgula proibida entre o termo regido e o termo regente: Não fossem os **abusos da vida civilizada** / vírgula proibida antes da oração subordinativa adjetiva restritiva (não possui sentido explicativo): o homem poderia aspirar a uma sociedade **cujos altos valores fossem também revestidos de simplicidade.**

**ALTERNATIVA CORRETA: C**

Fragmento de texto para responder à questão.

(...) Para ilustrar, cite-se o exemplo, recorrente, de uma pessoa que acredita poder, em qualquer circunstância, trocar um produto que acabou de adquirir simplesmente porque, chegando em casa, percebeu que não era exatamente aquilo que queria, preferia de outra cor ou até haver gastado o dinheiro com algo mais interessante. (...)

Leonardo Bessa. O cliente – nem sempre – tem razão! In: Metrópoles. 20/06/2024.

Internet: <www.metropolse.com> (com adaptações)

---

**02. (CEBRASPE - TSE - Analista Judiciário - Área Judiciária - 2024 - adaptada)** No início do parágrafo, a vírgula empregada após o verbo "ilustrar" é facultativa e sua supressão preservaria a correção gramatical do texto.

( ) certo ( ) errado

➤ Comentários:

O período inicia-se com a oração subordinativa adverbial final reduzida de infinitivo.

Desenvolvendo-a: para que se ilustre / para que seja ilustrado.

Se o período está na ordem inversa, ou seja, não é iniciado pela oração principal (cite-se o exemplo, recorrente, de uma pessoa), a vírgula demarca inversão ou deslocamento e é obrigatória.

**Resposta: Errado**

Texto para responder à questão.

*Dengue prevista*

A dengue é uma doença periódica e cíclica: os casos crescem no verão e há picos epidêmicos a cada 4 ou 5 anos. Trata-se, portanto, de enfermidade de atuação previsível. Supõe-se que o poder público se adiantaria com medidas de prevenção e tratamento. Contudo, há décadas os números de casos e mortes só aumentam no Brasil.

Entre 2000 e 2010, foram registrados 4,5 milhões de ocorrências e 1.869 óbitos. Na década seguinte, os números saltaram para 9,5 milhões e 5.385, respectivamente. O primeiro semestre deste ano registra 1,4 milhão de casos, ante 1,5 milhão em 2022. A tendência é piorar.

Segundo a OMS, urbanização descontrolada e sistema sanitário precário contribuem para o descontrole da moléstia.

No Brasil, cerca de 50% da população não tem acesso a redes de esgoto, em grande parte devido à ineficiência estatal, que só agora começa a mudar com o novo marco do setor. E o desmatamento para a construção de moradias irregulares grassa nos grandes centros. A dimensão de áreas verdes derrubadas para esse fim na cidade de São Paulo atingiu, nos primeiros dois meses de 2023, 85 hectares.

Neste ano, o município já conta com 11 444 casos de dengue – 3,7% a mais em relação ao mesmo período de 2022. Dez pessoas morreram, o maior número em oito anos, quando houve pico epidêmico.

A OMS ressaltou a importância da vacinação. Mas, devido à burocracia, o Brasil protela a distribuição do imunizante japonês Qdenga – já aprovado para venda pela Anvisa – no sistema público de saúde.

O combate à dengue deve ser contínuo, não apenas no verão, e em várias frentes complementares (saúde, infraestrutura e moradia). Com o alerta da OMS, espera-se que o poder público, local e federal, se prepare para receber as consequências do fenômeno climático El Niño.

(Editorial. Folha de S.Paulo, 27.07.2023. Adaptado)

**03. (VUNESP – TRF 3ª Região – Analista Judiciário – Área Administrativa – 2024)** No trecho do primeiro parágrafo – A dengue é uma doença periódica e cíclica: os casos crescem no verão e há picos epidêmicos a cada 4 ou 5 anos. Trata-se, portanto, de enfermidade de atuação previsível. –, os dois-pontos e as vírgulas são empregados, correta e respectivamente, para sinalizar

(A) o resumo das informações precedentes; separar expressão adverbial.

(B) a inclusão de um contra-argumento; separar conjunção condicional.

(C) a retificação de uma informação; separar aposto explicativo.

(D) o detalhamento de uma informação; separar conjunção conclusiva.

(E) a inclusão de informação nova; separar oração intercalada.

➢ Comentários:

**Alternativa "a"** – O resumo está nas informações subsequentes; não é uma expressão adverbial.

**Alternativa "b"** – Não é uma oposição; não é uma conjunção condicional.

**Alternativa "c"** – Não corrige informação alguma; não é aposto.

**Alternativa "d"** – Detalha o motivo de a dengue ser uma doença periódica e cíclica; separa / intercala a conjunção conclusiva "portanto".

Leia apenas o que está em negrito para entender melhor: **Trata-se**, portanto, **de enfermidade de atuação previsível**.

**Alternativa "e"** – Não é uma informação nova, é o detalhamento da informação anterior; não é uma oração intercalada (não possui verbo), é uma conjunção intercalada.

**RESPOSTA: D**

---

**04. (FCC - TRT 12 - Analista Judiciário – Área Administrativa - 2023)** A pontuação está inteiramente adequada na frase:

(A) Se, de um lado, há minorias raciais perseguidas, de outro há os religiosos injustiçados, discriminados por suas opões de fé.

(B) O que o cristianismo deixou de nos legar, foi uma fé de fato estribada, nos valores civilizacionais.

(C) Em nossos dias, o erotismo mesmo, deixou de ser movido pela paixão, tornando-se acima de tudo, uma mera técnica.

(D) Se de um lado, o hedonismo, se vale dos prazeres mais imediatos, de outro, o niilismo, acaba por negar quaisquer alegrias.

(E) Está na alma de cada um, a discórdia moral, razão da enfermidade do Ocidente, que impede a realização das criaturas.

➢ Comentários:

**Alternativa "a"** – As duas vírgulas iniciais demarcam intercalação. Lê-se: Se há minorias raciais perseguidas / a terceira vírgula demarca inversão da oração subordinativa adverbial condicional / a última vírgula indica que a oração subordinada adjetiva é explicativa e reduzida de particípio.

**Alternativa "b"** – O que foi uma fé? O que o cristianismo deixou de nos legar = sujeito.

Não pode haver vírgula separando o sujeito do verbo.

A segunda vírgula também está incorreta por separar o termo regido (estribada) do termo regente (os valores civilizacionais). Não pode separar o nome de seu complemento.

**Alternativa "c"** – A primeira vírgula está correta porque demarca inversão/deslocamento do adjunto adverbial extenso (3 palavras).

A segunda vírgula está errada por separar o sujeito do verbo. Outra opção seria intercalar "mesmo": o erotismo**, mesmo,** deixou de ser movido pela paixão...

É necessário intercalar a expressão entre o verbo de ligação e o predicativo: tornando-se**, acima de tudo,** uma mera técnica.

**Alternativa "d"** – É necessário demarcar intercalação: Se**, de um lado,** o hedonismo...

É preciso retirar a vírgula entre sujeito e verbo.

Como há elipse após "outro" (lado), é viável usar ponto e vírgula para deixar o período claro: **Se, de um lado, o hedonismo se vale dos prazeres mais imediatos; de outro, o niilismo acaba por negar quaisquer alegrias.**

No final do período, é necessário retirar a vírgula entre sujeito e verbo – como feito na correção acima.

**Alternativa "e"** – Não pode haver vírgula entre sujeito e verbo (predicado): Está na alma de cada um a discórdia moral...

As duas vírgulas posteriores estão corretas por separarem o aposto explicativo de "discórdia moral".

**ALTERNATIVA CORRETA: A**

Texto para responder à questão.

**Novo movimento**

As revoluções dos últimos dois séculos foram tão rápidas e radicais que transformaram a característica mais fundamental da ordem social. Tradicionalmente, a ordem social era firme e rígida. "Ordem" implicava estabilidade e continuidade. Revoluções sociais rápidas eram excepcionais, e a maioria das transformações sociais resultava da acumulação de uma série de pequenos passos. Os humanos tendiam a presumir que a estrutura social era inflexível e eterna. As pessoas costumavam declarar: "é assim que sempre foi, e é assim que sempre será".

Nos últimos dois séculos, o ritmo das mudanças se tornou tão rápido que a ordem social adquiriu um caráter dinâmico e maleável. Agora existe em estado de fluxo permanente. Quando falamos de revoluções modernas, tendemos a pensar em 1789 (a Revolução Francesa), 1848 (as revoluções liberais) ou 1917 (a Revolução Russa). Mas o fato é que, atualmente, todo ano é revolucionário. Hoje, até mesmo uma pessoa de 30 anos pode dizer honestamente a adolescentes incrédulos: "Quando eu era jovem, o mundo era completamente diferente". A internet, por exemplo, só se disseminou no início dos anos 1990, poucas décadas atrás, hoje, não podemos imaginar o mundo sem ela.

(Adaptado de: HARARI, Yuval Noah, Uma breve história da humanidade. Trad. de Janaina Marcoantonio. Porto Alegre: L&PM, 2018, p. 375-376)

**05. (FCC - TRT 21 – Analista Judiciário – Área Judiciária - 2023)** Está corretamente pontuada esta outra construção de uma frase do texto:

(A) Foi a partir dos anos 1990, e só então, que a internet veio a se disseminar.

(B) Foram tão radicais, as revoluções, dos dois últimos séculos que transformaram a característica fundamental, da ordem social.

(C) Era firme e rígida, tradicionalmente a ordem social.

(D) Atualmente, o fato é que, todo ano, é revolucionário.

(E) Uma pessoa de 30 anos, hoje pode dizer, a adolescentes incrédulos honestamente.

➤ Comentários:

**Alternativa "a"** – As vírgulas demarcam intercalação.

Lê-se: Foi a partir dos anos 1990 que a internet veio a se disseminar.

**Alternativa "b"** – Não pode haver vírgula entre sujeito e predicado: Foram tão radicais **as revoluções**, não pode haver vírgula entre o núcleo e o adjunto adnominal: as revoluções **dos dois últimos séculos**

**Alternativa "c"** – A oração está na ordem inversa e a intercalação do adjunto adverbial deve estar entre vírgulas: Era firme e rígida**, tradicionalmente,** a ordem social.

**Alternativa "d"** – Não há necessidade de haver vírgula alguma porque o adjunto adverbial deslocado é curto (uma palavra) e a oração está na ordem direta: Atualmente o fato é que todo ano é revolucionário.

Observações:

1. Não pode haver vírgula entre sujeito e verbo (todo ano é revolucionário);

2. "é que": partícula expletiva ou de realce – não exerce função sintática e pode ser retirada.

**Alternativa "e"** – Não cabe vírgula entre sujeito e predicado e nem entre verbo e complemento: Uma pessoa de 30 anos hoje pode dizer a adolescentes incrédulos honestamente. Poderia haver vírgulas para demarcar deslocamento do adjunto adverbial, mas não seriam obrigatórias: Uma pessoa de 30 anos, hoje, pode dizer a adolescentes incrédulos honestamente.

**ALTERNATIVA CORRETA: A**

**Texto CB1A1-I**

A 4.ª revolução industrial, marcada por avanços tecnológicos exponenciais, está produzindo uma transformação acelerada das ocupações e dos requisitos de habilidades necessárias ao ingresso dos jovens no mundo do trabalho. A demanda por novas qualificações aumenta, e a obsolescência das existentes se acelera; além disso, muitas atividades rotineiras estão sujeitas à robotização ou à substituição por máquinas inteligentes.

Embora essa nova realidade possa abrir grandes oportunidades, a transformação acelerada das ocupações gera também o risco de maior desigualdade.

O mundo tecnológico que emerge exige novas qualificações, ou mesmo novas alfabetizações, uma vez que as habilidades do século XXI estão em processo de redefinição radical, o que reforça a importância de educação de qualidade e formação profissional dos jovens para melhorar a empregabilidade e facilitar a transição da educação para o trabalho; de políticas ativas de mercado de trabalho que compreendam serviços e programas de emprego e contratos especiais para jovens; da promoção do respeito aos direitos trabalhistas e do trato não discriminatório dos jovens; além de políticas públicas que estimulem e desenvolvam a oferta de emprego pelas empresas, desde políticas de desenvolvimento e diversificação produtiva até o apoio às pequenas e médias empresas.

Entre as modalidades de programas para fomentar o emprego juvenil, as alianças público-privadas desempenham papel essencial, pois representam um campo fértil para a responsabilidade social empresarial e podem ser centrais para o desenvolvimento competitivo das empresas.

Internet: <www.ilo.org> (com adaptações)

---

**06. (CEBRASPE - TRT 8 - Técnico Judiciário - 2023)** No que se refere ao emprego dos sinais de pontuação no texto CB1A1-I, assinale a opção correta.

(A) A correção gramatical e os sentidos do texto seriam preservados se fosse eliminada a vírgula empregada logo após o termo "industrial" (primeiro período do primeiro parágrafo).

(B) A vírgula empregada logo após a forma verbal "aumenta" (segundo período do primeiro parágrafo) tem a finalidade de separar orações cujos sujeitos são distintos.

(C) A inserção de uma vírgula imediatamente após o vocábulo "público-privadas" (último parágrafo) manteria a correção gramatical e a coerência das ideias do texto.

(D) A correção gramatical e a coerência das ideias do texto seriam mantidas caso fosse inserida uma vírgula imediatamente após a forma verbal "emerge" (início do terceiro parágrafo).

(E) A substituição da vírgula empregada após o termo "radical" (terceiro parágrafo) por ponto final manteria a correção gramatical e os sentidos do texto, desde que feito o devido ajuste de minúscula para maiúscula no início do novo período.

➢ Comentários:

**Alternativa "a"** – No texto: A 4.ª revolução industrial**, marcada por avanços tecnológicos exponenciais,** está produzindo uma transformação acelerada das ocupações e dos requisitos de habilidades necessárias ao ingresso dos jovens no mundo do trabalho.

**Acarretaria incorreção gramatical porque separaria o sujeito do verbo – note que existe outra vírgula após "exponenciais".**

**Acarretaria, também, alteração de sentido porque demarca intercalação da oração subordinativa adjetiva explicativa. Se retirada, a oração passaria a ser restritiva e passaria, consequentemente, a ter sentido restritivo.**

**Alternativa "b"** – No texto: A demanda por novas qualificações **aumenta,** e a obsolescência das existentes se acelera; além disso, muitas atividades rotineiras estão sujeitas à robotização ou à substituição por máquinas inteligentes.

**Sujeitos distintos: <u>A demanda</u> aumenta / <u>a obsolescência</u> se acelera.**

**Alternativa "c"** – No texto: Entre as modalidades de programas para fomentar o emprego juvenil, as alianças **público-privadas** desempenham papel essencial, pois representam um campo fértil para a responsabilidade social empresarial e podem ser centrais para o desenvolvimento competitivo das empresas.

**É impossível haver vírgula entre sujeito e verbo (ou predicado). Acarretaria erro gramatical.**

**Alternativa "d"** – No texto: O mundo tecnológico que **emerge** exige novas qualificações, ou mesmo novas alfabetizações, uma vez que as habilidades do século XXI estão em processo de redefinição radical...

**Haveria incorreção gramatical por separar o sujeito do verbo.**

**Observação: a oração "que emerge" é adjetiva restritiva.**

**Alternativa "e"** – No texto: O mundo tecnológico que emerge exige novas qualificações, ou mesmo novas alfabetizações, uma vez que as habilidades do século XXI estão em processo de redefinição **radical,** o que reforça a importância de educação de qualidade e formação profissional dos jovens para melhorar a empregabilidade...

**Não caberia o ponto final porque "o" é pronome demonstrativo e "que" é pronome relativo. Trata-se de recurso coesivo.**

**Perceba que não ocorre encerramento de uma ideia, ou seja, a vírgula deve permanecer.**

**ALTERNATIVA CORRETA: B**

---

**07. (FCC - TRT 18 - Analista Judiciário - Área Judiciária - 2023)** É plenamente adequada a pontuação da seguinte frase:

(A) Diga-me, então: se você acha de fato pertinente esse quadro de definições, do termo "igualdade".

(B) Eu desejaria saber qual a dificuldade, que se apresenta, desde sempre para se definir o que é igualdade?

(C) Sem dúvida não há consenso: devido ao fato de um conceito como este ser, dúbio já na raiz.

(D) Há ainda os que esperam, apesar de tudo, que um dia se estabeleça, como prática real, um efetivo igualitarismo.

(E) O conceito de igualitarismo, desde sempre vacilante aguarda, que sua prática, enfim venha a se dar, entre os que nele confiam.

➤ Comentários:

**Alternativa "a"** – Correção: Diga-me**, então,** (1) se você acha**, de fato,** (2) pertinente esse quadro de **definições do** (3) termo "igualdade".

1 e 2: intercalações / 3: não cabe sinal de pontuação entre o elemento e o seu complemento.

**Alternativa "b"** – Correção: Eu desejaria saber qual a dificuldade **que** (1) se apresenta**, desde sempre,** (2) para se definir o que é igualdade?

1. A oração é subordinativa adjetiva restritiva – perceba que ele quer saber apenas a dificuldade apresentada, não todas as dificuldades. Não pode haver sinal de pontuação antes do pronome relativo nem intercalando a oração.

Isso só ocorre na adjetiva explicativa.

2. É viável intercalar o adjunto adverbial para tornar o período mais claro.

**Alternativa "c"** – Correção: Sem dúvida não há consenso: devido ao fato de um conceito como este **ser dúbio** (1) já na raiz.

1. Não se separa o verbo de ligação do predicativo.

**Alternativa "d"** – Há ainda os que esperam, apesar de tudo, (1) que um dia se estabeleça, como prática real, (2) um efetivo igualitarismo.

1 e 2: intercalações.

Leia apenas o que está em negrito e veja que possui sequência sintática:

**Há ainda os que esperam**, apesar de tudo, **que um dia se estabeleça**, como prática real, **um efetivo igualitarismo.**

**Alternativa "e"** – Correção: O conceito de igualitarismo, **desde sempre vacilante,** (1) **aguarda** (2) **que** sua prática, **enfim,** (3) venha a se **dar entre** (4) os que nele confiam.

1. Intercalação: vírgulas obrigatórias / 2. Não pode haver vírgula entre o verbo e o seu complemento / 3. Faltou vírgula para demarcar a intercalação / 4. Vírgula incabível.

**ALTERNATIVA CORRETA: D**

---

**08. (FCC - TRT 18 - Analista Judiciário - Área Administrativa - 2023)** A remoção da vírgula altera o sentido da seguinte frase:

(A) Diante do cenário atual de sua querida cidade, o cronista sentiu os efeitos de uma verdadeira devastação.

(B) Não incomum que nos sintamos traídos, quando voltamos a uma paragem antiga e não a reconhecemos.

(C) A cada vez que imaginamos haver retido uma imagem fiel, pode suceder que a realidade a apague.

(D) Observando o que restou de sua cidade, o cronista encontrou na casa de Maria um vestígio dolorido do passado.

(E) Os empreiteiros não se importam com as cidades históricas, que pretendem tornar modernas.

➢ Comentários:

**Nota da autora:** Questão típica da banca há décadas.

Sempre que mencionar alteração de sentido ao remover ou ao adicionar vírgula, procure a alternativa em que há pronome relativo.

**Alternativa "a"** – A vírgula demarca inversão (deslocamento) da locução adverbial temporal extensa. Se retirada, o sentido não será alterado.

**Alternativa "b"** – A vírgula separa a oração subordinativa adverbial e não é obrigatória. Se retirada, o sentido não será alterado.

**Alternativa "c"** – A vírgula demarca inversão (deslocamento) da oração subordinada adverbial temporal. Se retirada, o sentido não será alterado.

**Alternativa "d"** – A vírgula demarca inversão (deslocamento) da oração subordinada adverbial temporal reduzida de gerúndio. Se retirada, o sentido não será alterado.

**Dica:** desenvolva a oração para facilitar – quando observou o que restou da cidade.

A**lternativa "e"** – O vocábulo "que" é pronome relativo – retoma "cidades históricas" e pode ser substituído por "as quais".

Com a vírgula, a oração subordinada adjetiva é **explicativa**, ou seja, pretendem tornar modernas todas as cidades históricas.

Sem a vírgula, a oração subordinada adjetiva é **restritiva**, isto é, pretendem tornar modernas algumas cidades históricas, não todas.

**ALTERNATIVA CORRETA: E**

---

**09. (FCC – TRT 17 – Analista Judiciário – Área Judiciária – 2023)** É inteiramente regular a pontuação da frase:

(A) Os crimes bárbaros, que se cometem, devem-se por vezes - a fatores de ordem econômica, psicológica ou sociológica.

(B) Pode ser que estejam certos: mas, os favoráveis à pena de morte, nem sempre consideram com o peso necessário, os contextos dos delitos.

(C) É difícil de se imaginar, por que alguns veem a execução capital, como um espetáculo a não se perder ou mesmo a festejar.

(D) Num tempo como este de incertezas éticas; há ainda quem considere imprescindível, a execução de um criminoso?

(E) Ao concluir o texto, lembra-nos o autor: nossas decisões, sobretudo as mais graves, não dispensam a mais justa ponderação.

➢ Comentários:

**Alternativa "a"** – Correção: Os crimes bárbaros, que se cometem, devem-se - **por vezes** - a fatores de ordem econômica, psicológica ou sociológica.
Faltou um travessão para intercalar a expressão adverbial.

**Dica:** a intercalação poderia ser feita por vírgulas ou por parênteses.

**Alternativa "b"** – Correções: Pode ser que estejam certos, **mas** (1) os favoráveis à pena de morte (2) nem sempre consideram, com o peso necessário, (3) os contextos dos delitos.

1. Antes da conjunção adversativa "mas", a vírgula é obrigatória;

2. Não pode haver sinal de pontuação entre o sujeito e o predicado;

3. É preciso intercalar a expressão adverbial entre o verbo e o complemento.

**Alternativa "c"** – Correções: É difícil de se imaginar (1) por que alguns veem a execução capital (2) como um espetáculo a não se perder ou mesmo a festejar.

1. Não cabe vírgula entre a oração principal e a oração subordinada substantiva;

2. O período está na ordem direta e não é necessário haver vírgula entre os termos.

**Alternativa "d"** – Correções: **Num tempo como este de incertezas éticas,** (1) há ainda quem considere imprescindível (2) a execução de um criminoso?

1. A vírgula é necessária para demarcar inversão/deslocamento do adjunto adverbial;

2. Não cabe vírgula entre o predicativo do objeto e o objeto direto.

**Alternativa "e"** – A primeira vírgula demarca inversão da oração subordinativa adverbial; o sinal de dois pontos inicia uma explicação; as vírgulas posteriores indicam intercalação.

Leia apenas o que está em negrito e perceba que há sequência sintática: **nossas decisões,** sobretudo as mais graves, **não dispensam a mais justa ponderação**.

**ALTERNATIVA CORRETA: E**

**10. (FCC – TRT 14 – Analista Judiciário – Área Judiciária – 2022)** Est plenamente adequada a pontuação da seguinte frase:

(A) Os filhos do autor diante da lareira, não deixaram de se espantar, com o espetáculo inédito daquelas chamas bruxuleantes.

(B) Como metáfora, o fogo por conta de seus inúmeros atributos, chega mesmo a propiciar expansões, simbólicas e metafóricas.

(C) Tanto como a do Sol, a luz do fogo, uma vez expandida, pode ofuscar os olhos de quem, imprudente, ouse enfrentá-la.

(D) O autor do texto em momentos descritivos, não deixa de insinuar sua atração, pela magia dos poderes e do espetáculo do fogo.

(E) Disponíveis metáforas, parecem se desenvolver quando, por amor ou por ódio extremos somos tomados por paixões incendiárias.

➢ Comentários:

**Alternativa "a"** – Correções: faltou vírgula para intercalar a locução adverbial = Os filhos do autor, **diante da lareira**, não deixaram; retirar a vírgula após o verbo porque está na ordem direta = não deixaram de se espantar com o espetáculo inédito.

**Alternativa "b"** – Correções: faltou vírgula para intercalar a locução adverbial = o fogo, **por conta de seus inúmeros atributos**, chega; não pode haver vírgula entre o substantivo e o adjetivo = propiciar **expansões simbólicas** e metafóricas.

**Alternativa "c"** – Divida o período para facilitar:

Tanto como a do Sol,: inversão/deslocamento a luz do fogo, uma vez estendida,: as duas vírgulas demarcam intercalação de quem, imprudente, ouse: as duas vírgulas, também, demarcam intercalação.

**Dica:** leia o que está em negrito e perceba que possui sequência sintática = Tanto como a do Sol, **a luz do fogo**, uma vez expandida, **pode ofuscar os olhos de quem**, imprudente, **ouse enfrentá-la**.

**Alternativa "d"** – Correções: faltou vírgula para intercalar a locução adverbial = O autor do texto, **em momentos descritivos**, não deixa; não pode haver sinal de pontuação entre o objeto direto e o complemento nominal = insinuar sua **atração pela magia** dos poderes e do espetáculo do fogo.

**Alternativa "e"** – Correções: faltou vírgula para demarcar inversão/deslocamento do predicativo do sujeito = **Disponíveis**, metáforas; não pode haver vírgula entre sujeito e verbo = metáforas **parecem** se desenvolver; falto vírgula para intercalar = quando, **por amor ou por ódio extremos**, somos tomados por paixões.

**ALTERNATIVA CORRETA: C**

Parte IV

# TÓPICO COMPLEMENTAR

Capítulo

1

# ESTUDO DOS VOCÁBULOS QUE, SE E COMO

## 1. A PALAVRA QUE[1]

| | | |
|---|---|---|
| **Interjeição** | exprime espanto, admiração, surpresa | **Quê!** Você ainda não está pronto? |
| **Substantivo** | equivale a **alguma coisa** | Ele tem certo **quê** misterioso. |
| **Preposição** | liga dois verbos de uma locução verbal em que o auxiliar é o verbo **ter**. Equivale a **de** | Tenho **que** sair agora.<br>= Tenho de sair. |
| **Partícula expletiva ou de realce** | pode ser retirada da frase, sem prejuízo algum para o sentido. | Quase **que** não consigo chegar a tempo. |
| **Advérbio** | modifica um adjetivo ou um advérbio. Equivale a **quão.** | **Que** lindas flores! |
| **Pronome** | pronome relativo | retoma um termo e **o qual** e flexões.<br>Não encontramos as pessoas **que** saíram. |
| | pronome indefinido | pode funcionar como pronome substantivo ou pronome adjetivo. |
| | pronome substantivo | equivale a **que coisa.**<br>**Que** aconteceu com você? |
| | pronome adjetivo | determina um substantivo<br>– função sintática: adjunto adnominal.<br>**Que** vida é essa? |

1. BRASIL ESCOLA. Disponível em <http://brasilescola.uol.com.br/gramatica/classificacao-das-palavras-que-e-se.htm>. Acesso em 24 julho 2014, alterado.

| **Conjunção** | relaciona entre si duas orações | Quando funciona como conjunção coordenativa ou subordinativa, a palavra **que** recebe o nome da oração que introduz.<br>Venha logo, **que** é tarde.<br>= conjunção coordenativa explicativa<br>Falou tanto **que** ficou rouco.<br>= conjunção subordinativa consecutiva |
|---|---|---|
| | | Quando inicia uma oração subordinada substantiva, a palavra **que** recebe o nome de **conjunção subordinativa integrante**.<br>Desejo **que** você venha logo. |

## 1.1. Funções Sintáticas da Palavra QUE

O pronome relativo "que" se refere a um termo da oração anterior (antecedente) projetando-o na oração seguinte, subordinada a esse antecedente. Veja:

O pronome relativo [que] se refere a um termo da oração anterior (antecedente) projetando-o na oração seguinte, subordinada a esse antecedente. Veja:

- Mudei para *a casa* / que eu mesmo construí.

Na frase acima, a palavra [que] se relaciona com o antecedente [a casa]. A oração que se subordina a esse antecedente é: *que eu mesmo construí.* Para melhor compreendermos qual o papel desempenhado pelo pronome relativo [que], vamos desdobrar o período composto em duas orações: Mudei para a casa. Eu mesmo construí a casa.

Não é difícil perceber, agora, que o relativo [que], introduz a segunda oração e, ao mesmo tempo, substitui [casa] na segunda oração. Observe que [casa], na segunda oração, exerce a função sintática de objeto direto. Como [que] a substitui, essa será a função sintática do pronome [que]. Portanto, [que] cumpre uma dupla função: substitui, na segunda oração, o termo antecedente (a casa) e ao mesmo tempo introduz a oração subordinada adjetiva.

O pronome relativo que pode ter *por antecedente* o demonstrativo [o, a, os, as]: Olha o (= isto) que esse menino fez na prova!

- Falo o (= aquilo) que sinto.

Lembro-lhe que é fundamental diferenciar o relativo [que] da conjunção integrante [que], que introduz uma oração subordinada substantiva. Para reconhecer o relativo [que] substitua-o por *o/a qual, os/as quais:*

- Comprei a casa que você indicou => [...] a qual você indicou.
- Você me deu um presente que me agradou => o qual me agradou.

O pronome relativo, que sempre tem uma função na oração adjetiva, a saber: *sujeito, predicativo do sujeito, objeto direto, objeto indireto, complemento nominal, agente da passiva e adjunto adverbial.*

Conscientemente falando, não é tão simples descobrir essas funções sem a ajuda de um "macete". Um muito usado é este:

**1º** Substitua o pronome relativo pelo seu antecedente;

**2º** Observe a função sintática do antecedente na nova posição que assumiu no lugar do pronome relativo.

**3º** A função do antecedente, em sua nova posição, será a mesma do pronome relativo [que] (substituído).

**4º** Em muitos casos, será necessário colocar a nova frase em ordem direta para maior clareza da função do antecedente.

**Exemplos:**

– O povo chorou os soldados que morreram em combate.

Substituindo: os soldados morreram em combate.

Função sintática: os soldados = objeto direto = que.

– Aqui está o livro que lerei nas férias.

Substituindo: o livro lerei nas férias. => lerei o livro nas férias.

Função Sintática: o livro = objeto direto = que.

– Comprei a casa a que você se referiu.

Substituindo: a casa você se referiu => você se referiu a casa.

Função sintática: a casa = objeto indireto = que.

– Este é o remédio de que tenho necessidade.

Substituindo: do remédio tenho necessidade => Tenho necessidade do remédio.

Função sintática: do remédio = complemento nominal = que.

– A casa em que moro é bem cuidada.

Substituindo: Na casa moro é bem cuidada. => moro na casa...

Função Sintática: na casa = adjunto adverbial = que.

– Ignoras o cínico que ele é.

Substituindo: o cínico ele é. => ele é o cínico.

Função Sintática: o cínico = predicativo do sujeito = que.

– Era venenosa a aranha por que você foi picado.

Substituindo: Era venenosa pela aranha você foi picado. => você foi picado pela aranha.

Função Sintática: foi picado pela aranha = agente da passiva = que.

Os Pronomes Relativos **onde, como e cujo** exercem sempre as funções sintáticas de: adjunto adverbial de lugar, de modo e adjunto adnominal, respectivamente:

– O salão do clube onde passamos o réveillon estava repleto

Substituindo: passamos o réveillon no salão do clube (adj. adv. de lugar)

- A foto cujo negativo lhe enviei ficou ótima.

  Substituindo: o negativo da foto (adjunto adnominal) ficou ótima.

- A maneira firme como defendeu o rapaz causou admiração.

  Substituindo: defendeu de maneira firme (adj. adv. de modo) o rapaz.[2]

## 2. A PALAVRA SE

| | | |
|---|---|---|
| **Conjunção** | a conjunção relaciona entre si duas orações. | |
| | conjunção subordinativa integrante: inicia uma oração subordinada substantiva. | Perguntei **se** ele estava feliz. |
| | conjunção subordinativa condicional: inicia uma oração adverbial condicional (equivale a **caso**). | **Se** todos tivessem estudado, as notas seriam boas. |
| **Partícula expletiva ou de realce** | pode ser retirada da frase sem prejuízo algum para o sentido. | Passavam-**se** os dias e nada acontecia. |
| **Parte integrante do verbo** | ligada a verbo que pede objeto direto, caracteriza as orações que estão na voz passiva sintética. É também chamada de pronome apassivador. | Vendem-**se** livros.<br>Aluga-**se** piano. |
| **Índice de indeterminação do sujeito** | vem ligando a um verbo que não é transitivo direto ou transitivo direto e indireto, tornando o sujeito indeterminado. O verbo deverá estar na terceira pessoa do singular. | Trabalha-**se** de dia.<br>Precisa-**se** se apoio. |
| **Pronome reflexivo** | quando a palavra **se** é pronome pessoal, ela deverá estar sempre na mesma pessoa do sujeito da oração de que faz parte. Por isso o pronome oblíquo **se** sempre será reflexivo (equivalendo a **a si mesmo**), podendo assumir as seguintes funções sintáticas: | |
| | objeto direto | Ele cortou-**se** com o facão. |
| | objeto indireto | Ele **se** atribui muito valor. |
| | sujeito de um infinitivo | "Sofia deixou-**se** estar à janela."[3] |

2. (RECANTO DAS LETRAS, on-line). Disponível em <http://www.recantodasletras.com.br/gramatica/2530513>. Acesso em 10 julho 2014.
3. Brasil Escola. Disponível em <http://brasilescola.uol.com.br/gramatica/classificacao-das-palavras-que-e-se.htm>. Acesso em 24 julho 2014, alterado.

## 3. A PALAVRA COMO

| **Substantivo** | aparece antecedido de um determinante ou especificando outro termo. | Estamos analisando a palavra "como". |
|---|---|---|
| **Interjeição** | expressa um espanto ou admiração. | Como! Não sabia que iríamos viajar?! |
| **Preposição** | Ocorre quando houver a possibilidade de se subentender o gerúndio (sendo) depois do termo em estudo, ou ainda se puder ser substituído pela locução "na qualidade de". | Na maioria dos concursos, ele atua como fiscal.<br>= na qualidade de |
| **Advérbio** | Relaciona-se a um verbo ou a um adjetivo, exprimindo circunstância de intensidade ou modo.<br>Sintaticamente: adjunto adverbial de intensidade ou modo. | Como suporta conviver com essa angústia? |
| **Conjunção** | introduz uma oração subordinada adverbial, levando-se em conta as respectivas circunstâncias expressas pelo fato verbal. Assim classificadas: | |
| | **Causal** – equivale-se a "porque", "já que", "uma vez que". | Como não tinha interesse, nem olhou a mercadoria. |
| | **Conformativa** – apresenta-se passível de ser substituída por "conforme", "segundo". | Como já imaginávamos, não concluiu o trabalho. |
| | **Comparativa** – pode ser substituída pela expressão "tal qual", representando o segundo elemento da comparação. | Dormia como um anjo. = tal qual um anjo |
| **Pronome relativo** | Assumindo tal função, aparece sempre antecedida de um substantivo, equivalendo-se a "com o(a) qual, pelo(a) qual" e demais variações. Nesse caso, exerce a função de adjunto adverbial de modo. | Esse foi o modo como fui recebido.<br>= pelo qual[4] |

4. BrasilEscola. Disponível em <http://concursos.brasilescola.uol.com.br/portugues/a-palavra-como funcoes-morfossintaticas.html>. Acesso em 24 julho 2014, alterado.

Parte V

# COESÃO, COERÊNCIA E REESCRITA DE FRASES

Capítulo

1

# COESÃO E COERÊNCIA

## 1. ELEMENTOS DA TEXTUALIDADE[1]

Os elementos da textualidade são empregados na produção textual para dar sentido à obra. Dentro dessa categoria, temos conceitos como contextualização, coesão, coerência e os cinco fatores pragmáticos dos textos: a intencionalidade, a informatividade, a aceitabilidade, a situacionalidade e a intertextualidade.

Esses elementos garantem a originalidade e a qualidade dos textos. O objetivo dos elementos da textualidade é garantir que as ideias do autor possam ir ao encontro da compreensão do leitor.

Textos bem escritos devem apresentar os seguintes aspectos:

**Clareza das palavras**

Uso de palavras de fácil compreensão;

**Expressividade**

Escolha das palavras adequadas baseada nos critérios de coesão e coerência;

**Ordem direta das palavras**

Uso do sujeito seguido do predicado;

**Originalidade**

Ser original e fugir dos clichês.

Os principais **elementos da textualidade** são:

**Intencionalidade** – Refere-se à comunicação eficiente, que permite que as intenções comunicativas fiquem claras para o leitor.

1. GRUPO ESCOLAR. *Elementos da textualidade.* Disponível em: <https://www.grupoescolar.com/pesquisa/elementos-da-textualidade.html>. Acesso em: 1 outubro 2018. (com adaptações).

**Aceitabilidade** – Texto compatível com a expectativa do receptor. Depende da qualidade do texto.

**Situacionalidade** – Adequação do texto ao contexto de comunicação. Orienta o sentido do discurso.

**Informatividade** – Discurso menos previsível e mais informativo.

**Intertextualidade** – Mescla de textos e contextos.

**Contextualidade** – Situação comunicativa concreta em que o texto foi produzido.

**Coesão** – Mecanismos linguísticos que garantem a ordenação do texto e a unidade semântica. A coesão dá a organização formal do texto.

**Coerência** – Referência a não contradição, a não tautologia e a relevância.

## 2. COESÃO E COERÊNCIA[2]

A **coesão** e a **coerência** são mecanismos fundamentais na construção textual. Para que um texto transmita uma mensagem, é essencial que possua sentido e seja harmonioso.

A **coesão** pode ser obtida através de alguns mecanismos: anáfora e catáfora. A anáfora e a catáfora se referem à informação expressa no texto e, por esse motivo, são qualificadas como **endofóricas**. A **anáfora** retoma um componente; a **catáfora** o antecipa, contribuindo com a ligação e a harmonia textual.

A **coerência** é a relação lógica das ideias de um texto que decorre da sua argumentação - resultado especialmente dos conhecimentos do transmissor da mensagem. Um texto contraditório e redundante ou cujas ideias iniciadas não são concluídas, é um texto incoerente. A incoerência compromete a clareza do discurso, a sua fluência e a eficácia da leitura. Assim a incoerência não é só uma questão de conhecimento, decorre também do uso de tempos verbais e da emissão de ideias contrárias.

O relatório está pronto, porém o estou finalizando até agora.

(processo verbal acabado e inacabado)

Ele é vegetariano e gosta de um bife muito mal passado.

(os vegetarianos são assim classificados pelo fato de se alimentar apenas de vegetais)

### 2.1. Diferença entre coesão e coerência

Coesão e coerência são coisas diferentes, tanto que um texto coeso pode ser um texto incoerente. Ambas têm em comum o fato de estarem relacionadas com as regras essenciais para uma boa produção textual.

A **coesão** textual tem como foco a articulação interna, isto é, as **questões gramaticais**. A **coerência** textual trata da **articulação externa e mais profunda** da mensagem.

2. TODA MATÉRIA. *Coesão e coerência*. Disponível em: <https://www.todamateria.com.br/coesao-e-coerencia/>. Acesso em: 1 outubro 2018. (com adaptações).

## 3. TIPOS DE COESÃO

Conheça os tipos de coesão textual.

**Referência Pessoal:** utilização de pronomes pessoais e possessivos.

> **João e Maria** casaram. **Eles** são pais de Ana e Beto.
>
> Referência pessoal anafórica
>
> **Os alunos do terceiro ano** foram visitar o Museu da Língua Portuguesa. **Eles** foram acompanhados pelos professores da escola.
>
> Referência pessoal anafórica

**Referência Demonstrativa:** utilização de pronomes demonstrativos e advérbios.

> Fiz todas as tarefas, com exceção **desta**: arquivar a correspondência.
>
> Referência demonstrativa catafórica

**Referência Comparativa:** utilização de comparações através de semelhanças.

> Mais um dia **igual aos** outros...
>
> Referência comparativa endofórica

**Substituição**

Substituir um elemento (nominal, verbal, frasal) por outro é uma forma de evitar as repetições.

**Os alunos** foram advertidos pelo **mau comportamento.** Caso isso volte a acontecer, **eles** serão suspensos.

Em vez de:

**Os alunos** foram advertidos pelo **mau comportamento.** Caso o **mau comportamento** volte a acontecer, **os alunos** serão suspensos.

**Elipse**

Um componente textual, quer seja um nome, um verbo ou uma frase, pode ser omitido através da elipse.

**Maria** faz o almoço e ao mesmo tempo **conversa** ao telefone com a amiga.

Em vez de:

**Maria** faz o almoço e ao mesmo tempo **Maria** conversa ao telefone com a amiga.

**Conjunção**

A conjunção liga orações estabelecendo relação entre elas.

Nós não sabemos quem é o culpado, **mas** ele sabe.

Adversativa

**Coesão Lexical**

A coesão lexical consiste na utilização de palavras que possuem sentido aproximado ou que pertencem a um mesmo campo lexical. São elas: sinônimos, hiperônimos, nomes genéricos, entre outros.

**Machado de Assis** é considerado o maior escritor brasileiro. O carioca nasceu no dia 21 de junho de 1839 e faleceu no Rio de Janeiro no dia 29 de setembro de 1908. **Gênio maior** de nossas letras, foi um dos fundadores da Academia Brasileira de Letras.

## 4. TIPOS DE COERÊNCIA[3]

Existem **tipos de coerência**, ou seja, elementos que colaboram para a construção da coerência global de um texto. São eles:

**Coerência sintática:** está relacionada com a **estrutura linguística**, como termo de ordem dos elementos, seleção lexical etc., e também à coesão. Quando empregada, **eliminamos estruturas ambíguas, bem como o uso inadequado dos conectivos**.

**Coerência semântica:** o texto não pode ser contraditório, pois a semântica está relacionada com as **relações de sentido** entre as estruturas.

**Coerência temática:** todos os **enunciados** de um texto precisam ser **coerentes e relevantes para o tema**, com exceção das inserções explicativas. Os trechos irrelevantes devem ser evitados, impedindo assim o comprometimento da coerência temática.

**Coerência pragmática:** refere-se ao texto visto como uma **sequência de atos** de fala. Os textos, orais ou escritos, são exemplos dessas sequências, portanto, devem obedecer às condições para a sua realização. Se o locutor ordena algo a alguém, é contraditório que ele faça, ao mesmo tempo, um pedido. Quando fazemos uma pergunta para alguém, esperamos receber como resposta uma afirmação ou uma negação, jamais uma sequência de fala desconectada daquilo que foi indagado. Quando essas condições são ignoradas, temos como resultado a incoerência pragmática.

**Coerência estilística:** diz respeito ao emprego de uma **variedade de língua** adequada, que deve ser mantida do início ao fim de um texto para garantir a coerência estilística. A incoerência estilística não provoca prejuízos para a interpretabilidade de um texto, contudo, a mistura de registros — como o uso concomitante da linguagem coloquial e linguagem formal.

**Coerência genérica:** refere-se à **escolha adequada do gênero textual**, que deve estar de acordo com o conteúdo do enunciado. Em um anúncio de classificados, a prática social exige que ele tenha como objetivo ofertar algum serviço, bem como vender ou comprar algum produto, e que sua linguagem seja concisa e objetiva, pois essas são as características essenciais do gênero. Uma ruptura com esse padrão, entretanto, é comum nos

3. TODA MATÉRIA. *Coesão e coerência*. Disponível em: <https://www.todamateria.com.br/coesao-e-coerencia/>. Acesso em: 1 outubro 2018. (com adaptações).

textos literários, nos quais podemos encontrar um determinado gênero assumindo a forma de outro. (PORTUGUÊS UOL, 2018)

**Coerência narrativa:** nesse tipo de texto é obedecida uma **lógica entre ações e personagens**. Cada ação obedece a um tempo que permite conhecer a ordem dos acontecimentos sem contradições.

> Ele ligou à noite para acalmar o desespero dela. Sentou no sofá de couro já gasto, acendeu a luz do abajur na sala já escura. Chamou por querida, clamou por perdão. Relatou o dia e prometeu reduzir os hiatos que os separava. A conversa deu fome. Ele levantou e procurou os últimos vestígios do jantar. Ela ficou saciada com um copo de leite quente preparado enquanto ele lhe fazia juras que seriam quebradas na manhã seguinte.

**Coerência argumentativa:** são apresentados **exemplos, opiniões e dados utilizados como argumento para sustentar a conclusão**. Também é preciso obedecer a uma sequência lógica de acontecimentos para sustentar a argumentação e possibilitar a compreensão da conclusão.

> A violência escolar é um problema que envolve toda a comunidade. Do núcleo familiar ao convívio em sociedade, é o Estado, contudo, o responsável por oferecer as condições necessárias para a redução do problema até a sua quase eliminação.
>
> Cabe à sociedade interferir para que o Estado desempenhe de maneira satisfatória o seu papel e evite que problemas como a violência na escola prejudiquem o desenvolvimento da comunidade.
>
> Em suma, o problema só terá fim com o envolvimento conjunto da sociedade e Estado.

**Coerência Descritiva:** nesses textos é promovido um **retrato das pessoas, coisas e ambientes com detalhes** sobre suas particularidades. São usadas figuras que condizem com a cena, o ambiente e o tempo onde estão situados os personagens e acontecimentos.

Fazia tão calor naquele dia, que as roupas pareciam aderir à pele. Cada passo na calçada era um desafio ao bem-estar devido à temperatura do ladrilho. Mesmo assim, saiu mais cedo e foi fazer as compras de aniversário para a surpresa da noite. Nem mesmo o calor seria suficiente para impedir a festa.

### 4.1. Princípios da coerência textual[4]

**Princípio da não contradição:** ocorre quando as ideias não se contradizem e a lógica do texto não é interrompida.

**Princípio da não tautologia:** ocorre quando um mesmo termo não é repetido exaustivamente, prejudicando a mensagem e tornando o texto inteligível.

**Princípio da relevância:** ocorre quando o interlocutor percebe a obediência à relação de ideias em uma sequência. Não há quebra. Quando o ordenamento é incorreto, ainda que as mensagens tenham significado isoladas, a compreensão dos sentidos do texto é prejudicada.

## 5. INCOERÊNCIAS GRAMATICAIS[5]

Ser incoerente, gramaticalmente dizendo, não é nenhuma incoerência, ou seja, não constitui um assunto fora da lógica, descabido. Sim, pois não raro cometemos os inevitáveis desvios, os temíveis, por que não dizer assim, escorregões linguísticos. Tal recorrência mostra-se tão evidente que até mesmo aquelas pessoas que se sentem familiarizadas acerca dos aspectos que norteiam a língua apresentam certa vulnerabilidade em relação a esse aspecto.

Assim, em face dessa realidade, propomos a discorrer sobre algumas ocorrências, tidas como corriqueiras, de modo a fazer com que você se sinta um pouco mais a par dos pressupostos que as perfazem, visando assim a um pleno desempenho linguístico em quaisquer que sejam as situações de interlocução em que você se encontrar inserido (a):

---

4. TODA MATÉRIA. *Coesão e coerência.* Disponível em: <https://www.todamateria.com.br/coesao-e-coerencia/>. Acesso em: 1 outubro 2018. (com adaptações).
5. MUNDO EDUCAÇÃO BOL. *Incoerências gramaticais.* Disponível em: <https://mundoeducacao.bol.uol.com.br/gramatica/incoerencias-gramaticais.htm>. Acesso em: 2 outubro 2018. (com adaptações).

Muitas são as incoerências gramaticais cometidas, que acabam se tornando em um **ciclo vicioso**.

Sim, elas realmente existem, razão pela qual podem até se tornar num **círculo vicioso**.

Hoje é **1 de junho, 1 de setembro, 1 de dezembro**, enfim, sucessivamente.

Quando o assunto estiver relacionado a datas, sobretudo em se tratando do primeiro dia de cada mês, opte sempre por dizer primeiro de e na escrita **1º de**...

O dia parece interminável quando algo de **ruim** nos acontece, não é verdade?

Acredite que em termos linguísticos, ele terá uma tendência a piorar ainda mais, pois o acento tônico do vocábulo em questão se situa na última sílaba, não na penúltima, como nos demonstra o exemplo. Dessa forma, pronuncie sempre **ruim.**

Porventura, perguntamos a você: o **preço** está caro ou barato?

Estamos falando de preço, não do produto, pois ele sim pode assumir tais qualificações. Nesse sentido cabe mencionar que em se tratando desse contexto, o conveniente e dizermos **preço alto e preço baixo.**

Capítulo

2

# REESCRITA DE FRASES

## 1. PARÁFRASE E PERÍFRASE[1]

**Paráfrase** é um recurso de interpretação textual que consiste na reformulação de um texto, trocando as palavras e expressões originais, mas mantendo a ideia central da informação.

A intertextualidade é uma das principais características da paráfrase, pois para que esta exista é necessária a "ligação" com outro texto, que serve como alusão para a produção do novo conteúdo.

Em alguns casos, a paráfrase é considerada um mecanismo que ajuda a clarificar alguns textos, pois ajuda a explicá-los com termos e expressões que sejam mais simples de compreender, uma vez que a ideia central do conteúdo sempre é mantida.

No campo linguístico, a paráfrase pode significar o modo diferente de transmitir determinada mensagem que já foi dita anteriormente, alterando apenas algumas palavras por seus sinônimos, por exemplo.

Quando se diz que alguém parafraseou a obra de outro autor, significa que a apresentou com as suas próprias palavras, mas mantendo a ideia e o sentido original da mesma. Neste sentido, parafrasear ainda pode significar a nova abordagem, interpretação ou explicação que é dada a um conteúdo antigo (livro, narrativa, poema etc.).

1. SIGNIFICADOS. *Paráfrase.* Disponível em: <https://www.significados.com.br/parafrase/>. Acesso em: 3 outubro 2018. (com adaptações).

**Texto original**
"Ai que moleza no corpo. Uma vontade de me estender no chão. Deixar que o capim cresça em volta. Deixar que os insetos, os fungos se abriguem em mim. Estranha alegria em virar uma paisagem".

**Paráfrase**
"Ai que fraqueza nos membros. Um desejo de deitar no piso. Permitir que o mato aumente ao redor. Permitir que os insetos, os fungos se alojem em mim. Desconhecida esta felicidade de se transformar numa paisagem".

**Texto Original**
Minha terra tem palmeiras
Onde canta o sabiá,
As aves que aqui gorjeiam
Não gorjeiam como lá.

(Gonçalves Dias, "Canção do exílio")

**Paráfrase**
Meus olhos brasileiros se fecham saudosos
Minha boca procura a 'Canção do Exílio'.
Como era mesmo a 'Canção do Exílio'?
Eu tão esquecido de minha terra...
Ai terra que tem palmeiras
Onde canta o sabiá!

(Carlos Drummond De Andrade)

**Perífrase** é a substituição de um nome comum ou próprio por uma expressão que a caracterize. Nada mais é do que um circunlóquio, isto é, um rodeio de palavras.

O **povo lusitano** foi bastante satirizado por Gil Vicente.

Utilizou-se a expressão "povo lusitano" para substituir "os portugueses". Esse rodeio de palavras que substituiu um nome comum ou próprio chama-se perífrase.

Astro rei (Sol)

Última flor do Lácio (língua portuguesa)

Cidade-Luz (Paris)

Rainha da Borborema (Campina Grande)

Cidade Maravilhosa (Rio de Janeiro)

**Fique de olho!**

Enquanto que a **paráfrase** usa da intertextualidade para exemplificar a ideia central do conteúdo original a partir de outras palavras, a **paródia** tem a intenção de recriar o texto original a partir de um ponto de vista crítico, irônico, cômico ou satírico.

Nesse sentido, a paródia age como uma ferramenta contestatória e provocadora, que utiliza de aspectos do conteúdo original, mas distorcendo ou confrontando a ideia central ali apresentada.

## 2. PARALELISMO[2]

O paralelismo consiste em criar uma **sequência de frases com estrutura idêntica**. É a simetria da frase. O princípio do paralelismo é facilitar a leitura do enunciado e proporcionar clareza à expressão. O paralelismo pode ser sintático e semântico.

### 2.1. Paralelismo sintático

O paralelismo sintático, ou paralelismo gramatical, observa a ligação existente entre as funções sintáticas ou morfológicas dos elementos da oração.

2. TODA MATÉRIA. *Paralelismo.* Disponível em: <https://www.todamateria.com.br/dica-de-redacao-uso-do-paralelismo/>. Acesso em: 3 outubro 2018, com adaptações.

O que espero das férias: viagens, praia e **visitar** lugares diferentes.

Há aqui uma quebra na estrutura da oração, a partir do momento em que se utiliza o verbo visitar em vez de continuar a sequência morfológica com substantivos.

O ideal seria: O que espero das férias: viagens, praia e **visitas a** lugares diferentes.

Quando eu der a notícia, eles **ficariam** tristes.

Nesse caso, ocorreu uma alternância nos tempos verbais. No primeiro período o verbo está no futuro do subjuntivo, o que obriga que o verbo do segundo período esteja no futuro do presente e não no futuro do pretérito.

O correto seria assim: Quando eu der a notícia, eles **ficarão** tristes.
Outra alternativa seria: Quando eu **desse** a notícia, eles ficariam tristes.

**Sem**:
Eu pedi **para** ele vir cedo e **que** trouxesse guardanapos.

**Com**:
Eu pedi **que** ele viesse cedo e **que** trouxesse guardanapos.

**Sem**:
O professor sempre foi **disponível, compreensivo** e **teve paciência**.

**Com**:
O professor sempre foi **disponível, compreensivo** e **paciente**.

**Sem**:
O atleta brasileiro vencedor da maratona foi seguido **pelo** atleta argentino e **do** atleta uruguaio.

**Com**:
O atleta brasileiro vencedor da maratona foi seguido **pelo** atleta argentino e **pelo** atleta uruguaio.

**Sem**:
Após o incêndio, eles **vieram** com coragem mas **querendo** justiça.

**Com**:
Após o incêndio, eles **vieram** com coragem mas **quiseram** justiça.

## 2.2. Paralelismo semântico

O paralelismo semântico observa a correspondência de valores existentes no discurso.

O evento durou o dia todo e algumas dores nos pés.

O sentido da oração foi interrompido. No que respeita à duração da festa era esperado algo como "O evento durou o dia todo e adentrou a noite.", por exemplo.

Preocupado, perguntou o quanto a namorada gostava dele. Ela respondeu que gostava milhares de reais que ele tinha no banco.

Também neste caso, há ausência de paralelismo. A namorada deveria dizer que gostava muito ou pouco do namorado. Não faz sentido tentar estabelecer uma relação entre valor sentimental e quantia financeira.

## 2.3. Paralelismos frequentes

**a. não só ... mas também**

Sem paralelismo:

**Não só** corrigiu os seus erros **e** é a ajuda do seu grupo de estudos.

Com paralelismo:

**Não só** corrigiu os seus erros, **mas também** ajudou o seu grupo de estudos.

**b. por um lado ... por outro**

Sem paralelismo:

**Por um lado**, eu concordo com a atitude dela, **por outro**, eu acho que ela fez o que era certo.

Com paralelismo:

**Por um lado**, eu concordo com a atitude dela, **por outro**, fico preocupada com as consequências.

**c. quanto mais ... mais**

Sem paralelismo:

**Quanto mais** eu o vejo, **talvez** não case com ele.

Com paralelismo:

**Quanto mais** eu o vejo, **mais** certeza tenho que não quero casar com ele.

**d. tanto ... quanto**

Sem paralelismo:

**Tanto** foram convidados adultos **e** crianças.

Com paralelismo:

**Tanto** foram convidados adultos **quanto** crianças.

**e. ora ... ora, seja ... seja**

Sem paralelismo:

**Ora** faz os deveres, **mas** não faz tudo.

Com paralelismo:

**Ora** faz os deveres, **ora** não faz.

**f. não ... nem**

Sem paralelismo:

**Não** posso contar para o patrão, **provavelmente** para a patroa.

Com paralelismo:

**Não** posso contar para o patrão, **nem** para a patroa.

**g. primeiro ... segundo**

Sem paralelismo:

**Primeiro** porque eu não como carne, **segundo** porque eu sou vegetariana.

Com paralelismo:

**Primeiro** porque eu não como carne, **segundo** porque não quero sair com você.

## 3. EM PROVAS

Vejamos como o assunto pode ser pedido em provas.

### 3.1. Semântica

Como mencionado na **Parte II, capítulo 1**, a semântica estuda os significados das palavras. É necessário atentar-se aos conceitos de sinonímia, antonímia, homofonia, paronímia, polissemia, hiponímia, hiperonímia, conotação, detonação e ambiguidade.

### 3.2. Causa e efeito

Indica as relações existentes entre as orações subordinadas adverbiais causais e as orações subordinadas adverbiais consecutivas. Surge a ideia de efeito também nas orações coordenadas conclusivas.

Lembre-se de que onde há causa, há efeito e onde há efeito, há causa.

Vamos relembrar:

| Já que estudou durante dois anos, | foi aprovado e convocado rapidamente. |
|---|---|
| 2. **Porque** estudou durante dois anos. | Por quê? |
| A resposta é a **causa**. | A pergunta é o **efeito** (a causa) |

Indicam **causa**:

➡ **porque,**
**que,**
**como** (= porque, no início da frase),
**pois que,**
**visto que,**
**uma vez que,**
**porquanto,**
**já que,**
**desde que**
etc.

Indicam **efeito** (as consecutivas):

**de sorte que,**
**de modo que, sem que** (= que não),
**de forma que,**
**de jeito que,**
**que** (tendo como antecedente na oração principal uma palavra como **tal, tão, cada, tanto, tamanho**)
etc.

Indicam **efeito** (as conclusivas):

| **logo,**<br>**pois** (= logo),<br>**portanto,**<br>**por conseguinte,**<br>**por isso,**<br>**assim.** |
|---|

### 3.3. Conectivos

**Conectivos** são conjunções que ligam as orações, são divididos em coordenativos e subordinativos.

**a. Conectivos coordenativos** são as seguintes conjunções coordenadas: aditivas, adversativas, alternativas, conclusivas e explicativas.

**b.** Quando as orações dependem sintaticamente umas das outras, chamamos **período composto por subordinação**. Esses períodos compõem-se de uma ou mais orações principais e uma ou mais orações subordinadas. **Conectivos subordinativos** são as seguintes conjunções e locuções subordinadas: causais, comparativas, concessivas, condicionais, finais, temporais, consecutivas e integrantes – introduzem as orações subordinadas substantivas.

**Atenção!** Complemento da teoria: **Capítulo 4 - Parte III.**

### 3.4. Pronomes demonstrativos e relativos

Assuntos já estudados na **parte II, capítulo 1**. Releia para fixar.

### 3.5. Transformação de oração reduzida em oração desenvolvida

Assuntos também já estudado na **parte III, capítulo 4, item 4.5**. Releia para fixar.

### 3.6. Nominalização[3]

Algumas palavras, em determinados usos, mesmo sem serem substantivos, assumem as características desta classe. Nesses casos dizemos que tais palavras foram **substantivadas**. **Substantivação** (ou **nominalização**) é um termo linguístico que significa a ação de utilizar como substantivo uma outra unidade lexical ou gramatical, que usualmente não se classifica como tal.

O **processo de substantivação** é a mudança de classe gramatical de um vocábulo. Apesar de as palavras possuírem determinadas características que são responsáveis por

3. INFO ESCOLA. *Substantivação de palavras*. Disponível em: < https://www.infoescola.com/portugues/substantivacao-de-palavras/>. Acesso em: 3 outubro 2018. (com adaptações).

organizá-las em classes gramaticais, elas são passíveis de mudanças, como acontece com os vocábulos a seguir, por exemplo:

**Não** - classe original: advérbio

O seu **não** é inadmissível.

**Não** admito sua recusa.

No primeiro exemplo, a palavra 'não' é sujeito da oração e vem acompanhada por um artigo e um pronome possessivo. Essas são características fundamentais de um substantivo, portanto dizemos que houve substantivação da palavra 'não'. No segundo exemplo, o 'não' está negando o verbo 'admitir', e comporta-se exatamente como um advérbio, classe à qual, de fato, pertence. Veja, a seguir, outros exemplos.

**Substantivação de Adjetivo**

- O escritor é jovem. (adjetivo)
- O jovem chegou. (substantivo)
- O homem covarde não lutou. (adjetivo)
- O covarde não lutou. (substantivo)
- O profeta era sábio. (adjetivo)
- O sábio falava pouco. (substantivo)

**Substantivação de Verbo**

- Fui jantar. (verbo)
- O jantar está na mesa. (substantivo)
- Quero andar mais depressa. (verbo)
- O andar dele é característico. (substantivo)
- Vamos falar francamente. (verbo)
- São vários os falares regionais. (substantivo)

**Substantivação de Pronome**

- A Psicologia interessa-se pelo estudo do eu. (substantivo)
- Eu estou perplexa com a situação. (pronome)
- Esse barco é o nosso. (substantivo)
- Nosso barco foi roubado. (pronome)

**Substantivação de Numeral**

- Os dois chegaram cedo. (substantivo)
- Ganhei dois presentes. (numeral)
- O sete é número mágico. (substantivo)
- Um gato tem mesmo sete vidas? (numeral)
- Já lhe dei meu dois de copas. (substantivo)

- A ginasta executou dois duplos arriscados. (numeral)

**Substantivação de Preposição**

- É preciso pesar os prós e os contras. (substantivo)
- Sou contra esta situação. (preposição)

**Substantivação de Interjeição**

- Depois dos vivas, ele apareceu. (substantivo)
- Viva São João! (interjeição)
- Dois psius ouviram-se durante a prova. (substantivo)
- Psiu! Façam silêncio por favor! (interjeição)
- Ninguém escutava meus ais. (substantivo)
- Ai! Que dor de cabeça! (interjeição)

**Substantivação de Conjunção**

- Só quero saber o porquê. (substantivo)
- Só lhe pedi porque não havia outra pessoa. (conjunção)

# 4. FIQUE DE OLHO

- Podemos dizer que seja a revisão de tudo o que foi estudado até aqui;
- Assuntos importantes: pronome, verbo, análise sintática, conjunção (período composto), concordância, regência, crase, emprego das palavras "que", "se" e "como" e pontuação;
- Saber os elementos coesivos – palavras que retomam termos ou expressões;
- Substituição de tempos e modos verbais alteram o sentido;
- Coerência é a lógica das ideias, não se refere à alteração de sentido.

## 4.1. Questões comentadas

**Texto CB1A1-I**

O aforismo "o cliente sempre tem razão" é bastante conhecido e muito citado como argumento econômico. Justifica-se para manter a fidelidade dos consumidores a marcas e a lojas a fim de evitar que a insatisfação individual se torne uma indesejada propaganda negativa.

Será que, sob a ótica jurídica, a afirmativa corresponde à realidade? Não! O cliente (consumidor) só tem razão quando o direito, a lei, lhe dá amparo.

Invariavelmente, baseando-se em critério pessoal do que seria justo como solução para problema de consumo, o consumidor realmente acredita que possui o direito que alega e, dentro da sua lógica, passa a exigir determinado comportamento do fornecedor.

A expressão direito do consumidor tem sentido de conjunto de normas que regulam as relações entre consumidores e fornecedores; não significa necessariamente que o consumidor tem sempre direito de exigir a satisfação dos seus interesses.

Para ilustrar, cite-se o exemplo, recorrente, de uma pessoa que acredita poder, em qualquer circunstância, trocar um produto que acabou de adquirir simplesmente porque, chegando em casa, percebeu que não era exatamente aquilo que queria, preferia de outra cor ou até haver gastado o dinheiro com algo mais interessante. Para a lei, a troca ou devolução do dinheiro pago só é possível em situações bem concretas: promessa do vendedor de trocar ou devolver o dinheiro (art. 30 do Código de Defesa do Consumidor); vício do produto (art. 18); compra fora do estabelecimento físico (art. 49).

Daí a importância de que toda pessoa tenha uma noção básica de quais são os seus direitos e de como exigir a sua observância. Como é possível exigir respeito a sua condição de consumidor se não houver uma consciência mínima dos direitos?

Leonardo Bessa. O cliente – nem sempre – tem razão! In: Metrópoles. 20/06/2024.

Internet: <www.metropolse.com> (com adaptações)

---

**01. (CEBRASPE - TSE - Analista Judiciário - Área Judiciária - 2024)** Seria mantida a correção gramatical e a coesão do último período do texto, caso a forma verbal "houver" fosse substituída por **houvesse.**

( ) certo ( ) errado

➢ Comentários:

**Nota da autora:** Questão de coesão textual e correlação de tempos verbais.

1. No texto: *Como é possível exigir respeito a sua condição de consumidor se não **houver** uma consciência mínima dos direitos?*

O verbo está conjugado no futuro do subjuntivo e indica uma ação eventual, possível.

2. Na reescrita: *Como <u>seria</u> possível exigir respeito a sua condição de consumidor se não **houvesse** uma consciência mínima dos direitos?*

Ao substituir pelo pretérito imperfeito do subjuntivo passa a indicar condição, isto é, a coesão não seria mantida.

Haveria, também, erro gramatical, pois o primeiro verbo (ser) deveria estar conjugado no futuro do pretérito do indicativo.

São tempos condicionais: pretérito imperfeito do subjuntivo (terminado em "se") e o futuro do pretérito do indicativo (terminado em "ia").

Dica: SE RIA.

**Resposta: Errado**

---

**02. (CEBRASPE - TSE - Analista Judiciário - Área Judiciária - 2024)** Caso o pronome "se", em "baseando-se em critério pessoal do que seria justo" (terceiro parágrafo) fosse deslocado para imediatamente antes da forma verbal "baseando" – escrevendo-se **se baseando** –, seria mantida a correção gramatical da frase e lhe seria conferido maior grau de formalidade.

( ) certo ( ) errado

➢ Comentários:

**Nota da autora:** Questão de reescrita e de colocação pronominal.

No texto: *Invariavelmente, baseando-se em critério pessoal do que seria justo...*

A gramática estaria incorreta e não seria formal, ou seja, não cumpriria as regras.

Motivo: não se usa pronome oblíquo após a vírgula.

Exceção: se existir intercalação.

Exemplo: Invariavelmente, naquele dia, se baseando em critério pessoal.

Retire a expressão e intercalada e perceba que, nesse caso, o pronome é atraído pelo advérbio: Invariavelmente se baseando em critério pessoal.

**Resposta: Errado**

---

**03. (CEBRASPE - TSE - Analista Judiciário - Área Judiciária - 2024)** No terceiro parágrafo do texto, o vocábulo "que", presente na oração "que alega", é utilizado como elemento de coesão referencial e tem como referente o termo "o consumidor".

( ) certo ( ) errado

➢ Comentários:

No texto: *o consumidor realmente acredita que possui o direito que alega e, dentro da sua lógica, passa a exigir determinado comportamento do fornecedor.*

O sujeito de "acredita" e "possui" é "o consumidor".

• O que alega?

• O direito alega.

O "que" é pronome relativo e pode ser substituído por "o qual".

Lê-se: o direito alega.

Retoma "direito".

Observação: o sujeito de "alega" é o pronome relativo.

**Resposta: Errado**

Fragmento de texto para responder à questão.

> (...) Assim, podemos dizer que todo relato é uma tentativa de representar a realidade por meio de palavras. Um relato de um acontecimento não é o próprio acontecimento em si. Os fatos ficam no passado, depois que acontecem. Qualquer tentativa de retomá-los no presente, por meio de uma história, será uma representação, será uma construção da mente de uma pessoa. Logo, será uma ficção.

Lucia Mascarenhas de Miranda. A fronteira entre fato e ficção. In: Ciência Hoje, outubro de 2024. Internet: <cienciahoje.org.br> (com adaptações).

---

**04. (CEBRASPE - TSE - Analista Judiciário - Área Judiciária - 2024 - adaptada)** Mantendo-se o sentido original e a correção gramatical do texto, o primeiro período do quarto parágrafo poderia ser reescrito da seguinte maneira: **Pode-se afirmar que, dessa forma, todo o relato trata-se de uma tentativa de representar a realidade por meio do uso de palavras.**

( ) certo ( ) errado

➢ Comentários:

**Nota da autora:** Divida as informações para facilitar.

1. Pode-se afirmar que, dessa forma

Assim, podemos afirmar

1.1. dessa forma = assim

1.2. "pode-se afirmar" é diferente de "podemos dizer"

No primeiro caso, o verbo é transitivo direto e está acompanhado pelo pronome apassivador "se", isto é, a oração posterior possui função de sujeito - oração subordinada substantiva subjetiva.

Lê-se: todo o relato trata-se de uma tentativa... pode ser afirmado.

No segundo caso, o sujeito está oculto (nós) e a oração posterior possui função de objeto direto - oração subordinada substantiva objetiva direta.

Se muda o sujeito, muda o sentido.

2. "Todo o relato" é diferente de "todo relato"

Todo o relato = o relato inteiro

Todo relato = todos os relatos, quaisquer relatos.

A supressão do artigo definido retira a especificação e passa a indicar generalização.

Sentido alterado.

Observação: a gramática permaneceria correta nos dois casos.

3. *Todo o relato é uma tentativa*: sujeito (sublinhado) + verbo de ligação + predicativo do sujeito.

"Todo o relato trata-se": se existe sujeito, é impossível inserir o verbo transitivo indireto seguido de "se" pelo fato de ser índice de indeterminação do sujeito.

Correção gramatical: Todo o relato trata de uma tentativa...

Além disso, "tratar" e "ser" não são sinônimos, ou seja, o sentido também seria alterado.

**Resposta: Errado**

**05. (FGV - TRF 1 - Analista Judiciário – Área Judiciária - 2024)** As inferências são fruto do conhecimento de mundo do leitor, que deve reconhecer as ligações semânticas não explicitadas. A única frase abaixo que NÃO se enquadra entre inferências é:

(A) "**O carro** entrou bastante devagar no estacionamento, com os **pneus** traseiros arriados";

(B) "**O Novo Testamento** é de leitura mais fácil que o Velho Testamento; os **evangelhos** são úteis para nossa vida";

(C) "Os turistas compraram uma **casa** na cidade visitada; os **quartos** davam vista para a montanha";

(D) "As **garrafas** de vinho foram colocadas deitadas no armário, com os **rótulos** para cima";

(E) "O médico pegou o **formulário** de cima da mesa e escreveu o **endereço** para o cliente".

➢ Comentários:

**Alternativa "a"** – Inferência: carro - pneu. O carro possui pneu.

**Alternativa "b"** – Inferência: Novo Testamento - evangelho. O Novo Testamento possui evangelho.

**Alternativa "c"** – Inferência: casa - quartos. A casa possui quartos.

**Alternativa "d"** – Inferência: garrafas - rótulos. As garrafas possuem rótulos.

**Alternativa "e"** – O formulário não possui, obrigatoriamente, o endereço - pode, ou não ser exigido. Isso significa que não há inferência.

**RESPOSTA: E**

---

**06. (FGV - TRF 1 - Analista Judiciário – Área Judiciária - 2024)** "A melhor defesa contra a bomba atômica é não estar lá quando ela explodir".

O problema de construção dessa frase está:

(A) no emprego de "lá" sem antecedente;

(B) na utilização do pronome "ela" para substituir "bomba";

(C) na falta de vírgula antes da última oração;

(D) no mau uso de "melhor" para adjetivar "defesa";

(E) na incoerência interna entre segmentos.

➢ Comentários:

**Alternativa "a"** – Estar onde? O lugar não foi mencionado e, consequentemente, causa incoerência.

**Alternativa "b"** – Anáfora correta: quando ela [a bomba] explodir.

**Alternativa "c"** – Está na ordem direta e o adjunto adverbial está no final do período. A vírgula é desnecessária.

**Alternativa "d"** – O adjetivo "melhor" é sinônimo de "muito bom" e está qualificando o substantivo "defesa".

Observação: usa-se a expressão "mais bem" quando a expressão é adjetiva e o verbo está no particípio = O concursando **mais bem preparado** conseguiu a convocação.

**Alternativa "e"** – Existe ligação entre as ideias, ou seja, os segmentos são coerentes: não estar no local onde a bomba irá explodir significa que não será atingido.

**RESPOSTA: A**

---

**07. (FGV - TRF 1 - Analista Judiciário – Área Judiciária - 2024)** A frase abaixo, retirada do romance A Condessa Vésper, de Aluísio Azevedo, em que houve troca indevida entre as expressões "ao encontro de" e "de encontro a" é:

(A) Depois foi à janela respirar um pouco de ar, e viu na rua, encostado ao lampião, o homem que falara com Violante. Desceu sem ruído ao encontro dele.

(B) Apeou-se defronte da casa do Jorge. Um velho de longas barbas estava assentado ao limiar da porta, saiu-lhe ao encontro e perguntou com ar triste: — O senhor naturalmente é o Dr. Gabriel?

(C) Os homens, que V. S. tem defronte de si e que o guardam à vista, são de confiança e estão pagos para não o deixarem fugir; escusa, por conseguinte, tentar qualquer meio que for de encontro ao que determinei.

(D) Enquanto sucedia ao pobre Gabriel o que acabamos de ver, Melo Rosa tomava um carro de praça e mandava tocar à toda para Laranjeiras, correndo ao encontro de Ambrosina, que devia estar à sua espera...

(E) Esperava, por outro lado, que as suas recentes decisões não fossem ao encontro do que pretendia, o que lhe traria imensa decepção.

➢ Comentários:

**Nota da autora:**

• **Ao encontro de** indica concordância, estar a favor, ir no mesmo sentido ou direção de algo. Possui sentido positivo.

• **De encontro a** indica discordância, ir contra algo ou alguém, oposição. Possui sentido negativo.

**Alternativa "a"** – ao encontro dele: no mesmo sentido = sentido positivo.

**Alternativa "b"** – saiu-lhe ao encontro: no mesmo sentido = sentido positivo.

**Alternativa "c"** – qualquer meio que for de encontro ao que determinei: discordância, oposição = sentido negativo.

**Alternativa "d"** – correndo ao encontro de Ambrosina: no mesmo sentido = sentido positivo.

**Alternativa "e"** – não fossem **de encontro ao** que pretendia, o que lhe traria imensa decepção: discordância, oposição = sentido negativo.

Dica: se traria decepção, o sentido é negativo.

**RESPOSTA: E**

---

**08. (FGV - TRF 1 - Analista Judiciário – Área Judiciária - 2024)** Todas as frases abaixo mostram comparações introduzidas por "como"; a única opção em que a comparação NÃO está explicada é:

(A) Se as pessoas agissem como as nações, seriam todas colocadas em camisa de força;

(B) Os reis são com seus ministros como os maridos traídos com suas mulheres: nunca sabem o que se passa;

(C) A vontade de um povo é como um relâmpago que dura um segundo;

(D) Ser presidente é como administrar um cemitério: há um monte de gente embaixo de você, mas ninguém escuta;

(E) Países são como frutas – os vermes estão dentro.

➢ Comentários:

**Alternativa "a"** – Está explicada a condição, não a comparação entre **pessoas** e **nações**. Além disso, entre "pessoas" e "nações" há conformidade.

**Alternativa "b"** – Explica a comparação entre **reis/ministros** e **maridos traídos/suas mulheres**: nunca sabem o que se passa.

**Alternativa "c"** – Explica a comparação entre **vontade de um povo** e **relâmpago**: dura um segundo.

**Alternativa "d"** – Explica a comparação entre **ser presidente** e **administrar um cemitério**: vários abaixo e ninguém escuta.

**Alternativa "e"** – Explica a comparação entre **países** e **frutas**: possuem vermes dentro.

**RESPOSTA: A**

Leia a charge para responder às questões.

(Chargista Ricardo Manhães. https://ndmais.com.br/opiniao/charges, 31.03.2023)

**09. (VUNESP – TRF 3ª Região – Analista Judiciário – Área Administrativa – 2024)** Na frase – E se bobear chega a mil facinho! –, a palavra "se" tem o mesmo emprego que a destacada em:

(A) O agente de saúde visitou as casas e queria saber **se** as famílias estavam tomando todas as precauções necessárias para combater a dengue.

(B) Os moradores do local resolveram ajudar no combate à dengue e **se** puseram a procurar os focos do mosquito, eliminando o mais rápido possível.

(C) Muitos focos da dengue foram eliminados em vários bairros da cidade, encontrando-**se** os mosquitos em locais onde pensavam que eles não estariam.

(D) A população prometeu acabar com a dengue no bairro e, depois de muita ação contra os focos da doença, alcançaram seu objetivo e **se** abraçaram felizes.

(E) O combate à dengue dependerá de todos, **se** houver empenho para exterminar o mosquito, que facilmente prolifera nos locais onde há água parada.

➢ Comentários:

**Nota da autora:** Questão sobre a classificação da palavra "se".

Na charge, trata-se de uma conjunção subordinada adverbial condicional.

Equivale a "caso" bobeie.

**Alternativa "a"** – É possível encaixar o pronome catafórico "isto" antes do "se", ou seja, a ideia é de que algo será citado.

Lê-se: O agente de saúde visitou as casas e queria saber **isto**...

Classificação morfológica: conjunção integrante. Inicia uma oração subordinada substantiva objetiva direta.

**Alternativa "b"** – Em "puseram-se" a procurar, o "se" é um pronome reflexivo, isto é, o sujeito pratica a ação verbal sobre si mesmo.

**Alternativa "c"** – Em "encontrando-se os mosquitos", o "se" é pronome apassivador porque a oração está na voz passiva sintética.

O verbo é transitivo direto (encontra algo).

Na passiva analítica, lê-se: os mosquitos sendo encontrados.

**Alternativa "d"** – Em "abraçaram-se", o "se" é pronome recíproco, ou seja, ocorreu uma ação trocada entre os elementos do sujeito.

**Alternativa "e"** – "Se houver empenho" equivale a "caso haja empenho" = conjunção subordinativa adverbial condicional.

**RESPOSTA: E**

**Texto CB1A1-I**

A 4.ª revolução industrial, marcada por avanços tecnológicos exponenciais, está produzindo uma transformação acelerada das ocupações e dos requisitos de habilidades necessárias ao ingresso dos jovens no mundo do trabalho. A demanda por novas qualificações aumenta, e a obsolescência das existentes se acelera; além disso, muitas atividades rotineiras estão sujeitas à robotização ou à substituição por máquinas inteligentes.

Embora essa nova realidade possa abrir grandes oportunidades, a transformação acelerada das ocupações gera também o risco de maior desigualdade.

O mundo tecnológico que emerge exige novas qualificações, ou mesmo novas alfabetizações, uma vez que as habilidades do século XXI estão em processo de redefinição radical, o que reforça a importância de educação de qualidade e formação profissional dos jovens para melhorar a empregabilidade e facilitar a transição da educação para o trabalho; de políticas ativas de mercado de trabalho que compreendam serviços e programas de emprego e contratos especiais para jovens; da promoção do respeito aos direitos trabalhistas e do trato não discriminatório dos jovens; além de políticas públicas que estimulem e desenvolvam a oferta de emprego pelas empresas, desde políticas de desenvolvimento e diversificação produtiva até o apoio às pequenas e médias empresas.

Entre as modalidades de programas para fomentar o emprego juvenil, as alianças público-privadas desempenham papel essencial, pois representam um campo fértil para a responsabilidade social empresarial e podem ser centrais para o desenvolvimento competitivo das empresas.

Internet: <www.ilo.org> (com adaptações)

---

**10. (CEBRASPE - TRT 8 - Técnico Judiciário - 2023)** Estariam mantidas a correção e a coerência das ideias do texto CB1A1-I caso se substituísse

(A) o vocábulo "exponenciais" (primeiro período do primeiro parágrafo) por **da maior importância.**

(B) a forma verbal "está" (primeiro período do primeiro parágrafo) por **veem**.

(C) o segmento "o que reforça" (terceiro parágrafo) por **onde intensifica.**

(D) o verbo "fomentar" (quarto parágrafo) por **sucitar**.

(E) a expressão "às pequenas e médias empresas" (final do terceiro parágrafo) por **à pequenos e médios empresários.**

➢ Comentários:

**Alternativa "a"** – No texto: A 4.ª revolução industrial, marcada por avanços tecnológicos exponenciais...

**O adjetivo "exponencial" significa, no sentido figurado, *muito importante; de muita relevância; que não pode ser deixado de lado*[4] e a substituição manteria a correção gramatical e a coerência (a lógica).**

**Alternativa "b"** – No texto: A 4.ª revolução industrial, marcada por avanços tecnológicos exponenciais, **está** produzindo uma transformação acelerada das ocupações...

**Poderia ser substituída pelo ver "vir", não pelo verbo "ver".**

**Correção: A 4.ª revolução industrial vem produzindo.**

**Alternativa "c"** – No texto: O mundo tecnológico que emerge exige novas qualificações, ou mesmo novas alfabetizações, uma vez que as habilidades do século XXI estão em processo de redefinição radical, o que reforça a importância de educação de qualidade...

4. Dicionário Online de Português. Disponível em <https://www.dicio.com.br/exponencial/>. Acesso em 3 de maio de 2024.

**O pronome demonstrativo "o" retoma a ideia citada na oração anterior: *uma vez que as habilidades do século XXI estão em processo de redefinição radical.***

**O pronome relativo "que" retoma o demonstrativo "o".**

**É impossível substituir por "onde" por não retomar lugar físico.**

**Alternativa "d"** – No texto: Entre as modalidades de programas para fomentar o emprego juvenil...

**O verbo é sinônimo de *suscitar* (provocar, causar), isto é, haveria erro ortográfico na substituição sugerida.**

**Alternativa "e"** – No texto: o apoio às pequenas e médias empresas.

**É inaceitável haver o acento indicativo de crase antes de palavra masculina.**

**ALTERNATIVA CORRETA: A**

---

**11. (CEBRASPE - TRT 8 - Técnico Judiciário - 2023)** Assinale a opção em que a proposta de reescrita apresentada preserva a correção gramatical e a coerência das ideias do segundo parágrafo do texto CB1A1-I.

(A) Essa nova realidade pode abrir grandes oportunidades, entretanto a transformação acelerada das ocupações gera também o risco de aumento da desigualdade.

(B) Essa nova realidade é a porta para grandes oportunidades, à despeito da transformação acelerada das ocupações que geram também o risco de maior desigualdade.

(C) Ainda que essa nova realidade possa abrir grandes oportunidades, gerando também a transformação acelerada das ocupações e risco de maior desigualdade.

(D) Ainda que hajam grandes oportunidades com essa nova realidade, a transformação acelerada das ocupações pode provocar o aumento da desigualdade.

(E) Conquanto essa nova realidade pode abrir grandes oportunidades, é possível que a transformação acelerada das ocupações gerem também o risco de aumentar a desigualdade.

➢ Comentários:

**Nota da autora:** Voltemos ao segundo parágrafo para facilitar.

"Embora essa nova realidade possa abrir grandes oportunidades, a transformação acelerada das ocupações gera também o risco de maior desigualdade."

**Alternativa "a"** – A conjunção "embora" é adverbial concessiva e pode ser substituída pela conjunção adversativa "entretanto" – indica oposição entre uma coisa e outra.

Além disso, "maior desigualdade" possui o mesmo sentido de "aumento da desigualdade".

Mantém a correção gramatical e a coerência das ideias.

**Alternativa "b"** – No texto, a ideia da primeira oração é de dúvida: essa nova realidade **possa abrir** grandes oportunidades (verbo no presente do subjuntivo).

Na reescrita, passa a certeza: **é** a porta para grandes oportunidades (verbo no presente do indicativo). O sentido foi alterado.

A locução prepositiva "a despeito de" não admite o acento indicativo de crase por ser formada por palavra masculina.

**Alternativa "c"** – Ficou incoerente ao usar a locução conjuntiva "ainda que" seguida de verbo no gerúndio.

**Alternativa "d"** – Erro crasso de concordância, pois o verbo "haver" é impessoal e não admite pluralização: ainda que **haja** grandes oportunidades.

**Alternativa "e"** – A conjunção "conquanto" é concessiva e exige o verbo no modo subjuntivo: **possa** abrir.

Erro de concordância verbal: a transformação **gere** também o risco de aumentar a desigualdade.

**ALTERNATIVA CORRETA: A**

Texto para responder à questão.

*Numa manhã, Donana acordou me chamando de Carmelita, dizendo que iria dar um jeito em tudo, que eu não me preocupasse, que não precisaria mais viajar. Àquela época eu tinha doze anos e Belonísia se aproximava dos onze. Vi Donana nas manhãs seguintes chamar Belonísia de Carmelita também. Minha irmã apenas na da confusão. Olhávamos uma para a outra e nos deixávamos caçoar pela desordem que se instaurou nos falares de Donana. Em seus pensamentos, Fusco havia se formado uma onça, pedia para que tivéssemos cuidado. Nos convidava a caminhar pelas veredas por onde iríamos buscar meu pai que, haviam dito, estava dormindo aos pés de um jatobá ao lado da onça mansa que o cão havia se tornado. Sabíamos que nosso pai estava na roça, trabalhando todos os dias, então as coisas que minha avó falava não faziam sentido. Mesmo assim, minha mãe pedia que a acompanhássemos, que vigiássemos para que não lhe sucedesse nenhum acidente ou se perdesse em meio à mala.*

(Adaptado de: VIEIRA JÚNIOR, Itamar. Torto Arado. São Paulo, Cia. das Letras, 2019)

---

**12. (FCC - TRT 21 – Analista Judiciário – Área Administrativa - 2023)** Retoma um termo mencionado anteriormente no texto a palavra sublinhada em:

(A) estava dormindo aos pés de um jatobá ao lado da onça mansa que o cão havia se tornado

(B) Sabíamos que nosso pai estava na roça, trabalhando todos os dias

(C) Mesmo assim, minha mãe pedia que a acompanhássemos

(D) então as coisas que minha avó falava não faziam sentido

(E) Olhávamos uma para a outra

➢ Comentários:

**Alternativa "a"** – Artigo definido masculino que acompanha o substantivo "cão". Não retoma termo algum.

**Alternativa "b"** – Artigo definido masculino que acompanha o substantivo "dias". Não retoma termo algum.

**Alternativa "c"** – Minha mãe pedia que a acompanhássemos. Lê-se: que acompanhássemos **minha avó** – Donana.

O pronome pessoal oblíquo retoma um termo mencionado no início do período.

**Alternativa "d"** – Artigo definido feminino que acompanha o substantivo "coisas". Não retoma termo algum.

**Alternativa "e"** – Artigo definido feminino que acompanha o pronome indefinido "outra". Não retoma termo algum.

**ALTERNATIVA CORRETA: C**

Texto para responder à questão.

*Ouvi chuva durante toda a noite. Acordei antes do despertador tocar às 5h15, tamanha minha expectativa para conferir um dos maiores espetáculos naturais do mundo. Falo de uma lacuna no meu currículo de viajante: as Cataratas do Iguaçu. Assim como Fernando de Noronha, as famosas quedas d'água são uma atração que eu ainda não havia visitado.*

*Claro que a justificativa para isso nunca foi a falta de interesse, mas de oportunidade.*

*Na última segunda-feira, porém, eu estava otimista. Tinha uma premiação que eu iria conduzir à noite no próprio hotel do parque. E eu tinha a manhã de terça livre para me encantar com a força daquelas águas.*

*Infelizmente era justamente esse elemento que ameaçava atrapalhar meu programa. Mas lá pelas 7h, convencido de que O aguaceiro tinha se tornado apenas uma garoa, caminhei até a grande queda, o som estrondoso de milhões de metros cúbicos despencando por segundo silenciando as batidas ansiosas do meu coração e até mesmo os distantes trovões. Quando cheguei o mais próximo que podia, tive um baque. Sozinho na área, eu tinha toda a chance de me conectar com aquela maravilha, mas me perguntei: era isso mesmo que eu esperava encontrar?*

*As Cataratas do Iguaçu, assim como vários outros pontos turísticos fortes pelo mundo, nos trazem um incômodo do qual só me dei conta então: estamos tão acostumados a ver imagens deslumbrantes deles que quando estamos lá, cara a cara com a atração, parece que ela não tem mais nenhum encanto a nos oferecer. Ou tem? Chamei esse fenômeno de "anestesia turística".*

*No scroll infinito de imagens hoje nas nossas telas. que impacto essas atrações ainda são capazes de nos provocar? Nenhum, pensei rápido. Pelo menos se seu único objetivo diante delas é tirar uma selfie.*

*Ir pessoalmente a um lugar desses é muito mais do que fazer um registro para o Instagram. Fiz o meu, sim, não tenha dúvidas. Mas logo em seguida mergulhe: naquilo que meus alhos estavam devorando.*

*Com eles eu não apenas enxergava, mas também ouvia, degustava e sentia quase o toque poderoso do fluido em movimento na minha pele. Quando fechei as pálpebras, todos esses sentidos, inclusive o da visão, ficaram mais fortes. Pronto: eu estava livre daquele estado anestésico. A chuva já havia voltado com força e eu nem tinha percebido. Olhei em volta e continuava sozinho. No entanto, estava pleno.*

(Adaptado de: CAMARGO, Zeca. Disponível em: www1.folha.uol.com.br)

**13. (FCC - TRT 21 – Analista Judiciário – Área Administrativa - 2023)** Considerando o contexto e a correção gramatical, o termo sublinhado pode ser substituído pelo que se encontra entre parênteses em:

(A) *A chuva já havia voltado com força e eu* nem *tinha percebido* (sequer)

(B) Pelo menos *se seu único objetivo diante delas é tirar uma selfie* (Embora)

(C) No entanto, *estava pleno* (Ademais)

(D) *Na última segunda-feira,* porém, *eu estava otimista* (porquanto)

(E) *quando estamos lá,* cara a cara *com a atração* (boquiaberto)

➢ Comentários:

**Alternativa "a"** – *Nem* é um advérbio sinônimo de *sequer, também, tampouco.*

**Alternativa "b"** – A expressão "pelo menos" é sinônima de "no mínimo". É utilizada para referir um mínimo de discernimento, de ponderação.

A conjunção "embora" é concessiva e refere-se a ideias opostas.

**Alternativa "c"** – A locução conjuntiva "no entanto" indica adversidade. O advérbio "ademais" é sinônimo de "além de". Significa *de modo a acrescentar algo ao que já foi mencionado, dito, feito.*

**Alternativa "d"** – A conjunção "porém" indica adversidade. A conjunção "porém" indica explicação.

**Alternativa "e"** – A expressão informal "cara a cara" possui sentido de "diante de". O adjetivo "boquiaberto", no sentido figurado, significa *que está repleto de admiração; embasbacado.*

**ALTERNATIVA CORRETA: A**

---

**14. (FCC - TRT 17 - Analista Judiciário - Área Judiciária - 2023)**

*Um deus* a quem se delegam *todas as decisões* exime-nos de nossas culpas. Numa nova redação, a frase acima permanecerá gramaticalmente correta caso se substituam os elementos sublinhados, na ordem dada, por:

(A) ao qual se atribui – releva por nossas culpas

(B) a cujos se destinam – expurga-nos as nossas culpas

(C) com quem se transmudam – implica-nos como culpados

(D) pelo qual se reportam – dirime-nos de nossas culpas

(E) para quem se transferem – livra-nos de sermos culpados

➢ Comentários:

**Nota da autora:** No primeiro caso, é necessário atentar-se a estes detalhes:

1. O vocábulo "quem" é pronome relativo e retoma "um deus";
2. Lê-se: todas as decisões se delegam a um deus;
3. Podem ser usadas as formas "a quem", "ao qual" ou "a que".

**Dica**: o verbo "delegar" é transitivo direto e está acompanhado pelo pronome apassivador "se". Isso indica que a oração está na voz passiva sintética.

Transponha para a passiva analítica para verificar a concordância e evitar erro:

Todas as decisões **são delegadas** a um deus.

**Alternativa "a"** – Erro de concordância: ao qual se **atribuem** / Erro de regência: releva **nossas culpas** – verbo transitivo direto.

**Alternativa "b"** – Não possui sentido de posse e não pode ser usado o pronome relativo "cujos". Além disso, esse pronome concorda com o termo posterior (todas as decisões) / Erro de regência: expurga-nos **das** nossas culpas.

**Alternativa "c"** – Erro de regência: todas as decisões são transmudadas **a** um deus = **a quem** se transmudam / Erro de regência: implicam-nos culpados = o verbo "implicar" é transitivo direto (nos – objeto direto) e "culpados" é predicativo do objeto. A preposição "como" não foi exigida.

**Alternativa "d"** – Erro de regência: todas as decisões são reportadas **a** um deus = **ao qual** se reportam / Erro de regência: o verbo "dirimir" é transitivo direto = dirime **nossas culpas**.

**Alternativa "e"** – todas as decisões são transferidas **para** um deus = **para quem, para o qual** ou **para que** / o verbo "livrar" é bitransitivo: livra alguém (nos) de algo (de sermos culpados).

**ALTERNATIVA CORRETA: E**

---

**15. (FCC - TRT 18 - Analista Judiciário - Área Administrativa - 2023)** É plenamente correta, coesa e coerente a redação da seguinte frase:

(A) Conquanto hajam divergências de opiniões, não será fácil algum consenso entre os críticos da imigração.

(B) Espera-se que se conciliem os interesses divergentes de imigrantes e europeus, a menos que venham se a confrontar uns aos outros.

(C) Vem de longa data o debate sobre as consequências da imigração em massa, o que não se espera possam superar tão cedo como está previsto.

(D) Em razão de haver preconceitos culturais, há povos que se eximem completamente de considerar os valores próprios de outros povos.

(E) Tome-se esta ou aquela decisão diante do fenômeno da imigração, não importa, consequentemente ambas podem ser injustas.

➢ Comentários:

**Alternativa "a"** – Concordância verbal: o verbo "haver" é impessoal (está no sentido de "existir") e não admite pluralização: Conquanto **haja** divergências.

**Alternativa "b"** – Colocação pronominal: <u>a menos que</u> se venham se a confrontar.

Incoerência (sem lógica): *Espera-se **que se conciliem os interesses divergentes** de imigrantes e europeus* versus ***venham se a confrontar** uns aos outros.*

**Alternativa "c"** – A segunda oração não possui lógica, ou seja, não há coerência.

Opção de correção: Vem de longa data o debate sobre as consequências da imigração em massa, e não se espera que possa ser superado tão cedo, como está previsto.

**Dica:** Ao ler o período, percebe-se que não possui sentido. Nesse caso, nem é necessário pontuar o erro gramatical.

**Alternativa "d"** – Período corretíssimo: possui sentido, a pontuação está correta (inversão da oração subordinativa causal) e o verbo "haver" está no singular – exatamente como sugere a norma culta.

**Alternativa "e"** – Mais um período sem coerência, perceba que a segunda oração não possui nexo com a primeira.

Opção de correção: Tome-se esta ou aquela decisão diante do fenômeno da imigração, não importando, consequentemente, se ambas possam ser injustas.

**ALTERNATIVA CORRETA: D**

Texto para responder às questões.

**No voo da caneta**

Numa das cartas ao seu amigo Mário de Andrade, assegurava-lhe o poeta Carlos Drummond de Andrade que era com uma caneta na mão que costumava viver as suas maiores emoções.

Comentando isso numa das minhas aulas de Literatura, atentei para a reação de um jovem aluno: um visível sentimento de piedade por aquele "poeta sitiado e infeliz, homem de gabinete, tímido mineiro que não se atirou vida tal como em seguida ele me explicou sua reação.

Não tive como lhe dizer, naquele momento, que entre as tantas formas de se atirar vida est a de se valer de uma caneta para perseguir poemas e achar as falas humanas mais urgentes e precisas, essenciais para quem as diz, indispensáveis para quem as ouve, vivas para dentro e para além do tempo e do espaço imediatos. Espero que o jovem aluno logo tenha se convencido de que um poeta torna aberto para todos o universo reflexivo de sua intimidade, onde também podemos reconhecer algo da nossa.

(Aldair Rômulo Siqueira, a publicar)

---

**16. (FCC - TRT 18 - Analista Judiciário - Área Administrativa - 2023)**

**Entre as tantas formas de vida est a de se valer de uma caneta para perseguir poemas.**

A frase acima ganha nova redação, na qual se mantêm seu sentido básico e a correção gramatical, na seguinte versão:

(A) Muito se pode valer de uma caneta para que se persiga poemas como formas de vida.

(B) Vale a pena perseguir com uma caneta aquelas formas de vida que valem como poemas.

(C) A procura de poemas com uma caneta assemelha à quem persiga outras formas de vida.

(D) Quando se atentam a poemas, uma caneta na mão lhes aproxima das formas de viver.

(E) Ir ao encalço de poemas com uma caneta consiste numa das formas possíveis de vida.

➤ Comentários:

**Nota da autora:** Primeiro confira a correção gramatical. Se não houver erro, preste atenção no sentido. Você ganhará tempo.

**Alternativa "a"** – Sentido alterado: não existe a intensificação "muito" e não cabe a expressão "como formas de vida".

**Alternativa "b"** – Sentido alterado: não persegue aquelas formas de vida, persegue poemas.

**Alternativa "c"** – Erro gramatical: é impossível haver artigo ao lado do pronome "quem", ou seja, é inadmissível existir o acento indicativo de crase: a quem.

Além disso, o sentido foi alterado: não persegue outras formas de vida.

**Alternativa "d"** – Erro gramatical: aproxima **alguém** de algo (regência – verbo bitransitivo) = **os** aproxima (objeto direto).

Sentido alterado: caneta na mão aproxima das formas de viver.

**Alternativa "e"** – Encalço: *vestígio, rastro.*

Valer-se de uma caneta para perseguir poemas = Ir ao encalço de poemas com uma caneta

Entre as tantas formas de vida = consiste numa das formas possíveis de vida.

**ALTERNATIVA CORRETA: E**

---

**17. (FCC - TRT 18 - Analista Judiciário - Área Administrativa - 2023)** Na frase *um poeta torna aberto para todos o universo reflexivo de sua intimidade,*

(A) o termo ***aberto*** qualifica o objeto direto **universo reflexivo.**

(B) ***sua intimidade*** refere-se ao termo ***todos.***

(C) ***para todos*** um exemplo de vocativo.

(D) ocorre uma indeterminação do sujeito em ***um poeta.***

(E) o verbo ***tornar*** está conjugado na voz passiva.

➤ Comentários:

**Alternativa "a"** – Façamos a análise sintática para evitar engano.

Um poeta: sujeito / torna: verbo transitivo direto / o universo reflexivo de sua intimidade: objeto direto / aberto: predicativo do objeto.

Perceba que o verbo de ligação está implícito.

Lê-se: um poeta torna o universo reflexivo de sua intimidade [e ele fica/está] aberto.

**Alternativa "b"** – A intimidade **do poeta**.

**Alternativa "c"** – Complementa o predicativo "aberto", é complemento nominal.

**Alternativa "d"** – O sujeito é simples e explícito: um poeta.

**Alternativa "e"** – A oração está na voz ativa – o sujeito pratica a ação.

**ALTERNATIVA CORRETA: A**

Texto para responder à questão.

**Males de nossas sociedades**

*A enfermidade do Ocidente, mais do que social ou econômica, é moral. É verdade que os problemas econômicos são graves e não foram resolvidos. Também é certo que, apesar da abundância, a pobreza não desapareceu. Vasto grupo – as mulheres, as minorias raciais, religiosas e linguísticas - seguem sendo ou sentindo-se excluídos.*

*Porém, a verdadeira e mais profunda discórdia está na alma de cada um. O futuro se tornou a região do horror, e o presente se converteu num deserto. As sociedades liberais giram incansavelmente: não avançam, se repetem. Se mudam, não se transfiguram. O hedonismo do Ocidente é a outra face do seu desespero; o seu ceticismo não é uma sabedoria, e sim uma renúncia; o seu niilismo desemboca no suicídio e em formas degradadas de credulidade, como os fanatismos políticos e as quimeras da magia.*

*O lugar vazio deixado pelo cristianismo nas almas modernas não foi ocupado pela filosofia, mas pelas superstições e interesses mais grosseiros. Nosso erotismo é uma técnica, não mais uma arte ou uma paixão. O hedonismo contemporâneo desconhece a temperança: trata-se de um recurso de angustiados e desesperados, uma expressão do niilismo que corrói implacavelmente o Ocidente.*

(Adaptado de PAZ, Octavio, 1978. Apud GIANNETTI, Eduardo. Trópicos utópicos. São Paulo: Companhia das Letras, 2016, p. 141)

---

**18. (FCC – TRT 12 – Analista Judiciário – Área Administrativa – 2023)** No contexto do 2º parágrafo, a frase *Se mudam, não se transfiguram* conserva seu sentido caso seja substituída por

(A) Tão logo mudam, deixam de se converter.

(B) Caso alterem algo, nada transfiguram.

(C) Se variarem tudo, pouco transfigurarão.

(D) Mesmo quando variam, não se transformam.

(E) Vindo a mudar, pouco se modificam.

➢ Comentários:

**Nota da autora:** A ideia original é de condição, indicada pela conjunção adverbial "se".

**Alternativa "a"** – O sentido foi alterado para tempo.

**Alternativa "b"** – Perdeu a noção de reciprocidade de "transfigurar-se".

**Alternativa "c"** – O sentido é alterado ao inserir o advérbio de intensidade "pouco" e pronome indefinido "tudo". Além disso, foi retirada a ideia de reciprocidade.

**Alternativa "d"** – "mesmo quando" possui um valor temporal vago, ou seja, mantém o sentido condicional. Os verbos "mudar" e "variar" pertencem ao mesmo campo semântico.

**Alternativa "e"** – Mais uma vez foi inserido o advérbio "pouco". O correto seria "não se modificam".

**RESPOSTA: D**

---

**19. (FCC - TRT 12 - Analista Judiciário – Área Administrativa - 2023)** *Ao diagnosticar a crise do Ocidente, o autor localiza nessa crise as razões morais da instalação dessa crise, e não vê como dirimir as consequências dessa crise sem uma profunda transformação das nossas crenças.*

Evitam-se as viciosas repetições da frase acima substituindo-se os elementos sublinhados, na ordem dada, por:

(A) localiza-a - em que se instala - em cujas consequências

(B) localiza nela - de sua instalação - dirimir-lhe as consequências

(C) lhe localiza - de cuja instalação - dirimir nela as consequências

(D) localiza-lhe - na qual se instalam - dirimi-la em suas consequências

(E) a localiza - aonde se instala - tais consequências delas

➢ Comentários:

**Nota da autora:** Substitua os termos e elimine as descabidas para ganhar tempo.

1. *o autor localiza nessa crise = localiza nela*

*Perceba que a resposta já foi encontrada.*

2. *razões morais da instalação dessa crise = razões de sua instalação*

3. *dirimir as consequências dessa crise = dirimir as consequências de algo (lhe).*

**Alternativa "a"** – Localiza "em": não cabe o pronome "a". Eliminada.

**Alternativa "b"** – Substituições corretas, como mencionadas na nota.

**Alternativa "c"** – Localiza "em": não cabe o pronome "lhe". Eliminada.

**Alternativa "d"** – Localiza "em": não cabe o pronome "lhe". Eliminada.

**Alternativa "e"** – Localiza "em": não cabe o pronome "a". Eliminada.

**RESPOSTA: B**

Texto para responder à questão.

*Numa manhã, Donana acordou me chamando de Carmelita, dizendo que iria dar um jeito em tudo, que eu não me preocupasse, que não precisaria mais viajar. Àquela época eu tinha doze anos e Belonísia se aproximava dos onze. Vi Donana nas manhãs seguintes chamar Belonísia de Carmelita também. Minha irmã apenas na da confusão. Olhávamos uma para a outra e nos deixávamos caçoar pela desordem que se instaurou nos falares de Donana. Em seus pensamentos, Fusco havia se formado uma onça, pedia para que tivéssemos cuidado. Nos convidava a caminhar pelas veredas por onde iríamos buscar meu pai que, haviam dito, estava dormindo aos pés de um jatobá ao lado da onça mansa que o cão havia se tornado. Sabíamos que nosso pai estava na roça, trabalhando todos os dias, então as coisas que minha avó falava não faziam sentido. Mesmo assim, minha mãe pedia que a acompanhássemos, que vigiássemos para que não lhe sucedesse nenhum acidente ou se perdesse em meio à mala.*

(Adaptado de: VIEIRA JÚNIOR, Itamar. Torto Arado. São Paulo, Cia. das Letras, 2019)

---

**20. (FCC - TRT 21 – Analista Judiciário – Área Administrativa - 2023)** Retoma um termo mencionado anteriormente no texto a palavra sublinhada em:

(A) estava dormindo aos pés de um jatobá ao lado da onça mansa que o cão havia se tornado

(B) Sabíamos que nosso pai estava na roça, trabalhando todos os dias

(C) Mesmo assim, minha mãe pedia que a acompanhássemos

(D) então as coisas que minha avó falava não faziam sentido

(E) Olhávamos uma para a outra

➢ Comentários:

**Alternativa "a"** – Artigo definido masculino que acompanha o substantivo "cão". Não retoma termo algum.

**Alternativa "b"** – Artigo definido masculino que acompanha o substantivo "dias". Não retoma termo algum.

**Alternativa "c"** – Minha mãe pedia que a acompanhássemos. Lê-se: que acompanhássemos **minha avó** – Donana.

O pronome pessoal oblíquo retoma um termo mencionado no início do período.

**Alternativa "d"** – Artigo definido feminino que acompanha o substantivo "coisas". Não retoma termo algum.

**Alternativa "e"** – Artigo definido feminino que acompanha o pronome indefinido "outra". Não retoma termo algum.

**RESPOSTA: C**

Texto para responder à questão.

*Ouvi chuva durante toda a noite. Acordei antes do despertador tocar às 5h15, tamanha minha expectativa para conferir um dos maiores espetáculos naturais do mundo. Falo de uma lacuna no meu currículo de viajante: as Cataratas do Iguaçu. Assim como Fernando de Noronha, as famosas quedas d'água são uma atração que eu ainda não havia visitado.*

*Claro que a justificativa para isso nunca foi a falta de interesse, mas de oportunidade.*

*Na última segunda-feira, porém, eu estava otimista. Tinha uma premiação que eu iria conduzir à noite no próprio hotel do parque. E eu tinha a manhã de terça livre para me encantar com a força daquelas águas.*

*Infelizmente era justamente esse elemento que ameaçava atrapalhar meu programa. Mas lá pelas 7h, convencido de que O aguaceiro tinha se tornado apenas uma garoa, caminhei até a grande queda, o som estrondoso de milhões de metros cúbicos despencando por segundo silenciando as batidas ansiosas do meu coração e até mesmo os distantes trovões. Quando cheguei o mais próximo que podia, tive um baque. Sozinho na área, eu tinha toda a chance de me conectar com aquela maravilha, mas me perguntei: era isso mesmo que eu esperava encontrar?*

*As Cataratas do Iguaçu, assim como vários outros pontos turísticos fortes pelo mundo, nos trazem um incômodo do qual só me dei conta então: estamos tão acostumados a ver imagens deslumbrantes deles que quando estamos lá, cara a cara com a atração, parece que ela não tem mais nenhum encanto a nos oferecer. Ou tem? Chamei esse fenômeno de "anestesia turística".*

*No scroll infinito de imagens hoje nas nossas telas. que impacto essas atrações ainda são capazes de nos provocar? Nenhum, pensei rápido. Pelo menos se seu único objetivo diante delas é tirar uma selfie.*

*Ir pessoalmente a um lugar desses é muito mais do que fazer um registro para o Instagram. Fiz o meu, sim, não tenha dúvidas. Mas logo em seguida mergulhe: naquilo que meus alhos estavam devorando.*

*Com eles eu não apenas enxergava, mas também ouvia, degustava e sentia quase o toque poderoso do fluido em movimento na minha pele. Quando fechei as pálpebras, todos esses sentidos, inclusive o da visão, ficaram mais fortes. Pronto: eu estava livre daquele estado anestésico. A chuva já havia voltado com força e eu nem tinha percebido. Olhei em volta e continuava sozinho. No entanto, estava pleno.*

(Adaptado de: CAMARGO, Zeca. Disponível em: www1.folha.uol.com.br)

---

**21. (FCC - TRT 21 – Analista Judiciário – Área Administrativa - 2023)** Considerando o contexto e a correção gramatical, o termo sublinhado pode ser substituído pelo que se encontra entre parênteses em:

(A) *A chuva já havia voltado com força e eu* nem *tinha percebido* (sequer)

(B) Pelo menos *se seu único objetivo diante delas é tirar uma selfie* (Embora)

(C) No entanto, *estava pleno* (Ademais)

(D) *Na última segunda-feira,* porém, *eu estava otimista* (porquanto)

(E) *quando estamos lá,* cara a cara *com a atração* (boquiaberto)

➢ Comentários:

**Alternativa "a"** – *Nem* é um advérbio sinônimo de *sequer, também, tampouco.*

**Alternativa "b"** – A expressão "pelo menos" é sinônima de "no mínimo". É utilizada para referir um mínimo de discernimento, de ponderação.

A conjunção "embora" é concessiva e refere-se a ideias opostas.

**Alternativa "c"** – A locução conjuntiva "no entanto" indica adversidade. O advérbio "ademais" é sinônimo de "além de". Significa *de modo a acrescentar algo ao que já foi mencionado, dito, feito.*

**Alternativa "d"** – A conjunção "porém" indica adversidade. A conjunção "porém" indica explicação.

**Alternativa "e"** – A expressão informal "cara a cara" possui sentido de "diante de". O adjetivo "boquiaberto", no sentido figurado, significa *que está repleto de admiração; embasbacado.*

**RESPOSTA: A**

---

**22. (FCC - TRT 17 - Analista Judiciário - Área Judiciária - 2023)**

*Um deus* a quem se delegam *todas as decisões* exime-nos de nossas culpas. Numa nova redação, a frase acima permanecerá gramaticalmente correta caso se substituam os elementos sublinhados, na ordem dada, por:

(A) ao qual se atribui – releva por nossas culpas

(B) a cujos se destinam – expurga-nos as nossas culpas

(C) com quem se transmudam – implica-nos como culpados

(D) pelo qual se reportam – dirime-nos de nossas culpas

(E) para quem se transferem – livra-nos de sermos culpados

➢ Comentários:

**Nota da autora:** No primeiro caso, é necessário atentar-se a estes detalhes:

4. O vocábulo "quem" é pronome relativo e retoma "um deus";
5. Lê-se: todas as decisões se delegam a um deus;
6. Podem ser usadas as formas "a quem", "ao qual" ou "a que".

**Dica**: o verbo "delegar" é transitivo direto e está acompanhado pelo pronome apassivador "se". Isso indica que a oração está na voz passiva sintética.
Transponha para a passiva analítica para verificar a concordância e evitar erro:

Todas as decisões **são delegadas** a um deus.
**Alternativa "a"** – Erro de concordância: ao qual se **atribuem** / Erro de regência: releva **nossas culpas** – verbo transitivo direto.

**Alternativa "b"** – Não possui sentido de posse e não pode ser usado o pronome relativo "cujos". Além disso, esse pronome concorda com o termo posterior (todas as decisões) / Erro de regência: expurga-nos **das** nossas culpas.

**Alternativa "c"** – Erro de regência: todas as decisões são transmudadas **a** um deus = **a quem** se transmudam / Erro de regência: implicam-nos culpados = o verbo "implicar" é transitivo direto (nos – objeto direto) e "culpados" é predicativo do objeto. A preposição "como" não foi exigida.

**Alternativa "d"** – Erro de regência: todas as decisões são reportadas **a** um deus = **ao qual** se reportam / Erro de regência: o verbo "dirimir" é transitivo direto = dirime **nossas culpas**.

**Alternativa "e"** – todas as decisões são transferidas **para** um deus = **para quem, para o qual** ou **para que** / o verbo "livrar" é bitransitivo: livra alguém (nos) de algo (de sermos culpados).

**RESPOSTA: E**

Leia o texto para responder questão.

*Dengue prevista*

A dengue é uma doença periódica e cíclica: os casos crescem no verão e há picos epidêmicos a cada 4 ou 5 anos. Trata-se, portanto, de enfermidade de atuação previsível. Supõe-se que o poder público se adiantaria com medidas de prevenção e tratamento. Contudo, há décadas os números de casos e mortes só aumentam no Brasil.

Entre 2000 e 2010, foram registrados 4,5 milhões de ocorrências e 1.869 óbitos. Na década seguinte, os números saltaram para 9,5 milhões e 5.385, respectivamente. O primeiro semestre deste ano registra 1,4 milhão de casos, ante 1,5 milhão em 2022. A tendência é piorar.

Segundo a OMS, urbanização descontrolada e sistema sanitário precário contribuem para o descontrole da moléstia.

No Brasil, cerca de 50% da população não tem acesso a redes de esgoto, em grande parte devido à ineficiência estatal, que só agora começa a mudar com o novo marco do setor. E o desmatamento para a construção de moradias irregulares grassa nos grandes centros. A dimensão de áreas verdes derrubadas para esse fim na cidade de São Paulo atingiu, nos primeiros dois meses de 2023, 85 hectares.

Neste ano, o município já conta com 11 444 casos de dengue – 3,7% a mais em relação ao mesmo período de 2022. Dez pessoas morreram, o maior número em oito anos, quando houve pico epidêmico.

A OMS ressaltou a importância da vacinação. Mas, devido à burocracia, o Brasil protela a distribuição do imunizante japonês Qdenga – já aprovado para venda pela Anvisa – no sistema público de saúde.

O combate à dengue deve ser contínuo, não apenas no verão, e em várias frentes complementares (saúde, infraestrutura e moradia). Com o alerta da OMS, espera-se que o poder público, local e federal, se prepare para receber as consequências do fenômeno climático El Niño.

(Editorial. Folha de S.Paulo, 27.07.2023. Adaptado)

---

**23. (VUNESP – TRF 3ª Região – Analista Judiciário – Área Administrativa – 2024)** Na passagem do primeiro parágrafo do texto – **Supõe-se que o poder público se adiantaria com medidas de prevenção e tratamento.** Contudo, há décadas os números de casos e mortes só aumentam no Brasil. –, o trecho destacado e o trecho posterior expressam, correta e respectivamente, sentidos de

(A) contestação e concessão.

(B) hipótese e adversidade.

(C) afirmação e conclusão.

(D) hipótese e comparação.

(E) afirmação e explicação.

➢ Comentários:

**Alternativa "a"** – Não refuta, não contradiz; não se trata de uma oração subordinada, mas sim de uma oração coordenada.

**Alternativa "b"** – O verbo *adiantaria* indica hipótese por estar conjugado no futuro do pretérito do indicativo; o trecho posterior inicia-se com a conjunção coordenativa adversativa "contudo", ou seja, possui sentido de adversidade.

**Alternativa "c"** – Não comprova nem afirma; não conclui.

**Alternativa "d"** – Possui sentido de hipótese, mas não compara.

A**lternativa "e"** – Não comprova nem afirma; não explica.

**RESPOSTA: B**

Texto para responder questão.

Por causa de falta de acompanhamento médico, as mortes maternas aumentaram ou estagnaram em quase todas as regiões do mundo: em média, uma mulher morre durante a gravidez ou no parto a cada 2 minutos, de acordo com o relatório da Organização Mundial da Saúde (OMS) "Tendências na mortalidade materna", divulgado em fevereiro. O total das mulheres grávidas que não fazem nem quatro dos oito exames recomendados durante a gravidez ou não recebem cuidados essenciais após o parto é de aproximadamente um terço delas, enquanto cerca de

270 milhões não têm acesso a métodos modernos de planejamento familiar. Em 2020, cerca de 70% de todas as mortes maternas ocorreram na África subsaariana, em razão de sangramento grave, pressão alta, infecções relacionadas à gravidez, complicações de aborto inseguro e doenças como HIV/Aids ou malária, que podem ser agravadas pela gravidez. No Chade, a taxa média de mortalidade é de 1063 mulheres para cada 100 mil nascidos vivos. Na Alemanha, de 5 para cada 100 mil.

(Pesquisa Fapesp. https://revistapesquisa.fapesp.br, Edição 326, abril de 2023. Adaptado)

---

**24. (VUNESP - 2023 - TJ/SP - Escrevente Técnico Judiciário)** Assinale a alternativa em que o enunciado está em conformidade com as informações do texto e com a norma-padrão.

(A) Cerca de 270 milhões de mulheres não dispõe de acesso a métodos de planejamento familiar, ficando vulnerável a uma série de problemas.

(B) O relatório da OMS mostra que cerca de um terço das mulheres grávidas não faz nem metade dos exames pré-natais recomendados.

(C) Ainda que se recomende exames às mulheres grávidas, a maioria delas têm se mostrado contrária à realização desse controle médico.

(D) O aumento das mortes maternas sinalizam para a necessidade de garantir às mulheres acesso aos cuidados essenciais em saúde.

(E) De acordo com a OMS, falta empenho das mulheres grávidas para realizar os exames pré-natal que mantém em dia sua saúde.

➢ Comentários:

**Nota da autora:** É viável primeiro procurar erro gramatical. Se não houver, pense no sentido. Isso fará com que você resolva a questão sem perder muito tempo.

**Alternativa "a"** – Erros: Cerca de 270 milhões de mulheres não **dispõem** de acesso... ficando **vulneráveis**.
**Alternativa "b"** – O período está escrito em conformidade com a norma oculta e o sentido foi mantido.

No texto: *O total das mulheres grávidas que* ***não fazem nem quatro dos oito exames recomendados*** *durante a gravidez ou não recebem cuidados essenciais após o parto é de aproximadamente um terço delas.*

**Alternativa "c"** – Erros: Ainda que **se recomendem** exames (a oração está na voz passiva sintética e o verbo deve concordar com o sujeito); a maioria delas tem se mostrado contrária.

**Alternativa "d"** – Erro: O aumento das mortes maternas sinaliza.

**Alternativa "e"** – Erro no sentido: não falta empenho das mulheres grávidas. A OMS afirma que a causa é falta de acompanhamento médico.
**ALTERNATIVA CORRETA: B**

Texto para responder às questões.

***Choque elétrico***

A União Europeia (UE) engatou marcha acelerada para eletrificar sua frota de veículos: em 2035, deixará de fabricar carros movidos a combustíveis fósseis. A medida faz parte da estratégia para zerar, em 2050, as emissões de carbono.

Com 27%, a fatia de vendas na China é mais que o dobro da média mundial de 13%. Lá, 6,2 milhões de veículos eletrificados chegaram às ruas em 2022 – entre os totalmente elétricos com baterias (BEV, na abreviação em inglês) e os híbridos que podem ser ligados na tomada (*plug-ins*, ou PHEV).

As vendas chinesas no setor cresceram 82% em 2022, enquanto o mercado automotivo geral encolhia 5,3%. No mundo, o avanço verde foi de 55%, ante retração de 0,5% nas vendas totais de veículos, segundo a base de dados EVvolumes.

Do ângulo da crise climática, pouco adiantará eletrificar a frota se a energia das baterias provier de fontes emissoras de carbono, como usinas alimentadas com carvão mineral, óleo ou gás natural. A matriz elétrica precisa ser toda renovável para fazer diferença contra o aquecimento global.

Nesse quesito, o Brasil ocupa posição ímpar, com 82,9% da eletricidade oriunda de fontes renováveis (hidráulica, eólica, solar e biomassa), contra 28,6% na média do planeta. Some-se a isso a alta produção de etanol e tem-se um enorme potencial para BEVs e PHEVs.

Os números são ínfimos, contudo. Circulam aqui apenas 135,3 mil elétricos e híbridos, menos de 0,1% da frota de veículos leves. As vendas têm aumentado, é fato, com 49,2 mil emplacamentos em 2022, incremento de 41% sobre o ano anterior, de acordo com a Associação Brasileira do Veículo Elétrico.

A maioria dos carros elétricos e híbridos disponíveis no mercado nacional é de modelos pouco acessíveis – e poderão ficar ainda mais caros, se o governo federal ouvir o pleito apresentado em fevereiro pela Anfavea de revogar a isenção do imposto de importação, com retorno da alíquota de 35%.

Ou seja, as montadoras querem garantir uma reserva de mercado. Enquanto a Europa acelera, no Brasil ameaçam puxar o freio de mão.

(Editorial. *Folha de S.Paulo*, 29.03.2023. Adaptado)

---

**25. (VUNESP – 2023 – TJ/SP – Escrevente Técnico Judiciário)** Nas passagens – A medida faz parte da estratégia **para** zerar, em 2050, as emissões de carbono. (1º parágrafo) – e – ... se a energia das baterias provier de fontes emissoras de carbono, **como** usinas alimentadas com carvão mineral, óleo ou gás natural. (4º parágrafo) –, os termos destacados estabelecem, correta e respectivamente, relações de sentido de

(A) finalidade e exemplificação.

(B) finalidade e condição.

(C) consequência e causa.

(D) condição e exemplificação.

(E) consequência e comparação.

➢ Comentários:

**Alternativa "a"**

1. **Para que** a medida faz parte da estratégia? **Para** zerar = finalidade;
2. **Exemplifica** fontes emissoras de carbono.

**Alternativa "b"** – Erro: "como" não indica condição.

**Alternativa "c"** – Erros: nem consequência nem causa.

**Alternativa "d"** – Erro: "para" não indica condição.

**Alternativa "e"** – Erros: nem consequência nem comparação.

**ALTERNATIVA CORRETA: A**

---

**26. (VUNESP - 2023 - TJ/SP - Escrevente Técnico Judiciário)** Assinale a alternativa em que o primeiro termo destacado exprime intensidade, e o segundo, indefinição.

(A) Ajudava **assim** o mestre de primeiras letras. / ... dizia a minha mãe ter conhecido **outrora** meninos muito inteligentes...

(B) ... mas que eu excedia a **todos** esses... / ... posto não avaliasse todo o valor deste **outro** elogio, gostava do elogio...

(C) ... dizia a minha mãe ter conhecido outrora meninos **muito** inteligentes... / ... possuía já **certo** número de qualidades morais sólidas.

(D) José Dias tratava-me com **extremos** de mãe... / ... que eu excedia a todos esses, sem contar que, para a **minha** idade...

(E) A primeira **cousa** que consegui... / Aos oito anos os meus plurais careciam, **alguma** vez, da desinência exata...

➢ Comentários:

**Alternativa "a"** – Modo e tempo – dois advérbios.

**Alternativa "b"** – Os dois termos indicam indefinição – pronomes indefinidos.

**Alternativa "c"** – **Muito** inteligente: advérbio de intensidade / **certo** número: pronome indefinido – equivale a "qualquer" número.

**Alternativa "d"** – Intensidade e posse.

Observação: "extremos" é substantivo e significa *carinho excessivo.*

**Alternativa "e"** – Existência e posse.

Observação: "cousa" é substantivo e significa *tudo o que existe de maneira real ou abstrata.*

**ALTERNATIVA CORRETA: C**

Texto para responder à questão.

*O significado de conviver com o semiárido*

O sentido da expressão "convivência com o semiárido", em uma primeira visão ou leitura, pode levar a uma compreensão equivocada: viver no semiárido, sofrendo com a problemática das mudanças climáticas que tanto aflige, principalmente, os agricultores e agricultoras de base familiar.

Mas o sentido real da expressão “convivência com o semiárido” traz em seu arcabouço o real significado sociotransformador: viver buscando transformar os obstáculos provocados pelas mudanças climáticas e pelas injustiças sociais em oportunidades para mudar as condições de vida a partir de transformações no comportamento. Isso inclui premissas como o cuidado com o meio ambiente para uma vida digna, evitando que a região venha a se constituir um deserto.

É grande a riqueza de possibilidades, de caminhos, de alternativas que já foram geradas. São frutos das lutas populares, dos trabalhos pastorais, comunidades eclesiais de base etc., a partir das quais muitas organizações sociais nasceram e permanecem até hoje. Elas mobilizam os agricultores e agricultoras, promovendo trocas de experiência e qualificando-os a partir da estratégia de construção coletiva do conhecimento.

Essas organizações sociais geram reais possibilidades de se conviver com o semiárido e ter vida digna, sobretudo a partir da produção agroecológica, da transição energética, da captação e manejo de água de chuva, que gera vida não só para os seres humanos, mas para todos que habitam o semiárido no bioma caatinga.

(José Dias, “O significado de conviver com o semiárido”. Folha de S.Paulo, 10.08.2023. Adaptado)

---

**27. (VUNESP – TJ SP - Oficial de Justiça - 2023)** Em relação aos termos destacados em – ... sofrendo **com** a problemática das mudanças climáticas que tanto **aflige**, principalmente, os agricultores e agricultoras de base familiar. (1o parágrafo) –, é correto afirmar que a preposição “com” expressa sentido de

(A) causa; e a forma verbal “aflige”, de “atormentar”.

(B) intensidade; e a forma verbal “aflige”, de “influenciar”.

(C) comparação; e a forma verbal “aflige”, de “prejudicar”.

(D) modo; e a forma verbal “aflige”, de “espairecer”.

(E) consequência; e a forma verbal “aflige”, de “devastar”.

➢ Comentários:

**Nota da autora:** São sinônimos de “afligir” = *devastar, amofinar, angustiar, atormentar, torturar, tratear.*

**Alternativa “a”** – Por que sofre? Por causa da problemática = causa.

Tanto aflige = tanto atormenta.

**Alternativa “b”** – Não é intensidade nem possui sentido de “influenciar”.

**Alternativa “c”** – Não compara nem possui sentido de “prejudicar”.

**Alternativa “d”** – Não indica modo nem possui sentido de “espairecer”.

**Alternativa “e”** – Não é consequência, embora possua sentido de “devastar”.

**RESPOSTA: A**

Texto para responder à questão.

*A utopia de um mundo sem droga*

O tema das drogas ocorre sempre em meio a discussões calorosas e polêmicas. De um lado, existem aqueles que são absolutamente contrários a qualquer espécie de regulamentação ou flexibilização do uso de "drogas". Fundamentadas ora em princípios médicos, ora em princípios morais ou religiosos, tais pessoas ou entidades abominam o uso de substâncias, até mesmo para fins terapêuticos. Do outro lado, pois se apresentam como lados diametralmente opostos, estão os que argumentam favoravelmente ao uso de substâncias, desde que regulado por políticas públicas. Em 1961, ano em que ocorreu a Convenção Única Sobre Estupefacientes, nos EUA, passou-se a aspirar a uma sociedade livre de drogas, um mundo sem drogas. Sob a liderança do então presidente estadunidense Richard Nixon, no auge da hegemonia dos EUA e inspirado pelo espírito vitorioso do pós-Segunda Grande Guerra, uma outra guerra foi declarada, desta vez contra as drogas. Em que pese o fracasso de uma outra experiência anterior, a da Lei Seca, que consolidou as gangues de tráfico de álcool e aumentou e profissionalizou a criminalidade no país, o ideal da guerra às drogas foi adotado e internacionalizado mediante os princípios proibicionistas e criminalizantes de seu uso. A utopia de um mundo sem drogas, no entanto, foi-se mostrando cada vez mais distante. Informes do Escritório das Nações Unidas Sobre Drogas e Crime (UNODC) vêm anunciando que, desde então, o número de usuários dessas substâncias vem experimentando um assombroso crescimento.

(Paulo Amarante, "A utopia de um mundo sem droga". https://revistacult.uol.com.br/, 02.07.2023. Adaptado)

---

**28. (VUNESP – TJ SP - Oficial de Justiça - 2023)** Analise as passagens:

- Do outro lado, **pois** se apresentam como lados diametralmente opostos, estão os que argumentam favoravelmente ao uso de substâncias, **desde que** regulado por políticas públicas.
- **Em que pese** o fracasso de uma outra experiência anterior, a da Lei Seca, que consolidou as gangues de tráfico de álcool e aumentou e profissionalizou a criminalidade no país, o ideal da guerra às drogas foi adotado...
- A utopia de um mundo sem drogas, **no entanto**, foi-se mostrando cada vez mais distante.

As expressões destacadas expressam, correta e respectivamente, sentidos de:

(A) explicação; condição; concessão; adversidade.

(B) conclusão; condição; finalidade; adversidade.

(C) conclusão; tempo; comparação; explicação.

(D) adversidade; tempo; finalidade; conclusão.

(E) explicação; conclusão; causa; comparação.

➤ Comentários:

**Alternativa "a"** – "pois" pode ser substituído por "porque": explicação; "desde que" regulado = se for regulado: condição; "em que se pese" = embora de pese: concessão; "no entanto" = mas: adversidade.

**Alternativa "b"** – "pois" **não** pode ser substituído por "logo"; "desde que" regulado = se for regulado: condição; "em que se pese" não é finalidade; "no entanto" = mas: adversidade.

**Alternativa "c"** – "pois" **não** pode ser substituído por "logo"; "desde que" é condição, **não** tempo; "em que se pese" **não** é comparação; "no entanto" = mas: adversidade – **não** é explicação.

**Alternativa "d"** – "pois" não pode ser substituído por "mas"; "desde que" é condição, não tempo; "em que se pese" não é finalidade; "no entanto" = mas: adversidade – **não** é conclusão.

**Alternativa "e"** – "pois" pode ser substituído por "porque": explicação; "desde que" é condição, não conclusão; "em que se pese" não é causa; "no entanto" = mas: adversidade – **não** é comparação.

**RESPOSTA: A**

---

**29. (VUNESP - 2023 - TJ/SP - Escrevente Técnico Judiciário)** Assinale a alternativa em que o substantivo destacado forma, com a preposição que o acompanha, uma expressão com valor de adjetivo.

(A) ... fez-se pajem, ia comigo **à rua**.

(B) ... perguntava **ao padre**...

(C) ... meio sério para dar autoridade **à lição**...

(D) ... gostava **do elogio**; era um elogio.

(E) José Dias tratava-me com extremos **de mãe**...

➤ Comentários:

**Nota da autora:** Questão de morfossintaxe – classes gramaticais e análise sintática.

**Alternativa "a"** – Locução adverbial de lugar.

**Alternativa "b"** – Objeto indireto – formado por preposição + artigo + substantivo.

**Alternativa "c"** – Objeto indireto do verbo "dar" – formado por preposição + artigo + substantivo.

**Alternativa "d"** – Objeto indireto do verbo "gostar" – formado por preposição + artigo + substantivo.

**Alternativa "e"** – Locução adjetiva – formada por preposição + substantivo. Equivale à "maternos" e qualifica o substantivo "extremos" (carinhos excessivos).

**ALTERNATIVA CORRETA: E**

Texto para responder às questões.

Rubião fitava a enseada, – eram oito horas da manhã. **Quem o visse**, com os polegares metidos no cordão do chambre, à janela de uma grande casa de Botafogo, cuidaria que ele admirava aquele pedaço de água quieta; mas, em verdade, vos digo que pensava em outra coisa. Cotejava o passado com o presente. Que era, há um ano? Professor. Que é agora? Capitalista. Olha para si, para as chinelas (umas chinelas de Túnis, que lhe deu recente amigo, Cristiano Palha), para a casa, para o jardim, para a enseada, para os morros e para o céu; e tudo, desde as chinelas até o céu, tudo entra na mesma sensação de propriedade.

– Vejam como Deus escreve direito por linhas tortas, pensa ele. Se mana Piedade tem casado com Quincas Borba, apenas me daria uma esperança colateral. Não casou; ambos morreram, e aqui está tudo comigo; de modo que o que parecia uma desgraça...

Que abismo que há entre o espírito e o coração! O espírito do ex-professor, vexado daquele pensamento, arrepiou caminho, buscou outro assunto, uma canoa que ia passando; o coração, porém, deixou-se estar a bater de alegria. Que lhe importa a canoa nem o canoeiro, que os olhos de Rubião acompanham, arregalados? Ele, coração, vai dizendo que, uma vez que a mana Piedade tinha de morrer, foi bom que não casasse; podia vir um filho ou uma filha... – Bonita canoa! – Antes assim! – Como obedece bem aos remos do homem! – O certo é que eles estão no Céu!

Um criado trouxe o café. Rubião pegou na xícara e, enquanto lhe deitava açúcar, ia disfarçadamente mirando a bandeja, que era de prata lavrada. Prata, ouro, eram os metais que amava de coração; não gostava de bronze, mas o amigo Palha disse-lhe que era matéria de preço, e assim se explica este par de figuras que aqui está na sala, um Mefistófeles e um Fausto. Tivesse, porém, de escolher, escolheria a bandeja, – primor de argentaria, execução fina e acabada.

(Machado de Assis. Quincas Borba. São Paulo: Companhia das Letras, 2012)

---

**30. (FCC – TRT 4 – Analista Judiciário – Área Administrativa - 2022)** Considere os seguintes trechos do texto.

I. Quem <u>**o**</u> visse, com os polegares metidos no cordão do chambre (1º parágrafo).

II. tudo, desde as chinelas até <u>**o**</u> céu, tudo entra na mesma sensação de propriedade (1º parágrafo).

III. não gostava de bronze, mas <u>**o**</u> amigo Palha disse-lhe que era matéria de preço (4º parágrafo).

Retoma um termo mencionado anteriormente no texto a palavra sublinhada APENAS em I. Quem <u>**o**</u> visse, com os polegares metidos no cordão do chambre

(A) II e III.

(B) II.

(C) III.

(D) I e II.

(E) I.

➢ Comentários:

I. Quem o visse = quem visse Rubião. Retoma **Rubião** – *Rubião fitava a enseada.*

II. Artigo definido: essa classe gramatical não retoma termo algum.

III. Artigo definido: não retoma termo.

**ALTERNATIVA CORRETA: E**

**31. (FCC – TRT 4 – Analista Judiciário – Área Administrativa – 2022)** Um criado trouxe o café. Rubião pegou na xícara e, enquanto **lhe** deitava açúcar, ia disfarçadamente mirando a bandeja, **que** era de prata lavrada. (4º parágrafo)

Os termos sublinhados referem-se, respectivamente, a

(A) "Rubião" e "prata lavrada".

(B) "Rubião" e "bandeja".

(C) "xícara" e "prata lavrada".

(D) "xícara" e "bandeja".

(E) "açúcar" e "bandeja".

➤ Comentários:

**Alternativa "a"** – Não deitava açúcar em Rubião. A bandeja era de prata.

**Alternativa "b"** – Não deitava açúcar em Rubião.

**Alternativa "c"** – A bandeja era de prata.

**Alternativa "d"** – Enquanto deitava açúcar **na xícara**. A bandeja **a qual**: a bandeja era de prata lavrada.

**Alternativa "e"** – Não deitava açúcar no açúcar.

**ALTERNATIVA CORRETA: D**

**Texto CG1A1**

O capitalismo de vigilância uma mutação do capitalismo da informação, o que nos coloca diante de um desafio civilizacional. As Big Techs – seguidas por outras firmas, laboratórios e governos – usam tecnologias da informação e comunicação (TIC) para expropriar a experiência humana, que se torna matéria-prima processada e mercantilizada como dados comportamentais. O usuário cede gratuitamente as suas informações ao concordar com termos de uso, utilizar serviços gratuitos ou, simplesmente, circular em espaços onde as máquinas estão presentes.

A condição para a emergência do capitalismo de vigilância foi a expansão das tecnologias digitais na vida cotidiana, dado o sucesso do modelo de personalização de alguns produtos no início dos anos 2000. No terço final do século XX, estavam criadas as condições para uma terceira modernidade, voltada a valores e expectativas dos indivíduos.

Outras circunstâncias foram ocasionais: o estouro da bolha da internet em 2000 e os ataques terroristas do 11 de setembro. A primeira provocou a retração dos investimentos nas startups, o que levou a Google a explorar comercialmente os dados dos usuários de seus serviços. Para se prevenir contra novos ataques, as autoridades norte-americanas tornaram-se ávidas de programas de monitoramento dos usuários da Internet e se associaram às empresas de tecnologia. Por sua vez, a Google passou a vender dados a empresas de outros setores, criando um mercado de comportamentos futuros. Assim, instaurou-se uma nova divisão do aprendizado entre os que controlam os meios de extração da mais-valia comportamental e os seus destinatários.

Ao se generalizar na sociedade e se aprofundar na vida cotidiana, o capitalismo de vigilância capturou e desviou o efeito democratizador da Internet, que abrira a todos o acesso informação. Ele passou a elaborar instrumentos para modificar e conformar os nossos comportamentos.

Internet: <www.scielo.br> (com adaptações).

---

**32. (Cespe – Analista Judiciário – Área Judiciária – TRT 8/2022)** Em cada uma das opções a seguir, apresentada uma proposta de reescrita do seguinte trecho do texto CG1A1 "As Big Techs — seguidas por outras firmas, laboratórios e governos — usam tecnologias da informação e comunicação (TIC) para expropriar a experiência humana, que se torna matéria-prima processada e mercantilizada como dados comportamentais." (segundo período do primeiro parágrafo).

Assinale a opção cuja proposta de reescrita, além de estar gramaticalmente correta, preserva os sentidos originais do texto.

(A) As Big Techs, seguidas de outras firmas, laboratórios e governos, usam tecnologias da informação e comunicação (TIC) para expropriar a experiência humana, que se torna matéria-prima processada e mercantilizada na forma de dados de comportamento.

(B) As Big Techs, seguidas por outras firmas, laboratórios e governos – usam tecnologias da informação e comunicação (TIC) para reaproveitar a experiência humana, que se torna eventos processados e vendidos como dados comportamentais.

(C) As Big Techs – acompanhadas por outras firmas, laboratórios e governos – usam tecnologias da informação e comunicação (TIC) para expropriar a experiência humana, que se tornam insumos processados e mercantilizados como dados comportamentais.

(D) As Big Techs – seguidas por outras firmas, laboratórios e governos – usam tecnologias da informação e comunicação (TIC) para expropriar a experiência humana, que se tornam elementos processados e mercantilizados como dados comportamentais.

(E) As Big Techs, bem como outras firmas, laboratórios e governos – aproveitam tecnologias da informação e comunicação (TIC) para recriar a experiência humana, que se torna matéria-prima processada e mercantilizada como dados comportamentais.

➢ Comentários:

**Nota da autora:** É imprescindível atentar-se à pontuação e à troca de vocábulos.

Para facilitar, divida as informações.

**Alternativa "a"** – Os travessões que demarcam intercalação no trecho original foram substituídos por vírgulas ao reescrever o trecho. Esse recurso é aceitável, isto é, a gramática está correta e o sentido foi preservado.

Quanto à troca de vocábulo, o sentido também foi mantido: "**como** dados comportamentais" = **na forma de** dados de comportamento.

**Alternativa "b"** – A intercalação deve ser feita pelo mesmo sinal de pontuação.

Erro: As Big Techs, seguidas por outras firmas, laboratórios e governos – usam tecnologias da informação.

Correção: ou usa duas vírgulas, ou usa dois travessões.

Quanto à troca de vocábulo, há alteração de sentido:

Expropriar = *desapropriar, privar, desempossar.*

Reaproveitar = *tornar a aproveitar; usufruir ou desfrutar novamente; reutilizar algo que seria descartado; reusar, reciclar, recuperar.*

**Alternativa "c"** – Quanto à troca de vocábulo, está correto porque "acompanhar" é sinônimo de "seguir"; "insumo" é sinônimo de "matéria-prima".

**Significado de *Insumo***

substantivo masculino

Cada um dos materiais fundamentais para o desenvolvimento ou para a produção de algo (matéria-prima, força de trabalho, consumo de energia, equipamentos, mão de obra, entre outros); *input*: a câmara de ar para veículos é um insumo para pneus.

Erro de concordância: expropriar a experiência humana, que se tornam. O pronome relativo retoma "experiência humana".

Correção: que se **torna**.

**Alternativa "d"** – Erro de concordância: expropriar a experiência humana, que se tornam. O pronome relativo retoma "experiência humana".

Correção: que se **torna**.

**Alternativa "e"** – A intercalação deve ser feita pelo mesmo sinal de pontuação.

Erro: As Big Techs, bem como outras firmas, laboratórios e governos – aproveitam tecnologias da informação.

Correção: ou usa duas vírgulas, ou usa dois travessões.

Quanto à troca de vocábulo, há alteração de sentido:

Expropriar = *desapropriar, privar, desempossar.*

Recriar = *Dar uma nova versão, um novo aspecto ou uma nova abordagem ao que já existe.*

**ALTERNATIVA CORRETA: A**

---

**33. (Cespe – Analista Judiciário – Área Judiciária – TRT 8/2022)** No que se refere aos aspectos linguísticos do texto CG1A1, assinale a opção correta.

(A) A inserção do sinal indicativo de crase em "as suas informações" (terceiro período do primeiro parágrafo) manteria a correção gramatical e o sentido original do texto, uma vez que seu emprego é facultativo.

(B) A flexão no plural da forma verbal "se associaram" (terceiro período do terceiro parágrafo) decorre da concordância com o sujeito "usuários da internet", no mesmo período.

(C) A oração "onde as máquinas estão presentes" (terceiro período do primeiro parágrafo) qualifica e restringe o termo "espaços", no mesmo período.

(D) A supressão de vírgula logo após "Internet" (primeiro período do quarto parágrafo) manteria o sentido original e a correção gramatical do texto.

(E) No terceiro período do primeiro parágrafo, a vírgula empregada logo após "simplesmente" poderia ser retirada, sem prejuízo da coesão e da correção gramatical do texto, uma vez que, no contexto dado, seu uso é facultativo.

➢ Comentários:

**Alternativa "a"** – Trecho: *O usuário cede gratuitamente* ***as suas informações*** *ao concordar com termos de uso, utilizar serviços gratuitos ou, simplesmente, circular em espaços onde as máquinas estão presentes.*

O verbo "ceder" é transitivo direto. Isso significa que não exige a preposição "a", ou seja, o sinal indicativo de crase não é permitido.

**Alternativa "b"** – Trecho: *Para se prevenir contra novos ataques, as autoridades norte-americanas tornaram-se ávidas de programas de monitoramento dos usuários da Internet e* ***se associaram*** *às empresas de tecnologia.*

Sujeito: as autoridades norte-americanas.

**Alternativa "c"** – Trecho: *O usuário cede gratuitamente as suas informações ao concordar com termos de uso, utilizar serviços gratuitos ou, simplesmente, circular em espaços* ***onde as máquinas estão presentes.***

O pronome relativo "onde" retoma "espaços".

Lê-se: as máquinas estão presentes no espaço.

A oração é subordinativa adjetiva restritiva, pois não possui pontuação antes do relativo.

A ideia é de restrição por não se referir a qualquer espaço, mas sim ao espaço em que as máquinas estão presentes.

**Alternativa "d"** – Trecho: *Ao se generalizar na sociedade e se aprofundar na vida cotidiana, o capitalismo de vigilância capturou e desviou o efeito democratizador da Internet, que abrira a todos o acesso à informação.*

Ao suprimir a vírgula, manteria a correção gramatical, mas o sentido seria alterado porque está anteposta ao pronome relativo, ou seja, separa a oração subordinada adjetiva explicativa.

Sentido da explicativa: **<u>todos</u> os efeitos democratizadores da Internet abriram** a todos o acesso à informação.

Sentido da restritiva (sem vírgula): **<u>apenas</u> o efeito democratizador da Internet abrira** a todos o acesso à informação.

**Dica para a próxima prova:** sempre que inserir ou retirar a pontuação antes do pronome relativo, o sentido será alterado.

**Alternativa "e"** – Trecho: *O usuário cede gratuitamente as suas informações ao concordar com termos de uso, utilizar serviços gratuitos ou, simplesmente, circular em espaços onde as máquinas estão presentes.*

As duas vírgulas que acompanham o adjunto adverbial *simplesmente* demarcam intercalação.

Poderia ser retirada a vírgula posposta desde que retirasse, também, a anteposta: *utilizar serviços gratuitos ou simplesmente circular em espaços.*

**Dica para a próxima prova:** é inaceitável retirar apenas uma vírgula quando se tratar de intercalação.

**ALTERNATIVA CORRETA: C**

**34. (Cespe – Analista Judiciário – Área Judiciária – TRT 8/2022)** Com referência à colocação e ao emprego dos pronomes no texto CG1A1, assinale a opção correta.

(A) O pronome "Ele", no início do segundo período do quarto parágrafo, funciona como elemento de coesão, uma vez que retoma a expressão "o efeito democratizador da Internet", no período imediatamente anterior.

(B) A próclise empregada em "nos coloca" (primeiro período do primeiro parágrafo) é opcional, de modo que o emprego da ênclise (coloca-nos) também seria correto.

(C) O pronome "seus" (segundo período do terceiro parágrafo) funciona como elemento de coesão e retoma o termo "Google", no mesmo período.

(D) A correção gramatical do texto seria mantida se o vocábulo "que" (primeiro período do quarto parágrafo) fosse substituído por **onde**.

(E) O pronome "nossos" em "nossos comportamentos" (segundo período do quarto parágrafo) tem valor demonstrativo.

➢ Comentários:

**Alternativa "a"** – Trecho: *Ao se generalizar na sociedade e se aprofundar na vida cotidiana, o capitalismo de vigilância capturou e desviou o efeito democratizador da Internet, que abrira a todos o acesso à informação.* ***Ele*** *passou a elaborar instrumentos para modificar e conformar os nossos comportamentos.*

O que passou a elaborar instrumentos?

O capitalismo de vigilância.

**Alternativa "b"** – Trecho: *O capitalismo de vigilância é uma mutação do capitalismo da informação, o que* ***nos*** *coloca diante de um desafio civilizacional.*

Lê-se: o qual nos coloca. O pronome relativo atrai o pronome oblíquo = próclise obrigatória.

**Alternativa "c"** – Trecho: *Outras circunstâncias foram ocasionais: o estouro da bolha da internet em 2000 e os ataques terroristas do 11 de setembro. A primeira provocou a retração dos investimentos nas startups, o que levou a Google a explorar comercialmente os dados dos usuários de* ***seus*** *serviços.*

Serviços de quem?

Da Google.

**Alternativa "d"** – Trecho: *Ao se generalizar na sociedade e se aprofundar na vida cotidiana, o capitalismo de vigilância capturou e desviou o efeito democratizador da Internet,* ***que*** *abrira a todos o acesso à informação.*

O pronome relativo "que" retoma "o efeito democratizador da Internet" e não pode ser substituído por "onde" pelo fato de não se referir a lugar.

Dica para a próxima prova: poderia ser substituído apenas por "o qual".

Alternativa "e" – Trecho: *Ele passou a elaborar instrumentos para modificar e conformar os nossos comportamentos.*

O pronome possui valor possessivo.

**ALTERNATIVA CORRETA: C**

**35. (Cespe – Analista Judiciário – Área Judiciária – TRT 8/2022)** O termo "ávidas" (terceiro período do terceiro parágrafo) poderia ser substituído, sem alterar o sentido e a correção gramatical do texto CG1A1, por

(A) menosprezadas.

(B) avarentas.

(C) desejosas.

(D) mesquinhas.

(E) fadadas.

➢ Comentários:

**Nota da autora:** É imprescindível atentar-se ao contexto porque uma palavra pode possuir vários sentidos. Dependerá do trecho em que está inserida.

Trecho: *Para se prevenir contra novos ataques, as autoridades norte-americanas tornaram-se **ávidas** de programas de monitoramento dos usuários da Internet e se associaram às empresas de tecnologia.*

O adjetivo "ávido" significa *que se deseja muito. Que espera ansiosamente pela realização de alguma coisa; sôfrego. Que tem o hábito de guardar dinheiro; que alimenta a paixão por guardar dinheiro; mesquinho.*

Sinônimos: *ambicioso, açorado, cobiçoso, insaciável, sôfrego, avarento, mesquinho.*

**Alternativa "a"** – Menosprezar: *reduzir o valor de algo, de alguém ou de si próprio; fazer pouco de; desvalorizar ou desvalorizar-se.*

**Alternativa "b"** – Avarento: *Muito apegado ao dinheiro; que tem como paixão ou hábito juntar dinheiro; sovina, avaro, mesquinho.*

No contexto, não possui esse significado.

**Alternativa "c"** – *Que se deseja muito* = desejosas.

*As autoridades norte-americanas tornaram-se **desejosas** de programas de monitoramento dos usuários da Internet...*

**Alternativa "d"** – Mesquinho: *muito apegado; agarrado ao dinheiro, a bens materiais; avarento.*

No contexto, não possui esse significado.

**Alternativa "e"** – Fadado: *com propósito determinado; destinado de antemão a alguma coisa; predestinado.*

**ALTERNATIVA CORRETA: C**

Texto para responder às questões.

Meditação e foco no macarrão

"Sente os pés no chão", diz a instrutora, com a voz serena de quem há décadas deve sentir os pés no chão, "sente a respiração".

"Inspira, expira", ela diz, mas o narrador dentro da minha cabeça fala mais alto: "Eis então que no início do terceiro milênio, tendo chegado à Lua e à engenharia genética, os seres humanos se voltavam ávidos a técnicas milenares de relaxamento na esperança de encontrar alguma paz e algum sentido para suas vidas simultaneamente atribuladas e vazias".

Um lagarto, penso, jamais faria um curso de meditação. "Sente a pedra. A barriga na pedra. Relaxa a cauda. Agora sente o sol aquecendo as escamas. Esquece as moscas. Esquece as cobras rondando a toca. Inspira. Expira." Eu imagino que o lagarto sinta a pedra. A barriga na pedra. O prazer simples e ancestral de lagartear sob o sol.

Se o lagarto consegue esquecer as moscas ou a cobra rondando a toca, já não sei. A parte mais interna e mais antiga do nosso cérebro é igual à dos répteis. É dali que vem o medo, ferramenta evolutiva fundamental para trazer nossos genes triunfantes e nossos cérebros aflitos através dos milênios até aquela roda, no décimo segundo andar de um prédio na cidade de São Paulo.

Não há nada de místico na meditação. Pelo contrário. Meditar é aprender a estar aqui, agora. Eu acho que nunca estive aqui, agora. O ansioso está sempre em outro lugar. Sempre pré-ocupado. Às vezes acho que nasci meia hora atrasado e nunca recuperei esses trinta minutos. "Inspira. Expira".

Não é um problema só meu. A revista dominical do "New York Times" fez uma matéria de capa ano passado sobre o tema. Dizia que vivemos a era da ansiedade. Todas as redes sociais são latifúndios produzindo ansiedade. Mesmo o presente mais palpável, como um prato fumegante de macarrão, nós conseguimos digitalizar e transformar em ansiedade. Eu preciso postar a minha selfie dando a primeira garfada neste macarrão, depois nem vou conseguir comer o resto do macarrão, ou sentir o gosto do macarrão, porque estarei ocupado conferindo quantas pessoas estão comentando a minha foto comendo o macarrão que esfria, a minha frente.

"Inspira, expira." A voz da instrutora é tão calma e segura que me dá a certeza de que ela consegue comer o macarrão e me dá a esperança de que também eu, um dia, aprenderei a comer o macarrão. É só o que eu peço a cinco mil anos de tradição acumulada por monges e budas e maharishis e demais sábios barbudos ou imberbes do longínquo Oriente. "Inspira. Expira." Foco no macarrão.

(Adaptado de: PRATA, Antonio. Folha de S. Paulo. Disponível em: www.folha.uol.com.br)

---

**36. (FCC – Técnico Judiciário – Área Administrativa – TRT 2/2018)** Considere a seguinte passagem do 7º parágrafo:

*É só o que eu peço a cinco mil anos de tradição acumulada por monges e budas* e maharishis *e demais sábios barbudos ou imberbes do longínquo Oriente.*

Uma análise correta da linguagem empregada na passagem está na alternativa:

(A) A conjunção ***ou*** estabelece entre os vocábulos *barbudos* e *imberbes* sentido de comparação.

(B) A repetição da conjunção ***e*** organiza uma enumeração em que o último elemento tem sentido mais genérico que os anteriores.

(C) O termo *sábios* está empregado com a mesma função sintática que na frase: "O sofrimento nos deixa mais sábios".

(D) A preposição ***a*** introduz um vocativo, a quem o autor se dirige com acentuada deferência.

(E) A preposição ***por*** estabelece relação de causa, assim como na frase: "A reunião foi adiada por falta de quórum".

➤ Comentários:

**Alternativa "a"** – A conjunção coordenativa indica alternância.

**Alternativa "b"** – É uma enumeração por caber a vírgula no lugar da conjunção e o termo "demais sábios barbudos" é genérico porque "monges e budas e maharishis" são sábios barbudos.

**Alternativa "c"** – No texto, *sábios* possui função de agente da passiva – sentido de *a tradição* (foi) *acumulada por sábios.* Na alternativa, é predicativo do objeto: o sofrimento = sujeito; deixa = verbo transitivo direto; nos = objeto direto; sábios = predicativo do objeto (nós ficamos sábios).

**Alternativa "d"** – A preposição introduz o objeto indireto do verbo *pedir*: peço a algo. Lembre-se que a pontuação após o vocativo é obrigatória.

**Alternativa "e"** – A preposição faz parte do agente da passiva e indica que a oração está na voz passiva analítica e o verbo "ser" está implícito. Transpondo-a para a voz ativa, temos: *monges e budas e* maharishis *e demais sábios barbudos ou imberbes do longínquo Oriente* acumularam.

**ALTERNATIVA CORRETA: B**

---

**37. (FCC – Técnico Judiciário – Área Administrativa – TRT 2/2018)** *Não há nada de místico na meditação. Pelo contrário. Meditar é aprender a estar aqui, agora.* (5º parágrafo)

Essa passagem está corretamente reescrita com o sentido preservado, em linhas gerais, em:

(A) Meditar é aprender a estar aqui, agora; exceto quando não há nada de místico na meditação.

(B) Não obstante não há nada de místico na meditação, meditar é aprender a estar aqui, agora.

(C) Meditar é aprender a estar aqui, agora; contanto que não há nada de místico na meditação.

(D) Não há nada de místico na meditação, haja vista que meditar é aprender a estar aqui, agora.

(E) Não há nada de místico na meditação, malgrado meditar é aprender a estar aqui, agora.

➤ Comentários:

**Alternativa "a"** – Não se trata de uma exceção, portanto não cabe o vocábulo *exceto.*

**Alternativa "b"** – "Não obstante" indica concessão e não há ideias opostas no período.

**Alternativa "c"** – "Contanto" indica condição.

**Alternativa "d"** – A expressão *haja vista* possui ideia de causa e por isso a reescrita está correta.

| Por que não há nada de místico na meditação? | **Porque** meditar é aprender a estar aqui, agora. |
|---|---|
| A pergunta é a **consequência.** | A resposta é a **causa.** |

**Alternativa "e"** – "Malgrado" também indica concessão, como *não obstante*. Eliminam-se as alternativas B e E facilmente.

**ALTERNATIVA CORRETA: D**

---

**38. (FCC – Técnico Judiciário – Área Administrativa – TRT 2/2018)** Uma frase redigida com clareza e correção é:

(A) O ansioso ocupa-se em elocubrar a respeito de fatos futuros, enquanto negligencia-se do tempo presente.

(B) Chegar à Lua e avançar na engenharia genética não mitigaram as inquietações que encerram a humanidade.

(C) Os trinta minutos que se perderam quando nasci, nunca foram recuperados – pelo menos é como sinto-me.

(D) A revista dominical do "New York Times" publicou uma matéria interessante, cujo o tema versava a ansiedade.

(E) Reunidos em um prédio em São Paulo, alguns de nós procurávamos aprender um modo de vencer a ansiedade.

➢ Comentários:

**Nota da autora:** Questão de colocação pronominal, concordância, regência e pontuação.

**Alternativa "a" – Colocação pronominal**: a conjunção subordinativa atrai o pronome oblíquo = enquanto se negligencia.

**Alternativa "b" – Concordância**: o sujeito é oracional (possui verbo) e o verbo da oração principal deve permanecer no singular = mitigou.

**Alternativa "c" – Pontuação**: não pode haver vírgula entre sujeito e verbo, ou seja, entre sujeito e predicado = Os trinta minutos que se perderam quando nasci nunca foram recuperados. Outra opção é intercalar a oração adverbial = Os trinta minutos que se perderam, **quando nasci,** nunca foram recuperados. **Colocação pronominal**: a conjunção adverbial atrai o pronome oblíquo = como me sinto.

**Alternativa "d" – Regência**: os pronomes relativos "quem" e "cujo" não admitem artigo = cujo tema. Lembre-se de que há ideia de posse do termo anterior: o tema **da matéria**.

**Alternativa "e"** – Período correto. A vírgula demarca a inversão da oração subordinada adverbial reduzida de particípio. Desenvolvendo-a (tirando da forma nominal e inserindo uma conjunção), teremos: quando nos reuníamos em um prédio em São Paulo.

**ALTERNATIVA CORRETA: E**

---

**39. (FCC – Técnico Judiciário – Área Administrativa – TRT 2/2018)** Está redigido com objetividade e correção o que se encontra em:

(A) O medo de ser excluido de eventos sociais é um dos muitos fatores que levam os usuários da rede a se virem na obrigação de estarem constantemente conectados, o que em grande parte dos casos gera comportamentos compulsivos.

(B) A dependência à internet é tamanha que muitos indivíduos têm seu humor alterado quando chegam em um local que não é possível conectar-se. Paralelamente, as relações no meio não virtual tendem a se fragilizar.

(C) Estudos recentes alertam quanto os impactos nocivos do uso desregrado das redes sociais. Jovens que passam mais de duas horas por dia nesses ambientes são mais sucetíveis a desenvolverem sintomas de ansiedade e depressão.

(D) As redes sociais têm adquirido importância crescente na sociedade moderna. Sua relevância estende-se da vida pessoal às mobilizações sociais. Seu mau uso, entretanto, pode desencadear um transtorno de ansiedade.

(E) Além do tempo perdido, passar muito tempo nas redes sociais prejudica a saúde mental. Isto porque quanto mais tempo gasto diante do celular ou do computador, mais tempo se quer ficar, o que as tornam tão viciantes.

➢ Comentários:

**Nota da autora:** Questão de acentuação, ortografia, pronome, concordância, regência e pontuação.

**Alternativa "a" – Acentuação**: o vocábulo *excluído* possui hiato (u + i) e deve ser acentuado. **Pontuação:** é necessário intercalar a expressão entre o pronome relativo e o verbo = o que, em grande parte dos casos, gera comportamentos compulsivos.

**Alternativa "b" – Regência:** o verbo *chegar* exige a preposição "a" = chegam a um local. O pronome relativo retoma "local"; na ordem direta, tem-se *não é possível conectar-se* ***no*** *local.* A preposição "em" foi exigida = em que, no qual. **Concordância:** as relações tendem a se fragilizarem.

**Alternativa "c"** – Regência: quanto **a**os impactos. Ortografia: suscetíveis.

**Alternativa "d"** – Os verbos estão concordando com os sujeitos e as vírgulas intercalam a conjunção. Lê-se: Seu mau uso pode desencadear um transtorno de ansiedade.

**Alternativa "e" – Pronome**: o pronome retoma a ideia do período anterior = isso porque. **Concordância:** o que as torna.

**ALTERNATIVA CORRETA: D**

---

**40. (FCC – Técnico Judiciário – Área Administrativa – TRT 6/2018)**... *o jornalismo, apesar de suas severas limitações, é uma forma legítima de conhecimento...*

Uma redação alternativa para a frase acima, em que se mantêm a correção e a coerência está em:

(A) Ainda que se leve em conta as limitações importantes do jornalismo, ele significa uma forma lícita de conhecimento.

(B) O jornalismo representa um meio eficaz de conhecimento porquanto apresente graves limitações.

(C) Embora apresente sérias limitações, o jornalismo consiste em um meio genuíno de conhecimento.

(D) À despeito de suas limitações consideráveis, o jornalismo constitue uma forma genuína de conhecimento.

(E) Conquanto represente uma forma lícita de conhecimento, existe severas limitações no jornalismo.

➤ Comentários:

**Alternativa "a"** – Verbo transitivo + se = voz passiva, "as limitações" possui função de sujeito e está no plural: ainda que se **levem**.

**Alternativa "b"** – As ideias são opostas e a conjunção "porquanto" explica. Correção: **embora**.

**Alternativa "c"** – Sujeito e verbo: o jornalismo apresente; o jornalismo consiste. As ideias são concessivas e a preposição "embora" é exigida na oração subordinada adverbial que está na ordem inversa. A vírgula demarca tal inversão, pois não é a oração principal (sem conjunção) que inicia o período.

**Alternativa "d"** – Não há crase antes de palavra masculina: **a** despeito; verbo *constituir* na terceira pessoa do singular do presente do indicativo: **constitui**.

**Alternativa "e"** – O verbo deve concordar com o sujeito: **existem** severas limitações.

**ALTERNATIVA CORRETA: C**

---

**41. (FCC – Técnico Judiciário – Área Administrativa – TRT 6/2018)** Está correta a **redação** da seguinte frase:

(A) Haveriam grandes doses de jornalismo recreativo sendo oferecidas para a maioria, desde o tempo em cujo principal veículo de massas era o tabloide, depois chegando à televisão e internet.

(B) Enquanto questiona-se as bases materiais do jornalismo profissional, multiplica-se leitores na internet, ao passo que, viabiliza-se a possibilidade de universalizar o ensino superior.

(C) À medida que notícias e opiniões são disseminadas pela prática jornalística, os leitores munem-se de ferramentas para exercer a cidadania de forma mais consciente.

(D) Mesmo se o jornalista se propor a abordar assuntos com seriedade, o jornalismo, por suas próprias características fazem com que os fatos sejam apurados apressadamente.

(E) Expressa-se por meio da linguagem, de modo inconsciente, as visões de mundo de quem escreve; logo, mesmo que imparcial o relato jornalístico passa pela interpretação subjetiva do leitor.

➤ Comentários:

**Alternativa "a"** – O verbo *haver* é impessoal (sentido de *existir*) e não admite plural: **haveria**; o pronome relativo retoma "tempo": desde o tempo **em que** o principal veículo era o tabloide; não há crase no sujeito porque não há preposição no sujeito: chegando **a televisão e a internet.**

**Alternativa "b"** – Verbo transitivo direto + se = voz passiva: **questionam-se** as bases, **multiplicam-se** leitores. Equivalem na voz passiva analítica a *as bases são questionadas* e *leitores são multiplicados.*

**Alternativa "c"** – *À medida que* indica proporcionalidade e as ações são simultâneas; concordância correta entre sujeito e verbo: notícias e opiniões são disseminadas, os leitores munem-se.

**Observação**: na oração final, a pluralização do verbo não é obrigatória (para exercer).

**Alternativa "d"** – O verbo *propor* é conjugado como o verbo *pôr.* No futuro do subjuntivo: se o jornalista se propuser; concordância: o jornalismo **faz**; não pode haver vírgula entre sujeito e verbo, podendo retirá-la, ou intercalar a expressão: *o jornalismo por suas próprias características faz,* ou *o jornalismo**, por suas próprias características,** faz.*

**Alternativa "e"** – Verbo transitivo direto + se = voz passiva: **expressam-se** as visões; falta vírgula para intercalar a oração: logo**, mesmo que imparcial,** o relato jornalístico passa. Lê-se: logo o relato jornalístico passa.

**ALTERNATIVA CORRETA: C**

---

**42. (FCC – Técnico Judiciário – Área Administrativa – TRT 6/2018)** ***Porém, estudos mostram que, embora exista seleção no consumo de notícias de acordo com a orientação ideológica, a dieta*** *informacional das pessoas é mais variada do que se supõe.*

Uma redação alternativa para o segmento sublinhado acima, em que se mantêm a correção e a coerência, está em:

(A) Contudo, estudos revelam que, apesar de a orientação ideológica interferir na seleção de notícias a serem consumidas, a dieta...

(B) No entanto, já se estuda o fato de que, conforme a orientação ideológica interfere no consumo e seleção de notícias, tem-se que a dieta...

(C) De acordo com estudos, ainda que se selecionam as notícias a consumir, a partir da orientação ideológica, a dieta...

(D) Conforme estudos, mesmo existindo escolha à partir da orientação ideológica, no consumo de notícias, a dieta...

(E) Todavia, estudos demonstram que haviam possibilidades de escolha no consumo de notícias, segundo a orientação ideológica, ainda que a dieta...

➢ Comentários:

**Nota da autora:** Questão de coerência e período composto.

**Alternativa "a"** – É viável separar as orações, colocá-las na ordem direta e classificá-las para que possa reescrevê-la corretamente:

| **Porém**, estudos mostram | **que** a dieta informacional das pessoas é mais variada do que se supõe, | **embora** exista seleção no consumo de notícias de acordo com a orientação ideológica. |
|---|---|---|
| **Coordenada adversativa** | **Subordinada substantiva** (mostram isto) **objetiva direta** (o verbo *mostrar* é transitivo direto) | **Subordinada adverbial concessiva** |

| | | |
|---|---|---|
| **Contudo**, estudos revelam | **que** a dieta informacional das pessoas é mais variada do que se supõe, | **apesar de** a orientação ideológica interferir na seleção de notícias a serem consumidas. |
| **Coordenada adversativa** (1) | **Subordinada substantiva** (revelam <u>isto</u>) **objetiva direta** (o verbo *revelar* é transitivo direto) | **Subordinada adverbial concessiva** (2) |

**Observações:**

(1) São adversativas: contudo, entretanto, mas, não obstante, no entanto, porém, todavia.

(2) São concessivas: embora, conquanto, ainda que, mesmo que, posto que, bem que, se bem que, apesar de que, nem que.

**Alternativa "b"** – Não indica conformidade (conforme).

**Alternativa "c"** – De acordo com: conformativa; ainda que: concessiva.

**Alternativa "d"** – Conforme: conformativa; mesmo existindo: oração subordinada adverbial concessiva reduzida de gerúndio; erro de crase: não pode haver antes de verbo – **a** partir.

**Alternativa "e"** – Todavia: adversativa; concordância: **havia** possibilidades – verbo impessoal não admite pluralização.

**ALTERNATIVA CORRETA: A**

---

**43. (FCC – Técnico Judiciário – Área Judiciária – TRT 15/2018 - adaptada)**

*<u>**que**</u> permite ao pesquisador (De qualquer forma, a neurociência conta hoje com um leque de ferramentas que permite ao pesquisador, se ele assim desejar, investigar por exemplo a ativação em seu cérebro)*

*<u>**que**</u> seu livro menciona (Uma dessas influências diz respeito às diferenças entre homens e mulheres, que seu livro menciona.)*

*quando <u>**concentrado**</u> em estruturas pequenas (Mas o simples número de neurônios em si não é sinônimo de maior ou menor habilidade. A não ser quando concentrado em estruturas pequenas[5])*

Os termos sublinhados acima referem-se respectivamente a

(A) ferramentas – diferenças – número

(B) neurociência – diferenças – número

(C) leque – influências – sinônimo

(D) leque – diferenças – número

(E) neurociência – influências – sinônimo

➢ Comentários:

**Nota da autora:** Resolva a questão eliminando as opções descabidas.

Em 1 e 2, substitua o pronome relativo pela palavra que ele retoma.

5. Adaptado de: PIZA, Daniel. **Perfis & Entrevistas.** São Paulo, Contexto, 2004.

Em 3, encaixe o sujeito implícito.

1. Um **leque** de ferramentas permite ao pesquisador.
   Eliminadas A, B e E;
2. Seu livro menciona **as diferenças** entre homens e mulheres.
   Eliminada C;
3. A não ser quando (o **número** de neurônios) estiver concentrado.

**ALTERNATIVA CORRETA: D**

---

**44. (FCC – Técnico Judiciário – Área Judiciária – TRT 15/2018)** *É uma afirmação desafiadora, e com um apelo intuitivo muito forte. Mas não tem fundamento.*

Uma nova redação em um único período, em que a oposição acima está atenuada, encontra-se em:

(A) É uma afirmação desafiadora, e com um apelo intuitivo muito forte, desde que não tenha fundamento.

(B) Não tem fundamento, entretanto é uma afirmação desafiadora, e com um apelo intuitivo muito forte.

(C) Se bem que seja uma afirmação desafiadora, e com um apelo intuitivo muito forte, não tem fundamento.

(D) Para que seja uma afirmação desafiadora, e com um apelo intuitivo muito forte, não terá fundamento.

(E) Não tem fundamento, visto ser uma afirmação desafiadora, e com um apelo intuitivo muito forte.

➢ Comentários:

**Nota da autora:** As conjunções coordenadas adversativas fazem parte da ideia principal (mas não tem fundamento). As subordinadas concessivas fazem parte da ideia secundária (Se bem que seja uma afirmação desafiadora); a ideia principal é "não tem fundamento". Essa análise ajuda a entender melhor a questão.

**Alternativa "a"** – *Desde que* indica condição.

**Alternativa "b"** – *Entretanto* é conjunção coordenada adversativa, mas não traz a ideia principal.

**Alternativa "c"** – Com a conjunção "mas", a oração é coordenada (independente) adversativa e possui ideia de oposição. Pode ser substituída por uma conjunção subordinada concessiva ao inserir vírgula, ou seja, transformando-a em oração dependente sintaticamente. Podem ser usadas as formas ***embora, ainda que, apesar de que, se bem que, mesmo que, por mais que, posto que, conquanto*** etc. Indicam oposição: uma afirmação desafiadora versus não tem fundamento. Perceba que a oração coordenada aditiva foi mantida intercalada por vírgulas.

**Alternativa "a"** – *Desde que* indica condição.

**Alternativa "d"** – *Para que* indica finalidade.

**Alternativa "e"** – *Visto* (que é) indica causa.

**ALTERNATIVA CORRETA: C**

**45. (FCC – Analista Judiciário – Área Administrativa – TRT 2/2018)** *várias das ideias que revolucionaram nossa produção artística e científica vieram justamente da exaltação do imperfeito...*

Uma nova redação do segmento acima, que preserve sua correção e seu sentido, e que se inicie por **a exaltação do imperfeito...**, poderá ter como adequada complementação

(A) *possibilitou que várias ideias revolucionárias impactassem nossas artes e nossas ciências.*

(B) *proveniente por várias ideias acabaram por revolucionar tanto as nossas artes quanto as nossas ciências.*

(C) *entendida como nova revolução, acabou por influenciarem as artes e as ciências, com outras ideias.*

(D) *abriu portas revolucionárias para que lhe surgissem artes e ciências com ideias originais inclusas.*

(E) *incutiu nas artes e nas ciências, graças à seus ideais revolucionários, novas e produtivas ideias.*

➢ Comentários:

**Alternativa "a"**

1. Várias ideias que **revolucionaram** = várias ideias **revolucionárias**;
2. Revolucionaram **nossa produção artística e científica** = (a exaltação do imperfeito) possibilitou que impactassem **nossas artes e nossas ciências.**

**Alternativa "b"** – proveniente **de** várias ideias **revolucionárias.**

**Alternativa "c"** – Além de alterar o sentido, há erro de concordância - (a exaltação do imperfeito) acabou por **influenciar** - e pontuação no final do período (retirar a vírgula).

**Alternativa "d"** – Não abriu portas revolucionárias, muito menos com ideias originais inclusas.

**Alternativa "e"** – Não há crase antes de palavra masculina nem entre singular + plural: **a** seus.

**ALTERNATIVA CORRETA: A**

**46. (FCC – Analista Judiciário – Área Administrativa – TRT 2/2018 - adaptada)** Está clara, correta e coerente a **redação** deste livre comentário sobre o texto *Em torno do bem e do mal*[6]:

(A) O festejado escritor Saramago, de cujas virtudes de pensador e ficcionista não haja quem reconheça, dedica-se nesse texto à uma reflexão de alto caráter ético.

(B) É fato, que quando se trata da ética, pensemos em altos valores, nos esquecendo que nos pequenos gestos têm as mesmas qualidades inerentes dos grandes.

(C) As formulações ressaltadas no texto, sobre um ponto de vista ético, evidencia-se como uma preocupação de afastar o sentido supostamente egoísta de uma frase.

6. A partir de José Saramago. **As palavras de Saramago.** São Paulo: Companhia das Letras, 2010, p. 111-112, passim.

(D) Saramago prefere a simplicidade de uma formulação sintética à ambição da filosofia que busca constituir um sofisticado sistema de diretrizes éticas.

(E) Costumam advir das preocupações éticas um cuidado extremo com os mais altos valores em vez de se preocupar com a prática que cabem aos pequenos.

➢ Comentários:

**Alternativa "a"** – Regência: não há quem reconheça (verbo transitivo direto) as virtudes (objeto direto): **cujas** virtudes. Tempo verbal: não **há** quem reconheça – presente do indicativo. Crase: não pode haver antes de artigo indefinido: **a** uma reflexão.

**Alternativa "b"** – Pontuação: não pode haver vírgula entre a oração principal e a conjunção integrante = **é fato que**; é preciso intercalar a oração adverbial = É fato que**, quando se trata da ética,** pensamos. Tempo verbal: é fato que **pensamos** = presente do indicativo. Colocação pronominal: não pode haver pronome oblíquo após a vírgula se não ocorre intercalação: **esquecendo-nos**. Regência: o verbo *esquecer,* quando pronominal, pede a preposição "de" = esquecendo-nos **de** que; inerentes a algo = inerentes **aos** grandes.

**Alternativa "c"** – Concordância: as formulações **evidenciam-se**.

**Alternativa "d"** – Regência correta: prefere algo a algo; concordância também correta: os verbos concordam com os sujeitos.

**Alternativa "e"** – Concordância: um cuidado extremo (sujeito) **costuma** advir; a prática (sujeito) que **cabe**.

**ALTERNATIVA CORRETA: D**

---

**47. (FCC – Analista Judiciário – Área Administrativa – TRT 2/2018)** Numa reelaboração de um segmento do texto *A importância do imperfeito*[7], mantêm-se a correção da frase e uma adequada correlação entre os tempos e modos verbais em:

(A) Em algumas religiões, tomávamos consciência de que o nosso objetivo era chegar ao paraíso, visto como um espaço de plenitude e perfeição.

(B) Algumas teses de que iriam revolucionar a produção artística têm a haver com a incorporação, das formas imperfeitas.

(C) Muitos casos de ruptura com a sede de perfeição verifica-se na exploração de novos modelos artísticos, aonde predominasse a imperfeição.

(D) Se numa relação afetiva entre duas pessoas poderiam ocorrer discensões, o que de fato se pretendia eram uma troca de afetos harmoniosos.

(E) Não apenas na arte, como assim também na física, o lugar do imperfeito existiria como um fator que proporcione o equilíbrio de uma determinada estrutura.

➢ Comentários:

**Nota da autora:** É preciso fazer várias análises, por isso é, também, preciso ler os comentários das cinco alternativas. Questão de verbo, pronome, regência, concordância, ortografia, conjunção e pontuação.

**Alternativa "a"** – Verbos: pretérito imperfeito do indicativo (tomávamos) e infinitivo (chegar). Regência correta: tomávamos consciência **de** algo.

---

7. Adaptado de: GLEISER, Marcelo. **Retalhos cósmicos**. São Paulo: Companhia das Letras, 1999, p. 189-190.

**Alternativa "b"** – Regência: o pronome relativo *que* retoma "teses" (sujeito) e não admite preposição = Algumas teses **que** iriam revolucionar. Ortografia: têm **a ver** = *ter relação com*. Pontuação: não pode haver vírgula entre os nomes = **incorporação das formas** imperfeitas.

**Alternativa "c"** – Concordância: o verbo *evidenciar* é transitivo direto seguido de "se" (pronome apassivador). Isso significa que a oração está na voz passiva sintética e o verbo deve concordar com o sujeito = muitos casos **verificam-se**. Equivale na passiva analítica (verbo ser + particípio) a "muitos casos são verificados". Regência: a imperfeição predomina **na** exploração de novos modelos = **onde**, ou **em que**, ou **na qual**. Tempos verbais: verificam e **predomina** – presente do indicativo.

**Alternativa "d"** – Pontuação: é necessário inserir vírgula para demarcar a inversão da oração adverbial condicional = **Se numa relação afetiva entre duas pessoas,** poderiam ocorrer (...). Ortografia: dissensões – oposições, divergências. Concordância: **era** uma troca.

**Alternativa "e"** – Paralelismo sintático (conjunção): na arte, **como também** na física, ou na arte, **assim como na física**. Tempos verbais: existiria (futuro do pretérito do indicativo) e **proporcionasse** (pretérito imperfeito do subjuntivo) – tempos condicionais.

**ALTERNATIVA CORRETA: A**

---

**48. (FCC – Analista Judiciário – Área Administrativa – TRT 2/2018)** Está inteiramente correto o emprego de **ambos** os elementos sublinhados na frase:

(A) Quanto <u>**as**</u> impurezas da ação política, não <u>**lhes desejam**</u> enfrentar o poeta Drummond.

(B) <u>**À**</u> qualquer momento é <u>**facultado**</u> a um militante a mudança de partido.

(C) <u>**Devem**</u>-se abrir as portas de um partido <u>**àquele**</u> que o procura com sincera convicção política.

(D) Estará incorrendo em grave equívoco quem <u>**supor**</u> que não <u>**diz-lhe respeito à**</u> linha do partido que adotou.

(E) Não se <u>**permitam**</u> aos indivíduos egoístas que <u>**proponhem**</u> metas individualistas à linha de ação de um partido.

➢ Comentários:

**Alternativa "a"** - Quanto **às** impurezas, não **as deseja** (o poeta não deseja enfrentar as impurezas).

**Alternativa "b" - A** qualquer momento: não há crase antes de pronome indefinido e antes de palavra masculina. A mudança é **facultada**.

**Exceção**: antes de *outra(s)* pode haver crase.

**Alternativa "c"** – A oração, na voz passiva analítica, equivale a: as portas (sujeito) devem ser abertas. Sendo assim, usa-se o verbo no plural (devem-se abrir). Regência: Devem-se abrir as portas **a** alguém = preposição "a" + pronome demonstrativo "aquele" resulta em àquele.

**Alternativa "d"** – Quem **supuser**: o verbo *supor* é conjugado como o verbo "pôr" – futuro do subjuntivo. Colocação pronominal: o advérbio atrai o pronome = **não lhe diz**. Crase: não pode haver crase no sujeito = **a** linha do partido não lhe diz respeito.

**Alternativa "e"** – Verbo no presente do subjuntivo: **proponham**. Concordância: sujeito oracional = <u>que proponham metas individualistas à linha de ação de um partido</u> não se **permite** aos indivíduos.

**ALTERNATIVA CORRETA: C**

---

**49. (FCC – Analista Judiciário – Área Judiciária – TRT 6/2018 - adaptada)** Está clara e correta a **redação** deste livre comentário:

(A) Partindo do caso específico das instalações, o autor nos leva a refletir sobre o que considera a força intrínseca de toda obra de arte.

(B) Se uma obra de arte vir acompanhada de uma explicação, é por que sua razão de ser principal já foi subestimada.

(C) Ainda que fosse necessário explicá-las, porquanto de algum mistério, toda obra de arte deveria ter alguma força já em si mesma.

(D) O fato de haverem explicações para obras artísticas provam que já não existiria nelas aquela força suficiente para dispensá-las.

(E) Tanto não necessitam de explicação, que as verdadeiras obras de arte podem-nos convencer sem outra força além da que lhes cabem.

➢ Comentários:

**Alternativa "a"** – A vírgula demarca inversão - o período não é iniciado pela oração principal (sem conjunção); o verbo concorda com o sujeito - o autor nos leva.

**Alternativa "b"** – Se **vier** (verbo *vir* no futuro do subjuntivo); **porque** (explicação).

**Alternativa "c"** – O uso da conjunção *porquanto* indica causa e está retirando a clareza e a correção do período.

**Alternativa "d"** – Concordância: **haver** (impessoal) explicações; o fato **prova.**

**Alternativa "e"** – Concordância: outra força **cabe.**

**ALTERNATIVA CORRETA: A**

---

**50. (FCC – Analista Judiciário – Área Judiciária – TRT 6/2018)** Transpondo-se para o discurso direto, em linguagem adequada, o segmento *Disse-me o artista na exposição que aquela sua instalação deveria comover-nos mesmo sem a sua explicação*, obtém-se a construção:

Disse-me o artista na exposição:

(A) – Essa instalação minha deveria comover mesmo que vocês não a explicassem.

(B) – Eis uma instalação minha cuja comoção não necessita mesmo de sua explicação.

(C) – Esta minha instalação deverá comovê-los mesmo que eu não a explique.

(D) – Aquela instalação deveria comover vocês ainda que não a expliquem.

(E) – Aquela minha instalação deve comover-lhes mesmo sem o que a explique.

➢ Comentários:

**Nota da autora:** O **discurso direto** é caracterizado por ser uma transcrição exata da fala das personagens, sem participação do narrador.

O **discurso indireto** é caracterizado por ser uma intervenção do narrador no discurso ao utilizar as suas próprias palavras para reproduzir as falas das personagens.

**Alternativa "a"** – Erros: essa, deveria, vocês explicassem.

**Alternativa "b"** – Erros: pronome possessivo "sua" e a transposição de verbos para substantivos.

**Alternativa "c"** – Disse-me o artista na exposição:
- Esta minha instalação deverá comovê-los mesmo que eu não a explique.

Veja as diferenças separadamente:

1. Indireto: **aquela sua** instalação

   Direto: **esta minha** instalação

2. Indireto: **deveria comover-nos**

   Direto: **deverá comovê-los**

3. Indireto: mesmo sem a **sua** explicação.

   Direto: mesmo que **eu** não **a explique.**

**Alternativa "d"** – Erros: aquela, deveria, não a expliquem.

**Alternativa "e"** – Erros: aquela, lhes (o verbo é transitivo direto e não admite esse pronome), o que a explique.

**ALTERNATIVA CORRETA: C**

---

**51. (FCC – Analista Judiciário – Área Judiciária – TRT 6/2018)** Uma nova, clara e correta redação da frase *A crônica foi, para ele, um gênero eminentemente confessional, e os fatos* (...), *sua matéria-prima* poderá ser:

(A) Para ele, por constituir um gênero com a iminência da confissão, a crônica encontrou nos fatos sua matéria-prima.

(B) A sua matéria-prima foram os fatos, mas valeu-se da crônica como um gênero sobretudo apropriado às confissões.

(C) Sendo um gênero próprio para as confissões, suas crônicas foram apoiadas na matéria-prima dos próprios fatos.

(D) O confessionalismo das crônicas, que adotou como gênero, as quais eram marcadas pelos fatos como base de sua matéria-prima.

(E) A matéria-prima dos fatos constituía-se no gênero de suas crônicas, onde estas eram caracterizadas pelo teor confessional.

➢ Comentários:

**Alternativa "a"** – A ideia passou de adição para causal (por constituir).

**Alternativa "b"** – Perceba que a conjunção "mas" foi empregada com sentido de adição, substituindo perfeitamente a conjunção "e".

1. A sua matéria-prima foram os fatos = *os fatos* (...), *sua matéria-prima;*
2. mas valeu-se da crônica = *A crônica foi, para ele;*
3. um gênero sobretudo apropriado às confissões = *um gênero eminentemente confessional.*

**Alternativa "c"** – A ideia também é de causa (sendo um gênero).

**Alternativa "d"** – Além de não possuir coerência, não existe o substantivo "confessionalismo" e o emprego do pronome relativo está incorreto.

**Alternativa "e"** – O pronome relativo "onde" pode retomar apenas lugar e "suas crônicas" possui função de sujeito. Correção: as quais eram caracterizadas.

**ALTERNATIVA CORRETA: B**

**52. (FCC – Analista Judiciário – Área Judiciária – TRT 6/2018)** *Não basta viver, é preciso dar sentido ao viver, ou tudo se evapora.*

Uma nova, coerente e correta redação da frase acima, se iniciada pelo segmento *Tudo se evapora...*, deverá complementar-se com:

(A) conquanto não baste viver para dar-lhe sentido.

(B) no caso de apenas vivermos, sem a isso dar sentido.

(C) se não vivermos apenas, para lhe dar sentido.

(D) desde que não baste viver, ao ser preciso ter sentido.

(E) quando basta o que se vive, tendo com isso um sentido.

➢ Comentários:

**Alternativa "a"** – *Conquanto* indica concessão.

**Alternativa "b"** – A ideia é de **condição**: tudo se evapora **se** apenas vivermos, isto é, no caso de apenas vivermos.

**Alternativa "c"** – Alterar a ordem do vocábulo "apenas" altera o sentido, a vírgula é desnecessária e a informação está incompleta por ter sido retirada a palavra "vida".

**Alternativa "d"** – Não há lógica alguma na frase – sem coerência.

**Alternativa "e"** – A conjunção "quando" refere-se a tempo.

**ALTERNATIVA CORRETA: B**

**53. (FCC – Analista Judiciário – Área Judiciária – TRT 15/2018 - adaptada)** Está plenamente correta, clara e coerente a **redação** deste livre comentário sobre o texto **Sabedoria de Sêneca**[8]:

(A) Lendo esta passagem de Sêneca, é forçoso admitir-se de que suas verdades falam fundo conosco mesmos, uma vez que enaltecem tanto nossos defeitos quanto nossas virtudes.

(B) É próprio do estoicismo a decisão de buscar a qualquer custo o equilíbrio onde as forças opostas ensejem combinar-se de modo a constituir uma plena harmonização entre si.

(C) Trata-se de encontrar conforto em nosso ilhamento social, quando este significa sobretudo, esquecermos de que somos uma espécie constituída para se contar com as regras de um bom convívio.

(D) Àqueles que se censuram, culpando-se por sua aversão à vida social, Sêneca lembra que esse sentimento pode ser superado, quando o tédio à solidão leva à busca da multidão.

(E) Sêneca encontrou numa alternativa entre vida pessoal e vida pública a fórmula para remeter uma a outra, de modo que ambas possam ser objeto de insatisfação à medida mesma em que se complementam.

➢ Comentários:

**Alternativa "a"** – Coesão: lendo **essa** passagem = pronome anafórico – retoma ideia; regência: admitir **que** (verbo transitivo direto e não precisa estar acompanhado pelo pronome

8. Altino Sampaio, *inédito.*

oblíquo "se"); pronome pessoal: falam **com nós** mesmos – quando há termo enfático, não se usa a forma *conosco.*

**Alternativa "b"** – Concordância: a decisão é **própria**; regência: as forças opostas ensejam combinar-se **no** equilíbrio = equilíbrio **em que**, ou **no qual**; tempo verbal: presente do indicativo = **ensejam.**

Observação: usa-se o pronome relativo *onde* apenas para retomar lugar físico. Equivale a *em que, no(a) qual, nos(as) quais.*

**Alternativa "c"** – Pontuação: é necessário intercalar a conjunção = significa**, sobretudo,** esquecermos; regência: o verbo *esquecer* (quando não pronominal) não admite a preposição "de" = esquecermos **que** somos; o verbo *contar* não exige o pronome oblíquo "se" = para contar com as regras.

**Alternativa "d"** – Período correto. Perceba que a oração está na ordem inversa e por isso inicia-se com o acento indicativo de crase no pronome demonstrativo: Sêneca (sujeito) lembra (verbo transitivo direto e indireto) àqueles (objeto indireto) que esse sentimento pode ser superado (objeto direto).

**Alternativa "e"** – O erro crasso está no emprego da locução conjuntiva: deveria ser **à medida que** (proporção). *Na medida em que* indica causa; a forma usada no período não existe. Quanto à pontuação, seria viável intercalar o adjunto adverbial entre o verbo e seu complemento = encontrou**, numa alternativa entre vida pessoal e vida pública,** a fórmula.

**ALTERNATIVA CORRETA: D**

---

**54. (FCC – Analista Judiciário – Área Judiciária – TRT 15/2018)** *Tratando do estado de solidão ou da necessidade de convívio, Sêneca vê **no estado de solidão** uma contrapartida **da necessidade de convívio**, assim como vê **na necessidade de convívio** uma abertura para encontrar satisfação **no estado de solidão**.*

Evitam-se as viciosas repetições do texto acima substituindo-se os elementos grifados, na ordem dada, por:

(A) naquele – desta – nesta – naquele

(B) nisso – daquilo – naquela – deste

(C) este – do outro – na primeira – no último

(D) nisto – disso – naquela – desse

(E) na primeira – do segundo – numa – noutra

➢ Comentários:

**Nota da autora:** Trabalhemos por eliminação para facilitar.

1. Pronome demonstrativo: foram mencionados dois elementos (estado de solidão e necessidade de convívio); para retomar o mais distante do pronome, usa-se *aquele* + a preposição "em" exigida pelo adjunto adverbial, tem-se **naquele.**

Eliminadas B, C, D e E (deveria ser usada a expressão *no primeiro,* pois retoma "o estado");

2. Neste caso, o pronome retoma o termo mais próximo: *esta* + a preposição "de" exigida pelo substantivo *contrapartida* = **desta**;

3. Retoma o termo mais próximo: *esta* + a preposição "em" exigida pelo adjunto adverbial = **nesta;**

4. O pronome retoma o termo mais distante: *aquele* + a preposição "em" = **naquele.**

**ALTERNATIVA CORRETA: A**

---

**55. (FCC – Analista Judiciário – Área Judiciária – TRT 15/2018)** Há forma verbal na voz passiva e pleno atendimento às normas de concordância na frase:

(A) Aconselhamentos precisos, como os de Sêneca, são aqueles a que não faltam a certeza da boa aplicação, seguido do efeito maior da paz de espírito.

(B) São de se exaltar entre as tantas reflexões de Sêneca sua acuidade em buscar preservar o senso de equilíbrio nas difíceis escolhas humanas.

(C) Em meio a tensões polarizadas, é comum que se ignorem a necessidade de equilíbrio dentro da alternância, parece advertir-nos o postulado de Sêneca.

(D) Não há por que considerar definitivo, em nosso cotidiano, impulsos contraditórios que dividem nossos desejos e desafiam nosso equilíbrio.

(E) Uma vez atendidas as duas necessidades humanas a que Sêneca faz referência, preservam-se igualmente o senso de equilíbrio e a dialética.

➢ Comentários:

**Nota da autora:** Questão de vozes verbais e concordância.

**Alternativa "a"** – Voz ativa. Concordância: não **falta a certeza**.

**Alternativa "b"** – Voz ativa. Concordância: **é** de se exaltar **sua acuidade**.

**Alternativa "c"** – Voz passiva sintética com erro de concordância: que se **ignore** (v.t.d. + se) **a necessidade** (sujeito).

**Alternativa "d"** – Voz ativa. Concordância: considerar **definitivos impulsos**.

**Alternativa "e"** – Voz passiva sintética (verbo transitivo direto + se): preservam-se o senso e a dialética. Na passiva analítica (verbo ser + particípio): o senso e a dialética são preservados. Concordância correta: o verbo concorda com o sujeito composto.

**ALTERNATIVA CORRETA: E**

---

**56. (FCC – Analista Judiciário – Área Judiciária – TRT 15/2018)** A pontuação e a correlação entre tempos e modos verbais ocorrem de modo plenamente adequado na frase:

(A) Sêneca numa de suas reflexões mais sábias acredita que nossa natureza, dividida pode compensar essa divisão, com o recurso da consciente alternância.

(B) Se a solidão não nos impulsionasse, para o reconhecimento de nós mesmos, não haverá qualquer vantagem, em nos rendermos ocasionalmente a ela.

(C) Acredita Sêneca que toda lição sabiamente apreendida por um poderá servir-nos a todos, uma vez reconhecidos como seres igualmente unos em nós mesmos.

(D) Esse equilíbrio, suporia que aceitemos as tensões que venham a polarizar nossa natureza dividida por exemplo, entre o estado de solidão e a vida comunicativa.

(E) Caso a solidão venha a ocorrer, como um estigma definitivo, seria possível que se perca de vez a própria necessidade de comunicação, que estaria na nossa natureza.

➢ Comentários:

**Nota da autora:** Questão de pontuação e verbo.

**Alternativa "a"** – Tempo verbal: acredita que **possa** compensar. Há conjunção integrante (acredita *isto*) e o verbo deve ser usado no presente do subjuntivo.

Pontuação: Sêneca**, numa de suas reflexões mais sábias,** acredita = intercalar o adjunto adverbial entre sujeito e verbo; retirar a vírgula entre o substantivo e o adjetivo: nossa **natureza dividida** pode compensar essa divisão; a última vírgula deve também ser retirada por estar separando o objeto indireto (separar algo **com algo**).

**Alternativa "b"** – Tempos verbais condicionais: se impulsionasse (pretérito imperfeito do subjuntivo) não **haveria** (futuro do pretérito do indicativo).

Pontuação: deve ser mantida apenas a vírgula que demarca inversão da oração subordinada adverbial condicional (após *mesmos).*

**Alternativa "c"** – Tempos verbais empregados corretamente e pontuação, também, correta, já que a vírgula separa a oração subordinada adverbial causal.

**Alternativa "d"** – Tempos verbais condicionais: suporia (futuro do pretérito do indicativo) que **aceitássemos** (pretérito imperfeito do subjuntivo).

Pontuação: não pode haver vírgula entre sujeito e verbo = Esse equilíbrio suporia; é necessário intercalar a expressão *por exemplo*: natureza dividida**, por exemplo,** entre o estado de solidão e a vida comunicativa.

**Alternativa "e"** – Quanto aos tempos verbais, existem duas possibilidades:

1. Caso a solidão venha a ocorrer, **é** possível que se perca de vez a própria necessidade de comunicação, que **está** na nossa natureza.
2. Tempos condicionais: Caso a solidão **viesse** a ocorrer, seria possível que se **perdesse** de vez a própria necessidade de comunicação, que **está** na nossa natureza.

Pontuação: a primeira vírgula deve ser para indicar inversão da oração condicional, isto é, precisa retirar a primeira = Caso a solidão venha a **ocorrer como** um estigma definitivo, seria possível que se perca de vez a própria necessidade de comunicação, que estaria na nossa natureza. A última vírgula deve ser mantida por se tratar de oração adjetiva (com pronome relativo) explicativa (com pontuação).

Lembre que a oração adjetiva restritiva não possui pontuação e possui sentido de *alguns;* a explicativa possui sentido de *todos.*

**ALTERNATIVA CORRETA: C**

---

**57. (FCC – Analista Judiciário – Área Administrativa – TRT 6/2018)** Na frase *E ele chora em silêncio <u>para não morrer</u>,* a oração sublinhada acima complementa o sentido

(A) da oração anterior, de modo que pode ser substituída por um substantivo.

(B) do pronome "ele", e pode ser assim reescrita: "para que não se morra".

(C) da locução adverbial "em silêncio", e por isso possui a mesma função de um adjetivo.

(D) do substantivo "silêncio", e pode ser substituída por uma oração adjetiva.

(E) do verbo "chorar", e por isso possui função adverbial, expressando finalidade.

➤ Comentários:

**Alternativa "a"** – Complementa o verbo e não equivale a substantivo, já que a oração é adverbial. Caberia de fosse uma oração substantiva: Convém que estude = convém o estudo.

**Alternativa "b"** – Duas informações incorretas (e absurdas, convenhamos).

**Alternativa "c"** – Não complementa a locução adverbial de modo; possui função de advérbio, não de adjetivo. Se fosse adjetivo, a oração possuiria pronome relativo.

**Alternativa "d"** – Não complementa o nome, seria completiva nominal se o completasse, e não possui função de adjetivo, como visto nas alternativas anteriores.

**Alternativa "e"** – Basta fazer pergunta ao verbo *chorar*: **para que** ele chora? **Para** não morrer – finalidade.

**ALTERNATIVA CORRETA: E**

Texto para responder às questões.

Vou falar da palavra pessoa, que persona lembra. Acho que aprendi o que vou contar com meu pai. Quando elogiavam demais alguém, ele resumia sóbrio e calmo: é, ele é uma pessoa. Até hoje digo, como se fosse o máximo que se pode dizer de alguém que venceu numa luta, e digo com o coração orgulhoso de pertencer à humanidade: ele, ele é um homem.

Persona. Tenho pouca memória, por isso já não sei se era no antigo teatro grego que os atores, antes de entrar em cena, pregavam ao rosto uma máscara que representava pela expressão o que o papel de cada um deles iria exprimir.

**Bem sei que uma das qualidades de um ator está nas mutações** sensíveis de seu rosto, e que a máscara as esconde. Por que então me agrada tanto a ideia de atores entrarem no palco sem rosto próprio? Quem sabe, eu acho que a máscara é um dar-se tão importante quanto o dar-se pela dor do rosto. Inclusive os adolescentes, estes que são puro rosto, à medida que vão vivendo fabricam a própria máscara. E com muita dor. Porque saber que de então em diante se vai passar a representar um papel é uma surpresa amedrontadora. É a liberdade horrível de não ser. E a hora da escolha.

Mesmo sem ser atriz nem ter pertencido ao teatro grego – uso uma máscara. Aquela mesma que nos partos de adolescência se escolhe para não se ficar desnudo para o resto da luta. Não, não é que se faça mal em deixar o próprio rosto exposto à sensibilidade. Mas é que esse rosto que estava nu poderia, ao ferir-se, fechar-se sozinho em súbita máscara involuntária e terrível. **É, pois, menos perigoso escolher sozinho ser uma pessoa**. Escolher a própria máscara é o primeiro gesto involuntário humano. E solitário. Mas quando enfim se afivela a máscara daquilo que se escolheu para representar o mundo, o corpo ganha uma nova firmeza, **a cabeça ergue-se altiva como a de quem superou um obstáculo.** A pessoa é.

**Se bem que pode acontecer uma coisa que me humilha contar**.

É que depois de anos de verdadeiro sucesso com a máscara, de repente – ah, menos que de repente, por causa de um olhar passageiro ou uma palavra ouvida – de repente a máscara de guerra de vida cresta-se toda no rosto como lama seca, e os pedaços irregulares caem com um ruído oco no chão. Eis o rosto agora nu, maduro, sensível quando já não era mais para ser. E ele chora em silêncio para não morrer. Pois nessa certeza sou implacável: este ser morrerá. **A menos que** renasça até que dele se possa dizer "esta é uma pessoa".

(Adaptado de: LISPECTOR, Clarice. "Persona",
em **Clarice na cabeceira: crônicas**. Rio de Janeiro, Rocco Digital, 2015)

**58. (FCC – Analista Judiciário – Área Administrativa – TRT 6/2018)** Mantendo-se o sentido e a correção, o termo sublinhado pode ser substituído pelo que se encontra entre parênteses em:

(A) ***A menos que*** *renasça até que dele se possa dizer "esta é uma pessoa".* (Sem que)

(B) *É,* ***pois****, menos perigoso escolher sozinho ser uma pessoa.* (conquanto)

(C) ***Se bem que*** *pode acontecer uma coisa que me humilha contar.* (No entanto, seguido de vírgula)

(D) ***Bem sei que*** *uma das qualidades de um ator está nas mutações...* (Por mais que)

(E) *... a cabeça ergue-se altiva* ***como*** *a de quem superou um obstáculo.* (conforme)

➢ Comentários:

**Nota da autora:** Questão de coerência textual e período composto – conjunção.

**Alternativa "a"** – *A menos que* possui uma negação implícita (não morrerá) e indica condição. *Sem que* também indica condição, mas a ideia de negação é retirada, ou seja, o sentido é alterado.

**Alternativa "b"** – Pois: conclusão; conquanto: concessão (oposição).

**Alternativa "c"** – *Se bem que* indica concessão e *no entanto* indica adversidade. Nos dois casos, a ideia é de oposição e a conjunção subordinada equivale à coordenada.

**Alternativa "d"** – *Bem sei que*, embora não esteja na lista de conjunção concessiva, possui valor semântico de oposição e *por mais que* também é concessiva. Para haver a troca, o verbo deveria ser conjugado no subjuntivo: esteja.

**Alternativa "e"** – Como: comparação; conforme: conformidade – regra.

**ALTERNATIVA CORRETA: C**

---

**59. (FCC – Analista Judiciário – Área Administrativa – TRT 6/2018 - adaptada)** Nos segmentos ***que*** *representava* (*Tenho pouca memória, por isso já não sei se era no antigo teatro grego que os atores, antes de entrar em cena, pregavam ao rosto uma máscara* ***que*** *representava pela expressão o que o papel de cada um deles iria exprimir*), ***as*** *esconde* (*Bem sei que uma das qualidades de um ator está nas mutações sensíveis de seu rosto, e que a máscara* ***as*** *esconde.*) e *como* ***a*** *de quem superou um obstáculo* (*Mas quando enfim se afivela a máscara daquilo que se escolheu para representar o mundo, o corpo ganha uma nova firmeza, a cabeça ergue-se altiva como* ***a*** *de quem superou um obstáculo.*), os termos sublinhados se referem, respectivamente, a:

(A) *rosto* – *mutações sensíveis* – *máscara*

(B) *máscara* – *mutações sensíveis* – *cabeça*

(C) *rosto* – *qualidades* – *firmeza*

(D) *máscara* – *qualidades* – *cabeça*

(E) *máscara* – *mutações sensíveis* – *firmeza*

➢ Comentários:

**Nota da autora:** Os trechos foram inseridos no comando da questão para facilitar; na prova, obrigatoriamente, era preciso voltar ao texto para substituir os termos destacados por seus referentes. Resolva eliminando as alternativas descabidas.

1. *Uma máscara que representava* equivale a "uma máscara **a qual** representava. O pronome relativo retoma "máscara".
   Eliminadas A e C;
2. *uma das qualidades de um ator está nas mutações sensíveis de seu rosto, e que a máscara **as** esconde* = a máscara esconde **as mutações sensíveis** de seu rosto.
   Eliminada D;
3. *a cabeça ergue-se altiva como **a*** (**cabeça**) *de quem superou um obstáculo.*
   Eliminada E.

**ALTERNATIVA CORRETA: B**

---

**60. (FCC – Analista Judiciário – Área Administrativa – TRT 6/2018)** ... *era no antigo teatro grego que os atores, antes de entrar em cena, pregavam ao rosto uma máscara que representava pela expressão o que o papel de cada um deles iria exprimir.*[9]

Fazendo-se as devidas alterações na frase acima, caso o segmento *uma máscara* seja transformado em **sujeito** da oração a que pertence, o verbo por ele regido deverá assumir a seguinte forma:

(A) pregavam-se

(B) seria pregada

(C) era pregada

(D) eram pregados

(E) havia sido pregada

➤ Comentários:

**Nota da autora:** Questão de tempo e modos verbais, análise sintática e voz verbal.

1. O sujeito no trecho a ser transcrito é o substantivo "atores";
2. Alterando o sujeito, tem-se: uma máscara **era pregada**.
3. A oração deve ser transposta para a voz passiva analítica;
4. Tempo: *pregavam* está no pretérito imperfeito do indicativo; o verbo "ser" deverá, também, estar nesse tempo = **era**;
5. O verbo *pregar* deve ser usado no particípio e concordar com *máscara* = **pregada.**

**Alternativa "a"** – Na voz passiva sintética, seria: **pregava-se** uma máscara.
**Alternativa "b"** – O tempo foi alterado para futuro do pretérito do indicativo.
**Alternativa "c"** – O tempo foi mantido, como citado na nota.
**Alternativa "d"** – Concordância incorreta.

**Alternativa "e"** – Na transposição da voz ativa para a passiva, acrescenta-se apenas o verbo "ser". Aqui, houve acréscimo de dois verbos - *ser* e *haver.*

**ALTERNATIVA CORRETA: C**

---

9. Adaptado de: LISPECTOR, Clarice. "Persona", em **Clarice na cabeceira: crônicas**. Rio de Janeiro, Rocco Digital, 2015.

Parte VI

# INTERPRETAÇÃO E COMPREENSÃO TEXTUAL

Capítulo

# 1

# INTERPRETAÇÃO E COMPREENSÃO TEXTUAL

## 1. INTRODUÇÃO

A maioria dos candidatos possui dificuldade ao interpretar texto. Por quê? Simplesmente porque você não está habituado a ler. Para se criar o gosto pela leitura e eliminar a palavra **medo**, comece a ler revistas e jornais; assim, estará se preparando para duas matérias ao mesmo tempo: português e atualidades. Leia um texto, feche a revista e tente resumi-lo mentalmente. Analise: para que o autor escreveu? Qual o objetivo? Qual o tema (assunto) do texto? Note que o tema se repete na introdução (primeiro parágrafo) e na conclusão (último parágrafo).

Para obter domínio sobre a leitura, precisamos aprofundar, ou melhor, esclarecer alguns importantes tópicos. Vamos a eles:

| | |
|---|---|
| **Texto** | É um **conjunto de palavras e frases** encadeadas que permitem interpretação e **transmitem uma mensagem.** É qualquer obra escrita em versão original e que constitui um livro ou um documento escrito. Um texto é uma unidade linguística de extensão superior à frase. |
| **Contexto** | É a relação entre o texto e a situação em que ele ocorre dentro do texto. É o conjunto de circunstâncias em que se produz a mensagem que se deseja emitir-lugar e tempo, cultura do emissor e do receptor etc. – e que permitem sua correta compreensão. |
| **Intertexto** | Os textos podem apresentar referências diretas ou indiretas a outros autores através de citações. É um texto dentro de outro texto. |

| | |
|---|---|
| **Interpretação de texto** | A primeira leitura deve ser feita cuidadosamente por ser o primeiro contato com o texto, extraindo-se informações e se preparando para a leitura interpretativa. Sublinhe palavras-chave e ideias importantes; encontre a ideia central de cada parágrafo.<br>O segundo nível de leitura concentra-se nas perguntas e opções de respostas. Atente-se às palavras NÃO, EXCETO, RESPECTIVAMENTE, INCORRETO, SEMPRE, TODOS, NUNCA, pois fazem diferença na escolha adequada. Retorne ao texto sempre que necessário. Leia a frase anterior e posterior para ter ideia do sentido global proposto pelo autor. A banca nos oferece um texto completo e, nas questões, extrai uma parte do texto para pedir a análise. O segredo é voltar ao texto e ler as informações anteriores e posteriores à parte mencionada. Se fosse para analisar apenas o trecho, não haveria motivo para mencionar o texto completo. Aqui mora o grande segredo. |

**DICA: diferença entre INTERPRETAR e COMPREENDER**[1]

A compreensão de texto significa decodificá-lo para entender o que foi dito. É a análise objetiva e a assimilação das palavras e ideias presentes no texto.

As expressões que geralmente se relacionam com a compreensão são:

| |
|---|
| Segundo o texto... |
| De acordo com o autor... |
| No texto... |
| O texto informa que... |
| O autor sugere... |

A interpretação do texto é o que podemos concluir sobre ele, depois de estabelecer conexões entre o que está escrito e a realidade. São as conclusões que podemos tirar com base nas ideias do autor.

Essa análise ocorre de modo subjetivo, e são relacionadas com a dedução do leitor.

Existe uma ciência que estuda a teoria da interpretação, chamada de hermenêutica. Ela é um ramo da filosofia, que estuda a interpretação de textos em diversas áreas, como literatura, religião e direito.

Na interpretação de texto, as expressões geralmente utilizadas são:

| |
|---|
| Diante do que foi exposto, podemos concluir... |
| Infere-se do texto que... |
| O texto nos permite deduzir que... |
| Conclui-se do texto que... |
| O texto possibilita o entendimento de... |

1. DIFERENÇA.COM. *Compreensão e interpretação de texto.* Disponível em: <https://www.diferenca.com/compreensao-e-interpretacao-de-texto/>. Acesso em: 15 outubro 2018.

Fixe:

| | Compreensão | Interpretação |
|---|---|---|
| O que é | É a análise do que está escrito no texto, a compreensão das frases e ideias presentes. | É o que podemos concluir sobre o que está escrito no texto. É o modo como interpretamos o conteúdo. |
| Informação | A informação está presente no texto. | A informação está fora do texto, mas tem conexão com ele. |
| Análise | Trabalha com a objetividade, com as frases e palavras que estão escritas no texto. | Trabalha com a subjetividade, com o que você entendeu sobre o texto. |

## 2. TIPOLOGIA TEXTUAL[2]

A expressão "tipologia textual" designa um fragmento de língua (um enunciado) que apresenta certas propriedades linguísticas intrínsecas, ou seja, tipologia textual é o uso de determinadas palavras, determinados tempos verbais, determinadas relações lógicas.

Além dessas marcas linguísticas, cada tipo textual tem um propósito. Em outras palavras, uma narração conta uma história, uma descrição apresenta as características físicas (ou psicológicas) de uma entidade, uma exposição ou dissertação apresenta fatos da realidade, uma argumentação defende uma ideia ou uma tese e uma injunção procura provocar uma reação do interlocutor, seja ela física ou verbal.

## 3. GÊNEROS TEXTUAIS[3]

Cada texto possuiu uma linguagem e uma estrutura. Note que existem inúmeros gêneros textuais dentro das categorias tipológicas de texto. Em outras palavras, gêneros textuais são estruturas textuais peculiares que surgem dos tipos de textos: narrativo, descritivo, dissertativo-argumentativo, expositivo e injuntivo.

**a. Narração**

Narração é um relato organizado de acontecimentos reais ou imaginários. São seus elementos constitutivos: personagens, circunstâncias, ação; o seu núcleo é o incidente, o episódio, e o que a distingue da descrição é a presença de personagens atuantes, que estão quase sempre em conflito.

**A Narração envolve:**

2. ALGO SOBRE. *Tipologia textual.* Disponível em: <https://www.algosobre.com.br/redacao/tipologia-textual.html>. Acesso em: 15 outubro 2018, com adaptações.
3. TODA MATÉRIA. *Gêneros textuais.* Disponível em: <https://www.todamateria.com.br/generos-textuais/>. Acesso em: 15 outubro 2018.

**Quem?** Personagem;

**Quê?** Fatos, enredo;

**Quando?** A época em que ocorreram os acontecimentos;

**Onde?** O lugar da ocorrência;

**Como?** O modo como se desenvolveram os acontecimentos;

**Por quê?** A causa dos acontecimentos.

Alguns exemplos de gêneros textuais narrativos:
Romance
Novela
Crônica
Contos de Fada
Fábula
Lendas

**b. Descrição**

Descrever é representar verbalmente um objeto, uma pessoa, um lugar, mediante a indicação de aspectos característicos, de pormenores individualizantes. Requer observação cuidadosa, para tornar aquilo que vai ser descrito um modelo inconfundível. Não se trata de enumerar uma série de elementos, mas de captar os traços capazes de transmitir uma impressão autêntica. Descrever é mais que apontar, é muito mais que fotografar. É pintar, é criar. Por isso, impõe-se o uso de palavras específicas, exatas.

São exemplos de gêneros textuais descritivos:
Diário
Relatos (viagens, históricos, etc.)
Biografia e autobiografia
Notícia
Currículo
Lista de compras
Cardápio
Anúncios de classificados

**c. Dissertação/Exposição**

O texto dissertativo expõe, analisa e interpreta os fatos da realidade. Ele é temático, ou seja, focaliza um assunto de caráter genérico, analisando-o, avaliando-o e explicando-o. Não estão em jogo propriedades concretas dos seres, nem mesmo as mudanças de eventos e estados; o que interessa numa dissertação é uma visão genérica e global do tema. Sendo assim, há uma predominância de termos abstratos. São relatadas mudanças de situação; no entanto, diferentemente do texto narrativo, não há necessariamente relações de anterioridade ou cronologia. Os enunciados se baseiam em relações lógicas – de analogia, causalidade, implicação etc. Como o texto dissertativo pretende expor verdades gerais, **predominam as formas verbais no presente**, embora outros tempos contribuam para veicular as noções lógicas das situações.

| Exemplos de gêneros textuais dissertativos: |
|---|
| Editorial jornalístico |
| Carta de opinião |
| Resenha |
| Artigo |
| Ensaio |
| Monografia, dissertação de mestrado e tese de doutorado |

| Alguns exemplos de gêneros textuais expositivos: |
|---|
| Seminários |
| Palestras |
| Conferências |
| Entrevistas |
| Trabalhos acadêmicos |
| Enciclopédia |
| Verbetes de dicionários |

**d. Argumentação**

Textos argumentativos são aqueles que tentam agir sobre o receptor. Ou seja, além de informar algo, num texto argumentativo, o autor busca convencer o leitor, fazê-lo crer na informação veiculada ou induzi-lo a agir de uma certa forma. A palavra-chave para definir um texto argumentativo é a persuasão. Contudo, o ato de persuadir pode tomar muitas faces, uma vez que cada receptor está mais propenso a aceitar argumentos de um tipo ou de outro. Da mesma forma, os recursos linguísticos usados com o objetivo de convencer vão ser inúmeros.

Argumentos podem se fundamentar, por exemplo, na autoridade, quando o emissor cita autores ou personalidades que contam com notório saber em alguma área. Argumentos podem se fundamentar também no consenso, quando certas proposições são consideradas e aceitas como verdadeiras. Argumentos também podem se fundamentar na lógica, em que relações de causa e efeito são levadas em conta. Argumentos podem se basear ainda em evidências, sendo que provas concretas constituem uma das mais eficazes formas de persuasão.

Para cada modalidade de argumento, há estratégias linguísticas eficientes. E o interessante é que as mesmas estratégias linguísticas podem ser usadas com eficiência, mesmo na falta de argumentos irrefutáveis.

**e. Injunção**

O texto injuntivo é centrado na ação ou procedimento, indicando o que fazer para realizá-la (lembrar, preparar...; ajustar, pressionar...). Há uma interação explícita entre os interlocutores e o falante procura provocar uma reação do ouvinte (pressione o botão select durante 2 segundos).

Assim, há uma grande incidência de **formas verbais no imperativo** (vamos cá para dentro, espera aí um momento...; repita os movimentos anteriores...), assim como a **existência de perguntas** (- Mas o que é?).

| Alguns exemplos de gêneros textuais injuntivos: |
|---|
| Propaganda<br>Receita culinária<br>Bula de remédio<br>Manual de instruções<br>Regulamento<br>Textos prescritivos |

## 3.1. Gêneros literários

| | | |
|---|---|---|
| **Gênero Narrativo** | Na Antiguidade Clássica: épico, lírico e dramático.<br>Épico passou a ser considerado apenas uma variante do gênero literário narrativo, devido ao surgimento de concepções de prosa com características diferentes: o romance, a novela, o conto, a crônica, a fábula. Todas as obras narrativas possuem elementos estruturais e estilísticos em comum e devem responder a questionamentos, como: quem? o quê? quando? onde? por quê? | |
| | **Épico (ou Epopeia)** | Textos épicos são longos e narram histórias de um povo ou de uma nação, envolvem aventuras, guerras, viagens, gestos heroicos etc. Apresentam um tom de exaltação, valorização de seus heróis e seus feitos. |
| | **Romance** | É um texto completo, com tempo, espaço e personagens bem definidos e de caráter mais verossímil. Conta as façanhas de um herói, mas principalmente uma história de amor vivida por ele e uma mulher, muitas vezes, "proibida" para ele. Apesar dos obstáculos que o separam, o casal vive sua paixão proibida, física, adúltera, pecaminosa e, por isso, costuma ser punido no final. É o tipo de narrativa mais comum na Idade Média. |
| | **Novela** | Texto caracterizado por ser intermediário entre a longevidade do romance e a brevidade do conto. O Alienista, de Machado de Assis, e A Metamorfose, de Kafka são exemplos. |
| | **Conto** | Texto narrativo breve, e de ficção, geralmente em prosa, que conta situações rotineiras, anedotas e até folclores (conto popular). Caracteriza-se por personagens previamente retratados. |
| | **Fábula** | Texto de caráter fantástico que busca ser inverossímil. As personagens principais são não humanos e a finalidade é transmitir alguma lição de moral. |
| | **Crônica** | Narrativa informal, breve, ligada à **vida cotidiana**, com linguagem coloquial. Pode ter um tom humorístico ou um toque de crítica indireta. |
| | **Crônica narrativo-descritiva** | Há alternância entre os momentos narrativos e manifestos descritivos. |
| | **Ensaio** | Texto literário breve, situado entre o poético e o didático, expondo ideias, críticas e reflexões morais e filosóficas a respeito de certo tema. É menos formal e mais flexível que o tratado. Há defesa de um ponto de vista pessoal e subjetivo sobre um tema sem que se paute em formalidades. |

### 3.2. Gêneros dramáticos

Por serem pouco exigidos em concursos, apenas citaremos os tipos: tragédia, farsa, comédia, tragicomédia e poesia de cordel.

### 3.3. Gêneros líricos

Outro tópico pouco pedido. São eles: elegia, epitalâmia, ode, idílio, sátira, acalanto, acróstico, balada, canção, gazal, haicai, soneto, vilancete.

## 4. DICAS PARA INTERPRETAR

As dicas abaixo devem ser seguidas para treinar, para exercitar nas questões de concursos inseridas no tópico seguinte. Treine para que, no dia da prova, consiga não perder muito tempo.

| | |
|---|---|
| 1 | Ler todo o texto: tenha uma visão geral do assunto; |
| 2 | se encontrar palavras desconhecidas, não interrompa a leitura; |
| 3 | ler, ler bem, ler profundamente, ou seja, ler o texto pelo menos duas vezes; |
| 4 | inferir (concluir ou deduzir a partir de exame dos fatos e de raciocínio); |
| 5 | voltar ao texto tantas quantas vezes precisar; |
| 6 | não permitir que prevaleçam suas ideias sobre as do autor; |
| 7 | fragmentar o texto (parágrafos, partes) para melhor compreensão; |
| 8 | verificar, com atenção e cuidado, o enunciado de cada questão; |
| 9 | o autor defende ideias e você deve percebê-las. |

## 5. DISCURSO DIRETO E DISCURSO INDIRETO

Discurso direto é a transcrição exata da fala das personagens, sem participação do narrador.

Discurso indireto é a intervenção do narrador no discurso ao utilizar as suas próprias palavras para reproduzir as falas das personagens.

DICAS de transposição do discurso direto para o indireto

### 5.1. Mudança das pessoas do discurso

| Discurso direto | Discurso indireto |
|---|---|
| primeira pessoa | terceira pessoa |
| eu, me, mim, comigo | ele, ela, se, si, consigo, o, a, lhe |
| nós, nos, conosco | eles, elas, os, as, lhes |
| meu, meus, minha, minhas, nosso, nossos, nossa, nossas | seu, seus, sua e suas |

### 5.2. Mudança de tempos verbais

| Discurso direto | Discurso indireto |
|---|---|
| *Presente do indicativo* | *pretérito imperfeito do indicativo* |
| *Pretérito perfeito do indicativo* | *pretérito mais-que-perfeito do indicativo* |
| *Futuro do presente do indicativo* | *futuro do pretérito do indicativo* |
| *Presente do subjuntivo* | *pretérito imperfeito do subjuntivo* |
| *Futuro do subjuntivo* | |
| *Imperativo* | |

### 5.3. Mudança na pontuação das frases

| Discurso direto | Discurso indireto |
|---|---|
| *Frases interrogativas, exclamativas e imperativas* | *frases declarativas*<br>(o emissor constata um fato – informa ou declara alguma coisa) |

### 5.4. Mudança dos advérbios e adjuntos adverbiais

| Discurso direto | Discurso indireto |
|---|---|
| *Ontem* | *no dia anterior* |
| *Hoje* | *naquele dia e naquele momento* |
| *Amanhã* | *no dia seguinte* |
| *Aqui, aí, cá* | *ali e lá* |
| *Este, esta e isto* | *aquele, aquela, aquilo* |

## 6. ARGUMENTAÇÃO[4]

A argumentação é um recurso que tem o propósito de convencer alguém, alterando sua opinião ou seu comportamento.

Os argumentos, na construção textual, são essenciais.

Há diferentes tipos de argumentos e a escolha certa consolida o texto.

### 6.1. Argumentação por citação

Sempre que queremos defender uma ideia, procuramos pessoas 'consagradas', que pensam como nós acerca do tema em evidência.

Apresentamos no corpo de nosso texto a menção de uma informação extraída de outra fonte.

4. CABRAL, Marina. Brasil Escola. Disponível em <http://brasilescola.uol.com.br/redacao/a-argumentacao.htm>. Com alterações. Acesso em 14 agosto 2017.

A citação pode ser apresentada assim:

Assim parece ser porque, para Piaget, "toda moral consiste num sistema de regras e a essência de toda moralidade deve ser procurada no respeito que o indivíduo adquire por essas regras" (Piaget, 1994, p.11). A essência da moral é o respeito às regras. A capacidade intelectual de compreender que a regra expressa uma racionalidade em si mesma equilibrada.

O trecho citado deve estar de acordo com as ideias do texto, assim, tal estratégia poderá funcionar bem.

## 6.2. Argumentação por comprovação

A sustentação da argumentação se dará a partir das informações apresentadas (dados, estatísticas, percentuais) que a acompanham.

Esse recurso é explorado quando o objetivo é contestar um ponto de vista equivocado.

O ministro da Educação, Cristovam Buarque, lança hoje o Mapa da Exclusão Educacional. O estudo do Inep, feito a partir de dados do IBGE e do Censo Educacional do Ministério da Educação, mostra o número de crianças de sete a catorze anos que estão fora das escolas em cada estado.

Segundo o mapa, no Brasil, 1,4 milhão de crianças, ou 5,5 % da população nessa faixa etária (sete a catorze anos), para a qual o ensino é obrigatório, não frequentam as salas de aula.

O pior índice é do Amazonas: 16,8% das crianças do estado, ou 92,8 mil, estão fora da escola. O melhor, o Distrito Federal, com apenas 2,3% (7 200) de crianças excluídas, seguido por Rio Grande do Sul, com 2,7% (39 mil) e São Paulo, com 3,2% (168,7 mil).

(Mônica Bergamo. Folha de S. Paulo, 3.12.2003)

Nesse tipo de citação o autor precisa de dados que demonstrem sua tese.

## 6.3. Argumentação por raciocínio lógico

A criação de relações de causa e efeito é um recurso utilizado para demonstrar que uma conclusão (afirmada no texto) é necessária, e não fruto de uma interpretação pessoal que pode ser contestada.

"O fumo é o mais grave problema de saúde pública no Brasil. Assim como não admitimos que os comerciantes de maconha, crack ou heroína façam propaganda para os nossos filhos na TV, todas as formas de publicidade do cigarro deveriam ser proibidas terminantemente. Para os desobedientes, cadeia."

VARELLA, Drauzio. In: Folha de S. Paulo, 20 de maio de 2000.

Para a construção de um bom texto argumentativo faz-se necessário o conhecimento sobre a questão proposta, fundamentação para que seja realizado com sucesso.

# 7. PRESSUPOSTOS E SUBENTENDIDOS[5]

**Pressupostos e subentendidos** são informações implícitas num texto, não expressas formalmente, apenas sugeridas por marcas linguísticas ou pelo contexto. Cabe ao leitor,

5. NORMA CULTA. Disponível em <https://www.normaculta.com.br/pressuposto-e-subentendido/>. Acesso em 14 agosto 2017.

numa leitura proficiente, ir além da informação que se encontra explícita, identificando e compreendendo as informações implícitas, ou seja, lendo nas entrelinhas.

Os pressupostos são de mais fácil identificação, estando sugeridos no texto. Os subentendidos são deduzidos pelo leitor, sendo da sua responsabilidade.

Entenda melhor:

- Heloísa está cansada de ser professora.

**Pressuposto:** Heloísa é professora.

**Subentendido**: Talvez porque o salário é baixo ou há muita indisciplina.

- Infelizmente, meu marido continua trabalhando fora do país **Pressuposto**: O marido está trabalhando fora do país e a mulher não está satisfeita com essa situação.

**Subentendido**: Talvez por ter melhor salário fora do país ou por não encontrar trabalho no seu país.

## 7.1. Pressupostos

Os pressupostos são informações implícitas adicionais, facilmente compreendidas devido a palavras ou expressões presentes na frase que permitem ao leitor compreender essa informação implícita. O enunciado depende dessa pressuposição para que faça sentido. Assim, o pressuposto é verdadeiro e irrefutável.

**Exemplos de pressupostos**:

- Decidi deixar de comer carne.

**Pressuposto**: A pessoa comia carne antes.

- Finalmente acabei minha monografia.

**Pressuposto**: Demorou algum tempo para terminar a monografia.

- Alunos que estudam de manhã costumam ter melhor rendimento.

**Pressuposto**: Há alunos que não estudam de manhã.

- Desde que ela mudou de casa, nunca mais a vi.

**Pressuposto**: Costumava vê-la antes dela mudar de casa.

Marcas linguísticas que facilitam a identificação de pressupostos:

- Verbos que indicam fim, continuidade, mudança e implicações: começar, continuar, parar, deixar, acabar, conseguir, ...
- Advérbios: felizmente, finalmente, ainda, já, depois, antes, ...
- Pronome introdutório de orações subordinadas adjetivas: que
- Locuções que indicam circunstâncias: depois que, antes que, desde que, visto que, ...

## 7.2. Subentendidos

Os subentendidos são insinuações, informações escondidas, dependentes da interpretação do leitor. Não possuem marca linguística, sendo deduzidos através do contexto comunicacional e do conhecimento que os destinatários têm do mundo. Podem ser ou não verdadeiros e podem ser facilmente negados, visto serem unicamente da responsabilidade de quem interpreta a frase.

**Exemplos de subentendidos:**

- Quando sair de casa, não se esqueça de levar um casaco.

**Subentendido**: Está frio lá fora.

- Já tenho a garganta seca de tanto falar.

**Subentendidos**: Quero beber um copo de água ou quero parar de falar neste momento.

- Você vai a pé para casa agora?

**Subentendidos:** Eu posso lhe dar uma carona ou é perigoso andar a pé na rua a estas horas.

## 8. NÍVEIS DE LINGUAGEM[6]

A interação verbal entre os sujeitos é possível por meio das palavras e pode ser realizada por meio da fala e/ou da escrita. Dependendo da situação comunicativa, os usuários das línguas podem eleger qualquer um dos diferentes níveis de linguagem para interagir verbalmente com os outros. Isso significa que existem linguagens diferentes para ocasiões distintas, ou seja, em toda situação comunicativa, os falantes elegem o nível de linguagem mais adequado para que tanto o emissor quanto o receptor das mensagens possam compreender e ser compreendidos.

**Nível 1: Norma culta/padrão**

Cada língua possui sua estrutura e muitas delas possuem um conjunto de regras responsável pelo funcionamento dos elementos linguísticos. Esse conjunto de regras é conhecido como gramática normativa. Nela, os usuários da língua encontram a norma-padrão de funcionamento da língua chamada de "padrão ou culta", a qual deve, ou pelo menos deveria, ser de conhecimento e acessível a todos os falantes da mesma comunidade linguística.

Utilizar a norma culta da língua portuguesa não significa comunicar-se de maneira difícil e rebuscada. Embora à língua padrão seja atribuído certo prestigio cultural e status social, o uso da linguagem culta está menos relacionado à questão estética e muito mais associado à sua democratização, já que esse é o nível de linguagem ensinado nas escolas, nos manuais didáticos, cartilhas e dicionários das línguas etc.

**Nível 2: Linguagem coloquial/informal/popular**

A linguagem coloquial é aquela utilizada de maneira mais espontânea e corriqueira. Esse nível de linguagem não segue a rigor todas as regras da gramática normativa, pois está mais preocupado com a função da linguagem do que com a forma. Ao utilizar a linguagem coloquial, o falante está mais preocupado em transmitir o conteúdo da mensagem do que como esse conteúdo vai ser estruturado.

De maneira geral, os falantes utilizam a linguagem coloquial nas situações comunicativas mais informais, isto é, nos diálogos entre amigos, familiares etc.

**Nível 3: Linguagem regional/regionalismo**

A linguagem regional está relacionada com as variações ocorridas, principalmente na fala, nas mais variadas comunidades linguísticas. Essas variações são também chamadas

6. MUNDO EDUCAÇÃO. Disponível em <http://mundoeducacao.bol.uol.com.br/redacao/niveis-linguagem.htm>. Acesso em 14 agosto 2017.

de dialetos. O Brasil, por exemplo, apresenta uma imensa variedade de regionalismos na fala dos usuários nativos de cada uma de suas cinco regiões.

**Nível 4: Gírias**

A gíria é um estilo associado à linguagem coloquial/popular como meio de expressão cotidiana. Ela está relacionada ao cotidiano de certos grupos sociais e podem ser incorporadas ao léxico de uma língua conforme sua intensidade e frequência de uso pelos falantes, mas, de maneira geral, as palavras ou expressões provenientes das gírias são utilizadas durante um tempo por um certo grupo de usuários e depois são substituídas por outras por outros usuários de outras gerações. É o caso, por exemplo, de uma gíria bastante utilizada pelos falantes nas décadas de 80 e 90: "chuchu, beleza", mas que, atualmente, está quase obsoleta.

**Nível 5: Linguagem vulgar**

A linguagem vulgar é exatamente oposta à linguagem culta/padrão. As estruturas gramaticais não seguem regras ou normas de funcionamento. O mais interessante é que, mesmo de maneira bem rudimentar, os falantes conseguem compreender a mensagem e seus efeitos de sentido nas trocas de mensagens. Podemos considerar a linguagem vulgar como sendo um vício de linguagem. Veja alguns exemplos bastante recorrentes em nossa língua: "Nóis vai", "Pra mim ir", "Vamo ir".

## 9. FIQUE DE OLHO

- Fundamental saber a diferença entre compreender e interpretar:

| | Definição | Expressões usadas no comando da questão |
|---|---|---|
| **Interpretar** | consiste em saber a conclusão do que está escrito, **a ideia está fora do texto**. | depreende-se/infere-se/conclui-se do texto; o texto permite deduzir; é possível subentender a partir do texto; qual a intenção do autor quando afirma; o texto possibilita o entendimento; com o apoio do texto; o texto encaminha o leitor para; pretende o texto mostrar que o leitor...; o texto possibilita deduzir. |
| **Compreender** | consiste em analisar o que realmente está escrito, é necessário coletar dados do texto. **A ideia está no texto**. | segundo o texto; o autor/narrador do texto diz; o texto informa; no texto; tendo em vista o texto; de acordo com o texto; o autor sugere; o autor afirma; na opinião do autor do texto. |

### 9.1. Questões comentadas

**Texto CB1A1-I**

O aforismo "o cliente sempre tem razão" é bastante conhecido e muito citado como argumento econômico. Justifica-se para manter a fidelidade dos consumidores a marcas e a lojas a fim de evitar que a insatisfação individual se torne uma indesejada propaganda negativa.

Será que, sob a ótica jurídica, a afirmativa corresponde à realidade? Não! O cliente (consumidor) só tem razão quando o direito, a lei, lhe dá amparo.

Invariavelmente, baseando-se em critério pessoal do que seria justo como solução para problema de consumo, o consumidor realmente acredita que possui o direito que alega e, dentro da sua lógica, passa a exigir determinado comportamento do fornecedor.

A expressão direito do consumidor tem sentido de conjunto de normas que regulam as relações entre consumidores e fornecedores; não significa necessariamente que o consumidor tem sempre direito de exigir a satisfação dos seus interesses.

Para ilustrar, cite-se o exemplo, recorrente, de uma pessoa que acredita poder, em qualquer circunstância, trocar um produto que acabou de adquirir simplesmente porque, chegando em casa, percebeu que não era exatamente aquilo que queria, preferia de outra cor ou até haver gastado o dinheiro com algo mais interessante. Para a lei, a troca ou devolução do dinheiro pago só é possível em situações bem concretas: promessa do vendedor de trocar ou devolver o dinheiro (art. 30 do Código de Defesa do Consumidor); vício do produto (art. 18); compra fora do estabelecimento físico (art. 49).

Daí a importância de que toda pessoa tenha uma noção básica de quais são os seus direitos e de como exigir a sua observância. Como é possível exigir respeito a sua condição de consumidor se não houver uma consciência mínima dos direitos?

Leonardo Bessa. O cliente – nem sempre – tem razão! In: Metrópoles. 20/06/2024.

Internet: <www.metropolse.com> (com adaptações)

---

**01. (CEBRASPE - TSE - Analista Judiciário - Área Judiciária - 2024)** Segundo o texto, a expressão corrente 'o cliente sempre tem razão', apesar de comercialmente motivada, não condiz com a realidade determinada pelo arcabouço legal.

( ) certo ( ) errado

➤ Comentários:

No segundo parágrafo: *Será que, sob a ótica jurídica, a afirmativa corresponde à realidade? Não!* ***O cliente (consumidor) só tem razão quando o direito, a lei, lhe dá amparo.***

**Resposta: Certo**

---

**02. (CEBRASPE - TSE - Analista Judiciário - Área Judiciária - 2024)** De acordo com o autor do texto, a lei prevê situações específicas em que o consumidor pode solicitar ao fornecedor a troca de um produto ou a devolução do dinheiro gasto na compra de determinado produto.

( ) certo ( ) errado

➤ Comentários:

No penúltimo parágrafo: *Para a lei, a troca ou devolução do dinheiro pago só é possível em situações bem concretas: promessa do vendedor de trocar ou devolver o dinheiro (art. 30 do Código de Defesa do Consumidor); vício do produto (art. 18); compra fora do estabelecimento físico (art. 49).*

**Resposta: Certo**

**03. (CEBRASPE - TSE - Analista Judiciário - Área Judiciária - 2024)** O direito do consumidor é um conjunto de normas que regulamenta, entre outras ações, o comportamento do fornecedor conforme os anseios e desejos dos consumidores.

( ) certo ( ) errado

➢ Comentários:

Não se trata do comportamento do fornecedor, muito menos dos anseios e desejos dos consumidores.

O consumidor só possui direitos em situações concretas – mencionadas na questão anterior.

**Resposta: Errado**

---

**04. (CEBRASPE - TSE - Analista Judiciário - Área Judiciária - 2024)** O autor do texto defende a ideia de que, na perspectiva jurídica, nem sempre o consumidor tem direito de exigir que seus interesses sejam satisfeitos.

( ) certo ( ) errado

➢ Comentários:

Em relação à perspectiva jurídica, isso não acontece.

No penúltimo parágrafo: *Para ilustrar, cite-se o exemplo, recorrente, de uma pessoa que acredita poder, em qualquer circunstância, trocar um produto que acabou de adquirir simplesmente porque, chegando em casa, percebeu que não era exatamente aquilo que queria, preferia de outra cor ou até haver gastado o dinheiro com algo mais interessante.*

A troca ou devolução do dinheiro pago só é possível em situações bem concretas

**Resposta: Certo**

---

**05. (FGV - TRF 1 - Analista Judiciário – Área Judiciária - 2024)** A opção abaixo que mostra uma narrativa de sequência linear, sem interrupções, é:

(A) "Dvorak arrastou-se até o alto do morro e olhou a paisagem abaixo – lembrou-se da terra de onde saíra e sentiu saudades. Viu um conjunto de grandes árvores e um monte de pedras";

(B) "As águas invadiram o centro da cidade e trouxe preocupações aos moradores que procuraram proteger suas casas. Como já tinham passado por isso em anos passados, procuraram repetir as ações que tinham dado certo. Trancaram as portas com trancas pregadas nas soleiras das portas e nos batentes das janelas, colocaram os animais em lugares mais altos...";

(C) "Os charreteiros abriram o desfile, com seus belos cavalos. Em seguida, conforme o hábito da região, estabelecido pelos primeiros habitantes alemães, fundadores da cidade, vieram as mulheres com seus trajes tradicionais e, por fim, os incontáveis grupos profissionais com suas roupas características";

(D) "Os primeiros banhistas descobriram o corpo na areia e um deles chamou a polícia, que veio logo a seguir. Examinaram o corpo, mas ninguém foi capaz de identificar a vítima do assassinato";

(E) "O freguês habitual do bar se sentou numa cadeira do balcão, pediu um drink e começou a reclamar dos preços do estabelecimento. Esse, aliás, é um hábito muito comum entre clientes habituais, o de reclamar de preços que sempre pagaram. O garçom explicou o que pôde e passou a fazer outra coisa".

➢ Comentários:

**Nota da autora:** Entenda a diferença entre sequência linear e sequência não linear.

**Linear**: o tempo, o espaço e os personagens são apresentados de maneira lógica e as ações desenvolvem-se cronologicamente, assim, observa-se o começo, o meio e o fim da narrativa.

**Não linear**: não segue uma sequência cronológica, desenvolve-se descontinuamente, com saltos, antecipações, retrospectivas, cortes e com rupturas do tempo e do espaço em que se desenvolvem as ações. O tempo cronológico mistura-se ao psicológico, da duração das vivências dos personagens. O espaço exterior se mistura aos espaços interiores (memória e imaginação dos personagens).

**Alternativa "a"** – Interrupção na sequência: *lembrou-se da terra de onde saíra e sentiu saudades*

**Alternativa "b"** – Interrupção na sequência: *já tinham passado por isso em anos passados.*

**Alternativa "c"** – Interrupção na sequência: *o hábito da região, estabelecido pelos primeiros habitantes alemães, fundadores da cidade.*

**Alternativa "d"** – A ordem dos acontecimentos é normal, ou seja, a narrativa é cronológica, possui início, meio e fim:

Os primeiros banhistas descobriram o corpo na areia (1) e um deles chamou a polícia (2), que veio logo a seguir (3). Examinaram o corpo (4), mas ninguém foi capaz de identificar a vítima do assassinato (5).

**Alternativa "e"** – Interrupção na sequência: *é um hábito muito comum entre clientes habituais, o de reclamar de preços que sempre pagaram.*

**RESPOSTA: D**

---

**06. (FGV - TRF 1 - Analista Judiciário – Área Judiciária - 2024)** A frase abaixo que apresenta um exemplo de má argumentação, apoiado numa generalização excessiva, é:

(A) Esse homem, acusado de furto no supermercado, é pai de cinco filhos e funcionário público da Prefeitura.

(B) A turma visitou a fábrica de sorvetes e Marta voltou gripada, o que mostra irresponsabilidade dos diretores.

(C) Se todos os empregados chegassem na hora, a produção da fábrica seria mais alta e de preço mais baixo.

(D) Como alguns livros ensinam a viver, nada mais justo que ler mais.

(E) Os cariocas não gostam de trabalhar: basta ver a praias cheias de gente em dias úteis.

➢ Comentários:

**Alternativa "a"** – Esse homem: individualiza, especifica = é pai de cinco filhos e funcionário público da Prefeitura.

**Alternativa "b"** – A turma: individualiza, especifica = visitou a fábrica de sorvetes.

Marta: individualiza, especifica = voltou gripada.

Observação: embora se refira a várias pessoas, essas pessoas pertencem a uma turma particular. Não são todas as turmas.

**Alternativa "c"** – Todos os empregados: individualiza, especifica os empregados da fábrica que é específica.

**Alternativa "d"** – Alguns livros: individualiza, especifica = ensinam a viver.

**Alternativa "e" – Todos os cariocas** não gostam de trabalhar, ou seja, **nenhum carioca** gosta de trabalhar: generalização excessiva.

**RESPOSTA: E**

---

**07. (FGV - TRF 1 - Analista Judiciário – Área Judiciária - 2024)** Todo texto bem estruturado mostra um tema e progressão; a opção em que o progresso do texto é feito por frases que mostram o mesmo tema é:

(A) Automedicar-se é um problema, pois a automedicação, bem passível de erros, pode causar prejuízos à saúde, além de gerar despesas inúteis em alguns casos.

(B) Os turistas trazem benefícios econômicos a um local, mas nem sempre são bem-vindos, pois o país que os recebe pode não estar preparado para um fluxo intenso, necessitando mais investimentos na infraestrutura.

(C) As livrarias estão desaparecendo, pois a leitura não está sendo incentivada nas escolas e os donos de lojas comerciais não querem sofrer prejuízos.

(D) Os dicionários são livros bastante úteis, assim como os romances históricos, que simultaneamente nos educam e nos trazem conhecimentos.

(E) Os carros importados são melhores que os nacionais; a importação de carros melhorou a nossa indústria automobilística.

➢ Comentários:

**Alternativa "a"** – Tema: o problema da automedicação.

Progressão do tema: passível de erros, pode causar prejuízos à saúde, gerar despesas inúteis.

**Alternativa "b"** – Tema: benefícios econômicos dos turistas.

Quebra de progressão do tema: nem sempre são bem-vindos, país não preparado para o fluxo, necessidade de mais investimento na infraestrutura.

**Alternativa "c"** – Tema: desparecimento das livrarias.

Quebra de progressão do tema: donos de lojas comerciais não querem sofrer prejuízos = questão financeira.

**Alternativa "d"** – Tema: conveniência dos dicionários.

Quebra de progressão do tema: assim como os romances históricos = desvio do tema.

**Alternativa "e"** – Tema: comparação entre carros importados e carros nacionais.

Quebra de progressão do tema: indústria automobilística = não possui relação com a comparação.

**RESPOSTA: A**

**08. (FGV - TRF 1 - Analista Judiciário – Área Judiciária - 2024)** Dentre as frases abaixo, a única que NÃO mostra valor humorístico, irônico ou crítico é:

(A) O paisagista pinta tranquilo porque a paisagem defronte não se pode aproximar do quadro para ver se está parecida;

(B) Alguns homens de criação são vulcões extintos;

(C) Professores e pais existem para serem suplantados;

(D) Aquele que costuma dar palpites sobre nossos jardins jamais cuida de suas plantas;

(E) Errar é humano. Culpar o computador é ainda mais humano.

➢ Comentários:

**Alternativa "a"** – Humor e ironia: a paisagem não pode se mover.

**Alternativa "b"** – Ironia: através de comparação, deixa evidente que alguns homens deixam de criar.

**Alternativa "c"** – "Suplantados" significa "ir além dos obstáculos". Não há ironia, humor ou crítica.

**Alternativa "d"** – Crítica e ironia: quem palpita sobre a vida alheia não cuida da própria vida.

**Alternativa "e"** – Ironia e humor: se o erro é uma característica humana, culpar o computador (a máquina) é desumano.

**RESPOSTA: C**

**09. (FGV - TRF 1 - Analista Judiciário – Área Judiciária - 2024)** Todos os textos abaixo mostram argumentos em defesa de uma tese. O argumento utilizado está corretamente identificado em:

(A) Como já sabe a grande maioria da população, o poder público não está resolvendo o problema de saúde do povo / argumento de autoridade;

(B) A Prefeitura distribuiu lixeiras pela cidade para que melhore a limpeza urbana / argumento estatístico;

(C) Alguns empresários estão evitando investimentos na Argentina em função da inflação alta / argumento apoiado em um estereótipo;

(D) Todos os empregados da empresa receberão assistência de saúde para que tenham melhor rendimento, diz o atual diretor / argumento apoiado em opinião pessoal;

(E) Os prefeitos de pequenas cidades devem imitar os das grandes cidades, pois os problemas são os mesmos / argumento apoiado numa relação defeituosa de causa-efeito.

➢ Comentários:

**Alternativa "a"** – Não se trata de uma citação confiável, mas sim da opinião de grande maioria da população. Não é de autoridade, é pessoal.

**Alternativa "b"** – Não existem dados concretos, estatísticos. Não há pesquisas.

**Alternativa "c"** – Não apresenta características externas. O argumento de causa-efeito.

**Alternativa "d"** – O atual diretor declarou: opinião pessoal.

**Alternativa "e"** – Não existe causa. É argumento por analogia: compara as pequenas cidades com as grandes cidades.

**RESPOSTA: D**

---

**10. (FGV - TRF 1 - Analista Judiciário – Área Judiciária - 2024)** Ao final de uma exposição sobre medicamentos, o conferencista declara:

"O melhor de todos os analgésicos é, sem dúvida, o NANDORE, pois foi o único a acabar com a minha dor".

Sobre a argumentação desse segmento, é correto afirmar que os argumentos apresentados:

(A) se fundamentam em bases científicas;

(B) são sólidos, já que fundamentados em vivências pessoais;

(C) procuram universalizar uma experiência individual;

(D) se apoiam em dados estatísticos;

(E) carecem de ética.

➢ Comentários:

**Alternativa "a"** – Acabou com a dor de uma pessoa. A fundamentação não possui bases científicas.

**Alternativa "b"** – Não é substancial porque é fundamentado apenas por uma pessoa.

**Alternativa "c"** – Através de um relato, tenta generalizar.

**Alternativa "d"** – Não há levantamento de dados, refere-se a uma pessoa apenas.

**Alternativa "e"** – Não há relação com sensatez e bom senso.

**RESPOSTA: C**

---

**11. (FGV - TRF 1 - Analista Judiciário – Área Judiciária - 2024)** A frase publicitária abaixo que se apoia na sedução para o convencimento de leitor é:

(A) As roupas da loja X tornam você mais elegante!

(B) O CRAUV é o carro do futuro em tecnologia!

(C) O cachorro é o melhor amigo do homem: adote um!

(D) Acredite em Deus; compre o livro do pastor X.

(E) Persiga a riqueza: invista no Fundo de Investimentos ZUL!

➢ Comentários:

**Alternativa "a"** – Se torna mais elegante, existe sedução.

**Alternativa "b"** – Carro do futuro: novidade, invenção.

**Alternativa "c"** – Melhor amigo: emoção, sensibilidade.

**Alternativa "d"** – Deus: argumento de autoridade, ser que está acima de tudo.

**Alternativa "e"** – Perseguir a riqueza: compromisso, promessa.

**RESPOSTA: A**

**12. (FGV - TRF 1 - Analista Judiciário – Área Judiciária - 2024)** A frase abaixo que mostra uma visão negativa do ato religioso de crer é:

(A) Só as grandes crenças proporcionam grandes emoções;

(B) Quem crê é forte; quem duvida é fraco. Fortes convicções precedem grandes ações;

(C) Quem perdeu a crença já nada mais pode perder;

(D) Acredite em milagres, mas não dependa deles;

(E) É preciso ver algumas coisas para se poder crer nelas.

➢ Comentários:

**Alternativa "a"** – Visão positiva: crenças proporcionam grandes emoções.

**Alternativa "b"** – Visão positiva: crer é sinônimo de fortaleza e de grandes ações.

**Alternativa "c"** – Visão positiva: essencialidade da crença.

**Alternativa "d"** – Visão positiva: acreditar em milagres.

**Alternativa "e"** – A visão é negativa porque a fé não é relacionada com "ver", com provas concretas. A fé é abstrata.

**RESPOSTA: E**

Leia a charge para responder à questão.

(Chargista Ricardo Manhães. https://ndmais.com.br/opiniao/charges, 31.03.2023)

**13. (VUNESP – TRF 3ª Região – Analista Judiciário – Área Administrativa – 2024)** O diálogo entre os mosquitos permite concluir corretamente que

(A) as medidas de combate à dengue deixam-nos apreensivos.

(B) a disseminação da dengue é algo em que eles não creem.

(C) os casos confirmados negam de fato o avanço da dengue.

(D) a dengue é um problema que eles preferem ignorar por ora.

(E) o avanço da dengue é fato inconteste e pode recrudescer.

➢ Comentários:

**Alternativa "a"** – Ficarmos receosos e preocupados com o número de casos confirmados (no título da charge), não com as medidas de combate à dengue.

**Alternativa "b"** – Eles creem que podem espalhar por vários lugares.

**Alternativa "c"** – Os casos confirmam o avanço da dengue.

**Alternativa "d"** – Não preferem ignorar. Os mosquitos querem disseminar.

**Alternativa "e"** – Inconteste: que não se coloca em dúvida, que não pode contestar.

Recrudescer: aumentar.

É inconteste porque "Florianópolis tem 879 casos confirmados de dengue".

Pode recrudescer porque o mosquito diz "deixe comigo", ou seja, ele picará mais pessoas.

**RESPOSTA: E**

**14. (FGV - TJ RJ - Programa de Residência - Direito - 2024)** Nas frases a seguir há expressões populares sublinhadas. Assinale a frase em que o significado de uma expressão foi corretamente indicado.

(A) Cada vez que o Brasil <u>tira a cabeça fora d'água</u> e mostra que é competitivo, vem bomba. / passa a ver melhor as coisas.

(B) Os estrangeiros terão <u>de comer muito feijão</u> para chegar à posição de maior banco do mundo. / terão de trabalhar muito.

(C) Se <u>abrirmos a porteira</u>, passa uma boiada e o país pode quebrar. / deixarmos de progredir.

(D) Se sinto que estou deixando o <u>sucesso subir à cabeça</u>, vou ao banheiro, pego minha cueca e lavo; enxáguo e deixo lá secando. / atingir o seu ponto máximo.

(E) Tem-se que <u>dar muito murro</u> para chegar a comprar um casarão na Flórida. / superar obstáculos.

➢ Comentários:

**Nota da autora:** A banca quer saber os significados de expressões e ditados populares.

**Alternativa "a"** – **Tente se salvar** em uma situação difícil.

**Alternativa "b"** – A expressão indica **esforço, trabalho, coragem, valentia**: terão de trabalhar muito.

**Alternativa "c"** – Se **desleixar, descuidar.**

**Alternativa "d"** – É **pretensioso, imodesto.**

**Alternativa "e"** – O ditado popular completo é "dar murro em ponta de faca" e significa *perder tempo, insistir.* No contexto, foi desmembrada, e significa **esforçar-se.**

**RESPOSTA: B**

---

**15. (FGV - TJ RJ - Programa de Residência - Direito - 2024)** Assinale a frase em que a linguagem empregada é integralmente formal.

(A) Em alguns casos, a gente poderia tachar os juros de assalto.

(B) Bom de briga é aquele que cai fora.

(C) Lidere, siga ou saia do caminho.

(D) Estou me lixando para o cliente.

(E) Depois que saí do Banco Central, fiquei pensando onde um cara como eu poderia usar todo o seu potencial.

➢ Comentários:

**Nota da autora:** Questão de tipos de linguagem.

A **linguagem formal** é pautada no uso correto das normas gramaticais.

A **linguagem informal** representa a linguagem cotidiana, isto é, trata-se de uma linguagem espontânea, regionalista e despreocupada com as normas gramaticais.

**Alternativa "a"** – Informalidade: *a gente* = nós.

**Alternativa "b"** – Informalidade: *cai fora* = desiste.

**Alternativa "c"** – A linguagem é formal.

**Alternativa "d"** – Informalidade: *me lixando* = não me importando.

**Alternativa "e"** – Informalidade: *cara* = pessoa, homem.

**RESPOSTA: C**

Texto para responder às questões.

**[Acerca da "Igualdade"]**

"Liberdade, Igualdade, Fraternidade" foi o grito de guerra da Revolução Francesa. Hoje há disciplinas inteiras – ramos da filosofia, da ciência política e dos estudos jurídicos – que têm a "igualdade" como tema central de estudos. Todos concordam que a igualdade é um valor; ninguém parece concordar quanto ao que se refere o termo. Igualdade de oportunidades? Igualdade de condições? Igualdade formal perante a lei?

Estaremos falando de uma ideologia, a crença de que todos na sociedade deveriam ser iguais – claro que não em todos os aspectos, mas nos mais importantes? Ou será uma sociedade em que as pessoas são efetivamente iguais? O que isso significaria de fato, na prática, em ambos os casos? Que todos os membros da sociedade têm igual acesso à terra, ou tratam uns aos outros com igual dignidade, ou são igualmente livres para expor suas opiniões em assembleias públicas?

A igualdade seria o apagamento do indivíduo ou a celebração do indivíduo? Numa sociedade, por exemplo, em que os mais poderosos são tratados como divindades e tomam as decisões mais importantes, é possível falar em igualdade? E as relações de gênero? Muitas sociedades tratadas como "igualitárias" na verdade têm seu igualitarismo restrito aos homens adultos. Em casos assim, podemos falar em igualdade de gêneros?

Como não existe nenhuma resposta clara e consensual a questões desse tipo, o uso do termo "igualitário" tem levado a discussões infindáveis. Para alguns teóricos do século XVII, a igualdade se manifestava no estado da Natureza. Igualdade, pois, seria um termo definido por omissão: identificaria uma humanidade que pudesse estar livre depois de removidas todas as armadilhas da civilização. Povos "igualitários" seriam, pois, aqueles sem príncipes, sem juízes, sem inspetores, sem sacerdotes, possivelmente sem cidades, sem escrita ou sequer agricultura. Seriam sociedades de iguais apenas no sentido estrito de que estariam ausentes todos os sinais mais evidentes de desigualdade.

Não há dúvida, pensando-se sempre no ideal de "igualdade", de que algo deu muito errado no mundo. Uma ínfima parte da população controla o destino de quase todos os outros, e de uma maneira cada vez mais desastrosa.

(Adaptado de: GRAEBER, David, e WENGROW, David. O despertar de tudo – Uma nova história da humanidade. Trad. Denise Bottmann e Claudio Marcondes. São Paulo: Companhia das Letras, 2022, p. 91 a 94, passim)

---

**16. (FCC - TRT 18 - Analista Judiciário - Área Judiciária - 2023)** A utilização do termo **igualdade** tem mostrado que esse conceito

(A) somente ganhou precisão rigorosamente objetiva ao longo da Revolução Francesa.

(B) tem sido objeto de várias áreas de conhecimento, sem consenso quanto ao seu sentido.

(C) apenas ganha sentido para esclarecer o que ocorre positivamente entre os gêneros.

(D) tem sido objeto de discussões infindáveis porque ninguém lhe reconhece um valor prático.

(E) teve plena vigência somente entre os primitivos que reconheciam o valor da natureza.

➢ Comentários:

**Alternativa "a"** – Não ganhou precisão, muito menos rigorosamente objetiva.

**Alternativa "b"** – No 1º §: ***Hoje há disciplinas inteiras*** *– ramos da filosofia, da ciência política e dos estudos jurídicos –* ***que têm a "igualdade" como tema central de estudos.*** (1) *Todos concordam que a igualdade é um valor;* ***ninguém parece concordar quanto ao que se refere o termo***. (2)

No 4º §: *Como* ***não existe nenhuma resposta clara e consensual*** *a questões desse tipo, o uso do termo "igualitário" tem levado a discussões infindáveis.*

**Alternativa "c"** – Não ocorre positivamente pelo fato de haver restrição: *E as relações de gênero?* ***Muitas sociedades*** *tratadas como "igualitárias" na verdade* ***têm seu igualitarismo restrito aos homens adultos****. Em casos assim, podemos falar em igualdade de gêneros?*

**Alternativa "d"** – Não se refere a valor prático: ***Todos concordam que a igualdade é um valor; ninguém parece concordar quanto ao que se refere o termo****. Igualdade de oportunidades? Igualdade de condições? Igualdade formal perante a lei?*

**Alternativa "e"** – É impossível afirmar que tenha sido somente entre os primitivos.

Cuidado! Quando a banca restringe (é o caso) ou generaliza, normalmente está errada a informação. Além disso, nem foram mencionados os primitivos, apenas alguns teóricos do século XVII.

**ALTERNATIVA CORRETA: B**

---

**17. (FCC - TRT 18 - Analista Judiciário - Área Judiciária - 2023)** Segundo alguns teóricos do século XVII (4º parágrafo), a igualdade

(A) só ocorreria no caso de supressão do que consideravam obstáculos criados pela própria civilização.

(B) seria alcançada somente quando os homens aperfeiçoassem com todo o rigor suas mais caras instituições.

(C) teria alcançado seu esplendor ao tempo em que o cultivo da natureza inspirava a conduta social de todos.

(D) teria se tornado um valor abstrato por conta das revoluções que suprimiram suas formas objetivas de vigência.

(E) constituiria um ideal tão alto que será preciso aguardar a ocasião historicamente propícia para sua efetivação.

➢ Comentários:

**Alternativa "a"** – Ideia mencionada no quarto parágrafo: *Para alguns teóricos do século XVII, a igualdade se manifestava no estado da Natureza. Igualdade, pois, seria um termo definido por omissão: identificaria* ***uma humanidade que pudesse estar livre depois de removidas todas as armadilhas da civilização.***

**Alternativa "b"** – Mais uma vez a banca usou o advérbio "somente", acarretando, consequentemente, erro. Perceba que não forma citadas "caras instituições".

Menciona o que seriam os povos igualitários: *seriam, pois, aqueles sem príncipes, sem juízes, sem inspetores, sem sacerdotes, possivelmente sem cidades, sem escrita ou sequer agricultura.*

**Alternativa "c"** – Menciona estado da natureza, não cultivo da natureza: *Para alguns teóricos do século XVII, a igualdade se manifestava no* ***estado da Natureza.***

**Alternativa "d"** – Não foi "por conta das revoluções", ou seja, essa não é a causa. Trecho citado na alternativa "a".

**Alternativa "e"** – Não menciona que será preciso aguardar ocasião alguma: *Seriam sociedades de iguais apenas no sentido estrito de que estariam ausentes todos os sinais mais evidentes de desigualdade.*

**ALTERNATIVA CORRETA: A**

---

**18. (FCC - TRT 18 - Analista Judiciário - Área Judiciária - 2023)** Na pergunta **A igualdade seria o apagamento do indivíduo ou a celebração do indivíduo?,** o autor

(A) articula uma relação de causa e efeito entre os termos que a constituem.

(B) indaga sobre o que seria um natural desenvolvimento das práticas igualitárias.

(C) considera os extremos antagônicos relativos ao entendimento de um mesmo conceito.

(D) levanta a hipótese de que haja duas possibilidades alternáveis dentro de uma prática.

(E) sustenta uma relação de antagonismo entre os que vivenciam um mesmo ideal.

➢ Comentários:

**Alternativa "a"** – Articula uma relação de oposição, explicitada através da conjunção "ou".

**Alternativa "b"** – É impossível inferir que o desenvolvimento seria natural: *apagamento do indivíduo.*

**Alternativa "c"** – As ideias são contrárias: "apagamento" versus "celebração".

**Alternativa "d"** – Não são alternáveis, são opostas, contrárias.

**Alternativa "e"** – Não sustenta, ela questiona. Basta atentar-se ao ponto de interrogação.

**ALTERNATIVA CORRETA: C**

Texto para responder às questões.

**Encenação da morte**

A vida nos quer, a morte nos quer. Somos o resultado da tensão ocasionada pelas duas forças que nos puxam. Esse equilíbrio não é estável. Amplo, diverso e elástico é o campo de força da vida, e vale a mesma coisa para o campo da morte. Se ficamos facilmente deprimidos ou exaltados é em razão das oscilações de intensidade desses dois campos magnéticos, sendo o tédio o relativo equilíbrio entre os dois.

Às vezes é mais intensa a pressão da vida, outras vezes é mais intensa a pressão da morte. Não se quer dizer com isso que a exaltação seja a morte e a depressão seja a vida. Há exaltações e exultações que se polarizam na morte, assim como há sistemas de depressão que gravitam em torno da vida. O estranho, do ponto de vista biológico, é que somos medularmente solitários com ambos os estados de imantação mais intensa, os da vida e os da morte. Não aproveitamos apenas a vida, mas usufruímos também as experiências da morte, desde que essas não nos matem.

Ganhei várias vezes da morte, isto é, inúmeras vezes os papéis que a morte representou para mim não chegaram a ser convincentes ou não chegaram a fazer grande sucesso. Matei várias mortes. (...) Mas outro dia dei dentro de mim com uma morte tão madura, tão forte, tão irrespondível, tão parecida comigo que fiquei no mais confuso dos sentimentos. Esta eu não posso matar, esta é a minha morte. O Vinícius de Moraes, que entende muito de morte, disse que nesse terreno há sempre margem de erro, e que talvez eu tenha ainda de andar um bocado mais antes de encontrar a minha morte. Pode ser. Não sei. Quem sabe?

(Adaptado de CAMPOS, Paulo Mendes. Os sabiás da crônica. Antologia. Org. Augusto Massi. Belo Horizonte: Autêntica, 2021, p. 246-248, passim)

---

**19. (FCC - TRT 18 - Analista Judiciário - Área Judiciária - 2023)** Ao situar especificamente *a tensão ocasionada pelas duas forças que nos puxam*, no início do texto, o cronista está se referindo a um fenômeno que expressará em outro lugar como

(A) estados de imantação mais intensa.

(B) diverso e elástico é o campo da vida.

(C) somos medularmente solitários.

(D) há sempre uma margem de erro.

(E) talvez eu tenha ainda de andar um bocado.

➢ Comentários:

**Alternativa "a"** – "Imantação" é sinônimo de "magnetizar" que significa, no sentido figurado, *exercer poderosa e misteriosa atração sobre.*

No primeiro parágrafo: ***A vida nos quer, a morte nos quer****. Somos o resultado da tensão ocasionada pelas duas forças que nos puxam. Esse equilíbrio não é estável. Amplo, diverso e elástico é o campo de força da vida, e vale a mesma coisa para o campo da morte. Se ficamos facilmente deprimidos ou exaltados é em razão das* ***oscilações de intensidade desses dois campos magnéticos****, sendo o tédio o relativo equilíbrio entre os dois.*

**Alternativa "b"** – Menciona apenas o campo da vida, não o da morte.

Cuidado! No comando: *Ao situar especificamente* ***a tensão ocasionada pelas duas forças que nos puxam****, no início do texto, o cronista está se referindo a um fenômeno que expressará em outro lugar como...*

**Alternativa "c"** – Refere-se a "nós", não às duas forças (vida e morte).

**Alternativa "d"** – Vinícius de Moraes entende que há margem de erro no terreno da morte. Não menciona a outra força (vida).

**Alternativa "e"** – Mais uma vez, Vinícius de Moraes refere-se à morte.

Atenção! As alternativas "d" e "e" são facilmente eliminadas.

**ALTERNATIVA CORRETA: A**

---

**20. (FCC - TRT 18 - Analista Judiciário - Área Judiciária - 2023)** Ao afirmar *Matei várias mortes*, o cronista está sugerindo que

(A) superou bravamente todos os riscos de morrer.

(B) encenou a própria morte para sentir como seria.

(C) venceu os desafios de uma ilusória fatalidade.

(D) imaginou morrer quando nada o ameaçava.

(E) supôs ter morrido num estado de delírio.

➢ Comentários:

**Alternativa "a"** – Ocorre extrapolação pelo fato de os riscos de morrer não serem mencionados no texto.

**Alternativa "b"** – Não houve tal encenação.

**Alternativa "c"** – Se matou várias mortes, ele venceu o desafio.

No último parágrafo: *Ganhei várias vezes da morte, isto é,* ***inúmeras vezes os papéis que a morte representou para mim não chegaram a ser convincentes ou não chegaram a fazer grande sucesso****. Matei várias mortes.*

**Alternativa "d"** – "Imaginou morrer" vai muito além do que foi mencionado no texto: *outro dia dei dentro de mim com uma morte tão madura, tão forte, tão irrespondível, tão parecida comigo que fiquei no mais confuso dos sentimentos. Esta eu não posso matar, esta é a minha morte.*

Descreve, apenas, a complexidade entre vida e morte.

**Alternativa "e"** – Como citado no comentário anterior, não supôs ter morrido.

Dica: perceba que a alternativa "d" é muito parecida com a alternativa "e". Mais uma vez, daria para eliminar as duas.

**ALTERNATIVA CORRETA: C**

Texto para responder às questões.

**Uma visita**

Era já no fim da tarde quando a moça – muito linda, mas muito aflita –, de nome Francisca Bastos Cordeiro, foi entrando pela porta entreaberta do chalé, seguiu direto ao quarto (antiga sala de costura da casa, ao tempo em que sua dona era viva), onde encontrou, estendido e frágil numa pequena cama de ferro, aquele homem, muito velhinho já, agonizante quase, que lhe fora bom companheiro em noites idas de sua infância, quando com ela jogava o sete e meio e lhe ensinava a recitar poemas na casa de sua avó.

– Vim vê-lo, foi dizendo a moça, inventando uma alegria na voz que lhe disfarçasse a emoção. Estou com muitas saudades suas. E o senhor, não está com saudades de mim?

– Estou, sim – disse o velho, numa voz muito cava e muito triste. Estou com saudade da vida.

No dia seguinte morria Machado de Assis. A tarde era a de 28 de setembro de 1908. A rua era a do Cosme Velho.

(Adaptado de: MELLO, Thiago de. Escritor por escritor – Machado de Assis por seus pares – 1939-2008. São Paulo: Imprensa Oficial do Estado, 2019, p. 278-279)

---

**21. (FCC - TRT 18 - Analista Judiciário - Área Judiciária - 2023)** As informações que identificam *aquele homem, muito velhinho já, agonizante quase*, surgem tão somente no fecho do texto. Como efeito desse procedimento,

(A) a visita comovida da moça se explica plenamente em virtude da celebridade do moribundo, a quem ela foi prestar homenagem.

(B) reverencia-se melhor a humildade com que um célebre escritor acolhia admiradores de sua importante obra literária.

(C) toda a visitação acaba marcada pela razão simples da profunda amizade que ligava a moça a um seu velho amigo.

(D) fica a impressão de que a visitante desconhecia a real importância histórica daquele seu amigo agonizante.

(E) a declinação do nome completo da moça não deixa dúvida em qualquer leitor quanto a quem seja o doente visitado.

➢ Comentários:

**Alternativa "a"** – A visita se explica pelo fato de ele ter sido um bom companheiro em noites idas de sua infância, quando com ela jogava o sete e meio e lhe ensinava a recitar poemas na casa de sua avó. Não se explica por ser uma celebridade, tanto que só foi mencionado que era Machado de Assis apenas no final do texto.

**Alternativa "b"** – Ele era um bom companheiro na infância, não há relação alguma com a humildade do célebre escritor.

**Alternativa "c"** – Trechos que evidenciam a profunda amizade:

- Vim vê-lo, foi dizendo a moça, **inventando uma alegria na voz que lhe disfarçasse a emoção. Estou com muitas saudades suas. E o senhor, não está com saudades de mim?**

– Estou, sim – disse o velho, numa voz muito cava e muito triste. **Estou com saudade da vida.**

**Alternativa "d"** – Se ela o conhecia desde a infância, é impossível deduzir que ela desconhecia a real importância de seu amigo.

**Alternativa "e"** – Francisca Bastos Cordeiro pode ser um nome desconhecido ao leitor. Trata-se de uma poetisa carioca e deixa dúvida quanto a quem seja o doente visitado.

**ALTERNATIVA CORRETA: C**

---

**22. (FCC - TRT 18 - Analista Judiciário - Área Judiciária - 2023)** – Vim vê-lo, foi dizendo a moça, estou com muitas saudades suas. E o senhor, não está com saudades de mim? Transpondo o texto acima para o **discurso indireto**, ele deverá ficar:

**A moça foi dizendo que...**

(A) fora visitá-lo, por estar com muitas saudades dele, se ele também estava com as mesmas saudades suas.

(B) estou vindo pra lhe visitar, que estou com muitas saudades suas, e se ele também estava com as mesmas.

(C) tinha vindo para lhe ver, e que estava com muitas saudades dele, tanto quanto ele as tinha por ela.

(D) fora vê-lo por ter estado com saudades dele, e se o senhor também estava com muitas saudades dela.

(E) tinha ido vê-lo, que estava com muitas saudades dele, e se ele também não estaria com saudades dela.

➢ Comentários:

**Alternativa "a"** – Erros: *fora visitá-lo* (é incabível alterar o verbo)*; estar.*

**Alternativa "b"** – Erros: estou vindo (não se usa a primeira pessoa no discurso indireto); pra = para; lhe = o; verbo alterado para "visitar".

**Alternativa "c"** – Erros: tinha vindo; lhe ver = o (vê-lo).

**Alternativa "d"** – Erros: ter estado; senhor.

**Alternativa "e"** – **vim** vê-lo = **tinha ido** vê-lo / **estou** com muita saudade = **estava** / **o senhor** = **ele** / não **está** com saudades = não **estaria**.

**ALTERNATIVA CORRETA: E**

Texto para responder às questões.

**Aspectos da imigração contemporânea**

À medida que cada vez mais pessoas cruzam as mais variadas fronteiras em busca de emprego, segurança e um futuro melhor, a necessidade de confrontar, assimilar ou expulsar estrangeiros cria tensão entre sistemas políticos e identidades coletivas formadas em tempos menos fluidos. Em nenhum lugar o problema é mais agudo que na Europa. A União Europeia foi construída sobre a promessa de transcender as diferenças culturais entre franceses, alemães, espanhóis e gregos. E pode desmoronar devido a sua incapacidade de incluir as diferenças culturais entre europeus e imigrantes da África e do Oriente Médio. Ironicamente, foi, em primeiro lugar, o próprio sucesso da Europa em construir um sistema próspero e multicultural que atraiu tantos imigrantes.

A crescente onda de refugiados e imigrantes provoca reações mistas entre os europeus e desencadeia discussões amargas sobre a identidade e o futuro da Europa. Alguns europeus exigem que a Europa feche seus portões: estarão traindo os ideais multiculturais e de tolerância já aceitos ou só adotando medidas para evitar um desastre de grandes proporções? Outros clamam por uma abertura maior dos portões: estarão sendo fiéis ao cerne dos valores europeus ou serão culpados de sobrecarregar o projeto do continente com expectativas inviáveis?

Discussões desse tipo sobre a imigração degeneram numa gritaria na qual nenhum dos lados ouve o outro. Mas por baixo de todos esses debates espreita uma questão mais fundamental, relativa a como entendemos a cultura humana. Será que entramos no debate sobre imigração com a suposição de que todas as culturas são inerentemente iguais, ou achamos que algumas culturas talvez sejam superiores a outras? Quando os alemães discutem a absorção de um milhão de refugiados sírios, imagina-se que possa haver resistência por quem considere que a cultura alemã é de algum modo melhor que a cultura síria? O fenômeno mundial da imigração põe à prova não apenas a diversidade de valores, mas os preconceitos que podem estar arraigados em cada cultura nacional.

*(Adaptado de: HARARI, Yuval Noah.* ***21 lições para o século 21****. Trad. Paulo Geiger. São Paulo: Companhia das Letras, 2018, p. 178-179)*

---

**23. (FCC - TRT 18 - Analista Judiciário - Área Administrativa - 2023)** A *tensão entre sistemas políticos e identidades coletivas*, referida no primeiro parágrafo, decorre

(A) tão somente por conta da incapacidade de assimilar culturas estrangeiras.

(B) exclusivamente do confronto dos valores estrangeiros com os nacionais.

(C) da difícil escolha entre as opções decisivas que se abrem no processo migratório.

(D) sobretudo da catástrofe econômica que o fenômeno migratório traz consigo.

(E) em primeiro lugar da falta de alternativas diante do fato consumado da imigração.

➢ Comentários:

**Alternativa "a"** – Não é unicamente (tão somente) por esse motivo: *O fenômeno mundial da imigração põe à prova não apenas a diversidade de valores, mas os preconceitos que podem estar arraigados em cada cultura nacional.*

**Alternativa "b"** – Também não é unicamente (exclusivamente) pelo confronto dos valores estrangeiros com os nacionais: *Alguns europeus exigem que a Europa feche seus portões* [...] *Outros clamam por uma abertura maior dos portões.*

**Alternativa "c"** – No primeiro parágrafo é mencionado o motivo: *À medida que cada vez mais pessoas cruzam as mais variadas fronteiras em busca de emprego, segurança e um futuro melhor,* ***a necessidade de confrontar, assimilar ou expulsar estrangeiros*** *cria tensão entre sistemas políticos e identidades coletivas formadas em tempos menos fluidos.*

Em destaque, estão as opções decisivas.

**Alternativa "d"** – Não foi citada, em nenhum momento, a catástrofe econômica, apenas cita a cultura: *todas as culturas são inerentemente iguais, ou achamos que algumas culturas talvez sejam superiores a outras?*

**Alternativa "e"** – Existem alternativas. No primeiro parágrafo: *confrontar, assimilar ou expulsar os estrangeiros.*

**ALTERNATIVA CORRETA: C**

---

**24. (FCC - TRT 18 - Analista Judiciário - Área Administrativa - 2023)** Cada uma das duas frases interrogativas do segundo parágrafo expressa, internamente, a

(A) convicção de uma premissa e de sua decorrência lógica.

(B) relação entre duas hipóteses assemelhadas.

(C) conciliação final entre providências divergentes.

(D) impossibilidade de qualquer nexo entre duas decisões possíveis.

(E) ambiguidade que marca o sentido final de uma decisão.

➢ Comentários:

**Nota da autora:** Voltemos às interrogativas para entender melhor.

1. estarão traindo os ideais multiculturais e de tolerância já aceitos ou só adotando medidas para evitar um desastre de grandes proporções?

2. estarão sendo fiéis ao cerne dos valores europeus ou serão culpados de sobrecarregar o projeto do continente com expectativas inviáveis?

**Alternativa "a"** – São duas opiniões distintas, não uma premissa seguida da decorrência lógica.

**Alternativa "b"** – As hipóteses não são assemelhadas, são opostas: abrir ou fechar os portões.

**Alternativa "c"** – Não há harmonização, não há concordância. Há discordância.

**Alternativa "d"** – Existe vínculo entre as opiniões – abrir ou fechar os portões.

**Alternativa "e"** – As ideias são opostas, ou seja, é impossível chegar à resposta.

**Em 1**: Se fecharem os portões: traem os ideais de tolerância e evitam um desastre.

**Em 2**: Se abrirem os portões: serão fiéis aos valores europeus e serão culpados de sobrecarregar o projeto do continente.

**ALTERNATIVA CORRETA: E**

**25. (FCC - TRT 18 - Analista Judiciário - Área Administrativa - 2023)** No terceiro parágrafo, a **questão fundamental que espreita por baixo de todos esses debates**

(A) é o acordo final a que costumam chegar os debatedores mais lúcidos.

(B) está na possibilidade de se aceitar ou se recusar a validade das diversas culturas.

(C) não é mais que um falso problema, que acaba por se tornar relevante.

(D) consiste em privilegiar tão somente a razão do adversário mais forte.

(E) revela-se no preconceito que as culturas superiores cultivam diante das inferiores.

➤ Comentários:

**Alternativa "a"** – A conclusão foi mencionada no último período, não é um acordo final: *O fenômeno mundial da imigração põe à prova não apenas a diversidade de valores, mas os preconceitos que podem estar arraigados em cada cultura nacional.*

**Alternativa "b"** – **Aceitação:** as culturas são inerentemente iguais.

**Recusa:** algumas culturas talvez sejam superiores a outras.

**Alternativa "c"** – Não se trata de um falso problema, mas sim de preconceito.

**Alternativa "d"** – Não cabe, no contexto, o privilégio do adversário mais forte.

**Alternativa "e"** – Existem apenas indagações sobre isso, não uma afirmação. Atente-se à conclusão (em destaque).

No último parágrafo: *Será que entramos no debate sobre imigração com a suposição de que todas as culturas são inerentemente iguais, ou achamos que algumas culturas talvez sejam superiores a outras? Quando os alemães discutem a absorção de um milhão de refugiados sírios, imagina-se que possa haver resistência por quem considere que a cultura alemã é de algum modo melhor que a cultura síria?* ***O fenômeno mundial da imigração põe à prova não apenas a diversidade de valores, mas os preconceitos que podem estar arraigados em cada cultura nacional.***

**ALTERNATIVA CORRETA: B**

Texto para responder à questão.

**Os fantasmas não fumam**

Os fantasmas não fumam. Mas não por causa da campanha antitabagista que está na moda. Os fantasmas deixaram de fumar desde o doloroso acidente ocorrido no seu nevoento mundo.

Era um fantasma que tinha a mania de assistir ao deitar e ao despertar das moças quando se despiam ou vestiam. Nuas em pelo, elas não lhe interessavam. Como se vê, tratava-se de um fantasma antiquado.

Ora, uma noite, invisibilizando-se como fazia em tais ocasiões, ele entrou pela primeira vez no quarto de Lurdinha.

E, como vocês felizmente ainda ignoram, não é só para mim que Lurdinha é irresistível. O destino dela é inspirar amor à primeira vista, mas amor no duro – não a simples contemplação olhativa com que o fantasma até então se divertira.

Um amor para casar.

Ante essa impossibilidade, a vida do fantasma era um suspiro só.

Até que um dia recordou ter lido, em um poeta chinês, que fumar era uma maneira disfarçada de suspirar...

E o nosso fantasma apaixonado fumou tanto, tanto, que acabou fumando-se a si mesmo.

(Mario Quintana, Da preguiça como método de trabalho, 2013. Adaptado)

---

**26. (VUNESP – TJ SP - Oficial de Justiça - 2023)** As passagens "mas amor no duro" (4º parágrafo), "com que o fantasma até então se divertira" (4º parágrafo) e "a vida do fantasma era um suspiro só" (6º parágrafo) permitem, correta e respectivamente, as interpretações:

(A) Podia ser um amor passageiro. / O fantasma buscaria ainda outras diversões. / O fantasma estava ansioso para conhecer Lurdinha.

(B) Talvez fosse um amor. / Um dia o fantasma perderia o interesse naquelas diversões. / O fantasma estava apaixonado e sofria intensamente.

(C) Era, com certeza, um amor. / O fantasma deixaria de se divertir desde então. / O fantasma sentiu-se magoado com a indiferença de Lurdinha.

(D) Era um amor, efetivamente. / O fantasma estava prestes a se divertir novamente. / O fantasma estava envolvido em um novo amor.

(E) Era indubitavelmente um amor. / A partir daquele momento, acabaram as diversões do fantasma. / O fantasma demonstrava desalento e melancolia.

➢ Comentários:

**Nota da autora:** é necessário voltar aos trechos.

1. O destino dela é inspirar amor à primeira vista, **mas amor no duro** – não a simples contemplação olhativa com que o fantasma até então se divertira.

2. O destino dela é inspirar amor à primeira vista, mas amor no duro – não a simples contemplação olhativa **com que o fantasma até então se divertira**.

3. Um amor para casar. Ante essa impossibilidade, **a vida do fantasma era um suspiro só**.

**Alternativa "a"** – Amor real, não há referência de tempo / as diversões terminaram / não demonstra relação com ansiedade, mas sim com melancolia.

**Alternativa "b"** – Não existe dúvida, é certeza / ele perdeu / sentiu-se melancólico porque era impossível casar-se com Lurdinha.

**Alternativa "c"** – Certo / certo / a causa não foi a indiferença, mas o fato de poder se casar com ela.

**Alternativa "d"** – Certo / o fantasma parou de se divertir / não se trata de novo amor nem de envolvimento.

**Alternativa "e"** – Amor certo, sem dúvida = era indubitavelmente um amor / até então se divertira = parou de se divertir, acabaram as diversões / era um suspiro = era um lamento, desalento, melancolia.

**RESPOSTA: E**

Texto para responder à questão.

Por causa de falta de acompanhamento médico, as mortes maternas aumentaram ou estagnaram em quase todas as regiões do mundo: em média, uma mulher morre durante a gravidez ou no parto a cada 2 minutos, de acordo com o relatório da Organização Mundial da Saúde (OMS) "Tendências na mortalidade materna", divulgado em fevereiro. O total das mulheres grávidas que não fazem nem quatro dos oito exames recomendados durante a gravidez ou não recebem cuidados essenciais após o parto é de aproximadamente um terço delas, enquanto cerca de 270 milhões não têm acesso a métodos modernos de planejamento familiar. Em 2020, cerca de 70% de todas as mortes maternas ocorreram na África subsaariana, em razão de sangramento grave, pressão alta, infecções relacionadas à gravidez, complicações de aborto inseguro e doenças como HIV/Aids ou malária, que podem ser agravadas pela gravidez. No Chade, a taxa média de mortalidade é de 1063 mulheres para cada 100 mil nascidos vivos. Na Alemanha, de 5 para cada 100 mil.

(Pesquisa Fapesp. https://revistapesquisa.fapesp.br, Edição 326, abril de 2023. Adaptado)

---

**27. (VUNESP - 2023 - TJ/SP - Escrevente Técnico Judiciário)** As informações presentes ao final do texto – No Chade, a taxa média de mortalidade é de 1063 mulheres para cada 100 mil nascidos vivos. Na Alemanha, de 5 para cada 100 mil. – permitem concluir corretamente que a mortalidade materna

(A) está estagnada no Chade e na Alemanha, não se configurando, pois, um problema de saúde pública.

(B) se mostra alarmante, de fato, na Alemanha, fruto da ausência de métodos de planejamento familiar.

(C) é uma realidade também presente em países desenvolvidos, porém, neles, a incidência de mortes é menor.

(D) atinge indistintamente todos os países do planeta, sendo mais contundente nos que são mais ricos.

(E) se distribui de forma irregular pelos países, sendo paradoxalmente menos severa nos países mais pobres.

➢ Comentários:

**Alternativa "a"** – Não está estagnada e é um problema de saúde pública.

**Alternativa "b"** – Na Alemanha não é alarmante: a taxa de mortalidade é 5 para cada 100 mil.

**Alternativa "c"** – Presente em **países desenvolvidos**: as mortes maternas aumentaram ou estagnaram em quase todas as regiões do mundo.

**Incidência menor**: Na Alemanha (país desenvolvido), de 5 para cada 100 mil.

70% de todas as mortes maternas ocorreram na África subsaariana. No Chade, a taxa média de mortalidade é de 1063 mulheres para cada 100 mil nascidos vivos.

**Alternativa "d"** – São mais contundentes nos países mais pobres.

**Alternativa "e"** – É mais severa em países mais pobres.

**ALTERNATIVA CORRETA: C**

Texto para responder às questões.

***Choque elétrico***

A União Europeia (UE) engatou marcha acelerada para eletrificar sua frota de veículos: em 2035, deixará de fabricar carros movidos a combustíveis fósseis. A medida faz parte da estratégia para zerar, em 2050, as emissões de carbono.

Com 27%, a fatia de vendas na China é mais que o dobro da média mundial de 13%. Lá, 6,2 milhões de veículos eletrificados chegaram às ruas em 2022 – entre os totalmente elétricos com baterias (BEV, na abreviação em inglês) e os híbridos que podem ser ligados na tomada (*plug-ins*, ou PHEV).

As vendas chinesas no setor cresceram 82% em 2022, enquanto o mercado automotivo geral encolhia 5,3%. No mundo, o avanço verde foi de 55%, ante retração de 0,5% nas vendas totais de veículos, segundo a base de dados EVvolumes.

Do ângulo da crise climática, pouco adiantará eletrificar a frota se a energia das baterias provier de fontes emissoras de carbono, como usinas alimentadas com carvão mineral, óleo ou gás natural. A matriz elétrica precisa ser toda renovável para fazer diferença contra o aquecimento global.

Nesse quesito, o Brasil ocupa posição ímpar, com 82,9% da eletricidade oriunda de fontes renováveis (hidráulica, eólica, solar e biomassa), contra 28,6% na média do planeta. Some-se a isso a alta produção de etanol e tem-se um enorme potencial para BEVs e PHEVs.

Os números são ínfimos, contudo. Circulam aqui apenas 135,3 mil elétricos e híbridos, menos de 0,1% da frota de veículos leves. As vendas têm aumentado, é fato, com 49,2 mil emplacamentos em 2022, incremento de 41% sobre o ano anterior, de acordo com a Associação Brasileira do Veículo Elétrico.

A maioria dos carros elétricos e híbridos disponíveis no mercado nacional é de modelos pouco acessíveis – e poderão ficar ainda mais caros, se o governo federal ouvir o pleito apresentado em fevereiro pela Anfavea de revogar a isenção do imposto de importação, com retorno da alíquota de 35%.

Ou seja, as montadoras querem garantir uma reserva de mercado. Enquanto a Europa acelera, no Brasil ameaçam puxar o freio de mão.

(Editorial. *Folha de S.Paulo*, 29.03.2023. Adaptado)

---

**28. (VUNESP - 2023 - TJ/SP - Escrevente Técnico Judiciário)** As informações do texto permitem concluir corretamente que

(A) o Brasil reúne condições favoráveis para a implementação de uma frota automobilística com veículos elétricos e híbridos, todavia veículos desse gênero ainda são pouco acessíveis para a grande maioria dos consumidores devido aos preços altos.

(B) a possibilidade de expansão dos carros elétricos, atendendo à estratégia de zerar as emissões de carbono até 2050, amplia-se na União Europeia e o Brasil segue esse exemplo, com a revogação da isenção do imposto de importação.

(C) a média mundial de carros eletrificados mostra que a meta de emissão zero de carbono, prevista para 2050, será alcançada, para a surpresa da União Europeia, primeiro pela China, que já eletrificou 27% de sua frota, e depois pelo Brasil.

(D) a crise climática se intensificará nas próximas décadas, pois a eletrificação dos veículos, como no Brasil, tem se dado com a matriz elétrica de fontes não renováveis, como usinas alimentadas com carvão mineral, óleo ou gás natural.

(E) a eletrificação dos veículos é uma realidade incontestável na União Europeia e na China, mas ainda está distante do cotidiano brasileiro, no qual a frota de veículos leves eletrificados e híbridos é pequena e as vendas estão estagnadas desde 2022.

➢ Comentários:

**Alternativa "a"** – Condições favoráveis: *o Brasil ocupa posição ímpar, com 82,9% da eletricidade oriunda de fontes renováveis (hidráulica, eólica, solar e biomassa).*

Veículos pouco acessíveis: *A maioria dos carros elétricos e híbridos disponíveis no mercado nacional é de modelos pouco acessíveis – e poderão ficar ainda mais caros, se o governo federal ouvir o pleito apresentado em fevereiro pela Anfavea de revogar a isenção do imposto de importação, com retorno da alíquota de 35%.*

**Alternativa "b"** – O Brasil não segue o exemplo: *no Brasil ameaçam puxar o freio de mão.*

**Alternativa "c"** – É impossível saber se a meta de emissão zero de carbono será alcançada. Outro erro: no Brasil, há poucos carros elétricos: *os números são ínfimos.*

**Alternativa "d"** – O erro está na explicação: não é porque a eletrificação dos veículos tem se dado com a matriz elétrica de fontes não renováveis.

**Alternativa "e"** – Não é incontestável na união Europeia. É uma meta a ser alcançada.

**ALTERNATIVA CORRETA: A**

---

**29. (VUNESP - 2023 - TJ/SP - Escrevente Técnico Judiciário)** O último parágrafo do texto deixa claro que

(A) Brasil e União Europeia investem na eletrificação de veículos, ao contrário dos chineses.

(B) União Europeia e China ambicionam conquistar as fontes renováveis de energia brasileira.

(C) China descarta o Brasil como grande aliado para a implementação de carros eletrificados.

(D) União Europeia e Brasil enfrentam os mesmos problemas para a eletrificação de seus carros.

(E) Brasil e União Europeia agem diferente quanto à ampliação da frota de veículos eletrificados.

➢ Comentários:

**Alternativa "a"** – Não é ao contrário dos chineses.

**Alternativa "b"** – é impossível inferir que a energia seja brasileira.

**Alternativa "c"** – Não menciona se o Brasil pode ser aliado da China, ou não.

**Alternativa "d"** – Os problemas não são os mesmos: o Brasil possui 82,9% da eletricidade oriunda de fontes renováveis (hidráulica, eólica, solar e biomassa), ou seja, é favorável.

**Alternativa "e"** – Brasil: ameaçam a puxar o freio de mão.

União Europeia: acelera.

**ALTERNATIVA CORRETA: E**

Texto para responder à questão.

***Barbárie nas redes sociais***

A covardia e a barbárie dos recentes ataques a escolas no País jogaram luz sobre a violência que se propaga na internet e sobre o papel das redes sociais na incitação a esse tipo de crime. Uma amostra do tamanho do problema acaba de ser divulgada pelo Ministério da Justiça e Segurança Pública: em poucos dias, a recém-lançada Operação Escola Segura solicitou a exclusão de 431 contas do Twitter que continham palavras-chave – as chamadas *hashtags* – relacionadas a ataques contra escolas em diferentes localidades do Brasil. Foram feitos pedidos também à plataforma TikTok para que retirasse do ar três perfis cujo conteúdo relacionado ao tema buscava espalhar medo na população.

Infelizmente, tais contas são apenas a ponta do *iceberg* – e as redes sociais abrigam um volume infinitamente maior de grupos que se valem do mundo virtual para estimular a prática de atentados em estabelecimentos de ensino. Não surpreende, portanto, que as atenções se voltem para as plataformas digitais e para a sua responsabilidade no sentido de impedir a propagação de crimes. Sem dúvida, essas empresas têm muito a fazer, e se engana quem pensa que a internet é terra sem lei.

No Brasil, o Marco Civil da Internet define direitos e obrigações para usuários e provedores. Eis uma realidade que não pode passar despercebida: por mais que aperfeiçoamentos legislativos sejam sempre bem-vindos, o País dispõe de um marco legal sobre o tema – e é a partir dele que as redes sociais devem pautar sua atuação.

O uso da internet e de redes sociais em ataques a escolas, assim como em outros crimes bárbaros, é fenômeno global – um triste sinal dos tempos que precisa ser combatido com rigor e redobrado empenho também no mundo virtual. Eis uma tarefa para múltiplos atores, desafio que requer a ação do governo e da sociedade. Evidentemente, parte importante dessa responsabilidade cabe às plataformas, que podem e devem agir mais.

(Opinião. Em: https://www.estadao.com.br/opinião, 12.04.2023. Adaptado)

---

**30. (VUNESP - 2023 - TJ/SP - Escrevente Técnico Judiciário)** Identifica-se uma opinião na seguinte passagem:

(A) Foram feitos pedidos também à plataforma TikTok para que retirasse do ar três perfis... (1º parágrafo)

(B) No Brasil, o Marco Civil da Internet define direitos e obrigações para usuários e provedores. (3º parágrafo)

(C) O uso da internet e de redes sociais em ataques a escolas, assim como em outros crimes bárbaros, é fenômeno global... (4º parágrafo)

(D) ... em poucos dias, a recém-lançada Operação Escola Segura solicitou a exclusão de 431 contas do Twitter... (1º parágrafo)

(E) ... um triste sinal dos tempos que precisa ser combatido com rigor e redobrado empenho também no mundo virtual. (4º parágrafo)

➢ Comentários:

**Nota da autora:** Quando há opinião, há adjetivo, e esse adjetivo é subjetivo, ou seja, expressa uma avalição, um julgamento.

**Alternativa "a"** – Trata-se de um acontecimento, de uma realidade, de um fato.

**Alternativa "b"** – Também é um acontecimento, uma realidade, um fato.

**Alternativa "c"** – Não é uma opinião, embora haja adjetivos. É um fato, é que acontece. "Crimes bárbaros" demonstra objetividade.

**Alternativa "d"** – Trata-se de um acontecimento, de uma realidade, de um fato.

**Alternativa "e"** – Adjetivo: triste. Mais: precisa ser combatido.

É uma opinião porque é uma avaliação, é um julgamento.

**ALTERNATIVA CORRETA: E**

Texto para responder às questões.

**No voo da caneta**

Numa das cartas ao seu amigo Mário de Andrade, assegurava-lhe o poeta Carlos Drummond de Andrade que era com uma caneta na mão que costumava viver as suas maiores emoções.

Comentando isso numa das minhas aulas de Literatura, atentei para a reação de um jovem aluno: um visível sentimento de piedade por aquele "poeta sitiado e infeliz, homem de gabinete, tímido mineiro que não se atirou à vida" tal como em seguida ele me explicou sua reação.

Não tive como lhe dizer, naquele momento, que entre as tantas formas de se atirar à vida está a de se valer de uma caneta para perseguir poemas e achar as falas humanas mais urgentes e precisas, essenciais para quem as diz, indispensáveis para quem as ouve, vivas para dentro e para além do tempo e do espaço imediatos. Espero que o jovem aluno logo tenha se convencido de que um poeta torna aberto para todos o universo reflexivo de sua intimidade, onde também podemos reconhecer algo da nossa.

(Aldair Rômulo Siqueira, a publicar)

---

**31. (FCC - TRT 18 - Analista Judiciário - Área Administrativa - 2023)** A confissão que o poeta Carlos Drummond de Andrade fez numa carta ao seu amigo Mário de Andrade equivale a declarar que

(A) a poesia afasta o poeta da realidade, e com isso o poupa de sofrer as emoções que o cotidiano infeliz lhe traz.

(B) uma caneta na mão de um escritor corresponde à ilusão que um guerreiro tem em relação ao poder de sua arma.

(C) a expressão poética pode trazer para quem a cultiva a intensidade emocional das experiências mais bem vividas.

(D) a arte da poesia é de tal modo compensatória que nos faz esquecer a qualidade mesma das emoções verdadeiras.

(E) aos poetas cabe imaginar um mundo de emoções tão pessoais que elas acabam por se fecharem em si mesmas.

➢ Comentários:

**Alternativa "a"** – Não ocorre tal afastamento, o poeta precisa da realidade: *entre as tantas formas de se atirar à vida está a de se valer de uma caneta para perseguir poemas e* ***achar as falas humanas mais urgentes e precisas, essenciais para quem as diz, indispensáveis para quem as ouve, vivas para dentro e para além do tempo e do espaço imediatos***.

**Alternativa "b"** – Como mencionado na alternativa anterior, não se trata de ilusão.

**Alternativa "c"** – O poeta Drummond assegurou ao amigo que **era com uma caneta na mão que costumava viver as suas maiores emoções**.
Isso significa que a poesia traz a intensidade emocional das experiências mais bem vividas.

**Alternativa "d"** – Pelo contrário, faz que nos lembremos das emoções.

**Alternativa "e"** – As emoções são compartilhadas, por isso o poeta escreve.

**ALTERNATIVA CORRETA: C**

---

**32. (FCC - TRT 18 - Analista Judiciário - Área Administrativa - 2023)** Para o jovem aluno de Literatura, a confissão de Drummond ao seu amigo Mário

(A) trouxe-lhe um impulso de comiseração diante de quem se aliena e foge das experiências reais da vida.

(B) pareceu o testemunho de alguém que valoriza cegamente a transcrição das experiências da sua vida.

(C) provocou nele um sentimento de insatisfação diante da crença de quem apenas dá valor às paixões mais radicais.

(D) soou como uma arrogante declaração de um poeta que julga sua timidez superior à dos outros.

(E) perturbou-o a ponto de acusar aqueles poetas que acreditam de fato na eficácia da comunicação verbal.

➢ Comentários:

**Alternativa "a"** – Antes, é necessário saber o significado de "comiseração": *sentimento de compaixão (dó) diante dos problemas alheios; que sente pena pelo sofrimento de outra(s) pessoa(s); misericórdia*[7].

7. Dicionário Online de Língua Portuguesa. Disponível em <www.dicio.com.br/comiseracao/>. Acesso 3 janeiro de 2024.

Trecho em que essa ideia clara: *um visível sentimento de piedade por aquele "**poeta sitiado e infeliz**, homem de gabinete, tímido mineiro **que não se atirou à vida**" tal como em seguida ele me explicou sua reação.*

**Alternativa "b"** – Há desvalorização.

**Alternativa "c"** – Não se trata da crença de quem dá valor às paixões, muito menos menciona que sejam as mais radicais.

**Alternativa "d"** – Em momento algum é possível inferir que o aluno achou o poeta arrogante. Ele diz que ele era infeliz e tímido.

**Alternativa "e"** – A crítica é apenas ao poeta Drummond e não é em relação à eficácia da comunicação verbal.

**ALTERNATIVA CORRETA: A**

Texto para responder às questões.

**[Cidades devastadas]**

Em vinte anos eliminaram a minha cidade e edificaram uma cidade estranha. Para quem continuou morando lá, a amputação pode ter sido lenta, quase indolor; para mim, foi uma cirurgia de urgência, sem a inconsciência do anestésico.

Enterraram a minha cidade e muito de mim com ela. Por cima de nós construíram casas modernas, arranha-céus, agências bancárias; pintaram tudo, deceparam árvores, demoliram, mudaram fachadas. Como se tivessem o propósito de desorientar-me, de destruir tudo o que me estendia uma ponte entre o que sou e o que fui. Enterraram-me vivo na cidade morta.

Mas, feliz ou infelizmente, ainda não conseguiram soterrar de todo a minha cidade. Vou andando pela paisagem nova, desconhecida, pela paisagem que não me quer e eu não entendo, quando de repente, entre dois prédios hostis, esquecida por enquanto dos zangões imobiliários, surge, intacta e doce, a casa de Maria. Dói também a casa de Maria, mas é uma dor que conheço, íntima e amiga.

Não digo nada a ninguém, disfarço o espanto dessa descoberta para não chamar o empreiteiro das demolições. Ah, se eles, os empreiteiros, soubessem que aqui e ali repontam restos emocionantes da minha cidade em ruínas! Se eles soubessem que aqui e ali vou encontrando passadiços que me permitem cruzar o abismo!

(Adaptado de CAMPOS, Paulo Mendes. **Os sabiás da crônica. Antologia.** Belo Horizonte: Autêntica, 2021, p. 209-210)

---

**33. (FCC - TRT 18 - Analista Judiciário - Área Administrativa - 2023)** A percepção do autor de que eliminaram a sua cidade

(A) ocorre por conta de um distanciamento gradativo a que a submeteu.

(B) expressa-se segundo o processo figurativo de uma personificação dela.

(C) mantém-se objetiva do princípio ao fim do texto, sem relativismo possível.

(D) decorre da oportunidade de vir a redescobri-la por completo.

(E) convence-o de que tudo o que viveu poeticamente naquele espaço foi ilusório.

➢ Comentários:

**Alternativa "a"** – O distanciamento não foi gradativo pelo fato de estar evidente que ele voltou à cidade após vinte anos.

Gradativa, pode ter sido a amputação para quem continuou morando lá.

**Alternativa "b"** – Personificação: são atribuídos sentimentos, comportamentos, ideias humanas aos seres inanimados, animais etc.

Trechos que evidencial tal processo figurativo: *a **amputação** pode ter sido lenta, quase indolor; para mim, foi uma **cirurgia de urgência**, sem a inconsciência do **anestésico. Enterraram** a minha cidade e muito de mim com ela. [...] **deceparam** árvores.*

**Alternativa "c"** – Não se mantém objetiva. Há subjetividade: *para mim, foi uma cirurgia de urgência, sem a inconsciência do anestésico.* [...] *Como se tivessem o propósito de desorientar-me, de destruir tudo o que me estendia uma ponte entre o que sou e o que fui.* [...] *paisagem que não me quer e eu não entendo* [...] etc.

**Alternativa "d"** – Ele não a redescobre: *Vou andando pela **paisagem nova, desconhecida, pela paisagem que não me quer e eu não entendo.***

**Alternativa "e"** – São boas lembranças, não se trata de ficção, devaneio, fantasia.

**ALTERNATIVA CORRETA: B**

---

**34. (FCC - TRT 18 - Analista Judiciário - Área Administrativa - 2023)** Nos dois parágrafos finais do texto, o cronista ressalta que,

(A) por conta da destruição de sua cidade, ele passou a imaginar inéditas emoções.

(B) em meio a tudo o que foi destruído, encontrou sinais de resiliência diante da devastação.

(C) para atender a seus interesses, os empreiteiros preservam aqui e ali vestígios do passado.

(D) graças a um antigo amor, recuperou uma visão abrangente de sua cidade perdida.

(E) diante de prédios novos, um antigo amor brotou por força da memória imaginativa.

➢ Comentários:

**Alternativa "a"** – É impossível inferir que imaginou emoções inéditas. Ele se surpreendeu, espantou-se e comoveu-se.

**Alternativa "b"** – Trechos que evidenciam a informação: *ainda **não conseguiram soterrar de todo a minha cidade*** [...] *Ah, se eles, os empreiteiros, soubessem que aqui e ali repontam restos emocionantes da minha cidade em ruínas! Se eles soubessem que aqui e **ali vou encontrando passadiços que me permitem cruzar o abismo!***

**Alternativa "c"** – Os empreiteiros até preservaram vestígios do passado, mas não com a finalidade de atender seus interesses.

Perceba que o pronome possessivo "seus" gera ambiguidade – interesses do narrador, ou interesses dos empreiteiros?

**Alternativa "d"** – Não se pode deduzir que Maria tenha sido seu antigo amor.

**Alternativa "e"** – A memória possui teor autêntico, genuíno, ou seja, é real, não imaginativa.

**ALTERNATIVA CORRETA: B**

Texto para responder à questão.

**Novo movimento**

As revoluções dos últimos dois séculos foram tão rápidas e radicais que transformaram a característica mais fundamental da ordem social. Tradicionalmente, a ordem social era firme e rígida. "Ordem" implicava estabilidade e continuidade. Revoluções sociais rápidas eram excepcionais, e a maioria das transformações sociais resultava da acumulação de uma série de pequenos passos. Os humanos tendiam a presumir que a estrutura social era inflexível e eterna. As pessoas costumavam declarar: "é assim que sempre foi, e é assim que sempre será".

Nos últimos dois séculos, o ritmo das mudanças se tornou tão rápido que a ordem social adquiriu um caráter dinâmico e maleável. Agora existe em estado de fluxo permanente. Quando falamos de revoluções modernas, tendemos a pensar em 1789 (a Revolução Francesa), 1848 (as revoluções liberais) ou 1917 (a Revolução Russa). Mas o fato é que, atualmente, todo ano é revolucionário. Hoje, até mesmo uma pessoa de 30 anos pode dizer honestamente a adolescentes incrédulos: "Quando eu era jovem, o mundo era completamente diferente". A internet, por exemplo, só se disseminou no início dos anos 1990, poucas décadas atrás, hoje, não podemos imaginar o mundo sem ela.

(Adaptado de: HARARI, Yuval Noah, Uma breve história da humanidade. Trad. de Janaina Marcoantonio. Porto Alegre: L&PM, 2018, p. 375-376)

---

**35. (FCC - TRT 21 – Analista Judiciário – Área Judiciária - 2023)** Ela disse ao seu amigo, tempos atrás: - Você pode não acreditar, mas quando eu era jovem, meu mundo era inteiramente diferente do em que ambos vivemos hoje.

Transpondo-se o comentário acima, atrelado ao assunto do texto, para o **discurso indireto**, uma construção adequada será:

**Ela disse ao seu amigo, tempos atrás, que**

(A) podia até mesmo não acreditar, pois quando ela era jovem o mundo deles era inteiramente diferente do que passaram a viver.

(B) podia-se não acreditar, tendo em vista que na sua juventude era inteiramente diferente do que vivemos hoje.

(C) mesmo que ele não acreditasse, quando era jovem, vivia-se num mundo inteiramente do que se vive hoje.

(D) ele podia não acreditar que quando jovem, o mundo dele era inteiramente diferente do que ambos viveriam hoje.

(E) ele podia não acreditar, mas o mundo dela, quando jovem, era inteiramente diferente daquele em que ambos estavam vivendo.

➢ Comentários:

**Nota da autora:** Questão de tipos de discurso.

**Alternativa "a"** – Trocou a conjunção adversativa "mas" pela explicativa, ou conclusiva "pois"; não cabe a inserção do verbo "passar" no pretérito perfeito do indicativo.

**Alternativa "b"** – Trocou a conjunção adversativa "mas" pela locução "tendo em vista"; o verbo "viver" não pode ser conjugado no presente nem estar na primeira pessoa.

**Alternativa "c"** – Não cabe o verbo "acreditar" no pretérito imperfeito do subjuntivo; o verbo "viver" não pode estar no futuro do pretérito do indicativo.

**Alternativa "d"** – Retirou a ideia oposta (a conjunção "mas"; faltou intercalar o adjunto adverbial de tempo entre vírgulas; o verbo "viver" não pode ser conjugado no futuro do pretérito no indicativo.

**Alternativa "e"** – **ele** (3ª pessoa) **podia** (verbo no pretérito imperfeito do indicativo) não acreditar, mas o mundo d**ela** (3ª pessoa) era inteiramente diferente d**aquele** (pronome demonstrativo de terceira pessoa) em que ambos **estavam** (verbo no pretérito imperfeito do indicativo) vivendo.

**ALTERNATIVA CORRETA: E**

Texto para responder às questões.

**[Vida literária]**

*Aqueles que fazem versos e já atingiram a idade madura costumam receber cartas de outros que também os fazem, mas estão na casa dos vinte. Parece que esse é um dos prêmios (muito discutíveis) de envelhecer: ser solicitado pelos mais novos a dar opiniões sobre os vagidos do talento. O moço apresenta-se confiante, às vezes entusiástico, sempre respeitoso; o "mestre" responde benévolo, paciente, minucioso, interessado em pormenores biográficos, ocultando sua vaidade sob um verniz de simpatia: "Escreva sempre, meu filho." A isto se chama vida literária.*

*Sendo a literatura fenômeno socializante por excelência, contudo permanece fenômeno individual quanto à produção. E eu vos pergunto: pode a experiência do mais idoso servir à hesitação do jovem, dissolvê-la em certeza, encaminhá-la a rumo certo? Haverá utilidade nessa conversa de gerações?*

*É certo que cinco ou dez anos depois a receita do mais velho foi esquecida e o mestre com ela. Sucede também que após esse lapso de tempo o mestre seja, não esquecido, mas negado. Ataca-se o mestre, descobre-se que ele o não é. Noventa (que digo? cem por cento) de nossas admirações da adolescência resolvem-se em indiferença, vergonha ou desprezo. Na força do adulto, vinga-se o homem das debilidades do período de crescimento físico e intelectual, negando o que adorara. Os mestres de poesia não escapam a essa contingência, e ao escreverem uma "carta ao jovem poeta" deveriam meditar bem na escolha das palavras e no prazo de validade do sortilégio.*

*Mas o pessimismo da verificação não deve secar no homem de cinquenta o terno interesse pelo rapaz de vinte. O admirador juvenil é tão autêntico e honesto quanto o lapidador de vinte e cinco ou trinta. Cada idade tem sua moral e sua sensibilidade.*

(Adaptado de: ANDRADE, Carlos Drummond. **Passeios na ilha**. São Paulo: Cosac Naify, 2011, p. 113-114)

**36. (FCC - TRT 17 - Analista Judiciário - Área Judiciária - 2023)** Ao abordar a relação que costuma existir entre jovens escritores e escritores maduros, Carlos Drummond de Andrade considera que

(A) a consagração dos autores veteranos desde sempre desperta nos mais jovens um ressentido anseio de superação.

(B) a permanência da admiração dos autores estreantes pelos já reconhecidos depende da acolhida que estes dão àqueles.

(C) o dinamismo dessa relação se mostra quando os mais velhos recebem as proveitosas lições dos mais jovens.

(D) a instabilidade dessa relação se mostra quando os novos escritores passam a ignorar ou a menosprezar a quem reverenciaram.

(E) o despeito dos jovens escritores pelo sucesso dos velhos mestres relativiza-se quando também eles se consagram.

➢ Comentários:

**Alternativa "a"** – A admiração não é permanente: *É certo que cinco ou dez anos depois **a receita do mais velho foi esquecida e o mestre com ela**.*

Não se trata de anseio de superação: *ser solicitado pelos mais novos a dar opiniões sobre os vagidos do talento. **O moço apresenta-se confiante, às vezes entusiástico, sempre respeitoso.***

**Alternativa "b"** – Não existe essa dependência, e a admiração não é permanente: *o "mestre" responde benévolo, paciente, minucioso, interessado em pormenores biográficos, ocultando sua vaidade sob um verniz de simpatia: "Escreva sempre, meu filho."*

**Alternativa "c"** – Os mais jovens é quem recebem as opiniões dos mais velhos, não o contrário: *pode a experiência do mais idoso servir à hesitação do jovem, dissolvê-la em certeza, encaminhá-la a rumo certo?*

**Alternativa "d"** – Ideia mencionada no terceiro parágrafo: *É certo que cinco ou dez anos depois a receita do mais velho foi esquecida e o mestre com ela. Sucede também que **após esse lapso de tempo o mestre seja, não esquecido, mas negado.***

**Alternativa "e"** – O despeito ocorre porque mudam de fase, não menciona que são consagrados: *Na força do adulto, vinga-se o homem das debilidades do período de crescimento físico e intelectual, negando o que adorara.*

**ALTERNATIVA CORRETA: D**

---

**37. (FCC - TRT 17 - Analista Judiciário - Área Judiciária - 2023)** No último parágrafo do texto, adverte-se que

(A) os malogrados impulsos da juventude devem ser considerados anomalias compreensíveis.

(B) os jovens exigentes devem admitir que é natural haver maior sinceridade entre os velhos.

(C) as fases da vida precisam ser reconhecidas pelas características que lhes são próprias

(D) é preciso admitir o impulso pessimista de que se nutrem os mais velhos diante dos jovens.

(E) as diversas idades humanas expõem divergências morais efetivamente inaceitáveis.

➢ Comentários:

**Alternativa "a"** – Os malogrados referem-se ao homem de cinquenta, não aos jovens.

**Alternativa "b"** – Cita moral e sensibilidade de cada etapa, não de sinceridade nem menciona os jovens exigentes, mas sim os vaidosos (e no primeiro parágrafo, não no último).

**Alternativa "c"** – No texto: *Cada idade tem sua moral e sua sensibilidade.*

Homem de cinquenta: *o pessimismo da verificação não deve secar o terno interesse pelo rapaz de vinte;*

Jovem: *tão autêntico e honesto* quanto o adulto;

Adulto (vinte cinco ou trinta): *autêntico e honesto.*

**Alternativa "d"** – Não é para admitir, é o contrário: *o pessimismo da verificação* ***não deve secar*** *no homem de cinquenta o terno interesse pelo rapaz de vinte.*

**Alternativa "e"** – Há convergências, como visto na alternativa "c": autêntico e honesto.

**ALTERNATIVA CORRETA: C**

Texto para responder às questões.

**O meu ofício**

*O meu ofício é escrever, e sei bem disso há muito tempo. Espero não ser mal-entendida: não sei nada sobre o valor daquilo que posso escrever. Quando me ponho a escrever, sinto-me extraordinariamente à vontade e me movo num elemento que tenho a impressão de conhecer extraordinariamente bem: utilizo instrumentos que me são conhecidos e familiares e os sinto bem firmes em minhas mãos. Se faço qualquer outra coisa, se estudo uma língua estrangeira, se tento aprender história ou geografia, ou tricotar uma malha, ou viajar, sofro e me pergunto como é que os outros conseguem fazer essas coisas. E tenho a impressão de ser cega e surda como uma náusea dentro de mim.*

*Já quando escrevo nunca penso que talvez haja um modo mais correto, do qual os outros escritores se servem. Não me importa nada o modo dos outros escritores. O fato é que só sei escrever histórias. Se tento escrever um ensaio de crítica ou um artigo sob encomenda para um jornal, a coisa sai bem ruim. O que escrevo nesses casos tenho de ir buscar fora de mim. E sempre tenho a sensação de enganar o próximo com palavras tomadas de empréstimo ou furtadas aqui e ali.*

*Quando escrevo histórias, sou como alguém que está em seu país, nas ruas que conhece desde a infância, entre as árvores e os muros que são seus. Este é o meu ofício, e o farei até a morte. Entre os cinco e dez anos ainda tinha dúvidas e às vezes imaginava que podia pintar, ou conquistar países a cavalo, ou inventar uma nova máquina. Mas a primeira coisa séria que fiz foi escrever um conto, um conto curto, de cinco ou seis páginas: saiu de mim como um milagre, numa noite, e quando finalmente fui dormir estava exausta, atônita, estupefata.*

(Adaptado de: GINZBURG, Natalia. **As pequenas virtudes**. Trad. Maurício Santana Dias. São Paulo: Cosac Naify, 2015, p, 72-77, *passim*)

**38. (FCC - TRT 14 - Analista Judiciário - Área Judiciária - 2022)** No primeiro parágrafo, a escritora confessa que seu modo de escrever lhe

(A) assegura a qualidade literária de seu texto, o que ela mesma pode reconhecer e admirar tão logo o haja concluído

(B) causa um misto de prazer e desconforto, já que todos dizem admirar sua escrita, sem, no entanto, precisar a razão desse gosto.

(C) traz a sensação de uma total familiaridade com esse ofício, ao contrário de qualquer outra atividade que se impusesse.

(D) proporciona a sensação de que, mesmo ignorando as regras desse ofício, sabe que seu mérito literário ocorre naturalmente.

(E) impõe uma disciplina de trabalho que a leva a se satisfazer sempre com os resultados, sobretudo quando os outros lhe reconhecem o valor.

➢ Comentários:

**Alternativa "a"** – No segundo parágrafo, deixa claro que assegura o prazer, não a qualidade: *Já quando escrevo nunca penso que talvez haja um modo mais correto, do qual os outros escritores se servem. Não me importa nada o modo dos outros escritores.*

**Dica:** no comando, foi mencionado apenas o <u>primeiro parágrafo.</u>

**Alternativa "b"** – Não há desconforto, muito menos cita se existe admiração.

**Alternativa "c"** – ***Quando me ponho a escrever, sinto-me extraordinariamente à vontade*** *e me movo num elemento que tenho a impressão de conhecer extraordinariamente bem:* ***utilizo instrumentos que me são conhecidos e familiares e os sinto bem firmes em minhas mãos.***

**Alternativa "d"** – Nada indica que ela ignore as regras do ofício.

**Alternativa "e"** – Não menciona disciplina, mas sim inspiração – e isso ocorre no terceiro parágrafo: *Quando escrevo histórias, sou como alguém que está em seu país, nas ruas que conhece desde a infância, entre as árvores e os muros que são seus.*

**ALTERNATIVA CORRETA: C**

---

**39. (FCC - TRT 14 - Analista Judiciário - Área Judiciária - 2022)** Ao comparar diferentes modalidades de escrita, a autora afirma que

(A) sua desenvoltura ao escrever histórias lhe é muito mais natural do que na abordagem de outros tipos de discurso.

(B) as histórias lhe trazem um prazer maior de escrever quando absorvem a linguagem própria dos ensaios.

(C) diz coisas mais interessantes a respeito de seu país quando suas histórias se avizinham de um artigo de jornal.

(D) escrever histórias sempre lhe pareceu tão natural quanto reportar a imaginosa conquista de outros países.

(E) o conto foi sua primeira especialidade literária, antes de se consagrar com a invenção de novos gêneros literários.

➢ Comentários:

**Alternativa "a"** – No segundo parágrafo: *O fato é que* ***só sei escrever histórias****. Se tento escrever um ensaio de crítica ou um artigo sob encomenda para um jornal, a coisa sai bem ruim.*

**Alternativa "b"** – Não foi mencionada a linguagem própria.

**Alternativa "c"** – É o contrário: *Se tento escrever um* ***ensaio de crítica ou um artigo*** *sob encomenda para um jornal,* ***a coisa sai bem ruim****. O que escrevo nesses casos tenho de ir buscar fora de mim. E sempre* ***tenho a sensação de enganar o próximo com palavras tomadas de empréstimo ou furtadas aqui e ali****.*

**Alternativa "d"** – Não são conquistas de outros países: *Quando escrevo histórias, sou como* ***alguém que está em seu país, nas ruas que conhece desde a infância, entre as árvores e os muros que são seus.***

**Alternativa "e"** – Não menciona consagração nem novos gêneros literários: *Mas* ***a primeira coisa séria que fiz foi escrever um conto****, um conto curto, de cinco ou seis páginas: saiu de mim como um milagre, numa noite, e quando finalmente fui dormir estava exausta, atônita, estupefata.*

**ALTERNATIVA CORRETA: A**

Texto para responder às questões.

**A chama é bela**

*Nos anos 1970 comprei uma casa no campo com uma bela lareira, e para meus filhos, entre 10 e 12 anos, a experiência do fogo, da brasa que arde, da chama, era um fenômeno absolutamente novo. E percebi que quando a lareira estava acesa eles deixavam a televisão de lado. A chama era mais bela e variada do que qualquer programa, contava histórias infinitas, não seguia esquemas fixos como um programa televisivo.*

*O fogo também se faz metáfora de muitas pulsões, do inflamar-se de ódio ao fogo da paixão amorosa. E o fogo pode ser a luz ofuscante que os olhos não podem fixar, como não podem encarar o Sol (o calor do fogo remete ao calor do Sol), mas devidamente amestrado, quando se transforma em luz de vela, permite jogos de claro-escuro, vigílias noturnas nas quais uma chama solitária nos obriga a imaginar coisas sem nome...*

*O fogo nasce da matéria para transformar-se em substância cada vez mais leve e aérea, da chama rubra ou azulada da raiz à chama branca do ápice, até desmaiar em fumaça... Nesse sentido, a natureza do fogo é ascensional, remete a uma transcendência e, contudo, talvez porque tenhamos aprendido que ele vive no coração da Terra, é também símbolo de profundidades infernais. É vida, mas é também experiência de seu apagar-se e de sua contínua fragilidade.*

(Adaptado de: ECO, Umberto. **Construir o inimigo**. Rio de Janeiro: Record, 2021, p. 54-55)

---

**40. (FCC - TRT 14 - Analista Judiciário - Área Judiciária - 2022)** Discorrendo sobre o fogo, o autor alude ao

(A) seu sentido metafórico quando usa a expressão *inflamar-se de ódio.*

(B) espetáculo pirotécnico de suas chamas quando fala em *paixão amorosa.*

(C) calor físico que dele emana ao dizer que sua natureza *é ascensional.*

(D) seu valor puramente simbólico ao qualificá-lo como *chama rubra ou azulada.*

(E) poder de sua irradiação crescente com a expressão *devidamente amestrado.*

➢ Comentários:

**Alternativa "a"** – *O fogo também se faz metáfora de muitas pulsões, do inflamar-se de ódio ao fogo da paixão amorosa.*

Metáfora: transferência do significado de uma palavra para outra.

Inflamar [no sentido figurado]: *encher, animar.*

**Alternativa "b"** – Não são fogos de artifício, é a chama da lareira.

**Alternativa "c"** – O calor não é físico.

Natureza ascensional: que sobe.

**Alternativa "d"** – Seu valor não é puramente simbólico, é real, é literal.

**Alternativa "e"** – Não há alusão ao poder da irradiação, mas sim ao fato de transformar-se em luz de vela, permitir jogos de claro-escuro, vigílias noturnas.

**ALTERNATIVA CORRETA: A**

Texto para responder às questões.

**Meditação e foco no macarrão**

"Sente os pés no chão", diz a instrutora, com a voz serena de quem há décadas deve sentir os pés no chão, "sente a respiração".

"Inspira, expira", ela diz, mas o narrador dentro da minha cabeça fala mais alto: "Eis então que no início do terceiro milênio, tendo chegado à Lua e à engenharia genética, os seres humanos se voltavam ávidos a técnicas milenares de relaxamento na esperança de encontrar alguma paz e algum sentido para suas vidas simultaneamente atribuladas e vazias".

Um lagarto, **penso**, jamais faria um curso de meditação. "Sente a pedra. A barriga na **pedra**. **Relaxa** a cauda. Agora sente o **sol** aquecendo as escamas. Esquece as moscas. Esquece as cobras rondando a toca. Inspira. Expira." Eu **imagino** que o lagarto sinta a pedra. A barriga na pedra. O prazer simples e ancestral de **lagartear** sob o sol.

Se o lagarto consegue esquecer as moscas ou a cobra rondando a toca, já não sei. A parte mais interna e mais antiga do nosso cérebro é igual à dos répteis. É dali que vem o medo, ferramenta evolutiva fundamental para trazer nossos genes triunfantes e nossos cérebros aflitos através dos milênios até aquela roda, no décimo segundo andar de um prédio na cidade de São Paulo.

Não há nada de místico na meditação. Pelo contrário. Meditar é aprender a estar aqui, agora. Eu acho que nunca estive aqui, agora. O **ansioso** está sempre em outro lugar. Sempre pré-ocupado. Às vezes acho que nasci meia hora **atrasado** e nunca recuperei esses trinta minutos. "Inspira. Expira".

Não é um problema só meu. A revista dominical do "New York Times" fez uma matéria de capa ano passado sobre o tema. Dizia que vivemos a era da ansiedade. Todas as redes sociais são latifúndios produzindo ansiedade. Mesmo o presente mais palpável, como um prato fumegante de **macarrão**, nós conseguimos digitalizar e transformar em ansiedade. Eu preciso postar a minha selfie dando a primeira garfada neste **macarrão**, depois nem vou conseguir comer o resto do **macarrão**, ou sentir o gosto do **macarrão**, porque estarei ocupado conferindo quantas pessoas estão comentando a minha **foto** comendo o **macarrão** que esfria, a minha frente.

"Inspira, expira." A voz da instrutora é tão calma e segura que me dá a certeza de que ela consegue comer o macarrão e me dá a esperança de que também eu, um dia, aprenderei a comer o macarrão. É só o que eu peço a cinco mil anos de tradição acumulada por monges e budas e maharishis e demais sábios barbudos ou imberbes do longínquo Oriente. "Inspira. Expira." Foco no macarrão.

(Adaptado de: PRATA, Antonio. **Folha de S. Paulo**. Disponível em: www.folha.uol.com.br)

---

**41. (FCC – Técnico Judiciário – Área Administrativa – TRT 2/2018)** A repetição do comando *"Inspira, expira"* ao longo do texto

(A) simboliza o ato de concentrar-se no aqui e agora realizado em sua plenitude pela instrutora, ato que é reproduzido pelo autor quando este reflete sobre seu papel na sociedade do terceiro milênio.

(B) representa textualmente a dificuldade que o autor tem em meditar, tendo em vista que se lança a conjecturas a respeito da condição de ansiedade generalizada da sociedade atual.

(C) enfatiza o esforço do autor em seguir as orientações da instrutora, o qual tem o resultado esperado, evidente quando é invocada a sabedoria que sábios acumularam ao longo dos anos.

(D) explicita uma ação que inicialmente o autor realiza de maneira mecânica, mas que vai sendo cada vez mais reproduzida de modo consciente à medida que ele adentra um profundo estado meditativo.

(E) revela o tom de deboche do autor com relação à postura daqueles que ainda se esforçam em controlar sua ansiedade, já que ele deixa claro seu ceticismo quanto aos benefícios da meditação.

➢ Comentários:

**Alternativa "a"** – O ato não é reproduzido pelo autor porque não consegue estar no presente – no agora: *Eu acho que nunca estive aqui, agora.*

**Alternativa "b"** – Trechos que evidenciam a dificuldade do autor: *"Inspira, expira", ela diz, mas **o narrador dentro da minha cabeça fala mais alto**; meditar é aprender a estar aqui, agora. **Eu acho que nunca estive aqui, agora**; às vezes acho que **nasci meia hora atrasado.*** Quanto à ansiedade generalizada: ***Não é um problema só meu.** A revista dominical do "New York Times" fez uma matéria de capa ano passado sobre o tema. Dizia que **vivemos a era da ansiedade. Todas as redes sociais são latifúndios produzindo ansiedade**.*

**Alternativa "c"** – Não tem o resultado esperado: *me dá a esperança de que também eu, um dia, aprenderei.*

**Alternativa "d"** – O autor, em momento algum, consegue adentrar um profundo estado meditativo.

**Alternativa "e"** – Não há deboche, pois ele foi em busca de controlar a ansiedade.

**ALTERNATIVA CORRETA: B**

---

**42. (FCC – Técnico Judiciário – Área Administrativa – TRT 2/2018)** Ao comparar o humano ao lagarto, o autor

(A) sugere que o homem deve se inspirar na natureza para perceber o quanto o medo pode ser nocivo, especialmente em situações que exigem o dispêndio de energia criativa.

(B) satiriza a forma como o homem, mesmo após chegar à Lua e dominar a engenharia genética, ainda anseia por ter suas habilidades racionais equiparadas às de um réptil.

(C) elenca as características que tornam o homem superior aos demais animais, frisando que a curiosidade e a capacidade criativa humana garantem sua contínua evolução.

(D) cria um efeito cômico, pois dá a entender que o lagarto se mostra mais evoluído do que o homem, por ser capaz de viver o instante sem se deixar influenciar pelo medo.

(E) reforça que, em ambos, o medo é crucial para a preservação da vida, destacando que a ansiedade típica do homem está atrelada à necessidade de dar sentido a sua existência.

➢ Comentários:

**Alternativa "a"** – O medo não é nocivo, é fundamental.

**Alternativa "b"** – Além de não haver sátira, o homem não anseia por ter habilidades equiparadas às de um réptil.

**Alternativa "c"** – O autor apenas cita que o nosso cérebro é igual a dos répteis. Não frisa garantia alguma.

**Alternativa "d"** – Ele não sabe se o lagarto é mais evoluído: *Se o lagarto consegue esquecer as moscas ou a cobra rondando a toca,* ***já não sei****.*

**Alternativa "e"** – Informação explícita no quarto parágrafo: *A parte mais interna e mais antiga do* ***nosso cérebro é igual à dos répteis. É dali que vem o medo, ferramenta evolutiva fundamental*** *para trazer nossos genes triunfantes e nossos cérebros aflitos* ***através dos milênios até aquela roda****, no décimo segundo andar de um prédio na cidade de São Paulo.*

**ALTERNATIVA CORRETA: E**

---

**43. (FCC – Técnico Judiciário – Área Administrativa – TRT 2/2018)** Considerando a argumentação estabelecida no texto, articulam-se a ideias opostas as seguintes palavras:

(A) *penso; imagino* (3º parágrafo).

(B) *ansioso; atrasado* (5º parágrafo).

(C) *macarrão; foto* (6º parágrafo).

(D) *pedra; sol* (3º parágrafo).

(E) *Relaxa; lagartear* (3º parágrafo).

➢ Comentários:

**Alternativa "a"** – *Pensar* é sinônimo de *meditar, raciocinar; supor, cuidar,* ***imaginar****; cogitar, planejar.*

**Alternativa "b"** – Tanto o ansioso quanto o atrasado não aprendem a estar aqui, agora. Não há oposição.

**Alternativa "c"** – Oposição entre comer o macarrão e conferir quantas pessoas estão comentando a foto. Macarrão = agora; foto = ansiedade.

**Alternativa "d"** – Descrições adicionais que se referem à natureza: barriga na pedra e sente o sol.

**Alternativa "e"** – No contexto, *lagartear* é o mesmo que *relaxar*, são sinônimos.

**ALTERNATIVA CORRETA: C**

---

**44. (FCC – Técnico Judiciário – Área Administrativa – TRT 2/2018)** *"Sente os pés no chão", diz a instrutora, com a voz serena de quem há décadas deve sentir os pés no chão, "sente a respiração".* (1º parágrafo)

Esse trecho está corretamente reescrito, com o discurso direto substituído pelo indireto, conservando-se o sentido e a correspondência com o restante do texto, em:

(A) A instrutora disse com a voz serena de quem há décadas deve sentir os pés no chão, para que sentisse os pés no chão e sentisse a respiração.

(B) Dizia a instrutora, com a voz serena de quem há décadas deve sentir os pés no chão: – Sinta os pés no chão, sinta a respiração.

(C) Com a voz serena de quem há décadas deve sentir os pés no chão, a instrutora diz para sentir os pés no chão e sentir a respiração.

(D) Diz a instrutora, com a voz serena de quem há décadas deve sentir os pés no chão que sente os pés no chão e sente a respiração.

(E) A instrutora com a voz serena de quem há décadas deve sentir os pés no chão, disse que sentiria os pés no chão e sentiria a respiração.

➢ Comentários:

**Nota da autora:** É necessário relembrar as mudanças que devem ser feitas ao transpor o discurso direto para o indireto.

| | Discurso direto | Discurso indireto |
|---|---|---|
| **Pessoas e pronomes** | Eu<br>Nós<br>Meu | → Ele, ela<br>→ Eles, elas<br>→ Seu |
| **Tempos do indicativo** | Presente (sou)<br>Pretérito imperfeito ou perfeito (fazia)<br>Futuro do presente (farei) | → Pretérito imperfeito (era)<br>→ Pretérito mais-que-perfeito (fizera)<br>→ Futuro do pretérito (faria) |
| **Tempos do subjuntivo** | Presente e futuro (faça - fizer) | → Pretérito imperfeito (fizesse) |

| | | |
|---|---|---|
| **Tempos no imperativo** | Imperativo<br>(faça) | → Pretérito imperfeito do subjuntivo (fizesse) |
| **Pontuação** | Frases interrogativas, exclamativas e imperativas | → Frases declarativas |
| **Noções temporais** | Ontem<br>Hoje<br>Amanhã | → No dia anterior<br>→ Naquele dia<br>→ No dia seguinte |
| **Noções espaciais** | Aqui<br>Aí<br>Este<br>Isto | → Ali<br>→ Lá<br>→ Aquele<br>→ Aquilo |

**Alternativa "a"** – Disse: pretérito perfeito do indicativo. O tempo deveria permanecer no presente do indicativo - diz.

Observação: "para que sentisse" está correto, pois passa do imperativo para o pretérito imperfeito do subjuntivo.

**Alternativa "b"** – Sinta: imperativo afirmativo (discurso direto).

**Alternativa "c"** – Divida as informações para facilitar o raciocínio.

1. *"Sente os pés no chão", diz a instrutora,* = a instrutora diz para sentir os pés no chão.
2. *"sente a respiração":* a instrutora diz para sentir a respiração.

O imperativo (sente) foi transposto para o infinitivo (sentir), ou seja, para uma oração subordinada substantiva reduzida (sem conjunção).

Se estivesse desenvolvida, seria: a instrutora diz para que sentisse os pés no chão e sentisse a respiração. A banca não transpôs o presente do indicativo (diz) para o pretérito imperfeito do indicativo (dizia), mas o período manteve a correção gramatical.

**Alternativa "d"** – Sente: presente do indicativo (a instrutora sente - ideia incorreta).

**Alternativa "e"** – Disse: pretérito perfeito do indicativo; sentiria = futuro do pretérito do indicativo.

**ALTERNATIVA CORRETA: C**

Texto para responder às questões.

O jornalismo pode ser qualificado, embora com certo exagero, como um mal necessário. É um mal porque todo relato jornalístico tende ao provisório. Mesmo quando estamos preparados para abordar os assuntos sobre os quais escrevemos, é próprio do jornalismo apreender os fatos às pressas. A chance de erro, sobretudo de imprecisões, é grande.

O próprio instrumento utilizado é suspeito. Diferente da notação matemática, que é neutra e exata, a linguagem se presta a vieses de todo tipo, na maior parte inconscientes, que refletem visões de mundo de quem escreve. Eles interagem com os vieses de quem lê, de forma que, se são incomuns textos de fato isentos, mais raro ainda que sejam reconhecidos como tais.

Pertenço a uma geração que não se conformava com as debilidades do relato jornalístico. O objetivo daquela geração, realizado apenas em parte, era estabelecer que o jornalismo, apesar de suas severas limitações, é uma forma legítima de conhecimento sobre o nível mais imediato da realidade.

O que nos remete à questão do início; sendo um mal, por que necessário? Por dois motivos. Ao disseminar notícias e opiniões, a prática jornalística municia seus leitores de ferramentas para um exercício mais consciente da cidadania. Thomas Jefferson pretendia que o bom jornalismo fosse a escola na qual os eleitores haveriam de aprender a exercer a democracia.

O outro motivo é que os veículos, desde que comprometidos com o debate dos problemas públicos, servem como arena de ideias e soluções. O livre funcionamento das várias formas de imprensa, mesmo as sectárias e as de má qualidade, corresponde em seu conjunto à **respiração mental da sociedade**.

Entretanto, o jornalismo dito de qualidade sempre foi objeto de uma minoria. A maioria das pessoas está de tal maneira consumida por seus dramas e divertimentos pessoais que sobra pouca atenção para o que é público. Desde quando os tabloides eram o principal veículo de massas, passando pela televisão e pela internet, vastas porções de jornalismo recreativo vêm sendo servidas à maioria.

O jornalismo de verdade, que apura, investiga e debate, é sempre elitista. Está voltado não a uma elite econômica, mas a uma aristocracia do espírito. São líderes comunitários, professores, empresários, políticos, sindicalistas, cientistas, artistas. Pessoas voltadas ao coletivo.

A influência desse tipo de jornalismo sempre foi, assim, mediada. Desde que se tornou hegemônico, nos anos 1960-70, o jornalismo televisivo se faz pautar pela imprensa. Algo parecido ocorre agora com as redes sociais.

A imprensa, que vive de cobrir crises, sempre esteve em crise. O paradoxo deste período é que, no mesmo passo em que as bases materiais do jornalismo profissional deslizam, sua capacidade de atingir mais leitores se multiplica na internet, conforme se torna visível a perspectiva de universalizar o ensino superior.

(Adaptado de: FILHO, Otavio Frias. Disponível em: **www.folha.uol.com.br**)

---

**45. (FCC – Técnico Judiciário – Área Administrativa – TRT 6/2018)** Depreende-se corretamente do texto:

(A) O desejo infrutífero da geração a que pertence o autor, ou seja, a transformação do jornalismo em um meio de fortalecer a democracia e o senso de cidadania, é visto como um projeto utópico.

(B) Diferentemente do jornalismo de entretenimento, o jornalismo investigativo, que se dirige às lideranças sociais, tende a ser imparcial quando difundido em veículos sérios.

(C) Devido à popularidade das notícias difundidas nas mídias sociais, o jornalismo televisivo, que se tornou hegemônico nas décadas de 1960-70, vem perdendo audiência.

(D) O autor considera que o caráter provisório das notícias, a apuração apressada dos fatos e a subjetividade própria da linguagem sejam questões problemáticas inerentes ao jornalismo.

(E) Em oposição ao jornalismo que apura e investiga, o jornalismo recreativo, ainda que popular, baseia-se em fatos de difícil comprovação e desperta o interesse de pessoas que, ao consumi-lo, desconsideram os problemas da coletividade.

➤ Comentários:

**Alternativa "a"** – Não se trata de projeto utópico por ter sido realizado: *O objetivo daquela geração,* ***realizado*** *apenas em parte, era estabelecer que o jornalismo, apesar de suas severas limitações, é uma forma legítima de conhecimento sobre o nível mais imediato da realidade.*

**Alternativa "b"** – A tendência do jornalismo é ser parcial: *Diferente da notação matemática, que é neutra e exata, a linguagem se presta a vieses de todo tipo, na maior parte inconscientes, que* ***refletem visões de mundo de quem escreve****.*

**Alternativa "c"** – Não está perdendo a audiência: *Desde quando os tabloides eram o principal veículo de massas, passando pela televisão e pela internet, vastas porções de jornalismo recreativo* ***vêm sendo servidas à maioria****.*

**Alternativa "d"** – Dividindo as informações:

1. caráter provisório das notícias = *O jornalismo pode ser qualificado, embora com certo exagero, como um mal necessário. É um mal porque* ***todo relato jornalístico tende ao provisório;***
2. a apuração apressada dos fatos = *é próprio do jornalismo* ***apreender os fatos às pressas;***
3. subjetividade própria da linguagem = *a linguagem se presta a vieses de todo tipo, na maior parte inconscientes, que* ***refletem visões de mundo de quem escreve****.*

**Alternativa "e"** – Não desconsideram os problemas da coletividade: *São líderes comunitários, professores, empresários, políticos, sindicalistas, cientistas, artistas.* ***Pessoas voltadas ao coletivo.***

**ALTERNATIVA CORRETA: D**

---

**46. (FCC – Técnico Judiciário – Área Administrativa – TRT 6/2018)** Considere:

I. No texto, o que está referido como a *respiração mental da sociedade* (5º parágrafo) consiste na liberdade de todas as formas de imprensa.

II. A popularidade dos veículos de imprensa voltados a grandes massas, como os tabloides, é responsável, ainda que indiretamente, pela crise que atravessa hoje o jornalismo de caráter sério, que se dirige apenas a uma minoria.

III. No texto, o autor tece uma crítica ao caráter elitista e pouco democrático do jornalismo impresso, restrito, assim, aos poucos leitores dispostos a exercer a cidadania por escrito na arena pública.

Está correto o que se afirma APENAS em:

(A) I e II.

(B) I.

(C) I e III.

(D) II e III.

(E) II.

➤ Comentários:

I. **Certo.** O pronome indefinido "várias" possui sentido de *numerosas; em que há excesso, diversidade; em grande quantidade* e por isso pode equivaler a "todas": O livre funcionamento das várias formas de imprensa, mesmo as sectárias e as de má qualidade, corresponde em seu conjunto à respiração mental da sociedade.

II. **Errado.** Não é responsável pela crise, já que o jornalismo de qualidade sempre foi objeto de uma minoria.

III. **Errado.** Extrapolação textual, pois o autor não critica o caráter elitista do jornalismo impresso.

Apenas o item I está correto.

**ALTERNATIVA CORRETA: B**

Texto para responder às questões.

1. *A neurocientista Suzana Herculano-Houzel é autora da coletânea de textos* O cérebro nosso de cada dia, *que tratam de curiosidades como o mito de que usamos apenas 10% do cérebro, por que bocejo contagia, se café vicia, o endereço do senso de humor, os efeitos dos antidepressivos. A escrita é acessível e descontraída e os exemplos são tirados do cotidiano. Mesmo assim, Suzana descreve o processo de realização de cada pesquisa e discute as questões mais complexas, como a relação entre herança e ambiente, as origens fisiológicas de determinados comportamentos e o conceito de consciência. Leia a entrevista abaixo.*

2. ***Muitos se queixam da ausência de uma "teoria da mente" satisfatória e dizem que a consciência humana é um mistério que não se poderia resolver – mesmo porque caberia à própria consciência humana resolvê-lo. O que acha?*** *Acho que, na ciência, mais difícil do que encontrar respostas é formular perguntas boas. A ciência precisa de hipóteses testáveis, e somente agora, quando a neurociência chega perto dos 150 anos de vida, começam a aparecer hipóteses testáveis sobre os mecanismos da consciência. Mas "teorias da mente" bem construídas e perfeitamente testáveis já existem. A própria alegação de que deve ser impossível à mente humana desvendar a si mesma, aliás, não passa de uma hipótese esperando ser posta por terra. É uma afirmação desafiadora, e com um apelo intuitivo muito forte. Mas não tem fundamento. De qualquer forma, a neurociência conta hoje com um leque de ferramentas que permite ao pesquisador, se ele assim desejar, investigar por exemplo a ativação em seu cérebro*

*enquanto ele mesmo pensa, lembra, faz contas, adormece e, em seguida, acorda. O fato de que o objeto de estudo está situado dentro da cabeça do próprio pesquisador não é necessariamente um empecilho.*

3. ***Há várias pesquisas descritas em seu livro sobre a influência da fisiologia no comportamento. Você concorda com Edward O. Wilson que "a natureza humana é um conjunto de predisposições genéticas"?*** *Acredito que predisposições genéticas existem, mas, na grande maioria dos casos, não passam de exatamente isso: predisposições. Exceto em alguns casos especiais, genética não é destino. A meu ver, fatores genéticos, temperados por acontecimentos ao acaso ao longo do desenvolvimento, fornecem apenas uma base de trabalho, a matéria bruta a partir da qual cérebro e comportamento serão esculpidos. Somadas a isso influências do ambiente e da própria experiência de vida de cada um, é possível transcender as potencialidades de*

*apenas 30 mil genes – a estimativa atual do número de genes necessários para "montar" um cérebro humano – para montar os trilhões e trilhões de conexões entre as células nervosas, criando o arco-íris de possibilidades da natureza humana.*

4. ***Uma dessas influências diz respeito às diferenças entre homens e mulheres, que seu livro menciona. Como evitar que isso se torne motivação de preconceitos ou de generalizações vulgares, como no fato de as mulheres terem menos neurônios?*** *Se diferenças entre homens e mulheres são evidentes pelo lado de fora, é natural que elas também existam no cérebro.*

*Na parte externa do cérebro, o córtex, homens possuem em média uns quatro bilhões de neurônios a mais. Mas o simples número de neurônios em si não é sinônimo de maior ou menor habilidade. A não ser quando concentrado em estruturas pequenas com função bastante precisa. Em média, a região do cérebro que produz a fala tende a ser maior em mulheres do que em homens, enquanto neles a região responsável por operações espaciais, como julgar o tamanho de um objeto, é maior do que nelas. Essa diferença casa bem com observações da psicologia: elas costumam falar melhor (e não mais!), eles costumam fazer operações espaciais com mais*

*facilidade. O realmente importante é reconhecer que essas diferenças não são limitações, e sim pontos de partida, sobre os quais o aprendizado e a experiência podem agir.*

(Adaptado de: PIZA, Daniel. **Perfis & Entrevistas.** São Paulo, Contexto, 2004)

---

**47. (FCC – Técnico Judiciário – Área Judiciária – TRT 15/2018)** De acordo com o texto,

(A) afirmações como "café vicia", "bocejo contagia" mostram que a neurociência está presente em nosso dia a dia, uma vez que o cérebro, enquanto matéria bruta, cristaliza hábitos possíveis de acordo com nossa carga genética.

(B) as predisposições genéticas constituem limites importantes que deveriam ser levados em conta na reafirmação de questões éticas, o que é ilustrado pelas diferenças existentes entre homens e mulheres.

(C) a suposta falta de distanciamento crítico nas pesquisas sobre a mente, dado que caberia a ela mesma investigar sobre si própria, é um falso problema, uma vez que a ciência hoje dispõe de instrumental avançado para isso.

(D) a contradição que está na base da neurociência é o fato de que o número de neurônios não é proporcional à proficiência que determinada região do cérebro desenvolve, o que faz com que os problemas genéticos passem a ter um componente ético.

(E) a imutabilidade dos genes é questionada pela própria neurociência, uma vez que não se podem menosprezar as influências do comportamento, adquirido em sociedade, tampouco o ambiente em que as pessoas vivem e estabelecem relações.

➢ Comentários:

**Alternativa "a"** – Não é de acordo com nossa carga genética, pois a autora afirma que genética não é destino: *Acredito que predisposições genéticas existem, mas, na grande maioria dos casos, não passam de exatamente isso:* ***predisposições.*** *Exceto em alguns casos especiais, genética não é destino.*

**Alternativa "b"** – A genética, como já mencionado, não constitui limite: *A meu ver,* ***fatores genéticos****, temperados por acontecimentos ao acaso ao longo do desenvolvimento,* ***fornecem***

***apenas uma base de trabalho,*** *a matéria bruta a partir da qual cérebro e comportamento serão esculpidos.*

**Alternativa "c"** – Ideias claras no texto. Vejamos a pergunta e a resposta. **Pergunta:** *Muitos se queixam da ausência de uma "teoria da mente" satisfatória e dizem que a consciência humana é um mistério que não se poderia resolver – mesmo porque caberia à própria consciência humana resolvê-lo. O que acha?*

**Resposta:** (...) *Mas* ***"teorias da mente" bem construídas e perfeitamente testáveis já existem. A própria alegação de que deve ser impossível à mente humana desvendar a si mesma, aliás, não passa de uma hipótese esperando ser posta por terra.*** *É uma afirmação desafiadora, e com um apelo intuitivo muito forte.* ***Mas não tem fundamento.*** *De qualquer forma,* ***a neurociência conta hoje com um leque de ferramentas que permite ao pesquisador, se ele assim desejar, investigar por exemplo a ativação em seu cérebro enquanto ele mesmo pensa, lembra, faz contas, adormece e, em seguida, acorda.*** *O fato de que o objeto de estudo está situado dentro da cabeça do próprio pesquisador* ***não é necessariamente um empecilho.***

**Alternativa "d"** – Não é mencionada contradição, a autora apenas cita algumas diferenças entre o cérebro masculino e o feminino. Lembramos ainda que existe predisposição genética, não sendo os fatores genéticos um componente ético.

**Alternativa "e"** – A autora não cita a imutabilidade dos genes, ela afirma que os genes são mutáveis: *fatores genéticos, temperados por acontecimentos ao acaso ao longo do desenvolvimento, fornecem apenas uma base de trabalho, a matéria bruta a partir da qual cérebro e comportamento serão esculpidos. Somadas a isso influências do ambiente e da própria experiência de vida de cada um, é possível transcender as potencialidades de apenas 30 mil genes para montar os trilhões e trilhões de conexões entre as células nervosas,* ***criando o arco-íris de possibilidades da natureza humana.***

**ALTERNATIVA CORRETA: C**

---

**48. (FCC – Técnico Judiciário – Área Judiciária – TRT 15/2018)** ***Você concorda com Edward O. Wilson que "a natureza humana é um conjunto de predisposições genéticas"?*** *Acredito que predisposições genéticas existem, mas, na grande maioria dos casos, não passam de exatamente isso: predisposições.*

Mantendo-se a correção e, em linhas gerais, o sentido, as frases acima encontram-se transpostas para o **discurso indireto** em:

(A) À pergunta: – Você concorda com Edward O. Wilson que "a natureza humana é um conjunto de predisposições genéticas"?, responde a entrevistada: – Acredito que predisposições genéticas existem, mas, na grande maioria dos casos, não passam de exatamente isso: predisposições.

(B) Questionada se concordava com Edward O. Wilson sobre a natureza humana ser um conjunto de predisposições genéticas, a entrevistada respondeu que acreditava na existência de tais predisposições, que, todavia, na grande maioria dos casos não seriam mais do que isso.

(C) À pergunta de, se concordaria com Edward O. Wilson que "a natureza humana é um conjunto de predisposições genéticas", respondeu a entrevistada que acreditaria que predisposições genéticas existissem, mas que, na grande maioria dos casos, não passariam disso.

(D) Em resposta à pergunta sobre sua concordância com Edward O. Wilson – que teria dito que a natureza humana é um conjunto de predisposições genéticas – a entrevistada respondeu: "Acredito que predisposições genéticas existem, mas, na grande maioria dos casos, não passam de exatamente isso: predisposições".

(E) Ao ser perguntada se concordava com Edward O. Wilson, a respeito de que a natureza humana é um conjunto de predisposições genéticas, a entrevistada responde que, na maioria dos casos, acreditava em tais predisposições, mas que não passariam de serem predisposições.

➢ Comentários:

**Nota da autora:** divida as informações para facilitar. Lembre-se de que no discurso direto há transcrição exata; no discurso indireto, a fala é na terceira pessoa.

**Dica para a transposição:** no discurso indireto, é comum haver os verbos *falar, dizer* e *responder* conjugados no pretérito ou no futuro do pretérito. Há, também, conjunções (que, se) e omissão de sinais gráficos - travessão, aspas e dois pontos.

**Alternativa "a"** – Os trechos permanecem no discurso direto.

**Alternativa "b"**

1. Discurso direto: *Você concorda com Edward O. Wilson que "a natureza humana é um conjunto de predisposições genéticas"?* = Discurso indireto: Questionada se concordava com Edward O. Wilson sobre a natureza humana ser um conjunto de predisposições genéticas.
2. Discurso direto: *Acredito que predisposições genéticas existem, mas, na grande maioria dos casos, não passam de exatamente isso: predisposições.* = Discurso indireto: a entrevistada respondeu que acreditava na existência de tais predisposições, que, todavia, na grande maioria dos casos não seriam mais do que isso.

**Alternativa "c"** – O início do período está incorreto (*de, se*). Alternativa descartada facilmente.

**Alternativa "d"** – A resposta continua no discurso direto.

**Alternativa "e"** – O verbo *responder* está no presente do indicativo e deveria estar no pretérito perfeito do indicativo – ação passada.

| Discurso direto | Discurso indireto |
|---|---|
| Presente do indicativo - **atualmente** | pretérito imperfeito do indicativo - **antigamente** |
| Pretérito perfeito do indicativo - **ontem** | pretérito mais-que-perfeito do indicativo - **outrora** |
| Futuro do presente do indicativo - **amanhã** | futuro do pretérito do indicativo - **condição** |
| Presente do subjuntivo | pretérito imperfeito do subjuntivo |
| Futuro do subjuntivo | |
| Imperativo | |

**ALTERNATIVA CORRETA: B**

Texto para responder às questões.

**A importância do imperfeito**

O conceito de perfeição guia muitas aspirações nossas, seja em nossas vidas privadas, seja nos diversos espaços profissionais. Falamos ou ouvimos falar de "relações perfeitas" entre duas pessoas como modelos a serem seguidos, ou de almejar sempre a realização perfeita de um trabalho. Em algumas religiões, aprendemos que nosso objetivo é chegar ao paraíso, lar da perfeição absoluta, final de jornada para aqueles que, se não conseguiram atingir a perfeição em vida, pelo menos a perseguiram com determinação.

Historicamente, o perfeito está relacionado com a estética, andando de mãos dadas com o belo, conforme rezam os preceitos da arte clássica. Muito da criatividade humana, tanto nas artes como nas ciências, é inspirado por esse ideal de perfeição. Mas nem tudo. Pelo contrário, várias das ideias que revolucionaram nossa produção artística e científica vieram justamente da exaltação do imperfeito, ou pelo menos da percepção de sua importância.

Nas artes, exemplos de rompimento com a busca da perfeição são fáceis de encontrar. De certa forma, toda a pintura moderna é ou foi baseada nesse esforço de explorar o imperfeito. Romper com o perfeito passou a ser uma outra possibilidade de ser belo, como ocorre na música atonal ou na escultura abstrata, em que se encontram novas perspectivas de avaliação do que seja harmônico ou simétrico. Na física moderna, o imperfeito ocupa um lugar de honra. De fato, se a Natureza fosse perfeita, o Universo seria um lugar extremamente sem graça. Do microcosmo das partículas elementares da matéria ao macrocosmo das galáxias e mesmo no Universo como um todo, a imperfeição é fundamental. A estrutura hexagonal dos flocos de neve é uma manifestação de simetrias que existem no nível molecular, mas, ao mesmo tempo, dois flocos de neve jamais serão perfeitamente iguais. Não faltam razões, enfim, para que nos aceitemos como seres imperfeitos. Por que não?

*(Adaptado de: GLEISER, Marcelo. Retalhos cósmicos. São Paulo: Companhia das Letras, 1999, p. 189-190)*

---

**49. (FCC – Analista Judiciário – Área Administrativa – TRT 2/2018)** Os três parágrafos do texto organizam-se de modo a constituírem, na ordem dada, as seguintes operações argumentativas:

(A) relativização do conceito de perfeito; valorização absoluta do conceito de perfeito; inclusão do conceito de imperfeito.

(B) valorização absoluta do conceito de perfeito; valorização absoluta do conceito de imperfeito; nova valorização do conceito de perfeito.

(C) reconhecimento do conceito de perfeito; relativização do conceito de perfeito; demonstração do valor do imperfeito.

(D) defesa dos conceitos de perfeito e imperfeito; valorização máxima do conceito de imperfeito; conclusão acerca da superioridade do imperfeito.

(E) recuperação histórica do conceito de perfeito; predomínio do imperfeito nas artes e nas ciências; reavaliação positiva do conceito de perfeito.

➢ Comentários:

**Nota da autora:** Por referir-se às ideias de todo o texto, é viável trabalhar por eliminação. Não há necessidade de se preocupar com todas as opções. Vejamos.

1. *O conceito de perfeição...* = reconhecimento do conceito de perfeito. Eliminadas A, B, D e E;
2. *Pelo contrário, várias das ideias que revolucionaram nossa produção artística e científica vieram justamente da exaltação do imperfeito, ou pelo menos da percepção de sua importância.* = relativização do conceito de perfeito.
3. Artes, música e na física moderna = demonstração do valor do imperfeito.

**ALTERNATIVA CORRETA: C**

---

**50. (FCC – Analista Judiciário – Área Administrativa – TRT 2/2018)** No terceiro parágrafo, uma *escultura abstrata* e a *estrutura hexagonal dos flocos de neve* são exemplos de que o autor do texto se serve para demonstrar que

(A) as artes e a física moderna valem-se dos mesmos modelos de perfeição e de beleza.

(B) o imperfeito pode representar-se tanto na criação estética como na ordem natural.

(C) a imperfeição final é a ordem a partir da qual tudo se organiza na arte e na natureza.

(D) sob o aspecto de uma aparente imperfeição há o primado das leis que regem o perfeito.

(E) por trás das formas belas e das estruturas físicas encontra-se a razão mesma de ser do que é perfeito.

➢ Comentários:

**Alternativa "a"** – Valem-se das imperfeições.

**Alternativa "b"** – Criação estética: *escultura abstrata*; ordem natural: *A estrutura hexagonal dos flocos de neve.*

**Alternativa "c"** – Não é que "tudo" se organiza: ocorre extrapolação textual.

**Alternativa "d"** – Não há o primados leis que regem o perfeito, pois o autor afirma que "a imperfeição é fundamental.".

**Alternativa "e"** – Encontra-se a razão de ser do que é imperfeito.

**ALTERNATIVA CORRETA: B**

Texto para responder às questões.

**Em torno do bem e do mal**

Quando nos referimos ao Bem e ao Mal, devemos considerar que há uma série de pequenos satélites desses grandes planetas, e que são a pequena bondade, a pequena maldade, a pequena inveja, a pequena dedicação... No fundo é disso que se faz a vida das pessoas, ou seja, de fraquezas e virtudes minúsculas. Por outro lado, para as pessoas que se importam com a ética, há uma regra simples e fundamental: não fazer mal a outrem. A partir do momento em que tenhamos a preocupação de respeitar essa simples regra de convivência humana, não será preciso perdermo-nos em grandes filosofias especulativas sobre o que seja o Bem e o Mal.

"Não faças aos outros o que não queres que te façam a ti" parece um ponto de vista egoísta, mas é uma diretriz básica pela qual deve o comportamento humano se orientar para afastar o egoísmo e cultivar verdadeiramente o que se precisa entender por relação humana. Pensando bem, a formulação dessa diretriz bem pode ter uma versão mais positiva: "Faz aos outros o que quiseres que façam a ti". Não é apenas mais simpático, é mais otimista, e dissolve de vez a suspeita fácil de uma providência egoísta.

(A partir de José Saramago. **As palavras de Saramago.** São Paulo: Companhia das Letras, 2010, p. 111-112, passim)

---

**51. (FCC – Analista Judiciário – Área Administrativa – TRT 2/2018)** Ao se referir aos *pequenos satélites desses grandes planetas,* José Saramago está considerando

(A) o valor maior que se atribui ao Bem e ao Mal e a consideração menor com que vemos as suas práticas miúdas.

(B) a órbita dos pequenos satélites, girando em torno da grandeza indiscutivelmente superior dos planetas Bem e Mal.

(C) uma relação já reconhecida entre a pequenez dos gestos baratos e a magnitude dos grandes sacrifícios.

(D) a ilusão de imaginarmos que podemos galgar os valores absolutos cultivando os valores apenas relativos.

(E) uma relação entre a esfera superior do Bem e as pequenas manifestações do Mal, que giram em sua órbita.

➢ Comentários:

**Alternativa "a"** – Valor maior: ***Bem e Mal***; consideração menor: *uma série de pequenos satélites desses grandes planetas, e que são* ***a pequena bondade, a pequena maldade, a pequena inveja, a pequena dedicação***; práticas miúdas: *é disso que se faz a vida das pessoas, ou seja, de* ***fraquezas e virtudes minúsculas.***

**Alternativa "b"** – A vida se faz de fraquezas e virtudes minúsculas.

**Alternativa "c"** – Além de não haver tal relação, o autor não cita a magnitude dos grandes sacrifícios.

**Alternativa "d"** – Como mencionado na alternativa "a", a vida se faz de práticas miúdas – fraquezas e virtudes minúsculas.

**Alternativa "e"** – As pessoas são boas e más: *bondade e maldade; inveja e dedicação.*

**ALTERNATIVA CORRETA: A**

---

**52. (FCC – Analista Judiciário – Área Administrativa – TRT 2/2018)** No segundo parágrafo, a apresentação justificada de *uma versão mais positiva* daquela *diretriz básica* já referida entre aspas

(A) revela-se, de fato, como um pequeno equívoco, pois ambas as formulações encarnam um idêntico conteúdo.

(B) ressalta a importância de excluir da sentença a sombra de egoísmo de quem priorizaria não ser atingido pelo mal.

(C) deixa claro que é muito mais fácil ativar um bem de fundo egoísta do que excluir o mal de nossas ações.

(D) faz ver que as diretrizes básicas de comportamento têm o exato valor das intenções profundas que as inspiram.

(E) enfatiza a necessidade de nos iludirmos para que não vejamos o exercício do Bem ou do Mal como prática egoísta.

➢ Comentários:

**Alternativa "a"** – Os conteúdos são distintos, pois há o negativo e o positivo.

**Alternativa "b"** – Excluir o egoísmo: *dissolve de vez a suspeita fácil de uma providência egoísta.* Versão positiva: "Faz aos outros o que quiseres que façam a ti"; versão negativa: "Não faças aos outros o que não queres que te façam a ti".

**Alternativa "c"** – Não se trata de ser mais fácil, é mais simpático não ser egoísta.

**Alternativa "d"** – As diretrizes básicas está longe de ter o exato valor das intenções.

**Alternativa "e"** – Não é ilusão, é ser mais simpático e mais otimista.

**ALTERNATIVA CORRETA: B**

Para responder às próximas questões, baseie-se no texto abaixo, trecho de um diário pessoal do poeta Carlos Drummond de Andrade, escrito ao tempo da II Guerra Mundial, em 1945.

**[O poeta e a política]**

Sou um animal político ou apenas gostaria de ser? Estou preparado? Posso entrar na militância sem me engajar num partido? Nunca pertencerei a um partido, isto eu já decidi. Resta o problema da ação política com bases individualistas, como pretende a minha natureza. Há uma contradição insolúvel entre minhas ideias ou o que suponho minhas ideias, e talvez sejam apenas utopias consoladoras, e minha inaptidão para o sacrifício do ser particular, crítico e sensível, em proveito de uma verdade geral, impessoal, às vezes dura, senão impiedosa. Não quero ser um energúmeno, um sectário, um passional ou um frio domesticado, conduzido por

palavras de ordem. Como posso convencer a outros se não me convenço a mim mesmo? Se a inexorabilidade, a malícia, a crueza, o oportunismo da ação política me desagradam, e eu, no fundo, quero ser um intelectual político sem experimentar as impurezas da ação política?

*(ANDRADE, Carlos Drummond de. O observador no escritório. Rio de Janeiro: Record, 1985, p. 31)*

---

**53. (FCC – Analista Judiciário – Área Administrativa – TRT 2/2018)** A *contradição insolúvel* a que se refere o poeta manifesta-se na relação expressa entre os seguintes segmentos do texto:

(A) *ação política com bases individualistas / utopias consoladoras*

(B) *entrar na militância / uma verdade geral, impessoal*

(C) *a inexorabilidade, a malícia, a crueza / o oportunismo da ação política*

(D) *inaptidão para o sacrifício do ser particular / conduzido por palavras de ordem*

(E) *Nunca pertencerei a um partido / Não quero ser um energúmeno, um sectário*

➢ Comentários:

**Alternativa correta: letra "d"** – A contradição está clara no texto: ***Há uma contradição insolúvel entre minhas ideias ou o que suponho minhas ideias****, e talvez sejam apenas utopias consoladoras, e* ***minha inaptidão para o sacrifício do ser particular****, crítico e sensível, em proveito de uma verdade geral, impessoal, às vezes dura, senão impiedosa.* **Não quero ser**

*um energúmeno, um sectário, um passional ou um frio domesticado,* ***conduzido por palavras de ordem.***

Veja que nas outras opções não há contradição:

**Alternativa "a"** – Sem contradição: a ação política com bases individualistas faz parte da natureza do autor, assim como as utopias consoladoras.

**Alternativa "b"** – Sem contradição: ao entrar na militância, deparar-se-á *com uma verdade geral, impessoal, às vezes dura, senão impiedosa.* Trata-se de consequência.

**Alternativa "c"** – Sem contradição: são características políticas que desagradam o autor.

**Alternativa "d"** – A contradição está clara no texto: ***Há uma contradição insolúvel entre minhas ideias ou o que suponho minhas ideias,*** *e talvez sejam apenas utopias consoladoras, e* ***minha inaptidão para o sacrifício do ser particular,*** *crítico e sensível, em proveito de uma verdade geral, impessoal, às vezes dura, senão impiedosa.* ***Não quero ser*** *um energúmeno, um sectário, um passional ou um frio domesticado,* ***conduzido por palavras de ordem.***

**Alternativa "e"** – Sem contradição: ele nunca pertencerá a um partido e não quer ser *um energúmeno, um sectário, um passional ou um frio domesticado, conduzido por palavras de ordem.*

**ALTERNATIVA CORRETA: D**

Texto para responder às questões.

**A arte requer "explicação"?**

Aqui e ali, quem frequenta bienais, salões de arte ou exposições de artes plásticas encontrará de repente não um quadro, uma escultura ou algum objeto de significação histórica, mas uma instalação – nome que se dá, segundo o dicionário Houaiss, a "alguma obra de arte que consiste em construção ou empilhamento de materiais, permanente ou temporário, em que o espectador pode participar, manipulando-a, ou, sendo, às vezes, de tamanho tão grande, que o espectador pode nela entrar". Trata-se, em outras palavras, de materiais organizados num espaço físico de modo a constituírem uma obra de arte.

Ocorre, porém, com grande parte das instalações, um fenômeno curioso: com muita frequência o criador é convidado a explicar – e o faz com linguagem muito sofisticada – o sentido profundo que pretendeu dar àquele conjunto de materiais, àquela instalação que ele concebeu. Para o público, restará a impressão final de que os materiais eram, em si mesmos, insuficientes para significarem alguma coisa: precisavam da explicação de quem os utilizou.

As verdadeiras obras de arte se impõem por si mesmas, independentemente de qualquer explicação prévia ou justificativa final. O grande músico, o grande escritor, o grande cineasta não precisam interpor-se entre a sonata, o romance ou o filme para explicar seu sentido junto ao público. Certamente haverá oportunidade para todos refletirmos sobre o sentido dinâmico de uma obra artística que atingiu o nosso interesse e provocou o nosso prazer; mas nada será mais forte do que a mobilização emocional e intelectual que a obra já despertou em nós, no primeiro contato.

(Aristeu Valverde, inédito)

**54. (FCC – Analista Judiciário – Área Judiciária – TRT 6/2018)** A pergunta que constitui o título do texto encontra sua resposta, conforme se posiciona o autor, no seguinte segmento:

(A) *materiais organizados num espaço físico de modo a constituírem uma obra de arte* (1º parágrafo).

(B) *os materiais eram, em si mesmos, insuficientes para significarem alguma coisa* (2º parágrafo).

(C) *O grande músico, o grande escritor, o grande cineasta não precisam interpor-se entre a sonata, o romance ou o filme* (3º parágrafo).

(D) *oportunidade para todos refletirmos sobre o sentido dinâmico de uma obra artística* (3º parágrafo).

(E) *atingiu o nosso interesse e provocou o nosso prazer* (3º parágrafo).

➢ Comentários:

**Alternativa "a"** – Trata-se da definição de *bienais, salões de arte ou exposições de artes plásticas.*

**Alternativa "b"** – No trecho, afirma-se que as obras de precisavam da explicação, ou seja, não é a resposta dada pelo autor.

**Alternativa "c"** – A arte não precisa de explicação, pois músicos, escritores e cineastas não precisam interpor-se entre sonata, romance ou filme.

**Alternativa "d"** – Tal oportunidade ocorre em bienais, salões de arte ou exposições de artes plásticas.

**Alternativa "e"** – As obras de arte são capazes de atingirem nosso interesse e de provocarem o nosso prazer.

**ALTERNATIVA CORRETA: C**

---

**55. (FCC – Analista Judiciário – Área Judiciária – TRT 6/2018)** Da posição assumida pelo autor do texto em relação às instalações e às obras de arte em geral, deduz-se sua convicção de que as obras de arte

(A) não favorecem debates ou reflexões, em vista da autossuficiência do sentido que exprimem de modo direto.

(B) devem ser esclarecidas por aquele que lhes emprestou determinado sentido, ao criá-las com função estética.

(C) desvendam-se por si mesmas, a menos que seu autor seja capaz de nos mostrar que seu sentido explica-se conforme sua intenção.

(D) valem-se de uma força já presente em sua linguagem, o que não impede que venhamos a refletir e ponderar sobre elas.

(E) dispensam qualquer explicação quando não se propõem a ser grandiosas, preferindo tirar partido de sua simplicidade.

➢ Comentários:

**Alternativa "a"** – As obras de arte favorecem debates e reflexões: *Certamente **haverá oportunidade para todos refletirmos** sobre o sentido dinâmico de uma obra artística que atingiu o nosso interesse e provocou o nosso prazer.*

**Alternativa "b"** – Não devem ser esclarecidas por quem as criou: *As verdadeiras obras de arte se impõem por si mesmas, independentemente de qualquer explicação prévia ou justificativa final. O grande músico, o grande escritor, o grande cineasta* ***não precisam interpor-se*** *entre a sonata, o romance ou o filme para explicar seu sentido junto ao público.*

**Alternativa "c"** – O autor não precisa mostrar seu sentido, como mencionado na alternativa anterior.

**Alternativa "d"** – Trechos do terceiro parágrafo que validam a informação: *As verdadeiras obras de arte se impõem por si mesmas, independentemente de qualquer explicação prévia ou justificativa final. (...) nada será mais forte do que a mobilização emocional e intelectual que a obra já despertou em nós, no primeiro contato.*

**Alternativa "e"** – O autor afirma que as grandes obras se impõem por si mesmas e dispensam explicações, não as "simples": *As verdadeiras obras de arte se impõem por si mesmas, independentemente de qualquer explicação prévia ou justificativa final.*

**ALTERNATIVA CORRETA: D**

Texto para responder às questões.

**Uma entrevista sincera**

Quando morreu Rubem Braga, nosso maior cronista, a parte mais importante de sua vida sobreviveu guardada nas mais de 15 mil crônicas que ele escreveu em 62 anos de atividade jornalística. Tomei então uma decisão: resolvi usar as crônicas como se fossem uma longa e sincera entrevista que Braga tivesse me concedido antes de morrer.

A maior parte dos relatos deste livro não tem a pretensão de ser uma reconstituição fiel dos fatos, mas apenas sua evocação. A maioria absoluta das descrições e dos diálogos deve ser lida, apenas, como uma recriação. A crônica foi, para ele, um gênero eminentemente confessional, e os fatos, nada mais do que os fatos, sua matéria-prima. Mas, ao ler seus escritos, logo se percebe que essas toneladas de acontecimentos estão cimentadas pela força do lirismo e de vasta imaginação, ou simplesmente desmoronariam. Em outras palavras: sem a capacidade de sonhar, os fatos não subsistem e se tornam pó. Só a mentira bem dita é capaz de moldar a verdade perdida.

Este livro não pretende ser uma biografia clássica de Rubem Braga, mas apenas um retrato minimalista de um dos maiores escritores que o Brasil já teve, que nos ensinou que vidas não são feitas apenas de fatos, mas sobretudo do modo como os torneamos. Não basta viver, é preciso dar sentido ao viver, ou tudo se evapora.

(CASTELLO, José. **Na cobertura de Rubem Braga**. Rio de Janeiro: José Olympio, 1996, p.9-10)

---

**56. (FCC – Analista Judiciário – Área Judiciária – TRT 6/2018)** Nesse texto de apresentação de seu livro, José Castello caracteriza o cronista Rubem Braga como um escritor para quem

(A) a fidedignidade aos fatos vividos deve ser a preocupação maior de quem escreve sobre as próprias experiências.

(B) a capacidade de sonhar deve restringir-se ao mundo da imaginação, sem contato com as vivências da realidade.

C) os acontecimentos ganham sentido e interesse na medida em que sejam trabalhados pela força da imaginação.

(D) os fatos dignos de representação literária são aqueles que marcam nossa vida por sua excepcionalidade.

(E) as crônicas devem burilar a imaginação de modo a fazer o leitor se dar conta de que tudo é mero produto da fantasia.

➢ Comentários:

**Alternativa "a"** – Não há tal preocupação: *A maior parte dos relatos deste livro* ***não tem a pretensão de ser uma reconstituição fiel dos fatos****, mas apenas sua evocação.*

**Alternativa "b"** – Deve ter contato com a realidade, caso contrário não seria crônica: *A crônica foi, para ele, um gênero eminentemente confessional, e* ***os fatos, nada mais do que os fatos, sua matéria-prima.***

**Alternativa "c"** – É importante entender a ideia desta alternativa para evitar equívoco: *na medida em que* indica **causa** – os acontecimentos ganham sentido e interesse **porque** são trabalhados pela força da imaginação. Trecho no texto que esclarece tal informação: ***A crônica foi, para ele, um gênero eminentemente confessional, e os fatos, nada mais do que os fatos, sua matéria-prima****. Mas, ao ler seus escritos, logo se percebe que essas toneladas de* ***acontecimentos estão cimentadas pela força do lirismo e de vasta imaginação****, ou simplesmente desmoronariam. Em outras palavras:* ***sem a capacidade de sonhar, os fatos não subsistem e se tornam pó.***

**Alternativa "d"** – Ideia não mencionada no texto: extrapolação textual.

**Alternativa "e"** – As crônicas baseiam-se na realidade, logo não podem ser produto da fantasia.

**ALTERNATIVA CORRETA: C**

---

**57. (FCC – Analista Judiciário – Área Judiciária – TRT 6/2018)** No contexto, a frase *sem a capacidade de sonhar, os fatos não subsistem e se tornam pó* deve ser entendida em apoio à iniciativa de José Castello de escrever um livro de modo a

(A) tomar as crônicas de Rubem Braga como matéria para uma entrevista que só ocorreu na imaginação do autor.

(B) considerar as crônicas de Rubem Braga como modelos para escrever outras crônicas, igualmente poéticas e talentosas.

(C) inventar acontecimentos que ganham importância ao serem referidos à vida pessoal de Rubem Braga.

(D) criar um conjunto de crônicas que, pelos temas e estilo, pudessem ser atribuídas a Rubem Braga.

(E) refazer uma biografia de Rubem Braga, voltando-se para a imaginação e ignorando os fatos realmente vividos pelo cronista.

➢ Comentários:

**Alternativa "a"** – Ideia exposta no primeiro parágrafo: *Tomei então uma decisão: resolvi usar as crônicas como se fossem uma longa e sincera entrevista que Braga tivesse me concedido antes de morrer.*

**Alternativa "b"** – Não menciona que deva ser modelo. O objetivo da obra é *apenas um retrato minimalista de um dos maiores escritores que o Brasil já teve, que nos ensinou que vidas não são feitas apenas de fatos, mas sobretudo do modo como os torneamos.*

**Alternativa "c"** – José Castello não inventou acontecimentos.

**Alternativa "d"** – As crônicas de Rubem Braga foram usadas como se fosse uma entrevista; Castello não criou crônicas.

**Alternativa "e"** – Não ignora os fatos, pois cita que o livro é uma evocação dos fatos.

**ALTERNATIVA CORRETA: A**

Texto para responder às questões.

**Sabedoria de Sêneca**

Entre as tantas reflexões sábias que o filósofo estoico Sêneca nos deixou encontra-se esta: "Deve-se misturar e alternar a solidão e a comunicação. Aquela nos incutirá o desejo do convívio social, esta, o desejo de nós mesmos; e uma será o remédio da outra: a solidão curará nossa aversão à multidão, a multidão, nosso tédio à solidão". É uma proposta admirável de equilíbrio, válida tanto para o século I, na pujança do Império Romano em que Sêneca viveu, como para o nosso, em que precisamos viver. É próprio, aliás, dos grandes pensadores, formular verdades que não envelhecem.

Nesse seu preciso aconselhamento, Sêneca encontra a possibilidade de harmonização entre duas necessidades opostas e aparentemente inconciliáveis. O decidido amor à solidão ou a necessidade ingente de convívio com os outros excluem-se, a princípio, e marcariam personalidades radicalmente distintas. Mas Sêneca sabe que ambas podem ser insatisfatórias em si mesmas: a natureza humana comporta impulsos contraditórios. Por isso está no sistema filosófico dos estoicos a noção de equilíbrio como princípio inescapável para o que consideram, como o melhor dos nossos destinos, a "tranquilidade da alma".

Esse equilíbrio supõe aceitarmos as tensões polarizadas de nossa natureza dividida e aproveitar de cada polaridade o que ela tenha de melhor: a solidão nos impulsiona para o reconhecimento de nós mesmos, para a nossa identidade íntima, para a diferença que nos identifica entre todos; a companhia nos faz reconhecer a identidade do outro, movida pela mesma força que constitui a nossa. Sêneca, ao reconhecer que somos unos em nós mesmos, lembra que essa mesma instância de unidade está em todos nós, e tem um nome: humanidade.

(Altino Sampaio, *inédito*)

---

**58. (FCC – Analista Judiciário – Área Judiciária – TRT 15/2018)** Em síntese, a reflexão de Sêneca transcrita no texto incide sobre

(A) um diálogo entre duas situações radicalmente opostas, no qual cada uma só se afirma na medida em que suprime a outra.

(B) uma oposição entre sentimentos supostamente inconciliáveis que, no entanto, ganham complementaridade em sua alternância.

(C) uma contenda entre duas iniciativas de comportamento na qual ambas são superadas pelo surgimento de uma terceira alternativa.

(D) uma alternância entre duas soluções para um único problema, qual seja, o do indivíduo que só deseja superar seu estado de isolamento.

(E) um confronto entre duas providências radicalmente opostas, que devem ser mantidas nessa condição estática para se fortalecerem.

➢ Comentários:

**Alternativa "a"** – As duas situações são conciliáveis, não há anulação da outra, ou seja, não há supressão. Perceba que foi usada a expressão *na medida em que* e não existe relação de causa entre as ideias.

**Alternativa "b"** – No primeiro parágrafo: "Deve-se misturar e alternar a solidão e a comunicação. Aquela nos incutirá o desejo do convívio social, esta, o desejo de nós mesmos; e uma será o remédio da outra: a solidão curará nossa aversão à multidão, a multidão, nosso tédio à solidão". No segundo parágrafo: *Sêneca encontra a possibilidade de harmonização entre duas necessidades opostas e aparentemente inconciliáveis.*

**Alternativa "c"** – Não menciona uma terceira alternativa, apenas duas – solidão e comunicação.

**Alternativa "d"** – Uma solução (uma será o remédio da outra) para dois problemas - solidão e comunicação.

**Alternativa "e"** – Como já esclarecido, não existe confronto, pois solidão e comunicação devem ser misturadas e alternadas.

**ALTERNATIVA CORRETA: B**

---

**59. (FCC – Analista Judiciário – Área Judiciária – TRT 15/2018)** Ao considerar uma relação entre a *aversão à multidão* e o *tédio à solidão*, Sêneca subentende que

(A) ambos os sentimentos representam a mesma necessidade que têm as pessoas de afirmar sua autossuficiência diante da incompletude alheia.

(B) a qualidade salientada em cada um desses estados faz com que nenhum deles, em separado, seja visto com carga negativa.

(C) multidão e solidão são, em si mesmas, condições humanas satisfatórias, sobretudo quando a cada uma delas se atribua um valor absoluto.

(D) a comunicação e o isolamento são alternativas passageiras, já que sempre optamos por um deles como escolha definitiva.

(E) a qualidade negativa de cada um dos termos dessa relação é o que levará ao reconhecimento da necessidade que tem do outro.

➢ Comentários:

**Nota da autora:** No comando da questão, há o verbo *subentender* e isso indica que é preciso deduzir, imaginar, ir além do texto.

**Alternativa "a"** – Refere-se apenas à solidão.

**Alternativa "b"** – Há aspecto negativo nos dois estados.

**Alternativa "c"** – São insatisfatórias: *Sêneca sabe que ambas podem ser insatisfatórias em si mesmas: a natureza humana comporta impulsos contraditórios.*

**Alternativa "d"** – Não se deve optar por uma, mas sim conciliar as duas: *a solidão nos impulsiona para o reconhecimento de nós mesmos, para a nossa identidade íntima, para a diferença* *que nos identifica entre todos; a companhia nos faz reconhecer a identidade do outro, movida pela mesma força que constitui a nossa.*

**Alternativa "e"** – Trecho em que pode ser subentendida tal ideia: *a solidão curará nossa aversão à multidão, a multidão, nosso tédio à solidão*. Qualidades negativas: aversão (à multidão) e tédio (à solidão). Em síntese: *uma será o remédio da outra.*

**ALTERNATIVA CORRETA: E**

Texto para responder à questão.

Vou falar da palavra **pessoa**, que **persona** lembra. Acho que aprendi o que vou contar com meu pai. Quando elogiavam demais alguém, ele resumia sóbrio e calmo: é, ele é uma pessoa. Até hoje digo, como se fosse o máximo que se pode dizer de alguém que venceu numa luta, e digo com o coração orgulhoso de pertencer à humanidade: ele, ele é um homem.

Persona. Tenho pouca memória, por isso já não sei se era no antigo teatro grego que os atores, antes de entrar em cena, pregavam ao rosto uma máscara que representava pela expressão o que o papel de cada um deles iria exprimir.

Bem sei que uma das qualidades de um ator está nas mutações sensíveis de seu rosto, e que a máscara as esconde. Por que então me agrada tanto a ideia de atores entrarem no palco sem rosto próprio? Quem sabe, eu acho que a máscara é um **dar-se** tão importante quanto o **dar-se** pela dor do rosto. Inclusive os adolescentes, estes que são puro rosto, à medida que vão vivendo fabricam a própria máscara. E com muita dor. Porque saber que de então em diante se vai passar a representar um papel é uma surpresa amedrontadora. É a liberdade horrível de não ser. E a hora da escolha.

Mesmo sem ser atriz nem ter pertencido ao teatro grego – uso uma máscara. Aquela mesma que nos partos de adolescência se escolhe para não se ficar desnudo para o resto da luta. Não, não é que se faça mal em deixar o próprio rosto exposto à sensibilidade. Mas é que esse rosto que estava nu poderia, ao ferir-se, fechar-se sozinho em súbita máscara involuntária e terrível. É, pois, menos perigoso escolher sozinho ser uma **pessoa**. Escolher a própria máscara é o primeiro gesto involuntário humano. E solitário. Mas quando enfim se afivela a máscara daquilo que se escolheu para representar o mundo, o corpo ganha uma nova firmeza, a cabeça ergue-se altiva como a de quem superou um obstáculo. A pessoa é.

Se bem que pode acontecer uma coisa que me humilha contar.

É que depois de anos de verdadeiro sucesso com a máscara, de repente – ah, menos que de repente, por causa de um olhar passageiro ou uma palavra ouvida – de repente a máscara de guerra de vida cresta-se toda no rosto como lama seca, e os pedaços irregulares caem com um ruído oco no chão. Eis o rosto agora nu, maduro, sensível quando já não era mais para ser. E ele chora em silêncio para não morrer. Pois nessa certeza sou implacável: este ser morrerá. A menos que renasça até que dele se possa dizer "esta é uma pessoa".

(Adaptado de: LISPECTOR, Clarice. "Persona", em **Clarice na cabeceira: crônicas**. Rio de Janeiro, Rocco Digital, 2015)

**60. (FCC – Analista Judiciário – Área Administrativa – TRT 6/2018)** Conforme o texto,

(A) a humilhação em ser reconhecido sem máscaras, como um ator que desempenha mal seu papel, expõe, em contrapartida, uma verdadeira sensibilidade, visível apenas naqueles que abdicam das falsas aparências.

(B) a máscara que vestimos por toda a vida só dá lugar às verdadeiras expressões quando, já na velhice, conseguimos atingir plena consciência de nós mesmos e já não temos de desempenhar nenhum papel.

(C) a negação de sua própria natureza, fato que ocorre desde a adolescência, é fator decisivo na solidão que caracteriza aqueles que não conseguem, por isso mesmo, vencer os obstáculos da vida.

(D) embora as expressões do rosto também componham uma das virtudes de um ator, a máscara que veste como personagem é vista como um sucedâneo da personalidade que se vai cultivar desde a adolescência.

(E) o termo *persona* ilustra com propriedade a transformação que se opera nos adolescentes, que, como atores, deixam-se seduzir por todo um universo fictício, e terminam por dispender suas vidas em experiências dolorosas.

➢ Comentários:

**Alternativa "a"** – A humilhação é da autora, não das pessoas: *Se bem que pode acontecer uma coisa que* ***me humilha contar.***

**Alternativa "b"** – Não conseguimos atingir plena consciência de nós mesmos apenas na velhice, mas em alguns momentos: *É que depois de anos de verdadeiro sucesso com a máscara, de repente –* ***ah, menos que de repente, por causa de um olhar passageiro ou uma palavra ouvida*** *– de repente a máscara de guerra de vida cresta-se toda no rosto como lama seca, e os pedaços irregulares caem com um ruído oco no chão.*

**Alternativa "c"** – Segundo a autora, a escolha da máscara é um gesto involuntário e solitário, e todos passam por isso. Não cita quem não consegue vencer os obstáculos: *Escolher a própria máscara é o primeiro gesto involuntário humano. E solitário. Mas quando enfim se afivela a máscara daquilo que se escolheu para representar o mundo, o corpo ganha uma nova firmeza, a cabeça ergue-se altiva como a de quem superou um obstáculo.*

**Alternativa "d"** – Antes, é preciso esclarecer que "sucedâneo" significa *qualquer coisa que pode substituir outra*. Agora vamos aos trechos do texto de Lispector: as expressões do rosto também componham uma das virtudes de um ator = *Bem sei que uma das qualidades de um ator está nas mutações sensíveis de seu rosto;* a máscara que veste como personagem é vista como um sucedâneo da personalidade que se vai cultivar desde a adolescência = *eu acho que a máscara é um dar-se tão importante quanto o dar-se pela dor do rosto. Inclusive* ***os adolescentes****, estes que* ***são puro rosto****, à medida que vão vivendo* ***fabricam a própria máscara****. E com muita dor.* ***Porque saber que de então em diante se vai passar a representar um papel é uma surpresa amedrontadora****.* A autora finaliza com a substituição da máscara, mencionando a velhice: *Eis* ***o rosto agora nu, maduro,*** *sensível quando já não era mais para ser.*

**Alternativa "e"** – Persona é a "palavra pessoa" e não há indício no texto de que os adolescentes se deixam seduzir por um universo fictício.

**ALTERNATIVA CORRETA: D**

# Parte VII

# REDAÇÃO OFICIAL

Capítulo 1

# REDAÇÃO OFICIAL

## 1. INTRODUÇÃO

Caro(a) leitor(a), foi lançada, no final de 2018, a terceira edição do **Manual de Redação da Presidência da República** – revista, atualizada e ampliada.

Com o intuito de facilitar seu estudo, foram disponibilizadas aqui as mudanças ocorridas e que podem (devem) ser exigidas nas próximas provas. Ficou mais fácil consultar e entender o MRPR.

A principal alteração foi a **EXTINÇÃO** dos documentos **MEMORANDO** e **AVISO**.

Os **ATRIBUTOS** também foram alterados. *A redação oficial deve caracterizar-se por: clareza e precisão; objetividade; concisão; coesão e coerência; impessoalidade; formalidade e padronização; e uso da norma padrão da língua portuguesa.*

A **FONTE** usada alterou de *Times New Roman* (em 2002) para **Calibri** ou **Carlito**.

Houve importantes **acréscimos**: **SIGNATÁRIOS** – cargos interinos e substitutos, signatárias do sexo feminino –, **GRAFIA DE CARGOS COMPOSTOS**, emprego do **VOCATIVO** e **VARIAÇÕES DOS DOCUMENTOS OFICIAIS.**

## 2. PANORAMA DA COMUNICAÇÃO OFICIAL[1]

A finalidade da língua é comunicar, quer pela fala, quer pela escrita. Para que haja comunicação, são necessários:

a) alguém que comunique;

b) algo a ser comunicado;

c) alguém que receba essa comunicação.

---

1. Presidência da República 3ª edição, revista, atualizada e ampliada pela Subchefia para Assuntos Jurídicos da Casa Civil da Presidência da República.

No caso da redação oficial, **quem comunica é** sempre **o serviço público** (este/esta ou aquele/aquela Ministério, Secretaria, Departamento, Divisão, Serviço, Seção); **o que se comunica é** sempre **algum assunto relativo às atribuições do órgão que comunica**; e **o destinatário** dessa comunicação **é o público, uma instituição privada ou outro órgão ou entidade pública**, do Poder Executivo ou dos outros Poderes. Além disso, deve-se considerar a intenção do emissor e a finalidade do documento, para que o texto esteja adequado à situação comunicativa.

A necessidade de empregar determinado nível de linguagem nos atos e nos expedientes oficiais decorre, de um lado, do próprio caráter público desses atos e comunicações; de outro, de sua finalidade. Os atos oficiais, aqui entendidos como atos de caráter normativo, ou estabelecem regras para a conduta dos cidadãos, ou regulam o funcionamento dos órgãos e entidades públicos, o que só é alcançado se, em sua elaboração, for empregada a linguagem adequada. O mesmo se dá com os expedientes oficiais, cuja **finalidade precípua é a de informar com clareza e objetividade.**

## 3. O QUE É REDAÇÃO OFICIAL[2]

Em uma frase, pode-se dizer que redação oficial é a maneira pela qual o Poder Público redige comunicações oficiais e atos normativos. Neste Manual, interessa-nos tratá-la do ponto de vista da administração pública federal.

A redação oficial não é necessariamente árida e contrária à evolução da língua. É que **sua finalidade básica – comunicar com objetividade e máxima clareza – impõe certos parâmetros ao uso que se faz da língua**, de maneira diversa daquele da literatura, do texto jornalístico, da correspondência particular etc.

Apresentadas essas características fundamentais da redação oficial, passemos à análise pormenorizada de cada um de seus atributos.

## 4. ATRIBUTOS DA REDAÇÃO OFICIAL[3]

A redação oficial deve caracterizar-se por:

- **clareza e precisão;**
- **objetividade;**
- **concisão;**
- **coesão e coerência;**
- **impessoalidade;**
- **formalidade e padronização; e**
- **uso da norma padrão da língua portuguesa.**

2. Presidência da República 3a edição, revista, atualizada e ampliada pela Subchefia para Assuntos Jurídicos da Casa Civil da Presidência da República.
3. Presidência da República 3a edição, revista, atualizada e ampliada pela Subchefia para Assuntos Jurídicos da Casa Civil da Presidência da República.

Fundamentalmente, esses atributos decorrem da Constituição, que dispõe, no art. 37: "A administração pública direta, indireta, de qualquer dos Poderes da União, dos Estados, do Distrito Federal e dos Municípios obedecerá aos princípios de legalidade, impessoalidade, moralidade, publicidade e eficiência (...)". Sendo a publicidade, a impessoalidade e a eficiência princípios fundamentais de toda a administração pública, devem igualmente nortear a elaboração dos atos e das comunicações oficiais.

## 4.1. Clareza e precisão

### CLAREZA

A clareza deve ser a qualidade básica de todo texto oficial. Pode-se definir como claro aquele texto que possibilita imediata compreensão pelo leitor. Não se concebe que um documento oficial ou um ato normativo de qualquer natureza seja redigido de forma obscura, que dificulte ou impossibilite sua compreensão. A transparência é requisito do próprio Estado de Direito: **é inaceitável que um texto oficial ou um ato normativo não seja entendido pelos cidadãos.** O princípio constitucional da publicidade não se esgota na mera publicação do texto, estendendo-se, ainda, à necessidade de que o texto seja claro.

Para a obtenção de clareza, sugere-se:

a) utilizar palavras e expressões simples, em seu sentido comum, salvo quando o texto versar sobre assunto técnico, hipótese em que se utilizará nomenclatura própria da área;

b) usar frases curtas, bem estruturadas; apresentar as orações na ordem direta e evitar intercalações excessivas. Em certas ocasiões, para evitar ambiguidade, sugere-se a adoção da ordem inversa da oração;

c) buscar a uniformidade do tempo verbal em todo o texto;

d) não utilizar regionalismos e neologismos;

e) pontuar adequadamente o texto;

f) explicitar o significado da sigla na primeira referência a ela; e

g) utilizar palavras e expressões em outro idioma apenas quando indispensáveis, em razão de serem designações ou expressões de uso já consagrado ou de não terem exata tradução. Nesse caso, grafe-as em itálico.

### PRECISÃO

O atributo da precisão **complementa a clareza** e caracteriza-se por:

a) articulação da linguagem comum ou técnica para a perfeita compreensão da ideia veiculada no texto;

b) manifestação do pensamento ou da ideia com as mesmas palavras, evitando o emprego de sinonímia com propósito meramente estilístico; e

c) escolha de expressão ou palavra que não confira duplo sentido ao texto.

É indispensável, também, a releitura de todo o texto redigido. A ocorrência, em textos oficiais, de trechos obscuros provém principalmente da falta da releitura, o que tornaria possível sua correção. Na revisão de um expediente, deve-se avaliar se ele será de fácil compreensão por seu destinatário. O que nos parece óbvio pode ser desconhecido por terceiros. O domínio que adquirimos sobre certos assuntos, em decorrência de nossa experiência profissional, muitas vezes, faz com que os tomemos como de conhecimento geral, o que nem sempre é verdade. Explicite, desenvolva, esclareça, precise os termos técnicos, o significado das siglas e das abreviações e os conceitos específicos que não possam ser dispensados.

A revisão atenta exige tempo. A pressa com que são elaboradas certas comunicações quase sempre compromete sua clareza. "Não há assuntos urgentes, há assuntos atrasados", diz a máxima. Evite-se, pois, o atraso, com sua indesejável repercussão no texto redigido.

**A clareza e a precisão não são atributos que se atinjam por si sós: elas dependem estritamente das demais características da redação oficial**, apresentadas a seguir.

## 4.2. Objetividade

**Ser objetivo é ir diretamente ao assunto que se deseja abordar, sem voltas e sem redundâncias**. Para conseguir isso, é fundamental que o redator saiba de antemão qual é a ideia principal e quais são as secundárias.

Procure perceber certa hierarquia de ideias que existe em todo texto de alguma complexidade: as fundamentais e as secundárias. Essas últimas podem esclarecer o sentido daquelas, detalhá-las, exemplificá-las; mas existem também ideias secundárias que não acrescentam informação alguma ao texto, nem têm maior relação com as fundamentais, podendo, por isso, ser dispensadas, o que também proporcionará mais objetividade ao texto.

A objetividade conduz o leitor ao contato mais direto com o assunto e com as informações, sem subterfúgios, sem excessos de palavras e de ideias. É errado supor que a objetividade suprime a delicadeza de expressão ou torna o texto rude e grosseiro.

## 4.3. Concisão

A concisão é antes uma qualidade do que uma característica do texto oficial. **Conciso é o texto que consegue transmitir o máximo de informações com o mínimo de palavras.** Não se deve de forma alguma entendê-la como economia de pensamento, isto é, não se deve eliminar passagens substanciais do texto com o único objetivo de reduzi-lo em tamanho. Trata-se, exclusivamente, de excluir palavras inúteis, redundâncias e passagens que nada acrescentem ao que já foi dito.

Detalhes irrelevantes são dispensáveis: o texto deve evitar caracterizações e comentários supérfluos, adjetivos e advérbios inúteis, subordinação excessiva.

## 4.4. Coesão e coerência

É indispensável que o texto tenha coesão e coerência. **Tais atributos favorecem a conexão, a ligação, a harmonia entre os elementos de um texto.** Percebe-se que o texto tem coesão e coerência quando se lê um texto e se verifica que as palavras, as frases e os parágrafos estão entrelaçados, dando continuidade uns aos outros.

Alguns mecanismos que estabelecem a coesão e a coerência de um texto são: **referência, substituição, elipse e uso de conjunção.**

A referência diz respeito aos termos que se relacionam a outros necessários à sua interpretação. Esse mecanismo pode dar-se por retomada de um termo, relação com o que é precedente no texto, ou por antecipação de um termo cuja interpretação dependa do que se segue.

Exemplos:

O Deputado evitou a instalação da CPI da corrupção. Ele aguardou a decisão do Plenário.

O TCU apontou estas irregularidades: falta de assinatura e de identificação no documento.

A substituição é a colocação de um item lexical no lugar de outro(s) ou no lugar de uma oração.

Exemplos:

O Presidente assinou o acordo. O Chefe do Poder Executivo federal propôs reduzir as alíquotas. O ofício está pronto. O documento trata da exoneração do servidor.

Os governadores decidiram acatar a decisão. Em seguida, os prefeitos fizeram o mesmo.

A elipse consiste na omissão de um termo recuperável pelo contexto.

Exemplo:

O decreto regulamenta os casos gerais; a portaria, os particulares. **(Na segunda oração, houve a omissão do verbo "regulamenta").**

Outra estratégia para proporcionar coesão e coerência ao texto é utilizar conjunção para estabelecer ligação entre orações, períodos ou parágrafos.

Exemplo:

O Embaixador compareceu à reunião, pois identificou o interesse de seu Governo pelo assunto.

## 4.5. Impessoalidade

A impessoalidade decorre de princípio constitucional (Constituição, art. 37), e seu significado remete a dois aspectos: o primeiro é a obrigatoriedade de que a administração pública proceda de modo a não privilegiar ou prejudicar ninguém, de que o seu norte seja, sempre, o interesse público; o segundo, a abstração da pessoalidade dos atos administrativos, pois, apesar de a ação administrativa ser exercida por intermédio de seus servidores, é resultado tão-somente da vontade estatal.

A redação oficial é elaborada sempre em nome do serviço público e sempre em atendimento ao interesse geral dos cidadãos. Sendo assim, os assuntos objetos dos expedientes oficiais não devem ser tratados de outra forma que não a estritamente impessoal.

Percebe-se, assim, que o tratamento impessoal que deve ser dado aos assuntos que constam das comunicações oficiais decorre:

a) **da ausência de impressões individuais de quem comunica**: embora se trate, por exemplo, de um expediente assinado por Chefe de determinada Seção, a comunicação é sempre feita em nome do serviço público. Obtém-se, assim, uma desejável padronização, que permite que as comunicações elaboradas em diferentes setores da administração pública guardem entre si certa uniformidade;

b) **da impessoalidade de quem recebe a comunicação**: ela pode ser dirigida a um cidadão, sempre concebido como público, ou a uma instituição privada, a outro órgão ou a outra entidade pública. Em todos os casos, temos um destinatário concebido de forma homogênea e impessoal; e

c) **do caráter impessoal do próprio assunto tratado**: se o universo temático das comunicações oficiais se restringe a questões que dizem respeito ao interesse público, é natural não caber qualquer tom particular ou pessoal.

Não há lugar na redação oficial para impressões pessoais, como as que, por exemplo, constam de uma carta a um amigo, ou de um artigo assinado de jornal, ou mesmo de um texto literário. A redação oficial deve ser isenta da interferência da individualidade de quem a elabora. **A concisão, a clareza, a objetividade e a formalidade** de que nos valemos para elaborar os expedientes oficiais **contribuem**, ainda, **para que seja alcançada a necessária impessoalidade**.

## 4.6. Formalidade e padronização

As comunicações administrativas devem ser sempre formais, isto é, obedecer a certas regras de forma (BRASIL, 2015a). Isso é válido tanto para as comunicações feitas em meio eletrônico (por exemplo, o e-mail, o documento gerado no SEI!, o documento em html etc.), quanto para os eventuais documentos impressos.

É imperativa, ainda, certa formalidade de tratamento. Não se trata somente do correto emprego deste ou daquele pronome de tratamento para uma autoridade de certo nível, mais do que isso: a formalidade diz respeito à civilidade no próprio enfoque dado ao assunto do qual cuida a comunicação.

A formalidade de tratamento vincula-se, também, à necessária uniformidade das comunicações. Ora, se a administração pública federal é una, é natural que as comunicações que expeça sigam o mesmo padrão. O estabelecimento desse padrão, uma das metas deste Manual, exige que se atente para todas as características da redação oficial e que se cuide, ainda, da apresentação dos textos.

A digitação sem erros, o uso de papéis uniformes para o texto definitivo, nas exceções em que se fizer necessária a impressão, e a correta diagramação do texto são indispensáveis para a padronização.

Em razão de seu caráter público e de sua finalidade, os atos normativos e os expedientes oficiais requerem o uso do padrão culto do idioma, que acata os preceitos da gramática formal e emprega um léxico compartilhado pelo conjunto dos usuários da língua. O uso do padrão culto é, portanto, imprescindível na redação oficial por estar acima das diferenças lexicais, morfológicas ou sintáticas, regionais; dos modismos vocabulares e das particularidades linguísticas.

**Recomendações:**

- a língua culta é contra a pobreza de expressão e não contra a sua simplicidade;
- o uso do padrão culto não significa empregar a língua de modo rebuscado ou utilizar figuras de linguagem próprias do estilo literário;
- a consulta ao dicionário e à gramática é imperativa na redação de um bom texto.

Pode-se concluir que não existe propriamente um padrão oficial de linguagem, o que há é o uso da norma padrão nos atos e nas comunicações oficiais. É claro que haverá preferência pelo uso de determinadas expressões, ou será obedecida certa tradição no emprego das formas sintáticas, mas isso não implica, necessariamente, que se consagre a utilização de uma forma de linguagem burocrática. O jargão burocrático, como todo jargão, deve ser evitado, pois terá sempre sua compreensão limitada.

## 5. AS COMUNICAÇÕES OFICIAIS[4]

A redação das comunicações oficiais deve, antes de tudo, seguir os preceitos explicitados no Capítulo I, "Aspectos gerais da redação oficial". Além disso, há características específicas de cada tipo de expediente, que serão tratadas em detalhe neste capítulo. Antes de passarmos à sua análise, vejamos outros aspectos comuns a quase todas as modalidades de comunicação oficial.

### 5.1. Pronomes de tratamento

Tradicionalmente, o emprego dos pronomes de tratamento adota a segunda pessoa do plural, de maneira indireta, para referenciar atributos da pessoa à qual se dirige. Na redação oficial, é necessário atenção para o uso dos pronomes de tratamento em três momentos distintos: no endereçamento, no vocativo e no corpo do texto. No vocativo, o autor dirige-se ao destinatário no início do documento. No corpo do texto, pode-se empregar os pronomes de tratamento em sua forma abreviada ou por extenso. O endereçamento é o texto utilizado no envelope que contém a correspondência oficial.

A seguir, alguns exemplos de utilização de pronomes de tratamento no texto oficial.

4. Presidência da República 3ª edição, revista, atualizada e ampliada pela Subchefia para Assuntos Jurídicos da Casa Civil da Presidência da República.

| Autoridade | Endereçamento | Vocativo | Tratamento no corpo do texto | Abreviatura |
|---|---|---|---|---|
| Presidente da República | A Sua Excelência o Senhor | Excelentíssimo Senhor Presidente da República, | Vossa Excelência | Não se usa |
| Presidente do Congresso Nacional | A Sua Excelência o Senhor | Excelentíssimo Senhor Presidente do Congresso Nacional, | Vossa Excelência | Não se usa |
| Presidente do Supremo Tribunal Federal | A Sua Excelência o Senhor | Excelentíssimo Senhor Presidente do Supremo Tribunal Federal, | Vossa Excelência | Não se usa |
| Vice-Presidente da República | A Sua Excelência o Senhor | Senhor Vice-Presidente da República, | Vossa Excelência | V. Exa. |
| Ministro de Estado | A Sua Excelência o Senhor | Senhor Ministro, | Vossa Excelência | V. Exa. |
| Secretário-Executivo de Ministério e demais ocupantes de cargos de natureza especial | A Sua Excelência o Senhor | Senhor Secretário-Executivo, | Vossa Excelência | V. Exa. |

## 5.2. Signatário

### 5.2.1. Cargos interino e substituto

Na identificação do signatário, depois do nome do cargo, é possível utilizar os termos interino e substituto, conforme situações a seguir: interino é aquele nomeado para ocupar transitoriamente cargo público durante a vacância; substituto é aquele designado para exercer as atribuições de cargo público vago ou no caso de afastamento e impedimentos legais ou regulamentares do titular. Esses termos devem ser utilizados depois do nome do cargo, sem hífen, sem vírgula e em minúsculo. Exemplos: Diretor-Geral interino, Secretário--Executivo substituto.

### 5.2.2. Signatárias do sexo feminino

Na identificação do signatário, o cargo ocupado por pessoa do sexo feminino deve ser flexionado no gênero feminino. Exemplos: Ministra de Estado, Secretária-executiva interina, Técnica Administrativa, Coordenadora Administrativa.

## 5.3. Grafia de cargos compostos

Escrevem-se com hífen:

a) cargos formados pelo adjetivo "geral": **diretor-geral, relator-geral, ouvidor-geral**;

b) postos e gradações da diplomacia: **primeiro-secretário, segundo-secretário**;

c) postos da hierarquia militar: **tenente-coronel, capitão-tenente**;

---

Atenção: nomes compostos com elemento de ligação preposicionado ficam sem hífen: general de exército, general de brigada, tenente-brigadeiro do ar, capitão de mar e guerra;

---

d) cargos que denotam hierarquia dentro de uma empresa: **diretor-presidente, diretor-adjunto, editor-chefe, editor-assistente, sócio-gerente, diretor-executivo**;

e) cargos formados por numerais: **primeiro-ministro, primeira-dama**;

f) cargos formados com os prefixos "ex" ou "vice": **ex-diretor, vice-coordenador**.

O novo Acordo Ortográfico tornou opcional o uso de iniciais maiúsculas em palavras usadas reverencialmente, por exemplo para cargos e títulos (exemplo: o Presidente francês ou o presidente francês). Porém, em palavras com hífen, após se optar pelo uso da maiúscula ou da minúscula, deve-se manter a escolha para a grafia de todos os elementos hifenizados: pode-se escrever "Vice-Presidente" ou "vice-presidente", mas não "Vice-presidente".

## 5.4. Vocativo

**O vocativo é uma invocação ao destinatário. Nas comunicações oficiais, o vocativo será sempre seguido de vírgula**. Em comunicações dirigidas aos **Chefes de Poder, utiliza-se a expressão Excelentíssimo Senhor ou Excelentíssima Senhora e o cargo respectivo**, seguidos de vírgula. Exemplos: Excelentíssimo Senhor Presidente da República, Excelentíssimo Senhor Presidente do Congresso Nacional, Excelentíssimo Senhor Presidente do Supremo Tribunal Federal.

As **demais autoridades**, mesmo aquelas tratadas por Vossa Excelência, receberão o vocativo **Senhor ou Senhora** seguido do **cargo respectivo**. Exemplos: Senhora Senadora, Senhor Juiz, Senhora Ministra.

Na hipótese de comunicação com particular, pode-se utilizar o **vocativo Senhor ou Senhora** e a forma utilizada pela instituição para referir-se ao interlocutor: **beneficiário, usuário, contribuinte, eleitor** etc. Exemplos: Senhora Beneficiária, Senhor Contribuinte.

Ainda, quando o destinatário for um particular, no vocativo, pode-se utilizar Senhor ou Senhora seguido do nome do particular ou pode-se utilizar o vocativo "Prezado Senhor" ou "Prezada Senhora".

Em comunicações oficiais, **está abolido o uso de Digníssimo (DD) e de Ilustríssimo (Ilmo.)**. Evite-se o uso de "doutor" indiscriminadamente. O tratamento por meio de Senhor confere a formalidade desejada.

# 6. O PADRÃO OFÍCIO[5]

Até a segunda edição deste Manual, havia três tipos de expedientes que se diferenciavam antes pela finalidade do que pela forma: o ofício, o aviso e o memorando. **Com o objetivo de uniformizá-los, deve-se adotar nomenclatura e diagramação únicas, que sigam o que chamamos de padrão ofício.**

A distinção básica anterior entre os três era:

a) aviso: era expedido exclusivamente por Ministros de Estado, para autoridades de mesma hierarquia;

b) ofício: era expedido para e pelas demais autoridades; e

c) memorando: era expedido entre unidades administrativas de um mesmo órgão.

---

**Atenção: Nesta nova edição ficou abolida aquela distinção e passou-se a utilizar o termo ofício nas três hipóteses.**

---

A seguir, será apresentada a estrutura do padrão ofício, de acordo com a ordem com que cada elemento aparece no documento oficial.

## 6.1. Partes do documento no padrão ofício

### 6.1.1. Cabeçalho

O cabeçalho é utilizado apenas na primeira página do documento, centralizado na área determinada pela formatação (ver subitem "5.2 Formatação e apresentação"). No cabeçalho deverão constar os seguintes elementos:

a) **brasão de Armas da República**[6]: no topo da página. Não há necessidade de ser aplicado em cores. O uso de marca da instituição deve ser evitado na correspondência oficial para não se sobrepor ao Brasão de Armas da República.

b) nome do órgão principal;

c) nomes dos órgãos secundários, quando necessários, da maior para a menor hierarquia; e

d) **espaçamento**: entrelinhas simples (1,0).

---

5. Presidência da República 3ª edição, revista, atualizada e ampliada pela Subchefia para Assuntos Jurídicos da Casa Civil da Presidência da República.

6. O desenho oficial atualizado do Brasão de Armas da República pode ser localizado no sítio eletrônico da Presidência da República, na seção Símbolos Nacionais. Disponível em: <http://www2.planalto.gov.br/acervo/simbolosnacionais/brasao/brasao-da-republica>. No caso de documento a ser impresso, exclusivamente quando o signatário for o Presidente da República, Ministro de Estado ou a autoridade máxima de autarquia, será utilizado timbre em relevo branco, nos termos do disposto no Decreto no 80.739, de 14 de novembro de 1977.

Exemplo:

[Nome do órgão]
[Secretaria/Diretoria]
[Departamento/Setor/Entidade]

Os dados do órgão, tais como endereço, telefone, endereço de correspondência eletrônica, sítio eletrônico oficial da instituição, podem ser informados no rodapé do documento, centralizados.

## 6.1.2. Identificação do expediente

Os documentos oficiais devem ser identificados da seguinte maneira:

a) **nome do documento**: tipo de expediente por extenso, com todas as letras maiúsculas;

b) **indicação de numeração**: abreviatura da palavra "número", padronizada como Nº;

c) **informações do documento**: número, ano (com quatro dígitos) e siglas usuais do setor que expede o documento, da menor para a maior hierarquia, separados por barra (/); e d) **alinhamento**: à margem esquerda da página.

Exemplo:
OFÍCIO No 652/2018/SAA/SE/MT

## 6.1.3. Local e data do documento

Na grafia de datas em um documento, o conteúdo deve constar da seguinte forma:

a) **composição**: local e data do documento;

b) **informação de local**: nome da cidade onde foi expedido o documento, seguido de vírgula. Não se deve utilizar a sigla da unidade da federação depois do nome da cidade;

c) **dia do mês**: em numeração ordinal se for o primeiro dia do mês e em numeração cardinal para os demais dias do mês. Não se deve utilizar zero à esquerda do número que indica o dia do mês;

d) **nome do mês**: deve ser escrito com inicial minúscula;

e) **pontuação**: coloca-se ponto-final depois da data; e

f) **alinhamento**: o texto da data deve ser alinhado à margem direita da página.

Exemplo: Brasília, 2 de fevereiro de 2018.

## 6.1.4. Endereçamento

O endereçamento é a parte do documento que informa quem receberá o expediente. Nele deverão constar os seguintes elementos:

a) **vocativo**: na forma de tratamento adequada para quem receberá o expediente (ver subitem "4.1 Pronomes de tratamento");

b) **nome**: nome do destinatário do expediente;

c) **cargo**: cargo do destinatário do expediente;

d) **endereço**: endereço postal de quem receberá o expediente, dividido em duas linhas: primeira linha: informação de localidade/logradouro do destinatário ou, no caso de ofício ao mesmo órgão, informação do setor; segunda linha: CEP e cidade/unidade da federação, separados por espaço simples. Na separação entre cidade e unidade da federação pode ser substituída a barra pelo ponto ou pelo travessão. No caso de ofício ao mesmo órgão, não é obrigatória a informação do CEP, podendo ficar apenas a informação da cidade/unidade da federação; e

e) **alinhamento**: à margem esquerda da página.

O pronome de tratamento no endereçamento das comunicações dirigidas às autoridades tratadas por Vossa Excelência terá a seguinte forma: "A Sua Excelência o Senhor" ou "A Sua Excelência a Senhora".

Quando o tratamento destinado ao receptor for Vossa Senhoria, o endereçamento a ser empregado é "Ao Senhor" ou "À Senhora". Ressalte-se que não se utiliza a expressão "A Sua Senhoria o Senhor" ou "A Sua Senhoria a Senhora".

## 6.1.5. Assunto

O assunto deve dar uma ideia geral do que trata o documento, de forma sucinta.

Ele deve ser grafado da seguinte maneira:

a) **título**: a palavra Assunto deve anteceder a frase que define o conteúdo do documento, seguida de dois-pontos;

b) **descrição do assunto**: a frase que descreve o conteúdo do documento deve ser escrita com inicial maiúscula, não se deve utilizar verbos e sugere-se utilizar de quatro a cinco palavras;

c) **destaque**: todo o texto referente ao assunto, inclusive o título, deve ser destacado em negrito;

d) **pontuação**: coloca-se ponto-final depois do assunto; e

e) **alinhamento**: à margem esquerda da página.

### 6.1.6. Texto do documento

O texto do documento oficial deve seguir a seguinte padronização de estrutura:

I – nos casos em que não seja usado para encaminhamento de documentos, o expediente deve conter a seguinte estrutura:

a) **introdução**: em que é apresentado o objetivo da comunicação. Evite o uso das formas: Tenho a honra de, Tenho o prazer de, Cumpre-me informar que. Prefira empregar a forma direta: Informo, Solicito, Comunico;

b) **desenvolvimento**: em que o assunto é detalhado; se o texto contiver mais de uma ideia sobre o assunto, elas devem ser tratadas em parágrafos distintos, o que confere maior clareza à exposição; e

c) **conclusão**: em que é afirmada a posição sobre o assunto.

II – quando forem usados para encaminhamento de documentos, a estrutura é modificada:

a) **introdução**: deve iniciar com referência ao expediente que solicitou o encaminhamento. Se a remessa do documento não tiver sido solicitada, deve iniciar com a informação do motivo da comunicação, que é encaminhar, indicando a seguir os dados completos do documento encaminhado (tipo, data, origem ou signatário e assunto de que se trata) e a razão pela qual está sendo encaminhado; e

b) **desenvolvimento**: se o autor da comunicação desejar fazer algum comentário a respeito do documento que encaminha, poderá acrescentar parágrafos de desenvolvimento. Caso contrário, não há parágrafos de desenvolvimento em expediente usado para encaminhamento de documentos.

III – tanto na estrutura I quanto na estrutura II, o texto do documento deve ser formatado da seguinte maneira:

a) **alinhamento**: justificado;

b) **espaçamento entre linhas**: simples;

c) **parágrafos**:

i espaçamento entre parágrafos: de 6 pontos após cada parágrafo;

ii recuo de parágrafo: 2,5 cm de distância da margem esquerda;

iii numeração dos parágrafos: apenas quando o documento tiver três ou mais parágrafos, desde o primeiro parágrafo. Não se numeram o vocativo e o fecho;

d) **fonte: Calibri ou Carlito;**

i corpo do texto: tamanho 12 pontos;

ii citações recuadas: tamanho 11 pontos; e

iii notas de Rodapé: tamanho 10 pontos;

e) **símbolos**: para símbolos não existentes nas fontes indicadas, pode-se utilizar as fontes *Symbol* e *Wingdings*.

### 6.1.7. Fechos para comunicações

O fecho das comunicações oficiais objetiva, além da finalidade óbvia de arrematar o texto, saudar o destinatário. Os modelos para fecho anteriormente utilizados foram regulados pela

Portaria no 1, de 1937, do Ministério da Justiça, que estabelecia quinze padrões. Com o objetivo de simplificá-los e uniformizá-los, este Manual estabelece o emprego de somente dois fechos diferentes para todas as modalidades de comunicação oficial:

a) Para autoridades de hierarquia superior a do remetente, inclusive o Presidente da República:
Respeitosamente,

b) Para autoridades de mesma hierarquia, de hierarquia inferior ou demais casos:
Atenciosamente,

Ficam excluídas dessa fórmula as comunicações dirigidas a autoridades estrangeiras, que atendem a rito e tradição próprios.

O fecho da comunicação deve ser formatado da seguinte maneira:

a) **alinhamento**: alinhado à margem esquerda da página;

b) **recuo de parágrafo**: 2,5 cm de distância da margem esquerda;

c) **espaçamento entre linhas**: simples;

d) **espaçamento entre parágrafos**: de 6 pontos após cada parágrafo; e

e) **não deve ser numerado**.

## 6.1.8. Identificação do signatário

Excluídas as comunicações assinadas pelo Presidente da República, todas as demais comunicações oficiais devem informar o signatário segundo o padrão:

a) **nome**: nome da autoridade que as expede, grafado em letras maiúsculas, sem negrito. Não se usa linha acima do nome do signatário;

b) **cargo**: cargo da autoridade que expede o documento, redigido apenas com as iniciais maiúsculas. As preposições que liguem as palavras do cargo devem ser grafadas em minúsculas; e

c) **alinhamento**: a identificação do signatário deve ser centralizada na página. Para evitar equívocos, recomenda-se não deixar a assinatura em página isolada do expediente. Transfira para essa página ao menos a última frase anterior ao fecho.

## 6.1.9. Numeração das páginas

A numeração das páginas é obrigatória apenas a partir da segunda página da comunicação. Ela deve ser centralizada na página e obedecer à seguinte formatação:

a) **posição**: no rodapé do documento, ou acima da área de 2 cm da margem inferior; e

b) fonte: **Calibri ou Carlito**.

## 6.2. Formatação e apresentação

Os documentos do padrão ofício devem obedecer à seguinte formatação:

a) **tamanho do papel**: A4 (29,7 cm x 21 cm);

b) **margem lateral esquerda**: no mínimo, 3 cm de largura;

c) **margem lateral direita**: 1,5 cm;

d) **margens superior e inferior**: 2 cm;

e) **área de cabeçalho**: na primeira página, 5 cm a partir da margem superior do papel;

f) **área de rodapé**: nos 2 cm da margem inferior do documento;

g) **impressão**: na correspondência oficial, a impressão pode ocorrer em ambas as faces do papel. Nesse caso, as margens esquerda e direita terão as distâncias invertidas nas páginas pares (margem espelho);

h) **cores**: os textos devem ser impressos na cor preta em papel branco, reservando-se, se necessário, a impressão colorida para gráficos e ilustrações;

i) **destaques**: para destaques deve-se utilizar, sem abuso, o negrito. Deve-se evitar destaques com uso de itálico, sublinhado, letras maiúsculas, sombreado, sombra, relevo, bordas ou qualquer outra forma de formatação que afete a sobriedade e a padronização do documento;

j) **palavras estrangeiras**: palavras estrangeiras devem ser grafadas em itálico;

k) **arquivamento**: dentro do possível, todos os documentos elaborados devem ter o arquivo de texto preservado para consulta posterior ou aproveitamento de trechos para casos análogos. Deve ser utilizado, preferencialmente, formato de arquivo que possa ser lido e editado pela maioria dos editores de texto utilizados no serviço público, tais como DOCX, ODT ou RTF;

l) **nome do arquivo**: para facilitar a localização, os nomes dos arquivos devem ser formados da seguinte maneira:

tipo do documento + número do documento + ano do documento (com 4 dígitos) + palavras-chaves do conteúdo

Exemplo: Ofício 123_2018_relatório produtividade anual

Seguem exemplos de Ofício:

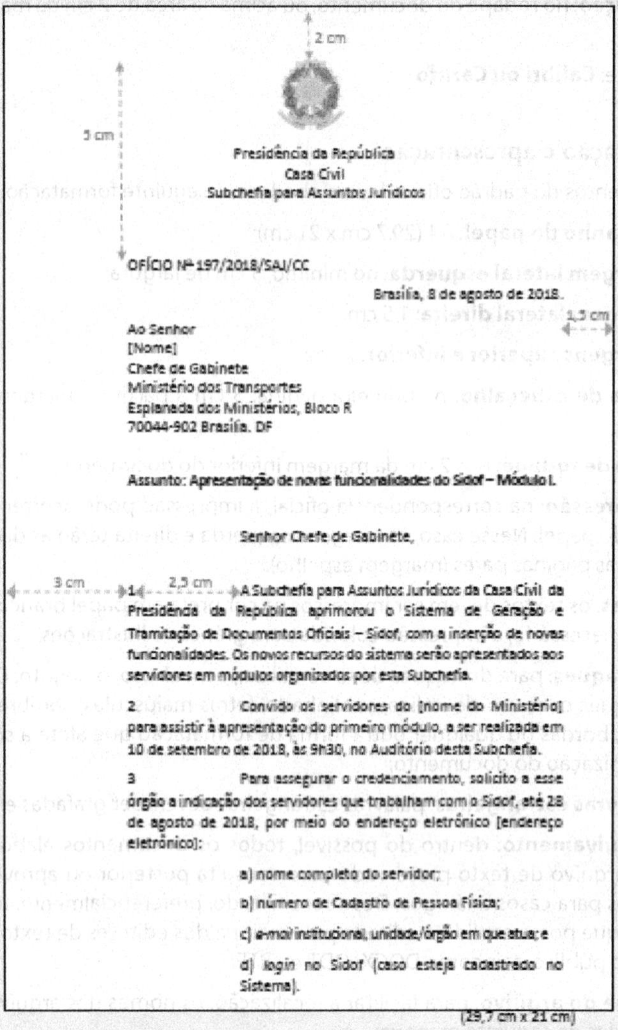


Presidência da República
Casa Civil
Subchefia para Assuntos Jurídicos

OFÍCIO Nº 197/2018/SAJ/CC

Brasília, 8 de agosto de 2018.

Ao Senhor
[Nome]
Chefe de Gabinete
Ministério dos Transportes
Esplanada dos Ministérios, Bloco R
70044-902 Brasília. DF

Assunto: Apresentação de novas funcionalidades do Sidof – Módulo I.

Senhor Chefe de Gabinete,

1 A Subchefia para Assuntos Jurídicos da Casa Civil da Presidência da República aprimorou o Sistema de Geração e Tramitação de Documentos Oficiais – Sidof, com a inserção de novas funcionalidades. Os novos recursos do sistema serão apresentados aos servidores em módulos organizados por esta Subchefia.

2 Convido os servidores do [nome do Ministério] para assistir à apresentação do primeiro módulo, a ser realizada em 10 de setembro de 2018, às 9h30, no Auditório desta Subchefia.

3 Para assegurar o credenciamento, solicito a esse órgão a indicação dos servidores que trabalham com o Sidof, até 28 de agosto de 2018, por meio do endereço eletrônico [endereço eletrônico]:

a) nome completo do servidor;

b) número de Cadastro de Pessoa Física;

c) *e-mail* institucional, unidade/órgão em que atua; e

d) *login* no Sidof (caso esteja cadastrado no Sistema).

2 cm

4 Caso o servidor ainda não seja cadastrado no Sistema, será necessário o envio de autorização da chefia imediata. O envio das informações solicitadas acima é fundamental para garantir a inscrição do servidor no evento.

Atenciosamente,

(espaço para assinatura)

[NOME DO SIGNATÁRIO]
[Cargo do Signatário]

2
[Endereço] – Telefone: (xx) xxxx-xxxx
CEP 00000-000 Cidade/UF – http://www.xxxxxxxxxxxxxxxxxx.gov.br

2 cm

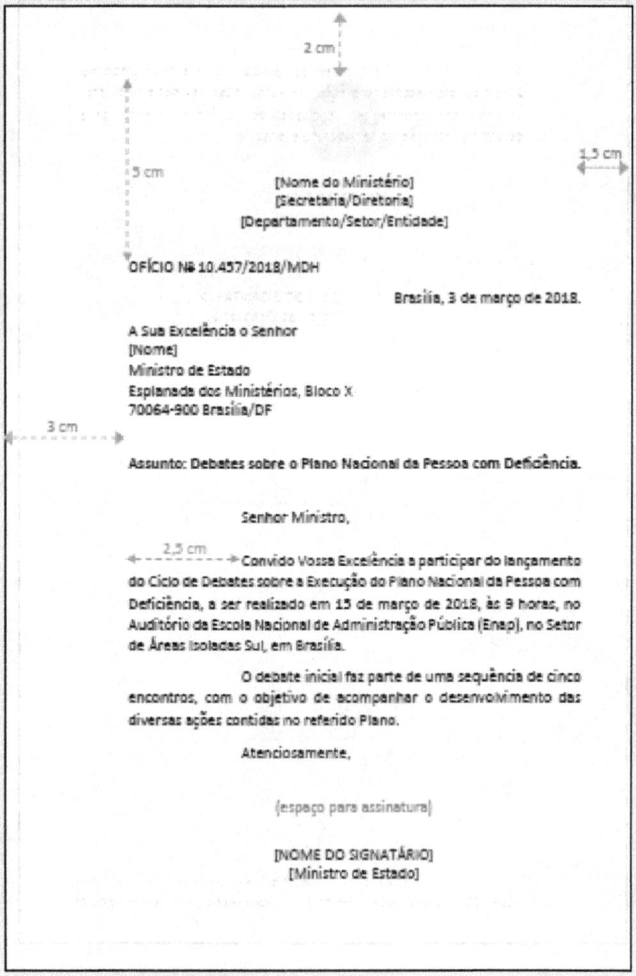


# 7. TIPOS DE DOCUMENTOS[7]

## 7.1. Variações dos documentos oficiais

Os documentos oficiais podem ser identificados de acordo com algumas possíveis variações:

a) **[NOME DO EXPEDIENTE] + CIRCULAR**: Quando um órgão envia o mesmo expediente para mais de um órgão receptor. A sigla na epígrafe será apenas do órgão remetente.

7. Presidência da República 3ª edição, revista, atualizada e ampliada pela Subchefia para Assuntos Jurídicos da Casa Civil da Presidência da República.

b) **[NOME DO EXPEDIENTE] + CONJUNTO**: Quando mais de um órgão envia, conjuntamente, o mesmo expediente para um único órgão receptor. As siglas dos órgãos remetentes constarão na epígrafe.

c) **[NOME DO EXPEDIENTE]** + CONJUNTO CIRCULAR: Quando mais de um órgão envia, conjuntamente, o mesmo expediente para mais de um órgão receptor. As siglas dos órgãos remetentes constarão na epígrafe.

Nos expedientes circulares, por haver mais de um receptor, o órgão remetente poderá inserir no rodapé as siglas ou nomes dos órgãos que receberão o expediente.

## 7.2. Exposição de Motivos[8]

### 7.2.1. Definição e finalidade

Exposição de motivos (EM) é o expediente dirigido ao Presidente da República ou ao Vice-Presidente para:

a) propor alguma medida;

b) submeter projeto de ato normativo à sua consideração; ou

c) informá-lo de determinado assunto.

A exposição de motivos é dirigida ao Presidente da República por um Ministro de Estado. Nos casos em que o assunto tratado envolva mais de um ministério, a exposição de motivos será assinada por todos os ministros envolvidos, sendo, por essa razão, chamada de interministerial.

Independentemente de ser uma EM com apenas um autor ou uma EM interministerial, a sequência numérica das exposições de motivos é única. A numeração começa e termina dentro de um mesmo ano civil.

### 7.2.2. Forma e estrutura

As exposições de motivos devem, obrigatoriamente:

a) apontar, na introdução: o problema que demanda a adoção da medida ou do ato normativo proposto; ou informar ao Presidente da República algum assunto;

b) indicar, no desenvolvimento: a razão de aquela medida ou de aquele ato normativo ser o ideal para se solucionar o problema e as eventuais alternativas existentes para equacioná-lo; ou fornecer mais detalhes sobre o assunto informado, quando for esse o caso; e

c) na conclusão: novamente, propor a medida a ser tomada ou o ato normativo a ser editado para solucionar o problema; ou apresentar as considerações finais no caso de EMs apenas informativas.

As Exposições de Motivos que encaminham proposições normativas devem seguir o prescrito no Decreto nº 9.191, de 1º de novembro de 2017. Em síntese, elas devem ser instruídas com parecer jurídico e parecer de mérito que permitam a adequada avaliação da proposta.

8. Presidência da República 3ª edição, revista, atualizada e ampliada pela Subchefia para Assuntos Jurídicos da Casa Civil da Presidência da República.

O atendimento dos requisitos do Decreto nº 9.191, de 2017, nas exposições de motivos que proponham a edição de ato normativo, tem como propósito:

a) permitir a adequada reflexão sobre o problema que se busca resolver;

b) ensejar avaliação das diversas causas do problema e dos efeitos que podem ter a adoção da medida ou a edição do ato, em consonância com as questões que devem ser analisadas na elaboração de proposições normativas no âmbito do Poder Executivo;

c) conferir transparência aos atos propostos;

d) resumir os principais aspectos da proposta; e

e) evitar a devolução a proposta de ato normativo para complementação ou reformulação da proposta.

A exposição de motivos é a principal modalidade de comunicação dirigida ao Presidente da República pelos ministros. Além disso, pode, em certos casos, ser encaminhada cópia ao Congresso Nacional ou ao Poder Judiciário.

Exemplo de exposição de motivos:

2 cm

5 cm

EM Nº 38/2018/MTB/MS

1,5 cm

Brasília, 6 de novembro de 2018.

Excelentíssimo Senhor Presidente da República,

3 cm 2,5 cm

1 Submetemos à consideração de Vossa Excelência a proposta de Medida Provisória que tem por objetivo de efetivar as operações de financiamento destinadas a entidades hospitalares filantrópicas e sem fins lucrativos que participem de forma complementar do Sistema único de Saúde (SUS).

2 A Medida Provisória nº 848, de 16 de agosto de 2018, autorizou o Fundo de Garantia do Tempo de Serviço (FGTS) a realizar operações de crédito destinadas às entidades hospitalares filantrópicas e sem fins lucrativos que participem de forma complementar do SUS.

3 No entanto, em discussões no âmbito do Conselho Curador do FGTS foi observada a falta de previsão legal para determinar quem seria o órgão do Poder Executivo federal que deveria regulamentar, acompanhar a execução, subsidiar o Conselho Curador com estudos técnicos necessários ao seu aprimoramento operacional e definir as metas a serem alcançadas nas operações de crédito destinadas às entidades hospitalares filantrópicas e sem fins lucrativos que participem de forma complementar do SUS.

4 Com efeito, a disposição sobre a necessidade de autorização do órgão de educação responsável para o fechamento de escolas do campo, exigindo-se diagnóstico sobre o impacto da ação e manifestação da comunidade escolar, visa a assegurar o acesso da população rural à educação, sem ferir a autonomia dos entes federativos.

2cm

5 O presente Projeto de Lei representa medida importante para institucionalizar instrumentos de gestão voltados para a melhoria da qualidade da educação básica das populações do campo.

6 Estas, Excelentíssimo Senhor Presidente, são as razões que justificam o encaminhamento da presente proposta de ato normativo à consideração de Vossa Excelência.

Respeitosamente,

(espaço para assinatura)

[NOME DO SIGNATÁRIO]
[Ministro de Estado]

2

2 cm

## 7.3. Mensagem

### 7.3.1. Definição e finalidade

A Mensagem é o instrumento de comunicação oficial entre os Chefes dos Poderes Públicos, notadamente as mensagens enviadas pelo Chefe do Poder Executivo ao Poder Legislativo para informar sobre fato da administração pública; para expor o plano de governo por ocasião da abertura de sessão legislativa; para submeter ao Congresso Nacional matérias que dependem de deliberação de suas Casas; para apresentar veto; enfim, fazer comunicações do que seja de interesse dos Poderes Públicos e da Nação.

Minuta de mensagem pode ser encaminhada pelos ministérios à Presidência da República, a cujas assessorias caberá a redação final.

As mensagens mais usuais do Poder Executivo ao Congresso Nacional têm as seguintes finalidades:

a) Encaminhamento de proposta de emenda constitucional, de projeto de lei ordinária, de projeto de lei complementar e os que compreendem plano plurianual, diretrizes orçamentárias, orçamentos anuais e créditos adicionais;

b) Encaminhamento de medida provisória;

c) Indicação de autoridades;

d) Pedido de autorização para o Presidente ou o Vice-Presidente da República se ausentarem do país por mais de 15 dias;

e) Encaminhamento de atos de concessão e de renovação de concessão de emissoras de rádio e TV;

f) Encaminhamento das contas referentes ao exercício anterior;

g) Mensagem de abertura da sessão legislativa;

h) Comunicação de sanção (com restituição de autógrafos);

i) Comunicação de veto;

j) Outras mensagens remetidas ao Legislativo: Apreciação de intervenção federal (Constituição, art. 36, § 2º). Encaminhamento de atos internacionais que acarretam encargos ou compromissos gravosos (Constituição, art. 49, *caput*, inciso I); Pedido de estabelecimento de alíquotas aplicáveis às operações e prestações interestaduais e de exportação (Constituição, art. 155, § 2º, inciso IV); Proposta de fixação de limites globais para o montante da dívida consolidada (Constituição, art. 52, *caput*, inciso VI); Pedido de autorização para operações financeiras externas (Constituição, art. 52, *caput*, inciso V); Convocação extraordinária do Congresso Nacional (Constituição, art. 57, § 6º); Pedido de autorização para exonerar o Procurador-Geral da República (Constituição, art. 52, inciso XI, e art. 128, § 2º); Pedido de autorização para declarar guerra e decretar mobilização nacional (Constituição, art. 84, inciso XIX); Pedido de autorização ou referendo para celebrar a paz (Constituição, art. 84, inciso XX); Justificativa para decretação do estado de defesa ou de sua prorrogação (Constituição, art. 136, § 4º); Pedido de autorização para decretar o estado de sítio (Constituição, art. 137);

Relato das medidas praticadas na vigência do estado de sítio ou de defesa (Constituição, art. 141, parágrafo único); Proposta de modificação de projetos de leis que compreendem plano plurianual, diretrizes orçamentárias, orçamentos anuais e créditos adicionais (Constituição, art. 166, § 5º); Pedido de autorização para utilizar recursos que ficarem sem despesas correspondentes, em decorrência de veto, emenda ou rejeição do projeto de lei orçamentária anual (Constituição, art. 166, § 8º);

Pedido de autorização para alienar ou conceder terras públicas com área superior a 2.500 ha (Constituição, art. 188, § 1º).

### 7.3.2. Forma e estrutura

As mensagens contêm:

a) brasão: timbre em relevo branco

b) identificação do expediente: MENSAGEM No, alinhada à margem esquerda, no início do texto;

c) vocativo: alinhado à margem esquerda, de acordo com o pronome de tratamento e o cargo do destinatário, com o recuo de parágrafo dado ao texto;

d) texto: iniciado a 2 cm do vocativo; e

e) local e data: posicionados a 2 cm do final do texto, alinhados à margem direita.

A mensagem, como os demais atos assinados pelo Presidente da República, não traz identificação de seu signatário.

Exemplo de mensagem:

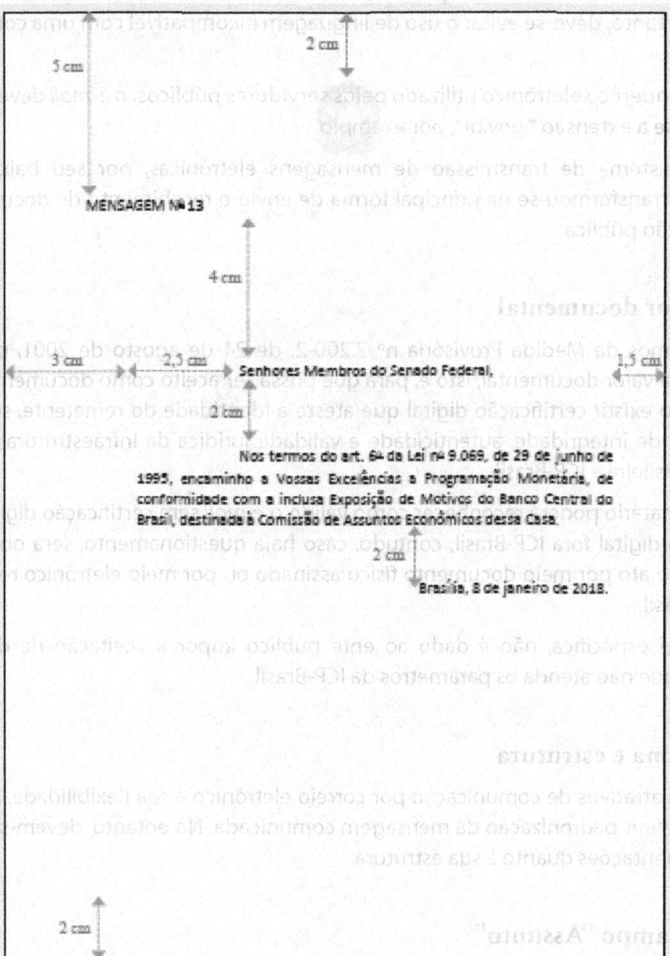

## 7.4. Correio eletrônico (*e-mail*)

### 7.4.1. Definição e finalidade

A utilização do *e-mail* para a comunicação tornou-se prática comum, não só em âmbito privado, mas também na administração pública. O termo *e-mail* pode ser empregado com três sentidos. Dependendo do contexto, pode significar gênero textual, endereço eletrônico ou sistema de transmissão de mensagem eletrônica.

Como gênero textual, o *e-mail* pode ser considerado um documento oficial, assim como o ofício. Portanto, deve-se evitar o uso de linguagem incompatível com uma comunicação oficial.

Como endereço eletrônico utilizado pelos servidores públicos, o *e-mail* deve ser oficial, utilizando-se a extensão ".gov.br", por exemplo.

Como sistema de transmissão de mensagens eletrônicas, por seu baixo custo e celeridade, transformou-se na principal forma de envio e recebimento de documentos na administração pública.

### 7.4.2. Valor documental

Nos termos da Medida Provisória nº 2.200-2, de 24 de agosto de 2001, para que o *e-mail* tenha valor documental, isto é, para que possa ser aceito como documento original, é necessário existir certificação digital que ateste a identidade do remetente, segundo os parâmetros de integridade, autenticidade e validade jurídica da Infraestrutura de Chaves Públicas Brasileira – ICP-Brasil.

O destinatário poderá reconhecer como válido o *e-mail* sem certificação digital ou com certificação digital fora ICP-Brasil; contudo, caso haja questionamento, será obrigatório a repetição do ato por meio documento físico assinado ou por meio eletrônico reconhecido pela ICP-Brasil.

Salvo lei específica, não é dado ao ente público impor a aceitação de documento eletrônico que não atenda os parâmetros da ICP-Brasil.

### 7.4.3. Forma e estrutura

Um dos atrativos de comunicação por correio eletrônico é sua flexibilidade. Assim, não interessa definir padronização da mensagem comunicada. No entanto, devem-se observar algumas orientações quanto à sua estrutura.

#### 7.4.3.1. Campo "Assunto"

O assunto deve ser o mais claro e específico possível, relacionado ao conteúdo global da mensagem. Assim, quem irá receber a mensagem identificará rapidamente do que se trata; quem a envia poderá, posteriormente, localizar a mensagem na caixa do correio eletrônico.

Deve-se assegurar que o assunto reflita claramente o conteúdo completo da mensagem para que não pareça, ao receptor, que se trata de mensagem não solicitada/lixo eletrônico. Em vez de "Reunião", um assunto mais preciso seria "Agendamento de reunião sobre a Reforma da Previdência".

#### 7.4.3.2. Local e data

São desnecessários no corpo da mensagem, uma vez que o próprio sistema apresenta essa informação.

#### 7.4.3.3. Saudação inicial/vocativo

O texto dos correios eletrônicos deve ser iniciado por uma saudação. Quando endereçado para outras instituições, para receptores desconhecidos ou para particulares, deve-se utilizar o vocativo conforme os demais documentos oficiais, ou seja, "Senhor" ou "Senhora", seguido do cargo respectivo, ou "Prezado Senhor", "Prezada Senhora".

Exemplos:

Senhor Coordenador,

Prezada Senhora,

#### 7.4.3.4. Fecho

Atenciosamente é o fecho padrão em comunicações oficiais. Com o uso do *e-mail*, popularizou-se o uso de abreviações como "Att.", e de outros fechos, como "Abraços", "Saudações", que, apesar de amplamente usados, não são fechos oficiais e, portanto, não devem ser utilizados em *e-mails* profissionais.

O correio eletrônico, em algumas situações, aceita uma saudação inicial e um fecho menos formais. No entanto, a linguagem do texto dos correios eletrônicos deve ser formal, como a que se usaria em qualquer outro documento oficial.

#### 7.4.3.5. Bloco de texto da assinatura

Sugere-se que todas as instituições da administração pública adotem um padrão de texto de assinatura. A assinatura do *e-mail* deve conter o nome completo, o cargo, a unidade, o órgão e o telefone do remetente.

Exemplo:

Maria da Silva
Assessora

Subchefia para Assuntos Jurídicos da Casa Civil

(61)XXXX-XXXX

### 7.4.4. Anexos

A possibilidade de anexar documentos, planilhas e imagens de diversos formatos é uma das vantagens do *e-mail*. A mensagem que encaminha algum arquivo deve trazer informações mínimas sobre o conteúdo do anexo.

Antes de enviar um anexo, é preciso avaliar se ele é realmente indispensável e se seria possível colocá-lo no corpo do correio eletrônico.

Deve-se evitar o tamanho excessivo e o reencaminhamento de anexos nas mensagens de resposta.

Os arquivos anexados devem estar em formatos usuais e que apresentem poucos riscos de segurança. Quando se tratar de documento ainda em discussão, os arquivos devem, necessariamente, ser enviados, em formato que possa ser editado.

### 7.4.5. Recomendações

Sempre que necessário, deve-se utilizar recurso de confirmação de leitura. Caso não esteja disponível, deve constar da mensagem pedido de confirmação de recebimento; Apesar da imensa lista de fontes disponíveis nos computadores, mantêm-se a recomendação de tipo de fonte, tamanho e cor dos documentos oficiais: Calibri ou Carlito, tamanho 12, cor preta; Fundo ou papéis de parede eletrônicos não devem ser utilizados, pois não são apropriados para mensagens profissionais, além de sobrecarregar o tamanho da mensagem eletrônica; A mensagem do correio eletrônico deve ser revisada com o mesmo cuidado com que se revisam outros documentos oficiais; O texto profissional dispensa manifestações emocionais. Por isso, ícones e *emoticons* não devem ser utilizados; Os textos das mensagens eletrônicas não podem ser redigidos com abreviações como "vc", "pq", usuais das conversas na internet, ou neologismos, como "naum", "eh", "aki"; Não se deve utilizar texto em caixa alta para destaques de palavras ou trechos da mensagem pois denota agressividade de parte do emissor da comunicação. Evite-se o uso de imagens no corpo do *e-mail*, inclusive das Armas da República Federativa do Brasil e de logotipos do ente público junto ao texto da assinatura. Não devem ser remetidas mensagem com tamanho total que possa exceder a capacidade do servidor do destinatário.

---

**Atenção!** Para ter acesso ao MANUAL DE REDAÇÃO DA PRESIDÊNCIA DA REPÚBLICA completo, basta acessar este link: http://www4.planalto.gov.br/centrodeestudos/assuntos/manual-de-redacao-da-presidencia-da-republica/manual-de-redacao.pdf

---

## 8. QUESTÕES COMENTADAS

Observações:

1. Questões mistas para praticar.
2. Confira no edital se o assunto é pedido.

---

**01. (CEBRASPE – MPE RO – Analista em Jornalismo – 2023)** Em relação à linguagem e à padronização dos documentos oficiais, assinale a opção correta.

a) No trecho **Na próxima reunião, Vossa Senhoria deverá apresentar o seu substituto**, o emprego da forma verbal na terceira pessoa do singular está em desacordo com a modalidade padrão da língua portuguesa, porque o pronome de tratamento "Vossa Senhoria" refere-se à segunda pessoa do discurso.

b) Em uma correspondência oficial dirigida a uma ministra de Estado, o vocativo que deve ser empregado é Senhora Ministra, seguido de vírgula.

c) Uma vez que atualmente predomina o padrão ofício nas comunicações oficiais, toda correspondência oficial deve ser inicialmente identificada como OFÍCIO, independentemente do gênero textual do expediente.

d) O seguinte texto é adequado à introdução de textos oficiais usados para encaminhamento de documentos. Cumpre-me informar, em atenção ao documento recentemente enviado a esta Diretoria, que o problema apontado já foi resolvido.

e) Em obediência ao princípio da uniformização das correspondências oficiais, o fecho de uma exposição de motivos deve ser o mesmo empregado nas demais correspondências oficiais, qual seja: Atenciosamente.

➢ Comentários:

**Alternativa "a"** – O verbo deverá concordar, sempre, com a terceira pessoa.

**Alternativa "b"** – Em comunicações dirigidas aos Chefes de Poder, utiliza-se a expressão Excelentíssimo Senhor ou Excelentíssima Senhora e o cargo respectivo, seguidos de vírgula.

**Alternativa "c"** – Nem todas as correspondências oficiais são identificadas como OFÍCIO.

**Alternativa "d"** – Não pode haver pessoalidade (primeira pessoa): Cumpre-me.

**Alternativa "e"** – Exposição de motivos é um expediente emitido por um Ministro de Estado ao Presidente da República. O fecho adequado para se dirigir ao Presidente sempre será "Respeitosamente".

**RESPOSTA: B**

---

**02. (CEBRASPE – MPE RO – Analista em Jornalismo – 2023)** Considerando aspectos gerais de redação oficial, assinale a opção correta.

a) Para que um texto oficial seja considerado adequado à situação comunicativa, basta que ele apresente corretamente a indicação dos interlocutores envolvidos e informações sobre a comunicação mediada pelo texto do documento.

b) Dado o seu caráter público, um texto oficial deve primar pelo uso da linguagem coloquial, com emprego de palavras e expressões simples, uso da ordem direta e presença moderada de jargão burocrático.

c) A padronização de um texto oficial está relacionada, entre outros aspectos, à formalidade no tratamento, à digitação do texto sem erros e à correta diagramação do texto.

d) A objetividade de um texto oficial está associada à economia de pensamento, que se atinge por meio da redução do tamanho do texto, com apagamento de palavras desnecessárias, supressão de detalhes e eliminação de informações.

e) Em obediência ao princípio da impessoalidade, não se deve empregar, em documentos oficiais, a primeira pessoa do discurso, como em Encaminho ou Encaminhamos, assim como devem ser evitadas expressões consagradas pelo uso e formas sintáticas tradicionais, que empobrecem o texto.

➢ Comentários:

**Alternativa "a"** – Precisa apresentar: clareza e precisão; objetividade; concisão; coesão e coerência; impessoalidade; formalidade e padronização; uso da norma culta padrão da língua portuguesa.

**Alternativa "b"** – Um texto oficial deve primar pelo uso da norma culta.

**Alternativa "c"** – É necessário possuir formalidade no tratamento, não haver erro de digitação e ser diagramado corretamente.

**Alternativa "d"** – Segundo o MRPR, ser objetivo é ir diretamente ao assunto que se deseja abordar, sem voltas e sem redundâncias. É errado supor que a objetividade suprime a delicadeza de expressão ou torna o texto rude e grosseiro.

**Alternativa "e"** – Não se trata de desobediência. Segundo o MRPR, na impessoalidade não há lugar na redação oficial para impressões pessoais, como as que, por exemplo, constam de uma carta a um amigo, ou de um artigo assinado de jornal, ou mesmo de um texto literário. A redação oficial deve ser isenta da interferência da individualidade de quem a elabora.

**RESPOSTA: C**

---

**03. (CEBRASPE – FUB – 2023)** Os tratamentos **Digníssimo(a)** e **Ilustríssimo(a)** foram abolidos das correspondências oficiais, tendo sido ambos substituídos, nas comunicações internas da Universidade de Brasília, pela forma de tratamento genérica Doutor(a), independentemente da formação acadêmica do destinatário.

( ) certo ( ) errado

➢ Comentários:

Este trecho está correto: Os tratamentos Digníssimo(a) e Ilustríssimo(a) foram abolidos das correspondências oficiais.

O erro está na segunda parte, pois no MRPR é citado isto: Evite-se o uso de "doutor" indiscriminadamente.

**Resposta: Errado**

---

**04. (Instituto AOCP – MPE RS – Técnico – 2021)** Assinale a alternativa em que todas as propriedades são atributos da redação oficial.

a) Impessoalidade, concisão, padronização e coerência.

b) Clareza, eloquência, formalidade e uso da norma-padrão da língua portuguesa.

c) Objetividade, precisão, expressividade e formalidade.

d) Padronização, coesão, estilo e objetividade.

e) Eloquência, originalidade, uso da norma-padrão da língua portuguesa e formalidade.

➢ Comentários:

**Alternativa "a"** – Segundo o MRPR1, a redação oficial deve caracterizar-se por: clareza e precisão; objetividade; concisão; coesão e coerência; impessoalidade; formalidade e padronização; e uso da norma padrão da língua portuguesa.

**Alternativa "b"** – Eloquência é capacidade de discursar. Não se trata de atributo da redação oficial.

**Alternativa "c"** – Erro: expressividade – comportamento da pessoa que tende a ser expressiva.

**Alternativa "d"** – Erro: estilo.

**Alternativa "e"** – Erros: eloquência e originalidade.

**Resposta: A**

---

**05. (Instituto AOCP – MPE RS – Técnico – 2021)** Sobre a utilização dos pronomes de tratamento na redação oficial, assinale a alternativa correta.

a) Por se referirem à pessoa com quem se fala, estabelecem concordância com a segunda pessoa gramatical.

b) No corpo do texto, pode-se empregá-los em sua forma abreviada ou por extenso.

c) Está correta a frase: Vossa Senhoria designará vosso substituto.

d) Quanto aos adjetivos referidos aos pronomes de tratamento, o gênero gramatical deve concordar com o substantivo que compõe a locução (Ex.: Vossa Excelência está atarefada).

e) O pronome "Sua Excelência" é utilizado para se fazer referência direta a alguma autoridade.

➢ Comentários:

**Alternativa "a"** – Embora se refiram à segunda pessoa gramatical (à pessoa com quem se fala), levam a concordância para a terceira pessoa.

**Alternativa "b"** – Lê-se no MRPR: No corpo do texto, pode-se empregar os pronomes de tratamento em sua forma abreviada ou por extenso.

**Alternativa "c"** – Os pronomes possessivos referidos a pronomes de tratamento são sempre os da terceira pessoa: seu substituto.

**Alternativa "d"** – Quanto aos adjetivos referidos a esses pronomes, o gênero gramatical deve coincidir com o sexo da pessoa a que se refere, e não com o substantivo que compõe a locução.

**Alternativa "e"** – O pronome Sua Excelência é utilizado para se fazer referência a alguma autoridade (indiretamente). Para referência direta, usa-se Vossa Excelência.

Resposta: B

---

**06. (FGV - PC RJ - Auxiliar Policial de Necropsia - 2022)** Um Manual de Redação exemplifica, com um texto, um dos problemas mais recorrentes na hora de escrever:

"Alexandre, que é o novo coordenador do grupo, que vem a ser sobrinho da diretora, está desenvolvendo um novo projeto, que é o de diminuir o intervalo do lanche, para sairmos mais cedo."

Esse problema de escrita é:

a) o excesso de explicações;

b) a falta de paralelismo;

c) o uso exagerado de "quês";

d) a pobreza vocabular;

e) a mistura de língua popular com a culta.

➢ Comentários:

**Alternativa "a"** – Não há excesso de fazer com que o texto fique compreensível.

**Alternativa "b"** – Há paralelismos.

**Alternativa "c"** – Usou três vezes o pronome relativo "que".

Sugestão de correção: Alexandre, novo coordenador do grupo, sobrinho da diretora, está desenvolvendo um novo projeto: diminuir o intervalo do lanche para sairmos mais cedo.

**Alternativa "d"** – Não se trata de vocabulário pobre, mas sim de repetições coesivas.

**Alternativa "e"** – Não utilizou língua popular.

**RESPOSTA: C**

Parte VIII

# FIGURAS DE LINGUAGEM E FUNÇÕES DA LIGUAGEM

Capítulo 1

# FIGURAS DE LINGUAGEM

## 1. INTRODUÇÃO

São recursos que tornam as mensagens que emitimos mais expressivas. Subdividem-se em **figuras de som, figuras de palavras, figuras de pensamento** e **figuras de construção**[1].

## 2. FIGURA DE PALAVRA

As figuras de palavra consistem no emprego de um termo com sentido diferente daquele convencionalmente empregado, a fim de se conseguir um efeito mais expressivo na comunicação.

### 2.1. Metáfora

Um termo substitui outro através de uma relação de semelhança resultante da subjetividade de quem a cria. A metáfora também pode ser entendida como uma comparação abreviada, em que o conectivo não está expresso, mas subentendido. Às diferenças pedidas em provas:

Seus olhos são como luzes brilhantes. = **comparação** (como).

Seus olhos são luzes brilhantes. = não há comparação (ausência da partícula comparativa), e sim um **símile** (qualidade do que é semelhante).

As luzes brilhantes olhavam-me. = há substituição da palavra **olhos** por **luzes brilhantes**. Isso é **metáfora**.

1. Só português. Disponível em <http://www.soportugues.com.br/secoes/estil/estil2.php>. Acesso em 2 abril 2014, alterado.

## 2.2. Metonímia

A metonímia consiste em empregar um termo no lugar de outro, havendo entre ambos estreita afinidade ou relação de sentido.

| | | |
|---|---|---|
| **Autor pela obra** | Gosto de ler **Machado de Assis**. | = Gosto de ler a **obra literária de Machado de Assis**. |
| **Inventor pelo invento** | **Édson** ilumina o mundo | = As **lâmpadas** iluminam o mundo. |
| **Símbolo pelo objeto simbolizado** | Não te afastes da **cruz**. | = Não te afastes da **religião**. |
| **Lugar pelo produto do lugar** | Fumei um saboroso **havana**. | = Fumei um saboroso **charuto**. |
| **Efeito pela causa** | Sócrates bebeu a **morte**. | = Sócrates tomou **veneno**. |
| **Causa pelo efeito** | Moro no campo e como do **meu trabalho**. | = Moro no campo e como o **alimento que produzo.** |
| **Continente pelo conteúdo** | Bebeu o **cálice** todo. | = Bebeu todo o **líquido** que estava no cálice. |
| **Instrumento pela pessoa que utiliza** | Os **microfones** foram atrás dos jogadores. | = Os **repórteres** foram atrás dos jogadores. |
| **Parte pelo todo** | Várias **pernas** passavam apressadamente. | = Várias **pessoas** passavam apressadamente. |
| **Gênero pela espécie** | Os **mortais** pensam e sofrem nesse mundo. | = Os **homens** pensam e sofrem nesse mundo. |
| **Singular pelo plural** | A **mulher** foi chamada para ir às ruas na luta por seus direitos. | = As **mulheres** foram chamadas, não apenas uma mulher. |
| **Marca pelo produto** | Minha filha adora **danone**. | = Minha filha adora o iogurte que é da marca danone. |
| **Espécie pelo indivíduo** | O **homem** foi à Lua. | = Alguns **astronautas** foram à Lua. |
| **Símbolo pela coisa simbolizada** | A **balança** penderá para teu lado. | = A **justiça** ficará do teu lado. |

## 2.3. Catacrese

A catacrese é um tipo de especial de metáfora, "é uma espécie de metáfora desgastada, em que já não se sente nenhum vestígio de inovação, de criação individual e pitoresca. É a metáfora tornada hábito linguístico, já fora do âmbito estilístico." (Othon M. Garcia).

Ele sentou-se no **braço** da cadeira.

Limpou a boca com a **manga** da camisa.

Exemplos clássicos: **asa** da xícara, **batata** da perna, **maçã** do rosto, **pé** da mesa, **dente** de alho, **coroa** do abacaxi.

### 2.4. Perífrase ou Antonomásia

Trata-se de uma expressão que designa um ser através de alguma de suas características ou atributos, ou de um fato que o celebrizou: A **Cidade Maravilhosa** (= Rio de Janeiro) continua atraindo visitantes do mundo todo.

Se a perífrase indica uma pessoa, recebe o nome de **antonomásia.**

O Poeta dos Escravos (= Castro Alves) morreu muito jovem.

O Poeta da Vila (= Noel Rosa) compôs lindas canções.

### 2.5. Sinestesia

Mescla, numa mesma expressão, as sensações percebidas por diferentes órgãos do sentido.

Vejamos alguns exemplos retirados de textos literários:

- indefiníveis músicas;
- supremas harmonias de cor e perfume;
- horas do acaso, trêmulas, extremas, requiem do sol que a dor da luz resume;
- os carinhos de Godofredo não tinham mais o gosto dos primeiros tempos;
- o brilho macio do cetim;
- o doce afago materno;
- verde azedo;
- aroma gritante;
- o delicioso aroma do amor;
- beleza áspera.

## 3. FIGURAS DE PENSAMENTO

### 3.1. Antítese

São dois termos que **contrastam** entre si. Há aproximação de palavras ou expressões de sentidos opostos.

Os jardins têm **vida** e **morte**.

O corpo é **grande** e a alma é **pequena**.

### 3.2. Paradoxo

Proposição aparentemente absurda, resultante da união de **ideias contraditórias**.

O funcionário afirmou que o aluno quanto mais estuda mais tem dificuldades econômicas.

### 3.3. Eufemismo

É o emprego de uma **expressão mais suave**, mais nobre ou menos agressiva, para comunicar alguma coisa áspera, desagradável ou chocante.

- doente dos pulmões = tuberculoso;
- mal de Hansen = lepra;
- deficiente visual = cego;
- moléstia pertinaz, mal cruel e prolongado, doença ruim, aquela doença = câncer;
- falecer, descansar, fechar os olhos para sempre, passar para o plano espiritual = morrer;
- desaparecido = assassinado;
- dama da noite = prostituta.

## 3.4. Ironia

É **dizer o contrário** do que se pretende ou em satirizar, questionar certo tipo de pensamento com a intenção de ridicularizá-lo, ou ainda em ressaltar algum aspecto passível de crítica.

Como você foi bem na última prova, não tirou nem a nota mínima!

Parece um anjinho aquele menino, briga com todos que estão por perto.

## 3.5. Hipérbole

**Expressão intencionalmente exagerada** com o intuito de realçar uma ideia.

Rios te correrão dos olhos, se chorares! (Olavo Bilac)

Um quarteirão de perucas para Clodovil Pereira. (José Cândido Carvalho)

Na chuva de cores

Da tarde que explode

A lagoa brilha (Carlos Drummond de Andrade)

## 3.6. Prosopopeia ou Personificação

Atribui **ações ou qualidades de seres animados a seres inanimados**, ou características humanas a seres não humanos. Exemplos:

- As pedras **andam** vagarosamente.
- O livro é um mudo que **fala**, um surdo que **ouve**, um cego que **guia**.

## 3.7. Apóstrofe

É a **"invocação"** de alguém ou de alguma coisa personificada. Caracteriza-se pelo chamamento do receptor da mensagem. A introdução da apóstrofe interrompe a linha de pensamento do discurso e se realiza por meio do vocativo.

Exemplo: Rapaz, que fazes aí parado?

## 3.8. Gradação

Consiste em **dispor as ideias** por meio de palavras, sinônimas ou não, **em ordem crescente (clímax) ou decrescente (anticlímax)**. Exemplo:

Havia o céu, havia a terra, muita gente e mais Joana com seus olhos claros e brincalhões...

"Vive só para mim, só para a minha vida, só para meu amor". (Olavo Bilac)

# 4. FIGURAS DE CONSTRUÇÃO OU SINTÁTICAS

As figuras de construção ocorrem quando desejamos atribuir **maior expressividade** ao significado.

## 4.1. Elipse

É a **omissão** de um ou mais termos numa oração que podem ser facilmente identificados. Exemplos:

- A cada um o que é seu. (Deve se dar a cada um o que é seu.)
- Tenho duas filhas, um filho e amo todos da mesma maneira. Nesse exemplo, as desinências verbais de tenho e amo permitem-nos a identificação do sujeito em elipse "eu".
- Regina estava atrasada. Preferiu ir direto para o trabalho. (Ela, Regina, preferiu ir direto para o trabalho, pois estava atrasada.)
- As rosas florescem em maio, as margaridas em agosto. (As margaridas florescem em agosto.)

## 4.2. Zeugma

Zeugma é uma forma de **elipse**. Ocorre quando é feita a omissão de um termo já mencionado anteriormente.

Ele **gosta** de geografia; eu, de português.

Falava de abóboras, melões, morangas, gilas e tantas cucurbitáceas, vibrava tanto com suas descobertas botânicas, que mal conseguia lembrar-se dos nomes depois. Então, se socorria falanso da expansão das cucurbitáceas, todas com baraços: a abóbora se estende no chão, a moranga e o pepino (se estendem) também, mas a gila (se estende) pelas taipas e telhados.

## 4.3. Silepse

É a **concordância** que se faz com o termo que não está expresso no texto, mas sim com a ideia que ele representa. É uma concordância anormal, psicológica, espiritual, latente, porque se faz com um termo oculto, facilmente subentendido. Há três tipos:

### 4.3.1. Silepse de Gênero

| | |
|---|---|
| A bonita Porto Velho sofreu mais uma vez com o calor intenso. | o adjetivo **bonita** não está concordando com o termo **Porto Velho**, que gramaticalmente pertence ao gênero masculino, mas com a ideia contida no termo (a **cidade** de Porto Velho). |
| Vossa excelência está preocupado. | o adjetivo **preocupado** concorda com o sexo da pessoa, que nesse caso é masculino, e não com o termo Vossa excelência. |

#### 4.3.2. Silepse de número

- A **procissão** saiu. **Andaram** por todas as ruas da cidade de Salvador.
- Como vai a **turma**? **Estão** bem?
- O **povo** corria por todos os lados e **gritavam** muito alto.

Os verbos **andaram, estão** e **gritavam** não concordam gramaticalmente com os sujeitos das orações (que se encontram no singular, **procissão**, **turma** e **povo**, respectivamente), mas com a **ideia** de pluralidade que neles está contida. Procissão, turma e povo dão a ideia de muita gente, por isso que os verbos estão no plural.

#### 4.3.3. Silepse de pessoa

A silepse de pessoa ocorre quando há um desvio de concordância. O verbo, mais uma vez, não **concorda** com o sujeito da oração, mas sim com a **pessoa que está inscrita no sujeito**.

- O que não compreendo é como os **brasileiros persistamos** em aceitar essa situação.
- Os **agricultores temos** orgulho de nosso trabalho.
- "Dizem que os **cariocas somos** poucos dados aos jardins públicos.» (Machado de Assis)

### 4.4. Polissíndeto/assíndeto

#### 4.4.1. Polissíndeto

Ocorre **repetição enfática** dos conectivos.

"Falta-lhe o solo aos pés: recua **e** corre, vacila **e** grita, luta **e** ensanguenta, **e** rola, **e** tomba, **e** se espedaça, **e** morre." (Olavo Bilac)

"Deus criou o sol **e** a lua **e** as estrelas. **E** fez o homem **e** deu-lhe inteligência **e** fê-lo chefe da natureza".

#### 4.4.2. Assíndeto

Há ausência, pela **omissão das conjunções coordenativas**, resultando no uso de orações coordenadas assindéticas.

Tens casa, tens roupa, tens amor, tens família.

"Vim, vi, venci." (Júlio César)

### 4.5. Pleonasmo

**Repetição** de um termo ou ideia, com as mesmas palavras ou não. A finalidade do pleonasmo é realçar a ideia, torná-la mais **expressiva**.

O problema da violência, é necessário resolvê-**lo** logo.

Aos funcionários, não **lhes** interessam tais medidas.

### 4.6. Anáfora

É a **repetição** de uma ou mais palavras no início de várias frases, criando assim, um efeito de reforço e de coerência

*"Se você gritasse*

*Se você gemesse,*

*Se você tocasse*

*a valsa vienense*

*Se você dormisse,*

*Se você cansasse,*

*Se você morresse...*

*Mas você não morre,*

*Você é duro José!"*

*(Carlos Drummond de Andrade)*

### 4.7. Anacoluto

Ocorre **mudança da construção sintática** no meio da frase, ficando alguns termos desligados do resto do período.

Esses alunos da escola, não se pode duvidar deles.

A expressão **"esses alunos da escola"** deveria exercer a função de sujeito. No entanto, há uma interrupção da frase e essa expressão fica à parte, não exercendo nenhuma função sintática. O anacoluto também é chamado de "frase quebrada", pois corresponde a uma interrupção na sequência lógica do pensamento.

O **Alexandre**, as coisas não lhe estão indo muito bem.

A **velha hipocrisia**, recordo-me dela com vergonha. (Camilo Castelo Branco)

Obs.: o anacoluto deve ser usado com finalidade expressiva em casos muito especiais. Em geral, deve-se evitá-lo.

### 4.8. Hipérbato/inversão

É a **inversão** da estrutura frásica, isto é, a inversão da ordem direta dos termos da oração.

Ao ódio venceu o amor. (Na ordem direta seria: O amor venceu ao ódio.)

Dos meus problemas cuido eu! (Na ordem direta seria: Eu cuido dos meus problemas.)

## 5. FIGURAS DE SOM

### 5.1. Aliteração

É **repetição de consoantes** como recurso para intensificação do ritmo ou como efeito sonoro significativo.

**Tr**ês pratos de **tr**igo para **tr**ês **t**igres **tr**istes.

O **r**ato **r**oeu a **r**oupa do **r**ei de **R**oma.

"**V**ozes **v**eladas, **v**eludosas **v**ozes,

**V**olúpias dos **v**iolões, **v**ozes **v**eladas

**V**agam nos **v**elhos **v**órtices **v**elozes

Dos **v**entos, **v**ivas, **v**ãs, **v**ulcanizadas."

Cruz e Souza (Aliteração em "v")

## 5.2. Assonância

É a **repetição ordenada de sons vocálicos idênticos**.

"Sou um mulat**o** nat**o** n**o** sentid**o** lat**o**

mulat**o** democrátic**o** d**o** litoral.»

## 5.3. Onomatopeia

É a reprodução na forma de palavras os **sons** da realidade.

Os sinos faziam **blem, blem, blem, blem**.

**Miau, miau**. (Som emitido pelo gato)

**Tic-tac, tic-tac** fazia o relógio da sala de jantar.

**Cócórócócó**, fez o galo às seis da manhã.

# 6. VÍCIOS DE LINGUAGEM

São palavras ou construções que vão de encontro às normas gramaticais. Ocorrerem por descuido, ou ainda por desconhecimento das regras por parte do emissor.

## 6.1. Pleonasmo Vicioso ou Redundância

Há repetição desnecessária de uma informação na frase.

Entrei *para dentro* de casa quando começou a anoitecer.

Hoje fizeram-me uma surpresa *inesperada.*

Encontraremos *outra* alternativa para esse problema.

## 6.2. Barbarismo

É o desvio da norma que ocorre em:

### 6.2.1. Pronúncia

| Silabada | Cacoépia | Cacografia |
|---|---|---|
| erro na pronúncia do acento tônico.<br>Solicitei à cliente sua *rú*brica. (ru*bri*ca) | erro na pronúncia dos fonemas.<br>Estou com *po*blemas a resolver. (*pro*blemas) | erro na grafia ou na flexão de uma palavra.<br>Eu *ad*vinhei quem ganharia o concurso. (*adi*vinhei) |

#### 6.2.2. Morfologia

Se eu *ir* aí, vou me atrasar. (*for*)

Sou a aluna *mais maior* da turma. (*maior*)

#### 6.2.3. Semântica

José *comprimentou* seu vizinho ao sair de casa. (cumprimentou)

#### 6.2.4. Estrangeirismos

É o emprego desnecessário de palavras estrangeiras, ou seja, quando já existe palavra ou expressão correspondente na língua.

O *show* é hoje! (espetáculo)

Vamos tomar um *drink*? (drinque)

### 6.3. Solecismo

É o desvio de sintaxe, podendo ocorrer nos seguintes níveis:

| | |
|---|---|
| **Concordância** | *Haviam* muitos alunos naquela sala. (Havia) |
| **Regência** | Eu assisti *o* filme em casa. (ao) |
| **Colocação** | Dancei tanto na festa que não aguentei-*me* em pé. (não *me* aguentei em pé) |

### 6.4. Ambiguidade ou Anfibologia

Ocorre duplicidade de sentido da frase.

Ana disse à amiga que *seu* namorado havia chegado. (O namorado é de Ana ou da amiga?)

O pai falou com o filho caído no chão. (Quem estava caído no chão? Pai ou filho?)

### 6.5. Cacofonia

A junção de duas ou mais palavras na frase provoca som desagradável ou palavra inconveniente.

*Uma mão* lava outra. (mamão)

*Vi ela* na esquina. (viela)

Dei um beijo na bo*ca dela.* (cadela)

### 6.6. Eco

Palavras na frase com terminações iguais ou semelhantes, provocando dissonância.

A divulga*ção* da promo*ção* n*ão* causou como*ção* na popula*ção*.

### 6.7. Hiato

Há uma sequência de vogais que provocam dissonância.

*Eu a a*mo.

*Ou eu ou a ou*tra ganhará o concurso.

### 6.8. Colisão

Há repetição de consoantes iguais ou semelhantes, provocando dissonância.

*Sua sa*ia *su*jou.

## 7. QUESTÕES COMENTADAS

---

**01. (FGV – TJ AP – Técnico Judiciário - 2024)** A frase abaixo que mostra uma estrutura de antíteses, ou seja, mostra palavras de significados opostos, é:

(A) Quanto menos tempo se tem, mais tempo se encontra;

(B) As pessoas que não fazem nada nunca têm tempo;

(C) Nós matamos o tempo, mas ele nos enterra;

(D) Os amigos se mantêm perto; os adversários, mais perto ainda;

(E) O tempo perdido não se encontra nunca mais.

➢ Comentários:

**Alternativa "a"** – Antítese: menos x mais = palavras opostas.

**Alternativa "b"** – Ironia: *nada fazem* e *não têm tempo.*

**Alternativa "c"** – Paradoxo: nós matamos o tempo x o tempo nos enterra = ideias opostas.

**Alternativa "d"** – Ênfase: *perto* e *mais perto ainda.*

**Alternativa "e"** – Sinonímia: tempo perdido = tempo não encontrado.

**RESPOSTA: A**

Texto para responder à questão.

**Encenação da morte**

A vida nos quer, a morte nos quer. Somos o resultado da tensão ocasionada pelas duas forças que nos puxam. Esse equilíbrio não é estável. Amplo, diverso e elástico é o campo de força da vida, e vale a mesma coisa para o campo da morte. Se ficamos facilmente deprimidos ou exaltados é em razão das oscilações de intensidade desses dois campos magnéticos, sendo o tédio o relativo equilíbrio entre os dois.

Às vezes é mais intensa a pressão da vida, outras vezes é mais intensa a pressão da morte. Não se quer dizer com isso que a exaltação seja a morte e a depressão seja a vida. Há exaltações e exultações que se polarizam na morte, assim como há sistemas de depressão que gravitam em torno da vida. O estranho, do ponto de vista biológico, é que somos medularmente solitários com ambos os estados de imantação mais intensa, os da vida e os da morte. Não aproveitamos apenas a vida, mas usufruímos também as experiências da morte, desde que essas não nos matem.

Ganhei várias vezes da morte, isto é, inúmeras vezes os papéis que a morte representou para mim não chegaram a ser convincentes ou não chegaram a fazer grande sucesso. Matei várias mortes. (...) Mas outro dia dei dentro de mim com uma morte tão madura, tão forte, tão irrespondível, tão parecida comigo que fiquei no mais confuso dos sentimentos. Esta eu não posso matar, esta é a minha morte. O Vinícius de Moraes, que entende muito de morte, disse que nesse terreno há sempre margem de erro, e que talvez eu tenha ainda de andar um bocado mais antes de encontrar a minha morte. Pode ser. Não sei. Quem sabe?

(Adaptado de CAMPOS, Paulo Mendes. Os sabiás da crônica. Antologia. Org. Augusto Massi. Belo Horizonte: Autêntica, 2021, p. 246-248, passim)

---

**02. (FCC - TRT 18 - Analista Judiciário - Área Judiciária - 2023)** Ao longo do texto o autor se vale de vários **paradoxos**, tal como o que ocorre na seguinte formulação:

(A) Somos o resultado da tensão ocasionada pelas duas forças que nos puxam.

(B) oscilações de intensidade desses dois campos magnéticos.

(C) Às vezes é mais intensa a pressão da vida

(D) usufruímos também as experiências da morte, desde que essas não nos matem.

(E) O Vinícius de Moraes (...) disse que nesse terreno há sempre margem de erro.

➢ Comentários:

**Nota da autora:** Paradoxo é ausência de nexo, falta de lógica.

**Alternativa "a"** – Existe nexo: duas forças nos puxam, e somos resultado delas.

**Alternativa "b"** – Existe nexo: dois campos magnéticos oscilam de intensidade.

**Alternativa "c"** – Existe nexo: a pressão da vida é mais intensa.

**Alternativa "d"** – É impossível usufruir experiências da morte se estivermos vivos.

**Alternativa "e"** – Existe nexo: há margem de erro nesse terreno, como disse Vinícius.

**ALTERNATIVA CORRETA: D**

---

**03. (FGV – TJ RN – Analista Judiciário – Área Judiciária – Direito/2023)** Todas as frases abaixo trazem metáforas ou comparações; a opção em que o motivo da comparação está identificado de forma adequada, é:

(A) Meu pai sempre trabalhou como um escravo / com baixos salários;

(B) O carro passou pela avenida como um foguete / soltando fogo pelo cano traseiro;

(C) O menino declarou que a avó parecia uma bruxa / andava com uma vassoura;

(D) Em sala de aula, meu professor de História parecia uma biblioteca / carregava muitos livros consigo;

(E) A sala de jantar dos meus avós era tal qual um museu / cheia de coisas velhas e malcuidadas.

➢ Comentários:

**Alternativa "a"** – Escravo não possui salário.

**Alternativa "b"** – O foguete é rápido, não, necessariamente, solta fogo pelo cano traseiro.

**Alternativa "c"** – Bruxa é uma pessoa que, supostamente, pode evocar forças ou seres sobrenaturais para influenciar o curso dos acontecimentos, para prejudicar algo ou alguém, ou para prever o futuro; feiticeira.

Observação: segundo a lenda, ela pode voar com uma vassoura, não andar.

**Alternativa "d"** – Ele parecia uma biblioteca porque carregava muitos livros.
**Alternativa "e"** – Um museu possui coisas antigas, mas não malcuidadas.
**RESPOSTA: D**

Texto para responder questão.

Rubião fitava a enseada, – eram oito horas da manhã. Quem o visse, com os polegares metidos no cordão do chambre, à janela de uma grande casa de Botafogo, cuidaria que ele admirava aquele pedaço de água quieta; mas, em verdade, vos digo que pensava em outra coisa. Cotejava o passado com o presente. Que era, há um ano? Professor. Que é agora? Capitalista. Olha para si, para as chinelas (umas chinelas de Túnis, que lhe deu recente amigo, Cristiano Palha), para a casa, para o jardim, para a enseada, para os morros e para o céu; e tudo, desde as chinelas até o céu, tudo entra na mesma sensação de propriedade.

– Vejam como Deus escreve direito por linhas tortas, pensa ele. Se mana Piedade tem casado com Quincas Borba, apenas me daria uma esperança colateral. Não casou; ambos morreram, e aqui está tudo comigo; de modo que o que parecia uma desgraça...

Que abismo que há entre o espírito e o coração! O espírito do ex-professor, vexado daquele pensamento, arrepiou caminho, buscou outro assunto, uma canoa que ia passando; o coração, porém, deixou-se estar a bater de alegria. Que lhe importa a canoa nem o canoeiro, que os olhos de Rubião acompanham, arregalados? Ele, coração, vai dizendo que, uma vez que a mana Piedade tinha de morrer, foi bom que não casasse; podia vir um filho ou uma filha... – Bonita canoa! – Antes assim! – Como obedece bem aos remos do homem! – O certo é que eles estão no Céu!

Um criado trouxe o café. Rubião pegou na xícara e, enquanto lhe deitava açúcar, ia disfarçadamente mirando a bandeja, que era de prata lavrada. Prata, ouro, eram os metais que amava de coração; não gostava de bronze, mas o amigo Palha disse-lhe que era matéria de preço, e assim se explica este par de figuras que aqui está na sala, um Mefistófeles e um Fausto. Tivesse, porém, de escolher, escolheria a bandeja, – primor de argentaria, execução fina e acabada.

*(Machado de Assis. Quincas Borba. São Paulo: Companhia das Letras, 2012)*

---

**04. (FCC – TRT 4 – Analista Judiciário – Área Administrativa - 2022)** A antítese é uma figura pela qual se opõem, numa mesma frase, duas palavras ou dois pensamentos de sentido contrário, a exemplo do que se verifica em:

(A) – Vejam como Deus escreve direito por linhas tortas, pensa ele.

(B) Rubião fitava a enseada, – eram oito horas da manhã.

(C) Que lhe importa a canoa nem o canoeiro, que os olhos de Rubião acompanham, arregalados?

(D) – Como obedece bem aos remos do homem!

(E) Rubião pegou na xícara e, enquanto lhe deitava açúcar, ia disfarçadamente mirando a bandeja, que era de prata lavrada.

➢ Comentários:

**Alternativa "a"** – Palavras opostas: direito x tortas.

**Alternativa "b"** – O verbo "fitar" foi empregado no sentido denotativo *(permanecer olhando fixamente para)*, e não há figura de linguagem no trecho.

**Alternativa "c"** – "Canoa" e "canoeiro" pertencem ao mesmo campo semântica. Canoeiro: *aquele que dirige uma canoa.*

**Alternativa "d"** – O verbo "fitar" foi empregado no sentido denotativo: *instrumento de madeira, espalmado numa das extremidades e destinado a manobrar e impulsionar pequenas embarcações.*

**Alternativa "e"** – Não existe oposição no trecho.

**ALTERNATIVA CORRETA: A**

Texto para responder à questão.

Na década de 1880, Machado de Assis publicou cerca de oitenta contos, numa espantosa explosão de criatividade, que também rendeu seu primeiro grande romance, Memórias póstumas de Brás Cubas (1880).

Como isso aconteceu – por que aconteceu, e por que nesse momento? Nada é mais difícil de explicar do que a explosão de um gênio criador – e não devemos duvidar que é disso que se trata. Contos podem parecer fáceis, escritos algo apressadamente como uma espécie de subproduto de um trabalho mais sério ou até como sintomas de uma incapacidade passageira de empreender "obras de maior tomo" (palavras de Dom Casmurro), mas nada está mais longe da verdade. Contos não são romances imperfeitos – existem com seus direitos próprios, e quando Machado começou a escrever os seus melhores, o gênero estava conquistando uma nova dignidade.

O traço mais importante de seus contos é a ironia, com frequência fixada por um estilo que muitas vezes emprega certo registro de linguagem a fim de estabelecer, desde a primeira palavra, que nada ali é para ser levado inteiramente a sério, que aquilo não é a fala direta do autor: "A coisa mais árdua do mundo, depois do ofício de governar, seria dizer a idade exata de Dona Benedita". Machado podia parodiar qualquer tipo de linguagem, da Bíblia à dos jornais (essa, de fato, era a que satirizava com mais frequência). No começo dos anos 1880, Machado não só estabelecera seu direito a falar do universo, mas também principiara a fazer o retrato da sociedade brasileira sob uma luz inteiramente nova. Os romances bem-educados dos anos 1870, que elevavam a vida social, deram lugar à sátira selvagem de Memórias póstumas de Brás Cubas, que mostrava realidades – adultério, prostituição, escravatura, o tratamento dado aos agregados - com uma nitidez e uma cólera inteiramente impossíveis alguns anos antes.

Uma coisa é certa: a expansão do material possível de Machado e o distanciamento irónico que ele adota são inseparáveis. Digamos assim: se ele não tivesse encontrado modos dos mais variados (irônicos, sarcásticos, mas sempre semiocultos) de se expressar a respeito de coisas sobre as quais não devia falar, ou às quais só podia se referir de soslaio, suas histórias jamais teriam existido; podemos sentir sua satisfação quando se aproxima de outra questão espinhosa e acaba encontrando novas maneiras de falar sobre coisas demasiado embaraçosas para mencionar diretamente. Na minha opinião, isso ajuda a explicar o êxito de seus contos - Machado caminhava no fio da navalha.

(Adaptado de: GLEDSON, John. Trad. Fernando Py. In: 50 contos de Machado de Assis).

---

**05. (FCC – Analista Judiciário – Área Judiciária – TRT 22/2022)** *"A coisa mais árdua do mundo, depois do ofício de governar, seria dizer a idade exata de Dona Benedita".*

No trecho acima, o narrador recorre à seguinte figura de linguagem:

(A) hipérbole.

(B) personificação.

(C) antítese.

(D) eufemismo.

(E) pleonasmo.

➢ Comentários:

**Alternativa "a"** – Ocorre exagero ao mencionar a "coisa **mais árdua** do mundo", **mais difícil.**

**Alternativa "b"** – Não dá vida a seres inanimados.

**Alternativa "c"** – Não há palavras opostas.

**Alternativa "d"** – Não atenua nem suaviza o sentido de algo.

**Alternativa "e"** – Não ocorre repetição de ideia.

**ALTERNATIVA CORRETA: A**

Texto para responder à questão.

Antigamente, se morria.
1907, digamos, aquilo sim
é que era morrer.
Morria gente todo dia,
e morria com muito prazer,
já que todo mundo sabia
que o Juízo, afinal, viria,
e todo mundo ia renascer.
Morria-se praticamente de tudo.
De doença, de parto, de tosse.
E ainda se morria de amor,
como se o amar morte fosse.

Pra morrer, bastava um susto,
um lenço no vento, um suspiro e pronto,
lá se ia nosso defunto
para a terra dos pés juntos.
Dia de anos, casamento, batizado,
morrer era um tipo de festa,
uma das coisas da vida,
como ser ou não ser convidado.
O escândalo era de praxe.
Mas os danos eram pequenos.
Descansou. Partiu. Deus o tenha.
Sempre alguém tinha uma frase
que deixava aquilo mais ou menos.
Tinha coisas que matavam na certa.
Pepino com leite, vento encanado,
praga de velha e amor mal curado.
Tinha coisas que tem que morrer,
tinha coisas que tem que matar.
A honra, a terra e o sangue
mandou muita gente praquele lugar.
Que mais podia um velho fazer,
nos idos de 1916,
a não ser pegar pneumonia,
deixar tudo para os filhos
e virar fotografia?
Ninguém vivia pra sempre.
Afinal, a vida é um upa.
Não deu pra ir mais além.
Mas ninguém tem culpa.
Quem mandou não ser devoto
de Santo Inácio de Acapulco,
Menino Jesus de Praga?
O diabo anda solto.
Aqui se faz, aqui se paga.
Almoçou e fez a barba,

tomou banho e foi no vento.
Não tem o que reclamar.
Agora, vamos ao testamento.
Hoje, a morte está difícil.
Tem recursos, tem asilos, tem remédios.
Agora, a morte tem limites.
E, em caso de necessidade,
a ciência da eternidade
inventou a crônica.
Hoje, sim, pessoal, a vida é crônica.
(LEMINSKI, Paulo. Toda poesia, 2013)

---

**06. (FCC – Analista Judiciário – Oficial de Justiça Avaliador Federal – TRT 9/2022)** Considere os seguintes trechos:

I. "Descansou. Partiu. Deus o tenha." (verso 23)

II. "deixar tudo para os filhos/e virar fotografia?"(versos 36 e 37)

III. "Mas ninguém tem culpa."(verso 41)

Ocorre eufemismo em

(A) III, apenas.

(B) I, apenas.

(C) II, apenas.

(D) I e II, apenas.

(E) I, II e III.

➢ Comentários:

**Nota da autora:** Eufemismo é a **figura de linguagem** usada para **tornar um enunciado mais brando ou agradável e menos agressivo**. É utilizado em contextos que exigem moderação ou para falar de conteúdos fortes e polêmicos por meio de termos mais suaves e menos provocantes. Esse recurso estilístico é constantemente associado à polidez.

I. Ao mencionar "partiu" e "Deus o tenha", o autor suaviza a ideia de óbito: eufemismo.

II. "virar fotografia" também suaviza a ideia de óbito: eufemismo.

III. Os vocábulos foram empregados no sentido denotativo e nenhum possui a finalidade de abrandar outra expressão ou ideia.

**ALTERNATIVA CORRETA: D**

Capítulo

# 2

# FUNÇÕES DA LINGUAGEM

## 1. DICAS TEÓRICAS

| | | |
|---|---|---|
| **REFERENCIAL ou INFORMATIVA** | tem como objetivo principal **informar**, referenciar algo.<br>Voltada para o contexto da comunicação, o texto é escrito na **terceira pessoa** (singular ou plural).<br>**– é impessoal.** | *Materiais didáticos, textos jornalísticos e científicos.* |
| **EMOTIVA ou EXPRESSIVA** | o emissor tem como objetivo principal **transmitir** suas **emoções**, sentimentos e subjetividades por meio da própria opinião. Escrito em **primeira pessoa**, está voltado para o emissor.<br>**– caráter pessoal.** | *Textos poéticos, as cartas, os diários – marcados por sinais de pontuação (reticências, exclamação etc.)* |
| **POÉTICA** | é característica das obras literárias que possui como marca a utilização do **sentido conotativo** das palavras.<br>O emissor preocupa-se de que maneira a mensagem será transmitida por meio da escolha das palavras, das expressões, das figuras de linguagem.<br>– foco na **mensagem.** | *Textos literários, publicidade, expressões cotidianas, provérbios, anedotas, músicas.* |
| **FÁTICA** | tem como objetivo **estabelecer ou interromper a comunicação** de modo que o mais importante é a relação entre o emissor e o receptor da mensagem.<br>– foco no canal da comunicação. | *Diálogos, saudações, discursos ao telefone etc.* |

| | | |
|---|---|---|
| **CONATIVA ou APELATIVA** | caracterizada por uma linguagem persuasiva que tem o **intuito de convencer o leitor**.<br>- foco no receptor da mensagem.<br>- verbos no imperativo<br>- vocativo | *Propaganda, publicidade e discursos políticos.* |
| **METALINGUÍSTICA** | o emissor explica um código utilizando o próprio código. | *Texto que descreva sobre a linguagem textual*<br>*Documentário cinematográfico que fala sobre a linguagem do cinema*<br>*Dicionário, gramática.* |

# ELEMENTOS DOS ATOS DA COMUNICAÇÃO

| | |
|---|---|
| **Emissor** | é aquele que emite a mensagem para um ou mais receptores. |
| **Receptor** | é quem recebe a mensagem emitida pelo emissor. |
| **Mensagem** | é o objeto utilizado na comunicação, de forma que representa o conteúdo, o conjunto de informações transmitidas pelo locutor. |
| **Código** | representa o conjunto de signos que serão utilizados na mensagem. |
| **Canal de comunicação** | corresponde ao local (meio) onde a mensagem será transmitida, por exemplo, jornal, livro, revista, televisão etc. |
| **Contexto** | trata-se da situação comunicativa em que estão inseridos o emissor e receptor. |
| **Ruído na comunicação** | ele ocorre quando a mensagem não é decodificada de forma correta pelo interlocutor: o código utilizado pelo locutor, desconhecido pelo interlocutor, barulho do local, voz baixa etc. |

# 2. QUESTÕES COMENTADAS

Observação: questões mistas para praticar e fixar.

**01. (FGV – TJ SC – Analista Administrativo - 2024)** A frase machadiana abaixo em que NÃO estão presentes traços de metalinguagem é:

(A) Não consultes dicionários. *Casmurro* não está aqui no sentido que eles lhe dão, mas no que lhe pôs o vulgo de homem calado e metido consigo;

(B) José Dias amava os superlativos. Era um modo de dar feição monumental às ideias; não as havendo, servia a prolongar as frases;

(C) A mim mesmo perguntei se ela não estaria destinada a passar dos gelos às flores pela ação daquele bacharel Osório... Ponho aqui a reticência que deixei então no meu espírito;

(D) Melchior passeava de um para outro lado, com um livro nas mãos, algum T*ertuliano ou Agostinho,* ou qualquer outro da mesma estatura;

(E) Ui! Lá me ia a pena escorregar para o enfático. Sejamos simples, como era simples a vida que levei na Tijuca...

➢ Comentários:

**Nota da autora:** Questão de funções da linguagem.

A metalinguagem possui o propósito de descrever ou falar da própria ou de qualquer outra linguagem.

**Alternativa "a"** – Metalinguagem: dicionários, sentido.

**Alternativa "b"** – Metalinguagem: superlativos, ideias, frase.

**Alternativa "c"** – Metalinguagem: reticência.

**Alternativa "d"** – Metonímia: utiliza um termo no lugar de outro (o autor no lugar da obra) = passeava com algum *Tertuliano* ou *Agostinho*.

**Alternativa "e"** – Metalinguagem: a pena escorregar (refere-se a escrever), enfático.

**RESPOSTA: D**

---

**02. (FGV – AL SC – Analista Legislativo III – 2024)** Assinale a frase em que predomina a função metalinguística da linguagem.

(A) Mentes criativas são conhecidas por resistirem a todo tipo de mau treinamento.

(B) Nada revela com tanta segurança o caráter de uma pessoa como a sua voz.

(C) Comida saudável é tudo o que se come antes do término da data de validade.

(D) A ginástica é vulgar porque faz as pessoas cheirarem mal.

(E) A caixa cerebral de um homem rotineiro é um porta-joias vazio.

➢ Comentários:

**Nota da autora:** Questão de funções da linguagem.

**Alternativa "a"** – Não define "mente criativa". É uma função referencial, ou seja, informa algo.

**Alternativa "b"** – Função emotiva: há subjetividade, é a opinião de alguém.

**Alternativa "c"** – O código explica o próprio código: saudável = o que se come antes do término da data de validade.

**Alternativa "d"** – Função emotiva: há subjetividade.

**Alternativa "e"** – Função poética: linguagem conotativa, figurada.

**RESPOSTA: C**

---

**03. (FGV – MPE SP – Oficial de Promotoria – 2023)** Numa de suas famosas crônicas, Machado de Assis faz o seguinte comentário: "Há um bom costume na Índia que eu quisera ver adotado no resto do mundo, ou pelo menos aqui no Rio de Janeiro. A visita não é que se despede; é o dono da casa que a manda embora".

Como ocorre em todo ato comunicativo, a linguagem nele empregada mostra uma função predominante; neste caso, a função predominante da linguagem é

(A) metalinguística, pois concentra o foco no significante linguístico.

(B) fática, pois focaliza o contato social entre os interlocutores.

(C) referencial, pois reproduz dados da realidade.

(D) conativa, pois seu interesse está no convencimento do leitor.

(E) emotiva, pois se dirige às emoções do emissor.

➢ Comentários:

**Alternativa "a"** – Não usa o código para explicar o próprio código.

**Alternativa "b"** – O foco não é o contato.

**Alternativa "c"** – Transmite dados da realidade: a realidade na Índia (o costume) poderia ser realidade no Brasil (Rio de Janeiro).

**Alternativa "d"** – Não tenta convencer o leitor, nem se dirige a ele.

**Alternativa "e"** – Não há emoções.

**RESPOSTA: C**

---

**04. (FGV – BANESTES – Analista Econômico Financeiro – 2023)** Assinale a frase abaixo que exemplifica a função conativa da linguagem.

(A) A sorte favorece a mente bem-preparada.

(B) Se você acha que tem 50% de chance de sucesso, vá atrás.

(C) Sucesso é uma palavra à procura de definição pessoal.

(D) Minha terra tem palmeiras onde cantavam os sabiás.

(E) A disciplina é a parte mais importante da vida militar.

➢ Comentários:

**Alternativa "a"** – Função referencial, é uma informação.

**Alternativa "b"** – Tenta convencer o leitor e utiliza o verbo no imperativo: **vá** atrás.

**Alternativa "c"** – Função referencial, é uma informação.

**Alternativa "d"** – Função emotiva, é escrita em primeira pessoa, ou seja, possui caráter pessoal.

**Alternativa "e"** – Função referencial, é uma informação.

**RESPOSTA: B**

---

**05. (FGV- AL MA – Consultor Legislativo – Direito/2023)** Assinale a frase cujo tema é a própria linguagem.

(A) Uma casa é feita de tijolo e pedra. Um lar é feito apenas de amor.

(B) O destino normal das novas verdades é começar como heresias e terminar como superstições.

(C) Se um homem não descobriu nada pelo que morreria, não está pronto para viver.

(D) Tantas cabeças, quantas sentenças: cada um tem o seu modo de ver.

(E) O medo segue o crime e é seu castigo.

➢ Comentários:

**Nota da autora:** Se o tema da frase é a linguagem, trata-se do código sendo usado para explicar o próprio código, ou seja, função metalinguística.

Outros exemplos de metalinguagem: o autorretrato de um fotógrafo; a foto de uma câmera nas propagandas publicitárias; a pintura de um artista pintando; o filme que descreve sobre o cinema; o desenho de alguém desenhando.

**Alternativa "a"** – Explica como é feita a casa e como é feito um lar.

Casa: tijolo e pedra; lar: amor.

Usou palavras para explicar o significado de outra palavra – função metalinguística.

**Alternativa "b"** – Função referencial: a frase centra-se em uma informação. A intenção é transmitir dados da realidade de forma direta e objetiva, com palavras empregadas no sentido denotativo.

**Alternativa "c"** – A intenção do autor está voltada para a própria mensagem, ou seja, para a construção da mensagem com uma melhor organização das palavras na combinação entre elas.

Na frase: *não descobriu nada pelo que morreria;* morrer e viver. A função é poética.

**Alternativa "d"** – A intenção também está voltada para a mensagem: função poética.

**Alternativa "e"** – A intenção está voltada para a mensagem: função poética.

**RESPOSTA: A**

# BIBLIOGRAFIA

## CONTEÚDO GRAMATICAL


ALI, M. Said. Gramática secundária da língua portuguesa. 7.ª ed. São Paulo: Editora Melhoramentos, 1966.

ALMEIDA, Napoleão Mendes de. Gramática metódica da língua portuguesa. 46.ª ed. revista. São Paulo: Saraiva, 2009.

BAGNO, Marcos. A norma oculta: língua e poder na sociedade brasileira. São Paulo: Parábola Editorial, 2003.

BECHARA, Evanildo. Moderna Gramática Portuguesa. 32ª edição. São Paulo: Companhia Editora Nacional, 1988.

BECHARA, Evanildo. Lições de Português pela Análise Sintática. Editora Lucema. Rio de Janeiro, RJ. 2001.

CARVALHO, José Augusto. Gramática superior da língua portuguesa. 2.ª ed. Brasília: Centro Editorial / Thesaurus, 2011.

CEGALLA, Domingos Paschoal. Novíssima Gramática da Língua Portuguesa. 48.ª ed. São Paulo: Companhia Editora Nacional, 2008.

CIPRO NETO, Pasquale e INFANTE, Ulisses. Gramática da Língua Portuguesa. Editora Scipione. São Paulo, SP. 2003.

CUNHA, Celso; CINTRA, Luiz F. Lingley. Nova Gramática do Português Contemporâneo. Editora Nova Fronteira. Rio de Janeiro, RJ. 2001.

FARACO&MOURA. Gramática Nova. São Paulo: Ática, 1993.

GARCIA, Othon M. Comunicação em prosa moderna: aprenda a escrever, aprendendo a pensar. 13ª edição, Rio de Janeiro, Ed. da Fundação Getulio Vargas, 1986.

HENRIQUES, Claudio Cezar. Morfologia: usos, normas e exercícios com respostas. 2.ª ed. Rio de Janeiro: Elsevier, 2007 – 2.ª reimpressão.

HILDEBRANDO, André A de. Gramática ilustrada. 4. ed. São Paulo: Moderna, 1990.

INFANTE, Ulisses. Curso de gramática aplicada aos textos. São Paulo: Ed. Scipione, 1997.

INFANTE, Ulisses; CIPRO Neto, Pasquale. Gramática da Língua Portuguesa. Scipione.

JORDÃO, Rose; OLIVEIRA, Clenir Bellezi de. Linguagens, estrutura e arte. São Paulo: Moderna, 1999.

KOCH, Ingedore G. V. A coesão textual. 2ª edição. São Paulo: Contexto, 1990.

KOCH, Ingedore G. V.; TRAVAGLIA, Luiz C. Texto e coerência. São Paulo: Cortex, 1989.

KURY, Adriano da Gama. Novas lições de análise sintática. 9.ª ed. São Paulo: Editora Ática, 2000.

LIMA, Carlos Henrique da Rocha. Gramática normativa da língua portuguesa. 42ª ed. Rio de Janeiro, José Olympio, 2002.

LUFT, Celso Pedro. Grande manual de ortografia globo. 5ª edição, São Paulo, Globo, 1997.

MOREIRA, A.; ARAÚJO, D, 1977, *Português e Literatura – Visão Atual*, 2 ed., Record Cultural, Rio de Janeiro, RJ.

NOGUEIRA, Duda. Língua Portuguesa para Concursos. 11ª edição. Editora Juspodivm, Salvador, 2021.

NOGUEIRA, Duda. REVISAÇO Língua Portuguesa. 11ª edição. Editora Juspodivm, Salvador, 2022.

PERINI, A. Mário. Sofrendo a gramática. São Paulo: Ática, 1997.

ROCHA LIMA, C. H., 1999, *Gramática Normativa da Língua Portuguesa*, 37 ed., José Olympio Editora, Rio de Janeiro, RJ.

TERRA, Ernani. Gramática de Hoje /Ernani&Nicola. São Paulo: Scipione, 1999.

TRAVAGLIA, Luiz Carlos. Gramática e interação: uma proposta para o ensino de gramática. 9.ª ed. revista. São Paulo: Cortez Editora, 2003.

TUFANO, Douglas. Estudos da Língua Portuguesa: Gramática – São Paulo: Moderna, 1995.

TUFANO, Douglas. Guia Prático da Nova Ortografia – São Paulo: Melhoramentos, 2009.

VASCONCELOS, Viveiros de. Verbos portugueses e rudimentos de análise léxica. 113ª ed. Rio de Janeiro: Editores e Distribuidores, 1994.


## DICIONÁRIOS


FERREIRA, Aurélio Buarque de Holanda. Novo dicionário da língua portuguesa. 2ªed. Rio de Janeiro: Nova Fronteira, 1986.

HOUAISS, Antônio. Dicionário Houaiss da língua portuguesa. Rio de Janeiro: Objetiva, 2001 – 1ª edição.

HOLANDA, A. B., 1988, *Dicionário Aurélio Escolar da Língua Portuguesa*, 1 ed., Editora Nova Fronteira, Rio de Janeiro, RJ.

NASCENTES, Antenor. Dicionário Etimológico da Língua Portuguesa. Rio de Janeiro, Francisco Alves, Acadêmicos, São José e Livros de Portugal, 1955.

SARAIVA, F. R. dos Santos. Novíssimo Dicionário Latino-Português. 10ª edição, Rio de Janeiro, Livraria Garnier, 1993.

## SITES - TEORIA

***Acessos: de janeiro de 2011 a janeiro de 2025***


BRASIL ESCOLA Exercício. Disponível em <http://exercicios.brasilescola.com>

BRASIL ESCOLA. Disponível em <http://www.brasilescola.com>

CAP Cursos. Disponível em: < http://www.capcursos.com.br>

CASA CIVIL. Disponível em: <http://www.casacivil.pr.gov.br>

DICIONÁRIO AULETE. Disponível em <http://aulete.uol.com.br>

EDUCAÇÃO UOL. Disponível em <http://educacao.uol.com.br>

FATIMA LP. Disponível em <http://fatimalp.blogspot.com.br>

INFO ESCOLA. Disponível em <http://www.infoescola.com>

LÍNGUA FÁCIL. Disponível em <http://linguafacil.wordpress.com>

MANUAL DE REDAÇÃO DA PRESIDÊNCIA DA REPÚBLICA. Disponível em <http://www.planalto.gov.br/ccivil_03/manual/manual.htm>

NA LÍNGUA PORTUGUESA. Disponível em <http://nalinguaportuguesa.wordpress.com>

PAULO HERNANDES. Disponível em <http://www.paulohernandes.pro.br>

PORTAL 3. Disponível em <http://www.portal3.com.br>

PORTUGUÊS CONCURSO. Disponível em <http://www.portuguesconcurso.com>

PORTUGUÊS X CONCURSOS. Disponível em <http://portuguesxconcursos.blogspot.com.br>

PRIBERAM. Disponível em <http://www.priberam.pt>

RECANTO DAS LETRAS. Disponível em <http://www.recantodasletras.com.br>

SIMPLESMENTE PORTUGUÊS. Disponível em <http://www.simplesmenteportugues.com.br>

SÓ LINGUAGEM. Disponível em <http://solinguagem.blogspot.com.br>

SÓ PORTUGUÊS. Disponível em <http://www.soportugues.com.br>

TUDO DE CONCURSOS E VESTIBULARES. Disponível em <http://tudodeconcursosevestibulares.blogspot.com.br>

UM PORTUGUÊS. Disponível em <http://umportugues.com>

EDITORA JusPODIVM

www.editorajuspodivm.com.br

Impresso por:

Docuprint

CNPJ 01.036.332/0001-99

JUS4228